**普通高等教育"十一五"国家级规划教材**

刑事诉讼法

（第三版）

主 编　刘　玫

撰稿人　（以姓氏笔画为序）

刘　玫　吴宏耀　汪海燕

张建伟　郑　旭　赵珊珊

鲁　杨

中国政法大学出版社

2020·北京

图书在版编目（ＣＩＰ）数据

刑事诉讼法/刘玫主编. —3版. —北京:中国政法大学出版社, 2020. 8
ISBN 978-7-5620-9601-6

Ⅰ.①刑…　Ⅱ.①刘…　Ⅲ.①刑事诉讼法－研究－中国　Ⅳ.①D925.204

中国版本图书馆CIP数据核字(2020)第141659号

出 版 者	中国政法大学出版社
地　　址	北京市海淀区西土城路 25 号
邮寄地址	北京 100088 信箱 8034 分箱　邮编 100088
网　　址	http://www.cuplpress.com (网络实名：中国政法大学出版社)
电　　话	010-58908435(第一编辑部) 58908334(邮购部)
承　　印	保定市中画美凯印刷有限公司
开　　本	720mm×960mm　1/16
印　　张	30.5
字　　数	633 千字
版　　次	2020 年 8 月第 3 版
印　　次	2020 年 8 月第 1 次印刷
印　　数	1～5000 册
定　　价	76.00 元

出 版 说 明

中国政法大学出版社是国家教育部主管的，我国高校中唯一的法律专业出版机构。多年来，中国政法大学出版社始终把法学教材建设放在首位，出版了研究生、本科、专科、高职高专、中专等不同层次、多种系列的法学教材，曾多次荣获新闻出版总署良好出版社、国家教育部先进高校出版社等荣誉称号。

自2007年起，我社有幸承担了教育部普通高等教育"十一五"国家级规划教材的出版任务，本套教材将在今后陆续与读者见面。

本套普通高等教育"十一五"国家级规划教材的出版，凝结了我社20年法学教材出版经验和众多知名学者的理论成果。在江平、张晋藩、陈光中、应松年等法学界泰斗级教授的鼎力支持下，在许多中青年法学家的积极参与下，我们相信，本套教材一定会给读者带来惊喜。我们的出版思路是坚持教材内容必须与教学大纲紧密结合的原则。各学科以教育部规定的教学大纲为蓝本，紧贴课堂教学实际，力求达到以"基本概念、基本原理、基础知识"为主要内容，并体现最新的学术动向和研究成果。在形式的设置上，坚持形式服务于内容、教材服务于学生的理念，采取灵活多样的体例形式，根据不同学科的特点，通过学习目的与要求、思考题、资料链接、案例精选等多种形式阐释教材内容，争取使教材功能在最大程度上得到优化，便于在校生掌握理论知识。概括而言，本套教材是中国政法大学出版社多年来对法学教材深入研究与探索的集中体现。

中国政法大学出版社始终秉承锐意进取、勇于实践的精神，积极探索打造精品教材之路，相信倾注全社之力的普通高等教育"十一五"国家级规划教材定能以独具特色的品质满足广大师生的教材需求，成为当代中国法学教材品质保证的指向标。

中国政法大学出版社

2007 年 7 月

第三版说明

刑事诉讼法是国家制定的有关刑事诉讼程序的法律规范，是国家专门机关和诉讼参与人进行刑事诉讼必须遵循的行为规范。在国家法律体系中，刑事诉讼法是重要的基本法之一，关系到对犯罪的及时惩治和对公民合法权益的切实保障。通过刑事诉讼法的运用，既能及时有效地遏制犯罪，又能防止国家权力的滥用，从而实现公平、正义的自身价值。

随着刑事诉讼法学研究的逐步繁荣和学科教育的大力发展，作为重要工具之一的教材，成为我们了解刑事诉讼法学、研究刑事诉讼法最基本和最便捷的途径。

自本教材第二版出版发行以来，在 2018 年，全国人民代表大会常务委员会以修正案的方式又一次对《刑事诉讼法》做出了修改，之后陆续有一些新的司法解释出台。为此，我们对本教材再次做出修订。

本书共分五编：第一编，通论；第二编，原理与原则；第三编，刑事诉讼制度；第四编，刑事诉讼证据与证明；第五编，刑事诉讼程序。其中，第一编、第二编和第四编着重阐述理论，而第三编和第五编则立足于对我国刑事诉讼法法典进行解释和分析。

本书作者及编写分工如下（以姓氏笔画为序）：

刘玫：中国政法大学刑事司法学院学术委员会主席，教授，博士生导师，法学博士。撰写第一、三、十四、二十五章；

吴宏耀：中国政法大学国家法律援助研究院院长，教授，博士生导师，法学博士。撰写第四、五、六、七、八章；

汪海燕：中国政法大学刑事司法学院院长，教授，博士生导师，法学博士。撰写第二十九章；

张建伟：清华大学教授，博士生导师，法学博士。撰写第十五、十六、十七、十八、十九章；

郑旭：中国政法大学刑事诉讼法学研究所副所长，副教授，硕士生导师，法学博士。撰写第九、十一、二十、二十一、二十六、二十七、二十八章；

赵珊珊：中国政法大学刑事诉讼法学研究所副所长，副教授，法学博士。撰写第二十三、二十四章；

鲁杨：中国政法大学刑事诉讼法学研究所副所长，副教授，硕士生导师。撰写第二、十、十二、十三、二十二章。

编　者
2020 年 7 月

第二版说明

刑事诉讼法是国家制定的有关刑事诉讼程序的法律规范，是国家专门机关和诉讼参与人进行刑事诉讼必须遵守的行为规范。在国家法律体系中，刑事诉讼法是重要的基本法之一，关系到对罪犯的及时惩治和对公民合法权益的切实保护。通过刑事诉讼法的运用，既能及时有效地遏制犯罪，又能防止国家权力的滥用，从而实现公平、正义的自身价值。

随着刑事诉讼法学研究的逐步繁荣和学科教育的大力发展，作为重要工具之一的教材，成为我们了解刑事诉讼法学、研究刑事诉讼法最基本和最便捷的途径。

2012 年我国刑事诉讼法经历了又一次修改，开启了我国刑事程序的新篇章。为了紧跟立法的发展，本教材在借鉴他人经验的基础上，力求紧扣刑事诉讼法学学科的特点，在准确解读和分析《中华人民共和国刑事诉讼法》以及相关司法解释的基础上，介绍和阐述刑事诉讼法学的前沿理论研究成果。

本书共分五编：第一编，通论；第二编，原理与原则；第三编，刑事诉讼制度；第四编，刑事诉讼证据与证明；第五编，刑事诉讼程序。其中，第二编和第四编着重阐述理论，而第三编和第五编则立足于对我国刑事诉讼法法典进行解释和分析。

本书作者及编写分工如下（以姓氏笔画为序）：

刘玫：中国政法大学刑事诉讼法学研究所所长，教授，法学博士，撰写第一、三、十四、二十三、二十四、二十五章；

吴宏耀：中国政法大学诉讼法学研究院副研究员，法学博士，撰写第四、五、六、七、八章；

汪海燕：中国政法大学刑事司法学院副院长，法学博士，撰写第二十九章；

张建伟：清华大学教授，法学博士，撰写第十五、十六、十七、十八、十九章；

郑旭：中国政法大学刑事诉讼法学研究所副所长，副教授，法学博士，撰写第九、十一、二十、二十一、二十六、二十七、二十八章；

　　鲁杨：中国政法大学刑事诉讼法学研究所副所长，副教授，撰写第二、十、十二、十三、二十二章。

编　者

2014 年 9 月

编 写 说 明

刑事诉讼法是国家制定的有关刑事诉讼程序的法律规范，是国家专门机关和诉讼参与人进行刑事诉讼必须遵守的行为规范。在国家法律体系中，刑事诉讼法是重要的基本法之一，关系到对犯罪的及时惩治和对公民合法权益的切实保护。通过刑事诉讼法的运用，既能及时有效地遏制犯罪，又能防止国家权力的滥用，从而实现公平、正义的自身价值。

随着刑事诉讼法学研究的逐步繁荣和学科教育的大力发展，作为重要工具之一的教材，成为我们了解刑事诉讼法学、研究刑事诉讼法学最基本和最便捷的途径。

本教材在借鉴他人经验的基础上，力求紧扣刑事诉讼法学学科的特点，在准确解读和分析《中华人民共和国刑事诉讼法》以及相关司法解释的基础上，介绍和阐述刑事诉讼法学的前沿理论研究成果。

本书的编写体例共分五编：第一编，通论；第二编，原理与原则；第三编，刑事诉讼制度；第四编，刑事诉讼证据与证明；第五编，刑事诉讼程序。其中，第二编和第四编着重阐述理论，而第三编和第五编则立足于对我国刑事诉讼法典进行解释和分析。

本书作者及编写分工如下（以姓氏笔画为序）：

刘 玫：中国政法大学刑事诉讼法学研究所所长，教授，法学博士，撰写第一、三、十四、二十三、二十四、二十五章；

吴宏耀：中国政法大学诉讼法学研究院副研究员，法学博士，撰写第四、五、六、七、八章；

张建伟：清华大学教授，法学博士，撰写第十五、十六、十七、十八、十九章；

郑 旭：中国政法大学刑事诉讼法学研究所副所长，副教授，法学博士，撰写第九、十一、二十、二十一、二十六、二十七、二十八章；

鲁 杨：中国政法大学刑事诉讼法学研究所副所长，副教授，撰写第二、十、十二、十三、二十二章。

编 者
2008 年 8 月

|目 录|

第一编 通 论

第二编 原理与原则

第三编　刑事诉讼制度

第四编 刑事诉讼证据与证明

第五编　刑事诉讼程序

第一编 通论

第一章

绪　论

提要与学习要求　本章需要了解诉讼、刑事诉讼与刑事诉讼法的概念，我国刑事诉讼法的渊源，刑事诉讼法学的研究对象和体系。理解并掌握刑事诉讼的程序，以及三大诉讼法之间的关系。

■第一节　刑事诉讼

一、诉讼和刑事诉讼

所谓诉讼，东汉许慎在《说文解字》中解释，"诉，告也"，"讼，争也"。诉讼就是一方对另一方提出告诉，由裁判机关解决双方争议的活动。在中国古代，并没有刑事诉讼的概念，刑事案件称为"狱"，办理刑事案件称为"断狱"。元代刑律《大元通制》以《诉讼》作为篇名，但其并不完全等同于现代意义上的诉讼。中国正式引进现代意义上的诉讼、刑事诉讼的概念始于清末的修律。

现代意义上的诉讼，指国家专门机关在当事人及其他诉讼参与人的参加下，依照法定程序办理案件的全部活动，以及进行此种活动的循序渐进的程序。按照所解决实体问题的不同，诉讼可以分为刑事诉讼、民事诉讼和行政诉讼。

刑事诉讼，顾名思义，就是解决刑罚之事的活动和程序。新中国成立以后，随着《中华人民共和国刑事诉讼法》（以下简称《刑事诉讼法》）的制定和修改，我国学者对刑事诉讼的概念有了更为准确的表述。所谓刑事诉讼，是指国家专门机关在当事人及其他诉讼参与人的参加下，依照法律规定的程序，追诉犯罪，解决被追诉人刑事责任的活动。

在我国，参加刑事诉讼的国家专门机关有公安机关、国家安全机关、人民检察院、人民法院、军队保卫部门、中国海警局、监狱和走私犯罪侦查机关等。根据我国《刑事诉讼法》的规定，刑事诉讼的诉讼参与人有七种：当事人、法定代理人、诉讼代理人、辩护人、证人、鉴定人和翻译人员。其中，当事人指被害人、自诉人、犯罪嫌疑人、被告人、附带民事诉讼原告人和附带民事诉讼被告人。

二、刑事诉讼的法定程序

依据《刑事诉讼法》，我国刑事诉讼的法定程序包括普通程序和特别程序。

刑事诉讼的普通程序是指在刑事诉讼过程中，按照一定的顺序进行的相互连接的一系列阶段。它是进行刑事诉讼活动通常都要经历的过程。普通程序的一个重要特点是有先后顺序，不能颠倒，颠倒即属程序违法。我国刑事诉讼的普通程序包括立案、侦查、起诉、审判和执行程序。其中，起诉程序又包括提起公诉的程序和提起自诉的程序。根据现行审级制度，审判程序包括第一审程序和第二审程序。第一审程序又分为公诉案件第一审程序、自诉案件第一审程序、简易程序和速裁程序四种。此外，还有两个特殊审判程序，分别是复核和核准程序、审判监督程序。其中，复核和核准程序包括死刑复核程序、在法定刑以下判处刑罚的复核和核准程序以及适用特殊情况假释的复核和核准程序三种。

特别程序包括未成年人刑事案件诉讼程序，当事人和解的公诉案件诉讼程序，缺席审判程序，犯罪嫌疑人、被告人逃匿、死亡案件违法所得的没收程序和依法不负刑事责任的精神病人的强制医疗程序。

■第二节　刑事诉讼法

一、刑事诉讼法的概念和属性

刑事诉讼法是指调整刑事诉讼活动的法律规范的总称。刑事诉讼法有广义和狭义之分。狭义的刑事诉讼法通常指刑事诉讼法典，在我国，狭义的刑事诉讼法是指1979年7月1日通过、1996年3月17日修正、2012年3月14日又修正、2018年再修正的《刑事诉讼法》。广义的刑事诉讼法则指一切有关刑事诉讼的法律规范。我国刑事诉讼法的概念通常是从广义上加以理解的。

我国的刑事诉讼法具有以下属性：

1. 刑事诉讼法属于公法。根据罗马法的传统分类，法律按其涉及国家和个人的关系，可分为公法和私法。公法是调整国家与个人之间关系的法律，私法是调整个人与个人之间关系的法律。刑事诉讼法调整的是刑事诉讼中国家专门机关与当事人及其他诉讼参与人之间的关系，特别是与犯罪嫌疑人、被告人和被害人的关系，因此属于公法。

2. 刑事诉讼法是基本法。根据《立法法》，我国的法律按层次分为根本法、基本法和一般法律。根本法是指国家的根本大法——宪法；基本法是指必须由全国人民代表大会通过的重要法律；一般法律则由全国人民代表大会常务委员会通过。我国刑事诉讼法的制定和修改大都须经全国人民代表大会通过，属于在我国法律体系中占有重要地位的基本法。

3. 刑事诉讼法是程序法。实体法和程序法是按照法的内容和作用进行分类的。实体法是规定实质内容的法律，如刑法、民法等，而程序法则是规定国家专门机关的执法程序的法律。刑事诉讼法规定了国家行使刑罚权的程序，是与刑事实体法——刑法相对应的，因此属于程序法。

二、刑事诉讼法的渊源

刑事诉讼法的渊源是指刑事诉讼法律规范的存在形式。我国的刑事诉讼法有如下渊源：

（一）宪法

宪法是我国的根本大法，具有最高的法律效力，也是制定一切法律的依据。我国的刑事诉讼法典就是依据宪法制定的。《刑事诉讼法》中的许多条文甚至直接来源于宪法的规定，宪法中与刑事诉讼直接相关的原则和制度成为《刑事诉讼法》的基本原则和重要内容。

（二）刑事诉讼法典

我国现行的 1979 年 7 月 1 日通过、1996 年 3 月 17 日修正、2012 年 3 月 14 日和 2018 年再次修正的《刑事诉讼法》是刑事诉讼法的主要法律渊源。

（三）其他有关法律

是指全国人民代表大会及其常务委员会制定的有关刑事诉讼的法律规定，包括全国人民代表大会及其常务委员会制定的法律中涉及刑事诉讼的规定，如《监察法》《刑法》《人民法院组织法》《人民检察院组织法》《监狱法》《法官法》《检察官法》《律师法》等；以及全国人民代表大会及其常务委员会就刑事诉讼有关问题所作的专门规定。

（四）有关的法律解释

包括立法解释和司法解释。比较重要的有 2012 年 12 月 26 日《最高人民法院、最高人民检察院、公安部、国家安全部、司法部、全国人大常委会法制工作委员会关于实施刑事诉讼法若干问题的规定》（以下简称六机关《规定》）；2012 年 12 月 20 日《最高人民法院关于适用〈中华人民共和国刑事诉讼法〉的解释》（以下简称最高法《解释》）；2019 年 12 月 30 日起施行的，由最高人民检察院第十三届检察委员会第二十八次会议通过的《人民检察院刑事诉讼规则》（以下简称最高检《规则》）。

（五）行政法规

指国务院及其主管部门颁布的行政法规中有关刑事诉讼程序的规定，或者就本部门业务工作中与刑事诉讼有关的问题所作的规定，如2012年12月3日公安部部长办公会议通过的《公安机关办理刑事案件程序规定》（以下简称公安部《规定》）。

（六）国际条约

在我国，国际条约也是法律渊源之一。对于我国加入的国际条约，善意履行条约是我国的义务。近年来，我国先后加入了多个国际公约和条约。

对于我国缔结或者参加的国际条约中有关于刑事诉讼程序的具体规定的，适用该国际条约的规定，但是我国声明保留的条款除外。

三、刑事诉讼法与民事诉讼法、行政诉讼法的区别

刑事诉讼法与民事诉讼法、行政诉讼法之间既有共性，也有各自的特殊性。共性主要体现在：①三者都是程序法。②三者制定的目的中都包含保证实体法的正确实施。③三者有许多共同的原则、制度和程序，如司法机关依法独立行使职权原则；以事实为根据、以法律为准绳原则；审判公开原则；以本民族语言文字进行诉讼原则；合议制度；二审终审制度；等等。

由于三大诉讼法所要解决的实体问题不同，因而在诉讼主体、原则、制度和程序等方面均有各自的特殊性。具体而言，三大诉讼法的区别主要有以下几个方面：

（一）解决的实体问题

刑事诉讼法解决的实体问题是追诉犯罪和确认犯罪嫌疑人、被告人的刑事责任问题；民事诉讼法解决的实体问题是双方当事人之间的权利、义务的争议纠纷问题；行政诉讼法解决的实体问题是公民、法人和其他组织与行政机关之间因具体行政行为发生的争议纠纷问题。

（二）诉讼主体

参与刑事诉讼的国家专门机关有公安机关、国家安全机关、人民检察院、人民法院等；参与民事诉讼和行政诉讼的国家专门机关则主要是人民法院，人民检察院只是在一定程度上参与。公安机关等在民事诉讼、行政诉讼中即使参与，也是以当事人的身份参与。

我国《刑事诉讼法》规定的诉讼参与人有当事人、法定代理人、诉讼代理人、辩护人、证人、鉴定人、翻译人员七种。其中，根据《刑事诉讼法》第108条第2项的规定，"当事人"是指被害人、自诉人、犯罪嫌疑人、被告人、附带民事诉讼的原告人和被告人。

在民事诉讼中，诉讼参加人有当事人和诉讼代理人两种。其中，当事人包括原告、被告、有独立请求权的第三人、无独立请求权的第三人和共同诉讼人。

行政诉讼中的参加人包括当事人和诉讼代理人。其中，当事人包括原告、被告、第三人和共同诉讼人。

（三）诉讼原则

我国刑事诉讼法特有的原则有：分工负责、互相配合、互相制约的原则；未经人民法院依法判决，对任何人都不得确定有罪原则；犯罪嫌疑人、被告人有权获得辩护原则；认罪认罚从宽原则；法定情形不追究刑事责任原则等。民事诉讼法特有的原则有：当事人平等原则；调解原则；处分原则等。行政诉讼法特有的原则有：对具体行政行为进行合法性审查原则；不适用调解原则等。

（四）证据制度

在举证责任上，刑事诉讼法实行控诉方负举证责任，被告人方不负举证责任；民事诉讼法实行"谁主张谁举证"，原告和被告都负有举证责任；行政诉讼法实行被告负举证责任。在证明标准上，刑事诉讼法是"犯罪事实清楚，证据确实、充分"；民事诉讼法是优势证据；行政诉讼法是事实清楚，证据确凿。

（五）强制措施

关于强制措施，我国三大诉讼法均有规定，无论是刑事诉讼强制措施，还是民事诉讼、行政诉讼强制措施，都有一些共同的地方。例如，都是诉讼过程中适用的强制方法，都是为了保证诉讼的顺利进行，有些强制措施的名称和形式也是相同的，如拘留、拘传。但三者仍有很大区别，具体如下：

1. 性质不同。刑事诉讼强制措施主要是为了防止犯罪嫌疑人、被告人逃避侦查、起诉和审判，预防性、保障性是其功能所在。而民事诉讼、行政诉讼强制措施除了保障功能之外，还具有对妨碍诉讼顺利进行者的制裁功能。

2. 适用对象不同。刑事诉讼强制措施只能适用于犯罪嫌疑人、被告人；民事诉讼、行政诉讼强制措施不仅适用于当事人和其他诉讼参与人，还可以对其他妨碍诉讼顺利进行的人适用。

3. 有权适用的机关不同。刑事诉讼强制措施中除拘留不能由人民法院决定之外，各专门机关对其他的强制措施都有权决定适用或者执行，而民事诉讼和行政诉讼的强制措施只能由人民法院适用。

4. 适用的阶段不同。刑事诉讼强制措施适用于立案、侦查、起诉和审判阶段，执行阶段不存在适用强制措施的问题，而民事诉讼和行政诉讼强制措施既适用于审判阶段，也适用于执行阶段。

5. 种类不同。刑事诉讼强制措施有拘传、取保候审、监视居住、拘留和逮捕；而民事诉讼强制措施有拘传、训诫、责令退出法庭、罚款和拘留；行政诉讼强制措施有训诫、责令具结悔过、罚款和拘留。

（六）诉讼程序

根据我国《刑事诉讼法》的有关规定，刑事诉讼程序可以分为两类：普通程序和特别程序。其中，普通程序包括立案、侦查、起诉、审判和执行五个程序。

民事诉讼的程序大体上有三类：普通程序、特别程序以及非讼程序。民事诉讼普通程序包括第一审简易程序、第一审普通程序、第二审程序、审判监督程序以及执行程序。适用民事诉讼特别程序审理的有五类案件：选民资格案件，宣告公民失踪、死亡的案件，认定公民无民事行为能力或者限制行为能力的案件，以及认定财产无主案件。民事诉讼中，非讼程序包括督促程序和公示催告程序。非讼程序在刑事诉讼中不存在。

行政诉讼的程序则相对简单，一般分为第一审程序、第二审程序、审判监督程序和执行程序。

（七）管辖

我国刑事诉讼中，管辖包括立案管辖和审判管辖。而民事诉讼和行政诉讼案件则不存在立案管辖，只有人民法院有权受理民事诉讼案件和行政诉讼案件。

我国刑事诉讼、民事诉讼和行政诉讼中均存在审判管辖。审判管辖分为级别管辖、地域管辖、指定管辖和专门管辖。三大诉讼法在地域管辖上的标准有所不同：刑事诉讼实行犯罪地法院管辖为主，被告人居住地法院管辖为辅的原则；民事诉讼实行原告就被告的原则，一般由被告所在地的人民法院管辖，特殊的由原告所在地的人民法院管辖；而行政诉讼则一般由被告所在地人民法院管辖。另外，三大诉讼法在级别管辖上的具体规定也不尽相同。

此外，三大诉讼法在回避、不公开审理、调解等具体制度中也存在诸多区别。

■第三节 刑事诉讼法学

一、刑事诉讼法学的研究对象

任何一个学科，都有其独特的研究对象，否则不能称其为一门独立的学科。刑事诉讼法学也有其独特的研究对象，主要包括刑事诉讼理论、刑事诉讼法律规范和刑事诉讼实务。

（一）刑事诉讼理论

刑事诉讼法学作为一门学科，有自己的理论范畴和体系，在其发展历史上也形成了不同的学派和众多的学说。这些理论和学说，是人们长期以来形成的对刑事诉讼的运作规律的科学总结，对刑事法律规范的完善和刑事司法实务也具有重大的指导意义。因此，刑事诉讼理论成为刑事诉讼法学的一个重要研究对象。我们只有对这些规律进行深入的探讨，才能指导和推动我们的立法和实践。

（二）刑事诉讼法律规范

这里所说的刑事诉讼法律规范指的是广义的刑事诉讼法律规范。刑事诉讼法学理所当然的必须首先研究有关刑事诉讼的全部法律规范。我们应当准确解读刑事诉讼法律条文的字义、词义及其内容含义，同时还要研究刑事诉讼法律规范的结构，把握刑事诉讼法典各个部分之间的关系、条文之间的关系以及法典与其他有关刑事诉讼法律规范之间的关系，这是对刑事诉讼法进行研究的基础。同时，我们还应当对刑事诉讼法律规范的立法背景、立法的指导思想及其所反映的法律价值选择进行研究。

历史上的刑事诉讼法、外国的刑事诉讼法也属于刑事诉讼法学的研究对象。通过研究这些法律规范，可以借鉴其中优秀的部分，完善本国现行的刑事诉讼法律规范。

此外，随着我国签署加入的国际条约越来越多，联合国文件中的刑事司法准则也应当成为我们的研究对象。

（三）刑事诉讼实务

理论是为实践服务的，司法实务是刑事诉讼立法的依据和现实条件，也是刑事诉讼的理论源泉，因此，刑事诉讼实务也是刑事诉讼法学研究对象中不可忽视的一部分。只有深入研究实务，认真总结司法实践经验，才能制定出科学的符合实践需要的法律，才能完善和发展我们的刑事诉讼理论。脱离司法实务，刑事诉讼法必会成为一纸空文，刑事诉讼理论也会成为无本之木、无源之水。

二、刑事诉讼法学学科体系

任何一个部门法学，不论其表现形式如何，都有一定的体系。一门学科是否建立了科学的、完整的理论体系，关系到该学科的发展和繁荣。一门学科成熟的标志是其学科体系的科学化。科学的学科体系应当具备内容的完整性、结构的协调性、体系的开放性以及多层次性。作为独立的学科，刑事诉讼法学应当按照本学科的特有研究对象和独立的学术空间，形成和发展自己的体系。

研究刑事诉讼法学学科体系应该注意以下问题：

1. 注释法学与理论法学的关系：注释法学必不可少。只有准确、正确地理解现有法律，才能深入进行研究。注释法学在法学教育中的重要作用不应忽视，是法学研究中的一个必然阶段。注释法学与理论法学应该并重，无所谓孰重孰轻。

2. 诉讼原理与诉讼实务的关系：二者缺一不可，互为补充。理论来源于实践又指导实践，是实践的总结和升华。刑事诉讼法学是对刑事诉讼活动的规律和刑事诉讼立法与司法进行理论概括的科学。刑事诉讼法学应当成为以其自身的理论方法指导各种诉讼行为和诉讼活动的科学依据，反映其合理性和规律性。

【思考题】

1. 什么是刑事诉讼？
2. 刑事诉讼法的渊源是什么？
3. 三大诉讼法的区别有哪些？

第二章

中国刑事诉讼法的历史发展

提要与学习要求　本章需要了解中国古代及近现代的刑事诉讼的历史沿革，知晓中国古代刑事诉讼的基本特征，理解并掌握 1996 年、2012 年、2018 年《刑事诉讼法》三次修改的重点内容，通过对比把握《刑事诉讼法》的新发展。

■第一节　中国古代刑事诉讼法制的产生与发展[1]

中国古代是指从公元前 2600 年左右中国出现早期奴隶制国家时起，直到 1840 年清王朝走向灭亡这一漫长的历史时期，经过了奴隶制、封建制两个发展阶段。中国古代法制，包括刑事诉讼法制，是随着奴隶制国家的建立而逐步形成和发展起来的。

中国古代刑事诉讼法制究竟起源于何时，因史料甚少，无法准确认定。但是，从现有史料来看，有关惩治犯罪的规定在禹舜时期即已出现。据《舜典》记载，舜命皋陶执掌司法事务。有学者认为，由此可推测当时的刑事诉讼制度开始建立。

根据周礼的记载，周朝的诉讼有刑事诉讼和民事诉讼之分，一般称刑事诉讼为"狱"，称民事诉讼为"讼"。到战国时期，魏国李悝著《法经》六篇，后被采纳为魏国法典。《法经》中的"囚法"和"捕法"规定了有关刑事诉讼的规则。秦律中的"治狱"和"讯狱"两篇较详细地规定了有关诉讼程序和诉讼制度的一些问题。自隋唐以后，中国古代律令中开始有比较完备、系统的诉讼程序规范。例如，隋朝《开皇律》中的"斗讼"和"断狱"等明确规定了刑讯、听审等程序，后来为唐律所采纳，在《唐律疏议》中规定了"斗讼""捕亡""断狱"等篇。宋、元、明、清等历代律令沿袭前朝，变化不大。下面分别从几个方面对秦汉至明清的封建刑事

---

[1]　参见陈光中、沈国峰：《中国古代司法制度》，群众出版社 1984 年版。

诉讼法制的演进情况作简要介绍。

一、审判组织

（一）中央审判机关

秦汉中央设廷尉主管狱讼。汉武帝时，在内廷增设尚书负责断狱。三国两晋南北朝时期，中央审判机关一般仍为廷尉，但吴国为大理，北齐设大理寺，设大理寺卿为主官，隋唐均仿效北齐设大理寺，其中央司法机构为大理寺、刑部和御史台。唐时大要案均由大理寺卿、刑部侍郎、御史中丞三司会审，三司为最高审判组织。宋朝除设大理寺、刑部外，一度于宫中设审刑院，凡上奏案件，须先送达审刑院备案，再交付大理寺、刑部断复，并呈送审刑院评议后由皇帝裁决。元朝撤销了大理寺，设刑部和御史台，另设管理贵族事务的大宗正府为审判机构，主要审理蒙古人、色目人与涉及宗室等案件。明朝设刑部、都察院、大理寺为复核机关，而都察院既有权监督刑部的审判和大理寺的复核，又有权直接审理部分案件和参加"三法司"对重大疑难案件的会审。清朝与明朝略同，但刑部"部权特重"。此外，清朝设理藩院负责对少数民族犯罪案件的审判。

（二）地方审判机关

秦汉以郡守、县令为地方长官，拥有审判权。三国两晋南北朝时期，地方分为州、郡、县三级，州刺史、郡守、县令均兼理司法。隋唐时，地方只设州、县两级，刺史和县令为地方长官，并负责狱讼。宋朝的地方也设州、县两级，州设知州为长官，增设通判协理行政和司法事务，案件由知州和通判共同审理；县以知县为长官，兼管行政、司法。此外，在州以上设路为监察区，路的提点刑狱司则作为中央在地方的司法派出机构，监督所辖州县的司法审判工作。元朝的地方政权分为行省、路、府（州）、县四级。行省带有中央派出机构的性质，各级长官都有审判权。明朝的地方设省、府、县三级。省级设提刑按察使司为最高审判机关，直接受皇帝和中央审判机关领导；府、县的行政长官为知府、知县，兼掌司法。清朝仿效明制，地方设省、府、县（或州）三级。省设总督或巡抚为最高行政、军事和司法长官；督抚之下设布政司（藩司）主持行政，设按察司（臬司）专理刑狱；府、县的司法与明相同。

二、告诉制度

秦汉以后至明清，告诉制度大致相同。被害人告诉、其他知情人告诉、官吏举发、犯罪人自首在历朝都是司法机关开始审理刑事案件的缘由。唐律对告诉作了一定的限制，除谋反、叛逆以外，实行"亲亲相隐"原则，特别是子孙不得控告祖父母、父母，妻妾不得控告丈夫，下辈不得控告长辈，部曲、奴婢不得控告主人及主人之亲属。这明显反映了封建社会宗法家族统治的特点。

三、强制措施

汉唐以后历朝法典都有"捕亡"或类似的专篇规定刑事诉讼中的强制措施。其具体强制手段有逮捕、囚禁、追摄、勾问、保候等。

四、证据制度

从汉魏至明清，所有封建法典都对证据作了专门规定。从种类上看，有证人证言、物证、书证、被告人供述和勘验、检查笔录等。关于证人证言，汉朝以后仍很重视它在诉讼中的证明作用，但在取证手段和运作上较秦以前有所不同。汉唐法律都规定对证人可以拷讯，作伪证要负刑事责任，明清法律也有类似规定。此外，历朝法律都规定"亲亲相隐"者不作证，但唐明律规定，犯谋叛以上罪行的，不适用此规定。

五、庭审制度

汉朝以后历代审理刑事案件一般由一个法官独任审判，少数重大案件则由若干法官会同审判。这是沿袭西周的传统。但会审作为一种制度，始于唐朝的三司推事（即大理寺、刑部、御史台共同组成法庭审理大案、疑案）。明朝对重大案件，除三法司（刑部、大理寺、都察院）外，厂、卫也要参加会审。特别重大的案件由九卿会审。清朝沿袭明制。唐朝以前没有法官回避制度，《唐六典·刑部》规定："凡鞫狱官与被鞫人有亲属仇嫌者，皆听更之。"这是对法官回避制度的最早规定。宋朝规定的回避范围更广，包括姻亲、受业师和直接上级都要回避。元朝规定该回避不回避的要受处罚。明、清与元朝大体相同。

对于刑讯，汉朝以后逐渐形成一套完整的制度，至唐朝基本定型。根据唐律的规定，刑讯工具为讯杖，拷打不得超过3次，每次相隔20天，总数不得超过200次，拷打达到次数仍不承认的，就取保释放。但历朝法外刑讯花样很多，非常残暴，中国古代因刑讯而造成冤狱的不胜其数。

六、死刑程序

秦汉时的死刑，郡守有决定权，但到三国时期，死刑的决定权开始集中于皇帝。至隋唐，确立了死刑复奏制度，即中央司法机关判决死刑的，执行前还要奏报皇帝核准。史载隋朝将死刑复奏制度定为三复奏。唐朝法律规定，决死刑在京师五复奏，在诸州三复奏，犯恶逆以上及部曲、奴婢杀主案件一复奏。唐朝以后至明清，死刑复奏制度演变为秋审、朝审制度。秋审就是每年秋季，中央司法机关复审各省判处的死刑、缓期处决案件。对刑部或京城附近判处的死刑、缓期处决案件，复审时间略迟于秋审，称为朝审。

中国古代刑事诉讼制度的基本特征可以归纳为：

1. 司法和行政不分，行政机关兼理司法职能，皇帝拥有至高无上的权力，包括最高的司法权。在中国古代，司法权从属于行政权，不具有独立的地位。从地方到中央，司法权都是由各级行政机关行使。在唐朝以后，中央和地方司法机构审理的重大案件，尤其是死刑案件，需要奏请皇帝审核决定。

2. 刑事诉讼和民事诉讼差别不大，实体法和程序法不分。中国古代的法典大都以刑为主、刑民结合，以定罪、判刑等手段来调整绝大多数社会关系。中国古代的律令也没有实体法和程序法之分，有关诉讼程序的规范一般都与实体法律规范同时规定在法律中。在古代，刑事案件和民事案件在诉讼程序上没有太大的差异。

3. 控审职能不分，诉讼采取纠问式诉讼制度。中国古代诉讼基本采用纠问式的诉讼制度，这是由专制主义的政治制度和行政、司法不分的司法制度所决定的。

4. 刑讯逼供盛行。在中国古代历朝的律令中，刑讯一直都被视为获取口供和其他证据的非常重要的手段。刑讯被合法化，成为刑事诉讼中的一个法定的诉讼活动。而且，古代的刑讯不仅适用于被告人，还适用于证人等，这体现了古代统治者野蛮的重刑政策。

综上所述，中国封建刑事诉讼法制是随着社会进步始终向前发展的，其完善程度和先进性，在公元 15 世纪之前一直处于世界领先地位。但我们应当看到，我国的封建刑事诉讼制度体现出封建专制主义的本质特征，如司法与行政机关合一、皇帝有至高裁决权、刑讯逼供、公开的阶级与等级不平等，这些都是应当加以批判的。

■第二节　中国近现代刑事诉讼法制的沿革[1]

1840 年起，中国进入了半殖民地半封建的近代社会。期间，中国政治舞台变乱频仍，刑事诉讼法制也出现了复杂变化。本节仅就这一阶段刑事诉讼法制的主要发展线索进行简要介绍。

一、清朝末年的刑事诉讼法制

中国近代社会之所以被称为半殖民地半封建社会，在司法制度上最重要的标志就是领事裁判权的出现。领事裁判权是侵华的帝国主义列强在中国享有的特权之一，始于 1843 年的中英《虎门条约》和 1844 年的中美《望厦条约》。中国引进西方诉讼理论和诉讼制度是从"戊戌变法"以后开始的。1890 年，清政府任命沈家本为修订法律大臣，主持编订了一批以德、日等大陆法系国家的法典为模式的法律。1906年，沈家本编成并奏请清政府公布《大清刑事民事诉讼法（草案）》，但遇到了"汹汹反对之声"。清政府也认为该草案不能为社会所普遍接受，不具备实施条件，遂未

---

〔1〕　参见郭成伟等：《清末民初刑诉法典化研究》，中国人民公安大学出版社 2006 年版；李贵连：《沈家本传》，法律出版社 2000 年版。

将其颁行，下令法部再核议。中国历史上首部单行法典形式的程序法被束之高阁。但毋庸置疑，它是清末修订法律中效仿西方制定的第一部具有近代意义的法典草案，首次将诉讼法独立出来，打破了中华法系"诸法合体"的传统立法形式，堪称中国法律体系现代化的第一座丰碑，也是诉讼法法典化发展进程中的创举。当然，正是因为它是中国历史上第一部专门的诉讼法，其不成熟性也非常明显。首先，它属于"急就"而成，刑事、民事程序法合体，内容和结构简单，即使是沈家本也认为是过渡性法律；其次，它的内容存在缺陷，如没有诉讼阶段的区分、以审判为中心、一些重要的诉讼制度如公诉未提及；最后，反对者的意见未必没有道理，它确实存在与国情民俗不符的问题。无论怎样，虽然它被"搁置"，但其中的不少内容在以后的关于司法制度改革的法规中得以保存。以此为基础，1911 年修订完成了《大清刑事诉讼律草案》和《大清民事诉讼律草案》。尽管这两个草案均未审议颁行，但它们把刑事立法与民事立法分开，把实体法与程序法分开，具有重要的进步意义。其中，《大清刑事诉讼律草案》是中国历史上第一部法典化的刑事诉讼法，它引进了西方的诉讼原则和制度，相关立法更科学严谨，技术也日趋成熟，标志着中国刑事诉讼法开始独立发展。即使清朝覆亡，其依然被民国政府沿用。

二、南京临时政府——北洋军阀政府时期的刑事诉讼法制

辛亥革命以迅雷不及掩耳的速度推翻了清王朝，以孙中山为首的革命派组织了政府，并力图以法制原则重塑国家和民族，但最终决定继承清末的修律成果。南京临时政府于 1912 年 3 月 10 日发布《暂行援用前清法律及暂行新刑律令》，规定："现在民国法律未经议定颁布，所有从前施行之法律及新刑律，除与民国国体抵触各条，应失效力外，余均暂行援用，以资遵守。"南京临时政府还相继颁布了《中华民国临时政府组织大纲》和《中华民国临时约法》，确立了一些刑事诉讼制度和原则，如公开审判、独立审判、职权主义等。后来，历届北洋军阀政府除对前清刑事法律进行继受外，还根据其统治需要颁布了一些单行刑事诉讼法规，包括 1922 年施行的《刑事诉讼条例》，不过这往往是在清政府原有法律的基础上修订后公布施行的。北洋军阀政府还致力于收回治外法权，虽未彻底废除治外法权，但为南京国民政府最后废除治外法权奠定了基础。此外，北洋军阀政府还大量援用法院审判中的判例作为处理案件的依据。

三、国民党政府时期的刑事诉讼法制

1927 年，以蒋介石为首的国民党政府代替了北洋军阀政府的统治。1928 年，国民党政府公布了第一部全国通行的《中华民国刑事诉讼法》。1935 年，国民党政府又重新修订颁布了第二部全国通行的《中华民国刑事诉讼法》，该法共 9 编、516条。这部刑事诉讼法引进了德、意、日等国家"保安处分"的内容，是在北洋军阀政府的《刑事诉讼条例》基础上修订而成的。1932 年，国民党政府公布了《法院组织法》，共 15 章、91 条。该法规定"检察官对于法院，独立行使其职权"。

国民党政府的《中华民国刑事诉讼法》引进了许多西方资本主义国家先进的诉讼原则、制度和程序，如被告人有辩护权、禁止刑讯逼供、公开审判、上诉不加刑、自由心证等。但由于中国社会阶级矛盾、民族矛盾以及反动势力内部矛盾和斗争日趋激烈，国民党政府为了维护其统治地位，先后颁布了一系列特别法，设立了特别法院和特别程序，用以代替普通法院和普通程序，如 1927 年颁布的《特种刑事临时法庭组织条例》、1929 年颁布的《反革命案件陪审暂行法》、1944 年颁布的《特种刑事案件诉讼条例》、1948 年颁布的《特种刑事法庭组织条例》和《特种刑事法庭审判条例》等。这些法律的出台表明南京国民政府有强化镇压的需要，但客观上也促进了中国刑事诉讼法在形式上进一步细化，从而对南京国民政府构建六法体系起到作用。不过值得深思的是，上述特别法的实施使国民党政府仿效资本主义国家刑事程序而制定的刑事诉讼法名存实亡，未能得到有效实施。1949 年中华人民共和国成立以后，上述刑事诉讼法在我国台湾地区继续施行，屡经修改沿用至今。

■第三节　中华人民共和国刑事诉讼法的产生与发展

中华人民共和国刑事诉讼法发端于中国新民主主义革命时期，其产生和发展经历了一个漫长曲折的过程。

一、新民主主义革命时期刑事诉讼法制的产生

1924 年 1 月，中国国民党在中国共产党的帮助下召开了第一次全国代表大会。1925 年 7 月 1 日，在中国共产党的帮助和推动下，孙中山成立了广州国民政府。广州国民政府和北伐时期的武汉国民政府是"国共合作"的联合政府，是带有不同程度的新民主主义色彩的革命政权。广州国民政府在成立的当天就公布了《中华民国国民政府组织法》，1926 年又公布了《国民政府司法部组织法》，1927 年制定了《参审陪审条例》等。上述立法在一定程度上保护了广大人民群众的利益，保障了当时北伐战争的顺利进行，为我国后来建立刑事诉讼法制积累了经验。

1931 年 11 月中华苏维埃共和国中央工农民主政府在江西瑞金成立后，于 1931 年 12 月发布了《处理反革命案件和建立司法程序的训令（第六号）》，又于 1932 年 6 月发布了《裁判部暂行组织及裁判条例》，于 1934 年 4 月发布了《中华苏维埃共和国司法程序》，于 1934 年 5 月发布了《中华苏维埃共和国人民委员会训令》等。革命根据地的各级司法机关逐渐建立，上述立法规定了根据地司法机关审判案件的主要程序和制度。

1939 年 1 月，陕甘宁边区政府公布了《陕甘宁边区高等法院组织条例》，又分别于 1942 年 2 月公布了《陕甘宁边区保障人权财权条例》，1942 年 8 月公布了《陕

甘宁边区政府审判委员会组织条例》，1943 年 1 月公布了《陕甘宁边区军民诉讼暂行条例》，1943 年 3 月颁布了《陕甘宁边区高等法院分庭组织条例草案》和《陕甘宁边区县司法处组织条例草案》。上述一系列法律文件确立了抗日战争时期陕甘宁边区的刑事诉讼原则和制度。

1949 年 1 月华北人民政府发布了《为清理已决及未决案犯的训令》（法行字第 1 号），1949 年 2 月中共中央发布了《关于废除国民党的六法全书与确定解放区的司法原则的指示》以及同年 4 月华北人民政府发布的《废除国民党的六法全书及一切反动法律的训令》等。其中，《关于废除国民党的六法全书与确定解放区的司法原则的指示》总结了我国新民主主义革命时期人民司法建设的丰富经验，对新中国成立后的社会主义刑事诉讼法制建设产生了重大影响。[1]

二、社会主义革命时期刑事诉讼法制的确立

（一）新中国成立初期至"文革"时期

1949 年 10 月 1 日，中华人民共和国宣告成立。从此，我国进入了社会主义法制建设的新时期。

我国《刑事诉讼法》的起草工作开始于 20 世纪 50 年代初期。1954 年，中央人民政府法制委员会曾经草拟过《中华人民共和国刑事诉讼条例（草案）》。1956 年，全国人民代表大会委托最高人民法院负责刑事诉讼法的起草工作，并组成了专门机构，于次年 5 月拟出了《中华人民共和国刑事诉讼法草案（草稿）》。后又在征求各方意见的基础上对草稿进行了修改，于 1957 年 6 月拟出《中华人民共和国刑事诉讼法（初稿）》。1962 年 6 月，中央政法小组主持并恢复了刑事诉讼法草案的修订工作，于 1963 年 4 月拟出了《中华人民共和国刑事诉讼法草案（初稿）》，共 7 编、18 章、200 条。但随着政治运动的开展，刑事诉讼法的制定工作陷入长期的停顿。

（二）改革开放新时期开始新中国第一部刑事诉讼法典诞生

1979 年 5 月，在党的十一届三中全会召开之后，全国人民代表大会常务委员会法制委员会开始了制定刑事诉讼法的准备工作。这次立法以 1963 年形成的《中华人民共和国刑事诉讼法草案》为基础，经过反复修改和补充，于 1979 年提请第五届全国人民代表大会第二次会议审议通过，并予以公布，该法于 1980 年 1 月 1 日起施行。至此，新中国历史上第一部刑事诉讼法典诞生了。

《刑事诉讼法》颁行后，全国人民代表大会常务委员会陆续颁布了一系列单行法规，对陪审制度、审判组织、审判程序、办案期限、死刑复核权等问题，均作了一些补充和修改。其中较为重要的有：1983 年 9 月 2 日颁布的《关于修改〈人民法院组织法〉的决定》，1983 年 9 月 2 日颁布的《关于迅速审判严重危害社会治安的犯罪分子的程序的决定》，1984 年 7 月 7 日颁布的《关于刑事案件办案期限的补充

---

〔1〕《中国法制史》编写组主编：《中国法制史》，高等教育出版社 2019 年版。

规定》，等等。

（三）1996 年《刑事诉讼法》的修改进程以及贯彻

进入 20 世纪 90 年代以后，刑事诉讼司法实践强烈呼吁对法律进行完善，学界也已有必要的理论准备，并对许多国家和地区的刑事诉讼理论与实践作了多方考察、研讨、论证。1993 年，全国人民代表大会常务委员会法制工作委员会正式将修改刑事诉讼法列入其立法议事日程，并委托刑事诉讼法学方面的专家组织起草刑事诉讼法修改建议稿。经过调查研究和起草工作，全国人民代表大会常务委员会法制工作委员会对修改建议稿进行了补充、修改，终于在 1995 年 12 月草拟出《中华人民共和国刑事诉讼法修正案（草案）》，提交第八届全国人民代表大会常务委员会第十七次会议审议。

1996 年 3 月，全国人民代表大会常务委员会经过广泛征求意见和反复补充、修改，最终完成了《中华人民共和国刑事诉讼法修正案（草案）》和《中华人民共和国刑事诉讼法（修改草案）》的起草工作，并提交第八届全国人民代表大会第四次会议审议。同年 3 月 17 日，《关于修改〈中华人民共和国刑事诉讼法〉的决定》（以下简称 1996 年《修改决定》）正式通过，并于 1997 年 1 月 1 日起施行。修正后的《刑事诉讼法》分 4 编 17 章，共计 225 条。

1996 年 3 月对《刑事诉讼法》的修改是中国刑事诉讼法制的重大改革，意义重大，影响深远。具体而言，这次修改的内容主要有以下几方面：

1. 确立了未经人民法院依法判决，对任何人都不得确定有罪的原则。与此相适应，取消了免予起诉制度，完善了不起诉制度，并在审查起诉与一审判决中确立了疑罪从无的原则。

2. 确立了人民检察院依法对刑事诉讼进行法律监督的原则，增加了立案监督程序和执行监督程序，加强了对刑事诉讼的法律监督机制。

3. 改善了辩护制度。将辩护人参加刑事诉讼的时间，由审判阶段提前到审查起诉阶段，并规定在侦查阶段，律师可以为犯罪嫌疑人提供法律帮助，可以会见在押的犯罪嫌疑人。

4. 取消了开庭前的实体审查，改革了法庭调查程序，实行控辩制衡对抗、法官居中裁判的庭审方式，增加了合议庭的职责。

5. 废除了重罪从快的特别程序，增设了轻罪从快的简易程序。1996 年《修改决定》中明确规定，自 1997 年 1 月 1 日起废止《关于迅速审判严重危害社会治安的犯罪分子的程序的决定》，同时增设仅对部分相对简单轻微的一审案件适用的简易程序，实现繁简分流，从而节约了司法资源。

6. 完善了强制措施。将适用多年的收容审查制度取消。同时，放宽了逮捕条件，增加了拘留对象，延长了拘留时间，明确了拘传、取保候审和监视居住等措施的条件与要求。

7. 明确了诉讼主体的权利义务，加强了对诉讼参与人，尤其是被害人的法律保护。这表现在调整公安司法机关的职能管辖范围，赋予被害人、当事人诉讼地位，增设被害人将公诉案件转为自诉案件的诉讼程序。此外，还增设了诉讼代理人制度。

此后，我国立法机关、司法机关等相关机关又针对《刑事诉讼法》的具体适用规定了各种（类）法律解释、规定等，主要包括：1998 年 1 月 19 日公布施行的六机关《规定》；1998 年 5 月 14 日发布并施行的公安部《规定》；1998 年 9 月 8 日起施行的最高法《解释》；1999 年 9 月 21 日发布并施行的最高检《规则》；其他有关某项专门问题的司法解释；等等。这些都对刑事诉讼的司法实践起到了非常重要的指导作用。

自 1997 年 1 月 1 日修改后的《刑事诉讼法》颁布实施以来，我国法治发展又上了新的台阶。首先，2004 年我国将"国家尊重和保障人权"郑重写入《宪法》，有力地促进了刑事诉讼法学的发展。其次，与刑事诉讼相关的各项法律、法规包括司法解释等陆续公布、实施。例如，全国人民代表大会常务委员会修改后的《国家赔偿法》于 2010 年 12 月 1 日起施行，修改后的《律师法》于 2008 年 6 月 1 日正式实施；2004 年《电子签名法》、2004 年《关于完善人民陪审员制度的决定》、2005 年《关于司法鉴定管理问题的决定》、2006 年《关于修改〈中华人民共和国人民法院组织法〉的决定》等相继出台；2003 年国务院颁布了《法律援助条例》。此外，还有诸多的司法解释或其他规定，如"两高三部"[1]《关于办理死刑案件审查判断证据若干问题的规定》《关于办理刑事案件排除非法证据若干问题的规定》（以下简称《两个证据规定》）《关于规范量刑程序若干问题的意见（试行）》，中央综治委预防青少年违法犯罪工作领导小组、最高人民法院、最高人民检察院、公安部、司法部、共青团中央《关于进一步建立和完善办理未成年人刑事案件配套工作体系的若干意见》；最高人民法院的《关于严格执行公开审判制度的若干规定》《关于审判人员严格执行回避制度的若干规定》《关于严格执行案件审理期限制度的若干规定》《关于审理刑事附带民事诉讼案件有关问题的批复》《关于刑事附带民事诉讼范围问题的规定》《关于复核死刑案件若干问题的规定》《关于充分发挥刑事审判职能作用深入推进社会矛盾化解的若干意见》；最高人民检察院的《关于实行人民监督员制度的规定》《关于办理当事人达成和解的轻微刑事案件的若干意见》《关于省级以下人民检察院立案侦查的案件由上一级人民检察院审查决定逮捕的规定（试行）》《关于省级以下人民检察院对直接受理侦查案件作撤销案件、不起诉决定报上一级人民检察院批准的规定（试行）》；等等。应当注意的是，我国先后加入或签署了 20 余项国际人权公约，其中比较重要的公约包括：内容多涉及刑事诉讼准则的《公民权利和政治权利国际公约》（我国于 1998 年 10 月 5 日签署，正在等待全国人民代表大会常务委员会的批准），包含较多刑事诉讼程序的 2003 年 8 月 27 日全国人民代表大会常务委员会已经批准的《联合国打击跨国有组织犯罪公约》、2005 年 10 月 27 日批准

---

〔1〕 "两高三部"指最高人民法院、最高人民检察院、公安部、国家安全部、司法部。

的《联合国反腐败公约》。

（四）2012 年《刑事诉讼法》修改重点

1997 年修改后的《刑事诉讼法》实施以后，一方面它的贯彻落实成为法学立法、司法和学术界共同的责任；另一方面，按照国家有关司法改革的总体要求，"《刑事诉讼法》的再修改"与"证据立法"成为新的研究热点，经过多方十数年的不懈努力，有了众多的成果与突破，取得了长足的进步。有关《刑事诉讼法》进行修改完善的必要性，[1]主要体现为：①是进一步加强惩罚犯罪和保护人民的需要；②是加强和创新社会管理，维护社会和谐稳定的需要；③是深化司法体制改革和工作机制改革的需要。修改过程中注意把握的问题[2]，主要包括：①坚持从我国基本国情出发，循序渐进地推进我国刑事诉讼制度的发展；②坚持统筹处理好惩治犯罪与保障人权的关系；③坚持着力解决在惩治犯罪和维护司法公正方面存在的突出问题。2012 年修改《刑事诉讼法》过程中的一个突出的特点是，2011 年 8 月 24 日全国人大通过其官方网站将《中华人民共和国刑事诉讼法修正案（草案）》全文公布，向全社会公开征求意见。引发了广大公众的广泛关注和积极参与，全国人大先后收到修改建议八万余条，充分体现了这次修改法律过程的民主性和开放性，这在我国立法史上具有里程碑意义。

2012 年 3 月 14 日，第十一届全国人民代表大会第五次会议审议通过了《关于修改〈中华人民共和国刑事诉讼法〉的决定》（以下简称 2012 年《修改决定》）。2012 年《修改决定》共 111 条，对原《刑事诉讼法》修改和增加共 140 多处，其中增加66 条、修改 82 条、删除 1 条。修改后的《刑事诉讼法》总计 5 编、24 章、290 条，于 2013 年 1 月 1 日起施行。

2012 年《刑事诉讼法》修改对于惩罚犯罪，尊重和保障人权，推进司法公正具有重要的意义和作用，修改的主要内容可以归纳为以下八个方面：[3]

1. 秉承《宪法》的重要原则，将"尊重和保障人权"写入《刑事诉讼法》的任务中。

2. 完善证据制度，具体包括：①设立非法证据排除制度。②完善证人、鉴定人出庭制度。③加强对证人、鉴定人、被害人的保护。④对刑事案件证明标准作出具体化规定。⑤对证据种类作出调整。⑥明确举证责任由控方承担。⑦明确行政机关在行政执法和办理案件过程中收集的证据可以在刑事诉讼中使用。⑧规定对涉及商业秘密、个人隐私的证据应当保密。

---

〔1〕　王兆国：第十一届全国人民代表大会第五次会议《关于〈刑事诉讼法〉修改草案的说明》，2012 年 3 月 8 日。

〔2〕　王兆国：第十一届全国人民代表大会第五次会议《关于〈刑事诉讼法〉修改草案的说明》，2012 年 3 月 8 日。

〔3〕　全国人大常委会法制工作委员会刑法室编著：《刑事诉讼法修改前后条文对照表》，人民法院出版社 2012 年版，第 1~18 页。

3. 完善强制措施，具体包括：①进一步明确逮捕条件，对于具有社会危险性的情形予以明确列举，同时规定了应当逮捕的情形。②对人民检察院审查批准逮捕程序作出具体规定。③规定拘留、逮捕后应立即送往看守所羁押。④完善监视居住措施。⑤完善取保候审措施。⑥完善采取强制措施后通知家属的规定。⑦增加检察院对羁押必要性的审查。

4. 完善辩护制度，具体包括：①明确犯罪嫌疑人在侦查阶段可以委托辩护人。②犯罪嫌疑人在押的，其监护人、近亲属可代为委托辩护人。③规定辩护人接受委托后应告知办案机关。④取消了涉及国家秘密的案件，犯罪嫌疑人聘请律师应当经侦查机关批准的规定。⑤完善辩护律师会见犯罪嫌疑人程序。⑥完善辩护律师阅卷程序。⑦完善辩护人在各诉讼阶段的职权义务。⑧辩护人、诉讼代理人对阻碍其行使诉讼权利的情形有权提出申诉、控告。⑨对于辩护人涉嫌伪证罪的案件管辖作出特别规定。⑩扩大法律援助的适用范围，辩护人有权申请变更强制措施。

5. 完善侦查措施，具体包括：①完善讯问犯罪嫌疑人的规定。②将特别重大、复杂案件传唤、拘传的时间延长至24小时。③规定传唤、拘传应当保证犯罪嫌疑人的饮食和必要的休息时间。④规定讯问犯罪嫌疑人的录音录像制度。⑤增加询问证人可以在现场、证人提出的地点进行。⑥规定检查人身，可以采集指纹信息、血液、尿液等生物样本。⑦在查询、冻结的范围中增加规定债券、股票、基金份额等财产，增加查封措施。⑧对技术侦查措施进行规范。⑨规定隐匿身份进行侦查和控制下交付的侦查措施。⑩当事人和辩护人、诉讼代理人、利害关系人有权对司法机关及其工作人员的违法行为进行申诉、控告，并规定了相应程序。⑪规定侦查终结前根据律师要求听取其意见。

6. 完善审判程序，具体包括：①调整中级人民法院的管辖范围。②完善附带民事诉讼程序。③完善简易程序。④完善一审程序。⑤完善二审程序。⑥规定判决应当对查封、扣押、冻结的财物作出处理。⑦完善审理期限的规定。⑧完善死刑复核程序。⑨完善审判监督程序。

7. 完善执行程序，具体包括：①规定判决书生效后10日内将法律文书送达公安机关、监狱。②将看守所代为执行的人员范围修改为剩余刑期在3个月以下有期徒刑的罪犯。③完善暂予监外执行的适用。④规定对管制、缓刑、假释或暂予监外执行的罪犯进行社区矫正。⑤执行机关提出减刑、假释建议书应当同时抄送人民检察院，人民检察院可以提出意见。

8. 增加规定特别程序，主要包括：①未成年人刑事案件诉讼程序。②当事人和解的公诉案件诉讼程序。③犯罪嫌疑人、被告人逃匿、死亡案件违法所得的没收程序。④依法不负刑事责任的精神病人的强制医疗程序。

伴随着修改后的《刑事诉讼法》于2013年1月1日正式实施，有关的司法解释和规范性文件经过及时地调整、修正后也陆续被制定出来并同步开始运行，它们主要是：六机关《规定》，共计40条；最高法《解释》，共计24章、548条；最高检

《规则》，共计 17 章、708 条；公安部《规定》，共计 14 章、376 条。它们的推出与贯彻，有利于严格和规范执法行为，提升司法权威，确保刑事诉讼的顺利进行。此前发布的司法解释和规范性文件若与之不一致的，以此为准。

（五）2012 年《刑事诉讼法》的落实与 2018 年《刑事诉讼法》修改的背景

2012 年《刑事诉讼法》开始实施之后，其他法律、法规、司法解释和规范性文件等，无论是新颁布还是已有的，如果与之没有矛盾或是被新的规定替代、废止的，都继续有效。本节（三）中所列举的法律、法规，大部分迄今有效，但也有部分已经变化。例如，《监狱法》《国家赔偿法》《律师法》《人民警察法》于 2012 年再行修改，2013 年 1 月 1 日与修改后的《刑事诉讼法》同步开始实施；最高人民法院、最高人民检察院、公安部、司法部 2013 年 2 月 4 日印发了《关于刑事诉讼法律援助工作的规定》，于 2013 年 3 月 1 日起施行，之前 2005 年发布的同名文件被废止；相应地，关于刑事诉讼中的辩护与代理、法律援助等，陆续颁布了一系列规范，例如：2014 年最高人民检察院发布的《关于依法保障律师执业权利的规定》，2015 年最高人民法院发布的《关于依法切实保障律师诉讼权利的规定》，2015 年中共中央办公厅、国务院办公厅印发的《关于完善法律援助制度的意见》，最高人民法院、最高人民检察院、公安部、国家安全部、司法部发布的《关于依法保障律师执业权利的规定》，2016 年司法部、中央军委制定的《军人军属法律援助工作实施办法》，2018 年最高人民法院、司法部发布的《关于依法保障律师诉讼权利和规范律师参与庭审活动的通知》，2017 年最高人民法院、最高人民检察院、司法部发布的《关于逐步实行律师代理申诉制度的意见》等。

再如，"两高三部"《关于适用简易程序审理公诉案件的若干意见》《关于适用普通程序审理"被告人认罪案件"的若干意见（试行）》以及最高人民法院、最高人民检察院《关于死刑第二审案件开庭审理程序若干问题的规定》被废止；《关于审判人员严格执行回避制度的若干规定》被《关于审判人员在诉讼活动中执行回避制度若干问题的规定》替代；《两个证据规定》仍然实施，其中，2017 年 6 月 20 日，最高人民法院、最高人民检察院、公安部、国家安全部、司法部将中央全面深化改革领导小组第三十四次会议审议通过的《关于办理刑事案件严格排除非法证据若干问题的规定》予以印发。如果说 2010 年"两高三部"《关于办理刑事案件排除非法证据若干问题的规定》和之后 2012 年《刑事诉讼法》的修改确立了我国刑事诉讼中的非法证据排除规则，那么，进一步完善二者则十分必要，二者相得益彰，相持互补。[1]

应当注意的是，第十二届全国人民代表大会常务委员会第八次会议于 2014 年 4 月 27 日通过了关于《刑事诉讼法》的三项立法解释，分别是对 2012 年《刑事诉讼

---

[1] 参见戴长林、刘静坤、朱晶晶："《关于办理刑事案件严格排除非法证据若干问题的规定》的理解与适用"，载《人民司法（应用）》2017 年第 22 期。

法》第79条第3款、第254条第5款、第257条第2款和第271条第2款作出。与2018年修改后的《刑事诉讼法》比照，以上条款分别对应《刑事诉讼法》第81条第4款；第265条第5款；第68条第2款和第282条第2款。

需要特别指出，2013年11月9~12日召开的中国共产党十八届中央委员会第三次全体会议作出了《中共中央关于全面深化改革若干重大问题的决定》，就司法改革提出了一系列重要措施，其中，与刑事诉讼相关的主要包括：①确保依法独立和公正行使审判权和检察权，推动省以下地方法院、检察院人、财、物统一管理，建立与行政区划适当分离的司法管辖制度；②健全司法权力分工负责、互相配合、互相制约机制，加强和规范对司法活动的法律监督和社会监督；③改革审判委员会制度，完善主审法官、合议庭办案责任制，让审理者裁判、由裁判者负责；④明确各级法院职能定位，规范上下级法院审级监督关系；⑤推进审判公开、检务公开，录制并保留全程庭审资料；⑥增强法律文书的说理性，推动公开法院生效裁判文书；⑦严格规范减刑、假释、保外就医程序，强化监督制度；⑧广泛实行人民陪审员、人民监督员制度，拓宽人民群众有序参与司法的渠道；⑨完善人权司法保障制度，强调国家尊重和保障人权；⑩进一步规范查封、扣押、冻结、处理涉案财物的司法程序；⑪健全错案防止、纠正、责任追究机制，严禁刑讯逼供、体罚虐待，严格实行非法证据排除规则；⑫废止劳动教养制度，健全社区矫正制度。

2014年6月27日，第十二届全国人民代表大会第九次会议通过了《关于授权最高人民法院、最高人民检察院在部分地区开展刑事案件速裁程序试点工作的决定》。开展刑事案件速裁程序试点工作，旨在进一步推动案件繁简分流，优化司法资源配置，提高办理刑事案件的质量与效率，维护当事人的合法权益，促进社会和谐稳定，并为改革、完善《刑事诉讼法》积累实践经验。2014年8月，最高人民法院、最高人民检察院、公安部、司法部制定了《关于在部分地区开展刑事案件速裁程序试点工作的办法》，在北京等18个城市开展了刑事案件速裁程序试点工作。速裁程序还成为刑事诉讼中认罪认罚从宽制度的先行探索。

2014年12月20~23日召开的中国共产党十八届中央委员会第四次全体会议作出了《中共中央关于全面推进依法治国若干重大问题的决定》。这一《决定》提出："公正是法治的生命线。司法公正对社会公正具有重要引领作用，司法不公对社会公正具有致命破坏作用。必须完善司法管理体制和司法权力运行机制，规范司法行为，加强对司法活动的监督，努力让人民群众在每一个司法案件中感受到公平和正义。"

推进以审判为中心的诉讼制度改革，是党的十八届四中全会部署的重大改革任务，事关依法惩罚犯罪、切实保障人权，是保证司法公正、提高司法公信力的重要举措。为了贯彻落实《中共中央关于全面推进依法治国若干重大问题的决定》，2016年6月27日，中央全面深化改革领导小组第二十五次会议审议通过了《关于推进以审判为中心的刑事诉讼制度改革的意见》。2016年10月，最高人民法院、最高人民检察院、公安部、国家安全部、司法部发布了《关于推进以审判为中心的刑事诉讼制度改革的意见》。该《意见》共 21 条，有四大特点：[1]一是牢牢把握改革的正确方向，立足我国国情和司法实际，坚持公、检、法三机关分工负责、互相配合、互相制约的宪法原则不动摇，在我国社会主义司法制度和刑事诉讼制度自我完善的框架内进行制度机制的完善；二是涵盖内容十分丰富，涉及侦查、起诉、审判、辩护、法律援助、司法鉴定等多个领域、多个环节；三是始终坚持问题导向，围绕冤假错案暴露出的有罪推定等错误司法理念不同程度存在，关键性诉讼制度未能真正落到实处，侦查、起诉、审判等职能作用未能得到充分发挥等问题，有针对性地从贯彻证据裁判要求、规范侦查取证、完善公诉机制、发挥庭审关键作用、尊重和保障辩护权和当事人诉讼权利、义务等方面提出改革举措；四是注重统筹兼顾，坚持惩治犯罪与保障人权、司法公正与司法效率、实体公正与程序公正、司法文明进步与维护社会大局稳定相统一，既充分考虑现实条件，又遵循诉讼原理和司法规律，力争各项改革措施切实可行。此前，作为保障人权，加强法律监督的重要举措，最高人民检察院已于 2015 年 6 月制定了《人民检察院刑事诉讼执行检察部门预防和纠正超期羁押和久押不决案件工作规定（试行）》，2016 年 1 月颁布了《人民检察院办理羁押必要性审查案件规定（试行）》。

2016 年 7 月，中央全面深化改革领导小组第二十六次会议审议通过了《关于认罪认罚从宽制度改革试点方案》，2016 年 9 月，全国人民代表大会常务委员会通过了《关于授权在部分地区开展刑事案件认罪认罚从宽制度试点工作的决定》，授权最高人民法院、最高人民检察院在上述 18 个城市开展认罪认罚从宽制度试点，扩大范围后的速裁程序试点纳入其中继续进行。

有关刑事诉讼中的特别程序，最高人民检察院于 2016 年制定了《人民检察院强制医疗执行检察办法（试行）》、2017 年制定了《未成年人刑事检察工作指引（试行）》、2018 年制定了《人民检察院强制医疗决定程序监督工作规定》；最高人民法院、最高人民检察院于 2017 年颁布了《关于适用犯罪嫌疑人、被告人逃匿、死亡案件违法所得没收程序若干问题的规定》。

（六）2018 年《刑事诉讼法》修改重点

2017 年 10 月 18～24 日，中国共产党第十九次全国代表大会召开，标志着中国特色社会主义进入新时代。在全面依法治国、推进国家治理现代化的时代背景下，党的十八大以来已着手的刑事诉讼制度改革进入了关键阶段，包括自 2014 年起有关刑事案件速裁程序和后续展开的认罪认罚从宽制度的试点中可复制、可推广、行之有效的成果，还有一系列其他改革举措、配套措施等亟待在立法中得以规定。

2018 年 3 月 20 日，《中华人民共和国监察法》（以下简称《监察法》）由第十三届全国人民代表大会第一次会议通过，自公布之日起施行。2018 年 4 月，对应《监

---

[1]　参见《最高人民法院、最高人民检察院、公安部、司法部有关负责人解读〈关于推进以审判为中心的刑事诉讼制度改革的意见〉》，载 www.gov.cn，访问时间：2016 年 10 月 10 日。

察法》的贯彻实施以及与《刑事诉讼法》的衔接，《国家监察委员会管辖规定（试行）》《关于人民检察院立案侦查司法工作人员相关职务犯罪若干问题的规定》相继颁布实施，国家监察委员会和最高人民检察院联合制定下发了《国家监察委员会与最高人民检察院办理职务犯罪案件工作衔接办法》。其中，对检察机关提前介入调查工作，检察机关受理和指定管辖，留置和刑事强制措施的衔接，审查起诉的主要职责，退回补充调查和自行补充侦查，提起公诉和不起诉等均有必要规范，比较有效地解决了司法实践中的困惑与需求。至此，鉴于人民检察院直接受理案件的立案管辖权在市级，之前根据司法解释决定逮捕"上提一级"的规定不再适用，撤销案件和不起诉的情形则仍然适用。[1]

2018 年 10 月 26 日，第十三届全国人民代表大会常务委员会第六次会议通过了《关于修改〈中华人民共和国刑事诉讼法〉的决定》（以下简称 2018 年《修改决定》），完成了对《刑事诉讼法》的最新一次修改。从具体内容看，2018 年《修改决定》共 26 条，涉及《刑事诉讼法》18 个条文，修改后由原来的 290 条增加到 308条。修改的主要目标在于贯彻落实深化国家监察体制改革、反腐败追逃追赃、深化司法体制改革等方面的重大决策部署，对进一步完善中国特色刑事诉讼制度，推进国家治理体系和治理能力现代化，具有重要意义。法律修改重点有四个方面：[2]

第一，完善与《监察法》的衔接，调整人民检察院侦查职权：①删去人民检察院对贪污贿赂等案件行使侦查权的规定，保留人民检察院对在诉讼活动监督中发现的司法工作人员利用职权实施的非法拘禁、刑讯逼供、非法搜查等侵犯公民权利、损害司法公正的犯罪的侦查权。②相应修改有关程序规定，在《刑事诉讼法》关于侦查期间辩护律师会见经许可、指定居所监视居住、采取技术侦查措施的规定中，删去了有关贪污贿赂犯罪的内容。③对人民检察院审查起诉监察机关移送的案件、留置措施与刑事强制措施之间的衔接机制作出规定。明确人民检察院对于监察机关移送起诉的案件，依照《刑事诉讼法》和《监察法》的有关规定进行审查；认为需要补充核实的，应当退回监察机关补充调查，必要时可以自行补充侦查。对于监察机关移送起诉的已采取留置措施的案件，人民检察院应当对犯罪嫌疑人先行拘留，留置措施自动解除，人民检察院应当在 10 日以内作出是否逮捕、取保候审或者监视居住的决定。在特殊情况下，决定的时间可以延长 1~4 日。人民检察院决定采取强制措施的期间不计入审查起诉期限。

第二，建立刑事缺席审判制度：①建立犯罪嫌疑人、被告人在境外的缺席审判程序，明确缺席审判的案件范围。规定对于贪污贿赂犯罪案件，以及需要及时进行

---

〔1〕　参见陈国庆："刑事诉讼法修改与刑事检察工作新发展"，载《国家检察官学院学报》2019 年第 1
　　　期；孙谦："检察机关贯彻修改后刑事诉讼法的若干问题"，载《国家检察官学院学报》2018 年第
　　　6 期。

〔2〕　参见王爱立主编：《新刑事诉讼法修改前后条文对照表》，人民法院出版社 2018 年版，第 1~5 页。

审判，经最高人民检察院核准的严重危害国家安全犯罪、恐怖活动犯罪案件，犯罪嫌疑人、被告人在境外，监察机关、公安机关移送起诉，人民检察院认为犯罪事实已经查清、证据确实、充分，依法应当追究刑事责任的，可以向人民法院提起公诉。人民法院进行审查后，对于起诉书中有明确指控犯罪事实，符合缺席审判程序适用条件的，应当决定开庭审判。②规定犯罪嫌疑人、被告人在境外的缺席审判的具体程序。一是明确由犯罪地、被告人居住地或者最高人民法院指定的中级人民法院组成合议庭进行审理。二是规定人民法院通过司法协助方式或者被告人所在地法律允许的其他方式，将传票和起诉书副本送达被告人。三是规定被告人未按要求到案的，人民法院应当开庭审理，依法作出判决，并对违法所得及其他涉案财产作出处理。③充分保障被告人的诉讼权利。一是对委托辩护和提供法律援助作出规定。二是赋予被告人的近亲属上诉权。三是规定人民法院应当告知罪犯有权对判决、裁定提出异议。罪犯提出异议的，人民法院应当重新审理。④根据司法实践情况和需求，增加对被告人患有严重疾病中止审理和被告人死亡可以缺席审判的规定。

第三，完善认罪认罚从宽制度和增加速裁程序：①在《刑事诉讼法》第一编第一章中明确刑事案件认罪认罚可以依法从宽处理的原则，以此作为统领性规定。②完善刑事案件认罪认罚从宽的程序规定，包括侦查机关告知诉讼权利和将认罪情况记录在案；人民检察院在审查起诉阶段就案件处理听取意见，犯罪嫌疑人认罪认罚的，签署认罪认罚具结书；人民检察院提出量刑建议和人民法院如何采纳量刑建议；人民法院审查认罪认罚自愿性和具结书真实性、合法性等，并规定犯罪嫌疑人认罪认罚，有重大立功或者案件涉及国家重大利益的，经最高人民检察院核准，可以撤销案件或者不起诉。③增加速裁程序。该程序适用于基层人民法院管辖的可能判处 3 年有期徒刑以下刑罚、被告人认罪认罚，民事赔偿问题已经解决的案件。规定速裁程序不受《刑事诉讼法》规定的送达期限的限制，一般不进行法庭调查、法庭辩论，但应当听取辩护人的意见和被告人的最后陈述意见；应当当庭宣判。同时，对办案期限和不宜适用速裁的程序转化作出规定。④对诉讼权利告知、建立值班律师制度、明确将认罪认罚作为采取强制措施时判断社会危险性的考虑因素等作出规定。

第四，与已经制定或者修改的法律相衔接，作出相应修改：①与全国人大常委会已经通过的《刑法修正案（九）》相衔接，对有关被判处死刑缓期执行的罪犯重新犯罪的处理和被判处财产刑的刑罚执行程序作出相应修改。②《律师法》《公证法》等法律根据建立终身禁止从事法律职业制度的要求作了修改，规定被开除公职和被吊销律师、公证员执业证书的人，不得担任辩护人，但系犯罪嫌疑人、被告人的监护人、近亲属的除外。《刑事诉讼法》增加了相应规定。③《人民陪审员法》规定，人民陪审员参与审判案件时，由审判员和人民陪审员共 3 人或者 7 人组成合议庭进行。与《人民陪审员法》的规定相衔接，《刑事诉讼法》作出相应修改。④2018 年 6 月，第十三届全国人大常委会第三次会议通过的《关于中国海警局行使海上维权执法职权的决定》规定：中国海警局履行海上维权执法职责，执行打击海上违法犯罪活动、维护海上治安和安全保卫等任务，行使法律规定的公安机关相应执法职权，同时要求在条件成熟时修改有关法律。为与此《决定》相衔接，在《刑事诉讼法》附则中增加规定，中国海警局履行海上维权执法职责，对海上发生的刑事案件行使侦查权，以明确中国海警局的侦查主体地位，并规定中国海警局办理刑事案件，适用《刑事诉讼法》的有关规定。相应的司法解释正在修订中。

2018 年 10 月 26 日，第十三届全国人民代表第六次会议通过了 2018 年《修改决定》等 7 部法律的修订，包括《人民法院组织法》《人民检察院组织法》，它们于 2019 年 1 月 1 日起生效；《国际刑事司法协助法》自公布之日起施行，它是一部新制定的法律，具有与《监察法》有效衔接的重要价值，填补了反腐败刑事司法协助国际合作的国内法律空白，确定了国家监察委员会为国际刑事司法协助的主管机关之一，为监察机关依法履行职责，深入开展反腐败国际合作和反腐败追逃追赃工作等提供了坚实的法律基础。

2018 年 12 月 27 日，最高人民法院、司法部印发《关于扩大刑事案件律师辩护全覆盖试点范围的通知》，将 2017 年 10 月以来最高人民法院、司法部发布的《关于开展刑事案件律师辩护全覆盖试点工作的办法》在北京等 8 个省（直辖市）积极探索的刑事案件律师辩护全覆盖工作试点范围扩大到全国 31 个省（自治区、直辖市）和新疆生产建设兵团。[1]

继 2016 年 9 月最高人民法院、最高人民检察院、公安部印发《关于办理刑事案件收集提取和审查判断电子数据若干问题的规定》后，2019 年 1 月，公安部印发了《公安机关办理刑事案件电子数据取证规则》。

2018 年 4 月 27 日，第十三届全国人民代表大会审议通过了《人民陪审员法》，该法自公布之日起施行。2019 年 2 月 18 日，最高人民法院审判委员会审议通过了《关于适用〈中华人民共和国人民陪审员法〉若干问题的解释》[2]，该法释自 2019 年 5 月 1 日起施行。

2019 年 2 月 25 日，司法部《全国刑事法律援助服务规范》发布实施。这是首个刑事法律援助服务行业标准，共 9 章。它对刑事法律援助服务原则、服务类型、法律咨询、值班律师法律帮助、刑事法院援助和服务质量控制等提出具体要求，并给出了承办阶段归档材料目录，为规范刑事法律援助服务提供了指导，可操作性强。

2019 年 3 月 25 日，最高人民法院审判委员会审议通过了《关于办理减刑、假释

---

[1]　参见最高人民法院、司法部《〈关于开展刑事案件律师辩护全覆盖试点工作的办法〉的通知》（司发通〔2017〕106 号）；最高人民法院、司法部《关于扩大刑事案件律师辩护全覆盖试点范围的通知》（司发通〔2018〕149 号）。

[2]　法释〔2019〕5 号。

案件具体应用法律的补充规定》[1]，这是对最高人民法院2017年1月颁布的《关于办理减刑、假释案件具体应用法律问题的规定》等规范的补充，特指对《刑法修正案（九）》施行后，依照《刑法》分则第八章贪污贿赂罪判处刑罚的原具有国家工作人员身份的罪犯的减刑、假释作出的补充规定。该司法解释自2019年6月1日起施行。

2019年4月23日，第十三届全国人民代表大会常务委员会第十次会议修订的《法官法》《检察官法》公布，自2019年10月1日起施行。

还有一项与《刑事诉讼法》运行有关系的制度发展是我国已经逐步建立起指导性案例制度。2010年7月30日，最高人民检察院印发《关于案例指导工作的规定》。2010年11月26日，最高人民法院发布《关于案例指导工作的规定》[2]，规定，"最高人民法院发布的指导性案例，各级人民法院审判类似案件时应当参照"。我国最高司法机关发布指导性案例之门自此开启，"指导性案例""参照"成为用于指导性案例的专门术语。同时，根据最高人民法院《〈关于案例指导工作的规定〉实施细则》[3]，各级人民法院审理类似案件参照指导性案例的，应当将指导性案例作为裁判理由引述，但不得作为裁判依据引用。

2019年4月4日，最高人民检察院发布《关于印发〈最高人民检察院关于案例指导工作的规定〉的通知》[4]，系2010年7月29日最高人民检察院第十一届检察委员会第四十次会议通过，于2015年12月9日由最高人民检察院第十二届检察委员会第四十四次会议第一次修订，于2019年3月20日由最高人民检察院第十三届检察委员会第十六次会议第二次修订。根据该文件，人民检察院可以参照指导性案例办理案件，可以引述相关指导性案例作为释法说理根据，但不得替代法律或者司法解释作为案件处理决定的直接法律依据。

最高人民法院、最高人民检察院迄今已经陆续推出了若干批指导性案例。此外，有鉴于公安机关在刑事诉讼程序中的特殊性，公安部将公布指导性案例的工作"下沉"，2010年公安部《关于建立案例指导制度有关问题的通知》[5]明确规定：省级公安机关每年至少编发15个指导性案例，地级公安机关每年至少编发10个指导性案例。由此可以看出，此种做法与最高人民法院、最高人民检察院的规定不尽相同。司法部也有类似做法，但称为"指导案例"。综上，基于我国并非传统的判例法国家，前述各机关在发布和对待指导性案例时比较谨慎，尚不允许将指导性案例直接作为判决依据。

---

[1]　法释〔2019〕6号。

[2]　法发〔2010〕51号。

[3]　法发〔2015〕130号。

[4]　高检发办〔2019〕42号。

[5]　公法〔2010〕661号。

【思考题】

1. 我国古代刑事诉讼制度的基本内容和基本特征有哪些？

2. 我国 1996 年《刑事诉讼法》修改的主要内容有哪些？

3. 我国 2012 年《刑事诉讼法》修改的主要内容有哪些？

4. 我国 2018 年《刑事诉讼法》修改的主要内容有哪些？

5. 从我国 1979 年《刑事诉讼法》制定到 1996 年、2012 年、2018 年三次修改，刑事诉讼法治发展的轨迹是怎样的？体现了什么样的理念？

6. 指导性案例制度的价值及未来发展方向如何？

第二章

第三章

刑事诉讼主体

提要与学习要求　本章需要了解公安机关、人民检察院、人民法院在刑事诉讼中的职权与组织体系以及各种诉讼参与人的概念。理解公安机关、人民检察院、人民法院的性质以及各种诉讼参与人在刑事诉讼中的地位。掌握《刑事诉讼法》以及相关法律解释对专门机关在刑事诉讼中的职权以及主要诉讼参与人在刑事诉讼中的诉讼权利的规定。

　　刑事诉讼主体是指参与刑事诉讼活动，在刑事诉讼中享有一定权利、承担一定义务的国家专门机关和诉讼参与人。其中，承担基本诉讼职能的专门机关和当事人是主要的诉讼主体，其他诉讼参与人是一般诉讼主体。

　　刑事诉讼程序的进行，需要由执行相应诉讼职能的主体来推动。因此，刑事诉讼主体研究在刑事诉讼法学基本理论中居于重要的地位。它对于明确各专门机关和诉讼参与人的诉讼地位及各自的权利和义务、完善诉讼结构、正确解决诉讼客体具有重大意义。

　　刑事诉讼主体理论认为，诉讼实际上是法官、检察官、被告人之间持续交涉的过程，其目的是为了对控辩双方有争议的事项，以及国家针对被告人是否享有具体的刑罚权作出法律意义上的裁判。因此，如果没有控、辩、审三方，就不可能成立一个完整的诉讼。因此，诉讼主体理论认为，刑事诉讼的主体仅限于承担控、辩、审三项基本诉讼职能的主体。也即，刑事诉讼主体是指起诉人、被追诉者和法院。

　　刑事诉讼主体理论的最大贡献在于承认了犯罪嫌疑人、被告人的诉讼主体地位，并据此提出了如何保障其诉讼主体地位的制度要求。根据刑事诉讼主体理论，在刑事诉讼中，犯罪嫌疑人、被告人是享有法定诉讼权利的诉讼主体，而非有待诉讼活动处理的对象、客体；作为诉讼主体，犯罪嫌疑人、被告人应当拥有进行诉讼活动所必需的各项权利；在刑事诉讼中，国家应当尊重和保障犯罪嫌疑人、被告人的各项权利，并为这些权利的实现提供必要的条件。

　　在改善被告人诉讼地位方面，刑事诉讼主体理论发挥了十分积极的作用。不过，诉讼主体理论自身也有一个不断发展的过程。传统诉讼主体理论认为，刑事诉讼主体仅限于控、辩、审三种基本职能的承担者。例如，日本学者平野龙一教授认为，裁判所、检察官、被告人，它们之间的持续交涉过程就是诉讼。如果没有这些人，那么，诉讼就不能成立。[1]我国台湾学者陈朴生、蔡墩铭、林山田、胡开诚等基本上也都属于这一立场。[2]针对传统诉讼主体理论，有学者提出了新的主体理论。该理论认为："法院及原告、被告之双方当事人即属进行刑事诉讼程序之主体。如无此三主体，诉讼则无由成立。所谓原告，在公诉案件中为检察官，而在自诉案件为自诉人。同时，检察官方面，在侦查阶段，有警察为其发现犯罪嫌疑人与收集审判时使用之证据；自诉人方面，可能有为其进行诉讼之所谓代理人；被告方面，亦可能有保护其权益之辩护人。除此之外，尚有在诉讼中辅佐被告或自诉人之辅佐人。"[3]根据这种观点，刑事诉讼主体的范围应当包括法院、检察官、警察、自诉人及其代理人、被告人及其代理人、辩护律师。其范围显然比前一种观点更宽。苏联的刑事诉讼理论倾向于对刑事诉讼主体的概念持一种最为广义的理解："参加刑事诉讼的一切机关和个人，作为一定权利和义务的承担者，都是刑事诉讼的主体。"[4]按照这种观点，刑事诉讼主体由四组人员组成：第一组是包括法院、检察长、侦查员、调查机关的国家机关；第二组是包括社会公诉人和社会辩护人的社会团体的代表；第三组是"刑事诉讼的参加人"，包括犯罪嫌疑人、刑事被告人及其辩护人、受害人、民事原告人和民事被告人及其代理人；第四组是"其他参加诉讼的人"，即证人、鉴定人、专家、翻译、见证人等。

　　刑事诉讼主体不仅是一个理论概念，在有些国家或地区的法律中，它已经成为一个法律概念。譬如，意大利的《刑事诉讼法》和我国澳门特别行政区的《刑事诉讼法》均设有专门的编章规定诉讼主体。根据意大利《刑事诉讼法》第一编的规定，诉讼主体包括法官、公诉人、司法警察、被告人、民事当事人、被害人和辩护人。我国澳门特别行政区《刑事诉讼法》规定的刑事诉讼主体共有六种，分别是法官、检察院、刑事警察机关、嫌犯及其辩护人、辅助人和民事当事人。值得注意的是，这两部法典对诉讼主体范围的界定基本一致。

　　根据我国《刑事诉讼法》的规定，我国刑事诉讼主体包括三大类：一是在刑事诉讼中代表国家行使侦查权、起诉权、审判权、刑罚执行权的国家专门机关，即公安机关、国家安全机关、军队保卫部门、监狱、海警局、人民检察院、人民法院等；二是直接影响诉讼的进程并且与诉讼结果有直接利害关系的诉讼当事人，包括被害人、

---

〔1〕　〔日〕平野龙一：《刑事诉讼法》，有斐阁1958年版，第43页。

〔2〕　（台）陈朴生：《刑事诉讼法实务》，台湾三民书局1981年版，第11页；（台）蔡墩铭：《刑事诉讼法概要》，台湾三民书局2005年版，第43页；（台）林山田：《刑事诉讼法论》，台湾兴丰印刷厂有限公司1981年版，第45页；（台）胡开诚：《刑事诉讼法论》，台湾三民书局1970年版，第13页。

〔3〕　（台）黄东熊、吴景芳：《刑事诉讼法论》，台湾三民书局1985年版，第55页。

〔4〕　〔苏联〕И. В. 蒂里切夫等编著，张仲麟等译：《苏维埃刑事诉讼》，法律出版社1984年版，第10页。

自诉人、犯罪嫌疑人、被告人、附带民事诉讼的原告人和被告人；三是协助国家专门机关和诉讼当事人进行诉讼活动的其他诉讼参与人，包括法定代理人、诉讼代理人、辩护人、证人、鉴定人和翻译人员，他们也是进行刑事诉讼所必不可少的主体。

■第一节　刑事诉讼中的专门机关

在我国，刑事诉讼中的专门机关是指依法在刑事诉讼中承担一定诉讼职能的国家机关，主要包括公安机关、人民检察院、人民法院等。

公、检、法机关在国家机构中的性质和地位不同：公安机关是国家的行政机关，隶属于同级人民政府；人民检察院是国家的法律监督机关，监督国家法律的实施；人民法院是国家的审判机关，负责对刑事、民事等各类案件的审判。在我国，严格意义上的司法机关是人民法院和人民检察院，公安机关虽然行使部分司法职能，但就其性质而言，仍属于维护社会治安的行政机关。而在西方国家，司法机关仅指审判机关，也就是法院。

在我国刑事诉讼中，承担一定诉讼职能的专门机关除了公、检、法机关以外，还包括国家安全机关、军队保卫部门、监狱和中国海警局等。《刑事诉讼法》第4条规定："国家安全机关依照法律规定，办理危害国家安全的刑事案件，行使与公安机关相同的职权。"第308条规定："军队保卫部门对军队内部发生的刑事案件行使侦查权。中国海警局履行海上维权执法职责，对海上发生的刑事案件行使侦查权。对罪犯在监狱内犯罪的案件由监狱进行侦查。军队保卫部门、中国海警局、监狱办理刑事案件，适用本法的有关规定。"可见，国家安全机关、军队保卫部门、中国海警局、监狱也是刑事诉讼中的专门机关，承担对某些特殊刑事案件的侦查职能。

此外，从1998年开始，国家在各级海关设立走私犯罪侦查部门，专门负责对走私犯罪案件的侦查工作，在侦查活动中，享有与公安机关同样的权力。

刑事诉讼中的专门机关都是国家机构的重要组成部分，依照法定职权，本着分工负责、互相配合、互相制约的原则，分别行使侦查、检察、审判、执行等职权，共同完成惩罚犯罪、保护人民、保障国家安全和公共安全、维护社会主义社会秩序的重任。

一、公安机关

（一）公安机关的性质和组织体系

公安机关是国家的治安保卫机关，隶属于同级人民政府，是人民政府的职能部门，担负着保卫国家安全和维护社会治安的重任。在刑事诉讼中，公安机关负责对案件进行侦查，是刑事诉讼中的主要侦查机关。公安机关虽然在刑事诉讼中具有重要地位，但其性质不同于人民法院和人民检察院，不是司法机关，而是行政执法机关。基于惩罚犯罪的刑事诉讼活动与维护社会治安密不可分，法律授权公安机关在刑事诉讼中享有主要侦查权，确立了公、检、法机关在刑事诉讼中处于同样重要的地位。

公安机关设置于各级人民政府中，中央人民政府即国务院设有公安部，是全国最高公安机关；省、自治区、直辖市的人民政府设有公安厅（局）；地区行政公署和自治州、省或者自治区辖市、盟的人民政府设有公安处（局）；县、自治县、县级市、旗的人民政府设有公安局；直辖市和其他设区的市的市辖区人民政府设有公安分局。铁路、民航、水运等系统的公安部门是公安机关的组成部分。在乡、镇、城市街道和其他必要的地方设立的公安派出所是基层公安机关的派出机构。可见，地方各级公安机关大都是按照行政区划设立，部分是按照行业系统设立。

公安机关上、下级之间是领导关系，中华人民共和国公安部是国家的最高公安机关，负责领导和指挥全国的公安工作。地方各级公安机关接受的是双重领导，既要受上级公安机关领导，又要受同级人民政府的领导。上级公安机关可以直接领导和指挥下级公安机关的侦查和其他业务活动，也可以调动下级侦查力量参与上级公安机关侦查的案件。不同地区、不同系统的公安机关则互不隶属，在刑事诉讼过程中是互相配合、协作的关系。《刑事诉讼法》第 83 条规定，公安机关在异地执行拘留、逮捕的时候，应当通知被拘留、逮捕人所在地的公安机关，被拘留、逮捕人所在地的公安机关应当予以配合。

（二）公安机关的职权

公安机关在刑事诉讼中的主要任务是负责刑事案件的侦查。《刑事诉讼法》第 19 条第 1 款规定："刑事案件的侦查由公安机关进行，法律另有规定的除外。"在刑事诉讼中，除人民检察院、国家安全部门、军队保卫部门、监狱等侦查机关侦查的案件以外，绝大部分刑事案件都是由公安机关进行侦查的。在刑事诉讼中，公安机关行使的是控诉职能。

在刑事诉讼中，公安机关的主要职权有：

1. 立案权。对属于自己管辖的案件，在认为有犯罪事实发生并且需要追究刑事责任时，公安机关有权决定立案。

2. 侦查权。公安机关是刑事诉讼中的主要侦查机关。在侦查过程中，公安机关有权依法讯问犯罪嫌疑人，询问证人，有权进行勘验、检查、搜查，有权查封、扣押物证、书证，冻结存款、汇款，有权进行鉴定和侦查实验，有权通缉，有权对犯罪嫌疑人采取拘传、取保候审、监视居住等强制措施。对现行犯或重大嫌疑分子，公安机关有权先行拘留；对符合逮捕条件的犯罪嫌疑人，有权提请检察机关批准逮捕；对经人民检察院批准逮捕或人民检察院、人民法院决定逮捕的犯罪嫌疑人，有权执行逮捕；对有证据证明有犯罪事实的案件，有权进行预审；经侦查后，符合法定条件的案件，有权作出侦查终结的决定，或者移送起诉，或者撤销案件。

3. 执行权。在刑事诉讼的执行阶段，公安机关有权对被判处拘役、剥夺政治权利的罪犯予以执行。

二、人民检察院

（一）人民检察院的性质、任务和组织体系

根据《宪法》和《人民检察院组织法》的规定，在我国，人民检察院是国家的法律监督机关，是代表国家行使检察权或者法律监督权的国家机关。在我国的国家机构体制中，人民检察院是由全国和地方各级人民代表大会及其常务委员会产生并对其负责和报告工作、依法独立行使检察权的机关，属于国家的司法机关。检察权是国家权力的重要组成部分，在此，检察权和法律监督权同义。

在我国，"监督"一词含义很广，包括党纪监督、政纪监督、社会监督、舆论监督、审级监督、群众监督等。人民检察院的法律监督较之上述监督有其不同之处：首先，人民检察院是代表国家行使法律监督权的，其监督具有权威性、强制性；其次，人民检察院是专门行使法律监督权的专门机关；最后，人民检察院的法律监督范围和对象是特定的，仅限于在诉讼中法律规定的范围和对象。

根据《人民检察院组织法》的规定，人民检察院的任务是通过行使检察权，追诉犯罪，维护国家安全和社会秩序，维护个人和组织的合法权益，维护国家利益和社会公共利益，保障法律正确实施，维护社会公平正义，维护国家法制统一、尊严和权威，保障中国特色社会主义建设的顺利进行。

根据《宪法》和《人民检察院组织法》的规定，人民检察院的组织体系包括最高人民检察院、地方各级人民检察院和专门人民检察院。

1. 最高人民检察院是全国检察院的领导机关，领导地方各级人民检察院和专门人民检察院的工作；对全国的重大刑事案件行使检察权；对各级人民法院已经发生效力的判决和裁定，如果发现确有错误的，按照审判监督程序提出抗诉；依法对监狱、看守所的活动进行监督；依法对刑事诉讼、民事诉讼和行政诉讼实行法律监督；对检察过程中具体应用法律、法令的问题进行解释；制定检察工作条例、细则和办法；规定各级人民检察院的人员编制。

2. 地方各级人民检察院分为：省、自治区、直辖市人民检察院；省、自治区、直辖市人民检察院分院，自治州和省辖市人民检察院；县、市、自治县和市辖区人民检察院。其中，省一级人民检察院和县一级人民检察院，根据工作需要，提请本级人民代表大会常务委员会批准，可以在工矿区、农垦区、林区等区域设置人民检察院作为派出机构。此外，为适应检察工作的需要，地方各级人民检察院还先后在监狱、看守所设立了驻监、驻所检察室，在税务机关设立了税务检察室。

地方各级人民检察院对本辖区内的重大刑事案件行使检察权；对需要提起公诉的案件进行审查，决定是否提起公诉；依法对刑事诉讼、民事诉讼、行政诉讼实行法律监督。

3. 专门人民检察院设置在特定的行业部门内。我国的专门人民检察院主要有：中国人民解放军军事检察院等。军事检察院是设立在中国人民解放军中的专门法律监督机关,对现役军人违反职责罪和其他刑事案件依法行使检察权。

人民检察院上、下级之间是领导关系。根据《人民检察院组织法》规定,最高人民检察院领导地方各级人民检察院和专门人民检察院的工作,上级人民检察院领导下级人民检察院的工作。在人民检察院内部实行检察长负责制,各级人民检察院的检察长领导本院工作。检察院内部设立若干检察业务部门,在检察长的统一领导下,各个部门互相分工、互相配合,完成侦查、审查逮捕、起诉、控告申诉审查等检察业务。

人民检察院上、下级之间的领导关系体现为:上级人民检察院,包括最高人民检察院可以直接参加并领导下级人民检察院对自侦案件的侦查工作;可以对下级人民检察院的审查批捕和审查起诉活动进行指导和作出指示;对上级检察机关的指令或决定,下级检察机关应当执行;上级检察机关可以决定撤销下级检察机关不正确的不起诉决定,可以向同级人民法院撤回下级人民检察院对同级人民法院提起的不正确的抗诉;最高人民检察院通过对检察工作具体应用法律问题的解释指导各级人民检察院的工作。

各级人民检察院由检察长统一领导日常工作。各级人民检察院均设立检察委员会,在检察长的主持下讨论决定重大疑难案件和其他重大问题。检察委员会的成员由同级人民代表大会常委会任免,检察长、副检察长、各职能部门负责人一般都是检察委员会成员。检察委员会实行民主集中制,在检察长的主持下,讨论决定重大案件和其他重大问题。如果检察长在重大问题上不同意多数人的意见,可以报请本级人民代表大会常委会决定。

(二)人民检察院的职权

根据《人民检察院组织法》的规定,各级人民检察院行使下列职权:依照法律规定对有关刑事案件行使侦查权;对于公安机关侦查的案件进行审查,决定是否逮捕、起诉或者不起诉,对于公安机关的侦查活动是否合法进行监督;对于刑事案件提起公诉、支持公诉,对人民法院的审判活动是否合法实行监督;对于执行机关的执行活动是否合法进行法律监督;等等。

《刑事诉讼法》第3条第1款规定:"检察、批准逮捕、检察机关直接受理的案件的侦查、提起公诉,由人民检察院负责。"第8条规定:"人民检察院依法对刑事诉讼实行法律监督。"

据此,在刑事诉讼中,人民检察院的职权主要有:

1. 侦查权。人民检察院在对诉讼活动实行法律监督中,发现司法工作人员涉嫌利用职权实施的下列侵犯公民权利、损害司法公正的犯罪案件,可以立案侦查。

(1)非法拘禁罪(《刑法》第238条,非司法工作人员除外);

(2)非法搜查罪(《刑法》第245条,非司法工作人员除外);

(3)刑讯逼供罪(《刑法》第247条);

(4)暴力取证罪(《刑法》第247条);

(5)虐待被监管人罪(《刑法》第248条);

（6）滥用职权罪（《刑法》第 397 条，非司法工作人员滥用职权侵犯公民权利、损害司法公正的情形除外）；

（7）玩忽职守罪（《刑法》第 397 条，非司法工作人员玩忽职守侵犯公民权利、损害司法公正的情形除外）；

（8）徇私枉法罪（《刑法》第 399 条第 1 款）；

（9）民事、行政枉法裁判罪（《刑法》第 399 条第 2 款）；

（10）执行判决、裁定失职罪（《刑法》第 399 条第 3 款）；

（11）执行判决、裁定滥用职权罪（《刑法》第 399 条第 3 款）；

（12）私放在押人员罪（《刑法》第 400 条第 1 款）；

（13）失职致使在押人员脱逃罪（《刑法》第 400 条第 2 款）；

（14）徇私舞弊减刑、假释、暂予监外执行罪（《刑法》第 401 条）。

除此之外，在侦查过程中，人民检察院有权讯问犯罪嫌疑人、询问证人或被害人，进行勘验、检查、搜查，扣押物证和书证，组织鉴定；有权向任何单位和个人收集和调取物证、书证、视听资料；有权对犯罪嫌疑人采取拘传、取保候审、监视居住、拘留、逮捕等强制措施；有权对侦查终结移送审查起诉的案件进行补充侦查。

2. 公诉权。检察机关是国家唯一的公诉机关，代表国家行使对公诉案件的控诉权。检察机关有权对侦查终结移送起诉的案件进行审查，决定提起公诉或不起诉；对国家财产、集体财产遭受损失的，有权在提起公诉的同时提起附带民事诉讼；在审查起诉时，对于需要补充侦查的案件，有权决定自行补充侦查或退回补充侦查；在审判阶段，有权派员出席法庭支持公诉；有权讯问被告人；有权向证人、鉴定人发问；有权宣读未到庭证人的证言笔录、鉴定人的鉴定意见、勘验笔录和其他作为证据的文书；有权向法庭出示物证；有权参加法庭辩论。

3. 诉讼监督权。对公安机关不立案的决定认为有错误的，有权要求公安机关立案；对侦查机关要求逮捕犯罪嫌疑人的申请进行审查，决定是否批准逮捕；对侦查机关的侦查活动是否合法有权实行监督，如果发现有违法情况，有权通知予以纠正；对侦查机关、监察委员会移送的案件，有审查的权限；有权对审判过程中的违法情形提出纠正意见；对人民法院确有错误的裁判，有权依照法定程序提出抗诉；在执行阶段，有权对判决、裁定的执行活动实行监督。

三、人民法院

（一）人民法院的性质、任务和组织体系

根据《宪法》第 128 条和《人民法院组织法》第 2 条的规定，人民法院是国家的审判机关，代表国家独立行使审判权。人民法院属于国家司法机关，分别由本级人民代表大会及其常务委员会产生，并对其负责和报告工作，受本级人民代表大会及其常务委员会的监督。人民法院和国家权力机关之间的关系同人民检察院和国家权力机关之间的关系相同。因为我国的根本政治制度是人民代表大会制，行政权、

检察权、审判权等一切权力都来自人民，要接受人民的监督。因此，人民检察院和人民法院都应当对产生它的各级国家权力机关负责并报告工作，并接受各级权力机关及其常设机构的监督。

根据《人民法院组织法》的规定，人民法院的任务是通过审判刑事案件、民事案件、行政案件以及法律规定的其他案件，惩罚犯罪，保障无罪的人不受刑事追究，解决民事、行政纠纷，保护个人和组织的合法权益，监督行政机关依法行使职权，维护国家安全和社会秩序，维护社会公平正义，维护国家法制统一、尊严和权威，保障中国特色社会主义建设的顺利进行。

《刑事诉讼法》第 3 条第 1 款规定：“审判由人民法院负责。”第 12 条规定：“未经人民法院依法判决，对任何人都不得确定有罪。”可见，人民法院是唯一有权审理并定罪量刑的专门机关，而审判是刑事诉讼的核心和最重要的阶段，只有经过人民法院的审判，才能确定被告人是否有罪，应否判处刑罚及判处何种刑罚。

根据《人民法院组织法》的规定，我国人民法院组织体系由最高人民法院、地方各级人民法院和专门人民法院组成。

最高人民法院是国家的最高审判机关，监督地方各级人民法院和专门人民法院的审判工作。最高人民法院由院长 1 人、副院长、庭长、副庭长和审判员若干人组成，设刑事审判庭、民事审判庭、行政审判庭和其他根据需要设立的审判庭。最高人民法院监督地方各级人民法院和专门人民法院的审判工作，审判依法由其管辖的第一审案件。对下级人民法院判决和裁定的上诉案件和抗诉案件、按照审判监督程序提起再审的案件进行审判，在审判过程中对如何具体适用法律、法令的问题进行解释。

地方各级人民法院包括地方各级的高级人民法院、中级人民法院和基层人民法院。

高级人民法院包括省、自治区、直辖市高级人民法院。高级人民法院审判的案件包括：依法由其管辖的第一审案件；下级人民法院移送审判的第一审案件；对下级人民法院判决和裁定的上诉案件和抗诉案件；按照审判监督程序提出再审的案件。

中级人民法院包括在省、自治区内按地区设立的中级人民法院，在直辖市内设立的中级人民法院，省、自治区辖市的中级人民法院，以及自治州中级人民法院。中级人民法院审判法律、法令规定由它管辖的第一审案件、基层人民法院移送审判的第一审案件、对基层人民法院判决和裁定的上诉案件和抗诉案件，以及按照审判监督程序提出再审的案件。中级人民法院对其受理的案件，认为案情重大应当由上级人民法院审判时，可以请求移送上级人民法院审判。《刑事诉讼法》规定，特别程序中的缺席审判程序的一审法院是中级人民法院。

基层人民法院包括县人民法院和不设区的市人民法院、自治县人民法院、市辖区人民法院。基层人民法院根据地区、人口和案件情况可以设立若干人民法庭，行使部分审判权。人民法庭是基层人民法院的组成部分，它的判决和裁定就是基层人民法院的判决和裁定。基层人民法院审判第一审案件，但是法律、法令另有规定的除外。基层人民法院对它所受理的案件，认为案情重大应当由上级人民法院审判的，可以请求移送上级人民法院审判。除审判案件外，基层人民法院还处理不需要开庭审判的民事纠纷和轻微的刑事案件，指导人民调解委员会的工作。

我国目前已经建立的专门人民法院有军事法院、海事法院和森林法院等，其中海事法院没有刑事案件管辖权。

人民法院上、下级之间是监督关系。上级人民法院监督下级人民法院的审判工作，最高人民法院监督地方各级人民法院和专门人民法院的审判工作。这种监督主要是通过第二审程序、死刑复核程序、审判监督程序、法定刑以下量刑的核准程序等来维持下级法院正确的判决、裁定，纠正错误的判决、裁定来实现的，而不是通过对具体案件的指导来实现的。各级人民法院依照职权独立地进行审判，上级人民法院不应对下级人民法院正在审理的案件作出决定，指令下级人民法院执行。下级人民法院也不应将案件在判决之前报送上级人民法院，请求审查批示。

人民法院上、下级之间的监督关系主要体现在以下几个方面：

1. 通过第二审程序审查下级人民法院未生效的一审裁判是否正确，如有错误则按照法定程序纠正。

2. 最高人民法院和高级人民法院通过死刑复核程序对下级人民法院审判的死刑案件实行监督。

3. 通过审判监督程序纠正下级人民法院已发生法律效力的确有错误的裁判。

4. 最高人民法院通过依法解释法律、法令等方法，指导、监督各级人民法院的审判工作。

5. 上级人民法院通过检查工作、总结经验、发现问题，对下级人民法院的审判工作实施监督和指导。

（二）人民法院的职权

《刑事诉讼法》第3条第1款规定："审判由人民法院负责。"在刑事诉讼中，人民法院是唯一的审判机关，审理刑事案件是人民法院在刑事诉讼中最基本的职权。而审判在刑事诉讼中处于中心环节，只有经过审判才能确定被告人是否有罪、应否判处刑罚和判处何种刑罚。未经人民法院审判，对任何人都不得确定有罪。人民法院刑事审判的范围包括一切公诉案件的审判、自诉案件的调解和审判、附带民事诉讼的调解和审判以及特别程序的审判。在诉讼程序上，包括一审、二审、死刑复核程序、审判监督程序以及特别程序。人民法院在刑事诉讼中的具体职权主要有：

1. 有权直接受理自诉案件，并根据案件的具体情况作出处理，或者决定开庭审判，或者说服自诉人撤回自诉，或者裁定驳回自诉。

2. 有权对人民检察院提起公诉的案件进行审查，对符合起诉条件的决定开庭审判。

3. 有权对被告人决定逮捕和采取拘传、取保候审、监视居住等强制措施。

4. 有权在法庭审理过程中，对证据进行调查核实，必要时可以进行勘验、检查、扣押、查封、鉴定和查询、冻结。

5. 有权对违反法庭秩序的诉讼参与人和旁听人员进行必要的处罚。

6. 有权根据事实和法律对被告人、被申请人作出有罪或者无罪的判决以及没收违法所得、强制医疗等裁决。

7. 有权对诉讼程序问题和部分实体问题作出裁定或者决定。

8. 有权收缴和处理赃款、赃物及其孳息。

9. 有权执行某些判决和裁定，包括死刑立即执行、罚金、没收财产等刑罚的执行。

10. 有权对执行中的某些问题进行审核裁决。

11. 有权向有关单位提出司法建议。

四、刑事诉讼中其他专门机关

刑事诉讼中的专门机关除人民法院、人民检察院和公安机关以外，还有其他机关参与刑事诉讼活动，担负重要的刑事诉讼职能。

国家安全机关是国家的安全保卫机关，是各级人民政府的组成部分。国家安全机关担负着与危害国家安全的违法犯罪行为作斗争、保卫国家安全、巩固人民民主专政、维护社会主义制度的职能。1983 年 6 月，第六届全国人民代表大会第一次会议决定设立国家安全机关。根据《关于国家安全机关行使公安机关的侦查、拘留、预审和执行逮捕的职权的决定》，国家安全机关承担原由公安机关主管的间谍、特务案件的侦查工作。1993 年 2 月，第七届全国人民代表大会常务委员会通过的《国家安全法》确定国家安全机关是国家安全工作的主管机关，国家安全机关和公安机关按照国家规定的职权划分，各司其职，密切配合，维护国家安全。国家安全机关在国家安全工作中依法行使侦查、拘留、预审和执行逮捕以及法律规定的其他职权。《刑事诉讼法》第 4 条规定："国家安全机关依照法律规定，办理危害国家安全的刑事案件，行使与公安机关相同的职权。"由此进一步明确了国家安全机关在刑事诉讼中的地位和职权。国家安全机关在刑事诉讼中与公安机关具有相同的法律地位，行使相同的职权。

中国人民解放军内部设立保卫部门，负责军队内部发生的刑事案件的侦查工作。军队保卫部门是中国人民解放军的政治安全保卫机关，不是国家公安机关的组成部分，在行政、业务上自成体系，不受公安机关的领导。军队保卫部门的重要任务之一，是负责侦查军队内部发生的刑事案件。1993 年 12 月 29 日第八届全国人民代表大会常务委员会第五次会议通过的《关于中国人民解放军保卫部门对军队内部发生的刑事案件行使公安机关的侦查、拘留、预审和执行逮捕的职权的决定》规定，中国人民解放军保卫部门承担军队内部发生的刑事案件的侦查工作，同公安机关对刑事案件的侦查工作性质相同。军队保卫部门在刑事诉讼中，可以行使宪法和法律规定的公安机关的侦查、拘留、预审和执行逮捕的职权。《刑事诉讼法》第308条对此作出了进一步规定。

中国海警局履行海上维权执法职责，对海上发生的刑事案件行使侦查权。对罪犯在监狱内犯罪的案件由监狱进行侦查。军队保卫部门、中国海警局办理刑事案件，适用《刑事诉讼法》的有关规定。

监狱是国家的刑罚执行机关，是实现人民法院的生效裁判、对罪犯进行劳动改造的主要场所。依据法律有关规定，被判处死刑缓期2年执行、无期徒刑、交付执行前剩余刑期在3个月以上有期徒刑的罪犯，在监狱内执行刑罚。在长期的实践中，我国监狱机关形成了一整套行之有效的管理制度，建立了比较完整严密的侦查部门，负责立案侦查罪犯在监狱中的犯罪案件。根据《刑事诉讼法》第308条第3款的规定，对罪犯在监狱内犯罪的案件由监狱进行侦查。监狱办理刑事案件，也适用《刑事诉讼法》的有关规定。

为了加大对走私犯罪的打击力度，国务院于1998年批准设立了专门的走私犯罪侦查机关。最高人民法院、最高人民检察院、公安部、司法部、海关总署于1998年12月3日联合发布了《关于走私犯罪侦查机关办理走私犯罪案件适用刑事诉讼程序若干问题的通知》，规定根据《国务院关于缉私警察队伍设置方案的批复》和《国务院办公厅关于组建缉私警察队伍实施方案的复函》，海关总署、公安部联合组建成立走私犯罪侦查局。走私犯罪侦查局纳入公安部编制机构序列，设在海关总署。缉私警察是对走私犯罪案件依法进行侦查、拘留、执行逮捕、预审的专职刑警队伍。走私犯罪侦查局实行海关与公安双重领导、以海关领导为主的体制，按照海关对缉私工作的统一部署和指挥部署警力，执行任务。各走私犯罪侦查机关负责其所在海关业务管辖区域内的走私案件的侦查工作。

国家安全机关、军队保卫部门、中国海警局、监狱、走私犯罪侦查机关在各自所参与的刑事诉讼活动中，同人民检察院和人民法院之间实行分工负责、互相配合、互相制约的原则，以保证准确有效地执行法律。

■第二节　刑事诉讼中的诉讼参与人

一、诉讼参与人概述

刑事诉讼中的诉讼参与人是指由法律明确规定的除侦查人员、检察人员、审判人员以外的，参加刑事诉讼并在诉讼中享有一定权利、承担一定义务的人的统称。诉讼参与人通过行使诉讼权利，承担诉讼义务，对刑事诉讼的进程和结局起着不同程度的影响和作用，保证刑事诉讼活动得以顺利进行。诉讼参与人分为两大类：当事人和其他诉讼参与人。当事人与其他诉讼参与人在诉讼地位、参与刑事诉讼的范围和程度、诉讼权利与义务等方面有所不同。

诉讼参与人的参与，使刑事诉讼不仅是国家机关中公安司法人员的职权行为，而且具有诉讼性。在刑事诉讼中，诉讼参与人通过行使诉讼权利和承担诉讼义务，影响刑事诉讼活动的进程。

根据《刑事诉讼法》第 108 条的规定，诉讼参与人共有七种：当事人、法定代理人、诉讼代理人、辩护人、证人、鉴定人和翻译人员。

刑事诉讼中的当事人有被害人、自诉人、犯罪嫌疑人、被告人、附带民事诉讼原告人和附带民事诉讼被告人。当事人是在刑事诉讼中处于原告或者被告的地位，与案件的诉讼结局有着直接利害关系的诉讼参与人，对刑事诉讼进程发挥着较大的影响作用。一般来说，当事人在诉讼中或者是原告，或者是被告，或者地位相当于原告或被告。当事人享有广泛的诉讼权利，也承担相应的诉讼义务。当事人为保护自己的利益而参加诉讼，与刑事诉讼的结果有直接的利害关系。

当事人共有的诉讼权利有：

1. 以本民族语言文字进行诉讼。

2. 在具有法定理由时申请侦查人员、检察人员、审判人员或者书记员、鉴定人、翻译人员回避。

3. 对于符合法定理由但驳回申请回避的决定，有权申请复议一次。

4. 对于侦查人员、检察人员、审判人员侵犯其诉讼权利或者对其人身进行侮辱的行为，有权提出控告。

5. 有权参加法庭调查和法庭辩论，向证人发问并质证，辨认物证和其他证据并就证据发表意见，申请通知新的证人到庭和调取新的物证，申请重新勘验或者鉴定，互相辩论等。

6. 对已经发生法律效力的判决、裁定不服的，向人民法院或者人民检察院提出申诉。

其他诉讼参与人是由法律明确规定的除了当事人以外的参与刑事诉讼活动并在诉讼中享有一定权利、承担一定义务的人，包括法定代理人、诉讼代理人、辩护人、证人、鉴定人和翻译人员。其他诉讼参与人与诉讼结局并无直接利害关系，其参加刑事诉讼不是为了保护自己的实体权利，而是在某一环节或者某一方面协助刑事诉讼的进行。其他诉讼参与人的诉讼行为并不能启动诉讼程序或者对诉讼进程产生直接影响。与当事人相比，其他诉讼参与人享有的诉讼权利较小。

二、当事人

当事人是指与案件事实和诉讼结局有直接利害关系，为保护自身利益而参加诉讼的人，包括被害人、自诉人、犯罪嫌疑人、被告人、附带民事诉讼原告人和附带民事诉讼被告人。

（一）被害人

被害人是指合法权益遭受犯罪行为直接侵害的人。在刑事诉讼中，被害人可能以不同的身份参加诉讼：根据《刑事诉讼法》第210条的规定，在法定的自诉案件中，即告诉才处理的案件、被害人有证据证明的轻微刑事案件以及被害人有证据证明的对被告人侵犯自己人身、财产权利的行为应当依法追究刑事责任，而公安机关或者人民检察院不予追究被告人刑事责任的案件中，被害人以自诉人身份提起刑事诉讼，称为自诉人；在刑事诉讼中，由于被告人的犯罪行为而遭受物质损失的被害人有权提起附带民事诉讼，称为附带民事诉讼原告人；在人民检察院代表国家提起公诉的刑事案件中，以个人身份参与诉讼，并与人民检察院共同行使控诉职能的称为被害人。一般来说，《刑事诉讼法》中所称的被害人仅指公诉案件的被害人，即狭义被害人。

我国《刑事诉讼法》将被害人确立为当事人，并赋予其一系列诉讼权利，这种规定既适用于自然人，也适用于法人和其他组织，即单位。因为单位也可能成为犯罪行为直接侵害的对象，其合法权益同样需要法律的保护。单位具有进行刑事诉讼的权利能力和行为能力，能够行使当事人的诉讼权利，承担当事人的诉讼义务。单位不仅可能成为公诉案件的被害人，与人民检察院一起追究犯罪嫌疑人、被告人的刑事责任，也可能成为自诉案件的被害人，有权自行提起刑事诉讼而成为自诉人，还可能由于犯罪行为而遭受物质损失，以附带民事诉讼原告人的身份提起刑事附带民事诉讼。单位被害人参与刑事诉讼时，其法定代表人应作为代表参加诉讼，单位也可以委托诉讼代理人参加诉讼。

被害人作为当事人有以下特点：

1. 其合法权益遭受犯罪行为的直接侵害。被害人既包括自然人，也包括法人和其他组织。

2. 作为了解刑事案件情况的人，被害人就其遭受犯罪行为侵害的情况所作的陈述是刑事诉讼证据之一，称为被害人陈述。

3. 被害人与刑事案件的结局有着直接利害关系，经过诉讼程序所作的裁判涉及被害人的切身利益。

4. 被害人既有权要求公安司法机关追究犯罪和惩罚犯罪，保护其人身权利、民主权利，也有权要求经济赔偿或者补偿，保护其财产权利。

5. 作为当事人之一，被害人享有比较广泛的诉讼权利，基本上与被告人对等。但在我国刑事公诉案件中，由于人民检察院代表国家提起诉讼，被害人并非传统意义上的原告，只能协助检察机关行使控诉职能。因此，法律对被害人的诉讼权利也作了一些限制。

被害人在刑事诉讼中除享有当事人共有的诉讼权利以外，还有以下诉讼权利：

1. 对侵犯其人身权利、民主权利、财产权利的犯罪行为以及犯罪嫌疑人，有权向公安机关、人民检察院或者人民法院报案或者控告，要求公安司法机关依法追究犯罪、查获犯罪、惩罚犯罪，保护其合法权利。

2. 自刑事案件移送审查起诉之日起，有权委托诉讼代理人。

3. 对公安机关应当立案而不立案的，有权向人民检察院提出意见。人民检察院应当要求公安机关说明不立案的理由。人民检察院认为其理由不能成立的，应当通知公安机关立案，公安机关则必须立案。

4. 对人民检察院作出的不起诉决定不服的，有权向上一级人民检察院提出申诉。

5. 如有证据证明公安机关、人民检察院对于侵犯其人身权利、财产权利的行为应当追究刑事责任而不予追究的，有权直接向人民法院起诉。

6. 不服地方各级人民法院的第一审判决的，有权请求人民检察院抗诉。

在刑事诉讼中，被害人的诉讼义务主要有以下几个方面：

1. 如实向公安机关、人民检察院、人民法院及其工作人员作出陈述，如果故意捏造事实，提供虚假陈述，情节严重的，应当承担法律责任。

2. 接受传唤，按时出席法庭，参加审判。

3. 遵守法庭纪律，回答提问并接受询问和调查。

（二）自诉人

在刑事自诉案件中，依法直接向人民法院提起诉讼的人是自诉人。自诉人是法律规定的自诉案件中特有的当事人，相当于自诉案件的原告。刑事自诉程序由自诉人的告诉而启动，如果没有自诉人的告诉，就没有刑事自诉案件的审判。对于自诉人，需要指出以下几点：

1. 在自诉案件中，自诉人的地位相当于原告，担当控诉职能。如果自诉案件中的被告人提出反诉的，自诉人具有双重身份：在其自行提起的自诉中是自诉人，执行控诉职能；在反诉中是被告人，执行辩护职能。

2. 自诉主体可分。即一个犯罪行为如果侵害了多个被害人的合法利益时，每个被害人都有权单独提起自诉，无须经过所有被害人同意。如果多个被害人共同提起自诉，人民法院应当一并审理。如果共同被害人中只有部分被害人起诉的，人民法院应当通知其他被害人参加诉讼。被人民法院通知的人接到通知后表示不参加诉讼或者不出席法庭审判的，视为其放弃告诉权利。在第一审宣判后，被通知人就同一事实又提出自诉的，人民法院将不予受理，但当事人可以另行提起民事诉讼。

3. 自诉对象可分。当二人以上共同实施了某种犯罪行为侵害了被害人时，被害人有权对其中某一个人或者某几个人提出自诉。自诉人明知有其他共同侵害人，但只对部分侵害人提起自诉的，人民法院应当受理，并视为自诉人对其他侵害人放弃了告诉权利。判决宣告后自诉人又对其他共同侵害人就同一事实提起自诉的，人民法院将不再受理。

自诉人在刑事自诉案件中的主要诉讼权利有：

1. 自诉人有权直接向人民法院提起自诉。

2. 自诉人有权随时委托诉讼代理人。

3. 依法告诉才处理的案件和被害人有证据证明的轻微刑事案件中，在人民法院宣告判决前，自诉人有权同被告人自行和解或者撤回自诉。

4. 依法告诉才处理的案件和被害人有证据证明的轻微刑事案件中，自诉人有权在人民法院主持之下与被告人调解。

5. 自诉人有权参加法庭调查和法庭辩论。

6. 自诉人有权申请审判人员以及书记员、鉴定人、翻译人员等回避。

7. 人民法院受理自诉案件后，对于因为客观原因不能取得并提供的有关证据，自诉人有权申请人民法院调查取证。人民法院认为必要的，可以依法调取。

8. 自诉人有权对第一审人民法院尚未发生法律效力的判决、裁定提出上诉。

9. 自诉人有权对人民法院已经发生法律效力的判决、裁定提出申诉。

自诉人的主要诉讼义务是：

1. 承担举证责任，自诉人对自己的主张和请求应当提供证据证明。人民法院已经立案的自诉案件，经审查缺乏罪证的，自诉人应当提出补充证据。如果自诉人提不出补充证据，人民法院将说服自诉人撤回自诉，经说服不予撤诉的，人民法院将裁定驳回起诉。自诉人经说服撤回自诉或者人民法院裁定驳回起诉后，再次提起自诉时，自诉人应当提出新的足以证明被告人有罪的证据。

2. 不得捏造事实诬告陷害他人或者伪造证据，如有违反应当承担法律责任。

3. 按时出席法庭审判。《刑事诉讼法》第 211 条第 2 款规定，自诉人经两次依法传唤，无正当理由拒不到庭的，或者未经法庭许可中途退庭的，人民法院将按照撤诉处理。

（三）犯罪嫌疑人、被告人

犯罪嫌疑人和被告人是对因涉嫌犯罪而受到刑事追诉的人在不同的刑事诉讼程序中的两种不同的称谓。在公诉案件中，因涉嫌犯罪而受到刑事追诉的人在人民检察院向人民法院提起公诉以前，是犯罪嫌疑人；在人民检察院向人民法院提起公诉以后，是被告人。两种不同的称谓反映出被追究刑事责任之人法律地位的变化，在刑事案件的侦查阶段和审查起诉阶段，被追究刑事责任的人只是具有犯罪嫌疑，受到有关机关的侦查和审查，但尚未被正式起诉，称其为"犯罪嫌疑人"是恰当的。经过审查起诉，认为具备了法定的提起公诉条件的，人民检察院以正式的起诉书将其诉至人民法院，要求法院给予定罪和量刑的，此时，被追究刑事责任的人是名副其实的"被告人"。经过人民法院审理之后，被发生法律效力的裁判确定为有罪的人，称为罪犯。这不仅仅是称谓的不同，它反映了刑事诉讼活动的进程，也符合诉讼民主和文明。

在自诉案件中，自诉人自行向人民法院提起诉讼，直接启动审判程序。案件一经人民法院受理，被自诉人起诉的人即成为被告人。

犯罪嫌疑人、被告人在刑事诉讼中的诉讼地位是：

1. 犯罪嫌疑人、被告人具有不可替代性。刑事诉讼是解决犯罪嫌疑人、被告人刑事责任的活动，犯罪嫌疑人、被告人是中心人物，一切诉讼活动都围绕他们进行。

由于我国《刑法》实行罪责自负、反对株连的原则，《刑事诉讼法》相应地规定，犯罪嫌疑人、被告人死亡的，不追究刑事责任；已经追究的，应当撤销案件，或者不起诉，或者终止审理，或者宣告无罪。可以说，没有犯罪嫌疑人、被告人，刑事诉讼即失去了意义。

2. 犯罪嫌疑人、被告人与刑事诉讼结局有着直接的利害关系。不论是公诉案件还是自诉案件，提起刑事诉讼的目的都是追究犯罪嫌疑人、被告人的刑事责任，他们是科刑的对象。因此，刑事案件的诉讼结局首先涉及犯罪嫌疑人、被告人的切身利益。

3. 犯罪嫌疑人、被告人的供述和辩解是刑事诉讼的法定证据种类之一。无论其作出的是认罪供述还是无罪、罪轻的辩解，它们都是重要的证据来源。

由于我国《刑法》规定了单位犯罪，因此，在刑事诉讼中，单位可以独立地成为犯罪嫌疑人、被告人，与作为直接负责的主管人员和其他直接责任人员的自然人一起参与刑事诉讼。

除与其他诉讼参与人共同享有的诉讼权利以外，犯罪嫌疑人、被告人特有的诉讼权利还有以下几个方面：

1. 辩护权。辩护权是犯罪嫌疑人、被告人最重要的诉讼权利。其具体内容包括：犯罪嫌疑人、被告人有权在刑事诉讼中自行辩护，公安司法机关应当保障犯罪嫌疑人、被告人的辩护权；公诉案件犯罪嫌疑人自被侦查机关第一次讯问或者采取强制措施之日起，有权委托辩护人；自诉案件的被告人有权随时委托辩护人；在遇有法律规定的情形时，犯罪嫌疑人、被告人有权获得由承担法律援助义务的律师提供的刑事法律援助。

2. 有权拒绝辩护人继续为其辩护，有权另行委托辩护人。

3. 被告人有权参加法庭调查和法庭辩论，就起诉书所指控的犯罪事实作出陈述和辩解；有权辨认或者鉴别证据，可以对证据发表意见。经审判长许可，被告人有权向证人、鉴定人等发问；有权申请新的证人到庭，调取新的物证，申请重新鉴定或者勘验。

4. 被告人有最后陈述权。即在审判长宣布法庭辩论结束后，被告人有权发表最后意见。

5. 对于公安司法机关采取强制措施超过法定期限的，犯罪嫌疑人、被告人有权要求解除强制措施。

6. 在侦查中，对于侦查人员提问的与本案无关的问题，有权拒绝回答。

7. 对于地方各级人民法院所作的尚未发生法律效力的第一审裁定或者判决，被告人有权提出上诉。

8. 对于各级人民法院所作的已经发生法律效力的判决或者裁定，有权提出申诉。

9. 在依法告诉才处理的案件和被害人有证据证明的轻微刑事案件中，自诉案件的被告人有权对自诉人提起反诉。

在刑事诉讼中，犯罪嫌疑人、被告人应当履行其诉讼义务，如有违反，将会产生一定的后果。其主要诉讼义务是：

1. 对于侦查人员的讯问，犯罪嫌疑人应当如实回答。

2. 接受公安司法机关及其工作人员依法进行的侦查、审查起诉和审判活动，不得逃避。

3. 不得进行毁灭、伪造证据或者串供、干扰证人作证等妨碍刑事诉讼的行为。

4. 按时出席法庭审判。

5. 执行人民法院已经发生法律效力的判决和裁定。

（四）附带民事诉讼当事人

附带民事诉讼当事人包括附带民事诉讼原告人和被告人。在刑事附带民事诉讼中，因被告人的犯罪行为遭受物质损失而提起赔偿请求的人是附带民事诉讼原告人。附带民事诉讼原告人既可以是遭受犯罪行为直接侵害的被害人本人，也可以是已经死亡的被害人的近亲属。无行为能力或者限制行为能力的被害人的法定代理人，也有权提起附带民事诉讼。除了自然人以外，法人、企业、事业单位及其他组织也可以成为附带民事诉讼原告人。

《刑事诉讼法》第101条第2款规定："如果是国家财产、集体财产遭受损失的，人民检察院在提起公诉的时候，可以提起附带民事诉讼。"

在刑事诉讼中，附带民事诉讼原告人依法享有以下诉讼权利：

1. 提起附带民事诉讼，要求赔偿物质损失。

2. 申请回避权。

3. 有权委托诉讼代理人。

4. 有权参加法庭调查，对于附带民事诉讼部分的事实和证据作出陈述和发表意见；有权参加法庭辩论。

5. 有权对地方各级人民法院第一审尚未发生法律效力的判决和裁定的附带民事诉讼部分提出上诉。

6. 有权请求人民法院主持调解或者与附带民事诉讼被告人自行和解。

附带民事诉讼原告人的主要诉讼义务有：

1. 对于附带民事诉讼请求提供证据。

2. 如实陈述案情。

3. 按时出席法庭，参加审判活动。

在刑事附带民事诉讼中，对犯罪行为所造成的物质损失负有赔偿责任的人是附带民事诉讼被告人。附带民事诉讼中依法负有赔偿责任的人包括：刑事诉讼被告人，包括公民、法人和其他组织；没有被追究刑事责任的其他共同致害人；未成年刑事被告人的监护人；共同犯罪案件中，案件审结前已经死亡的被告人的遗产继承人；其他对刑事被告人的犯罪行为依法应当承担民事赔偿责任的单位和个人。

附带民事诉讼被告人的主要诉讼权利有：

1. 申请回避权。

2. 有权参加法庭调查和法庭辩论。

3. 有权委托诉讼代理人。

4. 对于地方各级人民法院第一审尚未发生法律效力的判决、裁定的附带民事诉讼部分不服的，有权提出上诉。

5. 有权要求人民法院主持调解或者与附带民事诉讼原告人自行和解。

附带民事诉讼被告人的主要诉讼义务有：

1. 如实陈述案情。

2. 按时出席法庭审判，接受调查。

3. 对自己的主张提供证据证明。

4. 有权对地方各级法院第一审尚未发生法律效力的判决和裁定的附带民事诉讼部分提出上诉

5. 执行已经发生法律效力的判决、裁定的附带民事诉讼部分。

（五）单位当事人

当事人通常都是自然人，但在一些特殊情况下，单位也可以成为刑事诉讼的当事人。

单位可以成为犯罪嫌疑人、被告人。单位犯罪已经成为一种普遍的社会现象，自 1987 年《海关法》颁布以来，我国已有数十个单行法律法规规定单位也可构成犯罪。1997 年修订后的《刑法》正式确立了有关单位犯罪的制度。根据《刑法》的规定，公司、企业、事业单位、机关、团体实施的危害社会的行为，法律规定为单位犯罪的，应当负刑事责任。一般情况下，对于单位犯罪，应当对单位判处罚金，并对其直接负责的主管人员和其他责任人员判处刑罚，也就是实行所谓的"双罚制"。在单位犯罪的情况下，单位可以独立成为犯罪嫌疑人、被告人，与作为自然人的直接负责的主管人员和其他直接责任人员一起参与刑事诉讼。

代表被告单位参加刑事诉讼的诉讼代表人，应当是单位的法定代表人或者主要负责人；法定代表人或者主要负责人被指控为单位犯罪直接负责的主管人员或因客观原因无法出庭的，应当由被告单位委托其他负责人或职工作为被告单位的诉讼代表人出庭。在审判阶段，被告单位的诉讼代表人与被指控为单位犯罪直接负责的主管人员是同一人的，人民法院应当要求人民检察院另行确定被告单位的诉讼代表人出庭。

单位犯罪嫌疑人、被告人的诉讼权利和诉讼义务，与自然人犯罪嫌疑人、被告人大致相同。相关司法解释作出了以下特殊规定：

1. 单位被告人有权委托辩护人。单位被告人委托辩护人遵循自然人委托辩护人的有关规定。

2. 诉讼代表人有出庭的义务。人民法院决定开庭审理单位犯罪案件，应当通知被告单位的诉讼代表人出庭。开庭时，诉讼代表人席位于审判台前左侧，与辩护人席并列。

3. 人民法院对诉讼代表人有权进行拘传。诉讼代表人系被告单位的法定代表人或者主要负责人，接到出庭通知后无正当理由拒不出庭的，人民法院可以拘传到庭。

4. 专门机关有权对单位财产采取特殊强制措施。原本我国《刑事诉讼法》规定的五种传统强制措施都只适用于自然人，但考虑到单位犯罪嫌疑人、被告人也可能实施破坏刑事诉讼的行为，特别是转移财产，导致案件的判决难以执行，因而相关司法解释规定：人民法院为了保证判决的执行，根据案件的具体情况，可以先行查封、扣押、冻结被告单位的财产或者由被告单位提供担保。

三、其他诉讼参与人

其他诉讼参与人是指除当事人以外的诉讼参与人，包括法定代理人、诉讼代理人、辩护人、证人、鉴定人和翻译人员。其他诉讼参与人在诉讼中不是独立承担诉讼职能的诉讼主体，但他们同样依法享有参加诉讼活动所必需的诉讼权利，承担相应的诉讼义务。

（一）法定代理人

法定代理人是由法律规定的对被代理人负有专门保护义务并代其进行诉讼的人。《刑事诉讼法》第108条规定，法定代理人的范围包括被代理人的父母、养父母、监护人和负有保护责任的机关、团体的代表。未成年人的监护人是其父母，其父母死亡或者没有监护能力的，其祖父母、外祖父母、兄、姐、关系密切的其他亲属、朋友愿意承担监护职责，经未成年人的父母所在单位或者未成年人住所地的居民委员会、村民委员会同意后，也可以作监护人。由于患精神病而无行为能力或者限制行为能力的人，其监护人是其配偶、父母、成年子女和其他近亲属；关系密切的其他亲属、朋友愿意承担监护职责的，经精神病人所在单位或者住所地的居民委员会、村民委员会同意后，也可以作监护人。负有保护责任的机关、团体的代表是指无行为能力人或者限制行为能力人所在的单位及其住所地居民委员会、村民委员会，或者是民政部门、工会、妇联、共青团、残疾人联合会等对特定人员负有保护责任的单位、组织的代表。

在刑事诉讼中的当事人或者某些诉讼参与人是未成年人、精神病人等无行为能力人或者限制行为能力人时，需要法定代理人代为参加刑事诉讼。刑事诉讼中的法定代理制度适用民事法律的有关规定，依据我国《民法典》的规定：8周岁以下为无民事行为能力人；8周岁以上不满18周岁的人为限制民事行为能力人；16周岁以上的公民，以自己的劳动收入为主要生活来源的，视为完全民事行为能力人；不能辨认自己行为的精神病人是无民事行为能力人；不能完全辨认自己行为的精神病人是限制民事行为能力人。

法定代理人参加刑事诉讼是依据法律规定，而不是基于委托关系。在刑事诉讼中，法定代理人具有独立的法律地位，法定代理人不受被代理人意志的约束，在行使代理权限时无须经过被代理人同意。

法定代理人参与刑事诉讼的职责是依法保护未成年人、无行为能力人或者限制行为能力人的人身权利、财产权利、诉讼权利以及其他一切合法权利。同时，法定代理人有责任监督被代理人的行为。在有多个法定代理人时，只能由其中一人参加刑事诉讼。法定代理人享有广泛的与被代理人相同的诉讼权利，但法定代理人不能代替被代理人作陈述，也不能代替被代理人承担与人身自由相关联的义务，比如服刑等。

法定代理人的诉讼权利还有：

1. 当事人的法定代理人有申请回避权。

2. 被告人、自诉人的法定代理人，不服地方各级人民法院第一审的判决、裁定的，有权向上一级人民法院上诉。附带民事诉讼当事人的法定代理人，可以对地方各级人民法院第一审的判决、裁定中的附带民事诉讼部分提出上诉。

3. 有权在对未成年被代理人进行讯问、审判时被通知到场。

（二）诉讼代理人

基于委托关系而代表被代理人参与刑事诉讼的人是诉讼代理人。依据《刑事诉讼法》的规定，公诉案件的被害人及其法定代理人或者近亲属有权委托诉讼代理人；自诉案件的自诉人及其法定代理人有权委托诉讼代理人；附带民事诉讼原告人、被告人及其法定代理人有权委托诉讼代理人。

刑事诉讼代理与刑事辩护不同。首先，刑事辩护针对的对象是犯罪嫌疑人、被告人，而刑事诉讼代理针对的对象是公诉案件被害人、自诉案件自诉人、附带民事诉讼当事人以及没收违法所得程序中的利害关系人和强制医疗程序中的不负刑事责任的人；其次，刑事辩护可以有犯罪嫌疑人、被告人自行辩护、委托辩护和法律援助三种方式，而刑事诉讼代理只有被代理人委托一种方式；最后，刑事诉讼代理与刑事辩护执行的是不同的诉讼职能。无论是公诉案件被害人的代理人，还是自诉案件自诉人的代理人，在刑事诉讼中都执行控诉职能，而刑事辩护执行的是辩护职能。

根据《刑事诉讼法》第33条和第46条的规定，下列人员可以被委托担任诉讼代理人：①律师；②人民团体或者被代理人所在单位推荐的人；③被代理人的监护人、亲友等。

上列人员如果是正在被执行刑罚或者依法被剥夺、限制人身自由的人，不得担任诉讼代理人。被开除公职和被吊销律师、公证员执业证书的人，不得担任辩护人，但系犯罪嫌疑人、被告人的监护人、近亲属的除外。

关于诉讼代理人的诉讼权利和义务，详见本书第十一章。

（三）辩护人

辩护人是在刑事诉讼中接受犯罪嫌疑人、被告人及其法定代理人的委托，或者接受法律援助机构的指派，为犯罪嫌疑人、被告人依法进行辩护、帮助其行使辩护权，以维护其合法权益的人。

在我国刑事诉讼中，可以依法接受委托担任犯罪嫌疑人、被告人的辩护人的人包括：律师；人民团体或者犯罪嫌疑人、被告人所在单位推荐的人；犯罪嫌疑人、被告人的监护人、亲友。辩护人是重要的诉讼参与人之一，其诉讼地位是独立的，在刑事诉讼中执行辩护职能。辩护人的职责是依据事实和法律，提出犯罪嫌疑人、被告人无罪、罪轻或者减轻、免除其刑事责任的材料和意见，维护犯罪嫌疑人、被告人的诉讼权利和其他合法权益。

关于辩护人的诉讼权利与义务，详见本书第十一章。

（四）证人

在刑事诉讼中，证人是除了当事人以外的了解案件情况并向公安司法机关作出陈述的人。依据法律规定，在我国刑事诉讼中，凡是知道案件情况的人，都有作证的义务。证人不论其是否与当事人或者与案件有利害关系，均不妨碍其成为证人，依法都有作证的义务。法律规定，只有生理上、精神上有缺陷或者年幼，不能辨别是非、不能正确表达的人，才不能作证人。

证人由于其了解案件情况而成为诉讼参与人之一，这一特点决定了证人在刑事诉讼中是特定的，具有不可替代性。应当保证了解案件情况的人优先作证人，在刑事诉讼中，无论是承办案件的公安司法机关的侦查人员、检察人员或者审判人员以及其他参与刑事诉讼的辩护人、代理人、鉴定人、翻译人员等，如果他们知道案件情况，应优先选择其作为证人，不再担任本案中的其他人员。

证人只能是自然人。国家机关、企业、事业单位或者人民团体，不能成为证人，因为他们不能像证人一样感知案件事实，无法享有证人的诉讼权利或者承担证人的诉讼义务。

依据法律规定，刑事诉讼中的证人享有以下诉讼权利：

1. 有权用本民族语言文字进行诉讼。

2. 有权查阅证言笔录，并予以补充或者更改。

3. 对于公安司法机关工作人员侵犯其诉讼权利或者人身侮辱的行为，有权提出控告。

4. 对于其因作证而产生的误工费等经济损失，有权要求补偿。

5. 有权要求公安司法机关保证其本人以及其近亲属的安全，防止因作证而遭受不法侵害。

证人依法应当承担以下诉讼义务：

1. 如实提供证言，如果有意作伪证或者隐匿罪证，应当承担法律责任。

2. 有义务回答公安司法人员以及当事人和其他诉讼参与人的询问，并接受质证。

3. 对于公安司法人员询问的内容予以保密。

（五）鉴定人

刑事诉讼中的鉴定人是指接受公安司法机关的指派或者聘请，运用自己的专门知识或者技能对刑事案件中的专门性问题进行分析判断并提出书面鉴定意见的人。鉴定人的鉴定意见应以书面形式作出，并应签字以示负责。其所作的书面鉴定意见是刑事诉讼的法定证据之一。

成为刑事诉讼鉴定人应当符合一定的条件：①鉴定人应当具有专门知识或者技能，即具有分析判断案件中专门性问题的能力。鉴定人也只能解决刑事案件中的专门性问题，而不能解决法律问题。②鉴定人应当受到公安司法机关的指派或者聘请，这是必不可少的形式要件。③鉴定人应当与案件当事人或者案件无利害关系，鉴定人如果具有《刑事诉讼法》第29条规定的情形之一的，应当自行回避，不得参与该案件的诉讼活动。当事人及其法定代理人也有权要求他们回避。

此外，根据《全国人民代表大会常务委员会关于司法鉴定管理问题的决定》的规定，国家对从事法医类鉴定、物证类鉴定、声像资料鉴定等司法鉴定业务的鉴定人和鉴定机构实行登记管理制度。可以申请登记从事司法鉴定业务的自然人应当具备以下条件：①具有与所申请从事的司法鉴定业务相关的高级专业技术职称；②具有与所申请从事的司法鉴定业务相关的专业执业资格或者高等院校相关专业本科以上学历，从事相关工作5年以上；③具有与所申请从事的司法鉴定业务相关工作10年以上经历，具有较强的专业技能。

因故意犯罪或者职务过失犯罪受过刑事处罚的，受过开除公职处分的，以及被撤销鉴定人登记的人员，不得从事司法鉴定业务。

可以申请从事司法鉴定业务的法人或者其他组织，应当具备下列条件：①有明确的业务范围；②有在业务范围内进行司法鉴定所必需的仪器、设备；③有在业务范围内进行司法鉴定所必需的依法通过计量认证或者实验室认可的检测实验室；④每项司法鉴定业务有3名以上鉴定人。

申请从事司法鉴定业务的个人、法人或者其他组织，由省级人民政府司法行政部门审核，对符合条件的予以登记，编入鉴定人和鉴定机构名册并公告。省级人民政府司法行政部门应当根据鉴定人或者鉴定机构的增加和撤销登记情况，定期更新所编制的鉴定人和鉴定机构名册并公告。

侦查机关根据侦查工作的需要设立的鉴定机构，不得面向社会接受委托从事司法鉴定业务。人民法院和司法行政部门不得设立鉴定机构。

各鉴定机构之间没有隶属关系，鉴定机构接受委托从事司法鉴定业务，不受地域范围的限制。鉴定人应当在一个鉴定机构中从事司法鉴定业务。鉴定人从事司法鉴定业务，由所在的鉴定机构统一接受委托。鉴定人和鉴定机构应当在鉴定人和鉴定机构名册注明的业务范围内从事司法鉴定业务。

司法鉴定实行鉴定人负责制度。鉴定人应当独立进行鉴定，对鉴定意见负责并在鉴定书上签名或者盖章。多人参加的鉴定，对鉴定意见有不同意见的，应当注明。

刑事诉讼中的鉴定人依法享有以下诉讼权利：

1. 有权了解与鉴定有关的案件材料。

2. 有权要求指派或者聘请的机关提供足够的鉴定材料，在提供的鉴定材料不充分、不具备作出鉴定意见的条件时，有权要求有关机关补充材料，否则有权拒绝鉴定。

3. 有权收取鉴定费用。

鉴定人依法承担以下诉讼义务：

1. 如实作出鉴定，不得故意作出虚假鉴定意见。如果故意作出虚假鉴定要承担相应的法律责任。

2. 对于因为作鉴定而了解的案件情况和有关人员的隐私，应当保密。

3. 在诉讼中，当事人对鉴定意见有异议的，经人民法院依法通知，鉴定人应当出庭作证。

（六）翻译人员

在刑事诉讼中，接受公安司法机关的指派或者聘请，为参与诉讼的外国人、少数民族人员、盲人、聋哑人等进行语言、文字翻译或者盲文、聋哑语翻译的人是翻译人员。翻译人员是刑事诉讼中独立的诉讼参与人。

《刑事诉讼法》确立了使用本民族语言文字进行诉讼的原则，各民族公民以及外国人都有权用其本民族语言文字进行诉讼。公安机关、人民检察院、人民法院有义务为不通晓当地通用的语言文字的诉讼参与人提供翻译人员，保障其实现诉讼权利。

翻译人员应当具备一定的条件：①能够胜任语言文字翻译工作，有为当事人及其他诉讼参与人提供翻译的能力；②应当与案件或者案件当事人无利害关系，否则应当回避。

翻译人员依法有权要求公安司法机关提供与翻译内容有关的材料，了解有关案件情况。翻译人员有权获得相应的报酬和经济补偿。

翻译人员依法应当如实进行翻译，如果故意作出虚假翻译的，要承担相应的法律责任。此外，翻译人员对提供翻译活动所获知的案件情况和他人的隐私，应当保密。

【思考题】

1. 我国刑事诉讼中的专门机关有哪些？

2. 简述我国人民法院、人民检察院的组织体系和领导原则。

3. 我国刑事诉讼中诉讼参与人的范围有哪些？

4. 当事人应具备什么条件？公诉人是否属于当事人？

5. 简述我国刑事诉讼中的被告人、犯罪嫌疑人的诉讼地位和诉讼权利。

6. 简述我国刑事诉讼中的被害人的诉讼地位和诉讼权利。

7. 简述其他当事人、诉讼参与人的相关规定。

8.《全国人民代表大会常务委员会关于司法鉴定管理问题的决定》对司法鉴定管理问题作出了很多新的规定，谈谈你的看法。

第二编　原理与原则

刑事诉讼的基本概念

提要与学习要求　本章需要了解刑事诉讼的价值、目的、职能、结构、主体、客体的含义及基本内容。

■第一节　刑事诉讼价值

刑事诉讼价值，即刑事诉讼法的价值，是指刑事诉讼立法及其实施能够满足国家、社会及其一般成员的特定需要而对国家、社会及其一般成员所具有的效用和意义。

刑事诉讼价值是法律价值在刑事诉讼法领域的特殊表现形式。因此，对刑事诉讼价值的认识，应当以法律价值的一般理论为基础。关于法律价值的含义，有论者以马克思主义价值论为基础，认为"法的价值是以法与人的关系作为基础的，法对于人所具有的意义，是法对于人的需要的满足，也是人关于法的绝对超越指向"。[1]因此，法的价值包括三层含义：①法的价值主体是人，是具有社会性的个人、群体、人的总体的统一。②法的价值客体是法。这里的法，一是指法的制度，作为制度的法及其规范；二是指以社会状态存在的法，包括法行为和其他法律现象；三是指以观念形态存在的法，包括法意识等。③法的价值以法与人之间的客体与主体的关系为客观基础，是作为客体的法对人类社会需要的满足。具体而言，法的价值目标包括以下内容：秩序价值、效益价值、文明价值、民主价值、法治价值、理性价值、权利价值、自由价值、平等价值、人权价值、正义价值、人的全面发展价值。

---

〔1〕　卓泽渊：《法的价值论》，法律出版社1999年版，第11页。

　　我国刑事诉讼法学一般认为，刑事诉讼价值源自刑事诉讼的内在属性以及国家、社会及其一般成员对刑事诉讼的需要。其中，在具体内容上，一般侧重于刑事诉讼价值的公正、秩序、效益诸项内容。近年来，有学者以伦理学中的价值理论为理论基础（"价值即值得人们向往和追求的善"），认为刑事审判程序的价值可分为外在价值和内在价值。"刑事审判程序的外在价值是指我们据以评价和判断一项刑事审判程序在形成某一公正裁判结果方面是否有用和有效的价值标准。在这里，评价程序结果的标准是独立的，它们主要是实体正义、和平、安全、秩序等价值。实现这些价值目标的要求相对于作为手段的程序而言，是一种外在的更高目标。……刑事审判程序的内在价值是指我们据以评断一项刑事审判程序本身是否具有善的品质的标准。一项刑事审判程序无论是否具有产生好结果的能力，只要它本身具有一些独立的价值标准，我们就可以认为它具有一种内在的善，即作为目的的价值。"以上述分析为基础，该学者认为，程序的正义性是刑事审判程序的内在价值；程序的工具性是刑事审判程序的外在价值；程序的经济性是刑事审判程序的次级价值。[1]

一、刑事诉讼的公正价值

　　在刑事诉讼价值中，公正居于核心的地位。刑事诉讼的公正价值包括实体公正和程序公正两个方面。其中，实体公正，即结果公正，是指案件的实体处理结果合乎公正的要求。我国刑事诉讼法学一般认为，刑事案件的实体公正具体包括以下内容：[2]①在事实方面，据以定罪量刑的犯罪事实必须准确无误地认定，做到证据确实充分，或者达到法定的证明标准。当认定被告人有罪、罪重的事实存有合理怀疑时，应当作出有利于被追诉人的处理。②在定罪方面，正确适用《刑法》，准确认定犯罪嫌疑人、被告人是否有罪及其罪名。③在量刑方面，按照罪责刑相适应原则，依法适度判定刑种、刑度。④在冤错方面，对于冤错的案件，特别是错及无辜的案件，应当依法及时予以纠正、及时进行补偿。

　　程序公正，即过程公正，是指诉讼程序自身合乎公正的要求。在现代社会，程序正义是评价刑事诉讼过程（即刑事程序自身）是否公正的标准和尺度。在英美法传统中，程序正义最早产生于英国的"自然正义"观念，其思想谱系可追溯到1216年的《英国大宪章》；在司法程序问题上，普拉特法官在1723年"国王诉剑桥大学案"中最早使用了"自然正义"的概念。[3]一般认为，"自然正义"包含两个基本原则：其一，任何人都不得在与自己有关的案件中担任法官；其二，必须给予诉讼

---

〔1〕 参见陈瑞华：《刑事审判原理论》，北京大学出版社1997年版，第22页。

〔2〕 陈光中主编：《刑事诉讼法》，北京大学出版社、高等教育出版社2005年版，第12页。

〔3〕 ［英］彼得·斯坦、约翰·香德著，王献平译：《西方社会的法律价值》，中国人民公安大学出版社1990年版，第97页。

当事人各方充分的机会来陈述其本方的理由。[1]美国学者戈尔丁认为，"自然正义"实际上包含了 9 项内容：①与自身有关的人不应该是法官；②结果中不应包含纠纷解决者个人的利益；③纠纷解决者不应有支持或反对某一方的偏见；④对各方当事人的意见均应给予公平的关注；⑤纠纷解决者应听取另一方意见；⑥纠纷解决者听取当事人的意见，应当在另一方当事人在场的情况下进行；⑦各方当事人都应得到公平机会来对另一方提出的论据和证据作出反应；⑧解决的诸项条件应以理性推演为依据；⑨推理应论及所提出的所有论据和证据。[2]

"自然正义"观念后为美国继承，并以"正当法律程序"的形式规定于《宪法》之中。根据美国《布莱克法律辞典》对"正当法律程序"的解释，程序性正当程序的中心含义是指：任何权益受到判决结果影响的当事人都有权获得法庭审判的机会，并且应被告知控诉的性质和理由……合理的告知、获得庭审的机会以及提出主张和辩护等都体现在"程序性正当程序"之中。

国家、社会及其一般成员不仅要求刑事诉讼能够实现结果意义上的公正，而且还要求刑事诉讼的过程也应当符合其公平、正义的标准。经验表明，刑事程序唯有符合国家、社会及其一般成员的公正标准、体现特定时代的公正性，才能使刑事诉讼活动及其结果为社会所接受和支持，并避免因刑事诉讼自身的不公正而导致更大的冲突。

二、刑事诉讼的秩序价值

秩序是法律制度的基本价值之一。美国法理学家曾指出，"历史表明，凡是在人类建立了政治或社会组织单位的地方，他们都曾力图防止不可控制的混乱现象，也曾试图确立某种适于生存的秩序形式"。与秩序相对的是社会生活的无序（无法预测），因此，秩序的核心是指自然界与社会进程运作中存在着某种程度的一致性、连续性和确定性。[3]

在社会生活中，为了实现社会秩序，法律制度必须反对两方面的敌对倾向：来自个人的无政府倾向和来自政府的专制主义倾向。"法律在本质上是对专制权力行使的一种限制，因此它同无政府状态以及专制政治是敌对的。为了防止具有为数众多而又相互抵触的意志的无政府状态，法律限制了私人的权利。为了防止一个专制政府的暴政，法律控制了统治当局的权力。它试图通过将秩序与规则引入私人交往以及政府机构运转之中的方法而在……两种社会生活的极端形式之间维持一种平衡。"[4]

---

〔1〕［英］彼得·斯坦、约翰·香德著，王献平译：《西方社会的法律价值》，中国人民公安大学出版社1990年版，第97页；王名扬：《英国行政法》，中国政法大学出版社1987年版，第152页。

〔2〕［美］戈尔丁著，齐海滨译：《法律哲学》，三联书店1987年版，第240页。

〔3〕［美］E.博登海默著，邓正来、姬敬武译：《法理学——法哲学及其方法》，华夏出版社1987年版，第207页。

〔4〕［美］E.博登海默著，邓正来、姬敬武译：《法理学——法哲学及其方法》，华夏出版社1987年版，第224页。

在任何社会，排除犯罪行为对社会及个人的侵害是实现秩序的基本条件。因此，消除犯罪引起的社会混乱，保持社会秩序稳定并使社会在有序中发展，是国家及一般社会成员所追求的刑事程序的基本价值。但是，为了恢复社会秩序而进行的刑事诉讼活动本身已存在破坏社会秩序的可能。而且，从实践效果看，刑事诉讼活动一旦对社会秩序造成破坏，其危害后果更大。因此，在刑事诉讼中，秩序价值必然包括两方面的含义：其一，通过惩治犯罪，恢复被犯罪破坏的社会秩序以及预防社会秩序被犯罪所破坏。这是《刑事诉讼法》的基本任务，也即所谓的"惩罚犯罪，保护人民，保障国家安全和社会公共安全，维护社会主义社会秩序"。其二，追诉犯罪的刑事诉讼活动自身也必须是有序的（即合乎法定秩序）。刑事诉讼活动是社会秩序的捍卫者，但是，如果为了打击犯罪，刑事诉讼活动自身可以置法律于不顾，那么，刑事诉讼无疑将沦为与犯罪行为没有本质差别的"法律秩序的破坏者"。因此，为了防止以追诉犯罪为借口，肆意限制或剥夺公民个体的权利或自由，刑事诉讼活动自身也必须遵守法律、遵守法定程序。

对刑事程序秩序价值的追求，意味着对抑制犯罪行为、保持社会的和平与稳定的期望，因为没有和平与稳定，就无所谓其他价值。维护社会秩序的需要还表现为对社会及其成员的安全的追求。这不仅需要控制社会暴力冲突，还需要防止政府及其官员滥用权力而使社会成员没有安全保障。所以，国家刑事司法权的行使也必须是有序的，必须受到刑事程序的规范。

在实现秩序方面，刑事诉讼由控诉、辩护、审判构成的基本结构，决定了它与其他方式相比，更有利于充分展露事实，明确案件真相和正确确定刑事责任；构成刑事诉讼的三方的活动被法律规范的程序所约束，且彼此相互牵制，可以在最大程度上避免因刑事司法权的行使所导致的新的社会冲突和社会秩序的破坏；刑事诉讼通过适用体现特定社会价值观的刑事法律，可以惩治并抑制犯罪，解脱无辜，排除冲突，弘扬国家所倡导的行为标准乃至伦理道德观，从而为社会的长久秩序提供了条件。

三、刑事诉讼的效益价值

刑事诉讼的效益，又称诉讼效率，是指以一定的司法资源投入换取尽可能多的刑事案件的处理，即提高单位时间内的有用工作量，加强刑事程序的运作效率，降低诉讼成本，减少案件积压和司法拖延等现象。诉讼效益的核心在于合理配置有限的司法资源。

20世纪中后叶，经济分析方法开始被引入法学领域。由此，法律制度的效益价值也开始日益成为人们关注的重要问题之一。美国经济法学家波斯纳甚至认为："正义的第二种意义，简单说来就是效益。"其中，作为国家强制解决纠纷的必要手段，诉讼程序问题更是与效益问题密切相连。贝勒斯认为，"同任何其他工具一样，法律程序也被看作一种实现某一目的过程中产生的一种费用，因而程序法的目的是实现费用最小化。错误判决的成本称作错误成本，作出判决的成本称作直接成本。这一目的可扼要表述为：实现错误成本和直接成本最小化"。"没有充分的理由，谁也不能增加经济成本。总之，在所有其他条件均相同的情况下，不论经济成本是直接成本，还是错误成本，任何关心财富的人都有充分的理由选择较低的经济成本，而不选择较高的经济成本。经济成本原则：我们应当使法律程序的经济成本最小化。"[1]

　　就刑事诉讼领域而言，由于国家的司法投入不可能无限度地增加，因此，在司法资源在短期内不可能有大幅度增加的社会背景下，如何利用有限的司法资源有效地处理刑事案件，已经成为摆在各国刑事法学者面前的现实问题之一。从各国的制度设计来看，为了实现诉讼效益，各国制度呈现出以下明显特点：

　　1. 根据案件可能判处刑罚的轻重，设置不同的诉讼程序。正义的基本含义在于"得其应得"。因此，对于轻微的犯罪案件适用繁密的普通程序，如同对严重的犯罪案件适用简易程序一样，都属于一种不正义。因此，基于"得其应得"的实质正义观，诉讼程序的设置应当针对案件刑罚的轻重有所区别，以实现"在不影响公正的前提下，实现诉讼资源的合理化配置"。例如，在英国，根据可能判处刑罚的轻重，刑事案件被分为 3 类：①只能依照简易程序审理的犯罪（summary only）。对于此类案件，只能由治安法院（Magistrates' Court）依照简易程序进行审判。②只能由刑事法院（Crown Court）依照正式程序进行审判的犯罪（indictable only）。对于此类犯罪，只能在刑事法院接受陪审团审判。③可选择的犯罪案件（triable either way）。对于此类犯罪案件，被告人有权选择是在治安法院依照简易程序进行审判还是在刑事法院由陪审团进行审判。[2]其中，治安法院的审判活动由治安法官负责。在英国，多数治安法官来自民众，是不拿薪水的志愿人士。治安法官在书记官（clerk）的指导下进行审判工作。刑事法院实行陪审团审判，控辩双方均由出庭律师代理。因此，一般而言，我们所能看到的英国"法庭审判"，往往属于刑事法院进行的审判活动。又如，在法国，刑事犯罪被分为违警罪、轻罪和重罪。据此，法国《刑事诉讼法》针对这 3 种犯罪案件，规定了繁简程度有着较大差异的法庭审理程序。其中，以审判组织为例，重罪法院的审判组织应当由 3 名职业法官和 9 名陪审员共同组成合议庭。在轻罪法院，则由 3 名职业法官组成合议庭。违警罪法院则实行独任制，由 1 名职业法官独任审判。此外，在法庭审理程序上，也有着较大的实质差别。

　　2. 与非犯罪化的刑法思潮相呼应，在刑事诉讼领域，为减轻刑事审判的案件压力，以程序分流理论为根据，强化了审前程序在案件处理上的作用。例如，在美国，以辩诉交易的方式解决刑事案件，已经成为刑事诉讼领域一种不可或缺的案件处理方式。在德国，检察机关通过裁量起诉权，在审前程序中终结了近 1/3 的刑事案件。

---

〔1〕　〔美〕迈克尔·D. 贝勒斯著，张文显等译：《法律的原则——一个规范的分析》，中国大百科全书出版社 1996 年版，第 23、26 页。

〔2〕　宋英辉等：《外国刑事诉讼法》，法律出版社 2006 年版，第 117 页。

在英国，警察以对犯罪嫌疑人提出警告的方式，也在处理着大量的刑事案件。

3. 简易程序的多样化发展。例如，1988 年意大利《刑事诉讼法》一下子引入了五种简易程序，以期推动简易程序的广泛适用。

四、公正、秩序与效益的关系

刑事诉讼的公正、秩序、效益诸项价值相互依存、相互作用、相互制约，不可偏废。当发生刑事案件时，特别是在社会治安状况较差的时期，人们常常希望迅速惩处犯罪以恢复秩序，其主观愿望是可以理解的。但是，如果片面强调惩罚的效率，则很可能出现与其愿望相反的后果。例如，在有些（如法西斯国家的）刑事诉讼中，由于不适当地追求高效率的处罚，而忽视程序的有序性和公正性，造成了大量冤狱或因处罚不公而积怨甚多，导致了更深刻的社会矛盾和更多的新的犯罪，为此又要投入大量资源。这不仅损害了秩序和公正，而且也没有真正实现效益。反之，同样会造成恶果。

刑事诉讼的公正、秩序、效益价值是通过《刑事诉讼法》的制定和实施来实现的。一方面，《刑事诉讼法》保证刑法的正确实施，实现公正、秩序、效益价值，这称为《刑事诉讼法》的工具价值；另一方面，《刑事诉讼法》的制定和适用本身也在实现着公正、秩序、效益价值，这称为《刑事诉讼法》的独立价值。因此，只有严格执行《刑事诉讼法》，才能实现刑事诉讼的公正、秩序、效益价值。

■第二节　刑事诉讼目的

刑事诉讼目的是指国家制定《刑事诉讼法》、进行刑事诉讼活动所期望达到的目标，是立法者根据国家和社会的需要并基于对刑事诉讼固有属性的认识预先设计的关于刑事诉讼结果的理想模式。

刑事诉讼目的集中体现了立法者的刑事诉讼价值观。但是，根据经济基础决定上层建筑的马克思主义理论，立法者设定的刑事诉讼目的必然受到特定社会条件的制约。具体而言，这种制约表现为两个方面：其一，立法者必然受制于特定的社会历史条件。因此，立法者设定的刑事诉讼目的往往呈现出鲜明的时代特征；而随着社会政治、经济条件的发展变化，后来的立法者应当根据新的社会需要，对刑事诉讼目的予以必要的、及时地调整。在此意义上，对于特定刑事诉讼目的的评价，必须采取历史评价的方法。例如，我们不能以现代人的眼光评价中国古代的刑事诉讼不讲人权；同样，我们也不能无视现代社会的客观需要仍然不讲人权。其二，刑事诉讼目的的实现必然受制于特定的社会历史条件。刑事诉讼目的是立法者对刑事诉讼提出的预期目标。在司法实践中，该目标能否得以实现，最终依赖于特定的社会历史条件，如社会价值取向、国家司法投入、司法人员的素质等。因此，立法者在设定刑事诉讼目的时，不能无视所处的社会历史条件的制约：一方面，不能满足社会客观需要的刑事诉讼目的必然遭到失败；另一方面，过于超前的刑事诉讼目的，也不可能圆满实现。在此意义上，只有充分适应社会历史条件的刑事诉讼目的才是最好的立法设计。但是，如果考虑到社会总是处于不断发展之中，那么，一种适度超前的刑事诉讼目的则更有助于保持法律的稳定性和社会引导力。

刑事诉讼目的可以分为刑事诉讼的根本目的和直接目的两个层次。刑事诉讼的根本目的在于：通过维护法律秩序的底线，实现一种有秩序的社会生活。换句话说，尽管不同时代、不同地区的刑事诉讼维护的法律秩序有所不同，但是，立法者设置刑事诉讼法的最终目的却具有较大的一致性，即都期望通过有效地惩罚犯罪，达到维护社会秩序的目的。

刑事诉讼的直接目的表现为两个方面：一方面，国家通过刑事诉讼活动，应当准确、及时地查明案件事实真相，对构成犯罪的被告人正确适用《刑法》，惩罚犯罪，实现国家刑罚权；另一方面，国家在进行刑事诉讼的过程中，应当贯彻尊重和保障人权的时代精神，注意保障诉讼参与人的合法权益不受侵犯，特别是保障与案件结果有直接利益关系的犯罪嫌疑人、被告人和被害人的诉讼权利得到充分行使。概括而言，刑事诉讼的直接目的在于实现惩罚犯罪与保障人权，实现司法公正。刑事诉讼根本目的的实现有赖于直接目的的实现。

在美国，有学者将刑事诉讼的直接目的归纳为两种类型，即犯罪控制模式与正当程序模式。其中，前者认为，惩罚犯罪是刑事诉讼最主要的目的，刑事程序运作的方式和取向，应当遵循惩罚犯罪的目标进行；在刑事程序中，被告人的权利虽然也应当予以保障和尊重，但并非以此为首要目标。后者认为，尊重个人自由和保障个人人权是刑事诉讼的首要目标，在惩罚犯罪与保障人权的关系上，保障人权处于优越地位。

日本的刑事诉讼理论，在借鉴美国和德国刑事诉讼学说的基础上，提出了实体真实主义、正当程序主义、实体真实与正当程序相统一等刑事诉讼目的观。其中，实体真实主义主张刑事诉讼旨在发现案件的实体真实，准确适用《刑法》；正当程序主义认为程序具有至上性，刑事诉讼旨在维护程序的正当性；实体真实与正当程序相统一的目的观认为，在坚持程序正义的同时，达到发现实体真实的要求，是刑事诉讼的目的。

我国诉讼法理论一般认为，实体公正与程序公正、惩罚犯罪与保障人权应当并重，而不能偏重其一，更不能以牺牲某一方面为代价片面地追求某一种目的。这是因为，只强调追究犯罪，忽视保障人权，势必导致蔑视法治、违反程序、刑讯逼供、滥捕滥判，造成较高的错案率，最终既不能保障人权，也不能准确有效地惩罚犯罪。反之，只强调保障人权，忽视追究犯罪，势必放纵犯罪，社会秩序的稳定难以实现，社会成员的人权也得不到保障，同样不利于实现刑事诉讼的根本目的。只有将两者结合起来，才符合刑事诉讼的内在规律，才能使刑事诉讼真正符合国家、社会及一般社会成员的需要，也才能正确指导司法工作人员进行刑事诉讼活动，维护国家的长治久安。2012 年《刑事诉讼法》在坚持惩罚犯罪与保障人权并重的指导思想下，根据 2004 年《宪法修正案》的精神，在第 2 条刑事诉讼任务中明确写入了"尊重和保障人权"的内容。与此同时，《刑事诉讼法》第 14 条第 1 款明确规定："人民法院、人民检察院和公安机关应当保障犯罪嫌疑人、被告人和其他诉讼参与人依法享有的辩护权和其他诉讼权利。"也即，在刑事诉讼领域，尊重和保障人权的重点在于保障犯罪嫌疑人、被告人的权利，尤其是辩护权。此外，在辩护制度、证据制度、强制措施、侦查程序、审判程序和特别程序中，立法修改也都体现了尊重和保障人权的精神。因此，实体公正与程序公正、惩罚犯罪与保障人权并重的目的观，是符合我国刑事诉讼法制需求的目的观。

惩罚犯罪与保障人权既有统一的一面，也有矛盾、冲突的一面。例如，疑难案件的处理、非法获得的证据材料是否应予排除、律师对其获知的职业秘密是否应当保密等，都涉及惩罚犯罪与保障人权两方面利益的冲突。当惩罚犯罪和保障人权发生冲突而无法兼顾时，应当采取权衡原则，综合考虑国家利益、社会利益和个人利益，权衡利弊得失，做出有利于实现刑事诉讼根本目的的选择。

国家基于特定时期社会经济、政治的需要，在一定时期、一定问题上对惩罚犯罪与保障人权利益的追求可以有所侧重，各国刑事诉讼制度就是在不断协调两者的矛盾中得到完善和发展的。

■第三节 刑事诉讼职能

刑事诉讼职能是指根据法律规定，国家专门机关和诉讼参与人在刑事诉讼中所承担的职责或者所发挥的作用。刑事诉讼的参与者所承担的职能，与其在诉讼中的法律地位和参与诉讼的目的密切相关。为了使诉讼的参与者履行或实现法律规定的诉讼职能，法律相应赋予其一定的权限和诉讼权利。

诉讼理论通说认为，刑事诉讼有三种基本职能，即控诉职能、辩护职能和审判职能。其中，控诉职能，是指向法院起诉并出庭支持控诉，要求追究被告人因其犯罪行为所应承担的刑事责任。控诉职能通常由国家追诉机关（检察机关）和被害人行使。至于侦查，由于侦查是公诉的必要准备，是追诉活动的组成部分，因而从广义上通常将其视为控诉职能。辩护职能，是指提出对被控诉人有利的事实和理由，维护被控诉人的合法权益。在现代诉讼中，辩护职能由犯罪嫌疑人、被告人行使，辩护人协助其行使。审判职能，是指通过审理确定被告人是否犯有被指控的罪行和应否处以刑罚以及处以何种刑罚。审判职能由法院行使。控诉、辩护、审判三种基本职能互相联系、彼此制约，构成了现代刑事诉讼活动的主要内容。

在现代刑事诉讼中，基于控审分离原则，控诉职能与审判职能应当由不同的诉讼主体承担。其中，承担控诉职能的诉讼主体负责追诉犯罪，但无权裁定被控诉人有罪，而承担审判职能的诉讼主体虽然享有定罪权，却只能被动等待控告，而不能主动追究犯罪。辩护职能与控诉职能相对应，基于控辩平等原则，承担辩护职能的诉讼主体应当享有与控诉方平等对话的法律地位。

控、辩、审三职能与特定的诉讼主体相对应并反映着它们之间的相互法律关系。根据我国《刑事诉讼法》的规定，控、辩、审三职能与诉讼主体之间的具体关系如下：

第一，审判职能由人民法院行使。在具体案件中，审判职能由审判组织（合议庭或独任庭）行使。其中，合议庭由职业法官组成或者由职业法官和人民陪审员组成；独任庭只能由职业法官组成。

第二，辩护职能对应的诉讼主体因公诉、自诉案件有所不同。其中，在自诉案件中，由于刑事诉讼活动始于自诉人的起诉活动，因此，行使辩护职能的诉讼主体只有被告人、辩护人。在公诉案件中，根据我国《刑事诉讼法》的规定，以是否提起公诉为界限，行使辩护职能的诉讼主体分为犯罪嫌疑人与被告人。其中，犯罪嫌疑人是指提起诉讼前，因涉嫌犯罪而受到追诉的公民，被告人是指因涉嫌犯罪而被起诉的公民。此外，根据《刑事诉讼法》第34条第1款的规定，犯罪嫌疑人自被侦查机关第一次讯问或者采取强制措施之日起有权委托辩护人；在侦查期间，只能委托律师作为辩护人。被告人有权随时委托辩护人。因此，在公诉案件中，行使辩护职能的诉讼主体因诉讼阶段不同而有所不同：在侦查阶段，是指犯罪嫌疑人及其聘请的辩护律师；在审查起诉阶段，是指犯罪嫌疑人与辩护人；在审判阶段，是指被告人与辩护人。

第三，控诉职能对应的诉讼主体因公诉、自诉案件也有所差异。其中，在自诉案件中，控诉职能由自诉人承担。此外，诉讼代理人协助自诉人行使控诉职能。在公诉案件中，控诉职能主要由检察机关、侦查机关承担。在审判阶段，被害人作为当事人一方，与检察机关共同行使控诉职能。

■第四节　刑事诉讼结构

刑事诉讼结构，又称刑事诉讼构造，是指控、辩、审三方主体进行刑事诉讼的基本方式，或者说，在刑事诉讼进行中，控、辩、审三方主体的法律地位以及相互之间权利义务关系的基本格局。

在诉讼结构理论中，一般认为，人类历史上曾出现过弹劾式诉讼与纠问式诉讼两种类型的诉讼结构。现代西方国家的刑事诉讼结构主要有大陆法系的职权主义诉讼和英美法系的当事人主义诉讼两种模式。此外，随着两大法系的不断融合，日本、意大利等国家的刑事诉讼则因兼采职权主义与当事人主义而被称为混合式诉讼模式。在我国，根据我国《刑事诉讼法》的规定及其司法实践，有学者还提出了"正三角结构""倒三角结构"和"线形结构"等理论。其中，"正三角结构"的特征是：控诉和辩护双方平等对立，法官作为第三方居于其中，居于其上，公正裁判，解决纠纷；"倒三角结构"的特征是：控诉、裁判职能居于倒三角形的两个顶端，被告人居于倒三角形的底端，处于被追诉、被审判的地位；"线形结构"的特征是：将诉讼视为一种双方组合，一方是作为整体的国家专门机关，另一方为犯罪嫌疑人、被告人，诉讼活动由国家专门机关积极推动进行。在"线形结构"下，侦、诉、审三机关虽然职能不同，但目标一致，彼此协作，使整个刑事诉讼呈工厂流水作业的状态，呈现为"线形"模式。

关于我国刑事诉讼结构的类型，诉讼理论界一般认为，我国刑事诉讼结构既与英美法系当事人主义诉讼有较大差异，也不同于大陆法系的职权主义诉讼，而是具有自己的特点。例如，强调人民法院、人民检察院、公安机关的分工负责、互相配合、互相制约，人民检察院作为公诉机关不是一方当事人，侦查机关有权实施强制性处分，等等。我国 1979 年制定的《刑事诉讼法》规定的诉讼程序的结构具有较强的职权主义色彩；1996 年修正后的《刑事诉讼法》加强了对犯罪嫌疑人、被告人权利的保障，增强了控辩双方的对抗性，弱化了审前程序与法庭审判的承继关系。因此，在诉讼结构上，我国刑事诉讼已经呈现出一定的混合式色彩，即以职权主义为背景，兼采当事人主义的诉讼模式。2012 年《刑事诉讼法》进一步强化了辩护律师的程序参与权，尤其是辩护律师在审前程序中的作用，从而为辩护律师在刑事诉讼中发挥更有效的法律帮助作用提供了制度前提。

在传统诉讼结构理论基础上，针对刑事诉讼纵向延伸的特点，有学者提出，应当区分刑事诉讼的横向结构与纵向结构。其中，刑事诉讼的横向结构，即上述传统诉讼法学上的诉讼结构，是指在刑事诉讼某一发展阶段的横断面上，控、辩、审三方的相互关系。而刑事诉讼的纵向结构则是指刑事诉讼纵向发展流程中呈现出来的控、辩、审三方之间的动态关系。其中，纵向结构理论认为，在我国，刑事诉讼纵向结构都呈现出鲜明的阶段化特征：在各诉讼阶段内，国家专门机关居于主导地位，并往往享有自主处理该诉讼阶段法律问题的权力；而在各诉讼阶段之间，国家专门机关之间则呈现一种"流水作业"的合作关系，共同致力于打击犯罪。因此，有学者将这种程序构造形象地比喻为"步进式构造"，也有学者称之为"流水作业式诉讼构造"。

与此相比，西方国家的刑事诉讼则属于"以裁判为中心的诉讼构造"。一般认为，欧美等西方国家的刑事诉讼，无论属于大陆法系传统还是属于英美法系传统，刑事诉讼的纵向结构都呈现出以下特点：①在整个诉讼过程中，权利受到限制或剥夺的公民，有权请求中立的司法机构对此进行审查和裁断；②在侦查程序中，存在一个中立的司法机构，并由其负责对涉及公民基本权利的诉讼事项进行司法审查和授权；③对于检察机关所作的起诉或者不起诉决定，司法机构可以进行一定的司法审查；④审前活动中制作的各种卷宗，原则上不得进入法庭调查影响裁判；⑤法院通过法庭审判，对审前活动的合法性进行审查和裁处。应当承认，与我国现行诉讼构造相比，"以裁判为中心的诉讼构造"使得包括侦查、起诉在内的整个刑事程序都体现出"诉讼"的结构性特征，而且，更有助于保障诉讼中的个体权利。

第
四
章

■第五节　刑事诉讼客体

在大陆法系传统中，刑事诉讼客体，又称诉讼对象，是指法院审判活动所指向的标的或对象。因罪名变更问题，我国大陆地区学者于 20 世纪 90 年代后期已经开始关注并研究刑事诉讼客体理论。但是，与我国台湾地区传统刑事诉讼法学理论不同，有大陆学者认为，"被追诉人的刑事责任问题，即被追诉人刑事责任的有无和范围的问题，是刑事诉讼客体的核心内容"。其理由是："事实认定的终结并不意味着诉讼的结束，诉讼还要继续进行至被告人的刑事责任完全确定为止。如果仅以被告人的指控事实作为诉讼客体，那么纯粹就法律适用问题而开展的法庭辩论就不再有诉讼客体，而成为无目标、无意义的活动。"[1] 也有学者认为："刑事诉讼客体即刑事案件，具体包括刑事诉讼中所要查明的实体法事实和对该事实的法律评价，以及诉讼过程中应当解决的程序法问题。刑事诉讼始终围绕犯罪嫌疑人、被告人的刑事责任的确定而进行，因此，犯罪事实是否存在，该事实是否为犯罪嫌疑人、被告人所实施及情节轻重，亦即犯罪嫌疑人、被告人刑事责任的有无及其大小，是刑事诉讼的客体。同时，在确定犯罪嫌疑人、被告人刑事责任的有无及大小的过程中，必须解决某些程序法问题，诉讼程序本身也存在是否公正以及诉讼参与人诉讼权利是否得到有效保障的问题，这些也是刑事诉讼的客体。"[2]

此外，大陆学者还将案件理论推广应用到审前阶段，而在我国台湾地区传统理论中，案件理论仅仅适用于审判阶段。[3] 我国台湾地区的刑事诉讼法学沿袭了民国时期的法学传统，认为刑事诉讼的客体即刑事案件。在此，值得注意的是，"案件"一词是一个特定的刑事诉讼法学术语，像民法中的"人"、《刑事诉讼法》中的"近亲属"一样，有着特定的含义。

由于我国关于刑事诉讼客体的研究刚刚起步，而且在理论渊源上多源于对我国台湾地区刑事诉讼法学理论的借鉴，故以下论述主要结合我国台湾地区刑事诉讼法学的案件理论展开。

在我国台湾地区刑事诉讼法学中，刑事诉讼客体（即案件）体现的是国家与个人之间的具体刑罚权关系；在刑事诉讼中，具体表现为裁判者与被告人之间的实体法关系。因此，理解刑事诉讼客体（案件）理论，必须了解诉讼活动的双重属性（即诉讼的实体与程序），以及作为诉讼实体内容的具体刑罚权关系。

---

[1]　参见宋英辉：《刑事诉讼原理》，法律出版社 2003 年版，第 188 页。

[2]　参见陈光中主编：《刑事诉讼法学》，中国人民公安大学出版社、人民法院出版社 2004 年版，第 85 页。

[3]　参见宋英辉：《刑事诉讼原理》，法律出版社 2003 年版，第 188 页。

一、诉讼活动的两个侧面：诉讼的实体内容与程序外观

刑事诉讼活动是实体内容与程序形式的结合。刑事诉讼活动，从其外观来看，表现为一系列依照法定程序而实施的诉讼活动，因而具有显而易见的程序性、过程性。例如，在我国，刑事诉讼活动表现为从立案、侦查、起诉到审判、执行的一系列诉讼阶段，而在每一诉讼阶段内，又表现为众多的法定程序活动，如侦查阶段的搜查、扣押、逮捕，等等。

刑事诉讼活动直观上表现为刑事诉讼的程序性，但是刑事诉讼程序绝非为程序而程序，其最终目的是确定国家对特定公民是否享有刑罚权。在实体法意义上，"刑罚权是国家对犯罪人实施刑法惩罚的权力"。[1]然而，在诉讼法意义上，根据无罪推定原则，法律意义上的"犯罪人"只能存在于审判之后，而非审判之前；而且，在司法实践中，"谁是犯罪人"也往往并不清楚。因此，国家对特定公民是否享有刑罚权，必须通过诉讼活动才能加以确定。在此意义上，刑事诉讼活动又表现为一种致力于确定国家具体刑罚权的追诉活动。这种有待追诉活动加以确定的具体刑罚权，即构成了刑事诉讼活动的实体内容。

因此，刑事诉讼活动事实上包含着两个侧面：实体法侧面与程序法侧面。对此，我国台湾地区著名刑事诉讼法学者陈朴生认为："刑事诉讼，系就具体案件，以实现刑法法令为目的之程序。诉讼，从其形成诉讼目的之实体的法律关系言，为诉讼之实体；从其以形成实体为目的所实施之诉讼活动言，则为诉讼之程序。称依本法或其他法律所定之诉讼程序追诉、处罚之犯罪，为诉讼客体（案件），即诉讼之实体；称依本法或其他法律所定之程序而为追诉、处罚者，为诉讼程序（诉讼），即诉讼之程序。故称前者，为诉讼目的、内容；后者，为诉讼之手段、形式。因之，刑事诉讼，即指案件与诉讼之关系。诉讼之实体与程序，本属诉讼之两面。前者，重在实体的真实之发现，经实体形成过程而形成，在形成中，具有浮动性；后者，重在维持程序的公正，在程序形成过程，则具有合目的性。实体，应以诉讼程序而形成、确定。但此二者并非完全对立。为维持程序的公正，故难免实体之影响；即实体，亦难免因程序之影响，无从为实体之形成。"[2]

在诉讼活动中，刑事诉讼的实体内容依赖于当事人的诉讼主张、举证活动等具体的诉讼活动。因此，与刑事诉讼活动的法定程序相比，刑事诉讼活动的实体内容具有发展变化的可能性，即"浮动性"。例如，随着审判活动的深入，原来认为构成犯罪的，后来发现不符合法定犯罪构成；原来认为是某甲实施的犯罪行为，最后可能发现是某乙所为；原来认为构成此罪的，最后发现构成彼罪。

与刑事诉讼的实体内容具有"浮动性"不同，刑事诉讼的程序形式则呈现出直

---

[1]　马克昌主编：《刑罚通论》，武汉大学出版社1995年版，第17页。

[2]　（台）陈朴生：《刑事诉讼法实务》，台湾三民书局1981年版，第106页。

观性、程序性等显著特征。在现代法治社会，未经法定程序，不得追诉、惩罚犯罪。因此，为追诉犯罪而展开的刑事诉讼活动，应当依据法定程序进行，并表现为具体的、可预测的法定形式。

二、具体刑罚权

在现代法治社会，像其他国家权力一样，国家刑罚权具有有限性。以社会契约论为理论基础，贝卡利亚认为："……正是这种需要迫使人们割让自己的一部分自由，而且，无疑每个人都希望交给公共保存的那份自由尽量少些，只要足以让别人保护自己就行了。这一份份最少量自由的结晶形成惩罚权。一切额外的东西都是擅权，而不是公正，是杜撰而不是权利。如果刑罚超过了保护集存的公共利益这一需要，它本质上就是不公正的。"[1]具体而言，国家刑罚权受到实体法与程序法的双重限制。其中，就实体法限制而言，国家刑罚权受制于罪刑法定原则。即国家的刑罚权是有边界的，只能及于法律明确规定为犯罪的行为类型。就程序法限制而言，国家刑罚权受制于法定程序原则。即非依法定刑事诉讼程序，不得追诉、审判。在现代法治社会，与民事权利不同，国家刑罚权只能通过刑事诉讼程序才能加以确定。因此，刑事诉讼程序成了沟通犯罪与惩罚的唯一合法桥梁。正是在此意义上，黄东熊教授认为，在罪刑法定原则的基础上，"吾人尚可加一句法格言，亦即'无程序无处罚'（nulla poena sine processu）"。[2]

在刑事诉讼活动中，为了确定国家是否对特定公民享有具体刑罚权，固然应当严格恪守实体法框定的界限与范围，同时还必须依照《刑事诉讼法》所规定的程序步骤，逐次展开。在此过程中，国家刑罚权也逐步从抽象转为具体，最终指向特定公民的特定行为。因此，国家刑罚权固然依赖于实体法关于犯罪的规定，但国家刑罚权的具体化过程却依赖于刑事诉讼活动（不是《刑事诉讼法》，而是受《刑事诉讼法》调整的刑事诉讼活动）。"在采诉讼制度后，认国家刑罚权，仅于《刑法》上就其实体事项设其抽象的规定。遇有具体的案件发生时，非经诉讼，无从形成并确定其具体的实体法律关系。"[3]具体而言，"实体法，应经诉讼过程而实现。诉讼程序，系就具体的案件为实现《刑法》之目的而设。称此具体的刑事案件，为诉讼之客体。此项诉讼客体，并非超越诉讼而存在，乃依诉讼程序，随其发展而形成。因之，诉讼之客体，并非本来存在，乃经诉讼主体之活动而形成者，称此从诉讼而形成之实体，为诉讼之实体。就具体的程序发展言，诉讼之客体，经检察官（或自诉人）之起诉而特定，并从他造当事人之防御，两造当事人之主张经过判明其当否后，凭裁判官之心证而为裁判。具体案件之实体的法律关系，系经此过程而形成，至于

---

〔1〕　参见［意］贝卡利亚著，黄风译：《论犯罪与刑罚》，中国大百科全书出版社1993年版，第9页。

〔2〕　参见（台）黄东熊、吴景芳：《刑事诉讼法论》，台湾三民书局2001年版，第1页注释1。

〔3〕　（台）陈朴生：《刑事诉讼法实务》，台湾三民书局1981年版，第99页。

确定"。[1]

根据罪责自负的刑事法原则，任何公民只对自己的罪行负责。因此，在刑事诉讼活动中，国家刑罚权的具体化包括两方面的内容：

1. 必须有具体的犯罪行为发生。为此，必须将《刑法》规定的抽象犯罪行为具体化为特定时间地点发生的、具有个性化特征的犯罪行为。也即，犯罪统计学意义上的犯罪案件。

2. 必须有具体的公民对此罪行负责。由于刑罚只能施于具体的公民，因此，在法律意义上，只有具体化的犯罪行为还远远不够，还必须进一步明确谁应当对此罪行负责。

由于各犯罪人独立对国家承担刑事责任，因此，即使在共同犯罪案件中，在是否构成犯罪的问题上，各共犯之间也是彼此独立的。一人构成犯罪，并不必然等同于他人也构成犯罪。例如，在成年人与不满刑事责任年龄的未成年人共同实施的犯罪案件中，因未成年人的行为不构成犯罪，因而无法成立共犯关系。再如，在一些国家和地区，对于自己的近亲属，证人享有免证权，但是该证人对于其他共犯则负有作证义务。于是，根据该证人的证言，尽管可以裁判其他共犯有罪，但对于其近亲属，则会因为证据不足而被裁判无罪。[2]

三、案件的内容

由于具体刑罚权以特定公民的特定犯罪事实为前提，因此，在刑事诉讼法学理论上，案件的内容也包括两部分：特定的被告与明确的指控事实。也即，在诉讼法学意义上，案件的个数取决于两个因素：人的个数与涉嫌犯罪的个数。我国台湾地区学者林钰雄教授指出，"案件之内容，由被告与犯罪事实两个部分所构成，因此，案件之个数，应以为刑罚权对象之被告及犯罪事实之个数为准。一被告之一犯罪事实，成为一案件；其他情形，无论数被告或数犯罪事实，皆为数案件。例如，甲杀乙，系一个被告且一个犯罪事实，故为一个案件；甲、丙共同杀乙，乃两个被告，国家对甲及对丙的刑罚权各别存在，故为两个案件；甲杀乙，后又另行起意偷丙物，犯罪事实两个，国家对甲杀乙及甲偷丙物的刑罚权亦各别存在，因此为两个案件；甲、乙共同杀丙，后甲、乙又共同偷丁物，则国家对甲杀丙、甲偷丁物、乙杀丙及乙偷丁物，刑罚权各别存在，因此共为四个案件"。[3]

---

[1]　（台）陈朴生：《刑事诉讼法实务》，台湾三民书局1981年版，第102页。

[2]　参见我国台湾地区"刑事诉讼法"第1850条，证人有下列情形之一者，得拒绝证言：①现为或曾为被告或自诉人之配偶、直系血亲、三亲等内之旁系血亲、二亲等内之姻亲或家长、家属者。②与被告或自诉人订有婚约者。③现为或曾为被告或自诉人之法定代理人或现由或曾由被告或自诉人为其法定代理人者。对于共同被告或自诉人中一人或数人有前项关系，而就仅关于他共同被告或他共同自诉人之事项为证人者，不得拒绝证言。

[3]　（台）林钰雄：《刑事诉讼法》，台湾元照出版有限公司2004年版，第233～234页。

　　简言之，一个被告的一个犯罪事实，即构成一个法律意义上的案件。例如，对于某甲、某乙实施的共同犯罪，在统计学意义上，只发生了一起犯罪，但是，在诉讼法学意义上，因该犯罪行为发生则产生了两个刑事案件：国家对某甲的刑事案件；国家对某乙的刑事案件。

　　换句话说，诉讼法学意义的案件与统计学意义的案件不同：后者着眼于实际发生的犯罪，前者则着眼于因犯罪发生而产生的具体刑罚权。由于着眼点不同，对于同一犯罪行为，二者的案件个数却可能存在较大的差异。例如，在多人一罪时，尽管只有一起统计学意义上的案件，却存在多个诉讼法学意义上的案件；再如，在一人连续多次盗窃案件中，尽管发生了数十起统计学意义上的案件，但是，由于连续犯系法律上的一罪，在诉讼法学意义上，则为一个案件。

四、案件的单一性与同一性

　　一般认为，刑事诉讼客体（案件）理论具体包括两部分内容：案件的单一性与案件的同一性。其中，案件的单一性，重在解决特定诉讼阶段的诉讼客体究竟是一个还是多个；案件的同一性，重在解决不同诉讼阶段之间的诉讼客体究竟是同一个案件还是不同的案件。陈朴生教授认为，"盖案件之单一性，系从横断的、静的观察其是否彼此同一，即是否属于同一个单一案件，随诉讼之发展，以形成、确定其实体之范围，乃案件个数之问题，重在诉讼状态，属于实体面；案件之同一性，系为纵断的、动的观察其起诉事实是否前后同一，即前后案件是否重合一致，重在诉讼关系已否发生，即为判断案件已否起诉、可否再行起诉、起诉事实与判决事实是否同一、可否变更法条之标准，乃案件比较之问题，属于程序面"。[1]

　　黄东熊教授亦认为："起诉事实之同一性与单一性，乃属两个不同之概念。亦即，前者乃就案件之动态面为观察而得之概念；后者则就案件之静态面为观察而得之概念。所谓动态面与静态面，乃不外乎来自诉讼法（动的法律）与实体法（静的法律）之根本差异。易言之，前者乃基于刑事诉讼法上之概念，而后者则基于刑法上之概念。……关于单一性产生异议时，乃依刑法之罪数论解决，而关于同一性产生异议时，则依刑事诉讼法之同一性理论解决；此两者不仅其概念不相同，且于法体系上亦异其位置。"[2]

　　区分案件的单一性与同一性，乃日本法学界之创举。在理论渊源上，由小野博士于1933年创立此说。与此不同，在德国法上，一般并不区分案件的单一性与同一性，而笼统地称之为案件的同一性（identitaet）。因此，近年来，我国台湾地区的学者亦主张，"单一性即同一性"。

　　1. 在我国台湾地区传统刑事诉讼法学中，所谓单一性，是指起诉和审判的对象是一个单纯的不可分割的最小刑罚权单位，也即，一人一事，即一个具有单一性的案件。对于具有单一性的案件，国家只享有一个刑罚权，只能进行一次裁判；该案件经判决确定后，不能重新作为诉讼客体。

在司法实践中，确定案件单一性的意义在于：

（1）对于起诉方而言，在起诉时，指控的内容应当为一个单一案件。换句话说，对于一个单一案件，由于国家只享有一个刑罚权，因此，不得分割开来进行起诉。例如，对于某甲在概括犯意下实施的多起盗窃行为，由于数个盗窃行为属于法律上的一罪（即所谓的连续犯），因此，某甲于概括犯意下的多起盗窃行为，实为一个单一案件。因此，对于某甲上述多起盗窃行为，如果起诉，应当一次性进行起诉，而不能分割开来分别起诉。

（2）在起诉效力上，如果起诉方只就单一案件的部分犯罪事实提起诉讼，由于单一案件属于一个不可分割的刑罚权单位，因此，起诉的效力扩张到单一案件的全部犯罪事实。仍以上述盗窃行为为例，如果人民检察院在起诉时，仅就概括犯意下实施的 5 起盗窃行为中的 3 起提起诉讼，由于某甲的数起盗窃行为实质上构成一个单一案件，因此，起诉效力不仅及于明确指控的 3 起盗窃行为，而且及于起诉书没有指控的在概括犯意下实施的其他 2 起盗窃行为。

（3）在既判力范围上，如果法院仅就单一案件的一部分作出生效判决，该生效判决的既判力范围相应扩张至单一案件的全部。因此，对于生效判决没有涵盖的单一案件的其他部分，仍然产生既判力的拘束力。仍以上述盗窃案为例，假设人民检察院仅就概括犯意下实施的 5 起盗窃行为中的 3 起提起诉讼，人民法院也仅就该 3 起盗窃行为作出生效裁判，那么该判决的既判力范围，不仅及于判决所涉及的 3 起盗窃行为，而且，其既判力范围扩张到单一案件的其他部分，即没被起诉、审判的那 2 起盗窃行为。

2. 所谓同一性，是指在同一诉讼程序的不同阶段或者在不同诉讼程序中，前后两个案件是相同的案件。判断前后两个案件是否具有同一性的标准是：被告和犯罪事实这两个要素是否都相同。如果前后两个案件的被告同一、犯罪事实同一，即前后两个案件具有同一性。

根据不告不理原则，审判范围受制于起诉效力，也即所谓的"告什么审什么"。因此，确定起诉效力所及的案件范围，实际上也就确定了法院的审判范围。换句话说，在同一诉讼程序（即一诉）中，审判范围应当与起诉指控的案件范围保持同一，既不能有起诉无审判，也不能超出起诉的案件范围进行裁判。

根据"一事不再理"的原则，对于同一案件，应当确保其不受重复起诉和二重判决。因此，在不同诉讼（即数诉）中，因诉讼关系先后发生，因此，对于已经起诉、判决确定的案件，不得再次起诉、审判。也即对于具有同一性的案件，不得二次起诉、审判。

因此，在司法实践中，确定案件同一性的意义在于：

（1）在同一诉讼程序中，法院的审判范围应当与起诉效力所及案件保持同一性。

（2）在不同诉讼程序中，对于同一案件，已经在其他诉讼程序中提起诉讼的，不得再行起诉。

（3）在不同诉讼程序中，对于同一案件，已经生效法律判决确定的，不得再次起诉和审判。

五、诉讼客体的应用

在我国，诉讼法理论认为，法院审判的范围，应当受到起诉范围的限制；同一案件，如已被起诉或已经判决确定，不得重复起诉，除非原判决确有错误而依照审判监督程序再审外，不得再次判决。

我国《刑事诉讼法》没有对诉讼客体问题作出明确规定，依据起诉效力的原理并参酌国外的实践，我们认为：

1. 法庭审理应仅限于起诉书所指控的被告人，并限于起诉书所指控的犯罪事实。

2. 人民法院在审理过程中发现事实真相与起诉事实有较大出入或发现新的事实，经人民检察院要求或者由人民法院通知，可以变更、追加起诉，但变更、追加起诉的决定权在人民检察院。变更起诉，应立即通知被告人。如果对被告人辩护权的行使有实质性影响，应当决定延期审理，以给被告方充分的准备期间。必要时，还应更新法庭调查或法庭辩论程序。变更起诉，应限于对特定被告人的指控事实的变更，而不能变更作为指控对象的被告人。如果发现犯罪行为并非本案被告人实施，而是另有其人，仍应对本案被告人作出无罪判决，然后再由人民检察院确定新的被告人另行起诉，而不能通过变更起诉程序直接变更被告人。追加起诉，应限于与本诉有特定关系、合并于同一审判程序确能达到诉讼经济之效的案件。具体包括：一人犯数罪中对漏罪的追加，共同犯罪的案件中对漏诉共犯的追加，以及对与本罪有关的包庇罪、妨害作证罪的追加等情况。而且，起诉的追加应在第一审法庭辩论终结前为之，具体程序仍应参照变更起诉程序办理。

3. 法院具有在一定限度内变更起诉罪名的权力。具体说来，法院改变起诉罪名的情况，大致有三种：

（1）人民检察院以一罪名起诉，人民法院认为应定数罪。这又包括两种情况：一种是由于人民法院在审理过程中发现了新的事实，而且属于《刑法》上规定的应适用数罪并罚的情况。例如，人民检察院以收买被拐卖的妇女罪起诉，人民法院在审理过程中，发现被告人又有非法限制他人人身自由的行为。根据我国《刑法》第241条第3款、第4款的规定，应依照数罪并罚的情况处罚。在这种情况下，原起诉的效力已难以涵盖新发现的事实，实际上属于应追加起诉的情况。对此，可依照前述追加起诉的情况办理。另一种是人民检察院和人民法院对案件事实并无争议，但在法律适用上有不同的意见的情况。例如，人民检察院以生产、销售伪劣产品罪一个罪名起诉，人民法院认为应定生产、销售假药罪和生产伪劣兽药罪两个罪名。人民法院的定罪与人民检察院的起诉具有同一的自然性事实基础，并未超出起诉的效力范围。而此时两罪的并罚将会对被告人产生实质性的影响，因此人民法院仍有必要将此意向告知控辩双方，听取控辩双方的意见，并经双方进行辩论，在此基础上作出判决。

（2）人民检察院以数个罪名起诉，人民法院认为应定为一罪。例如，牵连犯、想象竞合犯、吸收犯等。此时，法院据以定罪的事实既不超出起诉范围，又对被告人辩护权的行使不产生影响，因而既无须取得人民检察院的同意，也不必通知被告人，可径行变更罪名。人民检察院对此若有异议，尚有抗诉的补救机会。

（3）人民检察院以此罪名起诉，人民法院认为应定为彼罪。这种情况应仅限于人民检察院和人民法院对事实的认识并无二致，只是在定性上发生分歧的情况。否则，如果人民法院据以定罪的事实基础与起诉事实相比发生了重大变化，那么，必须经人民检察院变更起诉，才能继续进行审理。由于事实的同一性，因而不必担心审判事实会超出起诉的效力范围。这种情况之下又有两种可能：第一种是由重罪名变为轻罪名。我们认为，以法定最高刑作为比较罪名轻重的标准比较可行，因为对法定最高刑的规定本身便体现了立法者对该类犯罪的评价，在实践中也明白易行、便于操作。这种情况下，如果被告人没有异议，由于对被告人不会产生不利的影响，法院可直接变更罪名。第二种是由轻罪名变为重罪名或另一相当的罪名。一方面，这种情况虽然也不超出起诉的效力范围，但却会对被告人产生重要影响；另一方面，此时的案件事实已经调查清楚，罪名的适用仅属法律问题。据此，出于对各诉讼主体意志的尊重并保障被告人辩护权的目的，法院应将其适用新罪的意向告知控辩双方，听取双方的意见，控辩双方还可就此展开辩论，法院在此基础上作出判决。经过一定程序后，最后确定什么罪名，决定权在法院。

刑事诉讼客体、刑事诉讼主体、刑事诉讼职能三个基本范畴之间有着紧密的联系。在刑事诉讼中，诉讼主体承担相应的诉讼职能，诉讼职能交互作用，认识和解决诉讼客体。研究诉讼客体，不仅可以深化刑事诉讼基本原理的探讨，而且对于明确起诉效力和审判范围，稳定生效裁判确定的法律关系，维护当事人的合法权益，实现刑事诉讼的公正、秩序、效益价值，都有十分重要的意义。

【思考题】

1. 刑事诉讼结构的含义是什么？我国刑事诉讼结构有什么特点？
2. 什么是刑事诉讼职能？刑事诉讼各基本职能的含义是什么？
3. 什么是刑事诉讼价值？刑事诉讼各基本价值的含义是什么？它们的关系如何？
4. 什么是刑事诉讼主体？刑事诉讼主体理论的意义何在？我国刑事诉讼主体有哪些？
5. 什么是刑事诉讼客体？什么是刑事诉讼客体的同一性和单一性？

第四章

第五章

刑事诉讼模式

提要与学习要求　本章需要了解刑事诉讼模式的概念，弹劾式与纠问式诉讼模式、当事人主义与职权主义诉讼模式的概念、存在的历史时期和采用的国家。理解并掌握弹劾式与纠问式诉讼模式的特点，结合英美法系和大陆法系的法律制度，掌握当事人主义和职权主义诉讼模式的特点。

■第一节　刑事诉讼模式概述

刑事诉讼模式，又称刑事诉讼结构或刑事诉讼构造，是指控、辩、审三方主体进行刑事诉讼的基本方式，或者说，在刑事诉讼活动中，控、辩、审三方主体的法律地位以及相互之间权利义务关系的基本格局。

刑事诉讼模式以控、辩、审三方的诉讼地位及其相互关系为研究对象，侧重于对诉讼制度进行结构性、整体性研究。任何诉讼制度都是丰富多彩的，但是，诉讼模式研究并不关心诉讼制度的细枝末节，而是删繁就简，只着眼于诉讼制度的最基本构成要素及其相互关系，即诉讼三方主体（裁判者、控诉方和辩护方）的法律地位及其相互关系。因此，诉讼模式犹如一幅素描，其所呈现的不是诉讼制度的全貌，而是对诉讼制度整体框架的粗线条勾勒。

在诉讼模式研究中，由于忽略了诉讼制度的细枝末节，不同国家的诉讼制度开始呈现出类似的特点。因此，一方面，诉讼模式研究往往意味着一定的分类，即依据诉讼主体的法律地位及其相互之间的法律关系，将特定时期或特定国家的诉讼制度归为某一模式；另一方面，诉讼模式的研究同时也为不同诉讼制度的比较研究奠定了理论基础和前提。

此外，关于刑事诉讼模式，还需要明确以下三点：

1. 刑事诉讼模式与诉讼目的有着密切的关联。就特定诉讼制度而言，刑事诉讼模式既受制于特定的诉讼目的，又反过来现实地决定着特定诉讼制度所能实现的诉讼目的。从立法角度看，立法者总是基于实现一定刑事诉讼目的的需要，设计有助于实现该目的的诉讼模式。在此意义上，刑事诉讼的立法目的决定了诉讼模式的选择，而诉讼模式则是实现特定立法目的的手段和方式。在司法层面上，刑事诉讼模式的立法选择又反过来决定了该诉讼制度所能实现的诉讼目的及其实现程度。例如，在现代社会中，依靠传统意义上的弹劾式诉讼而由公民个人追诉犯罪，显然无法有效地肩负起控制犯罪的重任；而依靠历史上的纠问式诉讼，也很难有效地保障被追诉人的合法权利不受侵犯。

诉讼模式的立法选择应当与特定的社会历史条件相适应。由于诉讼模式的立法选择总是基于特定的诉讼目的和价值观念，民族历史传统、法治状况以及社会经济发达程度等社会因素必将通过对立法者及其观念的影响，直接或间接地对特定国家的刑事诉讼模式选择产生影响。换句话说，立法者对诉讼模式的选择绝不是任意的，而总是受制于特定的社会历史传统和特定的社会历史条件，而且随着社会生活条件的变化，当特定诉讼模式已不能满足社会现实需要时，立法者就不得不从根本上对诉讼模式进行调整和改革。在此意义上，诉讼模式自身并无所谓好坏，关键在于其是否适合、是否满足特定社会历史时期的客观需要。

在我国，1979 年《刑事诉讼法》主要着眼于如何有效打击犯罪，而忽视了对人权的制度保障。因此，随着我国社会主义市场经济的不断发展，政治民主化、法治化进程的不断推进，尤其是随着公民人权观念和意识的日益增强，如何通过诉讼制度的调整，构建一种打击犯罪与保障人权并重的诉讼模式，将成为我国刑事诉讼模式研究的重要任务之一。

此外，在西方诉讼法学研究中，诉讼模式研究主要是以审判（即狭义的诉讼）为基础的。但是，由于其审判前阶段存在着不同程度的司法裁判活动（例如，根据令状主义原则，侦查阶段的强制性侦查手段原则上应当取得司法机关的授权；在起诉阶段，被告人享有预审的权利），诉讼模式分析的方法同样适用于审前程序。在我国，刑事诉讼制度在纵向构造上采取"步进式阶段构造"，侦查、起诉、审判分别由公安机关、检察机关和审判机关负责并主导进行。其中，根据现行立法规定，在侦查阶段和起诉阶段，其程序构造更类似于行政程序而非诉讼程序。因此，从立法发展来看，我国的诉讼模式研究必须回答以下问题：侦查、起诉程序是否应当采用诉讼程序？如果采用诉讼程序，应当由谁担任裁判者？为什么检察机关不适合充当强制性侦查活动的裁判者？

2. 刑事诉讼模式以现代刑事诉讼的职能分化为其现实基础。现代诉讼理论一般认为，现代刑事诉讼具体包括控诉、辩护和审判三项基本职能。在现代诉讼中，控诉、辩护、审判三种基本诉讼职能的划分以及为保障这种划分而确立的控审分离、控辩平等等原则，已成为现代刑事诉讼的基本要求。尽管如此，由于历史传统和社会现实需要的不同，不同国家的法律关于各基本职能承担者的诉讼地位、相互关系及不同诉讼职能的发挥程度的规定仍然可能会有所差异，从而形成了不同模式的诉讼结构。因此，三种基本诉讼职能之间的相互关系，是研究不同的刑事诉讼结构的基本着眼点。

3. 刑事诉讼模式是刑事诉讼法学理论的基本范畴之一，同时也是学习、研究刑事诉讼制度的重要理论分析工具。其中，作为一种理论分析方法，诉讼模式理论侧重于从结构要素入手对复杂的刑事诉讼程序进行理论抽象和归纳。具体而言，诉讼模式分析主要包括两部分：一是结构要素分析；二是结构要素的关系分析。其中，前者又具体分为三方诉讼主体的具体分析。以裁判方为例，立法上有职业法官审判与民众参与审判之分；民众参与审判又有英美的陪审制与德法的参审制之分；在裁判者人数上，有合议制与独任制之别；在合议制中，审判长的权责与其他参与审判的法官也有所不同；在我国，合议庭与审判委员会之间的关系也不容忽视。至于后者，则可以进一步分解为控审关系、控辩关系、审判者的中立性等具体内容。总之，运用诉讼模式理论，可以将看上去松散的《刑事诉讼法》规定串成一个有机整体，不仅便于学习和记忆，而且便于理解相关制度的内容。

此外，诉讼模式分析有助于我们透过纷繁复杂的制度细节上的差异，清楚地把握特定诉讼制度的基本特征，从而使我们更清晰地辨别出不同诉讼制度之间的基础性差别。反过来，也为理解不同制度类型之间的细节差异提供了坚实的基础。因此，诉讼模式研究往往与比较法分析联系在一起。其中，在刑事诉讼法学中，为揭示刑事诉讼制度的历史演变，学说上通常将其概括为：弹劾式诉讼、纠问式诉讼到现代混合式诉讼（或控辩式诉讼）；为揭示两大法系（普通法系与大陆法系）现代刑事诉讼制度之间的差异，学说上通常将其概括为：当事人主义模式与职权主义模式。

■第二节　弹劾式与纠问式

关于西方刑事诉讼的历史，学者们一般将其归纳为两种诉讼模式，即弹劾式和纠问式。弹劾式与纠问式两种不同诉讼模式之间的历史考察与对比，有助于揭示现代刑事诉讼面临的现实问题：为了有效追诉犯罪，刑事诉讼客观上需要国家权力的积极参与，而国家权力参与刑事诉讼导致了新的问题，即面对强大的国家追诉力量，如何有效地保障被追诉人的个体权利？

需要强调的是，"从弹劾式到纠问式"的习惯说法是一种简化了的理论概括，而非全面的历史描述。在中世纪早期的欧洲，包括英格兰在内的整个欧洲地区，盛行的是一种与神示证据制度密切相连的弹劾式诉讼。随着司法经验的积累，人们对神明裁判的信任逐渐产生了动摇。到13世纪初，对神明裁判的怀疑已经如此普遍，以致于在1215年第四次拉特兰宗教会议上，教会不仅对神明裁判提出了严厉的谴责，而且明令禁止教士再参与神判活动。由于没有教士主持的神明裁判不具有权威性，该项禁令事实上导致了神明裁判的逐渐消亡。为了填补神明裁判消亡后的裁判机制方面的空白，英格兰地区和欧洲大陆分别走上了两条不同的道路：前者采用了陪审制裁判，后者则从教会法院的诉讼程序中获得灵感。其中，英国陪审制度更多沿袭了弹劾式的基本特征，如追诉犯罪由公民个人负责；国家只负责组织审判，并实行不告不理；审判以公开、言词方式进行；等等。因此，弹劾式向纠问式诉讼的转变，事实上主要是中世纪欧洲大陆地区的特有历史现象。

一、弹劾式诉讼

弹劾式诉讼是指在禁止原始的血亲复仇的基础上，由国家垄断纠纷裁判权而逐渐发展而成的一种诉讼模式。

一般认为，弹劾式诉讼主要实行于奴隶制时期的古巴比伦、古希腊、古罗马共和国以及中世纪早期的欧洲国家。在此时期，国家权力还不发达，法律制度也比较原始。今天被视为犯罪的许多不法行为（如杀人、强奸、抢劫、盗窃等），在当时被视为是对私人权益的侵犯，与民事侵权行为没有实质性差异。因此，对这些"犯罪行为"的追诉，像其他民事侵权行为一样，由公民个人——尤其是那些受到直接侵害的被害人及其近亲属负责，国家只负责对提起的诉讼进行审理和裁判。

具体而言，弹劾式诉讼具有如下基本特点：

1. "没有原告，就没有法官"。在此时期，国家权力还十分微弱，不存在专门的官方起诉机构；对犯罪行为的追诉权，主要由被害人及其近亲属享有。国家只负责审判，一般情况下，国家裁判机关不会主动开启诉讼程序。

2. 国家裁判机关只负责对诉讼纠纷进行审理和裁判，至于其他诉讼事宜，如传唤证人、收集证据，则全由诉讼双方共同负责。例如，《萨利克法典》第3条规定："凡传唤别人到法庭去者，应偕同证人，一同到被传唤人家。如本人不在，应是其妻子或其他家属通知本人，前赴法庭。"又如，古罗马《十二铜表法》第1表第3条规定："若［被传人］因疾病或年老妨碍［出庭受讯］，则［传讯人］可给他驮载的牲口。若不愿意，则可不必提供篷车。"第2表第3条规定："若［原被告一方］证据不足，则他应到［为出庭审讯之证人］住宅的大门，在三天之内，大声［向之］吁请。"

3. 控告人与被告人均为诉讼主体，二者享有平等的诉讼权利，并共同主导着诉讼程序的进程与结局。国家裁判机关则居于中立地位，作为超然第三方听取证据，作出裁判。

4. 在案件难以裁断时，往往诉诸有着浓厚宗教色彩的神誓裁判，如共誓涤罪、决斗等。

以现代的眼光看，弹劾式诉讼具有以下优点可资借鉴：①"没有原告就没有法官"确保了裁判者的中立地位，同时也有助于避免裁判者集控诉权与审判权于一身而带来的角色冲突；②原、被告享有同等诉讼权利并主导诉讼活动的发展；裁判者只负责听取证据和辩论，默察其间，以不过多的干预换取诉讼双方的充分辩论；③诉讼以言词、公开的方式进行，有助于社会公众对判决的接受和承认。

但是，弹劾式诉讼的缺陷也十分明显。在此，姑且不说其神明裁判的历史局限性，单就诉讼制度而言，其弊端有二：其一，不利于追诉犯罪。在弹劾式诉讼中，由于国家只负责被动审判，因此，如果没有人提起诉讼，就不能对犯罪行为予以审判和制裁。正是基于这一原因，随着人们对犯罪的社会危害性的认识，一些地区开始实行民众控告制度，即对于特定犯罪，任何公民都有权提起控告。例如，在古罗马，通奸罪、背信罪、暴力罪、渎职罪等犯罪行为被法律定为"公诉罪"。当然，这里的"公诉"仅仅意味着起诉权的公共性，即任何公民都有权提起诉讼。民众控告尽管仍然属于私人起诉，却因为扩大了起诉主体的范围，在一定程度上强化了弹劾式诉讼的追诉能力。更重要的是，民众控告制度为后来的国家公诉铺平了道路。其二，不利于保护被害人权益。弹劾式诉讼的平等是一种原始意义上的平等，或者说是一种自然平等。然而，如果被害人自身能力有限，或者面对着一个强大的犯罪人，那么，这种形式上的平等根本不可能帮助被害人伸张正义。在此意义上，弹劾式诉讼很容易沦为弱肉强食的帮凶。而且，即使不考虑被害人与犯罪人之间的能力差异，单就犯罪自身的特点而言，由于犯罪总是秘密进行的，查明犯罪人并对犯罪事实加以证明并非一件轻而易举的事情，因此，被害人可能会因为没有证据，甚至只是因为根本不知"何人所为"而无法通过诉讼保护其合法权益。

二、纠问式诉讼

13 世纪的欧洲，教会法已经十分发达。其中，教会法院的法官往往是受过罗马法教育的专业人士，在审理案件时，他们遵循的诉讼程序也深受罗马帝国后期的非常诉讼程序的影响。教会法院的诉讼程序只适用于针对教士提起的诉讼案件。在这些案件中，为了避免丑闻外露，多以书面审的方式秘密进行。法官则应当尽可能避免与诉讼参与人有过多接触。在当时，这一点被认为是法官独立与公正的制度保证。因此，在审判之前，有助于裁判的证人证言将被整理成文字记录，以备法庭使用；在审判中，法官不直接听取当事人和证人的陈述，而是借助其他官员之前制作的有关证言的卷宗，对案件作出裁判。1215 年第四次拉特兰会议以后，随着神明裁判的终止，为了填补裁判制度上的空白，欧洲大陆各国纷纷模仿教会法院的诉讼程序，并逐渐发展出了一种新的裁判制度，即所谓的纠问式诉讼。

一般来说，盛行于中世纪欧洲大陆各国的纠问式诉讼具有以下特点：

1. 国家官员依职权主动追查犯罪，而无须等待被害人或其他人的控告。具体而言，在纠问式诉讼中，负责审判的国家官员集审判职能与控诉职能于一身，除负责审判外，同时还肩负着追查犯罪、提起控诉的职责。因此，对于犯罪案件，国家官员不待被害人或其他人控告，即可主动进行侦查和传讯。相对于弹劾式诉讼的"不告不理"，纠问式诉讼更强调国家在追诉犯罪方面的责任，实行的是"有罪即理""不告也理"。

2. 在诉讼中，被害人与被告人不享有任何诉讼权利，唯有负责审判的国家官员才是诉讼主体。被害人对于追诉与否不享有决定权，被害人对犯罪的控诉仅仅是国家发现犯罪的线索；在诉讼中，被害人仅仅是国家查清犯罪的手段和证据来源。被告人则沦为诉讼客体，即刑讯的对象。例如，在法兰克王国，被告要接受两次拷打：在侦查期间，拷打逼其供认；判刑后，拷打逼其供出同犯。

3. 整个诉讼以秘密、书面的方式进行。一般而言，审判前被告人就会被关押起来，并必须接受讯问；在讯问中，所有供述将被制作成书面笔录以作为将来审判的依据。因此，所谓法庭审判，仅仅是让被告人对这些审判前准备好的书面卷宗进行确认，而根本不存在平等对抗的可能。

4. 采法定证据制度，被告人的口供被视为"证据之王"；在一定证据基础上，为获取被告人供述，可以进行刑讯。

与弹劾式诉讼相比，纠问式诉讼大大强化了追惩犯罪的能力。在这种诉讼模式中，被认为犯罪的人几乎不可能逃脱法律的制裁。就此而言，纠问式诉讼取代弹劾式诉讼意味着一种制度上的进步。但是，纠问式诉讼却终因自身的致命缺陷而臭名昭著，并成为启蒙思想家激烈抨击的对象，其缺陷具体表现在以下三个方面：

1. 纠问式诉讼是一种漠视人格尊严的制度。在纠问制度下，追惩犯罪成了压倒一切的唯一目标，无论被告人还是被害人仅仅是国家追诉犯罪的工具；国家为了追诉犯罪，可以诉诸刑讯，甚至以牺牲无辜者为代价。对此，贝卡利亚曾评论说："在一些人的眼里，目前刑事制度中的强力和权威的观念似乎比公正的观念更重要。"[1]

2. 纠问式诉讼尽管有"诉讼"之名，却无诉讼之实。在纠问式诉讼中，审判官员集控告与审判职能于一身，并负有依职权主动追究犯罪的职责；另一方面，被告人沦为了讯问、拷打的对象，直接成了国家权力蹂躏的对象。因此，在实质意义上，纠问式诉讼已经丧失了诉讼的最基本品格（三方构造），而更接近于行政程序（主宰者——被主宰者）。

3. 刑讯的野蛮残忍，再加上法定证据制度的机械僵硬，使得纠问式诉讼在制度设计上完全走向了人性的反面。然而，违背人性的制度尽管可以在强权的维持下得以存在，却最终无法长久。"一切违背人的自然感情的法律的命运，就同一座直接横断河流的堤坝一样，或者被立即冲垮和淹没，或者被自己造成的漩涡所侵蚀，并逐渐地溃灭。"[2]

■第三节　当事人主义与职权主义

一、两大法系刑事诉讼制度的历史发展

第四次拉特兰宗教会议之后，英格兰与欧洲大陆各国的诉讼制度分别走上了不

〔1〕　[意] 贝卡利亚著，黄风译：《论犯罪与刑罚》，中国法制出版社 2002 年版，第 20 页。
〔2〕　[意] 贝卡利亚著，黄风译：《论犯罪与刑罚》，中国法制出版社 2002 年版，第 34 页。

第五章

同的道路。其中，前者更多地沿袭了弹劾式诉讼的特点，而后者则走向了纠问式诉讼。然而，两种诉讼模式都无法满足近现代社会的客观需求。其中，前者不得不考虑其追诉能力低下的问题，而后者则不得不考虑其追诉活动的正当性问题。因此，18世纪以来，两大法系国家为了解决所面临的不同问题，通过相互吸收与借鉴，都在寻求一种既能有效追惩犯罪又能兼顾人权保障的诉讼制度。

（一）大陆法系国家刑事诉讼制度的形成与发展

欧洲大陆的诉讼制度以纠问式诉讼为起点，经过两次大的结构调整，逐渐形成了今天的模样。

第一次大的结构调整发生于19世纪上半叶。自18世纪下半叶起，对纠问式诉讼提出的批评开始增多而且越来越激烈。因为贝卡利亚和18世纪启蒙思想家的努力，公众反对纠问式诉讼的情绪越来越强烈。刑事诉讼制度的改革在当时已经成为欧洲法律制度革命的主要目标之一。当时的启蒙思想家认为，欧洲的刑事诉讼制度应当以英国为榜样，并号召按照英国的制度改革本国的刑事诉讼制度。但是，纠问式程序本身的改变却相当难。法国大革命后，法国以英美刑事诉讼模式为样板对刑事诉讼制度进行了大规模的改革。例如，仿照英美的法庭组织，引入大、小陪审团制度；在诉讼程序上改采言词辩论、公开审判、双方当事人对等的审判程序以及自由心证原则；废除了对犯罪嫌疑人的刑讯；实行一事不再理；等等。但是，这种试图以外国制度来代替本国传统的努力很快就归于失败。新制度实施不久，法国刑事诉讼领域就开始出现旧制度的复辟。结果，革命前的封建成分和革命后的改革要素互相渗透，形成一个混合的刑事诉讼制度，并最终以《拿破仑法典》作为妥协而告终。1808年12月16日，拿破仑公布了《刑事诉讼法典》。这部法典废除了负责起诉的大陪审团，转而由职业法官组成的法庭负责审查起诉；刑事诉讼兼采纠问式与控告式的诉讼程序。改革后的审前程序仍然保留了纠问式诉讼的基本特征：审前阶段由预审法官（juge d'instruction）主导，预审法官享有指挥诉讼进行的广泛的裁量权，诉讼秘密进行，接受侦查的个人很少或根本不享有法律上的保护。在审判阶段，诉讼活动则采取公开和控辩的方式进行。共和国检察官代表国家，律师代表被告人；法官的角色也相应地发生改变，而且，在重要的案件中，则由普通公民组成的陪审团负责裁判。

相对于欧洲大陆多数国家适用的书面的、秘密的纠问程序，法国的混合式刑事诉讼程序设计具有无可否认的优越性。因此，法国《刑事诉讼法》颁布不久，即为意大利、瑞士法语区、荷兰、比利时、罗马尼亚、俄罗斯、葡萄牙和西班牙等国继受。在德国境内的莱茵河左岸地区，法国的《刑事诉讼法》被直接拿来适用，由此对德国《刑事诉讼法》的发展形成极为深远的影响。直至今天，德国法院的组织架构、检察机关以及诉讼程序的基本原则都与法国基本相同。

在此时期，典型的大陆法系刑事诉讼程序，由三个基本部分组成：调查阶段、预审阶段和审判阶段。调查阶段在检察官的指导下进行，检察官也可以在预审法官的监督下参加预审阶段的诉讼活动。预审阶段由预审法官主导进行，预审法官可以决定预审的性质和范围。预审不公开，并主要以书面方式进行。在预审阶段，预审法官应当全面地调查事实，并记录在卷；所有相关的证据都应当完整地反映在书面卷宗之中。如果预审法官认为有犯罪事实发生并证明被告人是犯罪者，那么案件就进入审判阶段。在审判阶段，证据已经收取，调查记录已经形成。因此，审判阶段的作用，在于把案件事实提交法官和陪审员审理，允许公诉人和辩护人就案件事实展开辩论。

大陆法系刑事诉讼制度第二次大的结构调整发生在二战以后。无论对战胜国还是战败国，第二次世界大战都是一段梦魇般的记忆。二战结束以后，欧洲大陆各国的《刑事诉讼法》基本上都进行了大幅度的修改。其中，一个重要趋势是：进一步清除纠问式诉讼的残余，加强诉讼中的人权保障，并由此推动诉讼结构的进一步控辩化。

需要说明的是，欧洲大陆的许多国家都是一系列《联合国人权公约》《欧洲保护人权和基本自由公约》的缔约国，又是欧盟的成员，其中不少国家的宪法又采取国际公约的效力高于国内法的原则，因此，欧洲大陆各国的刑事司法一般还受到《国际人权公约》、欧洲人权法院的影响和约束。上述公约中有关刑事诉讼的规定，如关于限制逮捕和拘留的规定，关于保障辩护权的规定等，对欧洲各国的刑事诉讼制度的影响亦不容忽视，尤其是欧洲人权法院有权接受各缔约国公民的申诉，有权改变各成员国法院的判决和裁定。因此，这些国际公约对欧洲大陆各国刑事诉讼制度的第二次结构调整有着不可忽视的作用。

综上，从一般意义上讲，近两个世纪以来，欧洲大陆的刑事诉讼制度已经朝着更为正义和更为人道的方向发展。这种进步主要通过对刑事诉讼的调查程序和预审程序的改革而完成。具体而言，这一改革趋势可以归纳为两个方面：其一，努力确立检察官在审前活动中的核心地位。在这方面，俄罗斯《新刑事诉讼法》是一个例外。在《新刑事诉讼法》中，检察机关失去了独立作出关于羁押犯罪嫌疑人或刑事被告人、在住宅进行搜查、提取邮件电报、延长刑事被告人羁押期或者刑事被告人停职等决定的权力。这主要是对苏联时期检察机关权力过于宽泛（检察机关有权批准或决定采取正式羁押等严重限制人身自由的措施以及其他诉讼措施）的反动。例如，在意大利，检察官现在是司法系统的成员之一，有着和法官同等的地位以及同等的不受外界干涉的自由。其二，采用大量的诉讼程序上的保护措施，以使被告人能在预审甚至更早的阶段保护自己的合法利益，最主要的措施是被告人有权委托辩护人在整个诉讼程序中为他的利益进行辩护。

（二）英美法系国家刑事诉讼制度的形成与发展

在英美法系，刑事诉讼制度的变革以英国最为突出。早在18世纪末，英国的刑事诉讼就开始了一系列的变革，而且，其变革程度并不亚于欧洲大陆的结构调整，只是由于这些变化没有政治革命和新法典的出现而不太引人注目。

第一个改革与侦查犯罪和交付审判的方式有关。在18世纪，英格兰既没有职业

第
五
章

的警察部队，也没有公诉人。在这种情况下，刑事法的实施基本上是私人的事务。在为数不多的有影响的政治案件和谋杀案件中，追诉是由作为国家机构的检察总长（attorney-general）及其副手检察官（solicitor-general）进行的。对于其他的所有案件，则由公民个人提起诉讼：犯罪被害人及其家人，有时其他人为了获得奖金也会尝试起诉。在追诉过程中，他们会得到业余的治安法官的有限帮助。在当时，治安法官的职能之一是收集证据和逮捕嫌疑人。因此，可以说，在英国历史上，刑事法的实施基本上掌握在公民个人而非国家手中。

到了19世纪早期，这种诉讼制度已经越来越难以应付城市化和犯罪率高涨的现实，社会发展客观上需要一支像法国和欧洲大陆其他国家那样的职业警察部队。但是，即便如此，在英格兰引入职业警察的想法仍然遭到了激烈的抵制。人们担心重演法国波旁王朝和拿破仑时代的暴行，并认为职业警察和公诉人将损害公民的自由，并很快会将国家变成警察国家。这种抵制逐步得到了克服。1829～1856年间的立法为英格兰和威尔士的所有地区创制了职业警察，并开始由这些职业警察负责刑事案件的起诉工作。不过，即便如此，在理论上，当职业警察提起诉讼时，法律并不承认他们是代表国家，而认为他们仍然是作为"公民个人"而起诉。

根据1985年《刑事起诉法》，英国组建了专职的公诉机构——皇家检控署（CPS），并由其负责对警察移送的案件进行审查，根据证据标准和公共利益标准决定是否提起诉讼。英格兰职业警察和公诉人的诞生导致了"审前阶段"的诞生，而另一方面，审判阶段作为英国刑事诉讼中心的地位也在某种程度上被削弱了。在此意义上，英国的刑事诉讼开始变得越来越像大陆法系国家的刑事诉讼制度：在审前阶段，国家官员将对案件进行过滤和分流，只有那些有足够有罪证据的案件才会被交付审判。

从18世纪中期开始，审判本身也经历了根本性的变革。在1750年，几乎所有的审判都由陪审团负责，所谓的有罪答辩和简易审判在当时则闻所未闻。然而，时至今日，陪审团审判已不再是处理刑事案件的主要方式。现今的常规审判是在治安法院进行的简易审判，通常伴随着有罪答辩。这些变化使得英国的刑事诉讼在一个最重要的方面更像那些深受法国影响的大陆刑事诉讼。这是因为，英国治安法院在处理案件时，也主要以书面的而不是以口头的证据为基础。在一个抗辩的案件中，当然存在一个口头提供证据的审判；但是如果被告人作出有罪答辩，法庭则通常按照警察提供的书面案卷中记载的证言认定犯罪事实。因此，如果旁听这些案件，可能花一整天的时间也看不到有证人来提供口头证言——如同巴黎的轻罪法庭一样。

始于20世纪80年代的司法改革使得英国的刑事诉讼制度进一步朝着强化追诉能力的方向继续发展。其中，英国政府于2002年公布的白皮书《Justice for All》对刑事诉讼制度改革提出了广泛的改革建议。其基本内容有三项：①对反社会行为、严重的毒品和暴力犯罪采取强硬行动；②朝着有利于被害人的方向重新平衡刑事司法制度；③赋予警察和检察官更多的促使罪犯伏法的手段。显然，这些建议如果能够被立法吸收，将会从根本上改变英国刑事司法的面貌。

除了内容上的变化外，就法律形式而言，英国在判例法的基础上，也开始出现了大量的成文法。在封建时期，英国主要实行习惯法，法院的判例是法律的主要渊源。然而，自19世纪以来，英国颁布了大量的制定法，如1898年《刑事证据法》、1907年的《刑事上诉法》等。二战后，英国加强了刑事诉讼法律的成文化，先后制定了一批重要的刑事诉讼单行法规，如1948年的《刑事审判法》、1952年的《治安法院法》、1965年的《刑事证据法》、1965年的《刑事诉讼程序（证人出庭）法》、1967年的《刑事审判法》、1968年的《刑事上诉法》、1974年的《陪审团法》、1985年的《刑事起诉法》等。[1]

美国独立后，基本上沿袭了包括刑事诉讼制度在内的英国法律制度。但是，在美国，很早便出现了职业化的警察和检察官。而且，与英国相比，美国刑事诉讼制度具有以下特色：由《联邦宪法》直接规定重要的刑事诉讼权利和原则，并由联邦最高法院确保其兑现与实施。美国《联邦宪法》第一至第十修正案（即所谓的《权利法案》）规定了一系列刑事诉讼原则，保障被追诉人权利，如人身、住宅、文件和财产不受无理逮捕、搜查与扣押；由犯罪发生地的公正陪审团予以迅速和公开审理；不得因同一犯罪行为而受两次生命或身体的危险；不得在任何刑事案件中被迫自证其罪；获得律师帮助为其辩护；被告知指控性质和理由；以强制手段取得于被告人有利的证据；与对方证人对质；不得被课以过多保释金和过重罚金；不得被课以残酷和非常刑罚；获得平等法律保护；等等。其中，尤其值得注意的是，美国联邦法院借助《宪法修正案》第14条的"正当程序"条款，通过一系列具体判例，将现代刑事诉讼中一些基本的人权保障和诉讼原则融汇在"正当法律程序"的概念之中，从而为其他各国在宪法性文件中对刑事诉讼提出基本要求和对公民自由和人权提供基本保障作出了典范。

二、职权主义与当事人主义

由于法律传统和法律文化的差异，两大法系的刑事诉讼制度在历史演变的进程中各自形成了自身的特点与特色。一般而言，在诉讼理念上，英美法系国家的当事人主义诉讼模式强调通过当事人间的平等对抗发现事实、解决争议；而大陆法系职权主义诉讼模式则强调运用国家权力查明事实真相，惩治犯罪。因此，在不同诉讼理念影响下，两大法系的诉讼制度在控、辩、审三方诉讼主体的地位及其法律关系上存在显著差异。其中，这种结构上的差异在法庭审判阶段表现得尤其明显。

因此，在诉讼理论上，一般从诉讼模式理论出发，将大陆法系国家的诉讼制度概括为"职权主义诉讼"，将英美法系国家的诉讼制度概括为"当事人主义诉讼"。

---

〔1〕　中国政法大学刑事法律研究中心组织编译：《英国刑事诉讼法（选编）》，中国政法大学出版社2001年版。

其中，前者的主要特点是注重发挥侦查机关、检察机关、法院在刑事诉讼中的职权作用，特别是法官在审判中的主动指挥作用；后者则主要强调双方当事人在诉讼中的主体地位，使其在诉讼中积极主动、互相争辩对抗，审判机关相对消极，形式上只起居中裁断的作用。

（一）职权主义诉讼模式的主要特点

在诉讼结构上，大陆法系国家的职权主义模式主要具有以下特点：

1. 警察、检察官和其他有侦查权的官员依职权主动追究犯罪。在大陆法系国家，对犯罪的侦查通常由检察机关进行，或者由检察机关指挥司法警察或刑事警察进行。法国《刑事诉讼法》第一编"负责公诉与预审的机关"明确规定，共和国检察官受理申诉和告发并作出相应的评价和处理，应采取或使他人采取一切追查违法犯罪的活动，为此有权指挥辖区内的司法警察的一切活动，有权决定采取拘留的措施；所有官员和公务人员在履行职责中知晓任何重罪、轻罪，都应毫不迟疑地通知共和国检察官，并向检察官移送有关情报、笔录和文件；司法警察在得知发生现行重罪时，应立即报告共和国检察官，并不迟延地到达犯罪发生地点，进行一切必要的查证工作。德国《刑事诉讼法》第160条规定："当检察官通过报告或其他方式知悉一种可疑的犯罪行为的时候，就要去探查确实情况，以便决定是否应当提起公诉。"

2. 侦查和预审在刑事诉讼程序中居于重要地位，侦查、预审不公开进行。例如，法国《刑事诉讼法》第79条明确规定，重罪案件必须进行预审；第11条规定，侦查和预审程序一律秘密进行。法律授权一切负责公诉和预审的机关，包括司法警察、共和国检察官、预审法官以及其他辅助人员，为查明犯罪可以进行一切必要的调查、预侦、搜查、扣押等措施，可以询问证人、犯罪嫌疑人、被告人。奥地利《刑事诉讼法》第199条第1项规定："审讯前，预审法官应提醒被告，他须肯定、明确和如实地回答向其提出的问题。"虽然现在犯罪嫌疑人在侦查阶段可以获得律师协助，但总的说来在侦查中控诉一方的地位要比被告人有利。

3. 在刑事案件的追诉上，一般实行公诉为主、自诉为辅的方式。德国、奥地利等国均实行公诉与自诉并存的追诉机制。公诉由检察机关代表国家提起。对于某些轻微的刑事案件，被害人可以直接向法院提起自诉，要求追究加害人的刑事责任。为保障自诉权顺利行使，保护被害人的合法权益，检察机关必要时可以对自诉案件提起公诉，或者在自诉过程中担当自诉。法国规定：旨在适用刑罚的公诉，应由法官或者法律授权的行政官员（主要指共和国检察官）进行。任何遭受重罪、轻罪或违警罪直接损害者，有权提起损害赔偿的民事诉讼。在符合《刑事诉讼法》规定的条件时，被害人也可以提起刑事诉讼。

4. 法官起主导、指挥作用的审判程序。大陆法系国家刑事诉讼中的职权主义集中体现在审判阶段。法官在庭审中起主导作用，可以依职权主动讯问被告，询问证人；可以采取足以证明一切事实真相的证据，决定采取必要的一切证明方法；有权对当事人及其他诉讼参与人的申请作出决定。当事人则处于相对被动的接受指挥的地位。例如，法国《刑事诉讼法》规定，讯问中，审判长有责任维持秩序，并指导审判。德国《刑事诉讼法》也规定，审判长指挥审判，讯问公诉被告人以及采纳证据。

5. 确定的上诉和法律救济程序。大陆法系国家通常实行三审终审制。第二审从事实上进行复审，称事实审；第三审从法律适用上进行审查，称法律审。为纠正已生效裁判可能存在的错误，大陆法系国家一般规定有两种特殊的法律救济程序，即发生新事实的再审程序、审查适用法律错误的监督审程序。

（二）当事人主义模式的主要特点

在诉讼结构上，英美法系国家的当事人主义诉讼模式具有以下基本特点：

1. 侦查主要由警察机关进行。在英美法系国家，刑事诉讼通常从逮捕或传讯犯罪嫌疑人开始，但刑事立法和传统理论一般不把警察的侦查活动纳入刑事诉讼程序。英美当事人主义的诉讼程序在侦查中注重对犯罪嫌疑人权利的保障，使犯罪嫌疑人具有对抗侦查机关的手段。凡采取限制或剥夺人身自由的强制措施，或者搜查、扣押犯罪嫌疑人财产，必须取得法官签署的许可令状。执行逮捕后应无不必要迟延地将被告人带至签发逮捕证的法官面前接收聆讯，除法律有明确规定的以外，应当允许被告人交付保释。被告人有权保持沉默，被告人有权自被传讯或逮捕时即获得律师的帮助，如被告人因为经济原因不能委托律师时，有权免费获得法律援助。

2. 在起诉方式上，英国历史上检察官、警察、政府机关、商号及公民个人都有起诉权，实际上绝大部分案件由警察部门负责起诉。1985 年《刑事起诉法》在英格兰和威尔士设立了统一的刑事起诉机构，从而改变了过去警察集侦查与起诉权力于一身的传统做法。英国过去还实行大陪审团审查起诉的制度。该制度后于 1933 年被取消，改由治安法院负责对以可诉罪向刑事法院起诉的案件进行预审。美国不存在自诉，全部刑事案件或者以检察官起诉书提出控诉，或者经大陪审团审查后以大陪审团公诉书提起公诉。美国《宪法修正案》规定，非经大陪审团提起公诉，人民不得被判处死罪或其他不名誉罪。这一宪法性保障主要适用于联邦刑事司法系统。

3. 诉讼双方当事人的抗辩集中体现在审判程序中。英美国家审理刑事案件实行小陪审团制度，即由 1 名职业法官主持庭审，由 12 名非职业的陪审员组成陪审团负责对被告人是否有罪作出裁定。审理中，起诉方（检察官或者起诉律师）和辩护方（主要是辩护律师）在地位平等的基础上依次进行举证，按交叉询问程序对证人进行询问。控辩双方随时可以就证据的关联性、可采性提出异议，由主持庭审的法官当即作出裁断。审理中陪审团成员不得向证人发问，主持庭审的法官也不能主动调查核实证据。双方举证后进行终结性辩论，法官对陪审团作简短提示，然后陪审团退庭评议。认定被告人有罪必须由陪审团作出一致裁决，法官根据陪审团的有罪裁决径行课刑。西方法学家称此庭审模式为"辩论主义诉讼"，认为这种诉讼"其含义是有明显对立不分胜负的双方，一方是公诉人，而另一方是被告人，他们都向法院提出他们各自所了解的事实"，"法官充当冲突双方之间的公断人"。也有人认为，英美审判中的交叉询问程序是查明指控事实的最佳途径，即所谓控诉方对"真实"情况是从右边致以亮光，而辩护方则从左边致以亮光，使审判官看清了"真实"情况。[1]

4. 上诉程序和再审程序限制较多。英美法系的刑事诉讼，大体上采用两审终审或者三审终审制。英美法院的体系比较复杂，上诉的程序相对不太明确，同时法律对未生效判决、裁定的上诉限制较多。传统上，由于受"禁止双重危险"原则的制约，控诉一方的上诉权非常有限。此外，如果第一审系陪审团审判，对陪审团关于被告人是否犯有指控罪行的裁决通常不允许上诉，但被告人可以一审适用法律错误或者违反法律程序为由提请上级法院审查。对已生效的裁判，同样因贯彻"禁止双重危险"原则，一般不允许进行再审，但为被告人利益的少数情况下例外。

（三）融合与发展

二战以后，随着世界形势的变化和人权运动的高涨，英美与大陆两大法系之间互相接近、互相吸收、互相借鉴的趋向日益明显；与此相应，两大法系国家刑事诉讼制度之间的差距也正日益缩小。两大法系刑事诉讼制度的吸收与融合是一个相互的过程。其中，以日本和意大利最为典型。日本于 1948 年重新制定了《刑事诉讼法》，在原职权主义诉讼的背景上，吸收了美国当事人主义诉讼的许多内容，形成了日本式的当事人主义，或者如日本学者所言"技术上的当事人主义"。如果说日本的改革是不得已而为之的话，那么意大利则是自觉进行诉讼结构改造的典型。经过长期的争论和深入的比较，意大利终于在 1988 年颁布了新的《刑事诉讼法》。这部法典以美国的抗辩式诉讼程序为模式，对原有的刑事诉讼结构进行了重大改革。意大利的这一立法尝试，对其他大陆法系国家刑事诉讼制度的变革产生了巨大影响。因此，就当前各国刑事诉讼制度而言，职权主义与当事人主义的模式分析，尽管有助于分析、揭示两大法系诉讼传统、诉讼理念的差异，但是，这种模式概括却无法如实描述当今欧美各国的刑事诉讼制度及其实践。

总体而言，在宏观结构上，两大法系国家的刑事诉讼制度呈现出更多的相似性，而且这种相似性远远大于它们与之前诉讼制度（无论是弹劾式还是纠问式）的相似性，具体表现在以下三个方面：

1. 起诉与审判职能分开，在审判事项上实行不告不理。刑事案件的侦查由警察机关或者由检察机关指挥警察进行，侦查终结后对犯罪嫌疑人的起诉由检察机关或者由检察机关委派公职律师进行。法院不再承担控诉犯罪的职责，而是专门负责对刑事案件进行审判。在起诉与审判的关系上实行"不告不理"原则。侦查是起诉的准备，起诉是审判的前提。只有存在合法有效的起诉，法院才能开始审判活动，而且审理不能超出起诉书指控的范围，克服了纠问式诉讼起诉、审判合为一体的弊端，

---

〔1〕 ［日］河合弘之著，康树华译：《律师职业》，法律出版社 1987 年版，第 77 页。

保证了审判的客观公正。

2. 实行无罪推定原则，被告人享有广泛的诉讼权利。被告人在未经法庭审判正式确定为有罪之前，先假定其无罪。被告人不再是诉讼的客体，而是诉讼主体，法律赋予其以辩护权为核心的广泛的诉讼权利。被告人有权获得律师的帮助，有权保持沉默。刑讯逼供被禁止。被告人的人格尊严和诉讼权利得到法律的确认和维护。

3. 控诉、辩护、审判三足鼎立，构建刑事诉讼的基本结构。控诉人、被告人都是诉讼的当事人，与法院一起构成诉讼主体。公诉人或自诉人履行控诉职能，被告人、辩护人履行辩护职能，法院履行审判职能。控辩双方在平等的地位上互相对抗，法院在此基础上居中裁断。这就是近现代刑事诉讼的基本结构形式。

【思考题】

1. 试比较弹劾式诉讼与纠问式诉讼的差别。
2. 试比较职权主义模式与当事人主义模式的异同。
3. 结合弹劾式诉讼的特点，试述国家参与刑事诉讼的必要性。
4. 结合欧洲刑事诉讼制度的历史，试论职权主义与纠问式诉讼的不同。
5. 结合英美刑事诉讼制度的历史，试论当事人主义与弹劾式诉讼的不同。

第五章

第六章

现代刑事诉讼的基本理念

提要与学习要求　本章需要了解现代刑事诉讼制度的特征、现代刑事诉讼的基本理念。理解并掌握现代刑事诉讼的基础性理念——实体真实、标志性理念——程序正当，掌握实体真实的含义、程序正当的层次以及其尊重的社会价值。

■第一节　现代刑事诉讼概述

在刑事诉讼法学研究中，人们一般从比较法的立场出发，根据诉讼结构的差异，将刑事诉讼制度区分为不同的诉讼模式。在我国，有关诉讼模式的研究肇始于李心鉴的《刑事诉讼构造论》。[1]应该承认，诉讼模式的分类研究不仅凸现了不同法系国家诉讼制度之间的差别，而且极大地深化了我们对欧美诉讼制度的认识和了解。但是，模式研究却无法展现当今世界各国刑事诉讼制度之间的相似之处。由于研究外国法律制度的目的不在于将我国的法律制度归入某一种模式，或贴上某一种模式的标签，而在于推动我国刑事诉讼制度的现代化进程，对于我国刑事诉讼制度的发展而言，探寻现代刑事诉讼制度的相似之处，揭示现代刑事诉讼制度的一般特点和内在规律，有着诉讼模式研究无可替代的重大理论价值和实践意义。

如果着眼于西方刑事诉讼制度的相似之处，那么，我们将会看到，尽管因法治传统等原因，两大法系的刑事诉讼制度存在诸如正当程序与控制犯罪、当事人主义与职权主义等差别，但是，在基本类型上，它们却都属于现代诉讼制度。现代诉讼制度并无确切界定。一般认为，现代诉讼制度肇始于法国大革命，是一个相对宽泛的历史类型。但是，如果与之前的诉讼制度稍作历史比较，我们就会发现，现代诉讼制度在基本理念、制度设计等诸多方面，都明显区别于之前历史上曾经存在过的

---

[1]　李心鉴：《刑事诉讼构造论》，中国政法大学出版社1992年版。

诉讼制度，并因此呈现出更多的相似性。

现代各国刑事诉讼制度的相似性具体表现在哪些方面呢？或者换个角度提问，究竟是哪些特征决定着现代各国刑事诉讼制度明显区别于之前历史上的诉讼制度呢？——正视并思考这一问题，对于我国刑事诉讼制度的发展完善尤其重要。我国刑事诉讼制度是对西方法律制度的移植。因此，在讨论究竟是学习英美当事人主义还是学习大陆职权主义之前，似乎更应该看一看，我国的刑事诉讼制度是否已经具备了"现代诉讼制度"的品性。显然，如果我国的刑事诉讼制度连"现代诉讼制度"的基本品性都不具备，那么，我国刑事诉讼制度的发展就必须以"刑事诉讼现代化"为目标，继续致力于法律转型这一未竟的历史重任。

那么，现代刑事诉讼制度的基本特征究竟是什么呢？在论及"刑事诉讼的构造"时，日本学者田口守一将现代刑事诉讼活动归结为"控辩式诉讼结构"，并认为"从历史发展来看，现行《刑事诉讼法》的前提显然是控辩式的诉讼构造。因此，我们研究应有的程序构造时的大前提是控辩式的诉讼构造"[1]至于当事人主义与职权主义的选择，田口守一则认为，这是控辩式前提下第二层面上的问题。"控辩主义形成了由检察官、被告人与法院这三个诉讼主体构成的三方诉讼构造。被告人也成为诉讼主体的一方，但是被告人的地位仅是形式上的诉讼主体，还很难说这个诉讼主体有什么权利得到保障。因此，应该建立法官以及被告人地位的新原则。这是当事人主义与职权主义的问题，即在控辩主义的诉讼构造下，谁主导诉讼？"[2]我国台湾学者陈朴生亦认为，在制度类型上，现代刑事程序均属于"诉讼制度"（Accusatorial System）。[3]也即，被告人成为真正的一方诉讼主体，诉讼由控、辩、审三方主体共同完成。

我们认为，任何法律制度都是特定社会生活的有机组成部分。作为社会现象的有机组成部分，任何法律制度最终都是特定历史时期社会生活现实需要的产物，并随着社会生活的发展而处于变动之中。基于此，现代刑事诉讼制度与之前刑事诉讼制度的根本差异首先不在于其外观制度（尽管外观上的制度差异往往最容易引起我们的注意），而在于其深深根植于现代社会生活的价值观念和现实需求。

如果将现代刑事诉讼制度作为现代社会的有机组成部分来审视，那么，现代刑事诉讼制度至少包括以下四个层面的基本特征：

1. 在价值理念上，现代刑事诉讼制度是一种以"自由、平等、博爱"为价值底线的法律制度。作为一种文化现象，现代法律制度必然包含着当下社会生活的"时代精神"（即"自由、平等、博爱"），并以此作为其价值底线。因此，反过来，法制现代化的价值标准也只能立足于这一"时代精神"。"从实体意义上讲，作为与传统型人治主义相区别的现代法治主义，必须以其深厚的、合理的、理性化的价值体系为出发点

---

〔1〕　[日] 田口守一著，刘迪等译：《刑事诉讼法》，法律出版社 2000 年版，第 16 页。

〔2〕　[日] 田口守一著，刘迪等译：《刑事诉讼法》，法律出版社 2000 年版，第 17 页。

〔3〕　（台）陈朴生：《刑事诉讼法实务》，台湾三民书局 1981 年版，第 3 页。

第
六
章

和归宿。它同诸如自由、平等、主体权利相联系。我们完全可以说，不与自由、平等、主体权利相联系的法治乃是徒有空名的。"〔1〕同样，对自由、平等、博爱等基本价值观念的强调和尊重，是现代刑事诉讼制度区别于之前刑事诉讼制度的重要标志。

基于此，在价值理念上，现代刑事诉讼制度尽管仍然以打击犯罪为重要目标，但是，该目标的实现却必须以尊重并保障被追诉人的人权为基本前提。换句话说，现代刑事诉讼制度要求，打击犯罪不能不择手段、不计是非、不计代价，更不能以牺牲个体人权为代价来打击犯罪。在此意义上，在现代社会，刑事诉讼活动与宪法、宪政密切相连，而不再单单是一个刑事诉讼法问题。

2. 在制度功能上，现代刑事诉讼制度的首要使命是通过程序规制国家刑罚权的行使。法国大革命以后，受启蒙思想家的影响，在国家权力和个人权利关系上，个人权利开始具有原初性的基础地位，国家权力源自个体公民并以保护实现个体权利为己任。因此，在现代社会，法律制度必须肩负起捍卫公民个体权利和自由的重任。为此，在功能上，现代法律制度必须具有规制国家权力、防止其滥用的功能。具体而言，作为"法治之法"，现代法律制度不允许存在"任意性权力"。也即，不得"授予某些人（即统治者或政府官员）非常广泛的、近乎绝对的权力，他们可以为所欲为，恣意运用其手上的权力，其他人完全受他们控制、摆布"。〔2〕

在刑事法领域，为了防止国家借维护公共安全之名，扩张行使刑罚权而害及个人权利，现代刑事法律一方面将国家刑罚权严格限定在法律明文规定的范围之内（"罪刑法定原则"）；另一方面，在承认国家有义务追诉犯罪的同时，试图通过诉讼制度控制国家追诉权的行使过程，以求尽可能地减少国家追诉权的滥用。

其实，在追诉犯罪问题上，一个明显的事实是：没有《刑事诉讼法》同样可以追诉犯罪，而且可能更有助于高效地追诉犯罪（试想，当场击毙是多么快捷、经济！）。那么，在现代社会，为什么要奉行程序法定原则呢？面对这一问题，合理的推论似乎只能是：现代刑事诉讼制度的本意并不在于追诉犯罪的效率，而在于规范国家追诉权的具体应用，其最终目的是保障个人权利在追诉过程中不受不必要的限制或侵害。换句话说，尽管现代刑事诉讼活动仍然以追诉犯罪为其基本目标，但是，刑事诉讼制度的首要使命却在于：通过程序规制国家刑罚权的运作。

3. 在诉讼结构上，现代刑事诉讼制度的基本结构主要表现为以诉讼职能分立为基础的控、辩、审三方结构。现代刑事诉讼制度以控、辩、审三职能的分立为基础；在此基础上，各国立法通过强调控审分立、强化辩护方的诉讼主体地位，构建了一种由控—辩—审三方共同构成的诉讼结构。日本学者田口守一将这一诉讼结构称为"控辩式诉讼结构"。〔3〕

第六章

---

〔1〕　公丕祥：《法哲学与法制现代化》，南京师范大学出版社1998年版，第457页。
〔2〕　陈弘毅：《法治、启蒙与现代法的精神》，中国政法大学出版社1998年版，第6页。
〔3〕　〔日〕田口守一著，刘迪等译：《刑事诉讼法》，法律出版社2000年版，第16页。

控、辩、审三方结构是"司法最终裁决"这一法治原则的客观要求。在现代社会，为了确保公民成为一个自主自决的主体，必须对公民基本权利和自由加以更为严密的保护。就此，仅仅从立法上规定国家权力的运作条件是远远不够的。为了确保国家权力的运作能够严格遵守立法规定，必须引入第三方力量对特定国家权力的运作是否合法作出裁断。以裁判为前提的权力运作，实际上意味着这样一种现代法观念，即通过裁决机制，将特定国家权力的运作置于与公民个体同样的立法要求之下，或者说，通过强制国家权力服从公民个体应当服从的法律规定，从而实现"公民服从的是抽象的法律而不是具体的强权"这一法治理想。

在西方国家，由于上述理念渗透于整个刑事追诉活动，在刑事诉讼制度中，司法裁决机制不仅适用于审判，同样适用于审判前。其中，在侦查阶段，由于采取强制性侦查手段以及采取关涉公民基本权利的强制措施必须接受司法审查，并以令状主义为原则，所以，在涉及公民基本权利的问题上，同样存在着一定的"诉讼结构"；在起诉问题上，多数国家承认被告人享有要求司法机构进行预审的权利，而在预审中，控、辩、审三方诉讼结构就更为明显了。

在我国，刑事诉讼制度在宏观上采取步进式的阶段构造，侦查机关、人民检察院、人民法院彼此相互独立地完成侦查、起诉、审判等具体诉讼活动，因此，控、辩、审三方结构仅存在于审判阶段（也即狭义的诉讼阶段）。

4. 在具体内容上，各国刑事诉讼制度尽管存在着细节上的差异，却都不同程度地遵循了特定诉讼基本原则的内在要求。在此意义上，甚至可以说，正是这些诉讼原则，通过调整刑事诉讼不同方面，勾勒出了现代刑事诉讼制度的基本轮廓，从而使得现代刑事诉讼制度从本质上区别于之前的诉讼制度。

具体而言，现代刑事诉讼基本原则可以分为三个层次：其一，刑事诉讼制度的基础性原则，如无罪推定、程序法定等。这类原则犹如现代刑事诉讼制度立足的基石，为整个刑事诉讼制度的建构与发展确立了基本方向。其二，刑事诉讼的结构性原则，如不告不理、控辩平等、裁判中立等。此类原则犹如现代刑事诉讼制度的骨架，决定了刑事诉讼制度的基本轮廓。其三，刑事诉讼的具体化原则，如起诉垄断原则、有效辩护原则等。这些原则犹如刑事诉讼殿堂的内装修，尽管不影响现代刑事诉讼的基本品性，却有助于促进制度的完善与发展。

■第二节 现代刑事诉讼的基本理念

一、现代法理念与现代刑事诉讼

经验表明，刑事程序及其结果唯有符合国家、社会及其一般成员的公正标准，从而体现出特定时代的公正性，才能使刑事诉讼活动及其结果为社会所接受和支持，并避免因解决冲突手段及结果的不公正而导致更大的冲突。因此，为了准确理解现

第
六
章

代刑事诉讼的基本理念，必须首先明确现代法的理念。

一般认为，现代法是一种以"自由、平等、博爱"为价值底线的法律制度，其核心是对个人权利的尊重。对此，日本著名启蒙法学家川岛武宜曾经在论及日本法制现代化时敏锐地指出，主体性意识是决定着现代法之所以成为现代法的最基本因素。"近代法意识最根本的基础因素是主体性意识。其内容为：第一，人要认识自己作为人的价值，是由独立价值的存在，是不隶属于任何人的独立存在者；第二，这种意识在社会范围内，同时是'社会性'的存在，大家互相将他人也作为这种主体人来意识并尊重其主体性。……这种意识在法律世界中具体表现如下：一是人自我本身具有固有的支配领域这种意识；二是这种意识在社会范围内作为'社会性的'存在，大家互相对他人作为具有这种支配的主体人给予承认和尊重。"[1]可以看出，所谓的现代法意识实质上是一种以自由为核心、同等适用于所有人的个人权利观念。基于这一权利观念，现代法承认每一个个体享有一定的"固有的支配领域"，并保障其不受他人（包括公权力）的任意干涉。

因此，现代法是一种以尊重个体权利为核心的法律制度。从思想基础看，现代法律制度以欧洲古典时代的自然法理论为基础，强调个人权利的基础地位；在国家与个人关系上，认为国家权力源自个人，国家权力存在的目的是为了更好地维护个人权利并帮助个人更好地实现其个人权利。在此意义上，现代法与法治观念密不可分，即目的在于维护并实现相对于国家的个人自由。[2]

作为现代法的一部分，现代刑事诉讼法同样以尊重个人权利为其基本理念。具体而言，在刑事法领域，对个人权利的尊重表现为两个方面：

1. 在结果意义上，任何人只对自己的犯罪行为负责。在康德看来，这是"人是目的不是手段"的客观要求，是正义的具体表现。"法院的惩罚绝对不能仅仅作为促进另一种善的手段，不论是对犯罪者本人或者对公民社会。惩罚在任何情况下，必须只是由于一个人已经犯了一种罪行才能加刑于他。因为一个人绝对不应该仅仅作为一种手段去达到他人的目的，也不能与物权的对象混淆。……不能根据法利赛人的格言'一个人的死总比整个民族被毁灭来的好'。于是要求犯罪者爬过功利主义的毒蛇般弯弯曲曲的道路，去发现有什么有利于他的事。"[3]针对古典报应性理论，当代刑罚学理论进行了种种修正和完善，但是，"无罪不罚"的要求作为刑罚的正当化根据却始终没有动摇。"无论报应刑论者中间有多大的分歧，也无论功利主义者对报应刑论者进行了怎样的批评，报应刑论者始终如一地信守：只有犯罪才能

---

〔1〕 ［日］川岛武宜著，王志安等译：《现代化与法》，中国政法大学出版社1994年版，第53页。

〔2〕 关于法治的源流，参见郑永流：《法治四章：英德渊源、国际标准和中国问题》，中国政法大学出版社2002年版。

〔3〕 ［德］康德著，沈叔平译：《法的形而上学原理——权利的科学》，商务印书馆1991年版，第164页。

受到刑罚惩罚，……在这一方面，报应刑论论证是不易之论，因为它阐明了为什么适用刑罚的对象只能是犯罪人，而不能是无辜的人，国家为了任何'正当'的目的惩罚无辜者都是非正义的。"[1]

自启蒙时代以来，"自己责任"一直是现代刑事法学的基本出发点。基于此，在《刑事诉讼法》中，实体真实构成了贯穿整个刑事诉讼制度的基础性理念。

2. 在过程意义上，国家不得以追诉犯罪为名任意限制个体权利。随着"国家即善"这一观念的破灭，尤其是随着国家权力滥用已经成为个人生活经验的一部分，国家权力必须受制于法律已经成为现代法治的基本观念。与这一观念相联，个人权利实质上意味着一种排他性，即排斥包括国家在内的任何人的无理由的干涉。因此，国家对个人权利的限制，即使以打击犯罪为名，也必须以合乎法律规定为前提，而且权力的行使必须遵循法定的程序。

在刑事诉讼中，在最终结果确定之前，被追诉人是否有罪还处于不确定状态。因此，尽管为了实现惩罚犯罪的目的，有必要对被追诉人或其他公民的实体权利加以必要限制，但为了减少追诉活动自身的破坏性及其代价，这一限制却必须遵循以下原则：必要性（即该限制确实为追诉犯罪所必须）、最后性（即已经没有其他更好的手段而不得为之）、比例性（即限制的强度与其实现的法益大小必须合乎比例）。同时，为了防止刑事诉讼活动中对个人权利的限制取决于执法者的个人好恶，法律为刑事诉讼活动的进行设置了必要的条件和程序，并要求"未经法定程序，不得追诉和审判"。因此，在刑事诉讼领域，对个人权利的尊重更多地表现为正当程序的观念。

二、现代刑事诉讼的基础性理念：实体真实

实体真实是与实体正义密切相连的一种诉讼理念。在刑事诉讼领域，实体正义包含以下三层含义：①无辜之人不受定罪；②实施犯罪之人被判有罪；③定罪之人得到与其罪刑相当的惩罚。[2]显而易见，上述三个层次的实体正义都与真实发现密切相关。换句话说，在刑事诉讼中，发现案件事实真相具有两方面的意义：对于无辜者，通过查明事实真相，可以防止其受到不应有的处罚；对于有罪者，通过查明事实真相，则可以给予其应当的惩罚。

在刑事诉讼中，由于事实发现直接关系着国家刑罚权的公正性与公民个人的生命或自由，因此，一般认为，在事实问题上，刑事诉讼追求的是一种实质真实而非形式真实。

（一）实质真实

实质真实与形式真实是大陆法系的术语。在现代大陆法系诉讼理论中，以是否

---

[1]　曲新久：《刑法的精神与范畴》，中国政法大学出版社 2000 年版，第 310～311 页。

[2]　宋英辉：《刑事诉讼原理》，法律出版社 2003 年版，第 15 页。

探寻事实真相为准，将事实发现的立场分为两种：实质的真实发现主义与形式的真实发现主义。"法院……所为之审判，不以当事人所陈述之事实及提出之证据，为判决之基础，必自行收集与调查一切有关之证据，不受当事人意思之拘束，以期发现事实之真相者，为实质的真实发现主义。其仅依据当事人之主张，就其所陈述之事实，及所提出之证据资料，在形式上足认为真实之事实者，即据而为判决之基础，不再就实质上是否真实予以调查者，谓之形式的真实发现主义。"[1]因此，所谓实质真实是指以查明案件事实本身为目的的事实观。也即，裁判者对犯罪事实的认定，不受当事人意思表示的约束，而是依凭诉讼中依法可资借助的一切证据作出尽可能合乎事实真相的判断。

一般认为，民事诉讼的审判对象为当事人之间的私权争端，而对此争端，当事人原本享有实体处分之权。基于对当事人处分权的尊重，对于当事人双方并不争执之点，法院自无依职权加以干涉之必要，因此，民事诉讼宜于采形式的真实发现主义。刑事诉讼因涉及国家刑罚权与个人基本人权，为求无纵无枉，理应采实质的真实发现主义。[2]

不过，应当注意的是，实质真实是一个法律上的概念，它是指裁判者在认定犯罪事实时，应当依据诉讼程序中依法可资借助的所有证据，而非局限于当事人所举证据。因此，实质真实是与证据裁判密切相连的一种事实观，它尽管以探求诉讼前发生的案件事实为基本方向，但是，其事实认定却只能建立在证据基础之上。在此意义上，如果案件事实不能转化为法律所允许的证据并进入法庭调查的视野，那么，它对于裁判者而言就是毫无意义的，或者说，就不具有任何法律意义。因此，实质真实尽管包含了探求案件事实真相的基本理念，却并不等于我国传统证据法学理论中的"客观真实"。在我国传统证据法学理论中，客观真实是指裁判者对犯罪事实的认定必须符合案件事实真相。而实质真实并不要求裁判事实必须符合案件事实真相，而是要求裁判者必须以可资借助的一切证据所证明的事实进行裁判。

（二）积极的实质真实与消极的实质真实

基于罪责自负的要求，刑事诉讼制度应当以实质真实为其立足点。然而，"应当"不等于"实然"。在刑事诉讼活动中，查明事实真相不得不考虑以下问题：其一，就事实发现的过程而言，能否不择手段、不问是非、不计代价？其二，就事实发现的结果而言，在具体案件中，由于受人类认识能力的局限，并非总能够查明事实真相。于是，在事实不清时，应当如何进行裁判？

根据对上述问题的回答，实质真实又可以进一步区分为积极的实质真实与消极的实质真实。其中，积极的实质真实，目的在于判明一切犯罪，借以避免误以有罪

---

[1]（台）褚剑鸿：《刑事诉讼法论》，商务印书馆1983年版，第8页。

[2] 陈朴生："刑事诉讼制度于实体的真实主义之影响"，载《法学论集》，中华学术院1983年版，第581页。

为无罪，重在无纵；消极的实质真实，其目的在于减少犯罪之误认，借以防止误以无罪为有罪，重在无枉。"实体真实主义有两面性：其一方面，是通过查明犯罪事实而不使有罪的人逃脱这一积极作用（积极的实体真实主义）表现出来的。这是因为，刑罚的效果，与其在实体法上实行重刑，倒不如在刑事程序上无遗漏地处罚更为有益。但是，也不得因此而处罚无实者。因此，在另一方面，实体真实主义通过追求不得错误认定犯罪事实而将无实者认定有罪这一消极作用（消极的实体真实主义）表现出来。'宁可让十个有罪的人逃脱，也不错杀一个无辜'的格言，就是消极实体真实主义理念的体现；'有疑时为被告人的利益'这一法的至理名言，也是以不得处罚无实者这种理念为根据的。"[1]

积极的实质真实主义与古典报应刑理论的必罚主义相契合，强调对所有犯罪毫无遗漏地发现并予以制裁。由于该观念不仅回应了被害人以及社会公众要求制裁犯罪的普遍心理，而且，理论上往往将其与提高刑罚的一般预防能力联系在一起。从一般预防角度看，刑罚的必然性是影响刑罚预防效果的重要因素。在指导现代刑事法制形成的理论中，刑罚必然性的作用受到了格外的强调。例如，贝卡利亚认为，"对于犯罪最强有力的约束力量不是刑罚的严酷性，而是刑罚的必定性。""即使刑罚是有节制的，它的确定性也比联系着一线不受处罚的希望的可怕刑罚所造成的恐惧更令人印象深刻"，因为，"如果让人们看到他们的犯罪可能受到宽恕，或者刑罚并不一定是犯罪的必然结果，那么，就会煽惑其犯罪不受处罚的幻想"。[2]边沁亦认为，"除非存在免受惩罚之希望，否则没人愿意去犯罪。如果刑罚恰好是由罪行之获利而产生，且又是不可避免的，那么就不会有人犯罪了"。因此，在他看来，"刑罚的确定性越高，所需严厉性就越小"。[3]因此，在刑事诉讼领域中，实质真实观念最初往往表现为积极的实质真实主义，并往往为极权主义国家所喜好。从其本意而言，积极的实质真实主义并不否认"不得处罚无辜者"的要求，但由于过于强调通过查明犯罪事实以防止犯罪人漏网，在客观效果上，无辜者的权利往往成了犯罪追诉活动的牺牲品。这不仅表现在为了最大限度地发现、惩罚犯罪，普通公众的权利必须因让位于追诉犯罪的需要而缩小；更重要的是，在此观念指导下，刑事制度的设置往往为了便利追诉犯罪而忽视程序规则的正当性，而且，在无法查明犯罪事实时，价值上倾向于作被告人有罪的推断。因此，在追诉实践中，无辜者不但非常容易受到刑事追诉，而且一旦陷入追诉的泥潭，无辜者将很难脱逃。

与强调最大限度地追惩犯罪不同，消极的实质真实强调追惩犯罪的准确性。"消极实质真实主义是将发现真实与保障无辜相联系的目的观，认为刑事诉讼目的在于

第六章

---

〔1〕 ［日］土本武司：《刑事诉讼法要义》，有斐阁1991年版，第61页。
〔2〕 参见［意］贝卡利亚著，黄风译：《论犯罪与刑罚》，中国大百科全书出版社1993年版，第59页。
〔3〕 参见［英］吉米·边沁著，孙力等译：《立法理论——刑法典原理》，中国人民公安大学出版社1993年版，第59页。

发现实体真实，本身应包括力求避免处罚无辜者的意思，而不单纯是无遗漏地处罚任何一个犯罪者。"[1]因此，相比之下，消极的实质真实主义具有以下三方面的特点：①着眼点的转变。积极的实质真实主义强调的是犯罪事实与刑罚的关系，主张有罪必罚，而消极的实质真实主义则突出了刑罚与犯罪人的关系，强调罚必有罪。②在不得错罚无辜的观念下，无辜者的权利得到了应有的重视。表现在制度上，一方面要求在无法查清事实真相时，应当从保护无辜者的权利出发，及时地作出无罪裁判；另一方面，在过程意义上，当查明事实真相与其他社会价值相抵牾时，为了维护更重要的社会价值，可以放弃对犯罪的追惩。③惩罚的正当性开始具体化并成为关注的焦点。在此，惩罚的正当性不仅指"罚必有罪"，而且还包括发现真实的方法、手段。"积极性真实主义重视发现的'真实'，消极性真实主义重视发现真实的'方法'。"[2]

从一般趋势看，由于消极的实质真实与人权保障理论相契合，现代刑事诉讼制度下的实质真实主要是指消极的实质真实。但需要指出的是，积极的实质真实与消极的实质真实并非截然对立的关系，毋宁说，二者所体现的是一种认识上的递进：有效的追诉犯罪是刑事诉讼制度存在的基点，但追诉犯罪不能以牺牲无辜者的权利为代价。

在现代诉讼制度中，通过国家职能的分化有效地协调了上述矛盾：在刑事诉讼中，国家维护社会秩序的职能分别交由不同的机构承担。其中，追诉机构承担着积极追究犯罪的使命，它应当最大限度地发现犯罪，并收集证据对此予以证明；审判机构则毋庸关心是否还有犯罪需要追惩，而专司定罪的准确性。因此，基于诉讼职能的分离，裁判事实的形成更多地体现了消极的实质真实的要求：裁判者只有在确信被告人有罪时才得对指控犯罪予以认定，与此相应，"疑罪从无"理应成为"刑事审判的铁则"。

三、现代刑事诉讼的标志性理念：程序正当

秩序与和平是人类社会得以繁衍生息的重要前提。然而，在现代社会，人类不仅渴望秩序和平，同时也需要自己作为一个人、一个主体得到应有的尊重。因此，现代刑事诉讼法的任务不仅仅在于能够有效地打击犯罪，而且要求打击犯罪必须以尊重个人尊严为前提并以最小的代价而获得。换句话说，对现代刑事诉讼程序而言，其秩序价值一方面意味着对抑制犯罪行为、保持社会的和平与稳定的期望；另一方面，还意味着要防止政府及其官员滥用权力而使社会成员没有安全保障。所以，国家刑事司法权的行使也必须是有序的，必须受到刑事程序的规范。

在刑事诉讼中，基于追诉犯罪的自身特性，国家追诉活动必然影响到具体公民

第六章

---

[1] ［日］平野龙一：《刑事诉讼法》，有斐阁1958年版，第8页。

[2] ［日］田口守一著，刘迪等译：《刑事诉讼法》，法律出版社2000年版，第9页。

的合法权利。刑事诉讼以实现国家刑罚权为最终目标。为此，基于实体正义的要求，刑事诉讼必须收集足够的犯罪证据，而另一方面，为了保证国家刑罚权能够具体化为具体公民的刑事责任，刑事诉讼还往往需要对被追诉人的合法权利予以必要的限制。因此，受其影响的具体公民首先是指被追诉人，此外，还可能是与案件相关的第三人，甚至是与案件无关的不特定公民。例如，为了搜查犯罪证据，可能会波及案外公民的住宅；扣押犯罪证据，可能会涉及案外公民的财产；如果为追捕犯罪嫌疑人而设置路障进行盘查，那么，受到影响的将是任何来往的车辆。

因此，在现代社会，为了防止个人权利受到国家追诉活动的不适当限制或侵扰，必须通过程序法的规定，将国家追诉权纳入法定程序的规制之下，以此明确公民个人，尤其是被追诉公民，在犯罪追诉活动中相对于国家追诉机关所应承担的义务和责任。"事实上，法治程序的价值，可以说是伴随个人权利的价值以及刑事追诉过程中对个人权利可能造成的干预而来的。为了澄清犯罪事实的真相，国家必须使用诸多的强制手段，而这些手段不可避免地会严重干预可能的嫌疑人乃至于其他第三人的生活及权利。因此，在法治国家中，刑事诉讼责无旁贷的任务，便是以一套'诉讼规则'来规制并厘定追诉程序中国家与个人之间权利与义务的界限，使双方有所适从，一方面便利国家完成其追诉处罚的功能，另一方面提供个人有效的权利保护，以防范国家方面无根据或者不合比例的过度干预。"[1]在此意义上，程序法定的最终目的是为了保障公民的合法权利不受任意的侵犯。

因此，作为刑事诉讼的过程性价值，程序正当首先意味着程序法定原则，即必须以立法的形式预先对刑事诉讼程序加以规定，从而将国家追诉权纳入法定程序的规制之下。但是，恰如"恶法非法"所提示的，仅仅要求法定程序是远远不够的。为了防止法定程序仅仅成为国家权力任意行为的合法外衣，程序正当要求法定程序必须合乎一定的标准，或者说，必须合乎程序正义的要求。美国当代程序正义理论的集大成者迈克尔·贝勒斯在对联合国《公民权利和政治权利国际公约》《欧洲保护人权和基本自由公约》《美洲人权公约》，美国、加拿大《宪法》以及普通法上的自然正义原则进行通盘考察之后，将程序正义概括为四项传统原则：裁判者的公正性；提供听审的机会；提供判决理由；形式正义。[2]陈瑞华教授则将刑事审判程序的最低限度公正标准归纳为：程序参与原则；裁判者中立原则；程序对等原则；程序理性原则；程序自治原则；程序及时和终结原则。[3]

我们认为，在刑事诉讼中，程序正义应当根据指向的主体不同，区分为不同的层面。具体而言，程序正义的要求至少应当区分以下两个层次：

1. 就被追诉人而言，在刑事诉讼中，程序正义的最基本要求是：与诉讼结果有

第六章

---

[1]　（台）林钰雄：《刑事诉讼法》（上），台湾元照出版有限公司2000年版，第9页。

[2]　参见 Michael D. Bayles, *Procedural Justice*, Boston：Kluwer Academic Publishers, 1990, pp. 19～115.

[3]　参见陈瑞华：《刑事审判原理论》，北京大学出版社1997年版，第60页。

利害关系或者可能因该结果蒙受不利影响的人，都有机会参与到诉讼中，并得到提出有利于自己的主张和证据以及反驳对方提出的主张和证据的机会。

刑事诉讼旨在以适当的方式确定国家对刑事被告人刑罚权的有无及范围，其进行以限制、剥夺刑事被告人的特定权利为条件和目的。犯罪嫌疑人、被告人处于被追诉者的地位，国家追诉机关发动刑事诉讼的直接目的即在于通过对犯罪嫌疑人、被告人的追诉，使那些在法律上构成犯罪的人受到定罪、判刑，剥夺其财产、自由乃至生命。因此，他们面临着被定罪的现实危险，与案件结果有着直接的利害关系。为了实现程序正义，在刑事诉讼中必须赋予犯罪嫌疑人、被告人提出有利于己的主张和证据以及反驳对方的主张和证据的机会。不仅如此，这种参与还应当能够对最终裁判产生实质的作用和影响，否则犯罪嫌疑人、被告人对诉讼的参与便不具有任何实际的意义。因此，除了获得听审的机会外，刑事诉讼中的程序正义要求还应包括以下几个方面：法官公正、提供判决理由和形式正义。[1]

2. 就社会整体而言，刑事诉讼程序必须尊重其他重要的社会基本价值。刑事诉讼活动不是在真空中进行的，而追诉犯罪也绝非社会生活的唯一内容。刑事诉讼活动不仅必须依赖于其他社会活动，而且其自身就构成了社会生活的一部分。因此，刑事诉讼活动必须像其他社会活动一样，包含并尊重该社会所珍视的重要社会价值。换句话说，尽管追诉犯罪具有维护社会秩序的重要价值，但是，在现实社会生活中，同时还存在着其他重要的社会价值对于社会的秩序稳定和发展有着同样重要的意义。因此，社会价值的多元性意味着，我们不能因为追诉犯罪而无视其他社会价值的存在，更不能以牺牲其他社会价值为代价，一味地追诉犯罪。否则，为维护社会秩序而展开的刑事诉讼活动，其自身将沦为社会秩序的破坏者。

刑事诉讼程序究竟应当尊重哪些社会价值，很大程度上取决于特定社会的传统和习惯。因此，不可能存在一个普适的、完备的答案。但是，我们仍然可以罗列一二，以期能够引起人们的思考。

1. 诉讼效率。诉讼效率是指诉讼中所投入的司法资源（包括人力、财力、设备等）与所取得的诉讼成果之间的比例。

在资源稀缺的条件下，如何有效配置资源以获取更大的利益，是所有社会活动不得不面对的现实问题，而所谓的合理配置资源，也即效率问题。就刑事诉讼而言，由于任何国家的司法投入都不可能无限膨胀，因此，如何利用有限的司法资源，尽可能多地解决犯罪案件，已经成为世界各国共同关注的问题之一。其中，简易程序的大量使用即是其表现形式之一。

但是，诉讼效率绝不等于越快越好。如同经济生活一样，尽管很快，生产出的产品却都是次品，那么，也就根本谈不上"效率"了。因此，诉讼效率本身实质上暗含了"达到一定标准"的质量要求。在此意义上，在效率与公正（尤其是实体公

---

〔1〕　宋英辉：《刑事诉讼原理》，法律出版社 2003 年版，第 41 页。

正）的关系上，应当遵循"公正优先，注重效率"。换句话说，应当在尽可能保证司法公正的前提下，追求效率。

在刑事诉讼领域，诉讼效率首先是指立法上的资源合理配置。从各国实践来看，为了实现诉讼效率，立法必须对不同性质的案件实行程序分流。例如，在美国，在起诉程序上，被告人可以要求预审，也可以放弃预审；但是，如果检察官选择大陪审团起诉，案件将无须预审而直接进入审判。提起诉讼后，被告人可以通过有罪答辩，直接进入量刑程序；如果选择审判，可以选择陪审团审判，也可以放弃陪审团审判而选择独任法官审判。在意大利，根据刑事案件的具体特征，立法设置了5种简易程序以备选择适用。在德国，对于一些轻微的犯罪案件，检察官可以通过处罚令程序加以处理。因此，作为一种制度化安排，诉讼效率实质上包含了"不同案件，区别对待"这样一种实质公正的观念。基于这一观念，我们不但应当区分不同严重程度的案件，设置不同的诉讼流程（如法国关于重罪、轻罪、违警罪的不同规定），而且，还要考虑到严重程度类似的案件在司法实践中可能出现的种种差异（如自首、现行犯、供认不讳等）而设置动态的程序选择机制（如美国）。

其次，诉讼效率是指司法层面的诉讼及时原则，即尽可能地减少或消除不必要的迟延。在现代诉讼制度中，及时原则是各国普遍承认的诉讼原则。在美国，根据《宪法第六修正案》，"刑事被告享有被快速审理的宪法上的权利。在逮捕与对抗制的诉讼程序启动之间、逮捕和起诉决定之间或起诉决定与开庭审理之间，不得有'不正当的迟延'。……如果检察官没有遵守时间限制，法官必须驳回该案，该驳回可能对日后恢复的指控毫无影响，也可能有负面的作用"。[1]在德国，"快速原则，被视为是在'基本法'第20条规定中体现出的法治国家原则的效果"。[2]二战后，日本仿照美国重新制定了日本《宪法》并对日本《刑事诉讼法》进行了相应的修订，在立法上正式确立了及时裁判原则。根据日本最高法院1972年判例对迅速裁判权的解释，《宪法》第37条第1款的规定不仅要求立法和司法机关采取措施保障迅速裁判，而且明确指出，如果法院在审理时违反该条规定，造成审理明显迟延并侵害了被告的权利时，即使没有相应的处理规定，法院也应该终止审理。

2. 社会亲情。任何社会秩序都是建立在一定亲情关系基础上的。因此，为了尽可能减少因追诉犯罪给社会亲情关系带来的侵害，各国立法不同程度地承认并尊重社会亲情的重要价值。

这突出地表现在证人免证权制度上。例如，德国《刑事诉讼法》第52条第1款规定："以下人员，有权拒绝作证：①被指控人的订婚人；②被指控人的配偶，即使婚姻关系已不再存在；③与被指控人现在或者曾经是直系亲属或者直系姻亲，现在

〔1〕 宋冰编：《读本：美国与德国的司法制度及司法程序》，中国政法大学出版社1998年版，第346～347页。

〔2〕 ［德］赫尔曼著，李昌珂译：《德国刑事诉讼法典》，中国政法大学出版社1995年版，第14页。

第
六
章

或者曾经在旁系三亲等内有血缘关系或者在二亲等内有姻亲关系的人员。"该法第55 条进一步规定："每个证人均可以对如果回答后可能给自己、给 52 条第 1 款所列亲属成员中的一员造成因为犯罪行为、违反秩序行为而受到追诉危险的那些问题，拒绝予以回答。"又如，在英美法系国家，"丈夫和妻子都不能作为有利于或者不利于另一方的证人是普通法的一般规则。这个规则建立在考虑到保持在婚姻关系中连接在一起的双方之间存在的被奉为神圣的信任和共同幸福公共政策的严肃理由之上"。[1]

【思考题】

1. 试分析积极的实质真实与消极的实质真实的区别。
2. 试述程序正当的具体要求。
3. 试论程序正当成为现代刑事诉讼的基础理念之一的原因。

第六章

---

[1]　陈光中主编:《中华人民共和国刑事证据法专家拟制稿（条文、释义与论证）》，中国法制出版社 2004 年版，第 196 页。

第七章

现代刑事诉讼的基本原则

　　提要与学习要求　本章需要了解刑事诉讼基本原则的概念与特点，刑事诉讼的基础性原则，结构性原则以及证据法原则所包含的具体的原则。理解并掌握无罪推定原则的含义和内容，程序法定原则的含义和要求，控审分立原则与不告不理原则的含义，控辩平等原则的含义，客观中立原则的内容和要求，证据裁判原则的含义以及自由心证原则的确立与要求。

■第一节　刑事诉讼基本原则概述

　　刑事诉讼基本原则，是指对刑事诉讼过程具有普遍指导意义和规范作用，并为国家专门机关和诉讼参与人进行或参与刑事诉讼所必须遵循的基本行为准则。

　　刑事诉讼基本原则是一种特定类型的法律原则，具有原则、法律原则的一般属性。"原则"一词来自拉丁语 principium，其语义是开始、起源、基础。在法学中，法律原则一般是指作为法律规则的基础或本源的综合性、稳定性的原理和准则。作为原则之一，刑事诉讼基本原则是立法构建刑事诉讼程序以及刑事诉讼程序运作必须遵守的基本行为准则。具体而言，刑事诉讼基本原则是刑事诉讼立法精神的充分体现，是立法者在构建刑事诉讼程序时遵守的根本规则。

　　刑事诉讼基本原则是特定时代人类对刑事诉讼目的和价值的客观反映。在现代社会，刑事诉讼基本原则应当反映现代法治在刑事诉讼程序方面的基本要求。具体而言，刑事诉讼基本原则应当调和追诉犯罪与保障人权之间的冲突与矛盾。"刑事诉讼法乃国家行使刑罚权，实现刑事实体法之程序规定。为使此等程序规则，一方面能够与宪法所明揭之精神，以及'法治国家原则'（Rechtsstat sprinzip）相符合，另一方面又要有效地追诉犯罪，使犯罪者无可逃避，无辜者免受冤屈，而能以刑罚威吓，达到抗制犯罪之目的，则在繁杂之刑事诉讼程序中，建立一些可资遵循之基本

第七章

原则。"[1]

由于刑事诉讼基本原则直接根源于特定时代人类对刑事诉讼目的和价值的理想和追求，一般而言，刑事诉讼基本原则具有以下特点：

1. 在内容上，刑事诉讼基本原则具有根本性。刑事诉讼基本原则是刑事诉讼立法精神的直接体现。作为构建具体刑事诉讼程序、制度的基础和航标，刑事诉讼基本原则一般承载着立法的价值和伦理目标。因此，刑事诉讼基本原则规范调整的内容应当是对刑事诉讼程序具有根本性、基础性地位的内容。

但需要注意的是，刑事诉讼基本原则内容的根本性，并不简单地等同于诉讼阶段上的普适性。例如，控审分立原则虽然在外观上仅仅适用于刑事审判的启动程序，但是，由于该原则直接关系着整个审判程序（也即狭义上的诉讼）的建构，关系着控、辩、审三方在审判阶段的相互关系，因此，就其调整内容的性质而言，该原则无疑具有根本性的地位。

2. 在效力上，刑事诉讼基本原则具有较高的法律效力。刑事诉讼基本原则是立法者在刑事诉讼领域基本要求的归纳概括。"这些刑事诉讼法原则所体现的法律政治价值决定，与对基本权利的保障一起，构成了程序的标准性结构元素和指导原则。"[2]因此，在刑事诉讼领域，刑事诉讼基本原则具有高于一般程序规则的法律效力。对具体程序规则的解释，必须合乎基本原则的要求；在没有具体程序规则的时候，司法官员的裁量权必须遵循基本原则的内在要求。

刑事诉讼基本原则一般表现为特定的法律规范，如刑事诉讼法律规范。但在现代社会，一些国家将刑事诉讼基本原则的具体内容上升为宪法规范，而具有了根本法的法律效力。例如，美国《宪法第六修正案》规定："在一切刑事诉讼中，被告人得享受下列权利：有发生罪案之州或区域的公正陪审团予以迅速的公开审判，该区域应由法律预先确定；取得关于告发事实之性质与理由的通知；准予与对方的证人对质；应以强制手续取得对于本人有利的证据，并享有法庭律师为其辩护的协助。"根据该修正案，被告人享有公正审判的权利、与控诉方平等对抗的权利等。如果这些权利受到了侵害，被告人有权向美国联邦最高法院申请调卷令。

刑事诉讼基本原则的宪法化具有两方面的作用：其一，在立法上，具有约束立法者的限制功能，即对于这些基本原则（或基本原则的具体要求），立法者在制定、修改《刑事诉讼法》时，不得加以缩减甚至取消；其二，在司法上，宪法化为刑事诉讼基本原则提供了宪法保障，即对这些规则的具体侵犯，将引发违宪诉讼，从而为基本原则的贯彻实施提供了具体的制度保障。

但是，需要指出的是，尽管刑事诉讼基本原则往往表现为一定的法律规范，而且甚至上升为宪法规范，但是，刑事诉讼基本原则之为基本原则并非必须经由法律

---

[1] （台）林山田："论刑事程序原则"，载《台大法学论丛》第28卷第2期。
[2] ［德］赫尔曼著，李昌珂译：《德国刑事诉讼法典》，中国政法大学出版社1995年版，中文版序言。

确认。刑事诉讼基本原则是特定时期人类诉讼理想和追求的客观反映。因此，可能会存在以下两种情形：①由于某些基本原则已为特定国家的公众普遍认同，法律已经没有必要再作具体规定。例如，在欧美各国，由于无罪推定的理念已经为社会各界普遍认同，其《刑事诉讼法》一般没有关于无罪推定原则的规定。②由于人们对某些基本原则的认识尚未达到自觉的认识，该项原则的立法表现还只能是散布于法律之中的具体规则。因此，恰如德国学者赫尔曼所言，"《刑事诉讼法》并非总是明确地规定了刑事诉讼法原则。刑事诉讼原则有一部分体现在刑事诉讼程序规定的字里行间，有一部分则被制定进其他法规，在某些情况中，我们只能从'基本术语'的规定中去推导它们"。[1]

3. 在适用上，刑事诉讼基本原则具有广泛的适用性。刑事诉讼基本原则往往具有抽象性、概括性的特点，因此，与具体规则不同，刑事诉讼基本原则具有更强的涵盖力。"原则的特点是，它不预先设定任何确定的、具体的事实状态，没有规定具体的权利和义务，更没有规定确定的法律后果。但是，它指导和协调着全部社会关系或某一领域的社会关系的法律调整机制。在制定法律规则时，进行司法推理或选择法律行为时，原则都是不可缺少的。特别是在遇到新奇案件或疑难案件，因而需要平衡相互重叠或冲突的利益，为案件选择合法的解决办法时，原则就是十分重要的了。"[2]具体而言，刑事诉讼基本原则既适用于《刑事诉讼法》的立法活动，也适用于刑事诉讼的具体运作；既适用于有具体规则的诉讼活动，也适用于没有具体规则而需要司法官员依裁量权予以处理的诉讼活动。

■第二节 现代刑事诉讼的基础性原则

一、无罪推定原则

无罪推定原则，是指在刑事诉讼中任何被怀疑犯罪或者受到刑事指控的人在未经司法程序最终确认为有罪之前，在法律上应推定或假定其无罪，或者说，不得被认定为是有罪的人。

无罪推定是针对封建专制刑事诉讼的有罪推定提出来的。作为一种法律思想，无罪推定最早由现代刑法学之父——意大利法学家贝卡利亚提出。在《论犯罪与刑罚》一书中，贝卡利亚论证说："在没有作出有罪判决以前，任何人都不能称为罪犯，而且社会就不能不对他进行保护。如果犯罪行为没有得到证明，那就不应折磨无罪的人，因为任何人，当他的罪行没有得到证明时，根据法律他应当被看作无罪的人。"根据这一包含人道主义的法律思想，法国大革命成功后制定的《人权宣言》

---

〔1〕 〔德〕赫尔曼著，李昌珂译：《德国刑事诉讼法典》，中国政法大学出版社1995年版，中文版序言。

〔2〕 张文显：《二十世纪西方法哲学思潮研究》，法律出版社1996年版，第391页。

第 9 条规定:"任何人在其未被宣告有罪以前应被推定为无罪。"此后,各国纷纷效仿,相继在《宪法》和法律中对无罪推定作出规定。

因此,在现代社会,无罪推定原则已经成为现代法治社会的一项基本法律原则。一些国家在《宪法》中明确规定无罪推定的内容,如 1982 年加拿大《权利和自由宪章》第 11 条 d 项规定:"被告人在由独立的不偏袒的法庭举行公平的公开审判并依法证明有罪之前,应推定为无罪。"而且,随着法制文明的传播,该原则已逐步为国际社会所接受,并为诸多国际人权法律文件确认。例如,1948 年 12 月联合国大会通过的《世界人权宣言》第 11 条第 1 款规定:"凡受刑事控告者,在未经获得辩护上所需的一切保证的公开审判而依法证实有罪之前,有权被视为无罪。"1966 年 12 月联合国大会通过的《公民权利和政治权利国际公约》再次确认了无罪推定原则。随后,一些重要的区域性法律文件和国际性学术会议的决议也对无罪推定原则进行了确认。在此意义上,无罪推定尽管主要适用于刑事诉讼活动,但是,作为一项法律原则,它却更应当属于宪法性原则。意大利等国家甚至将该原则直接归属为法治国家的内在要求之一。

作为一项宪法性原则,无罪推定原则设立了被追诉公民在刑事诉讼中的原初地位。为了改变这一法律地位,控诉方必须提出足够的证据并经由法院判决确认。也即在刑事诉讼中,无论何人,即使是现行犯,在未经法院依法审判确认有罪之前,不得对其施以刑罚。由此,在现代社会,惩罚一个人的依据不在于其事实上实施了犯罪,而在于是否有充分的证据和合法的审判。在此意义上,无罪推定犹如一道屏障,杜绝了国家权力对公民施以武断、任意的制裁。

无罪推定是现代刑事诉讼制度的基础性原则之一。在英美普通法上,无罪推定原则被视为贯穿刑事诉讼制度的"一条金线",并构成了整个现代刑事诉讼制度的基石。[1] 无罪推定的第一要义是"被告不等于罪犯"。因此,为了确定一个公民有罪,必须满足法定的条件。

一般认为,这一法定条件主要包括两方面的内容:[2]

1. 证明被告公民有罪的证明责任由控方承担,并应当达到法定的标准。结合各国立法和实践,这一要求具体包括:①提供证据证明被告人有罪的责任由控诉一方承担,不得采用酷刑和其他非法方法收集证据。②控诉一方履行证明责任必须达到案件事实清楚、证据确实充分或者排除合理怀疑的程度,从而达到一种道德上的确定性。如果控方对被告人有罪的证明存在合理怀疑,应作有利于被告人的解释。③被告人有证明自己无罪的权利,但不负有证明自己无罪的义务;不能因为被告人不能或没有证明自己无罪而认定被告人有罪。

---

[1]　Woolmington v. DPP, 1935, AC 462.

[2]　陈光中、[加] 丹尼尔·普瑞方廷主编:《联合国刑事司法准则与中国刑事法制》,法律出版社 1998 年版,第 102 页。

2. 应当由司法机关通过公正审判对被告公民是否有罪加以确认。结合各国立法和实践，这一要求具体包括：①最终认定被告人有罪的机关只能是审判机关，即法律意义上的定罪权只能由法院行使，其他任何机关包括警察、检察官都无权确定被告人有罪；②法院只有经过公正审判，才能确认被告人有罪；③为保证审判的公正性，审判时应赋予被告人辩护上所需的一切保障。根据联合国《公民权利和政治权利国际公约》第 14 条第 3 款的规定："在判定对他提出的任何刑事指控时，人人完全平等地有资格享受以下的最低限度的保证：①迅速以一种他懂得的语言详细地告知对他提出的指控的性质和原因；②有相当时间和便利准备他的辩护并与他自己选择的律师联络；③受审时间不被无故拖延；④出席受审并亲自替自己辩护或经由他自己所选择的律师援助进行辩护；如果他没有法律援助，要通知他享有这种权利；在司法利益有此需要的案件中，为他指定法律援助，而在他没有足够能力偿付法律援助的案件中，不要他自己付费；⑤询问或业已询问对他不利的证人，并使对他有利的证人在与对他不利的证人相同的条件下出庭和受讯问；⑥如他不懂或不会说法庭上所用的语言，能免费获得译员的援助；⑦不被强迫作不利于他自己的证言或强迫承认犯罪。"

在此需要指出的是，无罪推定构成了现代刑事诉讼制度的深层基础。因此，尽管该原则在各国刑事诉讼中的实现程度有所不同，甚至在一些国家还受到一定的限制，但是，该原则的基本精神却通过具体的制度融贯在现代刑事诉讼制度之中，而无论《刑事诉讼法》是否有明确的规定。

二、程序法定原则

程序法定原则，又称"法治国家程序原则"，是现代社会关于刑事诉讼程序立法的基本要求。一般认为，该原则的含义包括以下两个方面：①在立法形式上，以限制公民基本权利为内容的刑事追诉程序，应当而且只能由法律——狭义上的反映全民意志的国家立法机关制定的法律——加以确定。换句话说，关系到公民基本权利的刑事诉讼程序，其立法权专属于中央立法机关；其他国家机关，包括中央司法机关和各级地方立法机关，均不享有此类刑事诉讼程序的立法权力，尽管中央司法机关可以就刑事诉讼程序的技术性问题作出必要的规定。②在立法内容上，刑事诉讼立法应当包括以下内容：其一，应当预先确定各司法机关的管辖范围，以杜绝就特定案件设置临时法庭或任意选择管辖法院；其二，应当预先明确刑事司法机关的职权及其追诉犯罪的程序，以避免司法机关假借追诉犯罪之名随意扩张追诉权。

程序法定原则是现代法治国家对刑事立法的基本要求之一。在现代社会，为了提高社会公众对国家刑罚权的可预测性，除了在刑事实体法方面要求罪刑法定原则外，还进一步要求，追究犯罪的刑事诉讼活动也应当依据法定的程序进行。在此意义上，可以说，罪刑法定原则通过明确何为犯罪限定了国家刑罚权的范围，而程序法定原则则通过明确刑事诉讼活动的程序性要求，规范、引导着国家追诉活动的动态进行。就后者而言，法定程序犹如一条堤坝，尽管它自身并不选择诉讼活动的最终目标，却以自身的力量决定着为达到这一目标而必须遵循的手段和途径。"条条道路通罗马。"同样地，在刑事追诉过程中，如何追诉犯罪也存在着多种选择和途径。但是，为了防止刑事诉讼活动沦为个人意愿的选择，程序法定原则要求：刑事诉讼活动必须以法律预先的程序和方式进行。通过追诉程序的法定化，被追诉公民的诉讼地位不再取决于国家官员的个人好恶和品行好坏，而是得到了国家立法理性选择和抽象规定的制度性保障。

而且，如果考虑到基于无罪推定原则的要求，在刑事法领域只有通过法定程序才能确定特定的公民有罪，那么，程序法定原则还意味着：国家立法机关有义务通过设置科学、合理的诉讼程序，构建一条合乎全民意志的沟通犯罪与惩罚的"桥梁"；而且，这座"桥梁"将被平等地适用于所有涉诉公民。

一般而言，程序法定原则包含以下具体要求：

1. 国家应保证刑事诉讼程序法制化。国家应以法律的形式明确各诉讼主体在诉讼中的法律地位；明确各主体所承担的诉讼职能、享有的诉讼权利和负有的诉讼义务；要科学地构建刑事诉讼的结构，正确处理控诉、辩护、审判三种诉讼基本职能间的相互关系；要适当界定警察、检察院、法院各国家专门机关之间的职权分工，合理配置司法资源；要严密地设置诉讼程序，使各个诉讼环节、各项诉讼活动都有法可依，有章可循。总之，要建立健全完整的刑事诉讼程序体系，使之既具科学性，又具可操作性。

2. 各司法机关、执法机关和诉讼参与人要严格按照法律的规定进行或参与刑事诉讼。在刑事诉讼中严格执法，既要严格执行刑事实体法，也要严格执行刑事程序法，要实体与程序并重。在遵守法律程序与探求实体真实发生碰撞时，要坚持合法性优先，绝不允许以办案需要为借口违反法律。禁止刑讯逼供、非法搜查、非法拘禁。

3. 要确立制裁性措施，明确违反法定程序所要承担的法律后果。刑事诉讼中贯彻程序法定原则，必须以违法制裁为后盾。例如，非法获得的证据不得作为定案的根据；证人拒绝作证或者作伪证要受到相应的法律制裁；违反法律程序办案要承担撤销判决或败诉的后果等。

4. 要建立必要的诉讼监督制约机制。为保障法律程序的遵守，需要建立切实有效的诉讼监督制约机制。例如，司法机关对执法机关权力行使的监督；法官审查签署逮捕令、搜查令制度；人身保护令制度；司法审查制度；纠正未生效和生效判决、裁定错误的机制等。

■第三节　现代刑事诉讼的结构性原则

一、有关控审关系的原则：控审分立原则与不告不理原则

在现代刑事诉讼原则体系中，调整控审关系的诉讼原则有二：控审分立原则与

不告不理原则。其中，控审分立原则是基础，主要表现为对控审静态关系的调整；而不告不理原则则通过对控审动态关系的调整，进一步强化了控审的分立、制衡关系。因此，德国法将这二者概括为一项原则，即告发原则或控告原则。

（一）控审分立原则

控审分立是指在主体与职能关系上，应当由不同的诉讼主体承担控诉职能与审判职能。换句话说，控诉职能与审判职能应当分别由不同的诉讼主体来承担。以我国为例，审判职能只能由法院行使，而控诉职能则由人民检察院、自诉人行使。

从诉讼法史看，控审分立原则的核心在于审判机关不得行使控诉职能，从而为审判机关在裁判案件时保持中立地位和不偏不倚的心态创造条件。

（二）不告不理原则

不告不理原则是对控诉权与审判权相互关系的调整。在不告不理原则的约束下，控诉权与审判权之间形成了一种制衡关系：一方面，如果不启动审判，起诉机关将无法获得一个有效的判决；另一方面，没有起诉权的推动，审判机关不得自行追诉犯罪。在此意义上，起诉不仅担负着向审判程序输入案件的任务，而且，实质上构成了审判输入的唯一途径。而更进一步提起控诉后，起诉机关的控诉主张并不必然能够得到审判机关的认可；而对于审判机关而言，起诉机关的控诉主张则构成了一种实质性约束，审判机关只能就此指控进行裁判，而不得超越指控范围。

因此，不告不理原则对起诉输入功能的强调，这实质上意味着一种权力关系的调整。换句话说，起诉活动由启动审判程序的原因之一转变为审判程序的唯一输入途径，这实质上意味着一种权力关系的变化。也即，法律赋予了起诉权一种制衡审判权的现实能力，起诉权通过自身的行使限制着审判权的扩张使用。因此，换个角度看，起诉制度的审判输入功能在更深层次上包含着一种权力制衡机制和限制审判权的积极作用。

不告不理原则包含以下两方面的含义：在启动问题上，没有起诉就没有审判；在审判对象上，起诉范围直接决定着审判的范围，诉外裁判不具法律效力。

1. 没有起诉，就没有审判。也即，起诉在实质意义上决定着一个案件能否进入审判的视野。这既是现代社会对司法被动性的要求，也是不告不理原则的最基本含义。

在现代社会，被动性已经成为司法权理所当然的一项基本特点。托克维尔在论及司法权的"人所共知的特征"时，反复强调了司法被动这一特点："只要没有依法提出诉讼的案件，司法权便没有用武之地。司法权存在，但可能不被行使。""只有在请求它的时候，或用法律的术语来说，只有在它审理案件的时候，它才采取行动。……从性质来说，司法权自身不是主动的。要想使它行动，就得推动它。向它告发一个犯罪案件，它就惩罚犯罪的人；请它纠正一个非法行为，它就加以纠正；让它审查一项法案，它就予以解释。但是，它不能自己去追捕罪犯、调查非法行为和纠察事实。如果它主动出面以法律的检查者自居，那它就有越权之嫌。"[1]

---

[1]　[法] 托克维尔著，董果良译：《论美国的民主》（上），商务印书馆1997年版，第110页。

第七章

司法被动表现在诉讼制度上即不告不理原则。不告不理是调整控诉与审判关系的重要诉讼原则。在刑事诉讼中，其基本含义就是对未经起诉的刑事案件，法院不得受理和审判。也就是说，法院对刑事案件进行审理必须以起诉为前提。如果没有公诉人提起诉讼或者自诉人提出自诉，法院不能对刑事案件进行审判，不能对犯罪进行追究。[1]在此意义上，尽管我们可以说刑事诉讼制度以控制犯罪为己任，但就审判活动而言，谈论控制犯罪却似乎没有太大的意义。因为在现代诉讼制度下，即使是一起发生在法庭上的杀人案件，如果没有经过合法起诉，法院也只能放任不理。

2. 起诉范围决定了审理的范围和裁判的对象。"法院审理与判决对象及范围仅限于检察官起诉所及对象与范围。"[2]在现代诉讼制度下，不告不理原则已经不再局限于"没有起诉就没有审判"的初始含义，而是进一步拓展到对审判具体范围的约束。换句话说，在起诉与审判的关系上，起诉不仅在形式意义上决定着审判程序能否开始，而且还具体圈定了审判活动的范围和界限。一些国家和地区在法典中明确规定了不告不理原则的这一要求。例如，德国《刑事诉讼法》第155条在"调查范围"标题下规定："法院的调查与裁判，只能延伸到起诉书中写明的行为和以诉讼指控的人员。"在我国台湾地区，"刑事诉讼法"分两条对此作出了更为明确的规定。其中，第266条规定："起诉之效力，不及于检察官所指控被告以外之人。"第268条规定："法院不得就未经起诉之犯罪审判。"

根据不告不理原则，起诉范围在两个方面决定了审判的范围和界限：①在人的问题上，审判应当以起诉指控的被告人为限；对于没有遭受指控的公民，法院不得将其纳入审判范围；②在有待裁判的事实问题上，审判应当以指控事实为限，除依法具有事实同一性外，对于没有明确提出指控的事实，法院无权进行追诉和裁判。因此，对于已经开启审判程序的具体案件，法院通过审判所要判定的是起诉事实和主张是否成立。"它不得超越起诉书的范围，主动对未被检察官指控的人进行审判，也不得对起诉书未载明的案件事实进行调查。法院审判一旦超越了起诉的范围，就会形成一种事实上的越权。因此，在审判过程中，法庭即使发现了检察官未曾起诉的新的犯罪事实或者新的犯罪嫌疑人，也不应自行决定扩大审判范围，除非检察官以追加起诉等合法方式扩大了控诉的对象和范围。"[3]

二、有关控辩关系的原则：控辩平等原则

根据无罪推定原则，被告人仅仅是一种诉讼地位（或诉讼角色），至于其是否有罪，则必须等最终的裁判确定。因此，在裁判有罪之前，作为被追诉对象的被告

---

[1] 中国大百科全书总编辑委员会、法学编辑委员会：《中国大百科全书·法学卷》，中国大百科全书出版社1984年版，第28页。

[2] （台）林山田："论刑事程序原则"，载《台大法学论丛》第28卷第2期。

[3] 陈瑞华：《刑事审判原理论》，北京大学出版社1997年版，第235页。

人不再是诉讼的客体，而是一个拥有自身合法的诉讼权利且该权利不受非法剥夺或限制的独立法律人格者。因此，在刑事追诉活动中，就该案争议问题而言，拥有独立法律人格的被告人具有与国家追诉机构平等的法律地位；除非依照法定程序，后者无权以公共利益之名，限制、剥夺被告人依法享有的诉讼权利。

然而，面对强大的以国家强制力为后盾的国家追诉机关，任何被告人都客观地居于易受侵害的弱势地位。因此，为了维护这种脆弱的平等关系，现代辩护制度的确立与发展就显得尤其重要。

在现代社会，辩护制度的目的是在控辩之间建立一种平等对话的外部条件。然而，为了实现这一目的，法律必须通过制度的力量，校正控辩之间的事实不平等，从而实现一种制度上的平等关系。具体而言，控辩平等包含三层含义：

（一）诉讼地位平等

控方无权借口追诉犯罪体现着公共利益而强迫被告人放弃个体利益。为此，反对强迫自证其罪原则构成了控辩法律地位平等的底线。

任何人不受强迫自证其罪原则是现代刑事法制的重要基本原则之一。迄今，该原则不仅为多数欧美国家的立法明确承认，而且，已经成为国际社会公认的刑事公正审判的"最低限度的保证"。[1]

任何人不受强迫自证其罪原则，从犯罪嫌疑人、被告人不受强迫的角度讲，是一项特权，相对一方的追诉官员则负有相应的不得侵犯并保障其合法权利的义务。在此意义上，该权利具有不可侵犯性。从犯罪嫌疑人、被告人享有自由选择权这一角度讲，任何人不受强迫自证其罪原则是一项权利，犯罪嫌疑人、被告人作为权利主体，可以处分和受益。

在对人效力上，任何人不受强迫自证其罪原则针对的是一般意义上的"任何人"，但是，由于犯罪嫌疑人、被告人在刑事诉讼中所处的特殊地位，该原则对他们具有更特殊的法律意义。因此，从被追诉人的权利保障角度看，一般认为，该原则包含着以下含义：[2]

1. 被追诉人没有义务向追诉方提供任何可能使自己陷入不利境地的陈述和其他证据，追诉方不得采取任何非人道或有损被告人人格尊严的方法强迫其就某一案件事实作出供述或提供证据。

2. 被追诉人有权拒绝回答追诉官员或法官的讯问，有权在讯问中始终保持沉默。司法警察、检察官或法官应及时告知犯罪嫌疑人、被告人享有此项权利，法官不得因被告人沉默而使其处于不利的境地或作出对其不利的裁判。

---

[1]　《公民权利和政治权利国际公约》第 14 条第 3 款规定："在判定对他提出的任何刑事指控时，人人完全平等地有资格享有以下的最低限度的保证：……（庚）不被强迫作不利于他自己的证言或强迫承认犯罪。"

[2]　宋英辉、吴宏耀："任何人不受强迫自证其罪原则及其程序保障"，载《中国法学》1999 年第 2 期。

3. 被追诉人有权就案件事实作出有利或不利于自己的陈述，但这种陈述必须出于其真实的意愿，并在意识到其行为后果的情况下作出。法院不得把非出于自愿而是迫于外部强制或压力所作出的陈述作为定案根据。

通过上述要求，可以看出，任何人不受强迫自证其罪原则实质上赋予了犯罪嫌疑人、被告人两项权利（或自由）：一项是犯罪嫌疑人、被告人对于是否陈述享有不受强迫的权利；另一项是犯罪嫌疑人、被告人对于是否陈述及是否提供不利于己的陈述享有选择权。其中，前一项属于消极性权利，它使犯罪嫌疑人、被告人有权免于遭受各种强制，包括肉体性强制（如刑讯等对肉体直接施以痛苦的方式）和精神性强制（如连续讯问、诱骗、许诺、胁迫等影响精神性自由的方式）。根据任何人不受强迫自证其罪原则，犯罪嫌疑人、被告人没有协助追诉机关证明自己有罪的义务，因而，在其拒绝陈述或拒绝提供不利于己的陈述时，追诉官员无权对此加以苛责，更不得借口为获取犯罪嫌疑人、被告人不利于己的陈述而采用暴力、威胁等非人道手段或有损人格的方法。后一项是积极选择的权利，任何人不受强迫自证其罪原则并不禁止犯罪嫌疑人、被告人向追诉官员提供不利于己的陈述，它禁止的只是为了获取犯罪嫌疑人、被告人不利于己的陈述而采取强迫性手段。为此，任何人不受强迫自证其罪原则将是否陈述及是否提供不利于己的陈述作为一项权利赋予了犯罪嫌疑人、被告人，由其作为独立的意思自治主体，运用自己的"自然理性"作出选择，并承担相应的法律后果或责任。

（二）诉讼能力平等

诉讼地位的平等排除了国家追诉机关以公共利益为由对被告人施加强制的可能，但是，对于被告人而言，这种平等仅仅是一种被动性的平等。因此，对于直接面临刑罚威胁的被告人而言，仅有这种被动的平等保护是不够的。为了能够有效地捍卫自己的利益，被告人还必须具有与国家追诉人员同等的、可以进行平等对话的能力。

诉讼是一门技艺，其中不仅包含着对法律知识的要求，而且还意味着诉讼技巧的熟练运用。因此，诉讼能力平等的实现必须依赖于同样具有长期司法实践经验的律师，而非随便选择的徒有热情而无能力的普通公民。

在现代诉讼制度中，诉讼能力平等是一个不断发展的过程：现代法律首先赋予了被告人在审判阶段获得律师帮助的权利；后来，为了克服社会经济地位不平等而导致的事实上的不平等，逐步形成了法律援助制度。之后，制度的发展更多表现为"量"的变化：其一，律师帮助权逐渐向审判前程序推移。当前，多数国家均承认第一次讯问前即应告知并保障犯罪嫌疑人的律师帮助权。其二，法律援助的对象不断扩大。在英美各国，法律援助几乎覆盖所有经济能力有限的公民。

（三）诉讼资讯平等

在国家追诉机关主导侦查，并依法享有控制被告人人身自由的制度框架下，诉讼能力平等只是形式上的平等。如果辩护方对案件的程序发展、案件证据一无所知，那么，欲求合理有效地发挥其诉讼能力几乎是痴心妄想。因此，现代诉讼制度十分强调辩护人对诉讼程序的参与性和知情权。其中，关于案件证据的知情权尤其受到了强调。但两大法系实现资讯平等的方法各异：大陆法系实行阅卷制度，英美法系实行证据开示制度。究其原因，可能在于英美法系的辩护律师有自行（或借助私人侦探）收集证据的传统，而大陆法系的辩护律师则完全依赖于国家追诉机关的力量进行证据收集和调查。

三、有关裁判者地位的原则：客观中立原则

在西方自然正义观念中，正义与否与裁判者的中立地位密切相关。一般认为，"自然正义"包含两个基本原则：其一，任何人都不得在与自己有关的案件中担任法官；其二，必须给予诉讼当事人各方充分的机会来陈述其本方的理由。在此基础上，美国学者戈尔丁进一步将"自然正义"分解为九项内容：①与自身有关的人不应该是法官；②结果中不应包含纠纷解决者个人的利益；③纠纷解决者不应有支持或反对某一方的偏见；④对各方当事人的意见均应给予公平的关注；⑤纠纷解决者应听取另一方意见；⑥纠纷解决者应在另一方在场的情况下听取一方意见；⑦各方当事人都应得到公平机会来对另一方提出的论据和证据作出反应；⑧解决的诸项条件应以理性推演为依据；⑨推理应论及所提出的所有论据和证据。在此，我们可以清楚地看到，在自然正义的基本内容中，除最后两项外，其他均与裁判者的客观中立性密切相关。换句话说，裁判者是否中立、是否平等对待诉讼双方，构成了程序正义与否的基本标志。

现代诉讼制度要求，裁判者必须遵循中立原则与程序对等原则。其中，中立原则首先是一项适格性要求，即充任裁判者的法官必须中立于有待裁判的案件。根据该原则，具有如下情形之一的法官不得充任裁判者：①与案件有牵连的人；②与案件结果或争议各方有任何利益关系或其他利害关系的人；③对其中一方当事人怀有支持或反对偏见的人。要求裁判者中立，目的是为了保证裁判者能够平等对待双方当事人提出的证据和辩驳。因此，在法庭审理过程中，裁判者必须坚持程序对等原则，即裁判者应当给予各方当事人以平等参与的机会，对各方当事人的主张、证据、辩驳予以同等的尊重和关注。[1]

【思考题】

1. 为什么说无罪推定原则是现代刑事诉讼的基石？
2. 试析现代刑事诉讼中审判权与控诉权之间的制衡关系。

---

[1]　关于该两项原则的论述，详见陈瑞华：《刑事审判原理论》，北京大学出版社1997年版，第65页。

我国《刑事诉讼法》的基本原则

提要与学习要求　本章需要了解侦查权、检察权、审判权由专门机关行使原则，人民法院、人民检察院依法独立行使职权原则，分工负责、互相配合、互相制约原则，检察监督原则，以事实为根据、以法律为准绳原则，审判公开原则，有权获得辩护原则，未经人民法院依法判决不得确定有罪原则，具有法定情形不追究刑事责任原则，追究外国人刑事责任适用我国刑事诉讼法原则的含义。理解《刑事诉讼法》规定的主要原则的内容和基本要求。掌握《刑事诉讼法》以及相关法律解释对基本原则的规定。

■第一节　我国《刑事诉讼法》基本原则概述

我国《刑事诉讼法》在第一编第一章"任务和基本原则"标题下，共规定了18个条文。其中，除第1、2条是关于刑事诉讼目的和任务的规定外，第3～18条依次规定了以下内容：侦查权、检察权、审判权由专门机关行使；严格遵守法律程序；人民法院、人民检察院依法独立行使职权；依靠群众；以事实为根据，以法律为准绳；对一切公民在适用法律上一律平等；公、检、法分工负责、互相配合、互相制约；人民检察院依法对刑事诉讼实行法律监督；使用本民族语言文字进行诉讼；两审终审；审判公开；犯罪嫌疑人、被告人有权获得辩护；未经人民法院依法判决不得确定有罪；保障诉讼参与人的诉讼权利；实行人民陪审；认罪认罚从宽；具有法定情形不予追究刑事责任；追究外国人刑事责任适用我国《刑事诉讼法》；刑事司法协助。因此，以现行立法规定为标准，应该承认，上述内容都属于我国《刑事诉讼法》上的基本原则。

需要明确的是，在我国《刑事诉讼法》所规定的基本原则中，有些原则尽管十分重要，却属于政治原则（如依靠群众）或者法律的一般原则（如以事实为根据，以法律为准绳）；而另一方面，有些原则又只适用于特定的诉讼阶段（如两审终审、审判公开），属于刑事诉讼的具体制度。因此，客观地讲，我国《刑事诉讼法》所规定的原则很多并不具有基本原则的基本属性。

因此，以下仅就我国刑事诉讼中基本原则中较能体现我国刑事诉讼特色的内容加以介绍。具体包括：侦查权、检察权、审判权由专门机关行使；人民法院、人民检察院依法独立行使职权；分工负责、互相配合、互相制约；人民检察院依法对刑事诉讼实行法律监督；以事实为根据，以法律为准绳；审判公开；犯罪嫌疑人、被告人有权获得辩护；未经人民法院依法判决不得确定有罪；认罪认罚从宽；具有法定情形不予追究刑事责任；追究外国人刑事责任适用我国《刑事诉讼法》。

此外，2012 年《刑事诉讼法》在第 50 条增加了"不得强迫任何人证实自己有罪"的内容。一般认为，该项规定是国际公约关于"反对强迫自证其罪原则"的体现。因此，反对强迫自证其罪原则也已经成为我国《刑事诉讼法》规定的基本原则之一。2018 年《刑事诉讼法》在第 15 条增加了有关"认罪认罚从宽"的规定，并在具体程序中规定了认罪认罚从宽的具体内容。

■第二节　侦查权、检察权、审判权由专门机关行使原则

一、法律依据

《刑事诉讼法》第 3 条第 1 款规定："对刑事案件的侦查、拘留、执行逮捕、预审，由公安机关负责。检察、批准逮捕、检察机关直接受理的案件的侦查、提起公诉，由人民检察院负责。审判由人民法院负责。除法律特别规定的以外，其他任何机关、团体和个人都无权行使这些权力。"这一规定是侦查权、检察权、审判权由专门机关行使原则的基本法律依据。

另外，以下条文也体现了该原则的精神和内容：

1. 关于国家安全机关职权的规定。《刑事诉讼法》第 4 条规定："国家安全机关依照法律规定，办理危害国家安全的刑事案件，行使与公安机关相同的职权。"

2. 关于人民检察院侦查权限范围的规定。在我国，贪污贿赂等职务犯罪案件曾一度由人民检察院负责立案侦查。2016 年以来，为切实贯彻从全面从严治党的要求，加大反腐败的打击力度，国家开始在北京市、山西省、浙江省三地开展国家监察体制改革试点。2018 年 3 月，第十三届全国人民代表大会第一次会议通过了《宪法修正案》。《宪法修正案》规定，在《宪法》第三章"国家机构"增加"监察委员会"一节作为第七节，明确规定了国家监察委员会和地方各级监察委员会的性质、地位、名称、人员组成、任期任届、领导体制、工作机制等内容。与此同时，第十三届全国人大一次会议表决通过了《监察法》。根据《监察法》第 11 条的规定，监察委员会负责"对涉嫌贪污贿赂、滥用职权、玩忽职守、权力寻租、利益输送、徇私舞弊以及浪费国家资财等职务违法和职务犯罪进行调查"。配合上述立法调整，

2018 年《刑事诉讼法》对检察机关的职务犯罪侦查权限进行了调整。《刑事诉讼法》第 19 条第 2 款规定："人民检察院在对诉讼活动实行法律监督中发现的司法工作人员利用职权实施的非法拘禁、刑讯逼供、非法搜查等侵犯公民权利、损害司法公正的犯罪，可以由人民检察院立案侦查。对于公安机关管辖的国家机关工作人员利用职权实施的重大犯罪案件，需要由人民检察院直接受理的时候，经省级以上人民检察院决定，可以由人民检察院立案侦查。"

3. 关于军队保卫部门、海警局、监狱侦查权限的规定。《刑事诉讼法》第 308 条第 1～3 款规定："军队保卫部门对军队内部发生的刑事案件行使侦查权。中国海警局履行海上维权执法职责，对海上发生的刑事案件行使侦查权。对罪犯在监狱内犯罪的案件由监狱进行侦查。"

以上法律规定，一方面明确了我国刑事诉讼中专门机关的范围，另一方面也对各专门机关的职权范围进行了划分与限定。

二、主要内容

侦查权、检察权、审判权由专门机关行使原则的含义主要有三个方面：

1. 办理刑事案件的职权具有专属性和排他性。侦查权、检察权、审判权只能由公安机关、检察机关、人民法院等专门机关行使，其他任何机关、团体和个人都不享有侦查权、检察权、审判权。其中，有权行使侦查权的机关除公安机关外，还包括人民检察院、国家安全机关、军队的保卫部门、监狱和走私犯罪侦查机关。

2. 专门机关在办理刑事案件时有明确的职权分工。根据《刑事诉讼法》的规定，审判权只能由人民法院行使；检察权只能由人民检察院行使；侦查权由各法定的专门机关依照其立案管辖范围行使。具体而言，各侦查主体的侦查权限是：①检察机关对诉讼活动实行法律监督中发现的司法工作人员利用职权实施的部分犯罪案件享有侦查权；②国家安全机关对危害国家安全的刑事案件行使与公安机关相同的侦查权限；③军队保卫部门对军队内部发生的刑事案件行使侦查权；④中国海警局对海上发生的刑事案件行使侦查权；⑤监狱负责对罪犯在监狱内犯罪的案件进行侦查；⑥走私犯罪侦查机关对走私犯罪行使侦查权；⑦其他案件由公安机关负责侦查。

3. 专门机关必须依法行使侦查权、检察权、审判权。所谓"依法"，包括依据刑事实体法与刑事程序法两个方面。其中，就程序法而言，所谓的"依法"包括依法定权限、依法定条件、依法定程序。换句话说，在刑事诉讼中，对专门机关行使侦查权、检察权、审判权的考察，一般应当从以下三方面入手：①该机关有没有该项权力（尤其是管辖权）。例如，公安机关能不能自行决定逮捕？人民法院能不能驳回公诉？这些都涉及权力的有无问题。显而易见，对于法律没有授予的权力，专门机关无权行使；否则，即构成严重违法。②该权力的行使是否符合法定的条件。享有某项权力仅仅为专门机关提供了一种抽象意义上的正当性。专门机关在具体行使某项权力时，还必须具备法律设定的条件。只有具备了法定条件，专门机关行使该项权力才具有了具体的正当性；否则，亦属于违法。例如，依据法律规定，人民检察院享有拘留权，但是，如果人民检察院对不符合拘留条件的人员实施了拘留，该拘留亦属于违法之列。③该权力的行使是否遵循了法定的程序。法定程序是对权力的动态控制，是防止权力被滥用的重要保证。因此，在现代社会中，对程序的尊重是衡量一国法治文明程度的重要标志。在程序的约束下，社会公众对专门机关的诉讼活动具有了预测能力和进行监督的可能。

此外，需要特别强调的是，根据《监察法》及 2018 年《刑事诉讼法》的相关规定，对于涉嫌贪污贿赂、滥用职权、玩忽职守、权力寻租、利益输送、徇私舞弊以及浪费国家资财等职务犯罪案件原则上由监察机关负责调查。一般认为，监察机关的调查权与《刑事诉讼法》规定的侦查权不同。但是，根据《宪法》第 127 条第 2 款的规定，"监察机关办理职务违法和职务犯罪案件，应当与审判机关、检察机关、执法部门互相配合，互相制约"。

三、意义

确立和实行侦查权、检察权、审判权由专门机关行使的原则，具有重要的意义：①侦查权、检察权、审判权由国家专门机关行使，明确了专门机关与犯罪作斗争的职责和权力，一旦犯罪发生，各专门机关应当依法分别行使各自的职权，主动及时查明犯罪，正确运用法律惩罚犯罪，以实现国家刑罚权，有效地保障国家安全和社会公共安全，维护社会主义社会秩序。②侦查权、检察权、审判权由国家专门机关专属行使，可以防止其他机关、团体或个人擅自私设公堂、非法抄家、非法拘禁，避免在追究犯罪问题上发生混乱，以保障公民个人的合法利益，维护国家法律的统一、正确实施。对于非法的搜查、关押或审讯，任何公民都有权拒绝和向有关机关提出控告。

■第三节 人民法院、人民检察院依法独立行使职权原则

一、法律依据

人民法院、人民检察院依法独立行使职权原则是我国《宪法》所确立的一项诉讼原则。《刑事诉讼法》第 5 条实质上是《宪法》有关规定在《刑事诉讼法》中的体现和落实。该条规定："人民法院依照法律规定独立行使审判权，人民检察院依照法律规定独立行使检察权，不受行政机关、社会团体和个人的干涉。"此外，《人民法院组织法》第 4 条和《人民检察院组织法》第 4 条对此也有类似的规定。

二、基本含义

人民法院、人民检察院依法独立行使职权原则，主要包含以下含义：

1. 人民法院行使审判权，人民检察院行使检察权，在法律规定的职责范围内都是独立的，不受行政机关、社会团体和个人的干涉。对此应明确以下三点：

（1）审判权独立、检察权独立并非不受党的领导。中国共产党是执政党，是领导我们一切事业的核心力量。坚持党对司法机关的领导，是人民法院、人民检察院依法独立行使职权的根本保证。党的方针、政策是制定法律的根据，是执行法律的灵魂，依法独立行使职权同正确执行党的方针、政策是一致的。因此，人民法院和人民检察院必须在司法工作中自觉贯彻执行党的路线、方针和政策，在办案中依靠和接受党的领导和监督。但是，党委通常情况下不应对个案的处理作具体指示，不应在法院、检察院正常行使职权的过程中加以干涉。换句话说，党的领导应当是组织上的领导、方针政策上的领导，而不应干涉具体案件的办理。

（2）审判权独立、检察权独立并非不要各级人民代表大会的监督。各级司法机关产生于各级国家权力机关，应对其负责并报告工作，接受其监督。各级人民代表大会对人民法院、人民检察院办理的案件有权提出批评和纠正意见。但是，各级人民代表大会的监督也应当是一般监督，而不应当是对具体案件的指示、命令；在监督方式上，各级人民代表大会的监督必须是通过法律规定的监督手段进行的监督。

（3）人民法院、人民检察院应当自觉接受人民群众、社会舆论的监督。法律规定，"人民法院、人民检察院依法独立行使职权，不受行政机关、社会团体和个人的干涉"，这里所谓的"干涉"是指干扰诉讼活动正常进行的非法行为，例如以言代法、以权代法、以权压法、强令办案机关服从等，而不是指正常的工作建议或批评意见。人民法院、人民检察院在坚持依法独立行使职权的前提下，应当自觉接受来自社会各界和人民群众的监督，实行审务公开、检务公开，虚心听取各方面的批评、建议和意见，正确区分监督和干涉的界限，以便改进工作，更好地履行自己的职责。

2. 人民法院行使审判权和人民检察院行使检察权，必须严格遵守《宪法》和法律的各项规定。具体而言，人民法院、人民检察院必须在《宪法》和法律规定的权限范围内行使职权，不得越权行事；人民法院、人民检察院必须严格遵守法律的规定行使职权，既要遵守实体法，也要遵守程序法，按法定程序和规则行事；人民法院、人民检察院行使职权所作的每项决定都必须符合法律的要求。

3. 人民法院、人民检察院作为一个组织整体，集体对审判权、检察权的行使负责。在我国，独立行使审判权、检察权的主体是人民法院、人民检察院，而不是某个审判员或检察员个人。因此，该原则不同于西方国家的司法独立原则。西方国家的司法独立是资产阶级三权分立原则的重要内容，属于政治制度的组成部分。在我国，独立行使审判权、检察权原则不是一项政治原则，而是一项工作原则。

值得注意的是，人民检察院上下级之间是领导与被领导的关系，上级人民检察院有权就具体案件对下级人民检察院作出命令、指示。基于检察一体原则，独立行使检察权实质上是指整个检察系统作为一个整体在独立行使检察权。

与检察系统不同，由于人民法院上下级之间是监督与被监督的关系，因此，独立行使审判权的法院实质上是指一个个特定的人民法院。具体而言，各具体法院在具体案件的审判过程中，彼此独立行使审判权，包括上级人民法院在内的其他人民法院无权对其如何审判作出指示、加以干涉。换句话说，在管辖权范围内，各法院对所管辖的案件享有独立的审判权。上级人民法院对下级人民法院的监督必须通过法定的程序进行，如改变管辖、在第二审程序中撤销错误的判决等。

实行人民法院、人民检察院独立行使职权原则，可以保障人民法院、人民检察院在刑事诉讼中坚持以事实为根据、以法律为准绳，正确行使法律赋予的职权，充分发挥其职能作用，防止和排除行政机关、社会团体和个人对审判、检察工作的干涉，维护司法行为的纯洁性，树立司法机关的权威，实现司法公正，保障法律的正确、统一实施。

■第四节　分工负责、互相配合、互相制约原则

一、法律依据及适用范围

分工负责、相互配合、相互制约是我国《宪法》规定的基本原则之一。《宪法》第 140 条规定："人民法院、人民检察院和公安机关办理刑事案件，应当分工负责，互相配合，互相制约，以保证准确有效地执行法律。"根据上述《宪法》规定，《刑事诉讼法》第 7 条进一步强调规定："人民法院、人民检察院和公安机关进行刑事诉讼，应当分工负责，互相配合，互相制约，以保证准确有效地执行法律。"一般认为，该原则旨在调整人民法院、人民检察院和公安机关在刑事诉讼中的相互关系。

随着监察体制的确立，监察委员会统一负责职务犯罪案件的调查工作。对此，2018 年《宪法》第 127 条第 2 款规定："监察机关办理职务违法和职务犯罪案件，应当与审判机关、检察机关、执法部门互相配合，互相制约。"因此，在监察机关办理职务犯罪案件中，分工负责、互相配合、互相制约的原则同样适用于监察机关、审判机关和检察机关之间的相互关系。

综上所述，分工负责、互相配合、互相制约原则不仅调整公、检、法三机关的关系，同样调整监、检、审三机关的关系，对此后文将一并讨论。

二、具体含义

在分工负责、相互配合、相互制约原则中，分工是配合、制约的前提和基础，而配合、制约的最终目的则在于"保证准确有效地执行法律"。

所谓的"分工负责"是指人民法院、人民检察院和公安机关在刑事诉讼中根据法律有明确的职权分工，应当在法定范围内行使职权，各司其职，各负其责，既不能相互替代，也不能相互推诿。

所谓的"互相配合"是指人民法院、人民检察院和公安机关进行刑事诉讼，应

第八章

当在分工负责的基础上，相互支持，通力合作，使案件的处理能够上下衔接，协调一致，共同完成查明案件事实，追究、惩罚犯罪的任务。

所谓的"互相制约"是指人民法院、人民检察院和公安机关进行刑事诉讼，应当按照诉讼职能的分工和程序上的设置，相互约束，相互制衡，以防止发生错误或及时纠正错误，以保证准确执行法律，做到不错不漏，不枉不纵。

在分工负责、互相配合、互相制约原则中，分工负责是互相配合与互相制约的基础和前提，没有分工，配合和制约便无从谈起。根据我国《刑事诉讼法》的规定，分工负责在刑事诉讼中主要体现在两个方面：①是诉讼职能与职权的分工。公安机关负责侦查、拘留、执行逮捕、预审，人民检察院负责检察、批准逮捕、对直接受理案件的侦查和提起公诉，人民法院负责审判。②是案件管辖上的分工。人民法院直接受理自诉案件，监察机关负责调查职务犯罪案件，人民检察院负责在对诉讼活动法律监督中发现的部分职务犯罪案件进行立案侦查，公安机关则负责对人民法院、人民检察院、监察机关以及法律规定的其他机关管辖以外的刑事案件进行侦查。

互相配合和互相制约是一个问题的两个方面，要全面理解，不可偏废。体现在以下两个方面：①互相配合首先是要求各机关把各自负责的工作做好，履行法律赋予的职责，完成本机关的任务，就是对其他机关的支持和配合；其次是科学地完善公、检、法之间的职权分工，加强三机关之间工作上的协调和衔接，以共同完成代表国家揭露犯罪、惩治犯罪的任务。②互相制约则是加强各机关之间的相互监督，保证各机关职权的正常行使，防止或减少工作中的失误或偏差，及时发现和纠正违法现象，以保证准确有效地执行法律。应该说，互相制约是贯彻这一原则的关键，没有制约，三机关的分设和职权划分就失去意义。诉讼职能的分工和司法职权的制衡是现代法制为保障诉讼的民主性、科学性而设置的基本结构，互相制约有利于各机关诉讼职能的充分发挥，使我国的刑事诉讼程序建立在科学的结构之上。

互相配合和互相制约的辩证统一关系体现在刑事诉讼的各个阶段。例如，公安机关要逮捕犯罪嫌疑人，需报请人民检察院审查批准，人民检察院对不符合逮捕条件的可以作出不批准逮捕的决定；公安机关认为人民检察院不批准逮捕的决定有错误，可以要求复议，如果意见不被接受，可以向上一级人民检察院提请复核。在侦查终结和审查起诉环节，公安机关对侦查终结的案件，认为需要提起公诉的，应当移送人民检察院审查决定。人民检察院对案件进行审查后，如果认为事实不清、证据不足的，可以退回公安机关补充侦查；如果认为犯罪嫌疑人的行为不构成犯罪或者依法不应当追究刑事责任，或犯罪情节轻微，依照《刑法》规定不需要判处刑罚或者可以免除刑罚的，可以作出不起诉的决定。公安机关认为人民检察院的不起诉决定有错误时，可以要求复议，如果意见不被接受，可以向上一级人民检察院提请复核。在审判环节，人民法院对于人民检察院提起公诉的案件，应当进行审查，对符合条件的应当决定开庭审理，经法庭审理，依法对被告人是否有罪以及应否处以刑罚作出判决。总之，分工负责、相互配合、相互制约原则贯穿于刑事诉讼的始终，

第八章

其最终目的是为了保证准确有效地执行法律。

■第五节　检察监督原则

根据《宪法》和《人民检察院组织法》的规定，人民检察院是国家的法律监督机关，对《宪法》和法律的实施实行监督。从现行法律来看，人民检察院除了对国家工作人员的职务犯罪依法进行查处外，其职能主要表现为对诉讼活动是否合法进行法律监督。其中，就刑事诉讼监督而言，我国《刑事诉讼法》第8条明确规定："人民检察院依法对刑事诉讼实行法律监督。"

所谓刑事诉讼监督是指在刑事诉讼中，人民检察院除行使法律赋予的诉讼职权，履行自身的诉讼职能外，还要依法对整个刑事诉讼活动实行法律监督，包括对立案、侦查、起诉、审判、执行等诉讼环节实行的全面法律监督。换句话说，尽管人民检察院的所有职权都是其法律监督权的具体表现，但是，在刑事诉讼中，人民检察院的职权仍然可以分为两部分：一是作为刑事诉讼活动的一个必要组成部分所享有的诉讼权力。例如，作为国家公诉机关，人民检察院享有批准逮捕、提起公诉、对诉讼监督中发现的部分职务犯罪案件进行立案侦查等权力。二是作为法律监督机关为保证诉讼活动依法进行而享有的监督权。例如，人民检察院对公安机关不立案的监督，对审判活动、执行活动的监督等。

人民检察院对刑事诉讼的法律监督贯穿于刑事诉讼的全过程。具体而言，在刑事诉讼中，人民检察院依法实行法律监督的内容主要有：

一、立案监督

在立案阶段，对于公安机关应当立案而不立案的案件，人民检察院享有监督权。《刑事诉讼法》第113条规定："人民检察院认为公安机关对应当立案侦查的案件而不立案侦查的，或者被害人认为公安机关对应当立案侦查的案件而不立案侦查，向人民检察院提出的，人民检察院应当要求公安机关说明不立案的理由。人民检察院认为公安机关不立案理由不能成立的，应当通知公安机关立案，公安机关接到通知后应当立案。"据此，对于公安机关不立案的，人民检察院有权要求公安机关说明不立案的理由；对于不立案理由不能成立的案件，人民检察院有权通知公安机关立案，公安机关应当立案侦查。

二、侦查监督

在侦查阶段，人民检察院对公安机关的侦查活动是否合法进行监督，如果发现公安机关的侦查活动中有违法行为的，有权要求其纠正。人民检察院对侦查活动的监督主要通过审查批准逮捕、审查起诉得以实现。此外，根据2018年《刑事诉讼法》第49、117条的规定，辩护人、诉讼代理人关于公安机关、人民检察院、人民法院及其工作人员阻碍其依法行使诉讼权利的申诉或者控告，当事人和辩护人、诉讼代理人、利害关系人对于司法机关及其工作人员严重侦查违法行为处理结果不服而提出的申诉，也将成为检察机关发现侦查违法线索的有效途径之一。

人民检察院在审查批准逮捕工作中，如果发现公安机关的侦查活动有违法情况，应当通知公安机关予以纠正，公安机关应当将纠正的情况通知人民检察院。人民检察院在办理审查逮捕案件过程中，发现有应当逮捕而公安机关未提请批准逮捕的犯罪嫌疑人的，应当建议公安机关提请批准逮捕。如果公安机关不提请批准逮捕的理由不能成立的，人民检察院可以直接作出逮捕的决定，送达公安机关执行。

在审查起诉阶段，"侦查活动是否合法"是必须查明的法定内容之一。在审查起诉中，人民检察院认为可能存在《刑事诉讼法》第56条规定的以非法方法收集证据情形的，可以要求侦查机关对证据收集的合法性作出说明。

此外，根据《刑事诉讼法》第57条的规定，人民检察院接到报案、控告、举报或者发现侦查人员以非法方法收集证据的，应当进行调查核实。对于确有以非法方法收集证据情形的，应当提出纠正意见，并有权根据《刑事诉讼法》第56条的规定，排除非法收集的证据；对于构成犯罪的，应当依法追究有关人员的刑事责任。

三、审判监督

《刑事诉讼法》第209条规定："人民检察院发现人民法院审理案件违反法律规定的诉讼程序，有权向人民法院提出纠正意见。"

根据该条规定，检察院对审判活动的监督具有以下特点：

1. 监督主体不是出庭支持公诉的公诉人，而是作为整体存在的人民检察院。因此，检察人员发现法庭审判违反法律规定的诉讼程序时，应当在休庭后及时向本院检察长报告。人民检察院对审判活动的监督方式属于事后监督，应当在庭审后以人民检察院的名义向人民法院提出。

2. 监督内容以违反法定诉讼程序为限，不涉及实体法律的适用。对于实体法律的适用，检察院只能以抗诉的方式进行。

具体而言，人民检察院对审判活动的监督内容主要包括：①人民法院对刑事案件的受理是否违反管辖规定；②案件的审理是否违反法定审理和送达期限；③法庭组成人员是否符合法律规定；④案件的审理是否违反法定程序；⑤是否存在侵犯当事人和其他诉讼参与人诉讼权利和其他合法权利的情况；⑥法庭审理时对有关程序问题所作的决定是否违反法律规定；等等。

3. 监督方式是以人民检察院的名义向人民法院提出纠正意见。对于人民检察院以书面形式提出的纠正意见，人民法院应认真对待，并以书面形式将处理结果答复人民检察院。

第八章

四、执行监督

《刑事诉讼法》第 276 条规定："人民检察院对执行机关执行刑罚的活动是否合法实行监督。如果发现有违法的情况，应当通知执行机关纠正。"在执行阶段，人民检察院依法对刑事判决、裁定的执行和监狱、看守所的活动是否合法进行监督。同时，有权对人民法院作出的监外执行、减刑、假释的决定是否合法进行监督。

执行监督具体包括：

1. 死刑立即执行时，临场监督。《刑事诉讼法》第 263 条第 1 款规定："人民法院在交付执行死刑前，应当通知同级人民检察院派员临场监督。"

一般认为，对于死刑立即执行的检察监督，具体包括以下三方面的内容：

（1）人民检察院收到同级人民法院执行死刑临场监督通知后，应当查明同级人民法院是否收到依法核准死刑的裁判和执行死刑的命令。

（2）临场监督执行死刑的检察人员应当依法监督执行死刑的场所、方法和执行死刑的活动是否合法。在执行死刑前，发现有下列情形之一的，应当建议人民法院停止执行：被执行人并非应当执行死刑的罪犯的；罪犯犯罪时不满 18 周岁的；判决可能有错误的；在执行前罪犯检举揭发重大犯罪事实或者有其他重大立功表现，可能需要改判的；罪犯正在怀孕的。

（3）在执行死刑过程中，人民检察院临场监督人员根据需要可以进行拍照、摄像；执行死刑后，人民检察院临场监督人员应当检查罪犯是否确已死亡，并填写死刑临场监督笔录，签名后入卷归档。

2. 对监外执行、减刑、假释的监督。《刑事诉讼法》第 266 条规定："监狱、看守所提出暂予监外执行的书面意见的，应当将书面意见的副本抄送人民检察院。人民检察院可以向决定或者批准机关提出书面意见。"第 273 条第 2 款规定，"……应当依法予以减刑、假释的时候，由执行机关提出建议书，报请人民法院审核裁定，并将建议书副本抄送人民检察院。人民检察院可以向人民法院提出书面意见"。因此，与 1996 年《刑事诉讼法》相比，检察机关对监外执行、减刑、假释的监督方式发生了质的变化，即检察监督由事后监督变成了事前监督、同步监督。换句话说，检察机关不是等其他机关已经作出了暂予监外执行的决定、减刑假释的决定才展开监督，而是在相关机关提出暂予监外执行的意见、减刑假释的意见时，就与决定机关同时介入，在其作出决定以前就对监外执行、减刑、假释适当与否进行监督。

对于减刑、假释，人民检察院认为人民法院减刑、假释的裁定不当，应当在收到裁定书副本后 20 日以内，向人民法院提出书面纠正意见。人民法院应当在收到纠正意见后 1 个月以内重新组成合议庭进行审理，作出最终裁定。所作裁定是发生法律效力的裁定，应当执行。如果人民法院减刑、假释的最终裁定确实违反法律规定的诉讼程序或者在认定事实、适用法律上确有错误的，人民检察院仍然可以向人民法院提出书面纠正意见，提请人民法院按照审判监督程序依法另行组成合议庭重新

第
八
章

作出裁定。

此外，在具体程序事项上，《刑事诉讼法》明确规定，人民检察院应当对监视居住、强制医疗的决定和执行进行监督。

■第六节 以事实为根据，以法律为准绳原则

以事实为根据，以法律为准绳是我国人民司法工作长期实践经验的科学总结，也是我国诉讼法的重要原则之一。早在1956年第三届全国司法工作会议上，时任全国人民代表大会常务委员会副委员长的彭真同志就将司法机关的办案经验概括为"事实是根据，法律是准绳"。从此，在司法实践中始终坚持贯彻这项基本原则。1979年制定颁布新中国成立以来我国第一部《刑事诉讼法》时，明确将其确立为刑事诉讼的基本原则。

以事实为根据，以法律为准绳是我国三大诉讼法的共有原则之一。其中，在刑事诉讼中，由于关系到客观公正地实现国家刑罚权，关系到公民个人的人身和财产权利，坚持该原则显得尤其重要。因此，我国《刑事诉讼法》第6条规定，"人民法院、人民检察院和公安机关进行刑事诉讼……必须以事实为根据，以法律为准绳"。

以事实为根据，是指公安司法机关进行刑事诉讼必须忠实于事实真相；在处理刑事案件时，必须以借助证据业已查明的案件事实为基础。在我国，以事实为根据包含两方面的要求：

在诉讼理念上，必须以查明案件事实真相为理想目标。刑事诉讼是实现国家刑罚权的活动。基于"公民只对自己行为负责"的现代法理念，国家刑罚权的具体化必须以特定公民确实实施了犯罪行为为事实前提。因此，在刑事诉讼中，只有查明案件事实真相，才能最有效地保障国家刑罚权的公正行使。这一点在具体案件中表现得尤其明显。在具体案件中，被告人或者有罪或者无辜。因此，只有查明案件事实真相，才能做到不枉不纵，才能最有效地防止罪及无辜。否则，如果脱离了案件事实，只能是"葫芦僧判葫芦案"，既不能有效打击犯罪，又必将害及无辜。为此，我国《刑事诉讼法》明确要求，公安司法机关在办理刑事案件时，必须忠实于事实真相，力争借助一切合法的手段查明案件的真实情况。

在事实认定上，必须牢牢树立重证据的观念。在具体案件中，以事实为根据的核心要求就是重证据、重调查研究，以证据为查明和判定案件事实的唯一手段，而不能凭主观想象、怀疑、推断或查无实据的设想、说法来处理问题。这在外国刑事诉讼立法和理论中，称作证据裁判原则或证据裁判主义，即公安司法机关应当根据法律允许的证据去认定犯罪事实；没有证据，不得认定犯罪事实。

以法律为准绳，是指刑事诉讼活动必须严格遵守《刑法》与《刑事诉讼法》的规定。具体而言，在刑事诉讼案件中，以法律为准绳包含了两方面的含义：

一方面，刑事诉讼活动的进行和展开，必须严格遵守《刑事诉讼法》所规定的程序。《刑事诉讼法》属于公法，是对国家追诉权具体运作过程的规范和调整。因此，从法律角度看，《刑事诉讼法》是公安司法机关进行具体诉讼活动的依据和基础，也是判断公安司法机关以刑事诉讼之名而实施的具体活动是否合法、是否产生诉讼法效力的标准和尺度。具体而言，公安司法机关在进行刑事诉讼活动中，不仅必须遵守《刑事诉讼法》关于职权范围的划分（如职能管辖的划分、采取强制措施的不同权力），还必须严格遵守《刑事诉讼法》所设定的权力行使的条件、程序和限度。换句话说，在具体案件中，必须区分是否有权与权力是否合法、是否有效这两个不同层次的问题。例如，根据我国1979年《刑事诉讼法》，人民检察院无权拘留，否则即为违法；而根据1996年《刑事诉讼法》，人民检察院开始享有拘留权。但是，如果人民检察院在行使拘留权时，超出了法律限定的范围（即不符合权力行使的法律条件），或者没有遵守法定程序的要求（如告知义务、24小时内履行告知义务的时间要求、羁押期限等），同样构成违法。在此，必须指出的是，从依法治国的角度看，在刑事诉讼中，严格遵守法定程序实质上意味着：防止公安司法人员假冒打击犯罪之名，或者利用追查犯罪之便，无节制地限制或剥夺涉诉公民的合法权利。

另一方面，对刑事案件的实体处理，必须遵守刑事实体法及其他相关法律的规定。其中，在刑事实体问题上，必须坚持罪刑法定原则，坚持罪刑相适应的原则。具体而言，就是要依照《刑法》的规定来定罪量刑，确定被告人的行为是否构成犯罪，应否处以刑罚以及处以何种刑罚。总之，以法律为准绳，也即只有法律才是定罪量刑和进行诉讼活动的唯一标准，任何个人意志、首长讲话、内部文件、学派观点都不是法律，都不能作为处理案件的依据。

以事实为依据，以法律为准绳，两者紧密联系、相互依存，不能忽视其中任何一个方面。只有以事实为依据，才能查明案件真实情况，准确认定案件事实。在此基础上正确适用法律，才能对案件作出正确处理。如果事实不清，情况不明，适用法律就无从谈起，以法律为准绳便失去了意义。反之，如果忽视了以法律为准绳，立案、起诉、审判就没有标准，诉讼活动就难以进行；如果不能严格遵守法律程序，坚持依法办案，即使能够查清案件事实，也是以牺牲特定公民合法权利为代价的；如果不能以《刑法》为准绳，定罪量刑便失去标准，即使查明案件事实，案件也得不到正确处理。无论出现何种情况，都会给刑事诉讼造成严重不良后果，容易导致冤假错案的发生，不是放纵罪犯，就是伤害无辜。所以，以事实为根据，以法律为准绳，是一个有机的整体，必须在刑事诉讼中全面地贯彻执行。

贯彻以事实为根据，以法律为准绳的原则，需要注意以下问题：①公安司法机关在办理刑事案件的过程中，应遵循辩证唯物主义认识论的要求，深入实际进行调查研究，客观全面地收集一切对案件事实有证明意义的证据，按照案件的本来面貌去认识案件，查清案件的客观真相。②在认定犯罪事实时，牢固树立证据观念。重证据，重调查研究，不轻信口供；严禁刑讯逼供和以威胁、引诱、欺骗以及其他非

第八章

法方法收集证据。只有被告人口供，没有其他证据的，不能对被告人定罪判刑。③公安司法人员要努力学习法律，精通法律，特别是要准确全面地领会法律条文的涵义和宗旨，防止机械地、教条地执行法律。④正确认识程序违法的法律意义，即必须认识到"违反实体法"是违法，"违反程序法"同样是违法，而且，程序违法更容易侵害普通公民的合法权利。这是因为，在社会生活中，我们可以通过自觉守法，防止触犯实体法的禁止性规定，但是，我们却无法通过自身的守法行为避免成为刑事诉讼案件的参与人（如证人、被害人、犯罪嫌疑人）。因此，必须从保障公民权利的角度看待《刑事诉讼法》的法治价值，必须从国家权力不得滥用的立场评价程序违法的法律意义。

■第七节　审判公开原则

一、法律依据

审判公开是我国《宪法》规定的一项基本原则。我国《宪法》第 130 条规定："人民法院审理案件，除法律规定的特别情况外，一律公开进行。……"《刑事诉讼法》重述了上述《宪法》要求并明确了审判公开的例外情形，确立了一系列保障性制度。

二、主要内容

审判公开，是指人民法院审理案件和宣告判决应当向社会公开，允许人民群众旁听，允许新闻记者采访报道。

（一）审判公开的含义

审判公开具体包含以下两层含义：

1. 向当事人公开、向社会公开。审判公开首先意味着对当事人公开。根据我国《刑事诉讼法》的规定，人民法院审判案件应当在当事人的参与下进行。为此，人民法院决定开庭审判后，应当将人民检察院的起诉书副本至迟在开庭 10 日以前送达被告人；传唤当事人，通知辩护人、诉讼代理人、证人、鉴定人和翻译人员，传票和通知书至迟在开庭 3 日以前送达。其次，审判公开还意味着向社会公开，即允许公众旁听，允许新闻媒体采访和报道。从诉讼法史上看，允许公民旁听是法庭审判从秘密走向公开的重要标志。而在现代社会，公众旁听、新闻媒体的采访和报道则是保证人民法院依法审判的重要手段。恰如贝卡利亚所言，"审判应当公开，犯罪的证据应当公开，以便使或许是社会唯一制约手段的舆论能够约束暴力和私欲"。[1]如阳光下少有罪恶一样，在公众和社会舆论的监督下，审判权被滥用的可能性也必将

第八章

---

〔1〕　［意］贝卡利亚著，黄风译：《论犯罪与刑罚》，中国大百科全书出版社 1993 年版，第 20 页。

得到抑制。为了保障公众旁听的权利，对于公开审判的案件，人民法院应当在开庭3日以前先期公布案由、被告人姓名、开庭时间和地点。

2. 审判公开包括法庭审理活动的公开与法庭宣判活动的公开。具体而言，除了法庭评议秘密进行外，法庭审理和宣判的全过程都应当公开。

（二）审判公开的例外

根据我国《刑事诉讼法》及司法解释的规定，审判公开的例外仅限于以下案件：

1. 有关国家秘密或者个人隐私的案件，不公开审理。在公开审理案件过程中，如果公诉人、诉讼参与人提出了涉及国家秘密或者个人隐私的证据，审判长应当制止。如确与本案有关的，应当决定案件转为不公开审理。

2. 审判时被告人不满18周岁的案件。与此前《刑事诉讼法》不同，2012年《刑事诉讼法》进一步强化了对未成年被告人的程序保护。即在不公开审理问题上，立法上不再区分16周岁以下、16周岁以上的未成年犯罪案件，而是要求凡审判时被告人不满18周岁的，都应当不公开审理。

值得注意的是，刑事诉讼法学中的未成年人概念与刑法学中的未成年犯罪人概念不同。在上述《刑事诉讼法》规定中，犯罪嫌疑人、被告人的年龄，是指法庭审理时被告人的实际年龄。因此，如果某甲17岁时杀人后潜逃，10年后被抓捕归案。对于某甲，尽管在实体法适用上，应当以未成年人对待，但在程序问题上，因审理时已经27岁，当然不属于未成年人刑事案件。

3. 涉及商业秘密的案件，当事人申请不公开审理的，可以不公开审理。

依法不公开审理的案件，任何公民包括与审理该案无关的法院工作人员和被告人的近亲属都不得旁听。但在审理未成年被告人的案件时，为了加强对未成年被告人的保护和帮教，立法规定，经未成年被告人及其法定代理人同意，未成年被告人所在学校和未成年人保护组织可以派代表到场。

另外，值得注意的是：①对于不公开审理的案件，人民法院应当当庭宣布不公开审理的理由；②对于不公开审理的案件，不公开的范围仅限于法庭审理阶段，至于宣判，仍然应当公开宣布。即对于不公开审理的案件，宣判仍须公开进行。

三、意义

审判公开是保障审判民主性、公正性的重要措施。其意义体现在：

1. 有利于人民群众对审判活动的监督，增加审判工作的透明度，增强审判人员的责任感。实行审判公开原则，对案件进行当庭举证、质证和认证：公安检察人员侦查、起诉的案件事实是否清楚，证据是否确实充分，公诉人员和审判人员的业务素质是否过关，审判活动是合法，都展示在社会公众面前，都要接受人民群众和社会舆论的监督。这必将促使司法工作人员提高业务水平，增强工作责任心，注意廉洁自律，严格依法办案。

2. 有利于推动各项诉讼原则的贯彻执行，保证审判质量。显然，只有在公开的

第八章

法庭上，在当事人及其他诉讼参与人的直接参加和人民群众的监督下，被告人有权获得辩护、公民在适用法律上一律平等、以事实为根据、以法律为准绳等各项诉讼原则，才能得到最直接、最充分和最有效的贯彻执行，从而保证审判活动的顺利进行，使案件得到正确处理。

3. 有利于对人民群众进行法制宣传教育和对犯罪分子进行教育改造。通过公开审判，群众可以从具体的审判案例中受到现实生动的法制教育，从而增强法治观念，提高同犯罪作斗争的自觉性。同时，法庭上控辩双方的举证、质证和辩论，可以使犯罪分子对犯罪给社会造成的危害提高认识，从而认罪服法，自觉接受刑罚处罚和教育改造。

■第八节　有权获得辩护原则

有权获得辩护原则是我国《宪法》规定的一项刑事诉讼法原则。《宪法》第130条规定："被告人有权获得辩护。"我国《刑事诉讼法》第11条重述了上述《宪法》要求，并进一步明确了该原则的具体内容。

需要说明的是，由于1996年《刑事诉讼法》已将立案追究刑事责任的人在被提起公诉前称作"犯罪嫌疑人"，而且规定犯罪嫌疑人在侦查期间可以委托辩护律师为自己提供法律帮助，因此这一原则全面准确的说法应是犯罪嫌疑人、被告人有权获得辩护，公安机关、人民检察院、人民法院有义务保证犯罪嫌疑人、被告人获得辩护。

该原则包括以下两层含义：

1. 犯罪嫌疑人、被告人享有辩护的权利。辩护权是犯罪嫌疑人、被告人最基本的诉讼权利，赋予犯罪嫌疑人、被告人辩护权，是现代法治的要求，是诉讼民主的表现，也是查明案件客观真实和正确适用法律的必要条件。我国法律赋予犯罪嫌疑人、被告人辩护权，并在制度和程序上充分保障犯罪嫌疑人、被告人行使辩护权。在任何情况下，对任何犯罪嫌疑人、被告人都不得以任何理由限制或剥夺其辩护权。

在具体方式上，犯罪嫌疑人、被告人既可以自行辩护，也可以委托辩护律师帮助其行使辩护权。此外，根据《刑事诉讼法》第35条的规定，对于符合法律援助条件的犯罪嫌疑人、被告人，公安司法机关应当通知法律援助机构指派律师为其提供辩护。

2. 公安司法机关有义务保障被追诉人享有辩护权。《刑事诉讼法》明确规定，人民法院有义务保证被告人获得辩护。但从犯罪嫌疑人、被告人享有辩护权的基本精神出发，该要求不仅适用于人民法院，而且适用于公安机关、人民检察院。

具体而言，在刑事诉讼中，公安司法机关为保障被追诉人享有辩护权应负有以下义务：①告知义务。即在追诉活动中，应当及时告知被告人享有辩护权以及法律赋予的其他诉讼权利，如委托辩护人的权利、申请回避的权利、上诉的权利等。②为被告人提供进行辩护的条件，如为符合法定情形的被告人指定辩护律师、认真听取被告人及其辩护人的意见等。

■第九节　未经人民法院依法判决不得确定有罪原则

《刑事诉讼法》第12条规定："未经人民法院依法判决，对任何人都不得确定有罪。"这是1996年《刑事诉讼法》增加确立的一项基本原则。该原则吸收了无罪推定原则的合理内核，明确了只有人民法院享有定罪权的法治要求。

这一原则包括以下基本含义：

1. 确定被告人有罪的权力由人民法院统一行使，其他任何机关、团体和个人都无权行使。这是世界各国的立法通例，也是刑事审判权的应有之义。刑事审判就是要通过法庭审理，在查清事实、核实证据的基础上适用法律，判定被告人是否有罪、应否处刑、处以何刑。定罪权是刑事审判权的核心，人民法院作为我国唯一的审判机关，代表国家统一独立行使刑事审判权。与增设这一原则相呼应，立法取消了免予起诉制度，以维护人民法院对刑事案件审判权的统一性和完整性。

2. 人民法院判决被告人有罪，必须严格依照法定程序，组成合格的、独立的法庭进行公正、公开的审理，并须给予被告人一切辩护上所需的保障。被告人有权出庭受审，有权自行辩护或委托他人辩护，有权对控方证人进行询问，有权对法庭出示的物证、书证、鉴定结论进行辨认和质证，有权申请调取新的证据，等等。

3. 未经人民法院依法判决，对任何人都不得确定有罪。这是吸收无罪推定原则的合理内核。为贯彻这一原则，立法上相应规定：一是区分犯罪嫌疑人与刑事被告人。公诉案件在提起公诉前将被追究者称为犯罪嫌疑人，提起公诉后始称之为刑事被告人，同时去除了"人犯"这一明显带有有罪推定色彩、易与罪犯概念混淆的称谓。二是明确由控诉方负举证责任。被告人尽管享有证明自己无罪的权利，但是不负证明自己无罪的义务。因此，不得因被告人不能证明自己无罪，或者因为被告人辩解不能成立，而推定其有罪。三是疑案作无罪处理。法律规定，检察机关对被告人提起公诉，人民法院对被告人判决有罪，都必须建立在案件事实清楚、证据确实充分的基础上。在司法实践中，有时出于条件的限制或出于各种主客观原因，有些案件不可能查得水落石出或一时难以查清。对于这些证据不足、处断难明的案件如何处理，1979年《刑事诉讼法》无明确规定，造成实践中案件久拖不决，被告人被长期羁押。1996年《刑事诉讼法》确立了未经人民法院依法判决不得确定有罪的原则，同时明确了疑案作无罪处理的精神，规定在审查起诉阶段，对于经过退回补充侦查的案件，检察机关仍然认为证据不足不符合起诉条件的，应当作不起诉的处理；在审判阶段，对于证据不足、不能认定被告人有罪的，人民法院应当作出证据不足、指控犯罪不能成立的无罪判决。

第
八
章

■第十节 认罪认罚从宽处理原则

认罪认罚从宽处理原则是 2018 年《刑事诉讼法》修改新增加的一项刑事诉讼基本原则。2018 年《刑事诉讼法》第 15 条规定："犯罪嫌疑人、被告人自愿如实供述自己的罪行，承认指控的犯罪事实，愿意接受处罚的，可以依法从宽处理。"

认罪认罚从宽处理原则是"坦白从宽""宽严相济"等刑事政策的客观要求。在我国刑事实体法中，认罪认罚从宽处理原则具体表现为自首、坦白、积极退赃退赔等法定量刑情节。但在刑事程序方面，对于犯罪嫌疑人、被告人认罪认罚的案件，立法曾一度缺少可操作的从宽处理规定。为了全面贯彻宽严相济的刑事政策，从制度上鼓励犯罪嫌疑人、被告人积极配合国家追诉活动，2014 年第十八届四中全会通过的《中共中央关于全面推进依法治国若干重大问题的决定》，在"优化司法职权配置"标题下明确提出了"完善刑事诉讼中认罪认罚从宽制度"的改革目标。根据该项改革要求，2016 年 7 月 22 日，中央全面深化改革领导小组第二十六次会议审议通过的《关于认罪认罚从宽制度改革试点方案》指出："完善刑事诉讼中认罪认罚从宽制度，涉及侦查、审查起诉、审判等各个诉讼环节，要明确法律依据、适用条件，选择部分地区依法有序稳步推进试点工作。"2016 年 9 月 3 日，第十二届全国人大常委会第二十二次会议表决通过了《关于授权最高人民法院、最高人民检察院在部分地区开展刑事案件认罪认罚从宽制度试点工作的决定》，授权最高人民法院、最高人民检察院在北京、天津、上海、重庆、沈阳、大连、南京、杭州、福州、厦门、济南、青岛、郑州、武汉、长沙、广州、深圳、西安等 18 个地区开展刑事案件认罪认罚从宽制度试点工作。经过两年的试点，2018 年 10 月 26 日十三届全国人民代表大会常务委员会第六次会议审议通过了《关于修改〈中华人民共和国刑事诉讼法〉的决定》，在立法上正式确立了认罪认罚从宽制度。

作为一项诉讼基本原则，认罪认罚从宽处理原则贯穿于整个刑事诉讼活动。具体而言，认罪认罚从宽处理原则具体表现为以下具体规定：

一、侦查阶段

在侦查阶段，认罪认罚从宽处理原则主要表现为三个方面的具体规定：

第一，在侦查讯问中，侦查人员应当告知犯罪嫌疑人认罪认罚从宽的相关法规规定。《刑事诉讼法》第 120 条第 2 款规定："侦查人员在讯问犯罪嫌疑人的时候，应当告知犯罪嫌疑人享有的诉讼权利，如实供述自己罪行可以从宽处理和认罪认罚的法律规定。"同时，根据第 162 条第 2 款的规定，在侦查阶段，犯罪嫌疑人自愿认罪的，侦查人员应当记录在案，随案移送，并在起诉意见书中写明有关情况。

第二，在审查批准逮捕时，应当将犯罪嫌疑人认罪认罚的相关情况纳入考量的范围。《刑事诉讼法》在第 81 条第 2 款新增规定，人民检察院"批准或者决定逮捕，

第八章

应当将犯罪嫌疑人、被告人涉嫌犯罪的性质、情节，认罪认罚等情况，作为是否可能发生社会危险性的考虑因素。"据此，在轻罪案件中，对于认罪认罚的犯罪嫌疑人，原则上应当采取非羁押性强制措施；除确有必要，应当尽量少逮捕。

第三，在侦查终结时，对于符合法定条件的特定案件，公安机关可以作撤销案件处理。根据《刑事诉讼法》第182条的规定，如果犯罪嫌疑人自愿如实供述涉嫌犯罪的事实，有重大立功或者案件涉及国家重大利益的，经最高人民检察院核准，公安机关可以撤销案件。

二、审查起诉阶段

根据《刑事诉讼法》第173条、第174条的规定，在审查起诉阶段，犯罪嫌疑人认罪认罚的，人民检察院需要遵循以下法定程序：

第一，应当告知犯罪嫌疑人享有的诉讼权利和认罪认罚的法律后果，听取犯罪嫌疑人、辩护人或者值班律师、被害人及其诉讼代理人对下列事项的意见，并记录在案：①涉嫌的犯罪事实、罪名及适用的法律规定；②从轻、减轻或者免除处罚等从宽处罚的建议；③认罪认罚后案件审理适用的程序；④其他需要听取意见的事项。

第二，应当签署认罪认罚具结书并随同起诉书一起移送管辖法院。《刑事诉讼法》第174条规定，犯罪嫌疑人自愿认罪且同意量刑建议和程序适用的，应当在辩护人或者值班律师在场的情况下与犯罪嫌疑人签署认罪认罚具结书，但对于第174条第2款规定的特定犯罪嫌疑人，不需要签署认罪认罚具结书。

对于犯罪嫌疑人认罪认罚的案件，人民检察院在决定是否提起公诉时，应当将认罪认罚情况纳入考量的范围。其中，对于特定案件，《刑事诉讼法》赋予了检察机关作出部分犯罪不起诉的裁量权。第182条规定："犯罪嫌疑人自愿如实供述涉嫌犯罪的事实，有重大立功或者案件涉及国家重大利益的，经最高人民检察院核准，……人民检察院可以作出不起诉决定，也可以对涉嫌数罪中的一项或者多项不起诉。"

对于决定提起诉讼的认罪认罚案件，人民检察院应当在起诉书中提出具体的量刑建议。《刑事诉讼法》第176条第2款规定："犯罪嫌疑人认罪认罚的，人民检察院应当在就主刑、附加刑、是否适用缓刑等提出量刑建议，并随案移送认罪认罚具结书等材料。"其中，对于可能判处3年有期徒刑以下刑罚的轻罪案件，人民检察院依照第222条的规定，可以建议人民法院适用速裁程序。

在审查起诉的期限上，根据《刑事诉讼法》172条的规定，犯罪嫌疑人认罪认罚，符合速裁程序适用条件的，应当在10日以内作出决定，对可能判处的有期徒刑超过1年的，可以延长至15日。

三、审判阶段

在审判阶段，认罪认罚从宽处理原则首先体现在审判程序的选择上。《刑事诉讼法》在第三编第二章"第一审程序"中新增了第四节，规定了"速裁程序"。根据

《刑事诉讼法》第222条的规定："基层人民法院管辖的可能判处3年有期徒刑以下刑罚的案件，案件事实清楚，证据确实、充分，被告人认罪认罚并同意适用速裁程序的，可以适用速裁程序，由审判员一人独任审判。"其次，在普通程序中，对于被告人认罪认罚的案件，应当遵循以下程序性规定：

第一，在开庭的时候，被告人认罪认罚的，审判长应当告知被告人享有的诉讼权利和认罪认罚的法律后果，审查认罪认罚的自愿性和认罪认罚具结书内容的真实性、合法性。

第二，在判决时，除非存在《刑事诉讼法》第201条规定的法定情形，对于被告人认罪认罚的案件，人民法院一般应当采纳人民检察院指控的罪名和量刑建议。经审理，如果认为量刑建议明显不当，或者被告人、辩护人对量刑建议提出异议的，人民检察院可以调整量刑建议。人民检察院不调整量刑建议或者调整量刑建议后被告人、辩护人仍有异议的，人民法院应当依法作出判决。

认罪认罚从宽处理制度具有三方面的积极意义。其一，有助于全面贯彻宽严相济的刑事政策，促进了社会和谐稳定。通过在刑事诉讼程序中引入认罪认罚从宽处理原则，并构建体系化的、贯穿刑事诉讼程序全程的从宽处理制度，将有助于在实体处理、程序适用两个方面更好地体现坦白从宽、宽严相济的刑事政策，有利于罪犯改造、回归社会，最大限度减少社会对立面，促进社会和谐稳定和国家长治久安。其二，在刑事诉讼程序中引入认罪认罚从宽处理原则，有助于司法资源的合理配置，提升刑事诉讼的效率。尤其是，通过速裁程序、简易程序、普通程序的分流处理，将逐步形成一种多层、体系化的刑事审判格局，有助于优化司法资源的配置，提升办案效率。其三，可以有效保障当事人的合法权益，促进司法公正。根据依法从宽、适度从宽的要求，认罪认罚从宽处理原则及其相关诉讼制度，更注重犯罪嫌疑人、被告人的诉讼主体地位，保障其获得公正、及时审判的权利。而且，要求认真听取被害人及其代理人意见，并将是否达成和解协议或者赔偿被害人损失、取得谅解作为量刑的重要考虑因素，也切实保障了被害人的合法权益。

■第十一节　具有法定情形不予追究刑事责任原则

具有法定情形不予追究刑事责任原则的法律依据是《刑事诉讼法》第16条。根据该条规定，该原则包括以下两部分内容：

一、不应当追究刑事责任的法定情形

根据《刑事诉讼法》第16条，具有下列情形之一的，不予追究刑事责任，已经追究的，应当撤销案件，或者不起诉，或者终止审理，或者宣告无罪：

1. 情节显著轻微、危害不大，不认为是犯罪的。该项规定与《刑法》第13条的但书规定相互呼应。《刑法》第13条规定："……但是情节显著轻微危害不大的，不认为是犯罪。"所谓"不认为是犯罪"即在法律上不构成犯罪。

值得注意的是，对于没有犯罪行为发生，或者犯罪行为非犯罪嫌疑人、被告人所为的情形，由于属于事实上的无罪（即所谓的"错及无辜"），因此，"举重以明轻"，当然也应当属于不应追究刑事责任的情形。

2. 犯罪已过追诉时效期限的。追诉时效本质上意味着国家针对具体公民享有刑罚权的时间限度。因此，如果经过侦查，仍然无法确定是否已过追诉时效的，应当按照"有疑，有利被追诉人原则"处理。

3. 经特赦令免除刑罚的。根据我国《宪法》第67条的规定，决定特赦的权力属于全国人民代表大会常务委员会。全国人民代表大会常务委员会决定特赦后，由国家主席发布特赦令。

根据我国刑法学理论，特赦不同于大赦。特赦"只免刑不免罪"。因此，特赦一般只能针对已经被定罪的人。但是，为了避免无意义的刑事追诉，《刑事诉讼法》特将"经特赦令免除刑罚的"作为不追究刑事责任的法定情形之一，要求立即终止相应的诉讼程序。换句话说，对于"经特赦令免除刑罚的"公民，尽管特赦并没有赦免他的"罪"，但依据《刑事诉讼法》第16条的规定，如果没有立案的不得立案；如果已经立案的，应当根据所处的诉讼阶段，立即停止刑事诉讼程序。

4. 依照《刑法》规定告诉才处理的犯罪，没有告诉或者撤回告诉的。根据我国刑法，告诉才处理的案件共五种：侮辱罪、诽谤罪、暴力干涉婚姻自由罪、虐待罪、侵占罪。对于上述犯罪，由于被害人控诉（即告诉）是追究被告人刑事责任的必要诉讼条件，因此，如果被害人没有告诉或者撤回告诉的，应当及时终止追诉。

5. 犯罪嫌疑人、被告人死亡的。值得注意的是：①在共同犯罪案件中，犯罪嫌疑人、被告人一人死亡，不影响对其他犯罪嫌疑人、被告人的追诉。②如果经过审理已经有足够证据证明死亡的被告人没有犯罪的，则应当判决宣告其无罪。③对于贪污贿赂犯罪、恐怖活动犯罪等重大犯罪案件，犯罪嫌疑人、被告人死亡，依照《刑法》规定应当追缴其违法所得及其他涉案财产的，人民检察院可以向人民法院提出没收违法所得的申请。

6. 其他法律规定免予追究刑事责任的。

二、遇有法定情形时的处理

对于具有不应追究刑事责任法定情形的案件，应根据案件的不同情况及所处的诉讼阶段作出不同处理：

在立案阶段，如果存在上述六种情形之一，有侦查权的机关应作出不立案的决定，人民法院应当作出不予受理的决定。在侦查阶段，侦查机关应当决定撤销案件。在审查起诉阶段，检察机关应当作出不起诉处理。在审判阶段，对于符合《刑事诉讼法》第16条规定的第一种情形的，应判决宣告无罪；对于符合其他五种情形的，应裁定终止审理。对于死亡时已经查明确实无罪的，应当判决宣告无罪。

第八章

在第二审程序中，如果共同犯罪案件中提出上诉的被告人死亡，其他被告人没有提出上诉，第二审人民法院仍应当对全案进行审查，死亡的被告人不构成犯罪的，应当宣告无罪；审查后认为构成犯罪的，应当宣布终止审理。对其他同案被告人仍应当作出判决或者裁定。

实行具有法定情形不追究刑事责任的原则，可以保证国家追诉权统一、正确地实施，防止对不应追究刑事责任的人错误地进行追究，从而保护公民的合法权益，也可以避免公安司法机关进行无效劳动，节省司法资源，提高诉讼效率。

■第十二节　追究外国人刑事责任适用我国《刑事诉讼法》原则

《刑事诉讼法》第 17 条规定："对于外国人犯罪应当追究刑事责任的，适用本法的规定。对于享有外交特权和豁免权的外国人犯罪应当追究刑事责任的，通过外交途径解决。"该原则是国家主权原则在刑事诉讼中的具体体现。

该原则的具体含义包括以下两个方面：

1. 作为一般原则，外国人（包括无国籍人）犯罪，依照我国《刑法》规定应当追究刑事责任的，依照我国《刑事诉讼法》规定的诉讼程序进行追诉。根据我国《刑法》的规定，外国人犯罪需要追究刑事责任的情形主要有：①根据我国《刑法》的属地管辖权，外国人（包括无国籍人）在我国领域内或者我国的船舶、航空器内犯罪的，除法律有特别规定外，都适用我国《刑法》的规定。②根据我国《刑法》的保护管辖权，外国人（包括无国籍人）在我国领域外对我国国家或者公民犯罪，按我国《刑法》规定，最低刑为 3 年以上有期徒刑的，可以适用我国《刑法》，但是按照犯罪地的法律不受处罚的除外。③根据普遍管辖权原则，对于我国缔结或者参加的国际条约所规定的罪行，我国在所承担条约义务的范围内行使刑事管辖权的，适用我国《刑法》。一般而言，对于反和平罪、战争罪、反人道罪、非法使用武器罪等战争犯罪，非法劫持航空器罪，劫持人质罪，适用我国《刑法》。另外，我国《刑法》第 10 条规定："凡在中华人民共和国领域外犯罪，依照本法应当负刑事责任的，虽然经过外国审判，仍然可以依照本法追究，但是在外国已经受过刑罚处罚的，可以免除或者减轻处罚。"可见，虽经外国审判定罪的，我国仍然可以进行追诉。

2. 作为例外，享有外交特权和豁免权的外国人犯罪应当追究刑事责任的，通过外交途径解决。根据 1986 年通过的《外交特权与豁免条例》，享有外交特权和豁免权的外国人包括：①外国驻中国使馆的外交代表。与外交代表共同生活的配偶及未成年子女，如果不是中国公民，享有与外交代表相同的特权和豁免权。②来中国访问的外国国家元首、政府首脑、外交部部长及其他具有同等身份的官员。③途经中国的外国驻第三国的外交代表和与其共同生活的配偶及未成年子女。④持有中国外交签证或者持有外交护照来中国的外交官员。⑤经中国政府同意给予外交特权和豁免权的其他来中国访问的外国人士。

所谓"通过外交途径处理"一般是指：建议派遣国依法处理；宣布为不受欢迎的人；责令限期出境；宣布驱逐出境。

我国是一个主权独立的社会主义国家，在我国司法权管辖范围内，一切外国人都必须遵守我国的法律，对于外国人犯罪应当追究刑事责任的，应当适用我国的《刑事诉讼法》，不允许他们享有任何非法特权。因此，确立和实行这项原则，有利于维护我国国家主权和民族尊严，符合我国人民的根本利益。同时，采用外交途径来处理享有外交特权和豁免权的外国人的犯罪问题，符合国际惯例和国与国之间的平等互惠原则，有利于开展和保持国家间的正常交往与和睦。

【思考题】

1. 在司法独立问题上，我国《刑事诉讼法》的原则与西方的司法独立原则有何区别？
2. 试论未经人民法院判决不得确定有罪原则与无罪推定原则的联系与区别。
3. 试论审判公开原则对于实现刑事诉讼价值（实体正义与程序正义）的积极作用和消极影响。
4. 试论有权辩护原则对于实现刑事诉讼价值的积极作用。
5. 试论认罪认罚从宽处理原则的刑事诉讼法价值。

第八章

第三编　刑事诉讼制度

第九章

管　辖

提要与学习要求　本章需要了解管辖、立案管辖、审判管辖、级别管辖、地区管辖的概念。理解划分立案管辖、审判管辖的根据和原则，掌握《刑事诉讼法》以及相关法律解释对立案管辖、审判管辖、级别管辖、地区管辖的具体规定，对移送管辖、指定管辖、专门管辖和特殊情况管辖的具体规定。

■第一节　立案管辖

一、管辖的概念

我国刑事诉讼中的管辖，是指公安机关、人民检察院和人民法院等在直接受理刑事案件上的权限划分以及人民法院系统内部在审判第一审刑事案件上的权限划分。管辖所要解决的问题有两个：一个是公安机关、人民检察院和人民法院在直接受理刑事案件上的分工问题；另一个是人民法院系统内部各级法院、普通人民法院与专门人民法院以及专门人民法院之间在审判第一审刑事案件上的分工问题。

管辖是进行刑事诉讼必须首先解决的问题。它与民事诉讼、行政诉讼相比较，更具有复杂性。民事诉讼、行政诉讼的管辖仅涉及人民法院系统内部的分工，而刑事诉讼不但有公诉和自诉的划分，而且占刑事案件绝大多数的公诉案件，只有经过侦查（调查）才能进行起诉和审判。因此，刑事管辖不仅涉及人民法院系统内部受理刑事案件的分工，还涉及公安机关、人民检察院、人民法院的立案管辖问题。

明确刑事案件的管辖的意义有：①有利于专门机关明确自己的权力与职责，使刑事诉讼得以顺利开展和运行，能够充分发挥各部门、各单位应有的作用，及时有效地惩罚犯罪，保证各类案件都能得到正确的处理；②可以防止诉讼拖延和互相推诿，防止因管辖不明而使案件迟迟得不到处理，问题得不到及时解决；③有利于单位和公民直接向有管辖权的机关报案、控告和举报，避免或减少移送环节，便于公、检、法机关调查取证，也便于公民参加诉讼。

管辖分立案管辖和审判管辖两大类。在审判管辖中，又分普通法院的审判管辖和专门法院的审判管辖等。

在理解立案管辖和审判管辖的关系时应当注意：对于自诉案件，人民法院的立案管辖和审判管辖都是审判权的具体落实，它们是重合的，即合二为一的。对于公诉案件，这两种管辖的关系，实质上是侦查（调查）权、起诉权、审判权相互关系的反映。首先，公安机关、检察机关的立案管辖和人民法院的审判管辖，并不是同时发生的，而是一先一后，发生在不同的诉讼阶段。其次，立案管辖并不必然导致或引起审判管辖。有的案件并不进入审判程序，不发生审判管辖的问题。

二、立案管辖

立案管辖，又称职能管辖或部门管辖，是指公安机关、人民检察院和人民法院之间在直接受理刑事案件上的权限划分。它解决的是刑事案件应当由谁来立案、开始诉讼的问题。划分立案管辖的主要依据是下列因素：一是专门机关的性质与职能。刑事诉讼的专门机关各自在刑事诉讼中的分工不同。公安机关是侦查机关，人民检察院是法律监督机关，人民法院是审判机关。因此，立案管辖的划分应当与它们的性质和职责相适应，绝大多数的刑事案件由公安机关进行立案侦查（公职人员的职务犯罪由监察委员会进行调查），诉讼监督中发现的司法工作人员利用职权实施的侵犯公民权利和损害司法公正的犯罪由人民检察院立案侦查，被害人有证据证明的轻微刑事案件则由人民法院直接受理。二是案件的性质和难易程度。刑事案件各种各样，性质各异，有的不需要侦查（调查）就能作出处理，需要侦查（调查）的案件也有难易差别。一般而言，案件比较重大、复杂的，由公安机关立案侦查；涉及司法工作人员职务犯罪的，可以由人民检察院立案侦查；不需要侦查的轻微刑事案件，则由人民法院立案。

（一）公安机关立案侦查的案件

《刑事诉讼法》第 19 条第 1 款规定："刑事案件的侦查由公安机关进行，法律另有规定的除外。"也就是说，除法律另有规定的，其他刑事案件应当一律由公安机关立案侦查。

法律另有规定的有：①由人民法院直接受理，不需要经过侦查的自诉案件；②由人民检察院直接立案侦查的案件；③由军队保卫部门负责侦查的军队内部发生的刑事案件；④由国家安全机关立案侦查的案件；⑤由监狱立案侦查的罪犯在监狱内犯罪的案件；⑥由监察委员会立案调查的案件。

　　从整体看，上述案件仅占刑事案件总数的少部分，大多数刑事案件的立案侦查任务由公安机关承担，这是由公安机关的性质与职能决定的：一方面，公安机关是国家的治安保卫机关，负有维护社会秩序、保卫社会治安的责任，处于同犯罪作斗争的第一线；另一方面，公安机关拥有严密的组织系统、良好的侦查设备、技术装备和人员配备，这使公安机关担负绝大多数案件的立案侦查任务具有坚实的基础。

　　另外，对于自诉案件的第二类（被害人有证据证明的轻微刑事案件），被害人向人民法院起诉后，人民法院认为证据不足可由公安机关受理的，应当移送公安机关立案侦查。被害人向公安机关控告的，公安机关应当受理。

　　（二）人民检察院直接受理的案件

　　《刑事诉讼法》第19条第2款规定："人民检察院在对诉讼活动实行法律监督中发现的司法工作人员利用职权实施的非法拘禁、刑讯逼供、非法搜查等侵犯公民权利、损害司法公正的犯罪，可以由人民检察院立案侦查。对于公安机关管辖的国家机关工作人员利用职权实施的重大犯罪案件，需要由人民检察院直接受理的时候，经省级以上人民检察院决定，可以由人民检察院立案侦查。"据此，人民检察院可以立案侦查的案件有：

　　1. 人民检察院在对诉讼活动实行法律监督中，发现司法工作人员涉嫌利用职权实施的下列侵犯公民权利、损害司法公正的犯罪案件，可以立案侦查：①非法拘禁罪（刑法第238条）（非司法工作人员除外）；②非法搜查罪（刑法第245条）（非司法工作人员除外）；③刑讯逼供罪（刑法第247条）；④暴力取证罪（刑法第247条）；⑤虐待被监管人罪（刑法第248条）；⑥滥用职权罪（刑法第397条）（非司法工作人员滥用职权侵犯公民权利、损害司法公正的情形除外）；⑦玩忽职守罪（刑法第397条）（非司法工作人员玩忽职守侵犯公民权利、损害司法公正的情形除外）；⑧徇私枉法罪（刑法第399条第1款）；⑨民事、行政枉法裁判罪（刑法第399条第2款）；⑩执行判决、裁定失职罪（刑法第399条第3款）；⑪执行判决、裁定滥用职权罪（刑法第399条第3款）；⑫私放在押人员罪（刑法第400条第1款）；⑬失职致使在押人员脱逃罪（刑法第400条第2款）；⑭徇私舞弊减刑、假释、暂予监外执行罪（刑法第401条）。

　　人民检察院立案侦查上述犯罪时，发现犯罪嫌疑人同时涉嫌监察委员会管辖的职务犯罪线索的，应当及时与同级监察委员会沟通，一般应当由监察委员会为主调查，人民检察院予以协助。经沟通，认为全案由监察委员会管辖更为适宜的，人民检察院应当撤销案件，将案件和相应职务犯罪线索一并移送监察委员会；认为由监察委员会和人民检察院分别管辖更为适宜的，人民检察院应当将监察委员会管辖的相应职务犯罪线索移送监察委员会，对依法由人民检察院管辖的犯罪案件继续侦查。人民检察院应当及时将沟通情况报告上一级人民检察院。沟通期间，人民检察院不得停止对案件的侦查。监察委员会和人民检察院分别管辖的案件，调查（侦查）终结前，人民检察院应当就移送审查起诉有关事宜与监察委员会加强沟通，协调一致，由人民检察院依法对全案审查起诉。

上述犯罪案件，由设区的市级人民检察院立案侦查。基层人民检察院发现犯罪线索的，应当报设区的市级人民检察院决定立案侦查。设区的市级人民检察院也可以将案件交由基层人民检察院立案侦查，或者由基层人民检察院协助侦查。最高人民检察院、省级人民检察院发现犯罪线索的，可以自行决定立案侦查，也可以将案件线索交由指定的省级人民检察院、设区的市级人民检察院立案侦查。

2. 对于公安机关管辖的国家机关工作人员利用职权实施的重大犯罪案件，需要由人民检察院直接受理的时候，经省级以上人民检察院决定，可以由人民检察院立案侦查。

其具体程序是：报请省级人民检察院决定立案侦查的案件，应当经检察委员会讨论决定，制作提请批准直接受理书，写明已经查明的案件情况以及需要由人民检察院立案侦查的理由，并附有关材料。省级人民检察院应当在收到提请批准直接受理书后的 10 日以内，由检察委员会讨论作出是否立案侦查的决定。省级人民检察院可以决定由下级人民检察院立案侦查，也可以决定直接立案侦查。

从上述内容看，人民检察院直接受理侦查的刑事案件，都是在对诉讼活动实行法律监督中发现的司法工作人员利用职权实施的犯罪案件。这体现了人民检察院的法律监督职能。

在实践中，存在着交叉管辖的情况，对此，公安机关侦查刑事案件涉及人民检察院管辖的案件时，应当将属于人民检察院管辖的案件移送人民检察院；人民检察院侦查案件涉及公安机关管辖的刑事案件，应当将属于公安机关管辖的刑事案件移送公安机关。在上述情况中，如果涉嫌主罪属于公安机关管辖，由公安机关为主侦查，人民检察院予以配合；如果涉嫌主罪属于人民检察院管辖，由人民检察院为主侦查，公安机关予以配合。主罪与次罪的划分，应当以犯罪嫌疑人涉嫌的犯罪可能判处的刑罚轻重为标准。

（三）人民法院直接受理的刑事案件

《刑事诉讼法》第 19 条第 3 款规定："自诉案件，由人民法院直接受理。"自诉案件是指被害人及其法定代理人、近亲属，为追究被告人的刑事责任，而直接向人民法院提出诉讼的案件，人民法院立案后即进入审理阶段，而不需要经过公安机关或人民检察院立案侦查，也不需要人民检察院提起公诉。根据《刑事诉讼法》第 210 条的规定，自诉案件包括：

1. 告诉才处理的案件。告诉才处理的案件，是指被害人及其法定代理人提出控告和起诉，人民法院才予受理的案件。如果被害人及其法定代理人没有告诉或者告诉后又撤回告诉的，人民法院就不予追究。被害人不告诉必须是他本人真实意思的体现，如果被害人因受到强制、威吓等原因无法告诉的，人民检察院或者被害人的近亲属也可以告诉。我国《刑法》规定的告诉才处理的案件有：第 246 条第 1 款规定的侮辱、诽谤案，第 257 条第 1 款规定的暴力干涉婚姻自由案，第 260 条第 1 款规定的虐待案，第 270 条规定的侵占案。

2. 被害人有证据证明的轻微刑事案件。这类自诉案件必须符合两个条件：一是必须是轻微的刑事案件；二是被害人必须有相应的证据证明被告人有罪。根据最高法《解释》，这类案件包括：故意伤害案（轻伤）；重婚案；遗弃案；妨害通信自由案；非法侵入他人住宅案；生产、销售伪劣商品案件（严重危害社会秩序和国家利益的除外）；侵犯知识产权案件（严重危害社会秩序和国家利益的除外）；属于《刑法》分则第四章、第五章规定的，对被告人可能判处有期徒刑 3 年以下刑罚的其他轻微刑事案件。上述所列八项案件中，被害人直接向人民法院起诉的，人民法院应当依法受理，对于其中证据不足、可由公安机关受理的，应当移送公安机关立案侦查。被害人向公安机关控告的，公安机关应当受理。

3. 被害人有证据证明对被告人侵犯自己人身、财产权利的行为应当依法追究刑事责任，而公安机关或人民检察院不予追究被告人刑事责任的案件。这类自诉案件有下列限制性条件：①被害人能提供证据证明被告人的行为构成犯罪。②对被告人的行为应当依法追究刑事责任，这是以刑事实体法对被告人行为衡量的结果。应当追究刑事责任是指不属于《刑事诉讼法》第 16 条规定的不追究刑事责任的情形。③被告人的行为侵犯的是被害人的人身权利或财产权利。④有证据证明被害人曾经提出控告，公安机关或者人民检察院不予追究被告人刑事责任的。这类自诉案件实际上是原本应当公诉的案件转化为自诉案件，其目的是保障被害人的控告权，维护被害人的诉讼权利，解决被害人告状无门的问题。[1]

此外，依照《刑事诉讼法》第 180 条的规定，对于有被害人的案件，决定不起诉的，人民检察院应当将不起诉决定书送达被害人。被害人如果不服，可以自收到决定书后 7 日内向上一级人民检察院申诉，请求提起公诉。人民检察院应当将复查决定告知被害人。对人民检察院维持不起诉决定的，被害人可以向人民法院起诉。被害人也可以不经申诉，直接向人民法院起诉。这种被害人对人民检察院不起诉决定不服而向人民法院起诉的案件，也属于自诉案件。

■第二节　审判管辖

审判管辖，是指各级人民法院之间、同级人民法院之间以及普通人民法院与专门人民法院之间、各专门人民法院之间在审判第一审刑事案件上的分工。审判管辖解决的是人民法院系统内部在受理案件方面的分工，即一起刑事案件应由哪种、哪级、哪个人民法院进行第一审审判。

根据《刑事诉讼法》第 19～28 条的规定，我国的刑事审判管辖分为普通管辖和

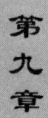

〔1〕　陈光中、严端主编：《中华人民共和国刑事诉讼法释义与应用》，吉林人民出版社 1996 年版，第229～230 页。

专门管辖；普通管辖又分为级别管辖、地区管辖和指定管辖。

一、级别管辖

级别管辖是指各级人民法院在审判第一审刑事案件上的权限划分，解决的是上下级人民法院之间的权限分工。级别管辖的划分主要考虑的因素有：①案件的性质和影响；②罪行的轻重和可能判处刑罚的轻重；③案件涉及面的大小；④不同级别法院的工作重点和工作量的多少。

我国《刑事诉讼法》对级别管辖的规定是：

（一）基层人民法院管辖的第一审刑事案件

《刑事诉讼法》第20条规定，基层人民法院管辖第一审普通刑事案件，但是依照本法由上级人民法院管辖的除外。可见，基层人民法院管辖的只能是普通刑事案件。从《刑事诉讼法》的规定看，所谓普通刑事案件，是指危害国家安全案件和恐怖活动案件之外的案件。但是，并不是所有的普通刑事案件都由基层人民法院进行第一审审判。虽然属于普通刑事案件，但可能判处无期徒刑或者死刑的，要由中级以上人民法院进行第一审审判。尽管如此，大多数刑事案件实际上都是由基层人民法院进行第一审，其审判任务是十分繁重的。法律之所以这样规定，是因为基层人民法院在人民法院组织体系中数量最多，而且案件的发生地都在其辖区内，由其进行审判，便于核查证据，也便于诉讼参与人参加诉讼。

（二）中级人民法院管辖的第一审刑事案件

《刑事诉讼法》第21条规定，中级人民法院管辖下列第一审刑事案件：①危害国家安全、恐怖活动案件。这类案件是指《刑法》分则第一章规定的危害国家安全罪案件和第二章危害公共安全罪中的组织、领导、参加恐怖组织罪（第120条）、帮助恐怖活动罪（第120条之一）以及恐怖组织组织下的一般犯罪。②可能判处无期徒刑、死刑的案件。这是以可能判处的刑罚轻重为标准进行的界定。③特别程序中没收违法所得的申请和缺席审判的案件。立法上对中级人民法院管辖的第一审刑事案件采用了列举方式，但并不是说这几类案件必须由中级人民法院进行第一审，而是最低应由中级人民法院进行第一审，并不排除高级人民法院、最高人民法院对这些案件进行第一审。立法上之所以将这些案件划分为由中级以上人民法院进行第一审审判，是因为其性质严重，或案情重大复杂、影响范围大或处刑较重，由较高级别的法院进行第一审，有利于保证办案质量。

（三）高级人民法院管辖的第一审刑事案件

《刑事诉讼法》第22条规定，高级人民法院管辖的第一审刑事案件，是全省（自治区、直辖市）性的重大刑事案件。全省性重大刑事案件的标准，立法上没有规定，由高级人民法院认定和把握。实际上由高级人民法院审理的第一审刑事案件很少，这是与高级人民法院所处的位置和工作量负担相适应的。

第九章

（四）最高人民法院管辖的第一审刑事案件

《刑事诉讼法》第23条规定，最高人民法院管辖的第一审刑事案件，是全国性的重大刑事案件。事实上，由最高人民法院审判的第一审刑事案件十分罕见。

除上述级别管辖的法定情形外，人民法院在级别管辖方面，还应遵守下列规定：

1. 《刑事诉讼法》第24条规定："上级人民法院在必要的时候，可以审判下级人民法院管辖的第一审刑事案件；下级人民法院认为案情重大、复杂需要由上级人民法院审判的第一审刑事案件，可以请求移送上一级人民法院审判。"可见，此条规定有两种情况：一是上级人民法院在必要的时候可以审判依法应当由下级人民法院一审的案件，前提是"必要的时候"。必要的时候是指案情重大、复杂或者影响巨大以及下级人民法院的审判遇到其他困难等情形。但这种决定必须在下级人民法院第一审宣判之前作出，并应当下达改变管辖决定书，并书面通知同级人民检察院、被告人的羁押场所和当事人。二是下级人民法院把属于自己管辖的案件，请求移送上级人民法院审判。这种移送以案情重大、复杂为前提，并且在上级人民法院同意后才能移送。最高法《解释》第15条规定，基层人民法院对于认为案情重大、复杂的第一审刑事案件，请求移送中级人民法院审判，应当经合议庭报请院长决定后，在案件审理期限届满15日以前书面请求移送。中级人民法院应当在接到移送申请10日内作出决定。中级人民法院不同意移送的，应当向该基层人民法院下达不同意移送决定书，由该基层人民法院审判；同意移送的，应当向该基层人民法院下达同意移送决定书，并书面通知同级人民检察院。基层人民法院接到上级人民法院同意移送决定书后，应当通知同级人民检察院和当事人，并将起诉材料退回同级人民检察院。最高法《解释》的上述规定虽然是基层人民法院向中级人民法院移送案件的规定，其他级别之间的移送也应当参照执行。

需要注意的是，这种级别管辖的变通只能是上级人民法院审理下级人民法院管辖的案件，上级人民法院不能将自己管辖的案件交给下级人民法院审判。例如，可能判处死刑的案件只能由中级以上人民法院审判，不能交给基层人民法院审判。

2. 最高法《解释》第12条规定，人民检察院认为可能判处无期徒刑、死刑而向中级人民法院提起公诉的普通刑事案件，中级人民法院受理后，认为不需要判处无期徒刑、死刑的，应当依法审理，不再交基层人民法院审判。

3. 最高法《解释》第13条规定，一人犯数罪、共同犯罪和其他需要并案审理的案件，只要其中一人或者一罪属于上级人民法院管辖的，全案由上级人民法院管辖。

4. 基层人民法院对已经受理的公诉案件，认为可能判处无期徒刑、死刑的，应当请求移送中级人民法院。

二、地区管辖

地区管辖是指同级人民法院之间在审理第一审刑事案件权限上的划分。级别管辖是从纵的方面解决案件由哪一级人民法院管辖；而地区管辖则是在明确案件的级别管辖的基础上，确定某一案件由该级人民法院中的哪一个人民法院管辖，是从横向解决案件的管辖问题。只有级别管辖和地区管辖都解决了，案件的管辖权才能最终落实。确定地区管辖的原则有两个：

（一）以犯罪地人民法院管辖为主，被告人居住地人民法院管辖为辅原则

《刑事诉讼法》第25条规定："刑事案件由犯罪地的人民法院管辖。如果由被告人居住地的人民法院审判更为适宜的，可以由被告人居住地的人民法院管辖。"最高法《解释》第2条规定，犯罪地包括犯罪行为发生地和犯罪结果发生地。针对或者利用计算机网络实施的犯罪，犯罪地包括犯罪行为发生地的网站服务器所在地，网络接入地，网站建立者、管理者所在地，被侵害的计算机信息系统及其管理者所在地，被告人、被害人使用的计算机信息系统所在地，以及被害人财产遭受损失地。以犯罪地法院管辖为主，有利于调查核实证据，便于诉讼参与人参加诉讼，便于当地群众旁听。

由被告人居住地的人民法院管辖更为适宜的情况，一般包括：被告人流窜作案，主要犯罪地难以确定，而其居住地的群众更多地了解案件的情况；被告人在居住地民愤极大，当地群众要求在当地审判的；可能对被告人适用缓刑、管制或者单独适用剥夺政治权利等刑罚，因而需要在其居住地执行的；临时外出的组织成员之间相互进行侵犯的；等等。被告人居住地包括其户籍所在地、经常居住地、工作或学习的地点，实践中要根据具体情况确定。

（二）以最初受理的人民法院审判为主，主要犯罪地人民法院审判为辅的原则

《刑事诉讼法》第26条规定："几个同级人民法院都有权管辖的案件，由最初受理的人民法院审判。在必要的时候，可以移送主要犯罪地的人民法院审判。"这是立法上为最终落实地区管辖所作的规定。因为按照前述原则，有时候并不能确定对案件的管辖权，如一个犯罪涉及几个地点，按照犯罪地原则几个人民法院都有权审判，而以被告人居住地确定也可能出现多个法院都具有管辖权的情形。遇到这种情况，原则上由最初受理的人民法院审判。因为，最初受理的人民法院对案件已有一定的了解，这对处理案件有利。但是，在必要的时候，最初受理的人民法院可以把案件移送主要犯罪地人民法院审判。所谓主要犯罪地，包括案件涉及多个地点时对该犯罪的成立起主要作用的行为地，也包括一人犯数罪时，主要罪行的实行地。必要的时候，是指对查清主要犯罪事实以及及时处理案件更为有利等情况。

三、指定管辖

指定管辖是指当管辖不明或者有管辖权的法院不宜行使管辖权时，由上级人民法院以指定的方式确定案件的管辖。《刑事诉讼法》第27条规定："上级人民法院可以指定下级人民法院审判管辖不明的案件，也可以指定下级人民法院将案件移送其他人民法院审判。"可见，指定管辖分为两种情况：

（一）由上级人民法院以指定的方式确定管辖不明的案件的管辖权

管辖不明的情况，诸如刑事案件发生在两个法院管辖范围的交界处，而两个法院管辖的范围的行政区划没有确切的界限，犯罪地不能确定，这样形成互争管辖或互相推诿现象。在这种情况下，应当由争议各方在审限内协商解决；协商不成的，由争议的人民法院分别逐级报请共同的上级人民法院指定管辖。

（二）由上级人民法院以指定的方式改变管辖权

实践中，有时会出现有管辖权的法院不宜行使审判权的情况，包括本院院长需要回避的案件，因案件在该法院审判受到严重干扰而不能很好地行使审判权等情形。在这种情况下，可以请求上一级人民法院管辖，上一级人民法院也可以指定与提出请求的人民法院同级的其他人民法院管辖。根据最高法《解释》第18条的规定，在必要的时候，即使有管辖权的人民法院没有提出请求，上级人民法院也可以将下级人民法院管辖的案件指定其他下级人民法院管辖。

最高法《解释》第19条规定，上级人民法院指定管辖，应当将指定管辖决定书分别送达被指定的人民法院及其他有关的人民法院。原受理案件的人民法院，在收到上级人民法院指定其他人民法院管辖决定书后，不再行使管辖权。对于公诉案件，应当书面通知提起公诉的人民检察院，并将全部案卷材料退回，同时书面通知当事人；对于自诉案件，应当将全部案卷材料移送被指定管辖的人民法院，并书面通知当事人。

四、专门管辖

《刑事诉讼法》第28条规定："专门人民法院案件的管辖另行规定。"专门管辖是专门人民法院与普通人民法院之间、各种专门人民法院之间以及各专门人民法院系统内部在第一审刑事案件受理范围上的分工，解决的是哪些案件由专门人民法院审判以及由哪一个专门人民法院审判的问题。

根据《人民法院组织法》的规定，在人民法院的组织系统中，设有若干种专门人民法院。有些涉及专门业务的案件，如果由普通人民法院审判这些案件，就会有诸多的不便或困难，对正确、及时处理案件不利，需交专门人民法院审判。我国已建立的具有刑事管辖权的专门法院有军事法院等。

军事法院管辖的案件有：违反军人职责罪案件及现役军人、军内在编职工的犯罪案件。根据最高法《解释》第22条的规定，对军队与地方互涉案件，按照有关规定确定管辖。原则上，实行分别管辖的制度，即现役军人（含在编职工）和非军人共同犯罪的，分别由军事法院和地方法院或者其他专门人民法院管辖，但涉及国家军事秘密的，全案由军事法院管辖。

五、几种特殊案件的审判管辖

在实践中，关于审判管辖，存在着一些特殊情况。最高法《解释》规定了以下特殊案件的管辖：

1. 对于中华人民共和国缔结或者参加的国际条约所规定的罪行，中华人民共和国在所承担条约义务的范围内，行使刑事管辖权。这类案件，由被告人被抓获地的人民法院管辖。

2. 在中华人民共和国领域外的中国船舶内的犯罪，由犯罪发生后该船舶最初停泊的中国口岸所在地的人民法院管辖。

3. 在中华人民共和国领域外的中国航空器内的犯罪，由犯罪发生后该航空器在中国最初降落地的人民法院管辖。

4. 在国际列车上的犯罪，按照我国与相关国家签订的有关管辖协定确定管辖。没有协定的，由犯罪发生后该列车最初停靠的中国车站所在地或者目的地的铁路运输法院管辖。

5. 中国公民在驻外的中国使（领）馆内的犯罪，由该公民主管单位所在地或者他的原户籍所在地的人民法院管辖。

6. 中国公民在中华人民共和国领域外的犯罪，由其入境地或者离境前居住地的人民法院管辖；被害人是中国公民的，也可由被害人离境前居住地的人民法院管辖。

7. 外国人在中华人民共和国领域外对中华人民共和国国家或者公民犯罪，依照《刑法》应受处罚的，由该外国人入境地、入境后居住地或者被害中国公民离境前居住地的人民法院管辖。

8. 正在服刑的罪犯在判决宣告前还有其他犯罪没有判决的，由原审人民法院管辖；由罪犯服刑地或者犯罪地的人民法院管辖更为适宜的，可以由服刑地或者犯罪地的人民法院管辖。罪犯在服刑期间又犯罪的，由服刑地的人民法院管辖。罪犯在脱逃期间犯罪的，由服刑地的人民法院管辖。但是，在犯罪地捕获并发现其在脱逃期间又犯罪的，由犯罪地的人民法院管辖。

【思考题】

1. 人民检察院直接受理的案件有什么特点？为什么这类案件由人民检察院侦查？

2. 在我国，自诉案件的范围比较广，特别是对公诉案件，如果公安机关或者人民检察院不追究被告人的刑事责任，被害人有权提起自诉。你对此有何评价？

3. 你认为中级人民法院管辖的刑事案件的范围是否恰当？

4. 为什么刑事案件一般由犯罪地人民法院管辖？

第
十
章

第十章

回　避

提要与学习要求　本章需要了解回避的概念和意义、回避的种类。理解回避的适用人员、回避的理由、回避的决定机关或人员。重点掌握《刑事诉讼法》第一编第三章的规定以及相关法律解释对回避的程序（回避的期间、回避的申请、审查与决定、对驳回回避申请的复议）的具体规定。此外，还应理解法律规定中其他部分与此相关的内容。

■第一节　回避概述

一、回避的概念

刑事诉讼中的回避，是指侦查、检察、审判人员等同案件有法定的利害关系或者其他可能影响案件公正处理的关系，不得参与办理该案件或者参与该案的其他诉讼活动的行为。

法律关于回避的概念、回避的人员范围、回避的理由、回避的种类、回避的申请与决定等具体程序的规定，构成了完整的回避制度。

《刑事诉讼法》第29～32条规定了我国刑事诉讼中回避制度的基本内容。同时，为了全面理解和正确执行回避制度，还应当结合《刑事诉讼法》第108、187、190、238、239、247、250、255、256、274条等规定和相关的司法解释及规范性文件。[1]其中最高法《解释》第25条第2款需尤其注意：在一个审判程序中参与过本案审判工作的合议庭组成人员或者独任审判员，不得再参与本案其他程序的审判。但是，发回重新审判的案件，在第一审人民法院作出裁判后又进入第二审程序或者死刑复

---

[1] 参见最高法《解释》第16、23～34、184、193、194、198条等；最高检《规则》第24～37条；公安部《规定》第30～39条。

核程序的，原第二审程序或者死刑复核程序中的合议庭组成人员不受本款规定的限制。此外，最高法《解释》第350、355条等也应准确把握。

此外，还应注意《法官法》《检察官法》中有关任职回避、执业禁止等方面的有关规定。[1]

实行回避制度在刑事诉讼的发展史中始终存在，当代世界各国都普遍采用。诉讼理论中有一个被普遍认同的著名法则——自然公正，要求任何人不得担任自己作为当事人的案件的裁判者，否则由他主持进行的诉讼活动不具备法律效力。回避制度的基本出发点在于保障诉讼的公正性，确保法官、陪审员在诉讼中保持中立的地位，使当事人受到公正对待，获得公正审判。如果没有对回避制度的贯彻或者贯彻不彻底，刑事诉讼的公正性从诉讼的开始就可能走向歧途。

我国的回避制度不仅适用于审判人员，而且也适用于检察人员、侦查人员、书记员、鉴定人、翻译人员等。上述人员在审判、起诉、侦查等各个诉讼阶段如果存在妨碍诉讼公正进行的法定情形，均不得主持或者参与诉讼。

二、回避制度的意义

实行回避制度的意义主要表现在以下方面：

1. 防止有关人员因同案件具有特定的关系而先入为主，偏听偏信，徇私舞弊，甚至贪赃枉法，从而保障客观公正地处理案件。刑事诉讼的主要目的之一在于确保司法人员在及时、准确查明案件事实真相的前提下，正确适用刑事实体法，使有罪的被追诉人受到公正的定罪和判刑，使无罪者免受刑事处罚。为实现这一目的，司法人员必须尊重案件事实真相，对案件作出合法、客观的判断。但是，如果司法人员和案件或者案件的当事人有某种利害关系，对案件产生先入为主的预断或者偏见，甚至徇私舞弊、枉法追诉或者枉法裁判，不仅不能及时准确揭示案件的事实真相，反而会掩盖事实，造成冤假错案。建立回避制度，使与案件及其当事人等有法定利害关系或者其他可能影响案件公正处理关系的司法人员及时退出诉讼，有利于案件得到公正客观的处理。

2. 增强当事人及其法定代理人等对有关办案人员和某些诉讼参与人的信任感，消除疑虑，进而防止或者减少不必要的上诉、申诉，提高诉讼效率和效益，维护司法机关和有关人员的威信。回避制度的适用，有利于确保当事人在刑事诉讼中受到公正的对待。通过使那些与案件有利害关系或者其他不当关系的司法人员及时退出诉讼进程，当事人各方就会免受不公正对待，平等、充分地享受诉讼权利，参与诉讼活动。因此，当事人就会对有关办案人员产生信任感，从而提高司法机关和人员的威信。

3. 当事人及其法定代理人、辩护人、诉讼代理人依法对有关办案人员和某些诉

---

[1] 例如《法官法》（2019年10月1日起施行）第23条、第24条、第36条；《检察官法》（2019年10月1日起施行）第24条、第25条、第37条等规定。

第
十
章

讼参与人有条件地进行选择，可以增加案件办理的透明度，加强群众对有关人员尤其是办案人员的监督，体现刑事诉讼制度的民主性。

4. 回避制度的实施，对与案件或者案件当事人等存在法定关系的司法人员也是一种必要的保护，可以解除他们不必要的思想顾虑，让他们集中精力做好自己的本职工作。所以，应当从模范执法的高度认识回避问题，不应当在本该回避时选择"大义灭亲"坚持办案，因为在作出上述选择的同时，无异于已经选择了违法。

三、回避的适用人员

回避的适用人员，是指在法律明确规定的回避情形下应当回避的司法人员的范围，只有属于这一范围内的人员才需要自行主动回避，或者被当事人等申请回避，又或者被指令回避。根据《刑事诉讼法》第29条和第32条的规定，适用回避的人员包括六类，即侦查人员、检察人员、审判人员以及在侦查、起诉、审判活动中的书记员、鉴定人和翻译人员。

在理解回避的适用人员范围时需要特别注意以下几点：

1. 审判人员包括最高人民法院、地方各级人民法院和军事法院等专门人民法院的院长、副院长、审判委员会委员、庭长、副庭长、审判员、法官助理和人民陪审员。检察人员包括最高人民检察院、地方各级人民检察院和军事检察院等专门检察院的检察长、副检察长、检察委员会委员、检察员、检察官助理等。

2. 人民检察院直接受理的案件的侦查人员在回避的适用人员中列入"侦查人员"的范围；在执行《刑事诉讼法》第31条第2款"对侦查人员的回避作出决定前，侦查人员不能停止对案件的侦查"规定时，他们亦列入"侦查人员"的范围；他们是否应当回避的决定则应当由检察长或者检察委员会决定。

3. 书记员包括人民检察院和人民法院的书记员。

4. 鉴定人和翻译人员包括在侦查、审查起诉、审判各阶段中被指派或者聘请参加诉讼的该类人员。勘验人员、司法警察、有专门知识的人等的回避问题参照其所在诉讼阶段的相关人员规定执行。

关于审判委员会、检察委员会成员是否属于应当回避的范围，虽然《刑事诉讼法》没有直接规定，但在相关的司法解释中已有明确的规定。鉴于审判委员会、检察委员会的成员均属于审判人员、检察人员的范围，他们对于疑难、重大、复杂的案件有讨论、决定的权力，特别是审判委员会作出的决定，合议庭应当执行，所以，当审判委员会、检察委员会的成员与案件或者案件当事人等存在法定关系时，应当回避，不得参加对案件的讨论和表决，以免影响案件的公正处理。

根据最高人民法院《关于健全完善人民法院主审法官会议工作机制的指导意见（试行）》[1]，"主审法官会议由本院员额法官组成"，讨论规定范围内的新类型、疑

---

[1]　法发〔2018〕21号。

难、复杂、社会影响重大，裁判规则、尺度有待统一或者在法律适用方面具有普遍指导意义等案件，形成的会议纪要虽不必然为独任法官或合议庭采纳，只构成复议，未采纳主审法官会议形成的多数意见的，应提交审判委员会讨论决定。但是，可以看出，有资格参与主审法官会议的法官对案件有一定的"话语权"，应该注意遵守回避制度。[1]

为了维护司法公正和司法廉洁，防止法院领导干部因法官私人利益与公共利益发生冲突，依照《公务员法》《法官法》《检察官法》和《中国共产党党员领导干部廉洁从政若干准则》等，无论是否承办具体案件，相关人员若有"任职回避"情形的，均应严格遵守。这事实上构成了当有关法律、规定中的情形出现时必须实行至少"单方退出"的机制，既然不能"任职"，当然也就直接否定了办案的可能性，形成了对诉讼回避制度的有效保障。

■第二节 回避的理由和种类

一、回避的理由

回避的理由，是指法律明确规定的实施回避所必备的事实根据。从理论上讲，可作为司法人员回避根据的情形主要是他们与案件或者当事人有某种利害关系或者其他关系，以致于难以使案件得到公正处理。为了使这一抽象的根据具备可操作性，各国《刑事诉讼法》一般均明确规定了若干符合这一根据的事实情境，使其成为回避的法定理由。

根据《刑事诉讼法》第29、30条的规定，在法定范围内的人员，如果具备以下情形之一，即构成应当回避的理由：

1. 是本案的当事人或者当事人的近亲属的。其中，当事人指本案的被害人、自诉人、犯罪嫌疑人、被告人、附带民事诉讼的原告人和被告人；近亲属指上述当事人的夫、妻、父、母、子、女、同胞兄弟姊妹。

如果办理案件的侦查、检察、审判人员等本人就与案件的处理结果有直接或者间接的利害关系，他们可能从维护自身或者近亲属的利益出发，导致案件得不到公正处理；又或者因为他们存在着的身份关系，容易引起人们对其是否能够公正执法的怀疑，甚至对国家法律产生不信任，影响司法权威；再有，尽管有的执法者本人具备严格执法的觉悟，能够做到秉公办案，但如若不规定具有特定身份关系的人必须回避，无法体现法律的公正。

有关此项，较之《刑事诉讼法》第108条第6项"'近亲属'是指夫、妻、父、

---

[1] 最高人民法院2018年11月28日印发《关于健全完善人民法院主审法官会议工作机制的指导意见（试行）》的通知（法发〔2018〕21号）。

母、子、女、同胞兄弟姊妹"的规定，最高人民法院曾在《关于审判人员在诉讼活动中执行回避制度若干问题的规定》中指出：包括与审判人员有夫妻、直系血亲、三代以内旁系血亲及近姻亲关系的人，都适用回避。这在一定意义上使得回避的适用范围更为宽泛，要求更为严格。最高法《解释》第23条第4项中还明确办案人员"与本案的辩护人、诉讼代理人有近亲属关系的"，也在回避情形中。

2. 本人或者他的近亲属和本案有利害关系的。办案人员本人虽然与案件或者案件当事人没有利害关系，可其在一定范围内的其他亲属关系仍然可能会导致其无法公正办案，因此法律规定本项理由，旨在起到进一步的防范作用。

3. 担任过本案的证人、鉴定人、辩护人、诉讼代理人的。因为首先证人具有不可替代性，办案人员如果事先了解案情，应当优先作证，履行公民的作证义务。在同一案件中，如果既作证人又担任执法人员，就容易先入为主，不利于客观公正地分析判断案情，甚而导致误定错判。同样道理，担任过本案的鉴定人、辩护人、诉讼代理人的，也会因为其在诉讼中的特定身份和法律职责而预先形成对案件的看法，并已经向公安司法机关提出，此后若再担任其他职责，特别是履行侦查、起诉、审判职能，显然对案件的公正处理可能存在不利因素。相应地，翻译人员和勘验人员根据司法解释，也应当回避。

4. 与本案当事人有其他关系，可能影响公正处理案件的。这里的"其他关系"法律没有具体列出，主要是根据设立回避制度的根本目的，进而赋予司法机关以及有关公民的一项授权性规定。由于可能影响案件公正处理的因素在现实中还有很多，立法中无法一一列举，所以，本项只作原则性规定，当法定有权提出回避的人员认为案件中出现了符合本项规定的情形时，可以依法提出，由相应的司法机关作出是否回避的决定。应当明确，"其他关系"的存在或者出现，只有达到了"可能影响公正处理案件"的程度时，才符合本项规定的宗旨。

5. 审判人员、检察人员、侦查人员接受当事人及其委托的人的请客送礼，违反规定会见当事人及其委托人的（《刑事诉讼法》第30条第1款）。鉴于反腐倡廉尤其是惩治司法腐败的需要，法律特别就此作出具体规定。本项规定的内容从整体上看与前一项有一定的包容关系，但它将回避的要求针对司法人员的具体行为，应当引起高度重视。《刑事诉讼法》第30条第2款规定："审判人员、检察人员、侦查人员违反前款规定的，应当依法追究法律责任。……"同时，有关的司法解释规定，依照《刑事诉讼法》第30条规定提出回避申请的，申请人应当提供证明材料。

需要注意的是，根据最高法《解释》第24条的规定，涉及上述第4、5两项内容，主要针对以下情况："审判人员违反规定，具有下列情形之一的，当事人及其法定代理人有权申请其回避：①违反规定会见本案当事人、辩护人、诉讼代理人的；②为本案当事人推荐、介绍辩护人、诉讼代理人，或者为律师、其他人员介绍办理本案的；③索取、接受本案当事人及其委托人的财物或者其他利益的；④接受本案当事人及其委托人的宴请，或者参加由其支付费用的活动的；⑤向本案当事人及其委托人借用款物的；⑥有其他不正当行为，可能影响公正审判的。"

在法定回避范围内的六类人员均不得在同一诉讼阶段担任不同的"角色"，也不能够以同一"角色"出现在同一案件的不同的诉讼阶段或程序中。所以，参加过本案侦查的侦查人员，如果调至人民检察院工作，不得担任本案的检察人员；参加过本案侦查、起诉的侦查、检察人员，如果调至人民法院工作，不得担任本案的审判人员。同理，检察人员中，参加过案件侦查的人员，也不得承办该案的审查逮捕、起诉和诉讼监督工作。[1]不同级别的法院审判人员因工作调动缘故不可多次承办同一案件。

根据《刑事诉讼法》第 24 条的规定，上级人民法院在必要的时候，可以审判下级人民法院管辖的第一审刑事案件。"必要的时候"，包括因为院长回避而不宜由下级法院行使管辖权而移送上级法院审理的情形。[2]根据《刑事诉讼法》第 44 条的规定，辩护人等在诉讼活动中，违反规定涉嫌犯罪需要追究刑事责任时，"应当由办理辩护人所承办案件的侦查机关以外的侦查机关办理"。[3]这应当理解为原办案机关的整体回避。根据《刑事诉讼法》第 239 条的规定，原审人民法院对于发回重审的案件，应当另行组成合议庭，依照第一审程序进行审判。这实际是原审合议庭的回避。同时，最高法《解释》第 25 条规定，凡在一个审判程序中参与过本案审判工作的合议庭组成人员，不得再参与本案其他程序的审判。发回重新审判的案件，在第一审人民法院作出裁判后又进入第二审程序或者死刑复核程序的，原第二审程序或者死刑复核程序中的合议庭组成人员不受限制。根据《刑事诉讼法》第 247、250 条的规定，在死刑复核程序中，高级人民法院不同意判处死刑发回重新审判的案件，最高人民法院未予核准死刑发回重新审判的案件，均应当注意对回避制度的遵守。其中，依照最高法《解释》第 355 条的规定，也有例外，需要注意区分。[4]根据《刑事诉讼法》第 255、256 条的规定，在审判监督程序中，上级人民法院指令下级人民法院再审的，应当指令原审人民法院以外的下级人民法院审理；由原审人民法院审理更为适宜的，也可以指令原审人民法院审理。人民法院按照审判监督程序重新审判的

---

〔1〕　参见最高检《规则》第 35、36 条。

〔2〕　参见最高法《解释》第 16 条：有管辖权的人民法院因案件涉及本院院长需要回避等原因，不宜行使管辖权的，可以请求移送上一级人民法院管辖。上一级人民法院可以管辖，也可以指定与提出请求的人民法院同级的其他人民法院管辖。

〔3〕　《刑事诉讼法》第 44 条：辩护人或者其他任何人，不得帮助犯罪嫌疑人、被告人隐匿、毁灭、伪造证据或者串供，不得威胁、引诱证人作伪证以及进行其他干扰司法机关诉讼活动的行为。违反前款规定的，应当依法追究刑事责任，辩护人涉嫌犯罪的，应当由办理辩护人所承办案件的侦查机关以外的侦查机关办理。辩护人是律师的，应当及时通知其所在的律师事务所或者所属的律师协会。

〔4〕　参见最高法《解释》第 355 条，"最高人民法院裁定不予核准死刑，发回重新审判的案件，原审人民法院应当另行组成合议庭审理，但本解释第 350 条第 4 项、第 5 项规定的案件除外"。第 350 条，"最高人民法院复核死刑案件，应当按照下列情形分别处理：……④复核期间出现新的影响定罪量刑的事实、证据的，应当裁定不予核准，并撤销原判，发回重新审判；⑤原判认定事实正确，但依法不应当判处死刑的，应当裁定不予核准，并撤销原判，发回重新审判；……"

案件，由原审人民法院审理的，应当另行组成合议庭进行。根据《刑事诉讼法》第274条的规定，在执行程序中，人民检察院有权对人民法院的减刑、假释工作进行监督，"认为人民法院减刑、假释的裁定不当，应当在收到裁定书副本后20日以内，向人民法院提出书面纠正意见。人民法院应当在收到纠正意见后1个月以内重新组成合议庭进行审理，作出最终裁定"。上述都构成了原审判组织的回避。

二、回避的种类

回避的种类，是指回避制度得以实现的方式，《刑事诉讼法》第29条明确规定了两种回避的方式，即自行回避和申请回避。在诉讼法学理论上，回避可以根据不同的标准有不同的分类方法，但人们普遍认同的是根据其实施方式的不同进行分类的方法，将回避分为自行回避、申请回避和指令回避（决定回避）三种。

自行回避指具有法定回避理由之一的审判人员、检察人员、侦查人员等自行主动地提出退出刑事诉讼活动的制度。自行回避的法律依据主要来自《刑事诉讼法》第29条的规定。这种制度的实质是通过司法人员的职业自律和自我约束意识，消除可能导致案件得不到公正处理的可能性，使符合法定回避情形的有关人员自觉退出诉讼活动。

申请回避指案件的当事人及其法定代理人、辩护人、诉讼代理人，认为审判人员、检察人员、侦查人员等具有法定回避理由而向司法机关提出申请，要求上述人员不得参与或继续办案活动的制度，其法律依据同样系《刑事诉讼法》第29条。申请法定范围内的人员回避，是当事人及其法定代理人、辩护人、诉讼代理人在刑事诉讼中的一项重要诉讼权利，司法机关有义务保证这些人员充分、有效地行使这一权利。

指令回避（决定回避）指存在应当回避理由的法定人员没有自行回避或者被申请回避时，司法机关的有关组织或者负责人发现后，根据有关司法解释规定[1]，有权作出决定，责令相关人员不得参与办理案件。指令回避决定作出后，相关人员即退出正在进行的诉讼程序。同时，还需要查明，如果指令回避决定作出前，办案人员有故意违背法律或者相关规定的情形的，应当给予必要的纪律处分，徇私枉法构成犯罪的，应当追究刑事责任。

■第三节　回避的程序

一、回避的期间

回避的期间，是指回避适用的诉讼阶段范围，具体指侦查、检察、审判人员及其他适用回避的人员自行回避，当事人及其法定代理人、辩护人、诉讼代理人申请回避以及有权指令回避的组织和人员指令回避的时间期限。

---

[1]　参见最高法《解释》第29条；最高检《规则》第31条；公安部《规定》第30条。

　　根据回避制度的基本立法宗旨，可以在刑事诉讼程序开始后的任何诉讼阶段提出回避申请和作出审核决定。属于回避范围的人员，应当从承办案件并知晓具有法定应当回避的情形时起立即提出自行回避的申请；当事人及其法定代理人、辩护人、诉讼代理人自他们了解有关人员具备应当回避的情形后即可以行使自己的诉讼权利；有权决定回避的人员或者组织自知晓有关人员涉及回避的情形后，应当及时加以审核，尽快作出决定，以利于案件迅速地开始进入正常的程序，提高诉讼效率。

　　根据《刑事诉讼法》第 187 条的规定，人民法院在开庭以前，可以召集由控辩双方参加的"庭前会议"，就包括回避问题在内的事项了解情况，听取意见。根据《刑事诉讼法》第 190 条的规定，人民法院在开庭审理的时候，审判长应当告知当事人有权对合议庭的组成人员、书记员、公诉人、鉴定人和翻译人员申请回避。据此，审判长在告知当事人所享有的申请回避权后，当事人即可以申请相关人员回避。这样就能够使符合法定的回避情形的有关人员被排除出法庭审判的过程。如果在法庭审理过程中出现了申请回避的情形，根据《刑事诉讼法》第 204 条的规定，也构成延期审理的事由。《刑事诉讼法》有关审判阶段适用回避的基本规定，不但适用于第一审程序，也适用于第二审程序和审判监督程序。同理，在死刑复核程序中，审判人员也应当适时告知当事人有申请回避的权利。

　　相应地，在案件的侦查、审查起诉阶段，办案人员均应当告知当事人及其法定代理人、辩护人、诉讼代理人有依法申请回避的权利。由于在侦查阶段，很难像在审判阶段一样集中在同一场所进行诉讼活动，因此，侦查阶段的回避应以自行回避和指令回避为主，同时兼采申请回避。当然，检察机关应当加强对侦查程序合法性的监督。侦查人员有法定情形而没有回避的，检察机关在审查逮捕和审查起诉时应当以程序违法为由，将案件退回侦查部门补充侦查。在审查起诉阶段，检察人员如果有法定回避情形的，应当自行主动回避；检察长或者检察委员会也可以对其指令回避；当事人及其法定代理人、辩护人、诉讼代理人也可以提出回避申请。案件已经决定移送法院审判的，当事人及其法定代理人、辩护人、诉讼代理人还可以要求出庭支持公诉的检察官、书记员回避。第二审人民法院发现第一审人民法院的审理违反回避制度的，应当裁定撤销原判，发回原审人民法院重新审判。

二、回避的审查与决定

　　回避申请或者请求的提出，应当符合法律规定的理由和程序，对上述申请或者请求是否同意也应当经过法定的人员依照必要的程序进行审核。

　　《刑事诉讼法》第 31 条第 1 款规定："审判人员、检察人员、侦查人员的回避，应当分别由院长、检察长、公安机关负责人决定；院长的回避，由本院审判委员会决定；检察长和公安机关负责人的回避，由同级人民检察院检察委员会决定。"需要注意的是，其中需要由审判委员会、检察委员会作出回避决定的院长、检察长不包括副职，因为根据《人民法院组织法》和《人民检察院组织法》的有关规定，人民法院和人民检察院的正职和副职的产生方式以及职权有明显不同。但是，当正职缺额或者不在岗位，由副职代行正职职权时，得适用正职的回避审查决定程序。

根据《刑事诉讼法》第 31 条的规定，有回避决定权的组织或者个人经过对当事人等的回避申请或者有关办案人员自行回避的请求进行全面审查后，如果发现确有刑事诉讼法规定的回避情形的，应当依法作出决定，令其回避。这种决定一经作出，立即发生法律效力，被决定人应当立即退出刑事诉讼活动。《刑事诉讼法》第 31 条第 2 款规定："对侦查人员的回避作出决定前，侦查人员不能停止对案件的侦查。"此款规定主要是由侦查工作的特殊性决定的。侦查工作必须迅速、及时，以便尽早地缉拿罪犯、收集证据，遏制犯罪。为了保障侦查工作的及时、有效进行，法律专门规定了在侦查期间履行回避制度的特殊方式。侦查人员自提出自行回避或者当事人及其法定代理人、辩护人、诉讼代理人提出要求其回避的申请以后，可以照常进行侦查活动，直到有关组织或者个人依法对这一回避事项进行审查并作出正式的准许回避决定之后，该侦查人员才能停止对案件的侦查工作，但其他侦查人员应立即接替其继续或者重新开始侦查工作。对本款法律规定在理解时还应注意："对回避作出决定前"，包括复议期间；"侦查人员"包括所有依法具有侦查权的机关的办案人员，含参与补充侦查的人员、检察机关的侦查人员。

根据《刑事诉讼法》第 32 条的规定，书记员、翻译人员和鉴定人的回避事宜，从提出申请或者请求到决定程序均适用《刑事诉讼法》第 29、30、31 条的规定，分别由他们各自履行职责或者聘请、指派他们的机关的负责人（公安机关负责人、检察长、院长）决定其是否回避。

关于回避决定作出以前所取得的证据和进行的诉讼行为是否有效的问题，根据公安机关的有关规定和最高人民检察院的司法解释[1]，因符合《刑事诉讼法》第 29 条或者第 30 条规定的情形之一回避的侦查人员、检察人员，在回避决定作出以前所取得的证据和进行的诉讼行为是否有效，由公安机关负责人、检察委员会或者检察长根据案件具体情况决定。对于相应的审判人员，目前没有具体的规定。

三、对驳回申请回避的复议

解决回避问题依法应当运用"决定"的法律形式，它既可以采用书面方式，也可以运用口头方式，口头的决定应当记录在案。对于当事人及其法定代理人、辩护人、诉讼代理人提出回避申请的，司法机关应当将是否同意回避的决定和理由告知申请人；对于自行回避或者指令回避的审查和决定，则不必告知当事人。

有关回避的决定一经作出，一般即具有法律效力。同时，为了保障当事人等申请回避权充分有效的行使，有利于诉讼程序的顺利进行，避免案件的延迟处理，根据《刑事诉讼法》第 31 条第 3 款的规定，对驳回申请回避的决定，当事人及其法定

---

[1]　参见公安部《规定》第 37 条；最高检《规则》第 36 条。

第十章

代理人可以申请复议一次。对复议后的决定，应当及时通知提出复议请求的人。具体而言，根据最高法《解释》[1]的规定：当事人及其法定代理人、辩护人、诉讼代理人对决定有异议的，可以在接到决定时申请复议一次。不属于《刑事诉讼法》第29、30条规定情形的回避申请，由法庭当庭驳回，并不得申请复议。

根据最高检《规则》[2]和公安部《规定》[3]，当事人及其法定代理人等对驳回回避申请的决定不服的，有权在收到决定书后5日内向原决定机关申请复议一次，决定机关应当在3日内作出复议决定并书面通知申请人。案件处于侦查阶段的，复议期间，被申请人不得停止对案件的侦查。

根据《刑事诉讼法》第238条的规定，第二审人民法院发现第一审人民法院的审理违反回避制度的，应当撤销原判，发回重审。如果判决、裁定已经生效，经当事人及其法定代理人、近亲属的申诉，根据《刑事诉讼法》第253条的规定，人民法院应当重新审判。

【思考题】

1. 什么是回避？哪些人有权申请回避？
2. 回避的法定理由有哪些？
3. 回避的种类有哪些？
4. 回避适用的人员范围包括哪些？
5. 有权提出申请回避的人员包括哪些？

---

[1] 参见最高法《解释》第30、34条。
[2] 参见最高检《规则》第32～34、37条。
[3] 参见公安部《规定》第35、36、39条。

第十一章

第十一章

辩护与代理

提要与学习要求　本章需要了解辩护制度、自行辩护、指定辩护、委托辩护、拒绝辩护、法律援助制度、值班律师刑事代理制度的概念。理解辩护人的范围，辩护的种类，辩护人参加诉讼和律师辩护的意义。掌握《刑事诉讼法》以及相关法律解释对辩护与代理的具体规定，包括辩护人的诉讼地位、责任、权利和义务，拒绝辩护、委托辩护人的时间，指派辩护的适用情形，侦查阶段委托辩护律师的要求，刑事代理的种类，诉讼代理人的范围、责任和权利等。

■第一节　辩护人

一、辩护人的概念

辩护人，是指受犯罪嫌疑人、被告人的委托或法律援助机构的指派，帮助犯罪嫌疑人、被告人行使辩护权，以维护其合法权益的人。

《宪法》第 130 条规定："……被告人有权获得辩护。"《刑事诉讼法》第 11 条规定："……被告人有权获得辩护，人民法院有义务保证被告人获得辩护。"

辩护权是我国法律赋予犯罪嫌疑人、被告人的一项重要的诉讼权利，其内容是针对控诉进行辩解和反驳，维护犯罪嫌疑人、被告人的诉讼权利和合法权益。辩护权是辩护的法律依据，辩护是实现辩护权的手段和方法。传统诉讼理论认为，刑事诉讼由三大基本职能构成：控诉职能、辩护职能和审判职能。辩护人与犯罪嫌疑人、被告人一道执行辩护职能。辩护人依据事实和法律，反驳控诉，进行辩护，提出证明犯罪嫌疑人、被告人无罪、罪轻或者减轻、免除其刑事责任的材料和意见，使得审判人员兼听则明，根据控诉、辩护双方提出的事实和证据，依据法律作出公正的裁决。

关于辩护人的人数，《刑事诉讼法》第33条规定，犯罪嫌疑人、被告人除自己行使辩护权以外，还可以委托1~2人作为辩护人。也就是说，犯罪嫌疑人、被告人至多可以委托2个辩护人。被委托的辩护人既可以都是律师，也可以都是其他辩护人，或者可以委托1名律师、1名其他辩护人。

鉴于犯罪嫌疑人、被告人之间存在着利害关系，在共同犯罪案件中，1名辩护人不得同时接受2名以上的同案犯罪嫌疑人、被告人委托，作为他们的共同辩护人。

犯罪嫌疑人、被告人可以拒绝辩护人为其辩护。《刑事诉讼法》第45条规定："在审判过程中，被告人可以拒绝辩护人继续为他辩护，也可以另行委托辩护人辩护。"辩护权的主体是犯罪嫌疑人和被告人，辩护权根本上是犯罪嫌疑人、被告人的诉讼权利，辩护人的辩护权派生于辩护权的主体。有鉴于此，《刑事诉讼法》对犯罪嫌疑人、被告人的拒绝辩护权没有合理由上的限制，一经提出，应当生效。根据最高法《解释》，被告人拒绝法律援助机构指派的律师为其辩护，坚持自己行使辩护权的，人民法院应当准许。属于应当提供法律援助的情形，被告人拒绝指派的律师为其辩护的，人民法院应当查明原因。理由正当的，应当准许，但被告人须另行委托辩护人；被告人未另行委托辩护人的，人民法院应当在3日内书面通知法律援助机构另行指派律师为其提供辩护。

二、辩护人的范围

（一）可以担任辩护人的人

《刑事诉讼法》第33条规定了辩护人的范围，下列人员可以被委托为辩护人：

1. 律师。依据《律师法》的规定，我国律师是指依法取得律师执业证书，接受委托或者指定，为当事人提供法律服务的执业人员。虽然取得律师资格但没有登记注册的人，不得以律师身份担任辩护人。

2. 人民团体或者犯罪嫌疑人、被告人所在单位推荐的人。由于目前我国的律师队伍不能满足实际需要，为有效地维护犯罪嫌疑人、被告人的合法权益，工会、妇联、共青团等群众性团体以及犯罪嫌疑人、被告人所在单位，可以推荐公民担任刑事案件的辩护人。犯罪嫌疑人、被告人可以向上述人民团体提出要求，由这些团体推荐人员为其提供法律帮助。通常被推荐的人员熟悉法律并有一定的辩护能力。

3. 犯罪嫌疑人、被告人的监护人、亲友。未成年的犯罪嫌疑人、被告人的监护人是其父母，其父母已经死亡或者没有监护能力的，其祖父母、外祖父母、兄、姐或者关系密切的其他亲友可以依法作为监护人。至于亲友，是指犯罪嫌疑人、被告人的亲属和朋友，没有明确的范围。

现行法律规定非律师的上述两种人可以担任辩护人，是为了改善目前司法实践中辩护律师数量不足的现状，切实解决犯罪嫌疑人、被告人聘请律师难的问题，及时、有效地维护犯罪嫌疑人、被告人的诉讼权利。

律师、人民团体、被告人所在单位推荐的公民以及被告人的监护人、亲友，被委托为辩护人的,人民法院要核实其身份证明和辩护委托书。

（二）不能担任辩护人的人

并不是所有的人都可以担任辩护人,根据《刑事诉讼法》第33条和最高法《解释》的规定,下列人员不得被委托担任辩护人:

1. 正在被执行刑罚或者处于缓刑、假释考验期间的人。正在执行的刑罚包括主刑和附加刑,刑罚尚未执行完毕和被宣告缓刑的人,不得担任辩护人。应当特别注意的是,主刑已经执行完毕但仍在被执行剥夺政治权利的人,也不得担任辩护人。

2. 依法被剥夺、限制人身自由的人。依法被剥夺、限制人身自由的人包括被公安司法机关采取了逮捕、拘留、监视居住、取保候审等刑事强制措施或者依据其他法律、法规被限制或者剥夺人身自由的人。

3. 无行为能力或者限制行为能力的人。

4. 被开除公职和被吊销律师、公证员执业证书的人。

5. 人民法院、人民检察院、公安机关、国家安全机关、监狱的现职人员。

6. 人民陪审员。

7. 与本案审理结果有利害关系的人。

8. 外国人或者无国籍人。

以上第4、5、6、7、8项规定的人员,如果是被告人的监护人、近亲属,由被告人委托担任辩护人的,可以准许。

在我国进行的刑事诉讼中,外国人、无国籍人委托律师为其进行辩护的,依法只能委托中国律师。

三、辩护人的地位

作为独立的诉讼参与人之一,辩护人具有独立的诉讼地位。

1. 辩护人依法独立履行职务。在刑事诉讼中,辩护人与犯罪嫌疑人、被告人共同构成辩护方,一起执行辩护职能,而辩护职能作为刑事诉讼的基本职能之一是独立于控诉职能和审判职能之外的。辩护人具有独立的诉讼参与人身份,依自己意志依法进行辩护活动,独立于犯罪嫌疑人、被告人的意志之外,不受犯罪嫌疑人、被告人的意志左右。辩护人依法履行职务的行为受到法律保护,任何机关、团体和个人不得非法干涉,公安司法机关也不得非法干涉。

2. 辩护人依法只维护犯罪嫌疑人、被告人的合法权益。《刑事诉讼法》第37条规定:"辩护人的责任是根据事实和法律,提出犯罪嫌疑人、被告人无罪、罪轻或者减轻、免除其刑事责任的材料和意见,维护犯罪嫌疑人、被告人的诉讼权利和其他合法权益。"《律师法》第31条也作了相同的规定。据此,辩护人执行职务时,仅应以事实为根据,以法律为准绳,其职责是忠实于案件事实真相,尊重客观证据,坚持真理。

四、辩护人的权利、义务

（一）辩护人的权利

应当注意，在刑事诉讼中，律师与其他辩护人的诉讼权利不同，辩护人在不同诉讼阶段的诉讼权利也不同。具体说，辩护人的诉讼权利有：

1. 公诉案件犯罪嫌疑人自被侦查机关第一次讯问或者采取强制措施之日起，律师有权接受委托担任辩护人；自案件移送审查起诉之日起，人民团体或者犯罪嫌疑人所在单位推荐的人以及犯罪嫌疑人的监护人、亲友也有权接受委托担任辩护人。自诉案件中，律师及其他辩护人有权随时接受委托担任被告人的辩护人。

2. 自人民检察院对案件审查起诉之日起，辩护律师有权查阅、摘抄、复制本案的案卷材料。其他辩护人经人民法院、人民检察院许可，也可以查阅、摘抄、复制上述材料。辩护人查阅、摘抄、复制案卷材料的，人民检察院和人民法院应当提供方便，并保证必要的时间。复制案卷材料可以采用复印、拍照、扫描等方式。

3. 辩护律师可以同在押的犯罪嫌疑人、被告人会见和通信。其他辩护人经人民法院、人民检察院许可，也可以同在押的犯罪嫌疑人、被告人会见和通信。

4. 辩护律师经证人或者其他有关单位和个人同意，可以向他们收集与本案有关的材料。辩护律师经人民检察院或者人民法院许可，并且经被害人或者其近亲属、被害人提供的证人同意，可以向他们收集与本案有关的材料。辩护律师根据案情的需要，可以申请人民检察院、人民法院收集、调取证据或者申请人民法院通知证人出庭作证。辩护律师向司法机关提出的调查取证申请应当以书面形式提出，并说明申请的理由，列出需要调查问题的提纲。

辩护人认为在侦查、审查起诉期间公安机关、人民检察院收集的证明犯罪嫌疑人、被告人无罪或者罪轻的证据材料未提交的，有权申请人民检察院、人民法院调取。

5. 在案件的审判阶段，辩护人有权至迟在开庭 3 日以前接到人民法院的出庭通知书。

6. 在法庭审理过程中，辩护人经审判长许可，可以对证据和案件情况发表意见并且可以与公诉人、被害人及其诉讼代理人进行辩论，可以向被告人、证人、鉴定人等发问。有权申请通知新的证人到庭，调取新的物证，申请重新鉴定或者勘验。辩护律师在提供被告人无罪或者罪轻的证据时，认为在侦查、审查起诉过程中侦查机关、人民检察院收集的证明被告人无罪或者罪轻的证据需要在法庭上出示的，可以申请人民法院向人民检察院调取该证据材料，并可以到人民法院查阅、摘抄、复制该证据材料。

7. 在法庭审判中，经审判长许可，辩护人可以同公诉人、被害人等就案件事实、证据和法律的适用进行辩论。

8. 经被告人同意，辩护人可以对第一审尚未发生法律效力的判决或者裁定提出上诉。

9. 对于人民法院、人民检察院或者公安机关采取强制措施超过法定期限的，辩护人有权要求解除强制措施。

10. 辩护人有权代理犯罪嫌疑人、被告人提出申诉。

11. 依法担任辩护人，其依法执行职务的行为受到法律保护，任何单位、个人都不得非法干涉。辩护人在合法执业活动中的人身权利不受侵犯。辩护人、诉讼代理人认为公安机关、人民检察院、人民法院及其工作人员阻碍其依法行使诉讼权利的，有权向同级或者上一级人民检察院申诉或者控告。人民检察院对申诉或者控告应当及时进行审查，情况属实的，通知有关机关予以纠正。

12. 辩护律师发现委托事项违法，委托人利用律师提供的服务从事违法活动或者委托人故意隐瞒与案件有关的重大事实的，有权拒绝辩护。

（二）辩护人的义务

1. 辩护人有义务根据事实和法律，提出犯罪嫌疑人、被告人无罪、罪轻或者减轻、免除其刑事责任的材料和意见，维护犯罪嫌疑人、被告人的诉讼权利和合法权益。

2. 辩护人或者其他任何人，不得帮助犯罪嫌疑人、被告人隐匿、毁灭、伪造证据或者串供，不得威胁、引诱证人作伪证以及进行其他干扰司法机关诉讼活动的行为。违反前款规定的，应当依法追究法律责任，辩护人涉嫌犯罪的，应当由办理辩护人所承办案件的侦查机关以外的侦查机关办理。辩护人是律师的，应当及时通知其所在的律师事务所或者所属的律师协会。《刑法》第 306 条规定，在刑事诉讼中，辩护人毁灭、伪造证据，帮助当事人毁灭、伪造证据，威胁、引诱证人违背事实改变证言或者作伪证的，处 3 年以下有期徒刑或者拘役；情节严重的，处 3 年以上 7 年以下有期徒刑。

3. 辩护人收集的有关犯罪嫌疑人不在犯罪现场、未达到刑事责任年龄、属于依法不负刑事责任的精神病人的证据，应当及时告知公安机关、人民检察院。

五、侦查阶段辩护律师权利的特殊规定

为了使犯罪嫌疑人在侦查阶段能够更好地自行辩护，维护其合法权益，《刑事诉讼法》规定犯罪嫌疑人在侦查阶段可以委托律师为其辩护。对于符合应当提供法律援助情形的，公安机关、人民检察院应当通知法律援助机构指派律师为其提供辩护。

《刑事诉讼法》第 38 条规定："辩护律师在侦查期间可以为犯罪嫌疑人提供法律帮助；代理申诉、控告；申请变更强制措施；向侦查机关了解犯罪嫌疑人涉嫌的罪名和案件有关情况，提出意见。"第 39 条第 1 款规定："辩护律师可以同在押的犯罪嫌疑人、被告人会见和通信。……"根据这些规定，律师在侦查阶段享有以下诉讼权利并进行相应的诉讼活动：

1. 向侦查机关了解犯罪嫌疑人涉嫌的罪名和案件的有关情况。律师接受犯罪嫌疑人的聘请后，应当首先向侦查机关了解犯罪嫌疑人涉嫌的罪名，以便有针对性地为犯罪嫌疑人提供法律帮助。

2. 会见犯罪嫌疑人，向其了解案件的有关情况。犯罪嫌疑人自被侦查机关第一次讯问或者采取强制措施之日起，辩护律师持律师执业证书、律师事务所证明和委托书或者法律援助公函要求会见在押的犯罪嫌疑人、被告人的，看守所应当及时安排会见，至迟不得超过 48 小时。律师会见犯罪嫌疑人、被告人，不被监听。

危害国家安全犯罪、恐怖活动犯罪案件，在侦查期间辩护律师会见在押的犯罪嫌疑人的，应当经侦查机关许可。上述案件，侦查机关应当事先通知看守所。

3. 为犯罪嫌疑人提供法律帮助。例如，律师可以就犯罪嫌疑人涉嫌的罪名向其讲解《刑法》的有关规定，阐述国家的刑事政策，帮助犯罪嫌疑人分析自己行为的性质和情节，从而为其行使辩护权指明方向，作出选择；同时，律师还可以告知犯罪嫌疑人依法享有的诉讼权利和应当承担的诉讼义务，帮助其正确地进行诉讼活动。

4. 代理犯罪嫌疑人提出申诉和控告。《宪法》规定，公民对于任何国家机关和国家工作人员的违法失职行为，有向有关国家机关提出申诉、控告或者检举的权利。《刑事诉讼法》第 14 条规定，诉讼参与人对于侦查人员侵犯公民诉讼权利和人身侮辱的行为，有权提出控告。据此，对于侦查机关违法立案，违法进行各项侦查活动和对犯罪嫌疑人进行刑讯逼供、人身侮辱、非法拘禁或超期羁押的情况，以及向犯罪嫌疑人勒索钱财、非法恫吓等，受聘请的律师可以代理犯罪嫌疑人提出申诉或者控告，或者向有关部门反映，以维护犯罪嫌疑人的正当权益。

5. 申请变更强制措施。例如，辩护律师可以按照《刑事诉讼法》的有关规定，代理在押的犯罪嫌疑人向侦查机关申请取保候审。侦查机关同意取保候审的，受聘律师应当与犯罪嫌疑人的亲属联系，落实保证人或者保证金，帮助办理取保候审手续，并告知犯罪嫌疑人在取保候审期间应当遵守的义务以及违反规定应当承担的法律后果。

■第二节　辩护的种类

依据法律规定，我国刑事诉讼中辩护的种类有三种：自行辩护、委托辩护和指定辩护。

一、自行辩护

自行辩护是犯罪嫌疑人、被告人针对控诉进行辩解和反驳，自己为自己所作的辩护。这种方式贯穿在刑事诉讼的始终，无论是刑事案件的侦查、起诉或者审判阶段，犯罪嫌疑人、被告人都有权自行辩护。自行辩护是犯罪嫌疑人、被告人行使辩护权的重要方式。犯罪嫌疑人、被告人是刑事诉讼的中心人物，是被追究刑事责任的对象。他们对是否实施了犯罪、如何实施的犯罪以及犯罪后的后果最清楚，为保护自己不受非法追究、罚当其罪，他们会竭力提供对自己有利的各种事实和证据，证明自己无罪、罪轻和应当或者可以减轻处罚。法律保护犯罪嫌疑人、被告人的自行辩护权。自行辩护也是犯罪嫌疑人、被告人实现其辩护权的最基本的方式。

二、委托辩护

在刑事案件的侦查阶段、审查起诉和审判阶段，犯罪嫌疑人、被告人除自行辩护以外，依法还有权委托辩护人为其辩护，即犯罪嫌疑人、被告人为了更有效地维护其合法权益，在自行辩护的同时，可以委托辩护人帮助其进行辩护。犯罪嫌疑人、被告人依法可以委托律师、人民团体及其所在单位推荐的人或者其监护人、亲友作为辩护人。这种委托依犯罪嫌疑人、被告人的意愿进行，是其重要的诉讼权利。

至于委托辩护人介入刑事诉讼的时间，依据《刑事诉讼法》第34条的规定，犯罪嫌疑人自被侦查机关第一次讯问或者采取强制措施之日起，有权委托辩护人；在侦查期间，只能委托律师作为辩护人。被告人有权随时委托辩护人。侦查机关在第一次讯问犯罪嫌疑人或者对犯罪嫌疑人采取强制措施的时候，应当告知犯罪嫌疑人有权委托辩护人。人民检察院自收到移送审查起诉的案件材料之日起3日以内，应当告知犯罪嫌疑人有权委托辩护人。人民法院自受理案件之日起3日以内，应当告知被告人有权委托辩护人。人民检察院、人民法院如果没有依法履行告知义务，属于程序违法。

犯罪嫌疑人、被告人可以自己委托辩护人，也可以由其监护人、近亲属为其委托辩护人。

三、指派辩护

指派辩护是当刑事案件进入诉讼阶段，在遇有法定情形时，法律援助机构指派辩护人为被告人进行的辩护。联合国《关于律师作用的基本原则》规定，各国政府应确保拨出向穷人并在必要时向其他处境不利的人提供法律服务的资金和其他资源。律师专业组织应在安排和提供服务、便利和其他资源方面进行合作。任何没有律师的人在司法需要情况下均有权获得按犯罪性质指派给他的一名有经验和能力的律师，以得到有效的法律协助。如果他无足够力量为此种服务支付费用，可不交费。我国刑事诉讼中的指派辩护体现了联合国文件的精神，使法定情形下的被告人也能够得到法律帮助。

在刑事诉讼中，法律援助机构为犯罪嫌疑人、被告人指派承担法律援助义务的律师进行辩护是法律援助制度的一个重要组成部分。法律援助（Legal Aid）制度，是政府为了保障经济困难的公民获得必要的法律服务，设立专门的机构为符合条件的公民提供法律咨询、代理、刑事辩护等无偿法律服务的制度。按照国务院颁布的《法律援助条例》（2003年9月1日起施行），在刑事诉讼中，可以向法律援助机构申请法律援助的情况包括三种：①犯罪嫌疑人在被侦查机关第一次讯问或者采取强制措施之日起，因经济困难没有聘请律师的；②公诉案件中的被害人及其法定代理人或者近亲属，自案件移送审查起诉之日起，因经济困难没有委托诉讼代理人的；③自诉案件的自诉人及其法定代理人，自案件被人民法院受理之日起，因经济困难没有委托诉讼代理人的。可见，刑事诉讼中的法律援助并不限于法院为被告人指定辩护，还包括侦查阶段律师的介入以及为被害人、自诉人提供免费代理。

作为法律援助组成部分的指派辩护，由法律援助机构指派律师担任辩护人或者诉讼代理人，适用于以下情形：

1. 犯罪嫌疑人、被告人因经济困难或者其他原因没有委托辩护人的，本人及其近亲属可以向法律援助机构提出申请。对符合法律援助条件的，法律援助机构应当指派律师为其提供辩护。

2. 犯罪嫌疑人、被告人是盲、聋、哑人，或者是尚未完全丧失辨认或者控制自己行为能力的精神病人，没有委托辩护人的，人民法院、人民检察院和公安机关应当通知法律援助机构指派律师为其提供辩护。

3. 犯罪嫌疑人、被告人可能被判处无期徒刑、死刑，没有委托辩护人的，人民法院、人民检察院和公安机关应当通知法律援助机构指派律师为其提供辩护。

4. 未成年犯罪嫌疑人、被告人没有委托辩护人的，人民法院、人民检察院、公安机关应当通知法律援助机构指派律师为其提供辩护。

5. 人民法院缺席审判的案件，被告人及其近亲属没有委托辩护人的，人民法院应当通知法律援助机构指派律师为其提供辩护。

最高法《解释》还规定，被告人没有委托辩护人而具有下列情形之一的，人民法院可以通知法律援助机构指派律师为其提供辩护：①共同犯罪案件中，其他被告人已委托辩护人的；②有重大社会影响的案件；③人民检察院抗诉的案件；④被告人的行为可能不构成犯罪；⑤有必要指派律师提供辩护的其他情形。

四、三种辩护方式的不同

三种辩护方式中，委托辩护较之其他两种方式，作用较大，是犯罪嫌疑人、被告人实现其辩护权的主要和重要的方式。

委托辩护与自行辩护相比，有以下不同：①自行辩护的主体是犯罪嫌疑人、被告人，他们是依法被追究刑事责任的对象，与案件结局有着直接的利害关系。由于可能被科以刑罚，他们往往思想顾虑较重，不敢辩护或者不敢充分辩护。而辩护人在刑事诉讼中具有独立的诉讼地位，依法为犯罪嫌疑人、被告人进行辩护是其神圣的、不可侵犯的职责，其依法执行职责的行为受到法律的保护。他们应当并且能够依法维护犯罪嫌疑人、被告人的合法权益，使其不受侵犯。②由于犯罪嫌疑人、被告人在刑事诉讼中大多被采取了强制措施，人身自由受到不同程度的限制甚至被剥夺，无法收集证据和进行必要的调查活动，不具备充分为辩护作准备的客观条件。而法律赋予了辩护律师在刑事诉讼中的依法调查和取证权，其他辩护人也有比犯罪嫌疑人、被告人优越的客观条件，可以为辩护作充分的准备。③犯罪嫌疑人、被告人大多欠缺法律专业知识，不善于正确运用法律维护其自身的合法权益。而辩护律师具有良好的业务素质和丰富的诉讼经验。经过长期的普法教育，其他辩护人一般也有能力有效地保护委托人的合法权益。

委托辩护与指派辩护相比，有以下不同：①指派辩护的适用范围有局限。法律规定指派辩护只适用于特定的情形之下，而该范围在刑事案件中所占比例有限。因此，指派辩护的适用范围较小。相比之下，委托辩护的适用范围并无限制，极为广泛。②指派辩护的选择余地有限。犯罪嫌疑人、被告人对指派的律师不满意的，只能通过拒绝其为自己辩护来更换，而且只能更换一次；委托辩护则可以任意选择自己想要的辩护人。③依法可以担任委托辩护人的人员范围大于可以担任指派辩护人的人员范围。法律规定，只有律师才可以接受法律援助机构的指派成为被告人的辩护人，但依法可以接受委托成为犯罪嫌疑人、被告人的辩护人的人员除律师以外，还有人民团体或者犯罪嫌疑人、被告人所在单位推荐的人以及犯罪嫌疑人、被告人的监护人、亲友。

对于法律援助机构没有指派辩护律师的，由值班律师提供法律帮助。值班律师不提供出庭辩护服务。因此，值班律师虽然履行辩护人的一些职责，但不是辩护人。《刑事诉讼法》第36条规定，法律援助机构可以在人民法院、看守所等场所派驻值班律师。犯罪嫌疑人、被告人没有委托辩护人，法律援助机构没有指派律师为其提供辩护的，由值班律师为犯罪嫌疑人、被告人提供法律咨询、程序选择建议、申请变更强制措施、对案件处理提出意见等法律帮助。人民法院、人民检察院、看守所应当告知犯罪嫌疑人、被告人有权约见值班律师，并为犯罪嫌疑人、被告人约见值班律师提供便利。值班律师最主要的作用是在认罪认罚具结书签署的时候在场。《刑事诉讼法》第174条规定，犯罪嫌疑人自愿认罪，同意量刑建议和程序适用的，应当在辩护人或者值班律师在场的情况下签署认罪认罚具结书。

■第三节　刑事代理

一、刑事诉讼代理的含义和种类

刑事诉讼代理，是指诉讼代理人接受特定诉讼参与人的委托，以被代理人的名义，在被代理人授权的范围内，为维护其合法权益所进行的诉讼活动。

刑事诉讼中的代理人，是以被代理人的名义参加诉讼的，而不是以自己的名义进行诉讼。代理人必须根据被代理人的意志，为维护其合法权益而进行诉讼。同时，诉讼代理人必须在被代理人的授权范围内进行诉讼，超过授权范围进行诉讼活动所产生的结果，除非得到被代理人的追认，否则被代理人不予承担。

刑事诉讼代理的种类有：①接受公诉案件被害人的委托，担任被害人的诉讼代理人；②接受自诉案件自诉人的委托，代理自诉人参加诉讼；③接受附带民事诉讼原告人或被告人的委托，担任附带民事诉讼原告人或被告人的诉讼代理人；④在违法所得没收程序中，犯罪嫌疑人、被告人的近亲属和其他利害关系人有权申请参加诉讼，也可以委托诉讼代理人参加诉讼；⑤在强制医疗程序中，被申请人或者被告人有权委托诉讼代理人；被申请人或者被告人没有委托诉讼代理人的，人民法院应当通知法律援助机构指派律师为其提供法律帮助；⑥接受申诉人的委托，担任刑事申诉人的代理人。

二、代理的程序

《刑事诉讼法》第 46 条规定："公诉案件的被害人及其法定代理人或者近亲属，附带民事诉讼的当事人及其法定代理人，自案件移送审查起诉之日起，有权委托诉讼代理人。自诉案件的自诉人及其法定代理人，附带民事诉讼的当事人及其法定代理人，有权随时委托诉讼代理人。人民检察院自收到移送审查起诉的案件材料之日起 3 日以内，应当告知被害人及其法定代理人或者其近亲属、附带民事诉讼的当事人及其法定代理人有权委托诉讼代理人。人民法院自受理自诉案件之日起 3 日以内，应当告知自诉人及其法定代理人、附带民事诉讼的当事人及其法定代理人有权委托诉讼代理人。"

最高法《解释》第 58 条规定："诉讼代理人接受当事人委托或者法律援助机构指派后，应当在 3 日内将委托手续或者法律援助手续提交人民法院。"

三、诉讼代理人的范围、责任和权利

根据《刑事诉讼法》第 47 条的规定，委托诉讼代理人的范围，与辩护人的范围相同。也就是说，有权委托诉讼代理人的人可以在下列人员中委托 1～2 人作为诉讼代理人：①律师；②人民团体或者被代理人所在单位推荐的人；③被代理人的监护人、亲友。不能充当辩护人的人，也不能被委托为诉讼代理人，具体内容见辩护人部分的论述。

委托人有权改变委托内容或者解除代理权，代理人也可以依法拒绝代理，从而导致代理权限的变更或解除。《律师法》第 32 条规定，委托人可以拒绝律师为其继续代理，也可以另行委托律师担任代理人。律师接受委托后，无正当理由的不得拒绝代理，但委托事项违法，委托人利用律师提供的服务从事违法活动，或者委托人故意隐瞒与案件有关的重要事实的，律师有权拒绝代理。代理权变更或解除，应当及时用书面形式通知管辖的人民法院。

根据最高法《解释》第 56 条的规定，诉讼代理人有权根据事实和法律，维护被害人、自诉人或者附带民事诉讼当事人的合法权益。

最高法《解释》第 57 条规定，经人民法院许可，诉讼代理人可以查阅、摘抄、复制本案的案卷材料。律师担任诉讼代理人，需要收集、调取与本案有关的证据材料的，参照适用最高法《解释》第 51～53 条的规定。也就是说，代理律师向证人或

者其他有关单位和个人收集、调取与本案有关的材料，因证人、有关单位和个人不同意，申请人民法院收集、调取，人民法院认为有必要的，应当同意。代理律师直接申请人民法院收集、调取证据，人民法院认为代理律师不宜或者不能向证人或者其他有关单位和个人收集、调取，并确有必要的，应当同意。人民法院根据代理律师的申请收集、调取证据时，申请人可以在场。

【思考题】

1. 辩护律师调查取证的时候，是否需要征得被调查人的同意？你认为这样的规定是否合适？

2. 在我国，侦查人员讯问犯罪嫌疑人的时候，律师是否有权在场？

3. 如果一个被告人可能被判处死刑，在法庭审理中一再拒绝为其指派的辩护人，法庭能否在其没有辩护人的情况下对其进行审判？

第十二章

强制措施

　　提要与学习要求　　本章需要了解强制措施的基本概念、性质和特点。理解我国《刑事诉讼法》规定的各种强制措施的概念和特点，强制措施与其他相关处罚、措施的区别，各种强制措施的适用对象或者条件、适用机关、审批程序和执行程序以及强制措施的变更、撤销和解除，公民扭送的性质。掌握《刑事诉讼法》以及相关法律解释对各类强制措施适用具体程序的规定，领会《刑事诉讼法》与《监察法》的衔接。

■第一节　强制措施概述

一、强制措施的概念和意义

　　刑事诉讼中的强制措施，是指公安机关、人民检察院和人民法院等为了保证刑事诉讼活动的顺利进行，依法对犯罪嫌疑人、被告人所采用的暂时限制或者剥夺其人身自由的各种法定强制方法。

　　我国《刑事诉讼法》规定了五种强制措施，按照强制力度从轻到重的顺序排列依次为：拘传、取保候审、监视居住、拘留、逮捕。我国《刑事诉讼法》中对强制措施的规定与国外大多数国家的立法不尽相同。在国外，一般将强制措施分为三类：一是限制人身自由的强制措施；二是对物的强制处分，如搜查、扣押等；三是对隐私权的强制措施，如窃听、采样等。我国《刑事诉讼法》中的强制措施仅指对人身自由的强制措施，对物的强制处分在侦查一章中予以规定，对于隐私权的强制措施具体规定不多，散见于侦查行为的勘验、检查和技术侦查两节中，例如《刑事诉讼法》第132条和第150~154条的内容。

　　刑事诉讼强制措施具有以下特点：

　　1. 有权适用强制措施的主体是公安机关（包括其他侦查机关）、人民检察院和人民法院。只有公安机关、人民检察院和人民法院才有权对犯罪嫌疑人、被告人采用强制措施，其他任何机关、团体或个人均无权适用《刑事诉讼法》规定的强制措施，否则即构成对公民人身权利的侵犯，应依法追究责任。

2. 强制措施适用的对象是刑事诉讼程序中的犯罪嫌疑人、被告人，不适用于其他诉讼参与人，更不适用于案外人，公安机关、人民检察院和人民法院不得扩大适用对象。

3. 强制措施的适用具有诉讼性。它既不是刑事处罚，也不是行政措施，而是在刑事诉讼程序中适用于特定对象的暂时性、预防性措施，目的是防止犯罪嫌疑人、被告人逃避侦查、起诉和审判，防止继续发生社会危害和人身危险，保证刑事诉讼活动顺利进行。

4. 强制措施是一种法定措施，并非每一刑事案件的每个犯罪嫌疑人、被告人均须被采取强制措施。采用强制措施一方面应考虑案件情况和犯罪嫌疑人、被告人的具体情况，另一方面应考虑《刑事诉讼法》规定的适用各种强制措施的法定条件。只有确实需要采用时才可依法采用。

5. 强制措施是一种临时性措施，一经采用并非一成不变，随着办案进展可予以解除、变更或者撤销。

强制措施的意义主要有：

1. 可以有效地防止犯罪嫌疑人、被告人逃避侦查、起诉和审判，防止其互相串供、毁灭证据或者伪造证据，给诉讼活动制造障碍，保证刑事诉讼顺利进行。

2. 可以有效地防止犯罪嫌疑人、被告人继续危害社会，对其实行监管或者羁押，限制或暂时剥夺其人身自由，使其不得继续犯罪或者实施新的危害社会的行为。

3. 可以有效地防止犯罪嫌疑人、被告人发生人身危险，避免其发生自杀、自残或者其他意外事件，使其无法逃避刑事追诉。

4. 对于社会上的不法人员和不安定分子起到威慑作用，警告其不得轻举妄动，以身试法，可以有效地预防犯罪，减少犯罪。同时安定民心，增强广大公民的安全感，以利于社会安定。

二、适用强制措施应考虑的因素

并非每一个刑事案件都必须对每一个犯罪嫌疑人、被告人采取强制措施，限制或暂时剥夺其人身自由。我国《宪法》第37条规定："中华人民共和国公民的人身自由不受侵犯。任何公民，非经人民检察院批准或者决定或者人民法院决定，并由公安机关执行，不受逮捕。禁止非法拘禁和以其他方法非法剥夺或者限制公民的人身自由，禁止非法搜查公民的身体。"刑事诉讼强制措施表现为不同程度地限制甚至暂时剥夺犯罪嫌疑人、被告人的人身自由，采用不当则会侵害公民的人身权利和民主权利。因此，在刑事诉讼中适用强制措施通常应考虑下列因素：

1. 犯罪嫌疑人、被告人所实施行为的社会危害性大小。采取强制措施的必要性与其行为的社会危险性成正比。其行为的社会危害性越大，对其人身自由加以限制或者暂时剥夺的必要性和可能性也越大。

2. 犯罪嫌疑人、被告人是否有逃避侦查、起诉和审判的可能性及可能性大小。只有当犯罪嫌疑人、被告人企图逃避诉讼活动时，才有必要对其采取相应的强制措施加以防范，以保证刑事诉讼顺利进行。其逃避侦查、起诉和审判的可能性越大，对其采用强制措施越有必要。

3. 公安机关、人民检察院和人民法院对案件事实的调查情况和对案件证据的掌握情况。适用每一种强制措施均有法定条件的规定，只有根据已经查明的案件事实和已有的证据，才能确定对犯罪嫌疑人、被告人具体采用的强制措施种类。

4. 犯罪嫌疑人、被告人的个人情况。例如，其身体健康状况，是否属于正在怀孕、哺乳自己婴儿的妇女等，以此确定是否对其采用强制措施和采用何种强制措施。

不仅在确定适用强制措施之初应考虑上述诸因素，强制措施适用后，如果上述因素发生了变化，需要解除、变更或者撤销强制措施的，仍应及时依法予以作为。总之，适用强制措施的原则应当是既能有效地保证刑事诉讼活动顺利进行，又能切实保障公民的合法权利。

三、强制措施的性质及与相关的处罚、措施的区别

刑事诉讼强制措施的性质在于它的诉讼性和保证性。诉讼性是指强制措施的程序意义，即公、检、法机关在诉讼中所采用的程序性措施；保证性是指适用强制措施的目的在于保证刑事诉讼的顺利进行。刑事强制措施的这两个特点决定了它不是对案件事实和犯罪嫌疑人、被告人行为事实的认定和结论。所以，刑事强制措施与刑罚、行政处罚以及民事诉讼、行政诉讼强制措施在性质上是根本不同的。

（一）强制措施与刑罚

刑罚是国家为惩罚犯罪而制定的，由专门的机关对犯罪分子适用的处罚方法。我国刑罚体系中的管制、拘役、有期徒刑等与刑事强制措施有共同点：诸如都是以国家权力为后盾的强制方法；都使适用对象的人身自由受到限制或被剥夺；都是同犯罪作斗争的手段。但同时这两者也具有较大差别：

1. 适用的目的不同。适用强制措施的目的在于保障侦查、起诉和审判的顺利进行，具有程序上的保障和防范作用；而刑罚是对已经确定为犯罪的犯罪分子的处罚，是为了惩罚和改造犯罪分子，使其不再犯罪，同时也警戒社会上可能犯罪的人。

2. 适用的对象不同。强制措施适用于被公、检、法机关追诉但没有被人民法院确定为有罪的犯罪嫌疑人、被告人；而刑罚只能适用于经人民法院审判确定为有罪的人。

3. 有权适用的机关不同。在强制措施体系中，除了拘留不能由人民法院适用之外，其他强制措施公、检、法机关都能决定适用；而刑罚只能由人民法院适用。

4. 法律依据不同。适用强制措施依据的主要是《刑事诉讼法》，另外还要考虑

《刑法》及《法院组织法》等法律的规定；而适用刑罚则以《刑法》为依据。

5. 适用的时间不同。强制措施适用于自刑事诉讼开始到判决发生法律效力交付执行前的全过程；而刑罚则在人民法院作出确定判决之后适用。

6. 稳定性不同。强制措施适用之后，可以根据实际情况予以解除、变更或撤销；而刑罚一经作出，非经法定程序不得改变。

（二）强制措施与行政处罚

行政处罚是国家行政管理机关对具有行政违法行为的公民、法人或其他组织依法给予的行政制裁。强制措施与有些行政处罚（如拘留）虽然具有相同或相似之处，但两者之间也有区别：

1. 性质不同。强制措施是诉讼过程中的保证性措施，具有程序作用；而行政处罚是行政制裁，是一种实体性结论。

2. 适用对象不同。强制措施适用于被追诉的犯罪嫌疑人、被告人；而行政处罚适用于违反行政法律的公民、法人和其他组织。

3. 有权适用的机关不同。强制措施由公安司法机关适用；而行政处罚由国家行政机关适用。

4. 法律依据不同。刑事诉讼强制措施依据的是《刑事诉讼法》；而行政处罚依据的是《行政处罚法》及有关行政法规。

5. 稳定性不同。刑事诉讼强制措施根据诉讼实际可以解除、变更或撤销；行政处罚通常不能变更。

（三）刑事诉讼强制措施与民事诉讼强制措施、行政诉讼强制措施

在民事诉讼、行政诉讼中，也存在强制措施及其适用问题。无论是刑事诉讼强制措施，还是民事诉讼强制措施、行政诉讼强制措施，都有一些共同的地方，诸如都是诉讼过程中适用的强制方法；都是为了保证诉讼的顺利进行；有些强制措施的名称与形式是相同的，如拘留、拘传。但刑事诉讼强制措施与其他两种诉讼的强制措施是有较大差别的，表现为：

1. 性质不同。刑事诉讼强制措施是为了防止犯罪嫌疑人、被告人逃避侦查、起诉和审判，预防性、保证性是其功能所在；而民事诉讼、行政诉讼强制措施除了保障功能之外，还具有对妨碍诉讼顺利进行者的制裁功能。

2. 适用对象不同。刑事诉讼强制措施只能适用于犯罪嫌疑人、被告人；而民事诉讼、行政诉讼强制措施不仅适用于当事人和其他诉讼参加人，还可以对没有参加诉讼但妨害诉讼顺利进行的人适用。

3. 有权适用的机关不同。刑事诉讼强制措施除拘留不能由人民法院适用外，公、检、法机关对所有的强制措施都有权决定适用；而民事诉讼、行政诉讼强制措施只能由人民法院适用。

4. 适用的阶段不同。刑事诉讼强制措施适用于立案、侦查、起诉和审判阶段，执行阶段不存在适用强制措施的问题；而民事诉讼、行政诉讼强制措施既适用于审

判阶段，也适用于执行阶段。

5. 种类不同。刑事诉讼强制措施有拘传、取保候审、监视居住、拘留和逮捕；民事诉讼强制措施有拘传、训诫、责令退出法庭和拘留；行政诉讼强制措施有训诫、责令具结悔过、罚款和拘留。从对人身的强制力度来看，以刑事诉讼强制措施为最重。

6. 与判决的关系不同。在刑事诉讼中，强制措施与判决有一定的关系，刑事判决执行以前先行羁押即被拘留、逮捕的，以及被指定居所监视居住的，期限可以折抵刑期；民事诉讼、行政诉讼强制措施与判决不发生任何关系。

此外，应当注意，即使同一名称的强制措施，例如拘留，在不同性质的诉讼中，适用条件、期限、适用对象等也有不同。

四、公民的扭送

《刑事诉讼法》规定的扭送并不是刑事诉讼强制措施之一，五种刑事诉讼强制措施的实施主体应当是公安司法机关，而扭送是法律赋予公民同刑事犯罪作斗争的一种手段。法律规定扭送措施是为了鼓励公民自觉行动起来，积极协助公安司法机关捉拿犯罪分子，及时、有效地帮助公安司法机关抓获犯罪嫌疑人、被告人。扭送体现了我国《刑事诉讼法》规定的依靠群众、实行专门机关与群众相结合的诉讼原则。

《刑事诉讼法》第84条规定，对于有下列情形的人，任何公民都可以立即扭送公安机关、人民检察院或者人民法院处理：

1. 正在实行犯罪或者在犯罪后即时被发觉的。

2. 通缉在案的。通缉是公安机关通令缉拿应当逮捕而在逃的犯罪嫌疑人的一种侦查行为。公民一旦发现被通缉之人，有权将其扭送至有关机关。

3. 越狱逃跑的。

4. 正在被追捕的。

公安机关、人民检察院和人民法院对于公民扭送来的人都应当接受，并且应当立即讯问。对于不属于自己管辖的，应当依法移送有管辖权的机关处理。对于不属于自己管辖但需要采取紧急措施的，应当先采取紧急措施，然后移送有关机关处理。如果发现不符合拘留或者逮捕条件的，应当向扭送的公民讲明情况，做好他们的思想工作，然后将被扭送人释放。同时，公安司法机关工作人员应当告诫被扭送人不得对扭送群众实施打击报复，否则应当承担法律责任。

■第二节 拘传

一、拘传的概念与特征

拘传是指公安机关、人民检察院和人民法院强制未被羁押的犯罪嫌疑人、被告人到指定地点接受讯问或者到庭参与诉讼的强制方法。根据《刑事诉讼法》第66、119条以及有关的司法解释，拘传的特征有：

1. 拘传是强制犯罪嫌疑人、被告人到案接受讯问的强制方法。拘传具有强制性，对于犯罪嫌疑人、被告人可以强制其到案接受讯问。

2. 拘传的适用对象是未被羁押的犯罪嫌疑人、被告人。对于已经被拘留或逮捕的犯罪嫌疑人、被告人进行讯问，可随时进行，不需要拘传。

3. 拘传的目的是强制拘传对象到案接受讯问或者出庭参加诉讼，拘传没有羁押的效力，讯问或者庭审完毕后，应当立即将被拘传人放回。

拘传与传唤不同。传唤不属于刑事诉讼中独立的强制措施种类，它通常是指公安机关、人民检察院和人民法院使用传票通知刑事诉讼的当事人在指定的时间自行到指定的地点接受讯问的诉讼活动。根据《刑事诉讼法》第119条第1款的规定，对在现场发现的犯罪嫌疑人，经出示工作证，可以口头传唤。传唤与拘传的相同点在于二者都是公安司法机关在诉讼中进行的诉讼活动，其区别在于：首先，适用的对象不同。拘传只能适用于犯罪嫌疑人、被告人；而传唤不仅可以对犯罪嫌疑人、被告人适用，还可以对其他当事人适用，如自诉人、被害人、附带民事诉讼的原告人和被告人等。其次，强制力不同。拘传是一种强制措施，具有强制性，必要时可以使用械具，执行时应当持有并出示《拘传证》；而传唤不是强制措施，要求被传唤者按指定的时间自行到达指定地点即可，不具有强制性。指定地点包括传唤对象所在的市、县内的指定地点或者其住处。

此外，《刑事诉讼法》并未规定经过合法传唤，无正当理由拒不到案是拘传的必要条件。所以，公安机关、人民检察院、人民法院在没有经过传唤的情况下直接适用拘传并不违法。在实践中，是先传唤，还是直接进行拘传，根据案件的具体情况决定。应当考虑的因素是犯罪嫌疑人、被告人是否可能妨害侦查、起诉和审判的顺利进行，如是否有毁灭或隐匿证据、威胁证人或者串供等行为。

二、拘传的程序

根据法律规定，人民法院、人民检察院和公安机关在刑事诉讼过程中，根据案件情况，都有权对犯罪嫌疑人、被告人实施拘传。拘传的主要程序是：

1. 填写《拘传证》或《拘传票》。拘传应当持有《拘传证》或《拘传票》，并由人民法院院长、人民检察院检察长或者县级以上公安机关负责人批准、签发。《拘传证》或《拘传票》填写内容包括：被拘传人的姓名、性别、年龄、籍贯、住址和工作单位，拘传的理由等。

2. 拘传的执行。拘传应当由司法警察或者侦查人员执行。执行拘传的人员不得少于2人。拘传时，应当向被拘传人出示《拘传证》，对抗拒拘传的，可以使用械具，强制到案。

3. 拘传的期限与次数。对于拘传的期限，根据《刑事诉讼法》第119条第2款的规定，传唤、拘传持续的时间不得超过 12 小时；案情特别重大、复杂，需要采取拘留、逮捕措施的，传唤、拘传持续的期间不得超过 24 小时。法律规定的期间，从被拘传人到案时开始计算。即使在规定时限内不能结束讯问，也要立即放回。被拘传人到案后，应当责令其在《拘传证》上填写到案时间，并签名、捺指印或者盖章，然后立即讯问。讯问结束后，应当责令其在《拘传证》上填写讯问结束时间；拒绝填写的，办案人员应当在《拘传证》上注明。如果需要，可以再次拘传。对于拘传的次数，法律没有具体规定，由决定拘传的办案机关依据具体情况掌握，按照"不得以连续传唤、拘传的方式变相拘禁"的原则执行。同时，传唤、拘传犯罪嫌疑人、被告人，应当保证其饮食和必要的休息时间。两次拘传之间的间隔时间法律没有明文规定，但为了防止以连续拘传的方式变相羁押被拘传人，应当保证被拘传人有一定的正常生活和休息时间。最高检《规则》规定，两次拘传间隔的时间一般不得少于 12 小时。

4. 拘传的地点。根据《刑事诉讼法》第 119 条第 1 款的规定，对犯罪嫌疑人，可以传唤到犯罪嫌疑人所在市、县内的指定地点或者他的住处进行讯问，但是应当出示办案机关的证明文件。对在现场发现的犯罪嫌疑人，经出示工作证件，可以口头传唤，但应在讯问笔录中注明。也就是说，基于传唤、拘传的目的相同，拘传的地点可以是犯罪嫌疑人所在的市、县内由办案机关确定的地点或者是发现犯罪嫌疑人的现场。根据最高检《规则》的规定，如果犯罪嫌疑人的工作单位与居住地不在同一市、县的，拘传应当在其工作单位所在的市、县进行；特殊情况下，也可以在犯罪嫌疑人居住地所在的市、县内进行。这些规定，对被告人也应参照适用。

5. 拘传的结果。公安司法机关将犯罪嫌疑人、被告人拘传到案后，应当立即讯问。讯问结束后，应根据案件的情况作出不同的处理：认为依法应当限制或剥夺其人身自由的，可以采用其他相应的强制措施；认为不宜适用其他强制措施的，应立即释放，不得变相羁押。

根据最高法《解释》的规定，人民法院开庭审理单位犯罪案件，应当通知被告单位的诉讼代表人出庭，没有诉讼代表人参与诉讼的，应当要求人民检察院确定。被告单位的诉讼代表人系法定代表人或者主要负责人，无正当理由拒不出庭的，可以拘传其到庭。

■第三节　取保候审

一、取保候审的概念和适用情形

取保候审是指公安机关、人民检察院和人民法院对未被逮捕的犯罪嫌疑人、被告人，为防止其逃避侦查、起诉和审判，责令其提出保证人或者交纳保证金，并出具保证书，保证随传随到的一种强制措施。

　　取保候审是限制人身自由的一种强制措施，其适用对象是犯罪嫌疑人、被告人。当然，并非对任何犯罪嫌疑人、被告人都可以采取取保候审。根据《刑事诉讼法》第 67 条的规定，取保候审的适用情形包括：

　　1. 可能判处管制、拘役或者独立适用附加刑的。可能判处管制、拘役或者独立适用附加刑的犯罪嫌疑人、被告人的罪行较轻，没有必要逮捕，其中有可能逃避侦查、起诉和审判及其他妨碍诉讼顺利进行的，应当予以防范。取保候审既可以限制一定的人身自由，又不属于羁押，对轻罪追诉对象比较适合。

　　2. 可能判处有期徒刑以上刑罚，采取取保候审不致发生社会危险性的。有期徒刑比拘役、管制更为严厉，可能被判处有期徒刑以上刑罚的犯罪嫌疑人、被告人涉嫌的罪行较重，但非必须剥夺其人身自由予以羁押。如果采取取保候审不致发生社会危险性，通常即认为没有逮捕必要，可以采用取保候审。这体现了减少羁押，保障被追诉人权益的立法追求。

　　3. 患有严重疾病、生活不能自理，怀孕或者正在哺乳自己婴儿的妇女，采取取保候审不致发生社会危险性的。这类情形不适宜羁押，可以取保候审，较好地体现了人道主义精神。

　　4. 羁押期限届满，案件尚未办结，需要取保候审的。根据有关司法解释的规定[1]，对被拘留的犯罪嫌疑人，证据不符合逮捕条件，以及提请逮捕后，人民检察院不批准逮捕，需要继续侦查或者需要复议、复核的情况，如果符合取保候审条件；又或者已被逮捕羁押的犯罪嫌疑人、被告人，在法定的侦查、起诉、审判的办案期限内不能结案，采用取保候审方法没有社会危险性的，都属此类情形。

　　除了上述法律规定的关于取保候审的适用对象以外，最高检《规则》和公安部《规定》还规定了不能适用取保候审的情形。最高检《规则》第 87 条规定："人民检察院对于严重危害社会治安的犯罪嫌疑人，以及其他犯罪性质恶劣、情节严重的犯罪嫌疑人不得取保候审。"公安部《规定》第 78 条规定："对累犯，犯罪集团的主犯，以自伤、自残办法逃避侦查的犯罪嫌疑人，严重暴力犯罪以及其他严重犯罪的犯罪嫌疑人不得取保候审，但犯罪嫌疑人具有本规定第 77 条第 1 款第 3 项、第 4 项规定情形的除外。"[2]

　　根据《刑事诉讼法》第 170 条第 2 款的规定，对于监察机关移送起诉的已采取留置措施的案件，人民检察院应当对犯罪嫌疑人先行拘留，留置措施自动解除。人民检察院应当在拘留后的 10 日以内作出是否逮捕、取保候审或者监视居住的决定。在特殊情况下，决定的时间可以延长 1~4 日。人民检察院决定采取强制措施的期间

---

〔1〕　参见最高检《规则》第 286、302、338 条等。参见最高法《解释》第 133、134 条等。
〔2〕　参见公安部《规定》第 77 条第 1 款第 3 项："患有严重疾病、生活不能自理，怀孕或者正在哺乳自己婴儿的妇女，采取取保候审不致发生社会危险性的。"第 4 项："羁押期限届满，案件尚未办结，需要继续侦查的。"

不计入审查起诉期限。

二、取保候审的方式

《刑事诉讼法》第68条规定："人民法院、人民检察院和公安机关决定对犯罪嫌疑人、被告人取保候审，应当责令犯罪嫌疑人、被告人提出保证人或者交纳保证金。"据此，取保候审有保证人保证和保证金保证两种方式。对同一犯罪嫌疑人、被告人决定取保候审的，不能同时使用保证人保证和保证金保证。

1. 保证人保证。保证人保证又称人保，是指公安机关、人民检察院、人民法院责令犯罪嫌疑人、被告人提出保证人并出具保证书，保证被保证人在取保候审期间不逃避和妨碍侦查、起诉和审判，并随传随到的保证方式。人保的保证责任由保证人承担。

保证人是指由犯罪嫌疑人、被告人提出，经公安司法机关审查符合条件，为其担保的人。根据《刑事诉讼法》第69条的规定，保证人必须符合下列条件：①与本案无牵连；②有能力履行保证义务；③享有政治权利，人身自由未受到限制；④有固定的住处和收入。公安司法机关应当严格审查保证人是否符合法定条件，符合保证人条件的，应当告知其必须履行的义务，并由其出具保证书。

保证人保证的特点是以保证人的人格、名誉和信誉作保，并不涉及金钱。一方面，可以通过保证人和犯罪嫌疑人、被告人之间的关系，对犯罪嫌疑人、被告人实行精神上和心理上的强制，使其不致逃避或者妨碍侦查、起诉和审判；另一方面，可以通过保证人监督犯罪嫌疑人、被告人的活动，督促、教育犯罪嫌疑人、被告人遵纪守法，履行应当履行的诉讼义务。

保证人保证的适用对象，一般是不具有提供保证金条件的。根据司法解释的规定，对下列犯罪嫌疑人、被告人决定取保候审的，可以责令其提出1~2名保证人：①无力交纳保证金的；②未成年或者已满75周岁的；③不宜收取保证金的其他犯罪嫌疑人、被告人。

根据《刑事诉讼法》第70条的规定和相关司法解释，保证人应当履行以下义务：①监督被保证人履行法律规定的被取保候审期间的义务；②发现被保证人可能发生或者已经发生违反法律规定的行为时，应当及时向执行机关报告。被保证人有违反法律规定的行为，保证人未履行保证义务的，对保证人处以罚款，构成犯罪的，依法追究刑事责任。取保候审由公安机关执行；对于取保候审保证人是否履行了保证义务，由公安机关认定；对保证人的罚款决定，也由公安机关作出。

取保候审期间，保证人不愿继续履行保证义务或者丧失履行保证义务能力的，应当在收到保证人的申请或者执行机关的书面通知后3日内，责令被取保候审人重新提出保证人或者交纳保证金，或者变更强制措施，并通知执行机关。最高检《规则》规定[1]，人民检察院发现保证人没有履行义务，应当通知公安机关，要求公安机关对保证人作出罚款决定。构成犯罪的，依法追究保证人的刑事责任。最高法《解释》规定[2]，根据案件事实和法律规定，认为已经构成犯罪的被告人在取保候审期间逃匿的，如果系保证人协助被告人逃匿，或者保证人明知被告人藏匿地点但拒绝向司法机关提供，对保证人应当依法追究刑事责任。公安部《规定》规定，被保证人违反应当遵守的规定，保证人未履行保证义务的，查证属实后，经县级以上公安机关负责人批准，对保证人处以 1000 元以上 20 000 元以下罚款；构成犯罪的，依法追究刑事责任。决定对保证人罚款的，保证人不服，允许其申请复议、复核。[3]

2. 保证金保证。保证金保证又称财产保，是指公安机关、人民检察院和人民法院责令犯罪嫌疑人、被告人交纳保证金并出具保证书，保证在取保候审期间，不逃避和妨碍侦查、起诉和审判，并随传随到的保证方式。保证金应当以人民币的形式交纳，起点数额为 1000 元，具体数额根据《刑事诉讼法》第 72 条的规定，取保候审的决定机关应当综合考虑保证诉讼活动正常进行的需要，被取保候审人的社会危险性，案件的性质、情节，可能判处刑罚的轻重，被取保候审人的经济状况等情况确定。法律对保证金数额没有规定上限，但在实际操作中不宜定得过高，以免造成犯罪嫌疑人、被告人交不起保证金及其他不利的后果。提供保证金的人应当将保证金一次性交纳至执行机关在指定银行设立的专门账户。

三、被取保候审人的义务及违反后的处理

（一）被取保候审人的义务

被取保候审人的义务包括两类，一类是根据《刑事诉讼法》第 71 条第 1 款规定，任何案件的任一被取保候审对象都必须全部履行的义务；另一类是根据《刑事诉讼法》第 71 条第 2 款规定由决定机关根据案件和被取保候审对象的具体情况而确定的义务，它可以是一项或者多项。

《刑事诉讼法》第 71 条第 1 款要求，被取保候审的犯罪嫌疑人、被告人应当遵守以下规定：

1. 未经执行机关批准不得离开所居住的市、县。根据六机关《规定》第 13 条，被取保候审的犯罪嫌疑人，被告人无正当理由不得离开所居住的市、县，有正当理由需离开所居住的市、县的，应当经执行机关批准。如果取保候审是由人民检察院、人民法院决定的，执行机关在批准犯罪嫌疑人、被告人离开所居住的市、县前，应当征得决定机关同意。

---

[1]　参见最高检《规则》第 99 条。
[2]　参见最高法《解释》第 122 条。
[3]　参见公安部《规定》第 99、100 条。

2. 住址、工作单位和联系方式发生变动的，在 24 小时以内向执行机关报告。

3. 在传讯的时候及时到案。取保只是手段，候审才是目的，因此被取保候审的犯罪嫌疑人、被告人有义务在接到传讯后及时到案。

4. 不得以任何形式干扰证人作证。被取保候审的犯罪嫌疑人、被告人在取保候审期间还有一定的人身自由，不能利用这种自由实施干扰证人作证的行为，如对证人采取威胁、引诱等手段使证人不敢作证、拒绝作证或者作伪证。

5. 不得毁灭、伪造证据或者串供。被取保候审人不得利用未被羁押的便利条件与其他同案人订立攻守同盟，统一口径，隐藏、销毁、伪造与案件有关的证据材料。

《刑事诉讼法》第 71 条第 2 款规定，人民法院、人民检察院和公安机关可以根据案件情况，责令被取保候审的犯罪嫌疑人、被告人遵守下列一项或者多项规定：①不得进入特定的场所；②不得与特定的人员会见或者通信；③不得从事特定的活动；④将护照等出入境证件、驾驶证件交执行机关保存。

执行机关在执行取保候审时，应当告知被取保候审人必须遵守上述规定以及违反规定或者在取保候审期间重新犯罪应当承担的后果。

（二）被取保候审人违反义务后的处理

被取保候审人违反规定的，应当依法受到处理，主要方式有下列两类：

1. 根据《刑事诉讼法》第 71 条的规定，已经交纳保证金的，没收部分或者全部保证金。没收保证金的决定，由县级以上执行机关作出，并通知决定机关。被取保候审人没有违反法律规定的被取保候审期间的义务，但在取保候审期间涉嫌重新犯罪被司法机关立案侦查的，执行机关应当暂扣其保证金，待人民法院判决生效后，决定是否没收。对故意重新犯罪的，应当没收保证金。对过失重新犯罪或者不构成犯罪的，应当退还保证金。根据《刑事诉讼法》第 73 条的规定，犯罪嫌疑人、被告人在取保候审期间未违反规定的，取保候审结束的时候，凭解除取保候审的通知或者有关法律文书到银行领取退还的保证金。有关没收保证金的具体规定，公安部《规定》相应部分有详细的规范，应参照执行。[1]

2. 被取保候审人违反规定的，根据《刑事诉讼法》第 71、81 条的规定，除采取上述没收部分或者全部保证金方式外，还应当区别情形，责令犯罪嫌疑人、被告人具结悔过，重新交纳保证金、提出保证人，或者监视居住、予以逮捕。根据全国人大常委会关于《刑事诉讼法》第 79 条第 3 款的解释[2]，对于被取保候审的可能判处徒刑以下刑罚的犯罪嫌疑人、被告人，违反取保候审规定，严重影响诉讼活动正常进行的，可以予以逮捕。根据最高法《解释》的规定[3]，被取保候审的被告人具有下列情形之一的，应当予以逮捕：①故意实施新的犯罪的；②企图自杀、逃

〔1〕　参见公安部《规定》第 92～96 条。

〔2〕　对应 2018 年修改《刑事诉讼法》第 81 条第 3 款。

〔3〕　参见最高法《解释》第 129 条。

跑的；③毁灭、伪造证据，干扰证人作证或者串供的；④对被害人、举报人、控告人实施打击报复的；⑤经传唤，无正当理由不到案，影响审判活动正常进行的；⑥擅自改变联系方式或者居住地，导致无法传唤，影响审判活动正常进行的；⑦未经批准，擅自离开所居住的市、县，影响审判活动正常进行，或者两次未经批准，擅自离开所居住的市、县的；⑧违反规定进入特定场所、与特定人员会见或者通信、从事特定活动，影响审判活动正常进行，或者两次违反有关规定的；⑨依法应当逮捕的其他情形。最高检《规则》认为[1]，犯罪嫌疑人有下列违反取保候审规定的行为，"应当"予以逮捕：①故意实施新的犯罪；②企图自杀、逃跑；③实施毁灭、伪造证据，串供或者干扰证人作证，足以影响侦查、审查起诉工作正常进行；④对被害人、证人、鉴定人、举报人、控告人及其他人员实施打击报复。犯罪嫌疑人有下列违反取保候审规定的行为，"可以"予以逮捕：①未经批准，擅自离开所居住的市、县，造成严重后果，或者两次未经批准，擅自离开所居住的市、县；②经传讯不到案，造成严重后果，或者经两次传讯不到案；③住址、工作单位和联系方式发生变动，未在24小时以内向公安机关报告，造成严重后果；④违反规定进入特定场所、与特定人员会见或者通信、从事特定活动，严重妨碍诉讼程序正常进行。

《刑事诉讼法》第71条第4款规定，对违反取保候审规定，需要予以逮捕的，可以对犯罪嫌疑人、被告人先行拘留。有关司法解释规定，已经交纳保证金的，同时书面通知公安机关没收保证金。

四、取保候审的程序

对犯罪嫌疑人、被告人取保候审的，由公安机关、人民检察院和人民法院根据案件的具体情况依法作出决定，并制作取保候审决定书，由公安机关执行。

《刑事诉讼法》第97条规定，犯罪嫌疑人、被告人及其法定代理人、近亲属或者辩护人有权申请变更强制措施。因而，犯罪嫌疑人、被告人被羁押的，本人或者其法定代理人、近亲属或者辩护人均可以申请取保候审。被羁押的犯罪嫌疑人、被告人及其法定代理人、近亲属或者辩护人申请取保候审应当采用书面形式，有权决定的机关应当在收到书面申请后3日以内作出是否同意的答复。对符合取保候审条件并且提出了保证人或者能够交纳保证金的，公安司法机关应当同意，并依法办理取保候审手续。对不符合取保候审法定条件的，不同意取保候审。不同意取保候审的，应当告知申请人，并说明不同意的理由。

对犯罪嫌疑人、被告人决定取保候审的，应当由决定机关向被取保候审人宣布，并由其本人在取保候审决定书上签名。而后，如果是人民法院或者人民检察院决定取保候审的，应当将取保候审决定书等相关材料送交当地同级公安机关执行；被取保候审人不在本地居住的，送交其居住地公安机关执行。公安机关指定被取保候审

---

[1]　参见最高检《规则》第101条。

人居住地的派出所具体履行相关职责。[1]适用保证金保证的，还应将银行出具的凭证也一并送交公安机关。

人民法院、人民检察院发现使用保证金保证的被取保候审人违反法定义务的，应当提出没收部分或者全部保证金的书面意见，连同有关材料一并送交公安机关处理；收到公安机关已经没收保证金的书面通知或者变更强制措施的建议后，应当区别情形，责令被取保候审人具结悔过，重新交纳保证金或者提出保证人，或者变更强制措施，并通知公安机关。

公安机关发现被取保候审人违反义务规定，提出没收保证金或者变更强制措施意见的，人民法院、人民检察院应当及时作出决定，并通知公安机关。

对依法被没收保证金的被取保候审人继续取保候审的，取保候审的期限连续（累计）计算；决定监视居住的，应当办理相关手续，期限应当重新计算并通知犯罪嫌疑人或者被告人。

《刑事诉讼法》第79条第1款规定，人民法院、人民检察院和公安机关对犯罪嫌疑人、被告人取保候审最长不得超过12个月。根据司法解释规定以及司法实践，办案机关实际将此解释为在诉讼的不同阶段各自采取取保候审最长不得超过12个月。理论界对此意见不一。有的学者赞同这一解释，但强调在本系统内的不同级别、不同地区的机关不得重复适用取保候审。也有的学者认为公、检、法三机关在整个刑事诉讼过程中对犯罪嫌疑人、被告人采取取保候审的期限合计不得超过12个月。对此问题有待进一步探讨。

取保候审期间，不得中断对案件的侦查、起诉和审理。严禁以取保候审变相放纵犯罪。根据最高检《规则》的规定，公安机关决定取保候审，案件移送审查起诉后，对于需要继续取保候审的，人民检察院应当依法重新作出决定，并办理手续。取保候审的期限应当重新计算并告知犯罪嫌疑人。对继续采取保证金方式取保候审的，被取保候审人没有违反《刑事诉讼法》第71条规定的，不变更保证金数额，不再重新收取保证金。相应地，案件移送至人民法院审理后，根据最高法《解释》，同理处理。[2]

取保候审即将到期的，执行机关应当在期限届满15日前书面通知决定机关，由决定机关作出解除取保候审或者变更强制措施的决定，并于期限届满前书面通知执行机关。执行机关接到决定机关的解除取保候审决定书或者变更强制措施的通知后，应当立即执行，并将执行情况及时通知决定机关。

《刑事诉讼法》第73条规定，犯罪嫌疑人、被告人在取保候审期间没有违反第71条规定的，取保候审结束的时候，凭解除取保候审的通知或者有关法律文书到银行领取退还的保证金。一般而言，如果被取保候审人没有违反法定义务，在此期间

---

[1] 参见公安部《规定》第87~90条。

[2] 参见最高法《解释》第127条。

也没有重新故意犯罪的，或者符合《刑事诉讼法》第 16 条规定情形之一的，应当解除取保候审，通常由县级以上执行机关制作退还保证金决定书，通知银行如数退还保证金，并书面通知原决定机关，通知被取保候审人到银行领取退还的保证金。

被取保候审人没有违反义务规定，但在取保候审期间涉嫌重新故意犯罪被立案侦查的，负责执行的公安机关应当暂扣其交纳的保证金，待人民法院判决生效后，根据有关判决作出处理。对被取保候审的被告人的判决、裁定生效后，应当解除取保候审、退还保证金的，如果保证金属于其个人财产，人民法院可以书面通知执行机关将保证金移交人民法院，用以退赔被害人、履行附带民事赔偿义务或者执行财产刑，剩余部分应当退还被告人。

根据《全国人民代表大会和地方各级人民代表大会代表法》第 32 条第 2、4 款的规定，对县级以上各级人民代表大会代表取保候审的，应当经人大代表所在的人民代表大会主席团或者其常务委员会许可；对乡、民族乡、镇人民代表大会代表取保候审的，执行机关应当立即向该人大代表所在的该级人民代表大会报告。

五、取保候审的解除、撤销及变更

取保候审的解除、撤销及变更，虽然在客观上都表现为不再继续取保候审，但其原因是不同的。根据《刑事诉讼法》第 79、99 条的规定，解除取保候审的原因有：一是发现对被取保候审的人不应追究刑事责任。属于这种情形的是已经查明无罪或符合《刑事诉讼法》第 16 条规定的 6 种法定情形。二是取保候审期限届满。为保障被取保候审人的合法权益和防止案件久拖不决，《刑事诉讼法》规定了取保候审的最长期限，即对犯罪嫌疑人、被告人取保候审最长不得超过 12 个月。如果期限届满，应当解除取保候审。为了监督公安司法机关严格按照法定期限执行取保候审，《刑事诉讼法》第 99 条规定，人民法院、人民检察院或者公安机关对被采取强制措施法定期限届满的犯罪嫌疑人、被告人，应当予以释放、解除取保候审、监视居住或者依法变更强制措施。犯罪嫌疑人、被告人及其法定代理人、近亲属或者辩护人对采取强制措施期限届满的，有权要求解除强制措施。据此，取保候审当在其内。

根据《刑事诉讼法》第 96 条的规定，人民法院、人民检察院和公安机关如果发现对犯罪嫌疑人、被告人采取取保候审不当的，应当及时撤销或者变更。这里的"不当"包括不该采取强制措施和虽应当采取强制措施，但不宜采取取保候审，采取取保候审未能保障诉讼的顺利进行等。凡有适用"不当"的，或者撤销取保候审，或者变更为其他强制措施。变更取保候审，是指因法定原因将取保候审改变为其他强制措施。根据《刑事诉讼法》第 66、81、96、99 条的规定，变更取保候审的情形包括：一是被取保候审人违反了第 71 条的规定；二是采取取保候审不当，不能保证诉讼的顺利进行。变更取保候审一般是变更为监视居住或逮捕。相应的条件等规定，本章前文已有述及。[1]

公安机关、人民检察院和人民法院决定解除、撤销取保候审的，应当制作解除、撤销取保候审决定书，写明理由及决定事项。决定书应送达被取保候审人，通知执行机关，退还保证金。有保证人的，还应通知保证人，以解除其保证义务。公安机关、人民检察院、人民法院决定变更取保候审的，应制作变更取保候审决定书，写明变更理由及变更后的强制措施，原取保候审自然失效。

■第四节　监视居住

一、监视居住的概念和适用情形

监视居住是指公安机关、人民检察院和人民法院对符合逮捕条件但未被逮捕的犯罪嫌疑人、被告人，责令其不得离开指定的区域，限制其人身自由并对其实行看管的强制措施。

《刑事诉讼法》第74条第1、2款规定了监视居住的适用情形。具体是：人民法院、人民检察院和公安机关对符合逮捕条件，有下列情形之一的犯罪嫌疑人、被告人，可以监视居住：①患有严重疾病、生活不能自理的；②怀孕或者正在哺乳自己婴儿的妇女；③系生活不能自理的人的唯一扶养人；④因为案件的特殊情况或者办理案件的需要，采取监视居住的措施更为适宜的；⑤羁押期限届满，案件尚未办结，需要采取监视居住措施的。

对符合取保候审条件，但犯罪嫌疑人、被告人不能提出保证人，也不交纳保证金的，可以监视居住。

根据最高检《规则》的规定，上列第③项中的扶养包括父母、祖父母、外祖父母对子女、孙子女、外孙子女的抚养和子女、孙子女、外孙子女对父母、祖父母、外祖父母的赡养以及配偶、兄弟姐妹之间的相互扶养。

在对监视居住条件的理解方面，需要注意，一般应当同时符合两个方面：一是符合逮捕条件；二是具有《刑事诉讼法》第74条第1款规定的5种情形之一。特殊情况下，符合《刑事诉讼法》第72条第2款的规定，也可以适用。此外，根据《刑事诉讼法》第71条第3款的规定，违反取保候审规定的，也可以根据具体情形采取监视居住措施。

此外，根据《刑事诉讼法》第170条第2款的规定，对于监察机关移送起诉的已采取留置措施的案件，人民检察院应当对犯罪嫌疑人先行拘留，留置措施自动解除。人民检察院应当在拘留后的10日以内作出是否逮捕、取保候审或者监视居住的

---

[1] 参见全国人大常委会关于《刑事诉讼法》第79条第3款的解释（2014年4月24日）（对应2018年修改《刑事诉讼法》第81条第3款），最高法《解释》第129条，最高检《规则》第101条。

决定。在特殊情况下，决定的时间可以延长 1~4 日。人民检察院决定采取强制措施的期间不计入审查起诉期限。据此，人民检察院对于监察机关移送起诉的案件审查中，应当注意犯罪嫌疑人是否存在适用监视居住的情形。

二、监视居住的执行机关和执行场所

《刑事诉讼法》第 74 条第 3 款规定，监视居住由公安机关执行。

《刑事诉讼法》第 75 条第 1 款规定了监视居住的场所：监视居住应当在犯罪嫌疑人、被告人的住处执行；无固定住处的，可以在指定的居所执行。对于涉嫌危害国家安全犯罪、恐怖活动犯罪，在住处执行可能有碍侦查的，经上一级公安机关批准，也可以在指定的居所执行。但是，不得在羁押场所、专门的办案场所执行。这里规定的住处，包括被监视居住的犯罪嫌疑人、被告人的固定住处或者指定的居所。固定住处，是指犯罪嫌疑人、被告人在办案机关所在的市、县内生活的合法居所。指定的居所，是指办案机关根据案件情况，在办案机关所在的市、县内为被监视居住人指定的生活居所。根据最高检《规则》，指定的居所应当符合下列条件：①具备正常的生活、休息条件；②便于监视、管理；③能够保证安全。采取指定居所监视居住，不得在看守所、拘留所、监狱等羁押、监管场所以及留置室、讯问室等专门的办案场所、办公区域执行。

在非羁押性的强制措施中，监视居住是最严厉的一种，但不能因此将被监视居住人加以拘禁或者变相拘禁。不得建立专门的监视居住场所，对被监视居住人变相羁押。有关监视居住的执行场所，务必准确理解和严格把握，否则，容易出现违法现象。尤其是在"指定的居所"执行的情形中，对于有固定住处但不适宜在其住处实施监视居住的，必须严格在法律明确规定的范围内对既定的案件得以适用。

《刑事诉讼法》第 75 条第 2 款规定，指定居所监视居住的，除无法通知的以外，应当在执行监视居住后 24 小时以内，通知被监视居住人的家属。根据最高检《规则》的规定，"无法通知"包括以下情形：①被监视人无家属的；②与其家属无法取得联系的；③受自然灾害等不可抗力阻碍的。

《刑事诉讼法》第 75 条第 3 款规定，被监视居住的犯罪嫌疑人、被告人委托辩护人，适用《刑事诉讼法》第 34 条的规定。

《刑事诉讼法》第 75 条第 4 款规定，人民检察院对指定居所监视居住的决定和执行是否合法实行监督。

三、被监视居住人的义务及违反后的处理

（一）被监视居住人的义务

《刑事诉讼法》第 77 条规定了被监视居住的犯罪嫌疑人、被告人的义务：

1. 未经执行机关批准不得离开监视居住的处所。无论哪种方式的监视居住，被监视居住人无正当理由均不得离开执行监视居住的处所；有正当理由需要离开的，

应当经执行机关批准。如果监视居住是由人民检察院、人民法院决定的，执行机关在批准犯罪嫌疑人、被告人离开执行监视居住的处所前，应当征得决定机关同意。

2. 未经执行机关批准不得会见他人或者通信。这里的"他人"是指与被监视居住人共同居住的家庭成员以外的人。被监视居住的犯罪嫌疑人、被告人如果要会见他人或者通信，无论何种具体方式，都必须经过执行机关的批准。

3. 在传讯的时候及时到案。被监视居住的犯罪嫌疑人、被告人在被公、检、法机关传讯时，必须及时到案，接受讯问。

4. 不得以任何形式干扰证人作证。

5. 不得毁灭、伪造证据或者串供。

6. 将护照等出入境证件、身份证件、驾驶证件交执行机关保存。

根据《刑事诉讼法》第 78 条的规定，执行机关对被监视居住的犯罪嫌疑人、被告人，可以采用电子监控、不定期检查等监视方法对其遵守监视居住规定的情况进行监督；在侦查期间，可以对被监视居住的犯罪嫌疑人的通信进行监控。基于技术手段的有效利用成为可能，有关具体的监督方法，紧密围绕实现适用监视居住的目标，可以视不同的案件和犯罪嫌疑人、被告人的情况分别或同时使用一种或者多种方式。

（二）被监视居住人违反义务后的处理

《刑事诉讼法》第 77 条第 2 款规定，被监视居住的犯罪嫌疑人、被告人违反前款规定，情节严重的，可以予以逮捕；需要予以逮捕的，可以对犯罪嫌疑人、被告人先行拘留。

根据《刑事诉讼法》第 77 条第 2 款的规定，被监视居住的犯罪嫌疑人、被告人违反监视居住规定，情节严重的，可以予以逮捕。对此，根据全国人大常委会关于《刑事诉讼法》第 18 条第 3 款的解释，对于被监视居住的可能判处徒刑以下刑罚的犯罪嫌疑人、被告人，违反监视居住规定，严重影响诉讼活动正常进行的，可以予以逮捕。根据最高法《解释》的规定[1]，被监视居住的被告人具有下列情形之一的，应当决定逮捕：①故意实施新的犯罪的；②企图自杀、逃跑的；③毁灭、伪造证据，干扰证人作证或者串供的；④对被害人、举报人、控告人实施打击报复的；⑤经传唤，无正当理由不到案，影响审判活动正常进行的；⑥未经批准，擅自离开执行监视居住的处所，影响审判活动正常进行，或者两次未经批准，擅自离开执行监视居住处所的；⑦未经批准，擅自会见他人或者通信，影响审判活动正常进行，或者两次未经批准，擅自会见他人或者通信的；⑧对因患有严重疾病、生活不能自理，或者因怀孕、正在哺乳自己婴儿而未予逮捕的被告人，疾病痊愈或者哺乳期已满的；⑨依法应当逮捕的其他情形。相应地，最高检《规则》规定[2]，犯罪嫌疑人有下列

---

〔1〕　参见最高法《解释》第 130 条。

〔2〕　参见最高检《规则》第 111 条。

违反监视居住规定的行为的，"应当"予以逮捕：①故意实施新的犯罪；②企图自杀、逃跑；③实施毁灭、伪造证据或者串供、干扰证人作证行为，足以影响侦查、审查起诉工作正常进行；④对被害人、证人、鉴定人、举报人、控告人及其他人员实施打击报复。另外，对犯罪嫌疑人有下列违反监视居住规定的行为的，"可以"予以逮捕：①未经批准，擅自离开执行监视居住的处所，造成严重后果，或者两次未经批准，擅自离开执行监视居住的处所；②未经批准，擅自会见他人或者通信，造成严重后果，或者两次未经批准，擅自会见他人或者通信；③经传讯不到案，造成严重后果，或者经两次传讯不到案。

四、监视居住的程序

公安司法机关对犯罪嫌疑人、被告人决定监视居住的，应当遵守相关的审批程序，履行必要的手续，制作监视居住决定书或者指定居所监视居住决定书。执行监视居住，应当向被监视居住人宣读决定书，告知其违反规定应负的法律责任，由其本人在监视居住决定书上签名、捺指印或者盖章。

《刑事诉讼法》第74条第3款规定，监视居住由公安机关执行。据此，人民法院、人民检察院依法决定的监视居住，应当将监视居住决定书和执行通知书连同案由、被监视居住人的基本情况材料送交监视居住地的公安机关执行，应当告知公安机关在执行期间拟批准犯罪嫌疑人离开执行监视居住的处所、会见他人或者通信的，批准前应当征得决定机关同意。公安机关在执行监视居住期间向决定机关征询是否同意批准犯罪嫌疑人离开执行监视居住的处所、会见他人或者通信时，决定机关应当根据案件的具体情况决定是否同意。必要时，人民法院、人民检察院可以协助公安机关执行。

最高检《规则》第110条规定，人民检察院可以根据案件的具体情况，商请公安机关对被监视居住的犯罪嫌疑人采取电子监控、不定期检查等监视方法，对其遵守监视居住规定的情况进行监督。人民检察院办理直接受理立案侦查的案件对犯罪嫌疑人采取监视居住的，在侦查期间可以商请公安机关对其通信进行监控。

《刑事诉讼法》第75条第4款规定，人民检察院应当依法对指定居所监视居住的决定和执行是否合法实行监督。最高检《规则》第118条规定，对于公安机关、人民法院决定指定居所监视居住的案件，由批准或者决定的公安机关、人民法院的同级人民检察院负责捕诉的部门对决定是否合法实行监督。人民检察院决定指定居所监视居住的案件，由负责控告申诉检察的部门对决定是否合法实行监督。

最高检《规则》第119条规定，被指定居所监视居住人及其法定代理人、近亲属或者辩护人认为指定居所监视居住决定存在违法情形，提出控告或者举报的，人民检察院应当受理。

人民检察院可以要求有关机关提供指定居所监视居住决定书和相关案卷材料。经审查，发现存在下列违法情形之一的，应当及时通知其纠正：①不符合指定居所监视居住的适用条件的；②未按法定程序履行批准手续的；③在决定过程中有其他违反《刑事诉讼法》规定的行为的。

人民检察院依法对指定居所监视居住的执行活动是否合法实行监督。发现下列违法情形的，应当及时提出纠正意见：①在执行指定居所监视居住后24小时以内没有通知被监视居住人的家属的；②在羁押场所、专门的办案场所执行监视居住的；③为被监视居住人通风报信、私自传递信件、物品的；④对被监视居住人刑讯逼供、体罚、虐待或者变相体罚、虐待的；⑤有其他侵犯被监视居住人合法权利或者其他违法行为的。

被监视居住人及其法定代理人、近亲属或者辩护人对于公安机关、本院侦查部门或者侦查人员存在上述违法情形提出控告的，人民检察院应当受理并及时移送处理。

解除指定居所监视居住或者变更强制措施的，下级人民检察院侦查部门应当报送上一级人民检察院备案。

根据《刑事诉讼法》第79条第1款的规定，人民法院、人民检察院和公安机关对犯罪嫌疑人、被告人监视居住最长不得超过6个月。对于监视居住期限的理解，同取保候审一样，也存在不同认识。公安机关已经对犯罪嫌疑人监视居住的，案件移送审查起诉后，人民检察院认为应当继续监视居住的，应当重新办理监视居住手续，监视居住的期限重新计算。继而，案件移送至审判程序，人民法院也应如此。

对各级人大代表实施监视居住时与取保候审要求相同。

《刑事诉讼法》第75条第3款规定，被监视居住的犯罪嫌疑人、被告人委托辩护人的，适用《刑事诉讼法》第34条的规定。这说明被监视居住的人的诉讼权利应当依法予以保障。

《刑事诉讼法》第76条规定，指定居所监视居住的期限应当折抵刑期。被判处管制的，监视居住1日折抵刑期1日；被判处拘役、有期徒刑的，监视居住2日折抵刑期1日。

还应当注意，公安司法机关对同一个犯罪嫌疑人、被告人，不得重复采用监视居住措施。

根据六机关《规定》第15条的规定，指定居所监视居住的，不得要求被监视居住人支付费用。

根据《刑事诉讼法》第97条的规定，人民法院、人民检察院或者公安机关对犯罪嫌疑人、被告人监视居住期限届满的，应当变更为取保候审或者予以释放。犯罪嫌疑人、被告人及其法定代理人、近亲属或者辩护人，亦有权向人民法院、人民检察院或者公安机关提出申诉，要求变更为取保候审或者撤销监视居住。

对监视居住解除、撤销和变更时，也要制作相应的文书，向有关单位和个人宣布和送达。

■第五节　拘留

一、拘留的概念和特点

刑事诉讼强制措施中的拘留，亦称刑事拘留，是指公安机关、人民检察院在刑事诉讼过程中，遇到紧急情况时，对于现行犯、重大嫌疑分子或者其他犯罪嫌疑人、被告人所采取的临时剥夺其人身自由的强制方法。

刑事拘留具有以下几个特点：

1. 拘留是剥夺人身自由的一种强制措施。拘传、取保候审、监视居住都是限制人身自由，拘留则是将被拘留的对象关押于一定场所看管，不得与外界接触，因此，拘留是一种较为严厉的强制措施。在我国，刑事拘留的对象被羁押于看守所。

2. 有权采用拘留的机关具有特定性。根据《刑事诉讼法》的规定，公安机关、人民检察院在刑事诉讼过程中，或者人民检察院在对监察机关移送案件的审查起诉过程中可以适用拘留。

3. 拘留必须具备法定的条件。首先，拘留的对象一般应当是现行犯和重大嫌疑分子、犯罪嫌疑人或者被告人。监察机关移送审查起诉的案件中，拘留的对象是犯罪嫌疑人。其次，只有在法定的紧急情况下，没有充分的时间办理逮捕手续但是又需要立即剥夺犯罪嫌疑人人身自由的，才能采用先行拘留。不具备法定的紧急情况不能先行拘留。《刑事诉讼法》第82条规定了"紧急情形"所指的具体状况。

需要注意的是，《刑事诉讼法》第71条第4款规定，"对违反取保候审规定，需要予以逮捕的，可以对犯罪嫌疑人、被告人先行拘留"。《刑事诉讼法》第77条第2款规定，"被监视居住的犯罪嫌疑人、被告人违反前款规定，情节严重的，可以予以逮捕；需要予以逮捕的，可以对犯罪嫌疑人、被告人先行拘留"。有鉴于刑事拘留的执行主体依法应当是公安机关，此二处规定中的拘留应当理解为是刑事拘留的性质，由公安机关根据被取保候审、监视居住的人违反规定的严重程度决定适用，执行拘留后，公安机关认为需要逮捕的，依法报请人民检察院批准或者由人民法院决定。

4. 拘留是一种临时性的强制措施。拘留的对象多为现行犯、重大嫌疑分子，有部分为监察机关移送审查案件中的犯罪嫌疑人，拘留后需要批准或者决定是否逮捕、取保候审或者监视居住，因而期限短暂，有严格的时限限制，不得超期。

二、拘留的条件

拘留的条件针对不同的刑事拘留对象而设立。拘留的对象分为三类：

第一类是现行犯或者重大嫌疑分子，适用拘留应当同时具备以下两个条件：①拘留的对象必须是现行犯或者重大嫌疑分子。现行犯是指正在进行犯罪的人；重大嫌疑分子是指有证据证明有重大犯罪嫌疑的人。②具有法定的紧急情形之一。《刑事诉讼法》第 82 条和第 165 条规定了公安机关和人民检察院有权决定拘留的法定的紧急情形。

《刑事诉讼法》第 82 条采用列举的方式，规定对于有下列情形之一的现行犯或者重大嫌疑分子，公安机关可以先行拘留：①正在预备犯罪、实行犯罪或者在犯罪后即时被发觉的。预备犯罪是指为了犯罪准备工具，制造条件的行为。实行犯罪是指正在进行犯罪的活动。②被害人或者在场亲眼看见的人指认他犯罪的。即遭受犯罪行为直接侵害的人或者在犯罪现场亲眼看到犯罪活动的人指认某人是犯罪嫌疑人。③在身边或者住处发现有犯罪证据的。身边是指其身体、衣服、随身携带的物品等。所谓住处包括固定住处、临时居所、办公地点等。④犯罪后企图自杀、逃跑或者在逃的。⑤有毁灭、伪造证据或者串供可能的。⑥不讲真实姓名、住址，身份不明的。⑦有流窜作案、多次作案、结伙作案重大嫌疑的。根据公安部《规定》，流窜作案，是指跨市、县范围连续作案，或者在居住地作案后逃跑到外市、县继续作案；多次作案，是指 3 次以上作案；结伙作案是指 2 人以上共同作案。

在刑事诉讼中，除公安机关依法拥有决定拘留和执行拘留的权限以外，根据《刑事诉讼法》第 165 条的规定，人民检察院直接受理的案件中，对于具有以下两种情形之一的：①犯罪后企图自杀、逃跑或者在逃的；②有毁灭、伪造证据或者串供可能的，人民检察院有权决定拘留，由公安机关执行。

第二类是监察机关调查终结移送人民检察院审查起诉的犯罪嫌疑人。根据《刑事诉讼法》第 170 条第 2 款的规定，对于在调查中已经被采取了留置措施的犯罪嫌疑人，人民检察院一律决定先行拘留，留置措施自动解除，然后在法定期限内决定后续是否应当采取刑事诉讼强制措施及具体种类。

第三类是违反取保候审、监视居住义务，需要予以逮捕的犯罪嫌疑人、被告人。

三、拘留的程序和期限

（一）拘留的程序

根据《刑事诉讼法》的规定，拘留由公安机关执行。公安机关办案人员认为需要拘留犯罪嫌疑人时，应当填写呈请拘留报告书，注明有关情况和理由，经部门领导审核，公安机关负责人决定；检察机关拘留犯罪嫌疑人，由办案人员提出意见，部门负责人审核，检察长决定，再送达公安机关执行。在紧急情况下，人民检察院可以向犯罪嫌疑人宣布拘留决定，送交公安机关执行。

《刑事诉讼法》第 85 条第 1 款规定，公安机关拘留人的时候，必须出示拘留证。拘留证由县级以上公安机关的负责人签发。执行拘留时，应当向被拘留人出示拘留证，宣布对其实行拘留。被拘留人应当在拘留证上签名并且捺指印。拒绝签名或者捺指印的，执行拘留的人员应当予以注明。被拘留人如果抗拒拘留，执行人员有权使用强制方法包括使用械具。

《刑事诉讼法》第 85 条第 2 款规定，拘留后，应当立即将被拘留人送看守所羁押，至迟不得超过 24 小时。除无法通知或者涉嫌危害国家安全犯罪、恐怖活动犯罪通知可能有碍侦查的情形以外，应当在拘留后 24 小时以内，通知被拘留人的家属。根据公安部《规定》，有下列情形之一的，属于"无法通知"：①不讲真实姓名、住址、身份不明的；②没有家属的；③提供的家属联系方式无法取得联系的；④因自然灾害等不可抗力导致无法通知的。有下列情形之一的，属于"有碍侦查"：①可能毁灭、伪造证据，干扰证人作证或者串供的；②可能引起同案犯逃避、妨碍侦查的；③犯罪嫌疑人的家属与犯罪有牵连的。无法通知、有碍侦查的情形消失后，应当立即通知家属。对于没有在 24 小时以内通知家属的，应当在拘留通知书中注明原因。

《刑事诉讼法》第 86 条规定，公安机关对被拘留的人，应当在拘留后的 24 小时以内进行讯问。这样做的目的是查清事实，防止错拘。同时，也可以及时收集证据，查明其他同案犯，不贻误战机。在发现不应当拘留的时候，必须立即释放被拘留人，发给释放证明。所谓"不应当拘留"是指：犯罪行为没有发生，或者被拘留的人的行为不构成犯罪的；虽然有犯罪行为，但依法不应追究刑事责任的或者不是被拘留人所为的；犯罪行为虽然是被拘留人所为，但该人并不具备法定的适用拘留的七种情形之一，不需要拘留的。遇有上述情况的，应当立即将被拘留人予以释放，并发给释放证明。

对需要逮捕而证据还不充足的，可以取保候审或者监视居住。即经过讯问，对于被拘留人犯有罪行，依法需要逮捕，但在拘留期限内没能收集到足够的证据证明其犯罪事实的，一旦拘留的法定期限届满，应当将其释放。如果出于办案的需要，应采取一定的强制措施以限制其人身自由，为了防止进一步发生社会危险性，保证刑事诉讼顺利进行，应当对其依法变更为取保候审或者监视居住。

公安机关在异地执行拘留的时候，应当通知被拘留人所在地的公安机关，被拘留人所在地的公安机关应当予以配合。

人民检察院对直接受理的案件中被拘留的人，应当在拘留后的 24 小时以内进行讯问。在发现不应当拘留的时候，必须立即释放，发给释放证明。对需要逮捕而证据还不充足的，可以根据具体情形适用取保候审或者监视居住。

人民检察院对监察机关移送的案件进行审查起诉中的拘留，亦依法依规进行。

根据《全国人民代表大会和地方各级人民代表大会代表法》的规定，拘留担任本级人大代表的犯罪嫌疑人，应当立即向本级人大主席团或常委会报告；拘留担任上级人大代表的犯罪嫌疑人，应当立即报该代表所属人民代表大会同级的公安（检察）机关并向该级人大主席团或常委会报告；拘留担任下级人大代表的犯罪嫌疑人，可直接向该代表所属的人大主席团或常委会报告，也可委托该级同级的公安（检察）机关报告；拘留担任乡、镇人大代表的犯罪嫌疑人，由县级公安（检察）机关报告乡、镇人民代表大会。如果拘留的犯罪嫌疑人担任两级以上人大代表，要按规定分别报告，不得省略手续。如果拘留的犯罪嫌疑人是本辖区之外的人大代表，则应委托该代表所属同级公安（检察）机关履行报告事宜。[1]

（二）拘留的期限

对于公安机关依法决定和执行的刑事拘留，拘留的期限根据法律分别规定的公安机关提请人民检察院批准逮捕时间和人民检察院审查批准逮捕的时间累积而计算。

公安机关对被拘留的人，认为需要逮捕的，应当在拘留后的 3 日以内，提请人民检察院审查批准。在特殊情况下，提请审查批准的时间可以延长 1～4 日。所谓"特殊情况"是指案件比较复杂，或者在交通不便的边远地区，3 日以内难以报请批捕的情况。

对于流窜作案、多次作案、结伙作案的重大嫌疑分子，提请审查批准的时间可以延长至 30 日。此类案件的犯罪显然在 3 日或者 7 日之内难以查明，因此法律规定可以延长至 30 日，以适应打击刑事犯罪的需要。

人民检察院应当自接到公安机关提请批准逮捕书后的 7 日以内，作出批准逮捕或者不批准逮捕的决定。人民检察院不批准逮捕的，公安机关应当在接到通知后将在押人立即释放，并且将执行情况及时通知人民检察院。对于需要继续侦查，并且符合取保候审、监视居住条件的，依法取保候审或者监视居住。

《刑事诉讼法》第 167 条规定，人民检察院对直接受理的案件中被拘留的人，认为需要逮捕的，应当在 14 日内作出决定。在特殊情况下，决定逮捕的时间可以延长 1～3 日。对不需要逮捕的，应当立即释放。对需要继续侦查，并且符合取保候审、监视居住条件的，依法取保候审或者监视居住。

《刑事诉讼法》第 170 条第 2 款规定，对于监察机关移送起诉的已采取留置措施的案件，人民检察院应当对犯罪嫌疑人先行拘留，留置措施自动解除。人民检察院应当在拘留后的 10 日以内作出是否逮捕、取保候审或者监视居住的决定。在特殊情况下，决定的时间可以延长 1～4 日。人民检察院决定采取强制措施的期间不计入审查起诉期限。

综上，一般情况下，刑事诉讼拘留的最长期限为 14 日。流窜作案、多次作案、结伙作案的重大嫌疑分子，拘留的最长期限为 37 日。人民检察院刑事拘留的最长期限为 17 日。

四、刑事拘留与行政拘留、司法拘留的区别

我国法律规定了三种拘留：《刑事诉讼法》规定的刑事拘留和司法拘留，行政法律规定的行政拘留和《民事诉讼法》规定的司法拘留。应当注意将三者加以区别。

---

[1] 有关需要对人大代表采取拘留措施的规定，参见最高检《规则》第 148、149 条；有关对政协委员采取相应措施的程序，参见中共中央政法委员会《关于对政协委员采取刑事拘留、逮捕强制措施应向所在政协党组通报情况的通知》（1996 年 7 月 18 日）。

（一）刑事拘留与行政拘留

1. 法律性质不同。刑事拘留是刑事诉讼活动中的一种保证性措施，是一种诉讼行为，具有程序意义，其本身不具有惩罚性。行政拘留是依据行政法律作出的行政处罚，是一种实体制裁，其本身具有惩罚性。

2. 适用对象不同。刑事拘留适用于刑事案件中的现行犯或者重大嫌疑分子，他们一般是即将被追究刑事责任的对象。行政拘留适用于扰乱公共秩序，妨害公共安全，侵犯人身权利、财产权利，妨害社会管理，具有社会危害性，依照《刑法》尚不够刑事处罚的一般违法行为人。

3. 适用目的不同。适用刑事拘留的目的是保证刑事诉讼活动顺利进行。行政拘留的目的是处罚和教育一般违法行为人。

4. 羁押期限不同。公安机关对于一般现行犯、重大嫌疑分子实施刑事拘留的最长期限是 14 日，对于流窜作案、多次作案、结伙作案的重大嫌疑分子的最长拘留期限为 37 日。人民检察院直接受理案件刑事拘留的期限最长为 17 日，针对监察机关移送案件审查起诉中刑事拘留的期限最长为 14 日。行政拘留的最长期限是 15 日。

5. 有权采用的机关不同。刑事拘留可以由公安机关、人民检察院在刑事诉讼中的侦查或审查起诉中采用。行政拘留只能由公安机关作为行政执法机关采用。

应当注意的是，公安机关在办理行政案件过程中，发现同一违法行为涉嫌犯罪的，如果行政案件尚未结案，可以直接转为刑事案件办理，无须办理撤销手续。如果行政案件已经作出处罚决定，应当先行撤销行政处罚，再转为刑事案件办理。对于符合《刑事诉讼法》第 61 条[1]规定的刑事拘留条件的，可以对犯罪嫌疑人采取刑事拘留措施。行政拘留与刑事拘留性质不同，行政拘留不能折抵刑事拘留。[2]如果行为人依法被刑事拘留的行为与依法被行政拘留的行为系同一行为，公安机关在依法对其裁决行政拘留时，应当将其刑事拘留的时间折抵行政拘留的时间。如果行为人依法被刑事拘留的时间已超过依法被裁决的行政拘留时间的，则其行政拘留不再执行，但必须将行政拘留裁决书送达被处罚人。[3]

（二）刑事拘留与司法拘留

1. 适用对象不同。刑事拘留是《刑事诉讼法》规定的刑事诉讼强制措施，适用对象仅是刑事案件中的现行犯或者重大嫌疑分子。司法拘留是《刑事诉讼法》《民事诉讼法》和《行政诉讼法》分别规定的诉讼保障措施，适用对象是在诉讼中实施了妨害诉讼行为的人，即包括当事人及其他诉讼参与人（诉讼参加人）。例如，《刑事诉讼法》第 193 条第 2 款规定，证人没有正当理由不出庭或者出庭后拒绝作证的，

---

[1] 此为 1996 年《刑事诉讼法》，应为本教材中引用的 2018 年《刑事诉讼法》的第 82 条。

[2] 公安部法制局《关于行政案件转为刑事案件办理后原行政案件如何处理的电话答复》（2004 年 11 月 1 日）。

[3] 参见公安部《关于对刑事拘留时间可否折抵行政拘留时间问题的批复》（2004 年 3 月 4 日）。

予以训诫，情节严重的，经院长批准，处 10 日以下的拘留。此处即指司法拘留。司法拘留的对象还包括案外人，例如依据《刑事诉讼法》第 199 条，对法庭审判过程中违反法庭秩序的旁听人员，也可以适用司法拘留。

2. 有权采用的机关不同。刑事拘留依法由公安机关、人民检察院决定，并由公安机关执行。司法拘留依法由人民法院决定并由人民法院司法警察执行。

3. 与判决的关系不同。刑事诉讼拘留的期限可以折抵刑期。司法拘留仅仅是对有妨害诉讼行为人的惩戒，与判决结果无任何关系。

4. 期限不同。通常刑事拘留的最长期限是 14 日，对流窜作案、多次作案、结伙作案的，最长拘留期限为 37 日。人民检察院刑事拘留的期限最长为 17 日。司法拘留的期限最长为 15 日。

■第六节　逮捕

一、逮捕的概念和适用条件

逮捕是指在一定时期内剥夺犯罪嫌疑人、被告人的人身自由并予以羁押的强制方法。

逮捕是我国刑事诉讼强制措施中最严厉的一种，它不仅剥夺了犯罪嫌疑人、被告人的人身自由，而且逮捕后除发现不应当追究刑事责任和符合变更强制措施的条件的以外，对被逮捕人的羁押期间一般要到人民法院判决生效为止。正确、及时地适用逮捕措施，可以发挥其打击犯罪、维护社会秩序的重要作用，有效地防止犯罪嫌疑人、被告人串供、毁灭或者伪造证据、自杀、逃跑或者继续犯罪，有助于全面收集证据、查明案情、证实犯罪，保证侦查、起诉、审判活动的顺利进行。所以，逮捕是同犯罪作斗争的重要手段。但是如果适用有误，错捕滥捕，可能会伤害无辜，侵犯公民的人身权利和民主权利，特别是诉讼权利，破坏社会主义法制的尊严和权威，损害公安司法机关的威信。因此，必须坚持"少捕"和"慎捕"的刑事政策，切实做到不枉不纵，既不能该捕不捕，也不能以捕代侦，任意逮捕。对无罪而错捕的，要依照《国家赔偿法》的规定对受害人予以赔偿。

逮捕的羁押期限较之刑事拘留的羁押期限要长得多。在一定期限内对犯罪嫌疑人、被告人强行羁押，办案机关不仅可以随时讯问，而且还能有效地防止串供、毁灭证据、逃跑、自杀等妨害刑事诉讼顺利进行的情况发生，这是逮捕积极性的体现。但是，由于它是在较长时期内剥夺人身自由，如果使用不当，将适得其反，特别是在错误逮捕的情况下，将会严重侵犯犯罪嫌疑人、被告人的合法权益。正是基于上述考虑，立法上对逮捕的条件作了明确具体的规定。《刑事诉讼法》第 81 条规定："对有证据证明有犯罪事实，可能判处徒刑以上刑罚的犯罪嫌疑人、被告人，采取取保候审尚不足以防止发生下列社会危险性的，应当予以逮捕：①可能实施新的犯罪的；②有危害国家安全、公共安全或者社会秩序的现实危险的；③可能毁灭、伪造证据，干扰证人作证或者串供的；④可能对被害人、举报人、控告人实施打击报复的；⑤企图自杀或者逃跑的。批准或者决定逮捕，应当将犯罪嫌疑人、被告人涉嫌犯罪的性质、情节，认罪认罚等情况，作为是否可能发生社会危险性的考虑因素。对有证据证明有犯罪事实，可能判处 10 年有期徒刑以上刑罚的，或者有证据证明有犯罪事实，可能判处徒刑以上刑罚，曾经故意犯罪或者身份不明的，应当予以逮捕。被取保候审、监视居住的犯罪嫌疑人、被告人违反取保候审、监视居住规定，情节严重的，可以予以逮捕。"

这一规定明确了逮捕的条件，分为两类情形：

第一类情形，《刑事诉讼法》第 81 条第 1 款、第 2 款和第 3 款规定的"应当予以逮捕"。必须同时具备以下三个条件：

（1）有证据证明有犯罪事实。根据最高检《规则》的规定，有证据证明有犯罪事实是指同时具备下列情形：①有证据证明发生了犯罪事实；②有证据证明犯罪事实是犯罪嫌疑人实施的；③证明犯罪嫌疑人实施犯罪行为的证据已经查证属实的。犯罪事实既可以是单一犯罪行为的事实，也可以是数个犯罪行为中任何一个犯罪行为的事实。[1]

我国刑事诉讼中的逮捕不仅指逮捕这一行为，还包括逮捕后的羁押状态。这与西方国家逮捕的含义不同，西方国家的逮捕仅指逮捕行为，不必然引起羁押。因此，在理解逮捕的这一条件时，应当从严掌握，必须达到有证据证明有犯罪事实的程度。

（2）可能判处徒刑以上刑罚。根据法律规定，适用逮捕的刑罚条件应当为徒刑以上。通常情况下，如果可能判处的刑罚为拘役、管制或者单处附加刑的，则不能适用逮捕，法律另有规定的除外。[2]

（3）有逮捕必要。符合上述两项条件，并不必然适用逮捕，必须同时注意对是否必要的考量。即，有证据证明有犯罪事实，可能判处徒刑以上刑罚，还必须符合下列三个条件之一：①社会危险性条件。即《刑事诉讼法》第 81 条第 1 款明确规定的采取取保候审、监视居住等方法，尚不足以防止发生社会危险性的 5 种情形之一。②存在曾经故意犯罪或者身份不明的情形。③可能判处的刑罚达到 10 年有期徒刑以上。

应当注意的是，《刑事诉讼法》第 81 条第 2 款"批准或者决定逮捕，应当将犯罪嫌疑人、被告人涉嫌犯罪的性质、情节，认罪认罚等情况，作为是否可能发生社会危险性的考虑因素"系 2018 年修改《刑事诉讼法》新增的规定，突出体现了认罪认罚从宽制度在审查逮捕阶段的贯彻与运用。

第二类情形，《刑事诉讼法》第 81 条第 4 款规定的"可以予以逮捕"。它是指

---

〔1〕　参见最高检《规则》第 128 条第 2、3 款。

〔2〕　参见《刑事诉讼法》第 67 条、第 71 条、第 74 条、第 77 条。全国人大常委会 2014 年 4 月 24 日《关于刑事诉讼法第七十九条第三款的解释》。（该条款 2018 年修改的应为第 81 条第 3 款；编者注）。

违反取保候审、监视居住规定转化为逮捕的情形，即"被取保候审、监视居住的犯罪嫌疑人、被告人违反取保候审、监视居住规定，情节严重的"。对于这类情况，"可以予以逮捕"，也就是说仍然可以根据案件的具体情况而进行选择是否逮捕。此款规定与《刑事诉讼法》第67、71条和第74、77条衔接，体现了法定的强制措施是有其自身的完整体系和有机联系的，应当注意对比，全面理解，准确把握。有鉴于取保候审、监视居住的对象包括可能判处徒刑以下刑罚的情形，而违反规定，情节严重即可以予以逮捕。法律上并未排除这类对象，但实践中对于达不到可能判处徒刑以上刑罚的人适用逮捕应当尤其慎重。

此外，根据最高检《规则》第138条，对实施多个犯罪行为或者共同犯罪案件的犯罪嫌疑人，符合本规则第128条的规定，具有下列情形之一的，应当批准或者决定逮捕：①有证据证明犯有数罪中的一罪的；②有证据证明实施多次犯罪中的一次犯罪的；③共同犯罪中，已有证据证明有犯罪事实的犯罪嫌疑人。

犯罪嫌疑人涉嫌的罪行较轻，且没有其他重大犯罪嫌疑，具有以下情形之一的，"可以"作出不批准逮捕的决定或者不予逮捕：①属于预备犯、中止犯，或者防卫过当、避险过当的；②主观恶性较小的初犯，共同犯罪中的从犯、胁从犯，犯罪后自首、有立功表现或者积极退赃、赔偿损失、确有悔罪表现的；③过失犯罪的犯罪嫌疑人，犯罪后有悔罪表现，有效控制损失或者积极赔偿损失的；④犯罪嫌疑人与被害人双方根据《刑事诉讼法》的有关规定达成和解协议，经审查，认为和解系自愿、合法且已经履行或者提供担保的；⑤犯罪嫌疑人系已满14周岁未满18周岁的未成年人或者在校学生，本人有悔罪表现，其家庭、学校或者所在社区、居民委员会、村民委员会具备监护、帮教条件的；⑥年满75周岁以上的老年人。

对符合《刑事诉讼法》第74条第1款规定的犯罪嫌疑人，人民检察院经审查认为不需要逮捕的，可以在作出不批准逮捕或者不予逮捕决定的同时，向侦查机关提出监视居住的建议。

二、逮捕的权限

逮捕是公安司法机关同犯罪作斗争的强有力手段，如果适用得当，作用显著。但是如果适用不当，将会严重侵害犯罪嫌疑人、被告人的人身权利。因此，法律对逮捕的权限作了严格的规定。

我国《宪法》第37条第2款规定："任何公民，非经人民检察院批准或者决定或者人民法院决定，并由公安机关执行，不受逮捕。"《刑事诉讼法》第80条规定："逮捕犯罪嫌疑人、被告人，必须经过人民检察院批准或者人民法院决定，由公安机关执行。"这些规定说明：逮捕权由公安司法机关行使，其他任何机关、团体和个人都无权对任何人实行逮捕。在有权使用此项权力的机关之间，逮捕的权限是不同的，具有一定的分工。具体为：公安机关对自己侦查的案件，认为需要逮捕犯罪嫌疑人的时候，无权自行决定，应当依法提请人民检察院审查批准。人民检察院对于直接受理的案件和对于监察机关调查终结移送的案件审查起诉中认为需要逮捕的，有权作出决定。对于公安机关在此前的侦查阶段中没有提请批准逮捕而在审查起诉阶段人民检察院认为需要逮捕的，也可以直接依法决定。人民法院对于自诉案件中需要逮捕的被告人，有权决定逮捕；对于公安机关在此前的侦查阶段中没有提请批准逮捕、人民检察院审查起诉阶段也未决定逮捕的被告人，如果认为需要逮捕的，人民法院也有直接决定的权力。无论是批准逮捕还是决定逮捕，都由公安机关执行。

三、逮捕的程序[1]

（一）逮捕的审查程序

《刑事诉讼法》第87条规定，公安机关要求逮捕犯罪嫌疑人的时候，应当写出提请批准逮捕书，连同全部案卷材料和证据，一并移送同级人民检察院审查批准。必要的时候，人民检察院可以派人参加公安机关对于重大案件的讨论。《刑事诉讼法》第90条规定，人民检察院对于公安机关报请批准逮捕的案件进行审查后，应当根据情况分别作出批准或者不批准逮捕的决定。对于批准逮捕的决定，公安机关应当立即执行，并且将执行情况及时通知人民检察院。对于不批准逮捕的，人民检察院应当说明理由，需要补充侦查的，应当同时通知公安机关。

《刑事诉讼法》第88条和最高检《规则》规定，办理审查逮捕案件，可以讯问犯罪嫌疑人；有下列情形之一的，应当讯问犯罪嫌疑人：①对是否符合逮捕条件有疑问的；②犯罪嫌疑人要求向检察人员当面陈述的；③侦查活动可能有重大违法行为的；④案情重大、疑难、复杂的；⑤犯罪嫌疑人认罪认罚的；⑥犯罪嫌疑人系未成年人的；⑦犯罪嫌疑人是盲、聋、哑人或者是尚未完全丧失辨认或者控制自己行为能力的精神病人的。"是否符合逮捕条件有疑问"主要包括罪与非罪界限不清的，据以定罪的证据之间存在矛盾的，犯罪嫌疑人的供述前后矛盾或者违背常理的，有无社会危险性难以把握的，以及犯罪嫌疑人是否达到刑事责任年龄需要确认等情形。"重大违法行为"是指办案严重违反法律规定的程序，或者存在刑讯逼供等严重侵犯犯罪嫌疑人人身权利和其他诉讼权利等情形。

讯问犯罪嫌疑人时，检察人员不得少于2人。犯罪嫌疑人被送交看守所羁押后，讯问应当在看守所内进行。讯问时，应当首先查明犯罪嫌疑人的基本情况，依法告知犯罪嫌疑人的诉讼权利和义务，听取其供述和辩解，有检举揭发他人犯罪线索的，应当予以记录，并依照有关规定移送有关部门处理。讯问犯罪嫌疑人应当制作讯问笔录，并交犯罪嫌疑人核对或者向其宣读，经核对无误后逐页签名、盖章或者捺指印并附卷。犯罪嫌疑人请求自行书写供述的，应当准许，但不得以自行书写的供述代替讯问笔录。

在审查逮捕中对被拘留的犯罪嫌疑人不予讯问的，应当送达听取犯罪嫌疑人意

---

[1] 有关逮捕的程序问题，内容较多，在此仅比较概括地列举说明，其他参见最高检《规则》、公安部《规定》的相关内容。

见书，由犯罪嫌疑人填写后及时收回审查并附卷。经审查发现应当讯问犯罪嫌疑人的，应当及时讯问。侦查监督部门办理审查逮捕案件，必要时，可以询问证人、被害人、鉴定人等诉讼参与人，并制作笔录附卷。

在审查逮捕过程中，犯罪嫌疑人已经委托辩护律师的，可以听取辩护律师的意见。辩护律师提出要求的，应当听取辩护律师的意见。对辩护律师的意见应当制作笔录附卷。辩护律师提出不构成犯罪、无社会危险性、不适宜羁押、侦查活动有违法犯罪情形等书面意见的，办案人员应当审查，并在审查逮捕意见书中说明是否采纳的情况和理由。

对于公安机关立案侦查的案件，审查逮捕时发现存在最高检《规则》第73条第1款规定情形的，可以调取公安机关讯问犯罪嫌疑人的录音、录像并审查相关的录音、录像，对于重大、疑难、复杂的案件，必要时可以审查全部录音、录像。

经审查犯罪嫌疑人录音、录像，发现侦查机关讯问不规范，讯问过程存在违法行为，录音、录像内容与讯问笔录不一致等情形的，应当逐一列明并向侦查机关书面提出，要求侦查机关予以纠正、补正或者书面作出合理解释。发现讯问笔录与讯问犯罪嫌疑人录音、录像内容有重大实质性差异的，或者侦查机关不能补正或者作出合理解释的，该讯问笔录不能作为批准逮捕或者决定逮捕的依据。

公安机关侦查的案件，人民检察院审查批准的期限为7日。

人民检察院直接受理的案件中，犯罪嫌疑人已被拘留的，应当在收到报请逮捕书后7日内作出是否逮捕的决定，特殊情况下，决定逮捕的时间可以延长1~3日。犯罪嫌疑人未被拘留的，应当在收到报请逮捕书后15日以内作出是否逮捕的决定，重大、复杂的案件，不得超过20日。

对于监察机关移送起诉的已采取留置措施的案件，《刑事诉讼法》第170条第2款规定，人民检察院应当在拘留后的10日以内作出是否逮捕、取保候审或者监视居住的决定。在特殊情况下，决定的时间可以延长1~4日。人民检察院决定采取强制措施的期间不计入审查起诉期限。

人民检察院对担任县级以上各级人民代表大会代表的犯罪嫌疑人决定采取拘传、取保候审、监视居住、拘留、逮捕强制措施的，应当报请该代表所属的人民代表大会主席团或者常务委员会许可。人民检察院对担任本级人民代表大会代表的犯罪嫌疑人决定采取强制措施的，应当报请本级人民代表大会主席团或者常务委员会许可。对担任上级人民代表大会代表的犯罪嫌疑人决定采取强制措施的，应当层报该代表所属的人民代表大会同级的人民检察院报请许可。对担任下级人民代表大会代表的犯罪嫌疑人决定采取强制措施的，可以直接报请该代表所属的人民代表大会主席团或者常务委员会许可，也可以委托该代表所属的人民代表大会同级的人民检察院报请许可。对担任两级以上的人民代表大会代表的犯罪嫌疑人决定采取强制措施的，分别依照前述的规定报请许可。对担任办案单位所在省、市、县（区）以外的其他地区人民代表大会代表的犯罪嫌疑人决定采取强制措施的，应当委托该代表所属的人民代表大会同级的人民检察院报请许可；担任两级以上人民代表大会代表的，应当分别委托该代表所属的人民代表大会同级的人民检察院报请许可。对于公安机关提请人民检察院批准逮捕的案件，犯罪嫌疑人担任人民代表大会代表的，报请许可手续由公安机关负责办理。担任县级以上人民代表大会代表的犯罪嫌疑人，经报请该代表所属人民代表大会主席团或者常务委员会许可后被刑事拘留的，适用逮捕措施时不需要再次报请许可。[1]

外国人、无国籍人涉嫌危害国家安全犯罪的案件或者涉及国与国之间政治、外交关系的案件以及在适用法律上确有疑难的案件，需要逮捕犯罪嫌疑人的，按照《刑事诉讼法》关于管辖的规定，分别由基层人民检察院或者设区的市级人民检察院审查并提出意见，层报最高人民检察院审查。最高人民检察院认为需要逮捕的，经征求外交部的意见后，作出批准逮捕的批复；认为不需要逮捕的，作出不批准逮捕的批复。基层人民检察院或者设区的市级人民检察院根据最高人民检察院的批复，依法作出批准或者不批准逮捕的决定。层报过程中，上级人民检察院认为不需要逮捕的，应当作出不批准逮捕的批复。报送的人民检察院根据批复依法作出不批准逮捕的决定。基层人民检察院或者设区的市级人民检察院认为不需要逮捕的，可以直接依法作出不批准逮捕的决定。外国人、无国籍人涉嫌最高检《规则》第294条第1款规定以外的其他犯罪案件，决定批准逮捕的人民检察院应当在作出批准逮捕决定后48小时以内报上一级人民检察院备案，同时向同级人民政府外事部门通报。上一级人民检察院经审查发现批准逮捕决定错误的，应当依法及时纠正。

人民检察院办理审查逮捕的危害国家安全的案件，应当报上一级人民检察院备案。上一级人民检察院对报送的备案材料经审查发现错误的，应当依法及时纠正。

人民法院在审判刑事案件的过程中，认为需要逮捕被告人的，应当作出逮捕决定，并制作逮捕决定书送达公安机关执行。

（二）逮捕的执行程序[2]

根据《刑事诉讼法》第90条的规定，人民检察院对于公安机关报请批准逮捕的案件进行审查后，应当根据情况分别作出批准或者不批准逮捕的决定。对于符合逮捕条件的，应当作出批准逮捕决定，制作批准逮捕决定书，连同案卷、证据一并移交提请批准逮捕的公安机关执行。

公安机关接到人民检察院的批准逮捕决定书、决定逮捕通知书或者人民法院的逮捕决定书以后，由县级以上公安机关负责人签发逮捕证，立即派员执行，并且将执行回执及时送达批准、决定逮捕的人民检察院或者决定逮捕的人民法院。如果未能执行，也应当将执行回执送达人民检察院、人民法院。对于人民检察院不批准逮捕的，公安机关在收到不批准逮捕决定书后，应当立即释放在押的犯罪嫌疑人，对于需要继续侦查，并且符合取保候审、监视居住条件的，依法取保候审或者监视居住。执

---

[1]　参见最高检《规则》第148条。
[2]　具体参见公安部《规定》第138～143条。

行回执要在收到不批准逮捕决定书后的 3 日内送达作出不批准逮捕决定的人民检察院。

　　公安机关逮捕人的时候，必须出示逮捕证，并责令被逮捕人在逮捕证上签字或者捺指印，拒绝签字或者捺指印的，应当加以注明。遇有被逮捕人抗拒逮捕的，可以使用械具，必要时，可以使用武器。逮捕后，应当立即将被逮捕人送看守所羁押。除无法通知的以外，应当在逮捕后 24 小时以内，通知被逮捕人的家属。公安机关在异地执行逮捕的时候，应当通知被逮捕人所在地的公安机关，被逮捕人所在地的公安机关应当予以配合。

　　人民法院、人民检察院对于各自决定逮捕的人，公安机关对于经人民检察院批准逮捕的人，都必须在逮捕后的 24 小时以内进行讯问。在发现不应当逮捕的时候，必须立即释放，发给释放证明。

　　人民检察院对于具有前述最高检《规则》中不批准或不予逮捕情形的，作出不批准逮捕决定的，应当说明理由，连同案卷材料送达公安机关执行。需要补充侦查的，应当同时通知公安机关。公安机关应当按照人民检察院的补充侦查提纲补充侦查。补充侦查完毕，认为符合逮捕条件的，应当重新提请逮捕。

　　（三）逮捕程序中的复议、复核、申诉和纠错

　　根据《刑事诉讼法》第 92 条和有关司法解释的规定，公安机关对人民检察院不批准逮捕的决定，认为有错误的时候，应当在收到不批准逮捕决定书后 5 日以内，向同级人民检察院要求复议。但是必须将被拘留的人立即释放。对不批准逮捕的案件，公安机关要求复议的，人民检察院负责捕诉的部门应当另行指派检察官或者检察官办案组进行审查，并在收到要求复议意见书和案卷材料后 7 日以内，经检察长批准，作出是否变更的决定，通知公安机关。

　　对不批准逮捕的案件，公安机关提请上一级人民检察院复核的，上一级人民检察院应当在收到提请复核意见书和案卷材料后 15 日以内，经检察长批准，作出是否变更的决定，通知下级人民检察院和公安机关执行。需要改变原决定的，应当通知作出不批准逮捕决定的人民检察院撤销原不批准逮捕决定，另行制作批准逮捕决定书。必要时，上级人民检察院也可以直接作出批准逮捕决定，通知下级人民检察院送达公安机关执行。对于经复议复核维持原不批准逮捕决定的，人民检察院向公安机关送达复议复核决定时应当说明理由。

　　人民检察院作出不批准逮捕决定，并且通知公安机关补充侦查的案件，公安机关在补充侦查后又提请复议的，人民检察院应当告知公安机关提请批准逮捕。公安机关坚持复议的，人民检察院不予受理。公安机关补充侦查后应当批准逮捕而不提请批准逮捕的，人民检察院可以直接作出逮捕决定，送交公安机关执行。

　　人民检察院办理审查逮捕案件，发现应当逮捕而公安机关未提请批准逮捕的犯罪嫌疑人的，应当建议公安机关提请批准逮捕。如果公安机关仍不提请批准逮捕或者不提请逮捕的理由不能成立的，人民检察院也可以直接作出逮捕决定，送达公安

机关执行。[1]如果发现公安机关的侦查活动有违法情况，应当通知公安机关纠正，公安机关应当将纠正情况通知人民检察院。

人民检察院对已作出的批准逮捕决定发现确有错误的，应当撤销原批准逮捕决定，送达公安机关执行。对已作出的不批准逮捕决定发现确有错误的，需要批准逮捕的，应当撤销原不批准逮捕决定，并重新作出批准逮捕决定，送达公安机关执行。对因撤销逮捕决定而被释放的犯罪嫌疑人或逮捕后公安机关变更为取保候审、监视居住的犯罪嫌疑人，又发现需要逮捕的，人民检察院应当重新作出逮捕决定。

■第七节　强制措施的撤销、变更和解除

一、强制措施的撤销、变更和解除概述

刑事诉讼中的强制措施一经采用，不是一成不变的，而是可以根据案件侦查、起诉和审判的具体情况以及证据的收集情况予以改变，包括撤销、变更和解除等不同的方式。犯罪嫌疑人、被告人及其法定代理人、近亲属，犯罪嫌疑人、被告人委托的律师或者其他辩护人发现采用强制措施不当的，都可以提出要求种类的变更，这是为了保障被追诉人的诉讼权利。按照实事求是、有错必纠的精神，人民法院、人民检察院和公安机关应当对不应采取强制措施的及时予以撤销，对虽然应当采取强制措施，但具体种类适用不当的，应当及时予以变更，改用适当的强制措施，这是办案机关依法应当履行的职责。

刑事诉讼中强制措施的变更既可以是由不采用强制措施变更为采用强制措施，也可以是由采用强制措施变更为撤销强制措施；既可以由适用较重的强制措施变更为适用较轻的强制措施，也可以由适用较轻的强制措施变更为适用较重的强制措施。强制措施适用期间，认为不应适用的，办案机关应当依法予以撤销；法定期限届满，应当对其予以解除，如果犯罪嫌疑人、被告人在押的，则应当释放。

二、强制措施的撤销、变更和解除的具体规定

《刑事诉讼法》中关于强制措施的撤销、变更和解除的规定主要包括：

1. 《刑事诉讼法》第95条规定："犯罪嫌疑人、被告人被逮捕后，人民检察院仍应当对羁押的必要性进行审查。不需要继续羁押的，应当建议予以释放或者变更强制措施。有关机关应当在10日以内将处理情况通知人民检察院。"羁押必要性审查，是指人民检察院根据这一法律规定对犯罪嫌疑人、被告人有无继续羁押的必要性进行审查，对不需要继续羁押的，建议办案机关予以释放或者变更强制措施的监督活动，具有人权保障和加强检察监督的双重意义。为了加强和规范羁押必要性

---

[1] 参见最高检《规则》第288条。

审查工作，维护被逮捕的犯罪嫌疑人、被告人的合法权益，2016 年 1 月最高人民检察院发布了《人民检察院办理羁押必要性审查案件规定（试行）》，对羁押必要性审查案件的受理、立案、结案、释放或者变更强制措施提出建议等诸方面均有所规定。这一问题，参见最高检《规则》第 573 ~ 582 条。

2. 《刑事诉讼法》第 96 条规定："人民法院、人民检察院和公安机关如果发现对犯罪嫌疑人、被告人采取强制措施不当的，应当及时撤销或者变更。公安机关释放被逮捕的人或者变更逮捕措施的，应当通知原批准的人民检察院。"

3. 《刑事诉讼法》第 97 条规定："犯罪嫌疑人、被告人及其法定代理人、近亲属或者辩护人有权申请变更强制措施。人民法院、人民检察院和公安机关收到申请后，应当在 3 日以内作出决定；不同意变更强制措施的，应当告知申请人，并说明不同意的理由。"

4. 《刑事诉讼法》第 98 条规定："犯罪嫌疑人、被告人被羁押的案件，不能在本法规定的侦查羁押、审查起诉、一审、二审期限内办结的，对犯罪嫌疑人、被告人应当予以释放；需要继续查证、审理的，对犯罪嫌疑人、被告人可以取保候审或者监视居住。"

5. 《刑事诉讼法》第 99 条规定："人民法院、人民检察院或者公安机关对被采取强制措施法定期限届满的犯罪嫌疑人、被告人，应当予以释放、解除取保候审、监视居住或者依法变更强制措施。犯罪嫌疑人、被告人及其法定代理人、近亲属或者辩护人对于人民法院、人民检察院或者公安机关对被采取强制措施法定期限届满的，有权要求解除强制措施。"

6. 《刑事诉讼法》第 100 条规定："人民检察院在审查批准逮捕工作中，如果发现公安机关的侦查活动有违法情况，应当通知公安机关予以纠正，公安机关应当将纠正情况通知人民检察院。"

此外，依照《刑事诉讼法》第 81 条第 4 款的规定，被取保候审、监视居住的犯罪嫌疑人、被告人，违反取保候审、监视居住规定，情节严重的，可以予以逮捕。事实上这也是可能引起强制措施变更的情形之一。

需要注意的是，有关强制措施的撤销、变更和解除的具体适用情形，法律规定并不十分详尽，立法解释[1]、司法解释对其有进一步的解读和补充，应当具体问题具体分析，保证强制措施适用正确。例如，最高法《解释》规定，被逮捕的被告人具有下列情形之一的，人民法院可以变更强制措施：①患有严重疾病、生活不能自理的；②怀孕或者正在哺乳自己婴儿的；③系生活不能自理的人的唯一扶养人的。第一审人民法院判决被告人无罪、不负刑事责任或者免除刑事处罚，被告人在押的，应当在宣判后立即释放。被逮捕的被告人具有下列情形之一的，人民法院应当变更

---

[1]　参见全国人大常委会关于《刑事诉讼法》第 79 条第 3 款的解释（2014 年 4 月 24 日），此处对应 2018 年修改《刑事诉讼法》第 81 条第 3 款。

强制措施或者予以释放：①第一审人民法院判处管制、宣告缓刑、单独适用附加刑，判决尚未发生法律效力的；②被告人被羁押的时间已到第一审人民法院对其判处的刑期的；③案件不能在法律规定的期限内审结的。相应地，人民法院对于具有下列情形之一的被告人，应当变更强制措施，改为逮捕：①已取保候审或者监视居住的被告人，违反《刑事诉讼法》第69条、第75条的规定应当依法逮捕的；②应当逮捕但因为其患有严重疾病，或者是正在怀孕、哺乳自己婴儿的妇女而未予逮捕的被告人，疾病痊愈或者哺乳期已满的。

对于取保候审和监视居住强制措施的撤销、变更和解除在本章第三节、第四节已有详述，在此不再赘言。

根据最高检《规则》的规定，需要对被拘传的犯罪嫌疑人变更强制措施的，应当经检察长或者检察委员会决定，在拘传期限内办理变更手续。在拘传期间没有采取其他强制措施的，拘传期限届满，应当结束拘传。

三、强制措施的撤销、变更和解除的程序

犯罪嫌疑人、被告人及其法定代理人、近亲属或者辩护人申请变更强制措施的，应当说明理由。人民检察院、人民法院收到申请后，应当在3日内作出决定。同意变更强制措施的，应当依照司法解释的规定处理，并通知公安机关；不同意的，应当书面告知申请人，并说明理由。

对于人民法院、人民检察院和公安机关采取强制措施超过法定期限的，下列人员依法有权提出解除的要求：①犯罪嫌疑人、被告人；②犯罪嫌疑人、被告人的法定代理人或者近亲属；③犯罪嫌疑人、被告人的辩护人。对强制措施超过法定期限而要求解除的，依法应向原批准、决定的人民法院、人民检察院和公安机关提出申请，原批准、决定的机关经过审查，对于查明采取强制措施确实超过法定期限的，有义务尽快纠正，予以变更或者解除。

对于人民检察院正在侦查或者审查起诉的案件，被逮捕的犯罪嫌疑人及其法定代理人、近亲属或者辩护人认为羁押期限届满，向人民检察院提出释放犯罪嫌疑人或者变更逮捕措施要求的，人民检察院应当在3日以内审查决定。经审查，认为法定期限届满的，应当决定释放或者依法变更逮捕措施，并通知公安机关执行；认为未满法定期限的，书面答复申请人。

人民法院、人民检察院对被取保候审、监视居住的人决定变更强制措施，予以逮捕的，应当通知负责执行取保候审或者监视居住的公安机关。

人民法院、人民检察院对于被羁押的犯罪嫌疑人、被告人需要变更强制措施或者释放的，应当将变更强制措施的决定书或者释放通知书送交公安机关执行。

人民法院、人民检察院决定变更强制措施或者释放被追诉人的，应当立即将变更强制措施决定书或者释放通知书送交公安机关执行。

对人民法院决定逮捕的被告人，人民检察院建议释放或者变更强制措施的，人

民法院应当在收到建议后 10 日内将处理情况通知人民检察院。

【思考题】

1. 什么是强制措施？强制措施和刑罚、行政处罚有何异同？
2. 什么是拘传？拘传与传唤有何异同？拘传应适用的具体程序有哪些？
3. 什么是取保候审？取保候审适用的范围有哪些？
4. 简述被取保候审人应当遵守的规定及违反相关规定的后果。
5. 什么是监视居住？监视居住适用的条件有哪些？执行场所、具体方式、程序是什么？
6. 简述被监视居住人应当遵守的规定及违反相关规定的后果。
7. 什么是拘留？简述刑事拘留与行政拘留、司法拘留的异同。
8. 简述拘留的适用条件和拘留的具体程序。
9. 简述《刑事诉讼法》与《监察法》在强制措施部分的衔接。
10. 什么是逮捕？逮捕的条件有哪些？
11. 简述对认罪认罚从宽制度在逮捕条件审查中的理解与贯彻。
12. 简述羁押必要性审查的相关法律规定和意义。
13. 强制措施的撤销、变更和解除有哪些特殊规定？
14. 简述各种强制措施的适用机关以及对人大代表的特殊规定。

第十三章

附带民事诉讼[1]

提要与学习要求 本章需要了解附带民事诉讼的概念和意义。理解附带民事诉讼的赔偿范围、当事人资格、提起和审判程序。掌握《刑事诉讼法》以及相关法律解释对附带民事诉讼成立条件的规定，有关附带民事诉讼的请求权人和负有赔偿责任的人的特殊规定，附带民事诉讼的提起期间、方式、起诉条件以及附带民事诉讼中的财产保全和先予执行的规定，有关附带民事审判程序的规定。

■第一节 附带民事诉讼概述

一、附带民事诉讼的概念

附带民事诉讼是指公安司法机关在刑事诉讼过程中，在解决被告人刑事责任的同时，附带解决由遭受物质损失的被害人或者人民检察院所提起的、由于被告人的犯罪行为所引起的物质损失赔偿而进行的诉讼。

附带民事诉讼是刑事诉讼中的一项重要制度，《刑事诉讼法》第101～104条以专章规定了这方面的内容，其中对附带民事诉讼的问题从概念、当事人、诉讼请求的内容、赔偿的范围、提起的主体到审判的程序等方面都体现了原则性的规定。但是，总的来看，《刑事诉讼法》对附带民事诉讼的规定比较简单，处理刑事附带民事诉讼中的许多具体问题，尤其是涉及审判程序的相关事项，还有赖于进行理论研究以及在实践中不断探索。在对法律的贯彻执行中，尤其需要注意的是，最高法

---

[1] 学习本章内容，除具体注释外，参见王爱立主编：《中华人民共和国刑事诉讼法释义》，法律出版社2018年版，第221～228页。

《解释》〔1〕的规定与《刑事诉讼法》一样，都是司法实践中的重要执法依据。

《刑事诉讼法》第 101 条规定："被害人由于被告人的犯罪行为而遭受物质损失的，在刑事诉讼过程中，有权提起附带民事诉讼。被害人死亡或者丧失行为能力的，被害人的法定代理人、近亲属有权提起附带民事诉讼。如果是国家财产、集体财产遭受损失的，人民检察院在提起公诉的时候，可以提起附带民事诉讼。"可以认为，附带民事诉讼实质是一种特殊的民事诉讼。当被告人的犯罪行为触犯了《刑法》，并且使被害人遭受了物质损失的时候，即导致了两种不同性质但却源于同一犯罪行为的法律责任，也就出现了两种不同性质的诉讼。这种同源却不同质的诉讼在同一诉讼程序中解决，即在刑事诉讼中解决与被告人刑事责任有关的民事责任问题，就构成了刑事附带民事诉讼。在刑事诉讼的法律中，明确规定这种诉讼不同于其他一般刑事案件诉讼程序之处十分必要。显然，在刑事诉讼中处理附带民事诉讼的问题，除适用《刑法》《刑事诉讼法》以外，还应当适用民事法律的有关规定。同时，还应当特别注意相关的司法解释，因为其内容是《刑事诉讼法》处理附带民事问题原则的具体化，具有很强的可操作性，对理论研究及司法实践均具有指导意义。

二、附带民事诉讼的特点

1. 附带民事诉讼程序附属于刑事诉讼程序。附带民事诉讼以刑事案件的成立为前提，必须在刑事诉讼过程中提起，附带民事诉讼的判决不得同刑事部分的判决相抵触，附带民事诉讼的起诉时效、上诉期限、管辖法院等都取决于刑事案件的情况。因此，附带民事诉讼在成立和处理程序上是依附于刑事诉讼的，它必须以刑事诉讼程序为依托，刑事诉讼不存在，附带民事诉讼就无从谈起。

2. 附带民事诉讼是一种特殊的民事诉讼。附带民事诉讼就其解决问题的性质而言，是经济赔偿问题，和民事诉讼中的损害赔偿是一样的，属于民事诉讼性质。但它和一般的民事诉讼又有所不同，因为这种赔偿是由犯罪行为引起的，是在刑事诉讼过程中提起的，由审判刑事案件的审判组织审理，所以它又是刑事诉讼的一部分，是一种特殊的民事诉讼。

3. 附带民事诉讼适用的法律依据复杂。根据最高法《解释》的规定，"人民法院审理附带民事诉讼案件，除《刑法》《刑事诉讼法》以及刑事司法解释已有规定的以外，适用民事法律的有关规定"。〔2〕由于附带民事诉讼所解决的是刑事犯罪行为所引起的民事赔偿责任，所以其法律依据较为复杂。在实体法上，对损害事实的认定，不仅要遵循《刑法》关于具体案件犯罪构成的规定，而且要受民事法律规范调整；在程序法上，除《刑事诉讼法》有特殊规定的以外，应当适用《民事诉讼法》

---

〔1〕 参见最高法《解释》第 138 ~ 164 条。依照法律规定，最高法《解释》对附带民事诉讼制度规定得
　　　比较详尽。

〔2〕 参见最高法《解释》第 163 条。

的规定。例如，诉讼原则、诉讼证据、先行给付、诉讼保全、调解、和解、撤诉等，更多涉及遵循《民事诉讼法》的有关规定。

三、附带民事诉讼的意义

附带民事诉讼是一项重要的诉讼制度，其意义可以概括为以下几个方面：

1. 有利于司法机关全面、正确处理案件。附带民事诉讼制度的设立，要求司法机关在刑事诉讼过程中，要查明被告人的犯罪行为所造成的物质损失情况，确定被告人应当如何承担其损害赔偿的民事责任，了解被告人对赔偿的态度和赔偿能力。这对于正确认定案件事实，判断被告人认罪态度和悔罪表现，正确定罪量刑，具有重要的参考价值。

2. 有利于打击犯罪，惩罚犯罪分子。附带民事诉讼制度的设立，意味着给他人造成物质损害的犯罪分子不仅要承担刑事责任，而且要承担民事赔偿责任，这对于打击犯罪，惩罚、教育和改造犯罪分子具有重要意义。

3. 有利于维护被害方的合法权益。刑事犯罪往往会给被害人造成经济损失，甚至会造成严重的经济损失，设立附带民事诉讼制度，可以使被害人通过附带民事诉讼程序，得到物质损害赔偿。这当中也包括了对因为被害人死亡，其他依法有权提起附带民事诉讼的原告人的合法权益的保障。此外，被害人虽然对刑事判决没有独立的上诉权，但其可以通过民事部分的上诉，直接将案件"带入"第二审程序，获得二审法院的依法全面审理。

4. 有利于保证人民法院审判工作的统一性和严肃性。附带民事诉讼由审理刑事案件的同一审判组织进行审理，[1]有利于保证对案件事实认定的统一性，避免因不同审判组织分别进行审判可能对同一违法犯罪行为或同一案件事实得出不同的结论，维护法院审判工作的严肃性。

5. 有利于提高诉讼效率和效益。附带民事诉讼在刑事诉讼过程中一并解决，极大地避免了司法机关的重复工作，节省了司法资源。另外，也可以减轻当事人的讼累。例如，附带民事诉讼不收取诉讼费，[2]这对原告人而言，客观上减轻了经济负担；对被告人而言，避免了审限的拖延。

■第二节　附带民事诉讼的成立条件

附带民事诉讼必须以刑事诉讼的成立为前提条件。附带民事诉讼附属于刑事诉讼，是在追究行为人的刑事责任的同时，附带追究行为人的民事损害赔偿责任。因此，附带民事诉讼必须以刑事诉讼的成立为前提，如果刑事诉讼不成立，附带民事

---

〔1〕 参见最高法《解释》第 159 条。

〔2〕 参见最高法《解释》第 162 条。

诉讼就失去了存在的基础。所以，刑事案件成立，刑事诉讼程序开始，才能进行附带民事诉讼。如果刑事案件不成立，遭受物质损失的人只能提起单纯的民事诉讼。

根据有关法律规定，附带民事诉讼的成立条件（亦即起诉条件）包括以下四个方面：

一、起诉人符合法定条件

起诉人即附带民事诉讼原告人。《刑事诉讼法》第101条所指的"被害人"特指其实体权利遭受犯罪行为直接侵害的人，此与《刑事诉讼法》第108条第2项所指的"被害人"（仅含刑事公诉案件的被害人）不同，该条所指的"被害人"应当包括公诉和自诉案件中的被害人。

根据法律和相关司法解释规定，附带民事诉讼原告人应当主要包括如下几类：被害人、已死亡被害人或者丧失行为能力被害人的法定代理人、近亲属；国家、集体财产受损失的单位；人民检察院。

根据最高法《解释》的规定，有权提起附带民事诉讼的人放弃诉讼权利的，应当准许，并记录在案。[1]人民检察院必要时提起附带民事诉讼是其应有的责任，不应当放弃行使职责。

在民事诉讼的一般理论中，任何人只有同时具备诉讼权利能力和诉讼行为能力时，才有资格提起诉讼，也才能享有原告的诉讼权利，履行原告的诉讼义务。结合《刑事诉讼法》和有关司法解释的规定，附带民事诉讼的原告人具体包括：

1. 因犯罪行为而遭受物质损失的被害人。任何公民由于被告人的犯罪行为而遭受物质损失的，在刑事诉讼过程中，都有权提起附带民事诉讼，这是附带民事诉讼中最常见的原告人。[2]

2. 被害人死亡或者丧失行为能力的，其近亲属、法定代理人有权提起附带民事诉讼。[3]

根据最高法《解释》的规定，人民法院受理刑事案件后，对符合《刑事诉讼法》第101条和该《解释》第138条第1款规定的，可以告知被害人或者其法定代理人、近亲属有权提起附带民事诉讼。[4]

3. 因犯罪行为遭受物质损失的单位。作为犯罪侵害的对象，应当既包括自然人，也包括单位，因为二者都是可能受到犯罪侵害的权利主体。比如在杀人罪、伤害罪等以侵害特定人身权利为对象的犯罪中，被害人当然只能是自然人；但在诸如盗窃、贪污、抢劫等犯罪活动中，被害人可能是单位。根据《刑事诉讼法》第101条的规定，国家、集体财产受损失的单位有权提起附带民事诉讼。

---

〔1〕　参见最高法《解释》第141条。
〔2〕　参见最高法《解释》第138条。
〔3〕　参见最高法《解释》第138条。
〔4〕　参见最高法《解释》第141条。

4. 人民检察院。根据最高法《解释》的规定，国家财产、集体财产遭受损失，受损失的单位未提起附带民事诉讼，人民检察院在提起公诉时提起附带民事诉讼的，人民法院应当受理。人民检察院提起附带民事诉讼的，应当列为附带民事诉讼原告人。[1]诉讼过程中，它既是公诉机关，又是维护国家、集体财产民事权益的代表。

根据最高人民法院、最高人民检察院《关于检察公益诉讼案件适用法律若干问题的解释》[2]第20条规定：人民检察院对破坏生态环境和资源保护、食品药品安全领域侵害众多消费者合法权益等损害社会公共利益的犯罪行为提起刑事公诉时，可以向人民法院一并提起附带民事公益诉讼，由人民法院同一审判组织审理。人民检察院提起的刑事附带民事公益诉讼案件由审理刑事案件的人民法院管辖。

人民检察院提起附带民事诉讼的身份列为附带民事诉讼原告人，提起刑事附带民事公益诉讼的身份则是公益诉讼起诉人。

二、有明确的被告人

附带民事诉讼被告人是指附带民事诉讼中依法负有赔偿责任的人，一般是刑事诉讼的被告人，但在某些特殊情况下，应当赔偿物质损失的附带民事诉讼被告人不一定是（或者不完全是）承担刑事责任的被告人。根据最高法《解释》的规定，[3]附带民事诉讼被告人的范围除"刑事被告人"之外，还包括以下几种情形：

1. 没有被追究刑事责任的其他共同致害人。这种情形主要是指在共同犯罪案件中，除了被追究刑事责任依法交付法院审判的被告人以外，还可能会有未被追究刑事责任的共同致害人。例如，与被告人共同实施致使被害人遭受物质损失的行为，但因未达到刑事责任年龄、不具有刑事责任能力而依法不负刑事责任，或者因犯罪情节显著轻微依法未被追究刑事责任的人。在这种情况下，被作出其他处理的共同致害人都可以作为附带民事诉讼的被告人。因为数人共同造成他人物质损失的行为是一个不可分开的整体行为，造成物质损失结果的原因是共同的加害行为，各加害人都应对物质损失共同承担民事赔偿责任。

被害人或者其法定代理人、近亲属仅对部分共同侵害人提起附带民事诉讼的，人民法院应当告知其可以对其他共同侵害人，包括没有被追究刑事责任的共同侵害人一并提起附带民事诉讼，但共同犯罪案件中同案犯在逃的除外。被害人或者其法定代理人、近亲属放弃对其他共同侵害人的诉讼权利的，人民法院应当告知其相应的法律后果，并在裁判文书中说明放弃诉讼请求的情况。[4]

2. 刑事被告人的监护人。这具体指未成年或者限制刑事责任能力被告人的监护人。

---

〔1〕　参见最高法《解释》第142条。

〔2〕　于2018年3月2日起施行，共27条。

〔3〕　参见最高法《解释》第143条。

〔4〕　参见最高法《解释》第144条。

监护人与被监护人之间有法定的监护关系，因其未尽到监护职责，致使被监护人实施了犯罪行为并给他人造成损失，因此，应当由监护人承担民事责任。民事责任不同于刑事责任，刑事责任应由责任人自负，不得株连无辜，而民事责任不存在这一问题。

3. 死刑罪犯的遗产继承人。因为在这种情况下对被害人的经济赔偿应视为已经死亡的刑事被告人生前所负的债务，属于遗产的清偿范围，但死亡罪犯的遗产继承人只应当在所继承的遗产范围内承担赔偿责任。

4. 共同犯罪案件中，案件审结前死亡的被告人的遗产继承人。与上述情形同理，应当承担民事赔偿责任的被告人虽然已经死亡，但他对被害人的赔偿责任应认定为是生前债务，对此，共同犯罪人在民事上所应当承担的连带义务使得死亡被告人无法"逃脱"，而其遗产继承人必须待被继承人的生前债务清偿后才能获取遗产利益。

根据最高法《解释》的规定，共同犯罪案件，同案犯在逃的，不应列为附带民事诉讼被告人。逃跑的同案犯到案后，被害人或者其法定代理人、近亲属可以对其提起附带民事诉讼，但已经从其他共同犯罪人处获得足额赔偿的除外。[1]

5. 对被害人的物质损失依法应当承担赔偿责任的其他单位和个人。这里的"单位"应作广义上的理解，既可以是法人组织，也可以是非法人单位。

三、有请求赔偿的具体要求和事实、理由

原告人提起附带民事诉讼，不仅要求有明确的被告人，还必须有具体的诉讼请求，即提出应当赔偿的具体数额，同时，对加害事实造成的物质损失要有事实根据，不得虚构和任意定义受害范围，并应承担举证责任，提供相应的证据。最高法《解释》规定，附带民事诉讼当事人对自己提出的主张，有责任提供证据。[2]这就意味着原告人应当在起诉时负有相应的举证责任。

关于赔偿范围问题，法律和司法解释已经明确规定应当为物质损失，但是具体包含的内容仍应确定，才利于执行。《刑事诉讼法》第103条规定："人民法院审理附带民事诉讼案件，可以进行调解，或者根据物质损失情况作出判决、裁定。"最高法《解释》规定，[3]对附带民事诉讼作出判决，应当根据犯罪行为造成的物质损失，结合案件具体情况，确定被告人应当赔偿的数额。犯罪行为造成被害人人身损害的，应当赔偿医疗费、护理费、交通费等为治疗和康复支付的合理费用，以及因误工减少的收入。造成被害人残疾的，还应当赔偿残疾生活辅助具费等费用；造成被害人死亡的，还应当赔偿丧葬费等费用。驾驶机动车致人伤亡或者造成公私财产重大损失，构成犯罪的，依照《道路交通安全法》第76条的规定确定赔偿责任。附带民事诉讼当事人就民事赔偿问题达成调解、和解协议的，赔偿范围、数额不受第2款、第3款的限制。

---

〔1〕 参见最高法《解释》第146条。
〔2〕 参见最高法《解释》第151条。
〔3〕 参见最高法《解释》第155条。

据此，附带民事诉讼原告人在起诉时应当按照法律规定的范围要求赔偿，附带民事诉讼被告人也可以据此理解自己应当承担的民事责任范围，如果彼此自愿达成调解、和解协议，则可以不受法律规定的具体范围和数额的限制。法院在审理中，确定被告人的刑事责任时，应当考虑双方当事人达成协议的情况。

四、属于人民法院受理附带民事诉讼的范围[1]

1. 被害人所遭受的损失只能是物质损失。物质损失，是指可以用金钱计算的损失，它是相对于精神损失而言的。依据我国《刑事诉讼法》第101条的规定，只有当被害人所遭受的损失是物质损失时，才可以提起附带民事诉讼。相应地，最高法《解释》规定，因受到犯罪侵犯，提起附带民事诉讼或者单独提起民事诉讼要求赔偿精神损失的，人民法院不予受理。[2]

关于附带民事诉讼能否解决精神损失赔偿的问题，在理论界存在很大争议，有观点认为，根据《民法通则》第120条的规定，对他人名誉权的损害属于民事赔偿范围，所以应当允许对侮辱、诽谤等侵犯他人名誉方面的犯罪所造成的精神损害提起附带民事诉讼。但是，必须注意到，《刑事诉讼法》是进行刑事诉讼的基本法律规范，相关的司法解释必须遵守法律，司法实践不能随意突破。有的法院在受理具有民事赔偿请求的刑事案件时，采取刑事、民事案件分别受理的方式，即刑事审判庭只审理刑事部分，而对被害人另行提起的民事诉讼由民事审判庭受理，此时，民事部分包括了物质损失和精神损失两部分的内容，区别于司法解释中的禁例，包括"单独提起民事诉讼要求赔偿精神损失"的情形。我们认为，按照立法的原意和附带民事诉讼要解决的根本问题进行总体考虑，宜按照现行刑事法律的规定办理，精神损失不列入附带民事诉讼程序中解决，即附带民事诉讼只解决物质损失的赔偿，而无论其采用刑事与民事一并解决的"刑事附带民事"方式还是刑事、民事分别解决的办法，以维护法律的严肃性、统一性和权威性为原则。而且，审判实践也表明，若允许被害人同时提起赔偿物质损失和精神损失，即使是在民事诉讼程序中提出，也会导致附带民事诉讼制度的虚置、架空，其程序设立的积极意义和切实维护被害方合法权益、化解社会矛盾、贯彻宽严相济刑事政策、节约司法资源等重要功能难于发挥，在程序运行上，还会出现"一事两诉"的问题，形成多种困惑，执行也难以实现。当然，对于有关精神损失的案例加以实证研究仍是必要的。

2. 被害人遭受的物质损失是由被告人的犯罪行为直接造成的。被告人的犯罪行为与被害人所遭受的物质损失之间必须存在因果关系，存在着内在的联系。至于在犯罪过程中由被害人自己的过错造成的损失，则不应由被告人承担。此外，因民事上的债权债务关系纠纷而引起的刑事犯罪，既不能在刑事诉讼过程中解决"债"的

---

〔1〕《民法典》将于2021年1月1日起施行，届时相关问题需结合其研究。

〔2〕参见最高法《解释》第138条第2款。

问题，也不能将"债"作为提起附带民事诉讼的理由和请求事项。

有关死亡赔偿金、残疾赔偿金是否应当列入判决范围的问题，我们认为，基于我国的实际情况和司法实践中的大量调研表明，暂不列入为宜。主要原因如下：一是判决是严肃的法律结论，如果得不到有效的执行将直接影响法律的威严。刑事诉讼中，被告人因为犯罪受到刑罚处罚，也是对被害人的安慰和补偿。民事赔偿是必要的，但死亡赔偿金等的数额通常比较大，被告人履行有实际困难，被害人则往往期望过高，二者差距悬殊，令判决无法落实，被告方原本自愿代为赔偿的亲友等也会避之，所以，完全套用民事案件的标准不利于被害人利益的真正维护，也不利于化解矛盾。二是根据相关法律规定，当事人双方可以通过调解达成协议的，不受法律规定的赔偿范围的限制，当事人可以通过调解的方式实现死亡赔偿金等的求偿；如果被告人确有赔偿能力，基于赔偿情形可以作为量刑情节予以考虑，其通常会尽力进行赔偿。三是根据有关规定，符合条件的被害方，可以获得适当的国家救助。[1]

应当正确理解《侵权责任法》的有关规定。注意在处理犯罪行为的赔偿问题时，应当优先适用刑事法律。刑事法律是专门针对严重、特殊的侵权行为即犯罪问题的基本法律，而不应当适用主要规定民事侵权的《侵权责任法》。

3. 被告人非法占有、处置被害人财产的，应当依法予以追缴或者责令退赔。被害人提起附带民事诉讼的，人民法院不予受理。追缴、退赔的情况，可以作为量刑情节予以考虑。[2]在被告人非法占有、处置被害人财产的情况下，司法机关依法负有追缴被告人的违法所得或者责令其退赔的职责、义务，无需被害人通过附带民事诉讼索偿。如果经过追缴或者责令退赔，仍不能弥补被害人的损失，通常表明被告人已无退还或者赔偿能力，提起诉讼也难于执行，既不利于维护被害人利益，也影响裁判权威，徒增被害人的诉累。如果发现被告人仍有未追缴到案的违法所得，司法机关可以依法继续进行追缴，被害人也无需提起附带民事诉讼。[3]

4. 国家机关工作人员在行使职权时，侵犯他人人身、财产权利构成犯罪，被害人或者其法定代理人、近亲属提起附带民事诉讼的，人民法院不予受理，但应当告知其可以依法申请国家赔偿。[4]

5. 侦查、审查起诉期间，有权提起附带民事诉讼的人提出赔偿请求，经公安机关、人民检察院调解，当事人双方已经达成协议并全部履行，被害人或者其法定代理人、近亲属又提起附带民事诉讼的，人民法院不予受理，但有证据证明调解违反

---

〔1〕　参见中央政法委员会、财政部、最高人民法院、最高人民检察院、公安部、司法部制发的《关于建立完善国家司法救助制度的意见（试行）》，（2014 年 1 月）中政委〔2014〕3 号。

〔2〕　参见最高法《解释》第 139 条。

〔3〕　参见张军、江必新主编，最高人民法院研究室编著：《新刑事诉讼法及司法解释适用解答》，人民法院出版社 2013 年版，第 171～172 页。

〔4〕　参见最高法《解释》第 140 条。

自愿、合法原则的除外。[1]对此，理解时应当注意：一是侦查、审查起诉期间，有权提起附带民事诉讼的人提出赔偿要求，已经公安机关、人民检察院记录在案的，只有在刑事案件起诉后，向人民法院依法提起附带民事诉讼，才应按照附带民事诉讼案件受理。人民法院也有义务告知权利人。二是如果被告人已经按照调解协议约定，实际履行全部赔偿义务，即使赔偿数额低于法律、最高法《解释》规定的数额，人民法院也可以不受理权利人提起的附带民事诉讼请求，除非有证据证明调解违反了自愿、合法的原则。三是如果有证据证明调解协议违反了自愿、合法的原则，例如乘人之危、显失公平等，则人民法院可以受理权利人提起的附带民事诉讼。[2]

■第三节　附带民事诉讼的程序

一、提起附带民事诉讼的期间和方式

（一）提起附带民事诉讼的期间

提起附带民事诉讼，应当在刑事案件立案以后及时提起。法律和司法解释均未规定具体的期限。但是，从设立这一制度和程序的目的和价值来看，从有利于诉讼进程的角度来看，应当在第一审判决宣告前提起附带民事诉讼。

同时，最高法《解释》也规定："第一审期间未提起附带民事诉讼，在第二审期间提起的，第二审法院可以依法进行调解；调解不成的，告知当事人可以在刑事判决、裁定生效后另行提起民事诉讼。"[3]如此规定，主要是为了最大限度地发挥附带民事诉讼节约司法资源、减轻当事人诉累的功能，有利于被害人权益得到及时维护，也有利于贯彻调解优先原则。这与民事法律规范的精神相一致，促进了第二审法院整体考量案件的处理。

此外，最高法《解释》还规定，被害人或者其法定代理人、近亲属在刑事诉讼过程中未提起附带民事诉讼，另行提起民事诉讼的，人民法院可以进行调解，或者根据物质损失情况作出判决。[4]

根据司法解释的规定，提起附带民事诉讼，可以在立案之后的各诉讼阶段进行。侦查、审查起诉期间，有权提起附带民事诉讼的人提出赔偿请求，经公安机关、人民检察院调解，当事人双方已经达成协议并全部履行，被害人或者其法定代理人、近亲属又提起附带民事诉讼的，人民法院不予受理，但有证据证明调解违反自愿、合法原

---

[1]　参见最高法《解释》第148条。
[2]　参见张军、江必新主编，最高人民法院研究室编著：《新刑事诉讼法及司法解释适用解答》，人民法院出版社2013年版，第175~176页。
[3]　参见最高法《解释》第161条。
[4]　参见最高法《解释》第164条。

则的除外。[1]

（二）提起附带民事诉讼的方式

提起附带民事诉讼一般应当提交附带民事诉状，写清有关当事人的情况、案发详细经过及具体的诉讼请求，并提出相应的证据。书写诉状确实有困难的，可以口头起诉。审判人员等应当对口头诉讼请求详细询问，并制作笔录，然后向原告人宣读；原告人确认准确无误后，应当签名或者盖章。

二、附带民事诉讼的保全措施

为了保证被害人的物质损失能够得到有效的赔偿，确保附带民事诉讼的顺利进行，在刑事诉讼过程中，司法机关应当依法追缴涉案赃款赃物。

此外，根据《刑事诉讼法》第102条的规定："人民法院在必要的时候，可以采取保全措施，查封、扣押或者冻结被告人的财产。附带民事诉讼原告人或者人民检察院可以申请人民法院采取保全措施。人民法院采取保全措施，适用《民事诉讼法》的有关规定。"最高法《解释》第152条规定："人民法院对可能因被告人的行为或者其他原因，使附带民事判决难以执行的案件，根据附带民事诉讼原告人的申请，可以裁定采取保全措施，查封、扣押或者冻结被告人的财产；附带民事诉讼原告人未提出申请的，必要时，人民法院也可以采取保全措施。有权提起附带民事诉讼的人因为情况紧急，不立即申请保全将会使其合法权益受到难以弥补的损害的，可以在提起附带民事诉讼前，向被保全财产所在地、被申请人居住地或者对案件有管辖权的人民法院申请采取保全措施。申请人在人民法院受理刑事案件后15日未提起附带民事诉讼的，人民法院应当解除保全措施。人民法院采取保全措施，适用《民事诉讼法》第100条至第105条的有关规定，但《民事诉讼法》第101条第3款的规定除外。"[2]

---

[1]　参见最高法《解释》第148条。

[2]　《民事诉讼法》第9章保全和先予执行，第100条规定，人民法院对于可能因当事人一方的行为或者其他原因，使判决难以执行或者造成当事人其他损害的案件，根据对方当事人的申请，可以裁定对其财产进行保全、责令其作出一定行为或者禁止其作出一定行为；当事人没有提出申请的，人民法院在必要时也可以裁定采取保全措施。人民法院采取保全措施，可以责令申请人提供担保，申请人不提供担保的，裁定驳回申请。人民法院接受申请后，对情况紧急的，必须在48小时内作出裁定；裁定采取保全措施的，应当立即开始执行。第101条规定，利害关系人因情况紧急，不立即申请保全将会使其合法权益受到难以弥补的损害的，可以在提起诉讼或者申请仲裁前向被保全财产所在地、被申请人住所地或者对案件有管辖权的人民法院申请采取保全措施。申请人应当提供担保，不提供担保的，裁定驳回申请。人民法院接受申请后，必须在48小时内作出裁定；裁定采取保全措施的，应当立即开始执行。申请人在人民法院采取保全措施后30日内不依法提起诉讼或者申请仲裁的，人民法院应当解除保全。第102条规定，保全限于请求的范围，或者与本案有关的财物。第103条规定，财产保全采取查封、扣押、冻结或者法律规定的其他方法。人民法院保全财产后，应当立即通知被保全财产的人。财产已被查封、冻结的，不得重复查封、冻结。第104条规定，财产纠纷案件，被申请人提供担保的，人民法院应当裁定解除保全。第105条规定，申请有错误的，申请人应当赔偿被申请人因保全所遭受的损失。

应当注意的是：

第一，对保全措施的适用阶段，有不同理解。法律没有直接规定附带民事诉讼中财产保全的适用阶段，但从其启动的方式看，一是人民法院依职权适用，二是人民法院依据附带民事诉讼原告人或者人民检察院的申请适用。有观点认为，两种方式均适用于审判阶段没有疑义，第二种方式意味着还可以自立案之后，在侦查和审查起诉期间即审前阶段就由法院决定适用。这样规定可以有效地防止实践中存在的犯罪嫌疑人、被告人或者其亲属，为了逃避民事赔偿责任，诉前阶段转移、隐匿财产，案件起诉到法院后已无财产可供查封、扣押、冻结的情况。法律这样规定的主要目的在于保障附带民事原告方的权利，包括诉权和民事实体权利两个方面。[1]我们认为，基于上述观点的考量是有一定道理的，但是有值得探讨之处。首先，根据法律规定，提出申请的有附带民事诉讼原告人，那么何时其才能是"原告人"？通常只有向人民法院正式提起诉讼的人才称之为"原告人"，对于提出附带民事诉讼请求的人而言，侦查、审查起诉阶段是被允许和承认的，可严格从法律上而言，还不宜以"原告人"对待。其次，附带民事诉讼是附随刑事诉讼程序进行的，如果在审前阶段即进行诉讼保全，意味着需要在立法上解决如何提出申请的问题。例如，直接向人民法院提出还是向所在诉讼阶段的办案机关提出、人民法院如何对申请进行决定、怎样执行等程序性问题，否则难于进行。最后，对于国家、集体财产遭受损失的，人民检察院在提起公诉的时候可以提起附带民事诉讼。人民检察院在审查起诉阶段可否申请诉讼保全、如何提起、人民法院如何决定，也是应予立法完善的。如果诉讼保全的启动只是方式的不同，而不是阶段的不同，则上述困惑会得到解释。

第二，诉讼保全的方式包括查封、扣押或者冻结。冻结措施主要针对表现为资金、债券、股票、基金份额等形式的财产。曾经，这种方式没有纳入附带民事诉讼法律规范，但事实上，这种方式符合上述财产形式已较为普遍的现实，法律对其予以规定是必要的。

第三，"适用《民事诉讼法》的有关规定"，主要限于《民事诉讼法》第100~105条的规定范围，且司法解释明确规定《民事诉讼法》第101条第3款除外。在具体执行过程中的具体运行，还要根据案件的具体情况而定。例如，关于附带民事诉讼中提出保全措施的申请方是否应当提供担保的问题，有观点认为也应当适用《民事诉讼法》的规定。[2]对此，我们认为应当慎重考虑。附带民事诉讼原告人与普通民事诉讼原告人不完全相同，更多的是"被害人"，而非一般意义上的平等当

---

[1] 参见王尚新、李寿伟主编，全国人大常委会法制工作委员会刑法室编著：《〈关于修改刑事诉讼法的决定〉释解与适用》，人民法院出版社2012年版，第117~118页。陈光中主编：《〈中华人民共和国刑事诉讼法〉修改条文释义与点评》，人民法院出版社2012年版，第178~179页。

[2] 参见王尚新、李寿伟主编，全国人大常委会法制工作委员会刑法室编著：《〈关于修改刑事诉讼法的决定〉释解与适用》，人民法院出版社2012年版，第117~118页。

事人。他们提起附带民事诉讼是基于受到犯罪行为的侵害而导致了物质损失，甚至被害人已经死亡，其近亲属依法提起，对其提出的保全申请要求提供担保是不适宜的。而对于人民检察院依法提出的保全申请，不适合要求其提供担保。当然，如果附带民事诉讼中的起诉人是单位，往往还是可能具备担保能力的。

第四，在查封、扣押或者冻结过程中，不应涉及被告人享有所有权以外的他人财产。保全限于请求的范围，或者与本案有关的财物。财产已被查封、冻结的，不得重复进行。

三、附带民事诉讼的审理程序

（一）附带民事诉讼审判的一般原则

有关附带民事诉讼的审判原则，《刑事诉讼法》第 103 条规定："人民法院审理附带民事诉讼案件，可以进行调解，或者根据物质损失情况作出判决、裁定。"《刑事诉讼法》第 104 条规定："附带民事诉讼应当同刑事案件一并审判，只有为了防止刑事案件审判的过分迟延，才可以在刑事案件审判后，由同一审判组织继续审理附带民事诉讼。"据此，一般情况下，附带民事诉讼应当同刑事诉讼一并审理并作出判决，既要运用调解的方法，又要注意防止久拖不决的现象。这有利于全面查清案件事实，同时也节省人力、物力和时间。由于刑事案件的审判是有时间限制的，如果具体案件的诉讼程序进行中，附带民事部分同刑事部分一并审判，会影响刑事部分在法定时间内审结时，也可以先审判刑事部分，后审判附带民事部分。但是在分别审判时要注意：其一，只能先审刑事部分，后审附带民事部分，而不能先审附带民事部分，后审刑事部分；其二，一般应当由审理刑事案件的同一审判组织继续审理附带民事部分，不得另行组成合议庭审理；[1]其三，附带民事部分判决对案件事实的认定不得同刑事判决相抵触；其四，附带民事诉讼部分的延期审理，一般不影响刑事判决的生效。

（二）附带民事诉讼的具体审理程序

《刑事诉讼法》第 103 条和第 104 条的规定是附带民事诉讼案件审理程序的具体依据。某一刑事案件所附带的民事诉讼部分与该案的刑事部分共同构成此案，因而，民事诉讼部分的审理与刑事诉讼的审判进程具有不可分割的紧密关系。人民法院首先在法庭调查、法庭辩论的基础上确认刑事被告人的犯罪情节，然后才有可能对该犯罪行为所造成的物质损失范围作出认定，进而确定赔偿范围和形式，包括赔偿人

---

[1] 参见最高法《解释》第 159 条："附带民事诉讼应当同刑事案件一并审判，只有为了防止刑事案件审判的过分迟延，才可以在刑事案件审判后，由同一审判组织继续审理附带民事诉讼；同一审判组织的成员确实不能继续参与审判的，可以更换。"我们认为，这一规定考虑到了司法实践中可能出现客观障碍使得无法由同一审判组织继续审判的情形，但对"确实不能继续参与审判"的标准宜从严掌握。

的范围。为此，基于附带民事诉讼的这种"附带"性质，它理应同刑事案件一并审判。相应地，虽然此时的民事诉讼是因为刑事诉讼所"附带"，但由于"附带"的是"民事诉讼"，就不可避免地具有与刑事诉讼不同的性质，例如：物质损失的程度、大小和范围，被告人的赔偿能力，赔偿的承担人范围等，对这些情形的认定往往存在一定的困难，有些甚至在诉讼过程中仍处于变化状态，需要进行周密的调查、甄别和科学的鉴定。总之，附带民事诉讼的提起、受理和审理都应当考虑被告人的实际赔偿能力，以利于诉讼的进行，最终达到进行附带民事诉讼的目的。

刑事案件审判程序中由于较多地牵涉被告人的人身权利问题，不允许久拖不决，不能超越各程序阶段法定的期限，所以，审判附带民事诉讼案件在程序上除必须遵守与一般刑事案件共同的法律规定以外，还应当执行各项专门规定。根据最高人民法院的有关司法解释，这些具体程序和做法主要包括以下方面：

1. 人民法院审判附带民事诉讼案件，除《刑法》《刑事诉讼法》以及刑事司法解释已有规定的以外，适用民事法律的有关规定。

2. 人民法院受理刑事案件后，应当告知被害人或者其法定代理人有权提起附带民事诉讼。

3. 人民法院收到附带民事诉讼诉状后，应当进行审查，并在 7 日以内决定是否立案。符合《刑事诉讼法》关于附带民事诉讼起诉条件的，应当受理；不符合的，裁定不予受理。

4. 人民法院受理附带民事诉讼后，应当在 5 日内将附带民事诉讼起诉状副本送达附带民事诉讼被告人及其法定代理人，或者将口头起诉的内容及时通知附带民事诉讼的被告人，并制作笔录。人民法院在送达附带民事起诉状副本时，应当根据刑事案件的审理期限，确定被告人及其法定代理人提交民事答辩状的时间。

5. 附带民事诉讼当事人对自己提出的主张，有责任提供证据。

6. 人民法院可以根据附带民事诉讼原告人的申请或者依照职权采取诉讼保全措施。

7. 人民法院审理附带民事诉讼案件，可以根据自愿、合法的原则进行调解。

经调解达成协议的，应当制作调解书。调解书经双方当事人签收后，即发生法律效力。调解达成协议并即时履行完毕的，可以不制作调解书，但应当制作笔录，经双方当事人、审判人员、书记员签名或者盖章即发生法律效力。

调解未达成协议或者调解书签收前当事人反悔的，附带民事诉讼应当同刑事诉讼一并判决。

8. 对附带民事诉讼作出判决，应当根据犯罪行为造成的物质损失，结合案件具体情况，确定被告人应当赔偿的数额。

人民检察院提起附带民事诉讼的，人民法院经审理认为附带民事诉讼被告人依法应当承担赔偿责任的，应当判令附带民事诉讼被告人直接向遭受损失的单位作出赔偿；遭受损失的单位已经终止，有权利义务继受人的，应当判令其向继受人作出赔偿；没有权利义务继受人的，应当判令其向人民检察院交付赔偿款，由人民检察院上缴国库。

审理附带民事诉讼案件，人民法院应当结合被告人赔偿被害人物质损失的情况认定其悔罪表现，并在量刑时予以考虑。附带民事诉讼被告人的亲友自愿代为赔偿的，应当准许。

9. 附带民事诉讼应当同刑事案件一并审判，只有为了防止刑事案件审判的过分迟延，才可以在刑事案件审判后，由同一审判组织继续审理附带民事诉讼；同一审判组织的成员确实不能继续参与审判的，可以更换。

10. 人民法院认定公诉案件被告人的行为不构成犯罪的，对已经提起的附带民事诉讼，经调解不能达成协议的，应当一并作出刑事附带民事判决。人民法院准许人民检察院撤回起诉的公诉案件，对已经提起的附带民事诉讼，可以进行调解；不宜调解或者经调解不能达成协议的，应当裁定驳回起诉，并告知附带民事诉讼原告人可以另行提起民事诉讼。

11. 附带民事诉讼的原告人经传唤，无正当理由拒不到庭，或者未经法庭许可中途退庭的，应当按撤诉处理。刑事被告人以外的附带民事诉讼被告人经传唤，无正当理由拒不到庭，或者未经法庭许可中途退庭的，附带民事诉讼可以缺席判决。

12. 人民法院审理刑事附带民事诉讼案件，不收取诉讼费。

此外，根据最高法《解释》的规定，第二审程序中，刑事附带民事诉讼案件只有附带民事诉讼当事人及其法定代理人上诉的，第二审人民法院应当对全案进行审查。经审查，第一审判决的刑事部分并无不当的，第二审人民法院只需就附带民事部分作出处理；第一审判决的附带民事部分事实清楚，适用法律正确的，应当以刑事附带民事裁定维持原判，驳回上诉。应当送监执行的第一审被告人是第二审附带民事诉讼被告人的，在第二审附带民事诉讼案件审结前，可以暂缓送监执行。[1]

【思考题】

1. 简述附带民事诉讼的概念和特点。
2. 简述附带民事诉讼的成立条件。
3. 简述附带民事诉讼提起的期限和方式。
4. 简述附带民事诉讼的诉讼保全。
5. 简述附带民事诉讼审理程序的特点。
6. 简述刑事附带民事公益诉讼。

---

〔1〕　参见最高法《解释》第313条、第314条第2款。

第十四章

期间、送达

提要与学习要求　本章需要了解期间和送达的概念。理解法定期间的规定、期间的计算、期间的延长、期间的恢复以及送达种类。掌握《刑事诉讼法》以及相关法律解释对期间和送达的具体规定。

■第一节　期间

一、期间概述

（一）期间的概念

期间，通常指从某一时间起直至另一时间止的时限。刑事诉讼中的期间，是指专门机关以及当事人及其他诉讼参与人分别进行刑事诉讼活动所必须遵守的时间期限。法定期间指法律明确规定的诉讼时间期限。法定期间的开始基于某种法律行为或者法律事实的发生，在法定期间内实施的行为才产生法律效力。法定期间又可以分为专门机关应当遵守的时间和当事人及其他诉讼参与人应当遵守的时间两大部分。

法定期间是程序法律的基本要素，刑事诉讼法定期间的规定对于诉讼的顺利进行具有重要的作用，可以用来加强专门机关及其人员的工作责任心，约束其及时、合法地办理刑事案件，提高诉讼效率，同时确保诉讼参与人及时参加诉讼活动，进行诉讼行为，履行诉讼义务。它对于保障犯罪嫌疑人、被告人的合法权益，防止以拘代侦、以捕代罚、超期羁押和久押不决等违法甚至犯罪现象的发生，更是至关重要。

在刑事诉讼中，还有期日。期日是指公安司法人员和诉讼参与人共同进行刑事诉讼活动的特定时间。《刑事诉讼法》对期日未作具体规定，在诉讼实践中，由公安司法机关根据案件的具体情况和法定期间的规定予以指定。期日和期间在刑事诉讼中都是规范时间的概念，但是两者有很大区别：①期间是时间段，指一定期限内的时间；而期日是一个特定的单位时间，如某日、某时。②期间是公安司法机关或者当事人及其他诉讼参与人各自单独进行某项刑事诉讼活动的时间；而期日是公安司法机关和诉讼参与人共同进行某项诉讼活动的时间。③期间一般由法律明确规定，不得任意变更；而期日由公安司法机关指定，遇有重大事由可以变更。④期间规定的时间有始期和终期；而期日只规定开始的时间，不规定终止的时间。

公安司法机关和诉讼参与人都应当严格遵守刑事诉讼期间，违反法定期间属于违法行为，将直接产生相应的法律后果。例如，公安机关拘留犯罪嫌疑人超过了法定期限，被拘留人或其家属有权要求释放，公安机关必须立即释放；又如，有上诉权的人在法定期限内无正当理由没有提出上诉，则丧失上诉权。

（二）期间的种类

《刑事诉讼法》第105、106条对期间作出了一般性规定，此外还有数十条条文对此作出了具体规定。《刑事诉讼法》中的法定期间大致可以划分为专门机关应当遵守的期间和诉讼参与人应当遵守的期间两类。

1. 专门机关应当遵守的期间。以刑事诉讼程序为例，专门机关遵守的刑事诉讼法定期间应当包括：立案期间、侦查羁押期间和强制措施期间、审查起诉期间、审判期间、执行期间、没收违法所得公告期间和强制医疗决定期间。

现行法律对于立案没有规定法定期间。对于侦查期间（即刑事案件在多长时间内终结侦查）也没有规定，只规定了侦查羁押期间。

对于侦查羁押期间和侦查阶段其他有关期间，《刑事诉讼法》没有规定侦查阶段的期限，即完成侦查的最长法定期间。但是，比较严格地规定了涉及羁押时的期限。此外，本阶段中还会遇到有关的其他期间。

对犯罪嫌疑人逮捕后的侦查羁押期限不得超过2个月。案情复杂、期限届满不能终结的案件，可以经上一级人民检察院批准延长1个月。对于交通十分不便的边远地区的重大复杂案件，重大的犯罪集团案件，流窜作案的重大复杂案件以及犯罪涉及面广，取证困难的重大复杂案件（以下简称"四类案件"），在上述的3个月侦查羁押期限内不能办结的，经省、自治区、直辖市人民检察院批准或者决定，可以延长2个月。对犯罪嫌疑人可能判处10年有期徒刑以上刑罚，在上述的5个月内仍不能侦查终结的，经省、自治区、直辖市人民检察院批准或者决定，可以再延长2个月。因为特殊原因，在较长时间内不宜交付审判的特别重大复杂的案件，由最高人民检察院报请全国人民代表大会常务委员会批准延期审理。

法律规定的侦查羁押期限，既适用于公安机关负责立案侦查的案件，也适用于人民检察院直接立案侦查的案件。

此外，司法解释中规定的有关侦查阶段的期间还有：

（1）公安机关在侦查期间，发现犯罪嫌疑人另有重要罪行，重新计算侦查羁押期限的，由公安机关决定，不再经人民检察院批准。但需报人民检察院备案，人民检察院可以进行监督。

（2）公安机关对案件报请延长羁押期限时，应当在羁押期限届满7日前提出，并书面呈报延长羁押期限案件的主要案情和延长羁押期限的具体理由，人民检察院应当在羁押期限届满前作出决定。

（3）最高人民检察院直接立案侦查的案件，符合上述条件，需要延长犯罪嫌疑人侦查羁押期限的，由最高人民检察院决定。强制措施分为羁押性的强制措施和非羁押性的强制措施。非羁押性的强制措施有拘传、取保候审和监视居住。法律规定，拘传持续的时间最长不得超过 24 小时。不得以连续拘传的形式变相拘禁犯罪嫌疑人。但法律对于一次拘传与下一次拘传之间的间隔期间未作规定。法律规定，专门机关对犯罪嫌疑人、被告人取保候审最长不得超过 12 个月，监视居住最长不得超过 6 个月。

羁押性的强制措施期间就是羁押期间。在我国刑事诉讼中，羁押不是一种独立的强制措施，而是刑事拘留和逮捕的附带性后果，因此，法律规定的侦查羁押期间包括拘留期间和逮捕后的羁押期间。

法律规定的对被拘留人拘留后的羁押期间有最长不超过 14 日、17 日和最长 37 日三种。法律规定，对犯罪嫌疑人逮捕后的侦查羁押期限不超过 2 个月。案情复杂、期限届满不能终结的案件，可以经上一级人民检察院批准延长 1 个月。"四类案件"经省、自治区、直辖市人民检察院批准或者决定，可以再延长 2 个月。对犯罪嫌疑人可能判处 10 年有期徒刑以上刑罚的，经省、自治区、直辖市人民检察院批准或者决定，可以再延长 2 个月。

案件进入审查起诉程序和审判程序以后，对犯罪嫌疑人和被告人的羁押期限有不同的理解。一种意见认为，《刑事诉讼法》对于审查起诉和审判期限的规定，既是羁押期间，也是办案期限，二者是等同的。另一种意见认为，《刑事诉讼法》只规定了羁押期间，在审查起诉和审判程序中的法定期间只是羁押期间，法律对于诉讼活动期间即办案期间没有规定。

我们同意第二种意见。《刑事诉讼法》第 98 条规定："犯罪嫌疑人、被告人被羁押的案件，不能在本法规定的侦查羁押、审查起诉、一审、二审期限内办结的，对犯罪嫌疑人、被告人应当予以释放；需要继续查证、审理的，对犯罪嫌疑人、被告人可以取保候审或者监视居住。"据此，应当理解为，现行法律规定的只是羁押期间，或者说，是羁押状态下的办案期间。

法律规定，人民检察院对于公安机关移送起诉的案件，应当在 1 个月以内作出决定，重大、复杂的案件，可以延长半个月。人民检察院自收到审查起诉的案件材料之日起 3 日以内，应当告知犯罪嫌疑人有权委托辩护人，告知被害人及其法定代理人或者近亲属、附带民事诉讼的当事人及其法定代理人有权委托诉讼代理人。人民检察院对于公安机关移送起诉的案件，应当在 1 个月以内作出提起公诉或者不起诉的决定，重大、复杂的案件，可以延长半个月。对于补充侦查的案件，应当在 1 个月以内补充侦查完毕。补充侦查以 2 次为限。

在第一审普通程序中，人民法院审理公诉案件，应当在受理后 2 个月以内宣判，至迟不得超过 3 个月。对于可能判处死刑的案件或者附带民事诉讼的案件以及四类案件，经上一级人民法院批准或者决定，可以再延长 3 个月；因特殊情况还需延长的，报请最高人民法院批准。适用简易程序审理的案件，人民法院应当在受理后 20 日以内审结；可能判处 3 年以上有期徒刑的，可以延长一个半月。对于自诉案件的审理期限，被告人被羁押的，和前述公诉案件第一审普通程序的期限相同。被告人未被羁押的，应当在受理后 6 个月以内宣判。法律规定的第二审期限为 2 个月，对于可能判处死刑的案件或者附带民事诉讼的案件以及"四类案件"，经省、自治区、直辖市高级人民批准或者决定，可以延长 2 个月；因特殊情况还需延长的，报请最高人民法院批准。最高人民法院受理上诉、抗诉案件的审理期限，由最高人民法院决定。

刑事诉讼复核和核准程序包括死刑的复核和核准程序、法定刑以下量刑的复核和核准程序两种。现行《刑事诉讼法》和现有的最高人民法院司法解释中都未见复核和核准程序法定期间的规定。

法律规定，人民法院提起的审判监督程序的期间是 3～6 个月。对于人民检察院抗诉的再审案件，接受抗诉的人民法院需要指令下级人民法院再审的，应当自接受抗诉之日起 1 个月以内作出决定，下级人民法院审理案件的期限是 3～6 个月。

关于执行程序的期间，法律规定了交付执行的人民法院应当自判决生效后 10 日以内将有关的法律文书送达公安机关、监狱或其他执行机关。死刑的执行期限是接到死刑执行命令以后的 7 日以内；人民检察院对暂予监外执行不当的监督期间是 1 个月以内；人民检察院对于减刑、假释的监督期限是 20 日以内，人民法院应当在收到纠正意见后 1 个月以内重新组成合议庭再作裁定。

在犯罪嫌疑人、被告人逃匿、死亡案件违法所得的没收程序中，人民法院受理没收违法所得的申请后，应当发出公告。公告期间为 6 个月。人民法院在公告期间满后对没收违法所得的申请进行审理。

在依法不负刑事责任的精神病人的强制医疗程序中，人民法院经审理，对于被申请人或者被告人符合强制医疗条件的，应当在 1 个月以内作出强制医疗的决定。

2. 诉讼参与人应当遵守的期间。诉讼参与人遵守的法定期间应当包括以下几种：要求检察机关进行立案监督的期间和提出管辖异议的期间；申请回避的期间；提起附带民事诉讼的期间；提起第二审程序的期间；请求恢复诉讼行为的期间；申请执行的期间、申诉的期间和附条件不起诉的考验期间等。

现行法律对于被害人对公安机关所作出的不立案决定，在多长时间内有权要求人民检察院进行立案监督未规定，对于当事人及其法定代理人以及其他诉讼参与人提出管辖异议的期间也未作出规定，这在客观上造成了对于管辖错误的情形无法管辖的情况。

现行法律对于申请回避的期间未作规定，但是法律规定刑事诉讼中的回避适用于侦查人员、检察人员、审判人员以及书记员、鉴定人和翻译人员。法律同时规定，二审发回重审的应当另组合议庭，再审应当另组合议庭，人民检察院提出对减刑、假释监督的，人民法院也应当重新组成合议庭再作裁定。对此应当这样理解：当事人及其法定代理人在整个刑事诉讼过程中都有权申请回避，这个法定期间与刑事诉讼期间是重合的。

《刑事诉讼法》规定，被害人在刑事诉讼过程中有权提起附带民事诉讼。在广义的刑事诉讼概念下，刑事诉讼过程包括立案、侦查、审查起诉、第一审程序、第二审程序和执行程序。根据最高法司法解释，附带民事诉讼应当在立案后及时提起。

法律对于提起第二审程序的期间，规定当事人及其法定代理人等不服判决的上诉期限为 10 日，不服裁定的上诉期限为 5 日。对于附带民事诉讼，司法解释补充规定，如果附带民事部分是另行审判的，上诉期限也应当按照《刑事诉讼法》规定的期限确定。法律规定，被害人及其法定代理人不服地方各级人民法院第一审判决的，自收到判决书后 5 日以内，有权请求人民检察院提出抗诉。人民检察院自收到抗诉请求后 5 日以内，应当作出是否抗诉的决定并答复请求人。可见，被害人及其法定代理人的请求抗诉期间是依据人民检察院的二审抗诉期间设计的。

法律规定，当事人由于不能抗拒的原因或者其他正当理由而耽误期限的，在障碍消除后 5 日以内，可以申请继续进行应当在期满以前完成的诉讼活动。

关于申请执行的期间。刑罚的执行属于国家的强制性行为，不取决于当事人等的申请。但是附带民事诉讼裁判的执行关系到附带民事诉讼原告的切身利益，《刑事诉讼法》却没有规定相关期间。司法解释规定，人民法院审理附带民事诉讼案件，除适用《刑法》《刑事诉讼法》外，还应当适用《民法》《民事诉讼法》。而《民事诉讼法》规定，申请执行的期限，双方或者一方当事人是公民的为 1 年，双方是法人或者其他组织的为 6 个月。对此应当理解为附带民事诉讼的申请执行期间就是民事申请执行的期间。

关于申诉的期间。对于不起诉决定的申诉期间，法律分别规定被害人和被不起诉人对不起诉决定的申诉期间均为收到不起诉决定书后 7 日以内。对于发生法律效力的裁判的申诉期间，根据最高法《关于规范人民法院再审立案的若干意见（试行）》第 10 条的规定，申诉人应在刑罚执行完毕后 2 年内提出申诉。

关于附条件不起诉的考验期间。附条件不起诉的考验期间为 6 个月以上 1 年以下，从人民检察院作出附条件不起诉的决定之日起计算。

3. 法定期间回转的情形。期间回转指期间的重新计算和重复计算，现行《刑事诉讼法》规定了以下几种法定期间回转的情形：

（1）审查起诉程序中的退回补充侦查。法律规定，人民检察院决定退回补充侦查的，应当在 1 个月以内补充侦查完毕。补充侦查以 2 次为限。补充侦查完毕移送人民检察院后，人民检察院重新计算审查起诉期限。

（2）第一审程序中人民检察院建议的补充侦查。法律规定，在法庭审判过程中，检察人员发现提起公诉的案件需要补充侦查，提出建议的，人民法院应当决定延期审理，人民检察院应当在 1 个月以内补充侦查完毕。司法解释规定，对此建议，合议庭应当同意，但是建议延期审理的次数不得超过 2 次。法律同时规定，人民检察院补充侦查完毕移送人民法院后，人民法院重新计算审理期限。

（3）第二审程序中的发回重审。法律规定，第二审人民法院对于上诉、抗诉案件经过审理后，对于原判决事实不清或者证据不足的，可以发回重审；第二审人民法院发现第一审人民法院的审理有违反法律规定的诉讼程序的情形的，应当裁定撤销原判、发回重审。原审人民法院对于发回重审的案件，应当依照第一审程序进行审判。对于重新审判后的判决，可以上诉、抗诉。第二审人民法院发回原审人民法院重新审判的案件，原审人民法院从收到发回的案件之日起，重新计算审理期限。

（4）复核和核准程序中的发回重审。法律规定，最高人民法院和高级人民法院复核死刑立即执行和死刑缓期执行案件时，不同意判处死刑的，可以提审或者发回重审。对于在法定刑以下判处刑罚的案件，上级人民法院复核不同意的，应当裁定发回重审或者改变管辖，按照第一审程序重新审理。这意味着法定期间的重新计算和重复计算。

二、其他法定期间

法定期间是指由法律明确规定的诉讼时间期限。这种期间的开始是基于某种法律事实的发生。在法定期间内的任何时候都可以实施相应的诉讼行为，同时，也只有在此期间所进行的诉讼活动才有效，受到法律保护。归纳起来，主要包括以下几个方面：

（一）强制措施期间

《刑事诉讼法》规定对犯罪嫌疑人、被告人拘传持续的时间最长不得超过 24 小时，取保候审最长不得超过 12 个月，监视居住最长不得超过 6 个月。

拘留现行犯、重大犯罪嫌疑人后，除无法通知或者涉嫌危害国家安全犯罪、恐怖活动犯罪通知可能有碍侦查的情况以外，办案主管机关应当在 24 小时以内通知被拘留人的家属；逮捕犯罪嫌疑人、被告人的，除无法通知的以外，应当在 24 小时以内通知被逮捕人的家属。同时，办案人员在这一时段内还应当对被拘留人或者被逮捕人进行讯问。公安机关对被拘留人认为需要逮捕的，应当在拘留后 3 日以内提请人民检察院批准，特殊情况下可以将提请审查批准的时间延长 1～4 日；对于流窜作案，多次作案、结伙作案的重大嫌疑分子，提请审查批准的时间可以延长至 30 日。人民检察院应当在接到公安机关提请批准逮捕书的 7 日以内，作出批准或者不批准逮捕的决定。人民检察院直接受理的案件中对于被拘留的人认为需要逮捕的，应当在 14 日以内作出决定，在特殊情况下，决定逮捕的时间可以延长 1～3 日。

（二）对不起诉决定的申诉期间

被害人对于人民检察院作出的不起诉决定不服时，可以在收到决定书后 7 日以内向上一级人民检察院提出申诉；被不起诉人如果对人民检察院因"犯罪情节轻微，依照《刑法》规定不需要判处刑罚或者免除刑罚"而作出的不起诉决定不服的，可以在接到决定书后 7 日以内向人民检察院申诉。

（三）第一审程序期间

人民法院对提起公诉的案件进行审查的期限计入审理期限。在对提起公诉的案件进行审查后，如果认为人民检察院移送的案件缺少开庭必需的材料时，可以通知人民检察院补充，人民检察院应当自收到通知之日起 3 日内补送。

人民法院应当在开庭 10 日以前将人民检察院的起诉书副本送达被告人；应当在开庭 3 日以前将开庭的时间、地点通知人民检察院；将传票、通知书至迟在开庭 3 日以前送达当事人、辩护人、诉讼代理人、证人、鉴定人和翻译人员。公开审判的案件，在开庭 3 日以前先期公布案由、被告人的姓名、开庭的时间和地点。检察人员在庭审中发现提起公诉的案件需要补充侦查并提出建议的，应当在 1 个月以内补充侦查完毕。人民法院当庭宣告判决的，应当在 5 日以内将判决书送达当事人和提起公诉的人民检察院；定期宣告判决的，应当在宣告判决后立即将判决书送达当事人和提起公诉的人民检察院。判决被告人无罪、免除刑事处罚的，如果被告人在押的，在宣判后应当立即释放。人民法院审理公诉案件，应当在受理后 2 个月以内宣判，至迟不得超过 3 个月。对于可能判处死刑案件、附带民事诉讼案件以及"四类案件"，经上一级人民法院批准或者决定，可以再延长 3 个月。

人民法院在受理自诉案件之日起 3 日以内，应当告知自诉人及其法定代理人、附带民事诉讼的当事人及其法定代理人有权委托诉讼代理人。

人民法院审理自诉案件的期限，被告人被羁押的，适用普通程序第一审公诉案件的审理期限。被告人未被羁押的，人民法院应当在受理后 6 个月以内宣判。

适用简易程序审理的案件，人民法院应当在受理后 20 日以内审结，对于可能判处的有期徒刑超过 3 年的，可以延长至一个半月。

不服判决的上诉和抗诉的期限为 10 日，不服裁定的上诉和抗诉的期限为 5 日。被害人及其法定代理人不服地方各级人民法院一审判决的，有权自收到判决书后 5 日以内请求人民检察院提出抗诉；人民检察院应当在收到被害人的请求后 5 日以内作出是否抗诉的决定并且答复请求人。

（四）第二审程序的相关期间

通过原审人民法院提出上诉的，原审人民法院应当在上诉、抗诉期满后 3 日以内将上诉状连同案卷、证据一并移送上一级人民法院，同时将上诉状副本送交同级人民检察院和对方当事人；直接向第二审人民法院提出上诉的，第二审人民法院应当在接到后 3 日以内将上诉状副本交原审人民法院送交同级人民检察院和对方当事人。第二审人民法院应当在决定开庭审理后及时通知人民检察院查阅案卷。人民检察院应当在 1 个月以内查阅完毕。第二审人民法院受理上诉、抗诉案件后，应当在 2 个月以内审结，对于可能判处死刑的案件或者附带民事诉讼案件以及"四类案件"，经省、自治区、直辖市高级人民法院批准或者决定，可以再延长 2 个月；有特殊情况还需延长的，报请最高人民法院批准。

（五）审判监督程序的相关期间

人民法院按照审判监督程序重新审判的案件，应当在作出提审、再审决定或者接受抗诉、接受指令再审之日起3个月以内审结，需要延长期限的，不得超过6个月。接受抗诉的人民法院指令下级人民法院再审的，应当自接受抗诉之日起1个月以内作出决定。

（六）执行程序的相关期间

下级人民法院接到最高人民法院执行死刑的命令后，应当在7日以内交付执行。人民检察院认为暂予监外执行不当的，应当自接到通知之日起1个月以内将书面意见送交批准监外执行的机关，批准监外执行的机关接到人民检察院的书面意见后，应当立即对该决定进行重新核查。人民检察院认为人民法院减刑、假释的裁定不当的，应当在收到裁定书副本后20日以内，向人民法院提出书面纠正意见，人民法院应当在收到纠正意见后1个月以内重新组成合议庭进行审理，作出最终裁定。

在刑事诉讼中，重新计算期间主要有以下几种情况：①因发现另有重要罪行的，侦查羁押期限重新计算；②改变管辖的，审查起诉期限和一审期限重新计算；③补充侦查完毕移送审查起诉或者审判的，审查起诉期限或者审理期限重新计算；④发回重审的，原审重新计算期限。

不计入期间的主要有以下几种情况：①犯罪嫌疑人不讲真实姓名、住址、身份不明的，羁押期限从查清之日起计算；②对犯罪嫌疑人作精神病鉴定的期间不计入法定期限；③路途上的时间，不计入法定期限；④中止审理时间不计入法定期限；⑤延期审理的某些情形不计入法定期限；⑥第二审程序中人民检察院查阅案件的时间（1个月）不计入二审期限。

（七）人民法院受理没收违法所得公告期间

在犯罪嫌疑人、被告人逃匿、死亡案件违法所得的没收程序中，人民法院受理没收违法所得的申请后，应当发出公告。公告期间为6个月。人民法院在公告期间期满后对没收违法所得的申请进行审理。

（八）人民法院作出强制医疗决定期间

在依法不负刑事责任的精神病人的强制医疗程序中，人民法院经审理，对于被申请人或者被告人符合强制医疗条件的，应当在1个月以内作出强制医疗的决定。

三、期间的计算

1. 计算单位和计算方法。我国刑事诉讼期间的计算单位有时、日、月三种。以时、日计算的，开始之时和日不计算在时间以内；以日计算的，应当从第2日起计算。由于开始的时和日都不算，说明这两种计量单位不能互相换算，例如拘留后应当在24小时以内进行讯问，不可以用1日代替。

以月为单位的，如何计算，法律没有明确规定。一般的原则是：①开始月和开始月的开始日都计算在期间内。②由于以月计算的期间均为公安司法机关遵守的期限，从有利于诉讼参与人参与刑事诉讼活动，保护他们的合法权益的角度考虑，通常按照公历月计算；开始月的某日为结束月的对应日。③当期满月的对应日实际不存在时，应当将期满日向前移，而不宜向后顺延。例如，人民检察院 1 月 31 日将案卷退回公安机关补充侦查，但是由于 2 月没有 30 日，所以此时的期满之日应当认为是 2 月的最后一日。④不分大、小月。在以月计算的期间里，如果遇有以半个月为期的，均应当以 15 天计数。

2. 为了确保诉讼活动的及时展开和顺利进行，期间的最后一日为节假日，以节假日后的第一个工作日为期间届满的日期。但对于犯罪嫌疑人、被告人或者罪犯在押期间，应当至期间届满之日为止，不得因节假日而延长在押期限至节假日后的第一日。例如，如果拘留期限届满之日为 10 月 1 日，不应顺延；如果被告人上诉的届满之日为 10 月 1 日，则应顺延至国庆节后的第一个工作日。

3. 对于法定期间的计算，不包括路途上的时间。当事人及其他诉讼参与人的住所或者工作地点如果距离公安司法机关比较远，则路途上的时间应当从法定期间内予以扣除。同时，这也适用于公安司法机关。例如，缉捕犯罪嫌疑人，如果从外地押解回侦查机关所在地需要 2 天时间，则 24 小时讯问和通知其家属或单位的法定期间应当顺延，但路途时间仍然计算在侦查羁押期限内。此外，有关诉讼文书材料在公安司法机关之间传递过程中的时间，通常也在法定期间内予以扣除。

4. 通过邮寄的上诉状或者其他诉讼文件，应当以在当地交邮盖戳的时间为标准确定法定期间的执行。在法定期间届满前已经交邮的，即使文件到达司法机关时已经超过法定期限，仍然认为有效。

5. 在侦查期间，发现犯罪嫌疑人另有重要罪行的，重新计算侦查羁押期限。犯罪嫌疑人不讲真实姓名、住址、身份不明的，侦查羁押期限自查清其身份之日起计算，但是不得停止对其犯罪行为的侦查取证。

6. 公安机关或者人民检察院补充侦查完毕，将案件移送人民检察院或者人民法院后，人民检察院或者人民法院重新计算审查起诉或者审理期限。发回原审人民法院重新审判的案件，原审人民法院从收到发回案件之日起，重新计算审理期限。

7. 人民检察院和人民法院改变管辖的公诉案件，从改变管辖后的办案机关收到案件之日起计算办案期限。

8. 犯罪嫌疑人、被告人在押的案件，对他们做精神病鉴定的期间，不计入办案期限。除此以外的其他鉴定时间都应当计入办案期限。对于因鉴定时间较长，办案期限届满仍不能终结的案件，自期限届满之日起，应当对犯罪嫌疑人、被告人变更强制措施，改为取保候审或者监视居住。

四、期间的恢复

刑事诉讼期间的恢复，仅指当事人诉讼期间的恢复。按照《刑事诉讼法》的规定，当事人对自己的诉讼行为如果想追求预期的法律效果，必须在法定期限内进行，反之，没有能够在法定期限内从事该项诉讼活动，即表示其自愿放弃了相应的诉讼权利。但是，在特定情况下，也可以允许当事人在法定期间届满后继续进行本应当在法定期间内完成的诉讼行为。

期间恢复的条件如下：

1. 申请的主体。只有当事人才有权提出恢复诉讼期间的申请，而且必须以在法定期间内没有能进行特定诉讼行为为前提，其他诉讼参与人无权提出这种申请。

2. 申请的理由。法定期间的耽误是由于不可抗拒的原因所导致或者具备了其他正当的理由。不可抗拒的原因，指在诉讼活动中，发生了当事人不可预见、依靠自身力量又无法克服和排除的客观困难，例如自然灾害以及其他事故引起的交通路线中断或交通工具损坏；其他正当理由，是指上述情况以外的来自当事人主观方面的障碍，例如当事人身患重病无法行动，家中发生了重大或意外变故使其不得分身，等等。

3. 申请的时间。当事人在法定期间，特别是在上诉期间内遇到上述特殊情况而耽误诉讼期间的，可以申请继续进行期满前尚未完成的诉讼活动，但这种申请是有时间要求的，即应当在前述障碍或原因消除后的 5 日以内提出。

4. 申请的裁决。恢复期间的申请，必须向审判本案的人民法院提出，人民法院在接到当事人的申请后，经过审查，认为当事人所述情况确实属于不可抗拒的原因或者其他正当理由的，应当裁定准许其继续进行未完成的诉讼活动。如果人民法院认为当事人的申请理由不成立，则应当裁定驳回，当事人耽误的期间就不能再恢复。

■第二节　送达

一、送达概述

刑事诉讼文书送达是指公安司法机关按照法定程序和行为方式将诉讼文件送交收件人的诉讼活动。送达作为一项诉讼行为，具有以下特点：

1. 送达只能是由公安司法机关向当事人和其他诉讼参与人以及有关机关实施的诉讼行为。送达是发生在送达主体和送达对象之间的一种法律关系。送达的主体是公安司法机关，送达的对象是诉讼参与人和有关机关。因此，诉讼参与人向公安司法机关递交或相互之间传递诉讼文书的行为，不属于法定意义上的送达。

2. 送达的内容是诉讼文书。其中，公安司法机关制作的诉讼文书是送达的主要内容，如传票、通知书、不起诉决定书、起诉书、判决书、裁定书等。此外，自诉状副本、附带民事诉讼诉状和答辩状副本、上诉状副本等诉讼文书都是通过人民法院送达的。

3. 送达的方式和程序是法定的。实施送达行为必须依照法律规定办理，否则无法产生法律效力。

送达是一项严肃的法律活动，是诉讼程序的组成部分，它直接关系到整个刑事诉讼活动能否顺利进行、诉讼任务能否切实完成。只有收件人按时收到诉讼文件，才能了解其中的内容，按时参加诉讼活动，行使诉讼权利，履行诉讼义务。某些诉讼文件只有按照送达程序送达收件人，才能发生法律效力，例如当事人收到一审判决书后才开始计算上诉期限。还有的诉讼文件会引起一定的法律后果，例如当事人在法定期间内收到人民法院的传票，就必须按时出席法庭，如果没有收到，则有权拒绝出庭。因此，严格执行法律有关送达的规定非常重要。

二、送达的方式和程序

根据《刑事诉讼法》第107条的规定，并结合司法实践经验，刑事诉讼中的送达程序和方式是：送达必须以填妥送达回证的方式结束。送达回证是指公安司法机关制作的用以证明业已进行送达行为及其结果的诉讼文件。送达回证是检查公安司法机关是否按照法定方式和程序送达诉讼文件的标志，是送达人完成任务的标志，也是受送达人接收或者拒绝接收所送达文件的证明，同时还是认定当事人和其他诉讼参与人的诉讼行为是否有效的依据。送达回证的使用方法是，司法机关送达诉讼文件时，向收件人出示送达回证，由收件人在送达回证上记明收到日期，并且签名或者盖章；遇到拒收或者拒绝签名、盖章等情况时，在实施留置送达程序中，送达人应当在送达回证上记明拒绝的事由、送达的日期，并且签名或者盖章。送达程序进行完毕后，将送达回证带回入卷。采用委托送达、转交送达的，也必须按照上述程序进行，并将送达回证退回承办案件的司法机关。邮寄送达的，应当将送达回证和诉讼文件一起挂号邮寄给收件人，送达回证由收件人退回。

送达回证的内容包括：送达机关和送达文件的名称；受送达人的姓名（名称）、住所地或者经常居住地；送达方式；送达人和受送达人签名或者盖章；签收日期；等等。

送达的主要方式和程序如下：

（一）直接送达

直接送达，又称交付送达，是指公安司法机关指派专人将诉讼文书直接送交收件人的行为。收件人本人亲自签收和本人不在时，其成年家属或者单位负责人代为签收，都属于直接送达。直接送达的程序是：送达人员将诉讼文件交给收件人本人，收件人本人在送达回证上记明收到日期，并且签名或者盖章。如果收件人本人不在，由他的成年家属或者所在单位的负责人代收，代收人也应当在送达回证上记明收到日期，并且签名或者盖章。收件人本人或者代收人在送达回证上签收的日期为送达日期。

公安司法机关送达诉讼文书，一般应当以直接送达为原则。因为直接送达可靠性强，所需时间短，效率高，通常重要诉讼文书均尽量采用这种方式。

（二）留置送达

留置送达是指收件人或者代收人拒绝签收向其送达的诉讼文书时，公安司法机关的送达人依法将文件留在收件人住处的送达方式。留置送达必须具备的条件是：收件人或者代收人拒绝接收诉讼文件或者拒绝签名、盖章时才能采用。留置送达的程序是：在收件人本人或者代收人拒绝接收或者拒绝签名、盖章的情况下，送达人员邀请他的邻居或者其他见证人到场，并说明情况，把文件留在他的住处，并在送达回证上记明拒绝的事由、送达日期，由送达人签名，即认为已经送达。

留置送达与直接送达具有同等的法律效力，但是，并非所有的诉讼文件均可以适用，如调解书就不得适用。

（三）委托送达

委托送达是指公安司法机关直接送达诉讼文书有困难的，委托收件人所在地的公安司法机关代为交给收件人的送达方式。运用委托送达的程序是：委托机关应当出具委托函，受委托的机关应当指派专人及时办理，并将送达回证尽快转回委托机关。如果无法送达，应当及时将不能送达的原因迅速告知委托机关，并将需要送达的文书和回证退回，以便不耽误诉讼的进行。

（四）邮寄送达

邮寄送达是指公安司法机关在直接送达有困难的情况下，通过邮局将诉讼文书挂号邮寄给收件人的送达方式。邮寄送达的程序是：公安司法机关将诉讼文件、送达回证挂号邮寄给收件人，收件人签收挂号邮寄的诉讼文件后即认为已经送达。挂号回执上注明的日期为送达的日期。

（五）转交送达

转交送达是指公安司法机关将诉讼文书交收件人所在机关、单位代收后再转给收件人的送达方式。它通常适用于军人、正在服刑的人等。转交送达的程序是：诉讼文件的收件人是军人的，应当通过所在部队团以上单位的政治部门转交；收件人正在服刑的，应当通过所在监所或者其他执行机关转交。代为转交的部门、单位收到诉讼文件后，应当立即交收件人签收，并将送达回证及时退回送达的司法机关。采取转交送达的方式主要考虑到收件人的特殊情况。收件人是军人的，通过转交送达有利于维护部队的机密，同时还有利于部队政治机关及时了解情况，做好收件人的思想工作，保持部队稳定。对正在服刑和正在被强制性教育的人，通过转交送达，有利于有关单位了解情况，及时掌握收件人的思想状况，防止发生意外。

另外应注意，在特别程序中，犯罪嫌疑人、被告人逃匿、死亡案件中的违法所得的没收程序中，人民法院在受理没收违法所得的申请后，应当发出公告，公告期满后对没收违法所得的申请进行审理，这可视为新的送达形式即公告送达。

【思考题】

1. 什么是期间？与期日有何区别？
2. 刑事诉讼中有哪些法定期间？
3. 简述期间的计算单位以及计算方法。
4. 简述期间的重新计算、期间的延长以及期间的耽误和恢复。
5. 什么是送达？刑事诉讼中有哪几种送达方式？

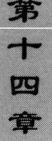

第四编　刑事诉讼证据与证明

第十五章

刑事诉讼证据概述

> **提要与学习要求**　本章需要了解证据的概念，理解证据制度中的神意裁判和证据裁判制度，掌握刑事证据的属性。

■第一节　证据的概念

现代诉讼普遍实行证据裁判原则。在诉讼活动中，以收集、提供、审查判断证据为主的活动占有很大比重，因此，对证据本身的研究必不可少。

在一般意义上，证据是"能够证明某事物的真实性的有关事实或材料"。[1]其中"事实"是指"事情的真实情况"。[2]在英文中，evidence（证据）一词被解释为"为相信某事或证明某事提供原因的资料"。[3]另外，英文中的proof一词，既是证明的意思，有时也用来表示"证据"。

作为一个法律术语，"证据"一词看似简单，实际上其含义却不易界定。对于何谓"诉讼证据"，诉讼法学者的认识不一，大致可以分为三种观点：

第一，事实说。该说认为诉讼证据就是能够证明案件真实情况的一切事实。其代表性的表述是：刑事诉讼证据是侦查、检察、审判等人员依法收集和查对核实的，同刑事案件有关并能证明案件真实情况的一切事实。

第二，双重含义说。该说认为诉讼证据具有双重含义，一方面，它指代事实，

---

[1]　中国社会科学院语言研究所词典编辑室编：《现代汉语词典》，商务印书馆1996年版，第1608页。

[2]　中国社会科学院语言研究所词典编辑室编：《现代汉语词典》，商务印书馆1996年版，第1153页。

[3]　*Oxford Advanced Learner's Dictionary of Current English*，4th（ed.），Oxford University Press，1989，p. 413.

即能够证明案件真实情况的一切事实；另一方面也可以指证据的表现形式，即证人证言、物证、书证等各个证据种类。

第三，统一说。该说认为诉讼证据是证据的内容（事实材料）与证据的形式（证明手段）的统一。其代表性的观点为：从科学的观点来看，在诉讼证据中，形式和内容是辩证的统一。内容，就是事实材料，也就是有关事实的情况；诉讼证据的形式，则是证明手段。对于诉讼证据来说，其必须具备这两种要素。

在上述各种观点中，事实说在我国证据法学研究中曾经具有最大的影响。我国2012年修正前的《刑事诉讼法》第42条第1款给"证据"所下的定义正是事实说的典型表述。该款为"证据"所下的法定定义为："证明案件真实情况的一切事实，都是证据。"不少学者都是在"证据是事实"这一基本框架内为"诉讼证据"下定义的。诸如："诉讼证据是指能够证明案件真实情况的客观事实"[1]，"我国刑事诉讼证据是侦查、检察、审判人员依照法定程序收集用以确定或否定犯罪事实，证明被告人有罪或无罪，加重或减轻刑事责任的一切客观事实"[2]，等等，不一而足。

双重含义说在我国诉讼法学界也有一定影响。双重含义之结论的得出，其根据是《刑事诉讼法》除对"证据"的含义进行界定外，《刑事诉讼法》还列举了证据的种类。一般认为，从法律规定看，"证据"具有以下含义：其一，从证据内容看，它含有与案件有关的事实；其二，从证据形式上看，表现为法律确认的特定形式；其三，从证明关系上看，它具有能够证明案件真实情况的作用。

不过，仔细审视可知，证据是由内容和形式共同构成的。证据的内容即证据负载的各种事实情况材料；证据的形式，又称为证明手段，它是证据的各种表现形式。证据是事实材料与证明手段的统一体，不能将证据的内容与形式分割开来或者无视证据的形式。证据既可以指"提供用以确认事项的资料的人或物"，即被告人、证人、鉴定人、痕迹、物品、文书等；也可以指被告人的供述、证人证言、鉴定人的鉴定意见、痕迹或者物品的状态、文书的内容等，它们都是"用以确认事项的资料"。它们都具有反映与案件有关的事实的特性。事实上，证据的形式如不包含反映与案件有关的事实，那就徒具形式，什么都不能证明；反之，如果事实材料不依附于一定的证据形式，就无法存在并进入诉讼的轨道从而成为裁判的依据。因此，诉讼证据应当是具有法律规定的形式并用以证明案件事实的一般资料，如证人证言、物证、书证、鉴定意见等。凡依法被允许运用于诉讼活动，并能够使法庭相信待证事项的存在与否更有可能或者更无可能者，皆可能成为证据。《刑事诉讼法》第50条第1款规定："可以用于证明案件事实的材料，都是证据。"这一定义采取证据概念的材料说，摒弃了长期占据证据法学主导地位的事实说，藉此避免将证据内容与证据形式割裂，保持证据概念的完整性。

---

〔1〕　江伟主编：《证据法学》，法律出版社1999年版，第206页。
〔2〕　张子培等：《刑事证据理论》，群众出版社1982年版，第87页。

在我国证据法学中，"证据资料"与"证据"一度被区别开来，凡被法院确认为真实可信、与案件有关联并被采纳为定案依据的，才被称为"证据"。在此之前被用来证明案件事实的资料，被称为"证据资料"而非"证据"。有学者指出："在理解刑事证据的概念时，需要注意的是不同的法律条文中使用'证据'一词时，涵义并不相同。有时'证据'是指证据资料，即有待查证属实的证据的原始素材。例如，物证、书证、证人证言等各种类型的'证据'，在未经查证属实之前，仅仅是证据资料，这些证据资料可能真实，也可能不真实，需要经过审查判断才能确定，因此《刑事诉讼法》第 42 条[1]第 3 款规定：'证据必须经过查证属实，才能作为定案的根据。'经过查证属实，符合法律规定的表现形式，具有能够证明案件真实情况的事实内容的，才是真正的证据。"[2]

此外，还有将"证据"与"证据材料"相区别的观点。如有学者指出："在法学界，多年以来，一直有不少学者主张将证据与证据材料两个概念区分开来：证据，就是指能够证明案件事实情况的一切事实；证据材料，则是指诉讼法律关系主体收集到用以证明案件事实真实情况的事实材料。我们认为，这种区分是有相当道理的。"[3]

不过，无论如何，在司法实践和许多学术研究成果中，"证据资料"与"证据"统统被看作是"证据"。当我们想到和说出"证据"一词的时候，这个词的含义无非就是"证明的根据"，亦即用来证明案件待证事项的各种材料或者手段而已。因此，2012 年修正的《刑事诉讼法》第 48 条第 1 款采用材料说来为"证据"下定义："可以用于证明案件事实的材料，都是证据。"

■第二节　从神意裁判到证据裁判

作为证据法学中心概念的"证据"，是诉讼活动的基本条件。从证明角度看，诉讼过程是收集证据、运用证据和审查判断证据的过程。这一过程通常由法律加以规范，根据一定的原则加以统摄，并通过一定的程序和规则加以约束。证据在诉讼活动中占有重要地位，它是查明案件事实的手段。诉讼最终要将一定的法律规范适用于一定的事实，在适用法律之前必须查明案件事实，诉讼证据的功能在于使案件事实或者当事人的主张得到确认，最终使裁判者得以适用法律，形成一定的结论。

在现代诉讼中，裁判必须建立在诉讼证据的基础之上，这一观念早已成为一项重要的诉讼原则，称为"证据裁判原则"。这一原则的内容并不复杂，无非要求裁判应以具有证据能力并且经过调查的证据为依据。这一原则是人类经过长期的磨难最终得以确立的。它排斥以神灵启示、主观臆断等反理性的因素作为确认案件事实

[1]　即现行《刑事诉讼法》第 50 条。
[2]　陈光中、徐静村主编：《刑事诉讼法学》，中国政法大学出版社 2002 年版，第 129 页。
[3]　江伟主编：《证据法学》，法律出版社 1999 年版，第 207 页。

的根据，使裁判建立在客观存在、理性讨论的基础之上。

证据裁判原则的对立面，是根据证据以外的因素来认定案件事实和作出裁判。例如，神意裁判就是与证据裁判原则相对立的。根据神的启示来判断诉讼中的是非曲直，将神灵的启示作为判定是非、确定案件的依据，此种制度被称为"神判制度"。神灵的启示并不是现代严格意义上的证据，其与案件事实不具有关联性。以获取神的启示作为断案的方法，是这一裁判制度的本质特征，故该证据制度被称为"神示证明制度"或者"神明裁判制度"。这种证明制度是在生产力低下的发展状况下产生的，主要发端和盛行于亚欧各国的上古时期和欧洲的中世纪。在实行神意裁判制度的社会里，人们对于自然界的各种现象和人世间的悲欢离合，缺乏科学的认识方法和手段，从而将这些现象和事件归结为神意。在人们的观念中，神被奉为万物的创造者，是宇宙的主宰，神无所不在，无所不知，神意代表着公正、正义，违背神的意志、欺骗神灵必遭天谴。在这一认识前提下，人们相信可以凭借神的启示发现是非善恶并进而惩恶扬善，实现神的意志。获得神的启示是通过某些确定的仪式来完成的，这些仪式主要有：

第一，诅誓。诅誓的证明方法在公元前17世纪巴比伦王国《汉穆拉比法典》中有明文规定，该法典第126条规定："设若某人并没有失落什么而声称'我失落了某物'，并诬陷自己的邻居，则他的邻居应在神前发誓来揭穿他并没有失落什么，而他则应加倍偿还他的邻居自己所贪图的物品。"古代日耳曼法和西欧中世纪初期的《萨利克法典》也有类似规定。

第二，水审。水审是用水来检验当事人的陈述是否真实或者被控告的人是否有罪的神示证明方法，分为冷水审和热水审两种方法。冷水审是将被控告的人投入河水中来检验其是否有罪。例如《汉穆拉比法典》第2条规定："设若某人控他人行妖术，而又不能证实这事，则被控行妖术的人应走近河边，投入河中。如果他被河水制服，则揭发者可以取得他的房屋；反之，如果河水为这人剖白，使之安然无恙，则控他行妖术的人应处死，而投河者取得揭发者的房屋。"在冷水审中还有饮水一法，按照希伯来法律，凡怀疑妻子不贞洁的丈夫，可以令其妻子过量饮水进行测试。沸水审是以在沸水中放置物件令被控告的人用手取出来或者赤足入水以验证其是否有罪的方法。检验的标准通常是，被控告的人在被烫伤后，向神祷告或发咒语，在一定时间内如果烫伤痊愈或者有即将痊愈的迹象，则认定无罪；如果伤口脓肿溃烂，则认定有罪。

第三，火审。火审是用火或者烧热的铁器检验被控告的人是否有罪的方法。火审多见于中世纪的教堂中，据说是由古代条顿民族和法兰克民族发明的。欧洲9世纪的法兰克人通过制定《麦玛威法》规定："凡犯盗窃罪，必须交付审判。如在神判中为火所灼伤，即被认为不能经受火审的考验，处以死刑。反之，如不为火所灼伤，则可允许其主人代付罚金，免处死刑。"

第四，决斗。决斗是以武力或者武器对打以决出胜负的形式，"决斗者，使相争执之两造，各比武艺于上帝之前。如理直者，得上帝之默佑，自然战胜；其理曲之造，上帝使之战败，故两方曲直，因其胜败而定之。在古代之日耳曼人，及撒克逊人之历史中，均有此等宗教审判之记载。英国直至 1817 年后，其制始废"。[1] 由当事人双方使用武力或者武器对打以决胜负的神示证明方式，显然不是依证据进行裁判，而是依体力、武功、武器来确定案件事实的有无。在这种争斗中，凡获胜的一方便被认为是无罪的，失败的一方被认为是有罪的，这种判断的结果难免与事实真相相左。

第五，卜筮。卜筮是就当事人双方争议的事实向神祷告，然后进行占卜，法官根据卦象式签牌的内容判断何者胜诉的神示证明方式。

第六，十字形证明。十字形证明是当事人双方对面站立，手臂左右伸直，使身体呈十字形，保持这一姿势时间最久者得以胜诉的神示证明方法，通常为信仰基督教的民族所采用。

随着知识的进步，神意裁判和决斗，受到了激烈的反对，但习惯的力量仍然超乎想象，法国迟至路易九世（1226～1270 年）、英国迟至亨利二世时才将该制度予以废除。

除了神意裁判以外，违背证据裁判原则的做法还包括：①以长官意志为裁判的根据，即听命于长官意志而罔顾证据和事实，当某一权威人物对案件预先设定结论，由承审机构或者官员收集甚至炮制"证据"来证明该权威人物的正确性并进而实现其愿望；②以民愤为裁判的根据，即在没有证据的情况下，以民意作为裁判的根据，这是与证据裁判原则背道而驰的，是司法反理性的表现；③以主观臆断为裁判的根据，凭直觉断案的方式也是与证据裁判原则相冲突的。尽管以神意、长官意志、民愤、主观臆断等为裁判的根据，在形式上具有解决难以裁决的纠纷进而维护社会秩序的功能，但作为一种调查案件事实的方法，显然是反理性的。如果以神示的方法发现了案件的客观真实也实属偶然，在通常情况下其既不能发现案件的真相，也不可能保障当事人的合法权益。因此，"随着近代合理主义的兴起，开始通过人的理性发现事实真相。因此，形成一项原则：认定事实必须依据证据，其他任何东西都不是认定事实的根据。"[2]

要在事实真相的基础上实现实体公正，不能不依靠由案件事实本身产生的证据。证据是人们借以复原案件原貌（法院认定的事实是由法律框定的具有法律意义的事实）的基本手段，这就是证据裁判主义的重要价值所在。

证据裁判原则有若干例外，如司法认知就是这样的例外。只靠法官的知识经验就可以认定，此项认定依据的是作为法官职务应当知悉的事实，如法规的存在及其内容等对于法院来说属于显著的事实；或者依据的是经验法则，对于一般人来说属

第十五章

---

〔1〕　应成一：《社会学原理（下）》，民智书局 1933 年版，第 152 页。

〔2〕　［日］田口守一著，刘迪等译：《刑事诉讼法》，法律出版社 2000 年版，第 217 页。

于显著的事实，也就是常说的众所周知的事实。有学者指出："经验法则不是具体的事实，而是谁都知道并且不觉得奇怪的常识，……不管怎样专门性的问题，只要法官以其个人的研究和自己的经验所知道的，就可以直接用它来认定事实。"[1]另外，推定证明也是证据裁判原则的例外。推定证明是证据证明的替代性技术方法，"无论在任何国家，每当法庭需要确定某一案件事实时，无非采取两种方法：要么通过获取实际证据，要么采取较容易的然而也是不精确的方法，即依据先验的推定"。[2]这里需要指出的是，推定证明中往往涉及作为认定推定事实存在前提的基础性事实，推定事实是在具备基础性事实的前提下由法官直接加以确认的，该事实不需要根据证据加以确认，但作为其前提的基础性事实通常需要根据证据加以确认。并且，对于法律上可推翻的推定，要进行推翻时，需要以证据作为手段。同样，拟制事实的认定也是证据裁判原则的例外。拟制的"特点在于将纯属子虚乌有的事实强行确认其存在，或者将迥然相异的事实强行规定其相同，因而属于立法上的虚构"。[3]这种"立法上的虚构"的事实是由法官直接根据法律而不是证据加以确认的。

这些例外情形，是为了解决诉讼活动中出现的无须证明（其中，当事人的自认是基于人的理性预设，认为一个理性的人在能够明了自己行为后果的情况下进行的陈述可以被直接采纳为定案的根据）、证明不能或者证明困难的情况而设定的。这些例外，是为了救济证据裁判原则之不足而提供的一种补充，诉讼活动中总的原则当然仍是证据裁判原则。

■第三节　证据的属性

"证据能力"和"证明力"是证据法学和法律实践的常用概念，我国当代证据法学通常使用证据的"客观性""关联性""法律性"等概念来阐述证据的基本属性，很少使用"证据能力"和"证明力"的概念。"证据能力"和"证明力"与证据的"客观性""关联性""法律性"有着密切关系，或者其本身就表明了证据所具有的上述属性。近年来，随着我国证据法学研究的深入，"证明力""证据能力"以及与此有关的证据的"关联性""可采性"等概念正在被广泛接受。

一、证据能力

证据能力，指的是证据的容许性，亦即作为证据的资格，因此，证据能力又称"证据的适格性"或"证据资格"。一般认为，证据能力是某一材料能够用于严格的

---

〔1〕　[日] 兼子一、竹下守夫著，白绿铉译：《民事诉讼法》，法律出版社 1995 年版，第 102 页。

〔2〕　[英] J. W. 塞西尔·特纳著，王国庆等译：《肯尼刑法原理》，华夏出版社 1989 年版，第 485 ~ 486 页。

〔3〕　江伟主编：《证据法学》，法律出版社 1999 年版，第 126 页。

证明的能力或者资格，亦即能够被允许作为证据加以调查并得以采纳。"严格的证明"，来自德国的证据理论。按照德国学者的观点，证明分为严格的证明和自由的证明：严格的证明是针对犯罪事实是否存在以及与刑罚权范围有关的待证事实，需要严格依据证据法的规定进行的证明；自由的证明是针对若干程序事实而进行的，非依严格的证据法的规定、主要依靠法官的裁量而进行的形式较为灵活的证明。

大陆法系对于证据能力，一般不作积极的规定，只是消极地对无证据能力或者限制证据能力的情形作出规定。在德国，依据程序禁止和证据禁止的理论对证据能力加以限制。程序禁止是对收集和调查核实证据的程序加以限制，如违背搜查、扣押程序而取得的证物和违背勘验程序形成的勘验笔录，有时不认为其具有证据能力；证据禁止是对作为定案依据的证据材料的范围加以限制，如非出于任意性的自白，一般不认为具有证据能力。日本学者指出："限制证据能力的理由是证据能力不可靠、有导致误判之虞，或者为了制裁、预防违法的证据收集行为。后者的场合，特别是作为证据禁止，也从狭义的证据能力加以区别。"[1]

一些国家的立法或者司法判例确立了有关证据能力的规定，如在日本，"关于自白和传闻证据，规定有很大的证据能力的限制。对没有证据能力的证据调查，承认当事人的异议声明。还有，法院发现经过证据调查的证据没有证据能力时，必须作出排除的决定。调查了没有证据能力的证据时，即使在判决中完全没有作为证据提出来，也对判决发挥影响，作为明显的违反法令，成为撤销原判的理由"[2]。总的来说，大陆法系国家为了发挥职权主义的功能，对证据能力很少加以限制。相比之下，英美国家对证据能力的限制较为严格。在英美法系国家，证据的关联性和可采性，是证据能力的两项重要的判明标准，大量的司法判例确定了有关证据关联性与可采性的规定。证据的关联性与可采性有一定联系，但又有所不同，证据的可采性以证据的关联性为前提，同诉讼中的待证事实没有关联的证据不可采纳为定案的根据。也就是说，具有可采性的证据都具有关联性，不过，具有关联性的证据不一定具有可采性。

（一）证据的关联性

证据的关联性，又称"相关性"，指的是由于作为证据内容的事实与案件的待证事实之间存在着某种客观的联系，具有对案件事实加以证明的实际能力。

我国学者一般认为，对于证据的关联性可以作如下理解：

1. 客观性。证据的关联性是客观存在的而不是主观想象的，司法人员在办理案件的过程中，必须尊重证据与案件待证事实之间的关系，如实评价证据对案件待证事实的证明作用，不能将没有客观联系的证据想当然地认为或者硬说其与案件事实

---

〔1〕　〔日〕我妻荣主编，董璠舆等译：《新法律学辞典》，中国政法大学出版社1991年版，第485页。

〔2〕　〔日〕我妻荣主编，董璠舆等译：《新法律学辞典》，中国政法大学出版社1991年版，第485～486页。

之间有客观联系。

2. 多样性。关联性的表现形式是多种多样的，如因果联系、时间联系、空间联系、偶然联系和必然联系、直接联系和间接联系、肯定联系和否定联系等，不一而足。其中，因果联系指的是证据事实是案件主要事实的原因或者结果；时间和空间联系指的是属于与案件事实有关的时间、地点、环境等事实；偶然联系和必然联系、直接联系和间接联系、肯定联系和否定联系，反映了证据事实与案件事实之间存在偶然的或者必然的、直接的或者间接的、肯定的或者否定的关系。无论存在何种联系，都表明证据反映了与案件有关的事实。

3. 可知性。证据事实与案件事实的关联性能够为人们所认识，如果尚未为人们所认识的，则不能断定其具有关联性，当然不能作为定案的依据。只有随着自觉应用并不断发展的科学技术而使人们的认识水平得到提升时，某些事实与案件事实的关联性才能为人们所认识，这些事实才能成为诉讼证据进入诉讼活动。

如果证据与案件的待证事实之间不存在客观联系，不具有借以判断争议事实的能力，这样的证据就是无关联性的证据。无关联性的证据不能被法庭采纳。在许多国家，禁止采纳无关联性证据是一项重要的诉讼规则，该规则称为"关联性规则"。该规则要求：证据必须限制在有关争议问题的范围内，与争议事实无关的情况不允许加以证实，包括：①相似事实。某人以前曾实施过的同本案中的行为相似的事实通常不能作为证据采纳，不过，在某些例外情况下可以为法院所采纳。②品格证据。当事人的个人品格通常不能作为证据，其例外是：在某些民事案件中（例如诽谤案），当事人的品格为系争事实，具有证据资格；在刑事案件中，如果被告人以其品格良好为由证明不可能犯所控罪行，控诉方就可以提出该人品行不良的证据加以反驳；如果辩护方提出被害人品格不良的证据作为辩护理由，允许控诉方提出被害人品格良好的证据加以反驳。与当事人不同的是，关于证人品格的证据是可以采纳的，诸如证人的说谎习惯、证人的偏见、证人先前曾作过矛盾的陈述等。③前科。前科事实一般不能作为证据使用，其例外是：在刑事诉讼中，被告人如果根据"一事不再理"原则提出他已因同一行为受过审判并被定罪而不应被再次审判，则该被告人的前科便成为系争事实，证明前科的证据便具有证据资格。这就是关联性规则的基本内容。关联性规则是一项基础性的证据规则。几乎所有证据法中的问题都涉及关联性——提出该证据的一方，必须明确指出该证据与某一争点有关联，并显示该证据如何能有助于厘清那个争点。

要判断某一材料有无关联性，有两个依据：一是该材料有无实质性，二是该材料有无证明性。分述如下：

（1）所谓"实质性"，是指运用证据将要证明的问题属于依法需要运用证据加以证明的事实。要识别证据是否具有实质性，关键在于看证据是否指向本案的争点问题。如果某一项证据指向本案的争点问题（在刑事诉讼中，主要争点是被告人有罪与否以及罪责大小），那么该证据在本案中就具有实质性。为了识别一项证据是否具有实质性，可以考察以下内容：对方提出该项证据用以证明什么，该证明目的是否有助于证明本案的争点问题。

（2）所谓"证明性"，是指依据事物间的逻辑或经验关系，所提出的证据具有使实质性问题更有可能或者更无可能（即更为真实或不真实）的能力。证明性是一个经验和逻辑问题，是由事物与事物之间的客观联系决定的。在判断证据的关联性（尤其是证明性）时，法官必须依据一般经验法则或逻辑法则而不得任意决断。

（二）证据的可采性

在英美法系国家，按照证据可采性（admissibility，又称"容许性"）理论对可以采纳为证据的材料的范围加以限制性规定，并为此设立严格的规则。当事人申请对证据进行调查，该证据必须具有可采性，即具有能够被采纳为定案依据的资格；如果当事人申请进行调查的证据，依照某一证据规则应当予以排除，该证据就不具有可采性。也就是说，大多数有关联性的资料可以采纳为证据，但不意味着有关联性的证据必然具有可采性。即使具有关联性，如果符合某一排除规则确认的情形，该证据仍有可能或者必然被排除。

在我国，虽然法律上没有对证据能力问题作出明确规定，但许多证据法学者认为证据应当具备法律性，不具有法律性的证据不具有证据能力。一般认为，证据的法律性又称为"合法性"，具体包括四方面内容：

1. 证据必须具有合法的形式。我国《刑事诉讼法》第50条第2款规定的证据种类即为证据的法定形式，事实材料只有符合这些形式时才能成为诉讼证据。

2. 提供、收集证据的主体必须合法。例如，没有鉴定资格的人提出的鉴定意见就不能被采纳为定案依据。

3. 证据的内容必须合法。例如，提出的"证人证言"并不是对与案件有关的事实的陈述，而纯粹是进行人身攻击的激愤之词，则不能被采纳为证据。

4. 证据必须依照法定程序收集，违反法律程序收集的证据不具有合法性。

需要指出的是，在许多国家，"非法证据"一词，指的是"非法取得的证据"。诉讼活动中强调证据的法律性，主要涉及的是违法获取的证据能否采纳为裁判依据的问题。与此有关的"排除规则要求在刑事控诉中排除那些由警察以侵犯一个人宪法权利的方法获取并用以控诉该人的任何证据"。[1]

在我国，《刑事诉讼法》第52条规定："审判人员、检察人员、侦查人员必须依照法定程序，收集能够证实犯罪嫌疑人、被告人有罪或者无罪、犯罪情节轻重的各种证据。严禁刑讯逼供和以威胁、引诱、欺骗以及其他非法方法收集证据，不得强迫任何人证实自己有罪。……"对于以刑讯逼供等非法方法取得的证据能否作为证据使用，我国《刑事诉讼法》第56条第1款规定："采用刑讯逼供等非法方法收集的犯罪嫌疑人、被告人供述和采用暴力、威胁等非法方法收集的证人证言、被害

〔1〕　John N. Ferdico, *Criminal Procedure*, West Publishing Co., 1989, p. 47.

人陈述，应当予以排除。收集物证、书证不符合法定程序，可能严重影响司法公正的，应当予以补正或者作出合理解释；不能补正或者作出合理解释的，对该证据应当予以排除。"最高人民法院和最高人民检察院在各自的司法解释中也作出了相应规定。这表明我国刑事诉讼法和相关司法解释确立了侧重于言词证据的非法证据排除规则。2010年，最高人民法院、最高人民法院、公安部、国家安全部和司法部联合发布了《关于办理死刑案件审查判断证据若干问题的规定》和《关于办理刑事案件排除非法证据若干问题的规定》，要求排除非法获取的证据。2017年，最高人民法院、最高人民检察院、公安部、国家安全部、司法部发布《关于办理刑事案件严格排除非法证据若干问题的规定》，再次强调在刑事诉讼活动中排除非法获得的证据。另外，我国《刑法》还规定了刑讯逼供构成犯罪的，应当追究其刑事责任。

二、证明力

证明力，指的是证据对于案件事实有无证明作用及证明作用大小。

证据的证明力是证据本身固有的属性。证据与案件待证事实具有关联性，客观上具有揭示与案件有关的事实的作用，该证据就具有一定的证明力。但不同的证据，因各自的特性和与案件待证事实相关联的程度不同，对于待证事实而言，它们往往具有不同的证明价值，发挥着不同程度的证明作用。

在以证据为判断手段的诉讼中，存在法定证据制度和自由心证制度两种不同的证据制度。两者都是围绕证明力的判断和法官运用证据确认案件事实的认识方式而确立的制度。

（一）法定证据制度

法定证据制度，又称"形式证据制度"，其主要内容是，一切证据的证明力的大小，以及对证据的取舍和运用，都由法律预先加以明文规定，法官在审理案件过程中不得自由评断和取舍，法官在审理案件中运用证据查证案件情况，只需符合法律形式规定的各项规则，并不要求符合案件的客观真实情况。中世纪后期的欧洲国家中大多实行法定证据制度，于16~18世纪这种制度最为发达。

法定证据制度的内容突出体现在法律对证明力所作的预先规定上，主要表现在以下几个方面：

1. 关于证据分类。根据欧洲中世纪后期各国法典的规定，证据可以分为完善的证据和不完善的证据，或完全的证据和不完全的证据。不完全的证据又区分为不太完全的证据、多一半完全的证据和少一半完全的证据。例如在1857年的《俄罗斯帝国法规全书》里，受审人的自白、书面证据、亲自的勘验、具有专门知识的人的证明、与案件无关的人的证明（即证人证言）等证据被列为完善的证据。受审人相互间的攀供、询问四邻所得知的关于犯罪嫌疑人的个人情况和行为、实施犯罪行为的要件、表白自己的宣誓等证据被列为不完善的证据。按照证据规则，几个不完善的证据可以合成一个完善的证据。例如，一个证人的陈述被视为半个证据，两个证人完全相同的陈述构成一个完善的证据。

2. 关于某些具体证据的收集和判断。在所有证据中，被告人的自白被认为是最有价值和最完善的证据，即"证据之王"，它对案件的判决和被告人的命运起决定性的作用。刑讯是各国刑事诉讼中普遍采用的方法。在日耳曼和法兰西的刑事诉讼中，刑讯成为"整个大厦的中心"。一些国家的诉讼法典对于刑讯规则作了详细规定。

对于证人证言，法律规定得也很详细。两个典型的证人证言，应当被认作是完善的证据。一个可靠证人的证言，算作半个证据，只能提供高度的盖然性。当几个可靠证人的证言相互矛盾的时候，按多数证人的证言判断案情。如果提供不同情况的证人间的彼此人数相等，按以下规则评定：①男子的证言优于女子的证言；②学者的证言优于非学者的证言；③显要者的证言优于普通人的证言；④僧侣、牧师的证言优于世俗人的证言。

3. 关于运用证据认定某些特定案件。有些国家对此作出了具体规定，如根据《俄罗斯帝国法规全书》第312条规定，审理强奸案必须具备下列情况才能定罪量刑：①切实证明确有强暴行为；②证人证明被害人曾呼喊救助；③她的身上或被告人身上，或者两个人身上，显露血迹、青斑或衣服被撕破，能够证明有过抗拒；④立即或在当日报告。

4. 关于定案标准。按照法律规定，在办理刑事案件过程中，一经收集到完善的证据，法官必须形成确信，认定被告人罪行属实；收集到不完善的证据，这些证据虽有几分可信但不足以证实被告人有罪的，则可以认定被告人有犯罪嫌疑而对他进行刑讯；如果经过刑讯仍然收集不到完善的证据，德、法等国的法律规定，法院可以据此作出"存疑判决"。

法定证据制度及其理论是随着中世纪集权制国家的建立而逐步发展起来的。通过法律形式具体规定各种诉讼制度的证据证明力和运用的规则，有利于消除各地在诉讼中运用证据的混乱状态，使各地在诸侯割据、闭关自守的格局下运行各自的司法机关和诉讼制度的状况得以消除。

在证据制度的发展史上，法定证据制度较之神示证据制度，是一大进步。法定证据制度的重要诉讼功能，是在一定程度上限制法官个人的专横武断，按照这一制度，法官在审理案件过程中运用证据须遵守法律统一规定的各项规则，其任意判断受到了限制。不过，尽管法定证据制度的各项规则已是相当详尽、具体，但法官在审理案件时仍有回旋余地，可以利用对法定规则的解释，上下其手，使审判的结果有所偏颇。而且，法定证据制度将被告人的自白视为最佳证据，将刑讯作为合法的取证手段，必然导致诉讼中的刑讯现象盛行，很难保持客观公正。

法定证据制度的有些规则，如关于书证的原本、副本证明力的规则，在一定程度上反映了书证的某些特征和运用书证的经验。但法定证据制度将审理某些案件时运用证据所形成的局部经验，当作一切案件收集、判断证据的普遍规律；把某些证据形式上的特征，作为评价所有这些证据证明力的标准，并把这些内容规定在法律中，要求法官在审理案件时加以机械地遵守，遏制了法官在审理案件中的主观能动性，束缚了他们的手脚，依这种刻板的断案方式，往往难以发现案件的客观真实。

（二）自由心证证据制度

自由心证证据制度，又称"内心确信证据制度"，[1]是指法律对证据的证明力不作预先规定而由法官在审理案件中加以自由判断的证据制度。

最早提出废除法定证据制度的是法国的杜波耳。1790 年 12 月 26 日，杜波耳向法国宪法会议提出革新草案，建议废除书面程序及其形式证据，用自由心证制度取代法定证据制度。会议经过辩论，在 1791 年 1 月 18 日通过了杜波耳提出的草案。1791 年 9 月 29 日发布训令明确宣布：法官必须以自己的自由心证作为裁判的唯一根据。1808 年制定的法国《治罪法》以较详细的内容率先规定了自由心证制度。1808 年法国《治罪法》第 342 条规定："法律对于陪审员通过何种方法而认定事实，并不计较；法律也不为陪审员规定任何规则，使他们判断已否齐备及是否充分；法律仅要求陪审员深思细察，并本诸良心，诚实推求已经提出的对于被告不利和有利的证据在他们的理智上产生了何种印象。法律未曾对陪审员说：'经若干名证人证明的事实即为真实的事实'；法律也未说：'未经某种记录、某种证件、若干证人、若干凭证证明的事实，即不得视为已有充分证明'；法律仅对陪审员提出这样的问题：'你们已经形成内心的确信否？'此即陪审员职责之所在。"现行法国《刑事诉讼法》第 353 条对自由心证的文字表述作了简化，但基本内容是一致的。

继法国之后，欧洲各国立法也相继规定了自由心证制度，例如：

1877 年德国《刑事诉讼法》第 260 条规定："法院应根据从全部法庭审理中所得出的自由心证来确定调查证据的结果。"

19 世纪末，叶俄罗斯废止了法定证据制度。1892 年俄国《刑事诉讼条例》第 119 条规定："治安法官应根据建立在综合考虑法庭审理时所揭露的情况基础上的内心确信，来裁判受审人有无罪过的问题。"俄国以十月社会主义革命诞生了苏维埃政权，苏维埃政权从建立之时起便确立了内心确信证据制度。1922 年颁布的苏俄《刑事诉讼法》规定，法院不受任何形式证据的约束，对于案内一切证据所作的判断，一律由审判员根据建立在综合考虑案件一切情况的基础上形成的内心确信来进行。1923 年颁布的苏俄《民事诉讼法》也规定，证据由法院根据自由的内心确信进行判断。1961 年 1 月 1 日公布实施的苏俄《刑事诉讼法》第 71 条进一步规定了内心确信制度的核心内容，即"法院、检察长、侦查员和调查人员评定证据，应遵循法律和社会主义意识，依靠以全面、完整和客观审核案件全部情况为根据的自己的内心确

第十五章

---

[1]　"内心确信"（l'intime conviction）一词来源于法国，"自由心证"的汉译表述来源于日本，日本明治二十三年（1890 年）制定的《民法・证据篇》中最早使用"心证"一词，此后该词在民事诉讼和刑事诉讼中被广泛使用起来。

信。任何证据对于法院、检察长、侦查员和调查人员，都没有预定的效力。"苏联的证据制度极为强调发现案件的客观真实，在发现客观真实的过程中并不回避审判员的主观活动的作用，苏联的内心确信制度对审判员通过对证据的审查判断形成内心确信的心理活动过程持实事求是的肯定态度，并以"社会主义的法律意识"置换了西方自由心证证据制度所要求的"良心""良知"。苏联解体后，俄罗斯在刑事诉讼制度改革中恢复了内心确信的原有内涵。

日本于明治九年采行了自由心证制度。日本现行《刑事诉讼法》第 318 条规定："证据的证明力由审判官自由判断。"

诉讼的过程既是一个发现、收集、运用证据的客观活动过程，也是一个判断证据、认识与案件有关的事实的主观活动过程，在这一主观活动过程中，对于法官如何判断证据的证明力以及在作出判决时应处于何种认识状态，都不应回避。自由心证证据制度把法官从法定证据制度的束缚下解放出来，使他们能够根据自己的理智和信念来判断证据和认定事实，为发现案件的客观真实创造了条件。

需要指出，对自由心证的理解和运用不当，势必造成司法专横和主观擅断。因此，许多国家在赋予法官自由判断证据证明力的权力的同时，为防止法官利用这一权力进行主观擅断，对自由心证的形成规定了若干条件的限制，包括：①内心确信必须是从本案情况中得出的结论；②必须是基于一切情况进行的酌量和判断；③所考察的情况之间必须不是彼此孤立的，而是它们的全部总和；④必须是对每一证据"依据证据的固有性质和它与案件的关联"加以判断的结果。法官必须在证据调查和辩论的基础上，按照经验法则和逻辑要求合理地进行判断，否则，将可能被列为上诉（上告）的理由被提起上诉（上告）。

需要指出的是，我国刑事诉讼制度既未采纳法定证据制度，也没有规定自由心证证据制度，而是宣称"实行实事求是证据制度"。所谓"实事求是证据制度"回避了法官如何判断证据的证明力的问题，在逻辑关系上，其不是与法定证据制度和自由心证证据制度具有同一性的概念。其实，只要法律不对各种证据的证明力进行预先规定，法官就应有自由理性地对证据证明力加以判断的权力，诉讼中便以此贯彻着自由心证原则。

三、证据的客观性（真实性、确实性）

在证据属性问题上，我国证据法学者一般持有两性说或者三性说。持两性说者认为，证据具有客观性与相关性两种属性，它们是证据的本质属性，即证据所具有的能够实际发挥证明作用的内在属性。持三性说者则认为，证据具有客观性、相关性和法律性三种属性，法律性是将诉讼证据与一般证据区别开来的基本属性，仅有客观性和相关性，不能将诉讼证据的特性突出出来，也不利于促使公安司法机关、当事人及其诉讼代理人、辩护人严格依据法律的要求取得合法有效的证据。无论如何，两性说或者三性说都认为，证据应当具有客观性。

所谓证据的客观性，指的是作为证据内容的事实是客观存在的，即证据事实必须真实可靠而不是猜测和杜撰的，而且作为证据内容的事实与案件的待证事实间的联系也是客观的。

一般认为对证据的客观性应作如下理解：

1. 证据为客观存在的实体，无论证据的形式具体表现为人还是物，都是客观存在物。

2. 证据的内容是与案件有关的事实的反映。与案件有关的事实都是客观存在的事实，这种事实不是依靠主观想象、猜测、分析和判断所产生的，也不是通过卜卦、梦呓和诅咒发誓所获得的。不能以主观臆断来代替客观事实。

3. 作为证据内容的事实与案件的待证事实间的联系是客观的。没有客观联系，该证据实际上无法发挥揭示案件真实情况的功能。使用没有客观联系的证据去证明案件待证的事实，往往会歪曲案件的真实情况，造成错误的决定或裁判。

证据能够发挥证明与案件有关的事实的作用，原因在于它能够对客观事实进行正确反映，也就是说，正是由于证据具有客观性，才具有证明能力。如果没有客观性，证据本身的存在尚存疑问，当然无法发挥证明的作用。

不过，我国当代诉讼法学者在谈到证据的客观性时也承认证据经过有关人员的收集后会带有一定的主观因素，但这些主观因素不能造成对客观事实的歪曲，否则对该证据应当加以排除。

近年来，证据客观性一说，往往被真实性或者确实性所取代。客观性既是对证据形式（存在状态）也是对证据内容的描述。真实性或者确实性是针对证据的内容而言的，即指证据的内容应当是真实、可靠的。证据真实、可靠，往往以客观性为要素。真实性对应的要求是，虚假的、捏造的证据不得作为定案的依据。公安司法机关在办理案件中，应当根据案件的具体情况，从以下方面审查证据的真实性：①证据形成的原因；②发现证据时的客观环境；③证据是否为原件、原物，复制件、复制品与原件、原物是否相符；④提供证据的人或者证人与当事人是否具有利害关系；⑤影响证据真实性的其他因素。

【思考题】

1. 如何认识证据的定义？

2. 什么是证据的可采性？

3. 合法性是否为证据的属性？

第十五章

第十六章

刑事诉讼证据的种类

提要与学习要求　本章需要了解证据的法定种类，包括物证，书证，证人证言，被害人陈述，犯罪嫌疑人、被告人的供述和辩解，鉴定，勘验、检查、辨认、侦查实验等笔录，视听资料，电子数据及其概念、收集、审查和运用。理解并掌握各种证据的特点和相互间的区别，以及与证据种类相关的证据规则。

■第一节　刑事诉讼证据的法定种类

证据种类是指法律规定的证据的不同表现形式。证据种类由法律加以规定的，具有法律效力。诉讼中哪些材料可以作为证据使用，首先要从证据形式上进行判断，作为起诉依据和定案根据的证据，应当符合法律规定的证据形式和要求。我国《刑事诉讼法》为此就证据种类专门作出了规定。

许多国家的法律并不列举证据种类，在学术研究中也只是对证据进行粗略划分。例如英国学者认为："司法证据主要包括法庭能够接受为争议事实之证据的证言、传闻、文件、物品和事实。"这里的证言是指证人在法庭上的陈述，传闻指可以被法庭接受的传闻证据，文件是可以用作证据的文书，物品是诸如血迹、斧子等物证，事实是可以用以证明某一未知事实或者争议事实的相关的证据事实。[1]又如美国学者认为，"证据通常表现为证人的证言或者诸如书面材料和音像记录等物证"。[2]日本学者将证据区别为人的证据方法和物的证据方法，按照证据的调查方法不同，可以

---

〔1〕　Rupert Cross & Nancy Wilkins, *An Outline of the Law of Evidence*, Butterworth, 1964, pp. 17～20.

〔2〕　［美］彼得·G. 伦斯特洛姆编，贺卫方等译：《美国法律辞典》，中国政法大学出版社 1998 年版，第 162 页。

第十六章

将证据分为人证、书证、物证。[1]

我国刑事诉讼法受苏联刑事诉讼法的影响，列举了刑事诉讼证据的种类，苏联法学将证据种类称为"证据源泉"、"证据来源"或者"证明方法"，在法律中一一列举。我国《刑事诉讼法》也是如此，其第50条第2款规定刑事诉讼证据的种类为8项，依顺序为：①物证；②书证；③证人证言；④被害人陈述；⑤犯罪嫌疑人、被告人供述和辩解；⑥鉴定意见；⑦勘验、检查、辨认、侦查实验等笔录；⑧视听资料、电子数据。我国《刑事诉讼法》在1979年制定，经过1996年、2012年和2018年的三次修改。证据种类的规定根据司法实际情况进行了两次补充，1996年修改法律增加视听资料，为独立的证据种类，2012年又将电子数据从视听资料中单列出来，同时增加辨认笔录、侦查实验笔录为独立的证据种类。另外，2012年修改《刑事诉讼法》时还将物证、书证分列为两项各自独立的证据种类，使证据种类的列举趋向科学化。

■第二节　物证

物证是以外部特征、存在状态、物理属性等特征来证明案件真实情况的一切物品和痕迹。

物证的范围广泛，包括作案的工具、犯罪行为所侵害的客体物、犯罪行为过程遗留的痕迹和物品，以及其他能够揭露和证明与案件有关事实的物品和痕迹。诸如：

1. 犯罪使用的工具。如罪犯杀人时所用的凶器、毒药，盗窃时使用的钳子、万能钥匙等。

2. 犯罪遗留下来的物质痕迹，即犯罪人在作案过程中留在某些物体上的犯罪痕迹。如犯罪人遗留在犯罪现场的指纹、足迹、血迹，人的体液（包括唾液、强奸案件中的精斑等）、使用犯罪工具留下的犯罪痕迹等。

3. 犯罪行为侵犯的客体物。如杀人案件的尸体，抢劫获得的财物，盗窃得到的赃款、赃物等。

4. 犯罪现场留下的物品，如犯罪人留在犯罪现场上的衣服、帽子、手绢、纽扣、烟头、火柴棒、票证、纸屑等。

5. 其他可以用来发现犯罪行为和查获犯罪分子的存在物。

与其他证据种类相比，物证具有如下特点：

1. 物证更直观，更容易把握。物证皆为客观存在之物品、痕迹，一般物证都可以用肉眼进行观察，微量物证通常都可以借助仪器进行观察。

2. 客观性强、真实性大。这一特点与言词证据相比较更显突出，旧时物证中的

第十六章

---

[1]　[日]土本武司著，董璠舆、宋英辉译：《日本刑事诉讼法要义》，五南图书出版公司1997年版，第293页。

痕迹又称"迹证"，有"迹证重于人证"的说法，其原因就在于迹证比人证更具客观性、真实性。由于言词证据掺有主观性，难免虚假不实，其一般需要由实物证据来印证。也就是说，言词证据往往需要同实物证据结合起来，才能被确认为真实，但物证的真实性却可以不依赖于言词证据的印证。

物证可以有多种分类，如依不同形态可以分为两种：一种是有形物，是指有一定形状的证物，一般以其外部特征（即证物的外部形态、规格、大小、结构）来发挥证明作用；另一种是无形物，是指没有一定形状的证物，而以其特殊属性来发挥证明作用，例如某些毒杀案件中所使用的毒气，即属此类。

在司法实践中，对物证进行提取、固定和保全，可以直接提取该物证本身，也可以采取拍照、录像等方法。对某些体积庞大或者具有挥发性等难以移动或易于消失的物品、痕迹，可以采用制作模型的方式加以提取、固定和保全。在运用证据时，可以出示物证，也可以出示这些照片和模型本身，但原则上能提供原物和痕迹的，不宜用拍摄的照片、复制的模型来替代原物和痕迹。不过，这些照片和模型是在诉讼过程中制作出来的，如果其能够正确地反映客观存在的事物，可以起到物证的作用。

■第三节　书证

书证是以文字、符号、图画等表达的思想内容来证明有关案件事实的书面文件或其他物品。

书证的范围十分广泛，包括载有文字、符号、数字、图画、印章或其他具有表情达意功能痕迹的许多实物材料，诸如出生证、工作证、身份证、护照、营业执照、户口本、账册、账单、票据、收据、经济合同、车船票、飞机票等，不一而足。

书证具有以下特征：①表现形式和形成方式具有多样性。书证既可表现为文字、图形，也可表现为符号。文字、符号等的载体，既可以是纸张，也可以是木头、石头、金属或其他材料；制作书证的工具，既可以是笔，也可以是刀、印刷机等；制作书证的方法，既可以是书写，也可以是雕刻或印刷等。②书证所记载的内容和表达的思想，能够为人们所认识和了解。

书证与物证同为实物证据，它们的区别不在其表现形式，而在于它们各自发挥证明作用的机制，物证主要是以其外部特征发挥证明作用的，书证则是以其内容来证明案情的。有些证据属于书证与物证同体物，其可以当书证使用也可以当物证使用，在具体案件中其究竟是书证还是物证，需要根据其以何种特性（是思想内容还是外在特征、物质属性或者存在状态）来证明与案件有关的事实加以判断。

以表达的思想内容来证明待证事实这一本质特征，决定了书证在诉讼中具有重要价值：

1. 书证表达的思想内容往往能直接证明有关的案件事实。伴随案件事实的发生而产生的书证所反映的思想内容，往往是案件事实的一部分或全部，所以，获得这样的书证，往往就可以获知全部或者部分案件事实。

2. 书证的证明力较强，与物证一样，书证一旦形成，具有客观实在性，而且书证通常以文字形式来表现，相对于口语而言，一般具有意思更为清楚、明确，所表现的思想更具有逻辑性的特点。人们在书写文字材料时，通常比口头表达更讲求准确、清楚，其作为证据，在揭示案件事实方面常常优于口头表达。

物证和书证虽然客观性较强，真实的可能性较大，但也存在不真实的可能性，如被人用相似物、类似物替换、伪装、伪造、变造等。例如，1994 年 4 月，王某（河南省某建筑公司工程处负责人）负责的工程处分包了田某（中国建筑天津公司某分公司的预算办公室主任）所在公司承建的天津中北大厦中的两幢，并于 1994 年 4 月 15 日共同签订了工程分包合同，同时为了完善合同的内容，双方又制定了合同的附件。在该附件中有这样的规定："……每定额 2 日按 15 元，包括定额 13 章高层建筑超高费……"该工程主体完工后，双方公司按合同规定作了结算。1999 年 6 月底，王某向田某提出让田某违反规定为其再制作一个结算书，骗取款项后两人分掉，田某应允。几天以后，两人对着 1994 年签订的合同和附件，发现一个简单和隐秘的方法，就是在"……每定额 2 日按 15 元，包括定额 13 章高层建筑超高费……"一句的逗号后面加一个"不"字，变成了"……每定额 2 日按 15 元，不包括定额 13 章高层建筑超高费……"这样一来，就可以再单独结算一次超高费，以此多得工程款。此后，田某又携带已加盖预算章和单位公章结算书封皮等材料，到大连市某宾馆与王某共同制作了以假合同为依据的超高费结算书，并由王某签字并盖上了公章。这样，高达 995 310 元人民币的"超高费结算书"就制作完成了。1999 年 8 月 12 日，王某持该"超高费结算书"，避开分公司直接找到了中国建筑天津公司经理，谎称该分公司资金不足让其前来结算。该经理仔细看过以后认为该项工程不应有这么多的未结工程款，遂向分公司了解情况，分公司也称不知道此事。中国建筑天津公司因此拒绝付款。王某见没有得逞，就反复与中国建筑天津公司交涉。分公司坚持说超高费已经包括在 15 元定额内，并决定拿出预算办公室保留的原始合同进行核实，不料，竟发现两份合同完全一样。因一时无法查清原因，分公司一直没有给付该款项。王某见不能取得该款项，竟向天津市第一中级人民法院提起民事诉讼，以假合同为证将公司告上了法庭。经天津市汉沽区人民检察院立案侦查，将田某、王某抓获归案。这一案件提醒人们，即使对物证和书证这一类实物证据也必须经过认真审查、仔细鉴别，确定其真实可靠后，才能作为认定案件事实的根据。对物证和书证进行审查判断，其主要方法是：

1. 审查物证、书证的来源。审查物证、书证是在什么时间、地点、情况下被发现和收集的；是在何处收集的；是有关人员主动提供的，还是被公安、司法人员搜查出来的；是原始实物，还是后来根据犯罪嫌疑人口供和被害人陈述，进行抄录、增补、复制的；是自愿制作的，还是在暴力、威胁、欺骗等情况下制作的；书证是原件还是抄件，如果是抄件，在传抄的过程中有无抄错或断章取义的情况；等等。

2. 审查物证、书证的内容。审查物证、书证是否真实可靠，以及它和案件有无联系。对物证、书证，还要审查它们同其他证据是否一致、有无矛盾。

3. 在法庭审判中将物证、书证交由当事人辨认。物证、书证是否经过辨认、鉴定；物证的照片、录像或者复制品和书证的副本、复制件是否由 2 人以上制作，有无制作人关于制作过程及原件、原物存放于何处的文字说明及签名。对于作为证据的文书，应当当庭宣读，审判人员应当听取公诉人、当事人和辩护人、诉讼代理人的意见。只有依法经过法庭出示、辨认的物证和当庭宣读的书证，确认其真实可靠以后，才能作为定案的证据使用。

4. 物证、书证的收集程序、方式是否符合法律及有关规定；经勘验、检查、搜查提取、扣押的物证、书证，是否附有相关笔录或者清单；笔录或者清单是否有侦查人员、物品持有人、见证人签名，没有物品持有人签名的，是否注明原因；对物品的特征、数量、质量、名称等注明是否清楚。

5. 物证、书证与案件事实有无关联。对现场遗留与犯罪有关的具备检验鉴定条件的血迹、指纹、毛发、体液等生物物证、痕迹、物品，是否通过 DNA 鉴定、指纹鉴定等鉴定方式与被告人或者被害人的相应生物检材、生物特征、物品等作同一认定。

6. 与案件事实有关联的物证、书证是否全面收集。

为保证取证行为遵循合法程序进行，我国《刑事诉讼法》第 56 条第 1 款针对物证、书证确立了非法证据排除规则，规定："收集物证、书证不符合法定程序，可能严重影响司法公正的，应当予以补正或者作出合理解释；不能补正或者作出合理解释的，对该证据应当予以排除。"这里的"不符合法定程序"包括取证主体不合法、取证手续不合法和取证方法不合法等。"可能严重影响司法公正"是指收集物证、书证的行为明显违法或者违法取证行为情节严重，对司法机关办理案件的公正性以及司法公信力产生严重损害。《刑事诉讼法》对于非法取得的物证、书证并未采取绝对排除的做法，而是交由公安司法机关予以裁量排除，这是因为"违法收集物证、书证的情况比较复杂，物证、书证本身是客观证据，而且许多物证、书证具有唯一性，一旦被排除就不可能再次取得。"因此，"考虑惩治犯罪、保障人权的要求，规定对于收集物证、书证不符合法定程序，可能严重影响司法公正的，应当予以补正或者作出合理解释"，只有不能补正或者作出合理解释的，对该证据才予以排除。这里的"补正"是指"对取证程序上的非实质性的瑕疵进行补救，如在缺少侦查人员签名的勘验、检查笔录上签名等"；"合理解释"是指"对取证程序的瑕疵作出符合逻辑的解释，如对书证副本复制时间作出解释等"。[1]在司法实践中，收集物证、书证的常见程序瑕疵包括：①收集调取的物证、书证，在勘验、检查笔录，搜查笔录，提取笔录，扣押清单上没有侦查人员、物品持有人、见证人签名或者物品特征、数

---

[1]　王爱立主编：《中华人民共和国刑事诉讼法释义》，法律出版社 2018 年版，第 120～121 页。

量、质量、名称等注明不详；②收集调取物证照片、录像或者复制品，书证的副本、复制件未注明与原件核对无异，无复制时间、无被收集、调取人（单位）签名（盖章）；③物证照片、录像或者复制品，书证的副本、复制件没有制作人关于制作过程及原物、原件存放于何处的说明或者说明中无签名；④物证、书证的收集程序、方式存在的其他瑕疵。

■第四节　证人证言

证人证言是指当事人以外了解有关案件情况的第三人，向公安司法机关所作的与案件有关事实情况的陈述。

证人分为事实证人（Fact Witness）和专家证人（Expert Witness）两种。事实证人在诉讼中一般只能陈述其感知的与案件有关的事实，而不能对案件全部或者某些事实提出自己的判断意见，此所谓"意见证据规则"。不过如果属于一般人皆能进行判断的常识性事实，如汽车肇事前车速过快、从肇事车上下来的那个人看起来像是喝醉了的判断，此时也允许证人陈述自己的判断意见。证人陈述的情况，可以是亲自听到的或看到的，也可以是别人听到或看到而转告的。但转告的情况，必须说明来源，不能说明来源的，不能作为认定事实或者对案件作出其他实体处理的依据。专家证人是由公安司法机关指派、聘请或者一方当事人委托的具有特定专业知识和实践经验、就某些专门性问题发表意见、提供推论或结论的人员。专家证人作证不受意见证据规则的约束，事实上，他们作证的内容恰是根据特定专业知识和实践经验提出的判断意见，因此又称为"意见证人"（Opinion Witness）。我国《刑事诉讼法》第 197 条第 2 款规定："公诉人、当事人和辩护人、诉讼代理人可以申请法庭通知有专门知识的人出庭，就鉴定人作出的鉴定意见提出意见。"这里的"有专门知识的人"不限于有鉴定资格的人，凡具备诉讼需要特定专业知识和实践经验的人员都可以作为"有专门知识的人"出庭提供意见，这里所提及的"有专门知识的人"相当于一些国家的专家证人，其提供的意见应当视为专家证人的证言。

证人提供证言的方式有两种：一种是以口头形式提供，听取证言的办案人员应当耐心倾听，遇有含糊不清或者自相矛盾之处，应当提出问题，让其回答予以澄清，在听取证言的时候，办案人员往往还需要制作笔录；另一种是以书面形式提供，证人以文字形式将自己感知的与案件有关的事实情况写在书面材料中，并提供给公安司法机关。在诉讼过程中，证人可以自行请求书写证言；必要时，办案人员也可以要求证人亲笔书写证言。

证人证言属于人证（即言词证据）之一种。人证同物证相比，具有生动、形象、具体、丰富的优点，但由于受主观因素的影响较大，容易含有虚假成分。另外，证人间往往存在较大的个体差异，他们对案件事实的感知能力、记忆能力、表达能力各不相同，与案件有关的事实发生时，他们的注意力也往往不尽相同，因此即使一个善意的证人也可能无意间提供了虚假不实的情况。因此，对证人证言，不能过分倚重，对其虚假的可能性，需要给予高度警惕。

造成虚假证言的具体原因有两个方面：

一方面是证人故意提供伪证。有的因证人与被告人有亲情或人情关系，为掩盖不利于被告人的事实而作伪证；有的因证人对作证存在顾虑，不敢或不愿如实陈述案件事实而作虚伪陈述；有的因证人人品不良，为了满足某种卑劣目的而提供伪证；有的证人为了陷害好人，虚构或者夸大事实；有的证人可能被有关人员贿买而作伪证；有的证人为迎合公安、司法人员、当事人等，按照他们的意愿提供伪证。

另一方面是证人无意提供错证。人们对证人证言这类言词证据存在着错误认识，其一般认为记忆是完整的、容易获取的、总体上是精确的。然而事实上，心理学一系列实验表明：言词证据并不像人们通常所想的那么可靠——也就是说，记忆是不完整的、并不总是容易获取的、也不总是精确的。在刑事诉讼中，证人证言所存在的不真实成分，多数属于无意形成的。由于受到感知、记忆和表达能力的制约，证人虽然本着良心作证，仍然可能提供虚假的陈述。虚假的陈述包括证人无意形成的错证与故意提供的伪证，故意提供的伪证要承担法律责任，而无意形成的错证则无须承担法律责任。

在审查判断证人证言的时候，要注意证人证言中可能含有的虚假成分。审查判断证人证言，其方法主要有：

1. 审查证人与案件及当事人有无利害关系。如果证人与案件的诉讼过程和诉讼结果存在利害关系，或者与犯罪嫌疑人、被告人、被害人具有利害关系，证人提供虚假证言的可能性很大。查明证人与案件及当事人的关系，有助于甄别证人证言是否可能存在虚假的内容，并有助于判断其证明力。

2. 审查证人的自身状况。证人的品德、年龄、生理上和精神上的状态及其感知、记忆和表达能力对证言可靠性的影响很大，需要在审查时加以注意。

3. 审查证言形成的环境和条件。外部环境和条件对证言的形成存在一定影响，例如光线明暗、距离远近、声音大小等条件都会对证人感知案件事实产生影响。

4. 审查证人是在什么情况下提供证言的。证人在自主自愿的情况下提供的证言，其真实的可能性较大。证言的取得程序、方式是否符合法律及有关规定，如果证人在提供证言时受到暴力打击、威胁、利诱、欺骗、暗示，则其所提供的证言虚假的可能性就很大。需要审查：有无违反询问证人应当个别进行的规定；笔录是否经证人核对确认并签名（盖章）、捺指印；询问未成年证人，是否通知了其法定代理人到场，其法定代理人是否在场等。查明证人证言是在什么情况下作证对审查判断证言真伪和确认其证明力具有积极意义。

5. 审查证人证言的来源。审查的内容主要是证人对其所提供的案件事实是怎样知道的：是自己亲自看到、听到的，还是听别人告诉的。如果是证人只凭自己的主观怀疑、猜测，或者道听途说而提供证言，不能说明自己所陈述的事实情况的确切

第十六章

来源，则不能作为证据使用。

6. 审查证人证言的内容。首先审查证言是否合情合理，有无矛盾。如果发现证人证言不合情理，存在矛盾，就应当进一步核实，以澄清疑问、排除矛盾。对证人证言，应当将其与其他证据相互验证，进行综合判断。如果证人证言与其他证据存在矛盾，应当进一步核实哪个证据是不真实的。

我国《刑事诉讼法》对于采纳证人证言作出专门规定，该法第61条规定："证人证言必须在法庭上经过公诉人、被害人和被告人、辩护人双方质证并且查实以后，才能作为定案的根据。"为保证证言的真实性，该条还规定法院承担的追究伪证和隐匿罪证行为的责任："法庭查明证人有意作伪证或者隐匿罪证的时候，应当依法处理。"对于非法取得的证人证言，应当予以排除，《刑事诉讼法》第56条规定：采用暴力、威胁等非法手段取得的证人证言，应当予以排除。最高人民法院、最高人民检察院、公安部、国家安全部、司法部于2017年发布的《关于办理刑事案件严格排除非法证据若干问题的规定》第6条进一步规定：采用暴力、威胁以及非法限制人身自由等非法方法收集的证人证言，应当予以排除。

此外，根据最高人民法院、最高人民检察院、公安部、国家安全部、司法部2010年发布的《关于办理死刑案件审查判断证据若干问题的规定》，在办理死刑案件中，下列证人证言不能作为证据加以采纳：

1. 处于明显醉酒、麻醉品中毒或者精神药物麻醉状态，以致不能正确表达的证人所提供的证言，不能作为定案的根据。

2. 证人的猜测性、评论性、推断性的证言，不能作为证据使用，但根据一般生活经验判断符合事实的除外。

3. 询问证人没有个别进行而取得的证言。

4. 没有经证人核对确认并签名（盖章）、捺指印的书面证言。

5. 询问聋哑人或者不通晓当地通用语言、文字的少数民族人员、外国人，应当提供翻译而未提供的。

6. 经依法通知其出庭作证而不出庭作证的，该证人的书面证言经质证无法确认。

若证人证言的收集程序和方式存在瑕疵，能够通过有关办案人员的补正或者作出合理解释的，可以采用：

1. 没有填写询问人、记录人、法定代理人姓名或者询问的起止时间、地点。

2. 询问证人的地点不符合规定。

3. 询问笔录没有记录告知证人应当如实提供证言和有意作伪证或者隐匿罪证要负法律责任内容。

4. 询问笔录反映出在同一时间段内，同一询问人员询问不同证人的情形。

■第五节　被害人陈述

被害人陈述，是指受犯罪行为直接侵害的人就其所了解的有关案件的事实向公安司法机关所作的陈述。

被害人是受到犯罪行为直接侵害的人，在被害过程中往往与犯罪人有过接触，如果其陈述真实、准确，就能够在侦查过程中揭示有关犯罪情况和破案线索，协助侦查机关发现犯罪事实，确认犯罪人；在起诉和审判过程中，能够证明犯罪事实的存在和犯罪嫌疑人、被告人即犯罪人，为控诉和裁决有罪提供有力的支持。

在刑事诉讼中，由于案件的诉讼过程和诉讼结果与被害人有着直接的利害关系，被害人对被害经过一般能够进行充分的陈述，从而揭露有关犯罪事实和犯罪人；但也正因为此种直接利害关系，也有一些被害人可能出于各种动机而在陈述时夸大或者缩小犯罪事实，因此被害人陈述虚假的可能性很大。被害人进行不良陈述的情况主要有：

1. 在受到犯罪侵害时精神高度紧张，心理状态异常，观察有偏差或者有遗漏，记忆模糊，造成陈述存在差错。

2. 在受到犯罪侵害后，出于仇恨犯罪人的心理而夸大犯罪事实。

3. 由于自身存在一定过错，对案件中某些事实加以掩盖，为此进行虚假陈述。

4. 出于个人私利或某种卑劣目的，虚构事实，企图以虚假陈述诬告陷害他人。

5. 受到犯罪行为侵害后，失去了感知能力或者记忆出现障碍，如因受伤而昏迷、因中毒而出现幻觉，无法对被害经过作出陈述或者作出不可靠的陈述。

6. 顾虑个人利益，如前途、名誉、家庭关系、子女利益等，没有勇气如实陈述有关犯罪事实。

7. 出于亲情或者人情，或者受他人威胁、恐吓、干扰，作出虚假陈述。

由于上述情形的存在，对于被害人的陈述，应当谨慎对待，仔细审查，以便甄别真伪，作出正确判断：

1. 审查被害人的年龄、生理状况。例如幼年人的智力发育不完全，缺乏生活经验，容易受别人的影响，幻想的成分较大，可能出现不敢或不能如实陈述所知案情的情况。因此，在审查年幼被害人陈述时，要查清幼年人是在什么情况下感知和陈述有关犯罪的事实的，是主动陈述还是在家长或者他人的查问下陈述的，查问时有无引诱、威胁、欺骗等可能影响其陈述真实性的情况。

2. 审查被害人的品德。品德不佳的被害人的陈述的虚假可能性较大，审查被害人的道德，对其陈述的证明力的判断有一定价值。

3. 审查被害人与犯罪嫌疑人、被告人的关系。被害人与犯罪嫌疑人、被告人如果素不相识或者关系正常，不存在利害冲突，则被害人虚假陈述的可能性较小；反之，其关系不正常，或者存在利益冲突或者仇隙、矛盾，其陈述虚假可能性较大。

4. 审查被害人陈述的来源。被害人在受到犯罪行为侵害后，相隔多长时间才进行控告，若时间长，则为什么延宕那么长时间才进行控告；被害人在什么情况下提出控告，是亲自控告，还是由其家长或他人举报，抑或是由公安、司法人员查到案情才作出陈述。一般地说，被害人在受到犯罪侵害后及时向公安、司法机关控告或者报案，其陈述可靠性较高。如果控告或者报案的时间距发案时间较远，则有可能受到别人的威胁、恐吓、欺骗、干扰、收买。有的被害人自己不控告或者报案，而由他人代告，或者是由犯罪嫌疑人、被告人供出，则应当查明被害人不控告的原因。

5. 审查被害人陈述的形成过程。需要审查被害人陈述的内容是其直接感知的，还是听别人说的，或者是自己想象、推测的。如果是被害人直接感知的，还要查明当时的环境条件和被害人的精神状况，如案发时被害人同犯罪现场的距离远近、光线明暗、被害人是否醉酒等；如果由他人代告，应当了解是在什么时间、地点、听谁说的，尽量向直接了解案情的人调查核实；如果系被害人的推测，则可以要求他说明推测的根据和理由。

6. 审查被害人陈述的内容。注意审查被害人陈述自身是否合情合理，有无矛盾；还要将被害人陈述与其他证据进行对比，审查其有无矛盾。如果发现疑问或者矛盾，应当进一步审查核实，以甄别其陈述的真伪。

7. 被害人陈述的取得程序、方式是否符合法律及有关规定，如果被害人在作出陈述时受到暴力打击、威胁、利诱、欺骗、暗示，则其所提供的证言虚假的可能性就很大。注意审查有无违反询问被害人应当个别进行的规定；笔录是否经被害人核对确认并签名（盖章）、捺指印；询问未成年被害人，是否通知了其法定代理人到场，其法定代理人是否在场等。

我国《刑事诉讼法》对非法取得的被害人陈述，规定应当予以排除，该法第56条规定：采用暴力、威胁等非法手段取得的证人证言，应当予以排除。最高人民法院、最高人民检察院、公安部、国家安全部、司法部于2017年发布的《关于办理刑事案件严格排除非法证据若干问题的规定》第6条扩大了排除范围：采用暴力、威胁以及非法限制人身自由等非法方法收集的被害人陈述，应当予以排除。

■第六节　犯罪嫌疑人、被告人的供述和辩解

犯罪嫌疑人、被告人的供述和辩解，又称"口供""自白"，是指犯罪嫌疑人、被告人就其被指控的犯罪事实和其他有关情况，向公安司法机关所作的陈述。通常包括以下三种情形：

1. 供述。即犯罪嫌疑人、被告人对被指控的犯罪事实表示承认，并如实陈述他实施犯罪的全部事实和情节。

2. 无罪或罪轻辩解。即犯罪嫌疑人、被告人否认自己实施了犯罪行为，或者虽然承认犯罪，但辩称依法不应追究其刑事责任或者应当对其从轻、减轻或者免除处

罚等。

3. 攀供。即犯罪嫌疑人、被告人揭发、检举他人的犯罪行为。犯罪嫌疑人、被告人攀供在刑事司法活动中并不鲜见，其动机多种多样：确因悔罪，为补过而揭发、检举他人的犯罪行为；为了推卸自己的罪责而揭发、检举他人的犯罪行为；为了得到宽大处理，揭发、检举他人的犯罪行为以便"立功"；等等。为推卸自己的罪责或者报复陷害他人，故意虚构他人有犯罪行为而进行陈述，称为"攀诬"他人。

犯罪嫌疑人、被告人在刑事诉讼中有着多重地位，其既是诉讼主体，受多种诉讼权利的保护；其也是可能被定罪量刑的对象，案件的诉讼过程与结果与其有着切身的利害关系；同时其又是证据来源。犯罪嫌疑人、被告人诉讼地位的多重性，决定其供述和辩解有以下特点：

1. 如果犯罪嫌疑人、被告人如实陈述，有可能全面、直接地揭示有关案件事实情况。犯罪嫌疑人、被告人对自己是否犯罪，犯罪的经过，特别是犯罪时的主观心理状态，知道得最为清楚。对于一个真正的犯罪人来说，他如实提供有罪供述，能够直接、全面地反映出其犯罪的动机、目的、手段、时间、地点、后果等事实情况；对于一个无辜者来说，他的无罪或罪轻的辩解，也会对公安司法机关发现案件的真相具有特别重要的意义。

2. 犯罪嫌疑人、被告人的供述和辩解系虚假的可能性较大。犯罪嫌疑人、被告人是刑事诉讼中可能被定罪量刑的对象，案件的诉讼过程和处理结果与其有直接的利害关系。基于趋利避害的普遍心理，真正的犯罪人在诉讼过程中往往千方百计掩盖事实真相，或者编造谎言，企图蒙混过关。有的犯罪嫌疑人、被告人会为他人开脱，自己大包大揽，将全部犯罪事实揽在自己身上，或者代人受过，供认自己没有犯过的罪行。

犯罪嫌疑人、被告人可以分为两类：一类是有证据足以确定其犯罪者；另一类是仅有犯罪嫌疑，其罪行尚未得到确定者。犯罪嫌疑人、被告人的供述有两大作用：①印证作用，即与案件中的其他证据相互印证，从而确认案件事实。对于第一类犯罪嫌疑人、被告人——当其被抓获时，已经收集到证明其犯罪的较为充足的证据，其供述起到的是印证作用；此外，被告人已被起诉并在法庭上作出陈述时，其供述起到的也是印证作用。②引导作用，即引导出侦查机关、公诉机关和审判机关尚未掌握的新的事实和新的证据——当犯罪嫌疑人被抓获时或者被告人被起诉后尚未收集到证明其犯罪的充分证据或者需要借犯罪嫌疑人、被告人的供述发现积案、隐案时，犯罪嫌疑人、被告人的供述便通常发挥着引导作用。

及时获取犯罪嫌疑人、被告人的供述，对于迅速突破案件、推进诉讼进程而言具有举足轻重的意义，故而无论在侦查、起诉还是在审判活动中，犯罪嫌疑人、被告人的供述都受到了重视，有的审讯者为获取口供而诉诸暴力。为了保障诉讼文明、公正地进行，一些国家在本国的宪法、刑事诉讼法中确立了自白任意性规则，赋予被刑事追诉的人以反对强迫自证其罪的权利，联合国人权约法也将反对强迫自证其罪确认为一项重要的刑事司法国际准则。

我国《刑事诉讼法》第 52 条规定"不得强迫任何人证实自己有罪",这里规定的就是反对强迫自证其罪的特权规则。"反对自证其罪"中的"自证其罪"是指"在审判中作为证言或者在审前程序中一个人以此表明自己构成犯罪的行为和声明"。[1]反对强迫自证其罪的特权"要求政府在没有被告人作为反对自己的证人的情况下证明其犯罪,尽管该特权仅仅保护言词证据而不是诸如笔迹和指纹等物证。任何违背其意愿被传唤到证人席的证人都可以求助于这一权利,无论是在审判程序、大陪审团听证程序中,还是在调查前的程序中,但当证人自愿作证时该特权则被放弃"。[2]我国《刑事诉讼法》在 2012 年修改前没有赋予犯罪嫌疑人、被告人反对强迫自证其罪的权利,反而规定了犯罪嫌疑人、被告人承担供述义务,但我国签署加入的《联合国少年司法最低限度标准规则》(以下简称《北京规则》)中已经明确规定了少年刑事被告人享有保持沉默的权利。联合国大会 1985 年 11 月 29 日通过的《北京规则》宣告:根据正当法律程序,保持沉默的权利是"公平合理审判"所应包括的基本保障之一。我国业已签署有待交付全国人民代表大会常务委员会批准的《公民权利和政治权利国际公约》也确立了此项原则。联合国《公民权利和政治权利国际公约》第 14 条第 3 款 g 项所确认的"不被强迫作不利于他自己的证言或强迫承认犯罪"的规定是在判定对任一公民提出的任何刑事指控时人人完全平等地有资格享有的辩护权利的最低限度的保证,即在刑事诉讼中被指控的人享有反对自证其罪的权利或特权。在侵犯这一权利或特权的行为中,刑讯最为常见而且危害也最大,联合国人权事务委员会于 1984 ~ 1988 年递交联合国大会的年度报告中对提交给它的第 52/1979 号和第 73/1980 号案确认为违反了《公民权利和政治权利国际公约》第 14 条第 3 款 g 项的规定,"因为其中运用了逼供的手段以对被指控人定罪"。因而如何对该原则进行价值评估以及我国刑事诉讼法如何与之相协调,值得认真加以探讨。

尽管我国《刑事诉讼法》第 52 条规定"不得强迫任何人证实自己有罪",但立法机关并没有确认犯罪嫌疑人、被告人拥有沉默权,也没有删除该法规定的"犯罪嫌疑人对侦查人员的提问,应当如实回答"的规定。就反对强迫自证其罪与沉默权的关系言之,沉默权属于反对强迫自证其罪最重要的特殊表现形式[3]。没有沉默权,"不得强迫任何人证实自己有罪"就成了一句空话。至于"犯罪嫌疑人对侦查人员的提问,应当如实回答",立法机关解释为"这是法律从正面要求的角度作出的规定,亦即犯罪嫌疑人要回答,就应当如实回答"。[4]不过,从法律本身规定看,并没有清楚表明这一"如果……那么"的假设前提,反而给解读者留下的印象是:

---

[1] 《布莱克法律大辞典》,明尼苏达州圣保罗西方出版公司 1979 年版,第 1220 页。
[2] 《布莱克法律大辞典》,明尼苏达州圣保罗西方出版公司 1979 年版,第 1078 页。
[3] Thomas O'Malley, *Criminal Process*, Thomson Reuters, 2009, p. 118.
[4] 黄太云:"刑事诉讼法修改释义",载《人民检察》2012 年第 8 期。

对于侦查人员与案情有关的讯问，犯罪嫌疑人没有回答与不回答的选择权。

值得注意的是，我国刑事诉讼法在确立反对强迫自证其罪规则的同时，没有采纳自白任意性规则。自白任意性规则的内容出于自愿（voluntary）的自白才能采纳为定案的根据，亦即出于暴力、胁迫、利诱、违法羁押或者其他不正当方法获取的自白不得采纳为定案的根据。该规则源于英国，英国于18世纪后半期即已适用这一规则。自白任意性规则与反对强迫自证其罪规则本来在历史沿革、原理、功效、内容方面不尽相同，但近年来，由于自白任意性规则与反对强迫自证其罪规则所强调的重点相接近，自白任意性规则被许多人视为反对强迫自证其罪的保障性规则。正如我国台湾学者田正恒所言，"惟近年来，由于自白法则已向'证据禁止'之范围发展（从虚伪自白之排除至违法自白之排除），两者间原理上差异逐渐趋于消失。在此状况下，从实际效果方面而言，沉默权与自白法则，已益行接近，毋宁说两者有迈向合一化之趋势"。[1]

鉴于犯罪嫌疑人、被告人的供述和辩解有极大的虚假可能性，因而对犯罪嫌疑人、被告人供述和辩解应当进行细致的审查判断。只有经过查证属实后，才能将其作为证据使用。审查犯罪嫌疑人、被告人的供述和辩解主要从以下几个方面入手：

1. 审查嫌疑人、被告人的情况。因嫌疑人、被告人存在个体差异，其供述与辩解的真伪可能性也会有所不同。一般地说，在情绪激动的情况下犯罪、初犯、偶犯、过失犯罪的嫌疑人、被告人，在犯罪后容易产生悔过的情绪，其供述或者辩解的真实可能性较大；累犯、预谋犯罪、市井无赖所实施的犯罪等案件中的嫌疑人、被告人，其供述或者辩解的虚假可能性较大。

2. 审查犯罪嫌疑人、被告人供述和辩解的动机。犯罪嫌疑人、被告人供述和辩解的真伪与其动机密切相关。犯罪嫌疑人、被告人供述有罪，有的是出于主动真诚悔过；有的是经过劝服而承认自己的罪行；有的是面对确实的证据，无法抵赖，被迫供认犯罪。出于上述动机作出的供述，真实的可能性较大。有的犯罪嫌疑人、被告人供认有罪，将全部犯罪揽到自己头上，以掩护共同作案的其他人，使他们逃避处罚；有的将无作有，冒名顶替，将自己没有实施的犯罪供认为自己犯罪，目的是为亲友开脱罪责或者受到利诱、胁迫而代人受过；还有的出于引人注意或者误解等不同心理而承认自己没有实施过的罪行。由此形成的供述，虚假的可能性较大。同样，犯罪嫌疑人、被告人辩解也因动机不同而存在差异，有的是没有实施犯罪，理直气壮地进行澄清，试图洗刷自己的嫌疑；有的确实实施了犯罪，但为了逃避处罚，虚构事实或者隐瞒真相加以狡辩。探知犯罪嫌疑人、被告人供述和辩解的动机，对于甄别其供述和辩解的真伪具有重要作用。

3. 审查取得犯罪嫌疑人、被告人供述的手段。对取得犯罪嫌疑人、被告人供述的手段进行审查，有两种作用：①通过审查口供是否合法取得，判断其真实或者虚

第十六章

---

[1] 田正恒："刑事被告人之沉默权"，载台湾《法令月刊》第39卷第2期。

假的可能性。一般情况下，在暴力、胁迫、引诱、欺骗等情况下形成的供述，虚假的可能性较大；犯罪嫌疑人、被告人自愿进行的有罪供述，较为可信。②确认有无暴力、胁迫、引诱、欺骗等非法取证行为，以确定是否应当排除这些非法证据。审查重点是被告人的供述有无以刑讯逼供等非法手段获取的情形，必要时可以调取被告人进出看守所的健康检查记录、笔录。

4. 审查犯罪嫌疑人、被告人供述和辩解是否符合情理。社会生活通常有其内在的逻辑性，符合实际情况的供述和辩解，一般是符合情理的；虚假的供述和辩解往往自相矛盾，不能自圆其说，与情理不相符合。

5. 审查犯罪嫌疑人、被告人供述和辩解与其他证据是否相互印证。审查犯罪嫌疑人、被告人供述和辩解的真伪，需要将其与其他证据的内容进行比对，审查其是否相互印证。例如，当共同犯罪案件的数个犯罪嫌疑人、被告人供述和辩解一致时，要注意审查这种一致是否是实质的一致，有无串供的可能性。如果内容不一致，要分析产生不一致的原因，是属于感知、记忆、表达不同而产生的不一致，还是因存在虚假不实的陈述而产生的不一致。在审查中若发现证据之间存在矛盾，要进一步调查，以找出矛盾存在的原因，消除矛盾。

6. 审查被告人的供述是否前后一致，有无反复以及出现反复的原因；被告人的所有供述和辩解是否均已收集入卷；应当入卷的供述和辩解没有入卷的，是否出具了相关说明。

7. 审查讯问的时间、地点、讯问人的身份等是否符合法律及有关规定，讯问被告人的侦查人员是否不少于 2 人，讯问被告人是否个别进行等。

8. 审查讯问笔录的制作、修改是否符合法律及有关规定；讯问笔录是否注明讯问的起止时间和讯问地点；首次讯问时是否告知被告人申请回避、聘请律师等诉讼权利；被告人是否核对确认并签名（盖章）、捺指印，是否有不少于 2 人的讯问人签名等。

9. 审查讯问聋哑人、少数民族人员、外国人时是否提供了通晓聋、哑手势的人员或者翻译人员；讯问未成年同案犯时，是否通知了其法定代理人到场，其法定代理人是否在场。

对于上述内容，侦查机关随案移送时有录音录像资料的，应当结合相关录音录像资料进行审查。

我国《刑事诉讼法》对于采纳犯罪嫌疑人、被告人供述作出专门规定，该法第 56 条规定：采用刑讯逼供等非法手段收集的犯罪嫌疑人、被告人供述，应当予以排除。最高人民法院、最高人民检察院、公安部、国家安全部、司法部于 2017 年发布的《关于办理刑事案件严格排除非法证据若干问题的规定》第 2、3、4 条规定：采取殴打、违法使用戒具等暴力方法或者变相肉刑的恶劣手段，使犯罪嫌疑人、被告人遭受难以忍受的痛苦而违背意愿作出的供述，应当予以排除。采用以暴力或者严重损害本人及其近亲属合法权益等进行威胁的方法，使犯罪嫌疑人、被告人遭受难以忍受的痛苦而违背意愿作出的供述，应当予以排除。采用非法拘禁等非法限制人身自由的方法收集的犯罪嫌疑人、被告人供述，应当予以排除。第 5 条还规定：采用刑讯逼供方法使犯罪嫌疑人、被告人作出供述，之后犯罪嫌疑人、被告人受该刑讯逼供行为影响而作出的与该供述相同的重复性供述，应当一并排除，但下列情形除外：①侦查期间，根据控告、举报或者自己发现等，侦查机关确认或者不能排除以非法方法收集证据而更换侦查人员，其他侦查人员再次讯问时告知诉讼权利和认罪的法律后果，犯罪嫌疑人自愿供述的；②审查逮捕、审查起诉和审判期间，检察人员、审判人员讯问时告知诉讼权利和认罪的法律后果，犯罪嫌疑人、被告人自愿供述的。

此外，最高人民法院、最高人民检察院、公安部、国家安全部、司法部 2010 年发布的《关于办理死刑案件审查判断证据若干问题的规定》，在办理死刑案件中，下列被告人供述不能作为证据加以采纳：

1. 讯问笔录没有经被告人核对确认并签名（盖章）、捺指印。

2. 讯问聋哑人、不通晓当地通用语言、文字的人员时，应当提供通晓聋、哑手势的人员或者翻译人员而未提供的。

同时规定：讯问笔录有下列瑕疵，通过有关办案人员的补正或者作出合理解释的，可以采用：

1. 笔录填写的讯问时间、讯问人、记录人、法定代理人等有误或者存在矛盾。

2. 讯问人没有签名。

3. 首次讯问笔录没有记录告知被讯问人诉讼权利内容。

■第七节　鉴定意见

鉴定意见是指公安司法机关或者当事人就案件中的专门性问题，指派或聘请具有专门知识的人进行鉴定后作出的结论。这里具有专门知识的人就是鉴定人。公安司法机关要解决案件中的专门性问题，一般指派本机关内的鉴定人员进行鉴定，有的事项则需要聘请本机关以外的具有专门知识的人员进行鉴定。在司法实践中，也存在当事人就案件中的专门性问题聘请鉴定人进行鉴定的情况，由此形成的意见经过审查核实也可以用作定案的根据。

鉴定只是对有关专门性问题作出判断，而不是对有关事实问题作出法律评价，因此，鉴定意见只是证据的一种，而不是法律判断。

在刑事诉讼中，需要鉴定的问题很多，根据鉴定对象的不同可以罗列为以下几种：

1. 法医鉴定。法医鉴定是对尸体或者人身进行鉴定，以确定死亡原因、伤害情况等。

2. 司法精神病鉴定。司法精神病鉴定是对人的精神健康状况、智力发育情况进行鉴定，以确定犯罪嫌疑人、被告人、被害人、证人的精神状态是否正常，进而判断其有无行为能力和责任能力。在司法实践中，司法鉴定对于确认案情和处理案件意义重大。例如，1993年5月8日，张利（化名）与其父张瑞（化名）同赵某发生殴斗，张利用铁管猛击赵某头部，致其死亡。张利被逮捕后，被鉴定为"癫痫，性格改变伴智力低下，无刑事责任能力"，后被释放。为此，赵某家人提起民事诉讼，法院判张利赔偿6.5万元。其父张瑞收到判决书后，在背面写上"张利已死，其妻改嫁无法送达"，盖上村委会公章后退回法院。8年后，赵家人得知张利没患有癫痫，也没死亡，而是在从事运输行业。因此，赵家人申诉到县人民检察院。该院调查发现，张利的精神病司法鉴定书上没有鉴定人签字。后经指定医院对张利鉴定为："发案时无精神病，有完全责任。"2001年8月县检察院批准逮捕了涉嫌故意伤害的张利及作伪证的张瑞。

3. 物证技术鉴定。其包括痕迹鉴定等，乃是对指纹、脚印、工具、枪弹、轮胎等物证进行鉴定，以确定是否与怀疑对象具有同一性。

4. 司法化学鉴定。即运用化学知识、设备及相关材料对司法活动中涉及的毒物等进行鉴定，以确定毒物等的化学性质和剂量，从而判断其对人体或其他物体的危险性或损害程度、伤害性质等。

5. 司法会计鉴定。即运用会计学知识和技能对有关账目表册等进行鉴定，以确定账目表册是否符合规范以及是否真实等。

6. 笔迹鉴定，又称"笔相学鉴定"。即对笔迹的特征进行鉴定，以确定文件是否伪造或用以比较的文字材料是否具有同一性。

7. 测谎鉴定。即利用测谎设备（测谎仪）和测谎技术对被测试人在回答测谎人员提出问题时的生理变化情况进行记录和分析，判断被测试人的陈述是否真实。尽管测谎仪的构想与发明距今已有100余年，这项技术应用于我国当代诉讼活动中却还是近年来的事。对于测谎仪，保有乐观态度的说法很多。普遍的观点认为，它的成功率高达95%以上。与大多数人颇为乐观的说法不同的是，有学者认为，测谎仪的准确率在64%~98%之间，比率的大小取决于经过筛选的受试人员中有罪者的百分比。如果这个百分比比较小，那么测谎仪就会把许多人错误地定为说谎者。由于对测谎仪的准确性仍然存在疑问，将测谎结果作为证据使用仍颇具危险性。最高人民检察院于1999年9月10日公布了《关于CPS多道心理测试鉴定意见能否作为诉讼证据使用问题的批复》，表明了测谎结果不能作为诉讼证据使用，只能作为检验证据的手段使用。

8. 其他鉴定。即对上述专门性问题以外的其他专门问题（如伪钞、交通事故、产品质量等）进行鉴定，作出诉讼需要的专业判断。

鉴定意见和证人证言同属于言词证据。在一些国家，根据专门知识进行鉴定的人属于证人的一种（即属于"专家证人"，Expert Witness），不过，这里的"专家"范围远大于鉴定人的范围。其专家意见属于"意见证据"（Opinion Evidence）。在我国，鉴定意见和证人证言属于不同的证据种类，二者界限分明，其主要区别是：①鉴定意见是一种运用专门知识和技能进行的判断，属于意见性证据；证人证言是证人就其所知道的案件事实情况所作的陈述，属于对事实的描述，而不是根据一定的专业知识、技能而进行的专门判断。②鉴定人是具有一定专门知识或者技能，由公安司法机关或者当事人指派或聘请产生，指派或者聘请何人进行鉴定具有可选择性，即鉴定人员具有人身的可代替性；尽管在对同一事实存在大量知情人的情况下，公安司法机关或者当事人也可以选择提出谁作为证人，但选择的范围只能是证人，即感知了有关案件事实的人，而不是进行专门判断的人，有学者从这个意义上认为证人具有人身的不可替代性。③鉴定意见是在案件发生后形成的；证人则通常是在犯罪事实发生过程中或者发生前后了解有关事实情况的，对于某些程序事实则是在诉讼过程中了解的，因此证言内容的形成大多在案件进入诉讼程序之前。

由于鉴定是由专业人士依据自己的专门知识、经验或者技能并常常借助科学仪器进行鉴定、形成判断，其可靠性一般较大。然而，鉴定活动毕竟是由人实施的，鉴定人存在个体差异，再加上某些客观原因，鉴定意见存在偏差、错误的可能性是难免的。需要注意的是，鉴定意见乃是证据的一种，并非科学的判决，不能等同于科学，对鉴定意见应当和对其他证据一样，必须经过办案人员的审查判断，确定其可以采信后，才能将其作为处理案件或者作出裁判的根据。对鉴定意见进行审查判断的主要方法是：

1. 审查鉴定人的鉴定资格。鉴定机构和鉴定人是否具有合法的资质，即审查鉴定人是否具有解决专门性问题的知识、经验或者技能。如果鉴定人缺乏专门知识、经验或者技能，作出错误的鉴定意见的可能性较大。

2. 审查鉴定人是否具有不受外界干扰和影响的独立性，有无故意虚假鉴定的情况，包括鉴定人是否存在应当回避而未回避的情形。鉴定人是否能够排拒外界的干扰和影响，并本着良心进行客观公正的鉴定，对鉴定意见的可靠性有着至关重要的影响，必须予以特别留意。

3. 审查鉴定材料是否确实、充分。鉴定材料是进行鉴定活动、作出鉴定意见的基本条件。如果提供的鉴定材料不确实、不充分，鉴定意见存在错误或者不准确的可能性较大。因此，需要审查检材的来源、取得、保管、送检是否符合法律及有关规定，与相关提取笔录、扣押物品清单等记载的内容是否相符，检材是否充足、可靠。

4. 审查鉴定方法是否科学，技术设备是否先进和完备。解决专门性问题需要采取科学的方法，使用先进而完备的技术设备。如果鉴定方法不科学，或者技术设备落后和存在缺陷，则鉴定意见出现错误或者不准确的可能性就比较大。

5. 审查鉴定过程是否完善，分析过程是否符合本专业的检验鉴定规程和技术方法要求。

6. 审查鉴定意见的内容和提出这些意见结论的根据及解释是否合理可信。包括：鉴定意见与作出这些结论的根据及解释是否协调一致，有无矛盾；鉴定意见和案内其他证据有无矛盾。一旦产生疑问或者发现矛盾，应当进一步调查核实甚至进行补充鉴定、重新鉴定，以消释疑问，排除矛盾。

7. 审查鉴定意见的形式要件是否完备，是否注明提起鉴定的事由、鉴定委托人、鉴定机构、鉴定要求、鉴定过程、检验方法、鉴定文书的日期等相关内容，是否由鉴定机构加盖鉴定专用章并由鉴定人签名盖章。

8. 审查鉴定意见是否明确。

9. 审查鉴定意见与案件待证事实有无关联。

10. 审查鉴定意见与其他证据之间是否有矛盾，鉴定意见与检验笔录及相关照片是否有矛盾。

11. 审查鉴定意见是否依法及时告知相关人员，当事人对鉴定意见是否有异议。

鉴定意见具有下列情形之一的，不能作为定案的根据：

1. 鉴定机构不具备法定的资格和条件，或者鉴定事项超出本鉴定机构项目范围或者鉴定能力。

2. 鉴定人不具备法定的资格和条件、鉴定人不具有相关专业技术或者职称、鉴定人违反回避规定。

3. 鉴定程序、方法有错误。

4. 鉴定意见与证明对象没有关联。

5. 鉴定对象与送检材料、样本不一致。

6. 送检材料、样本来源不明或者确实被污染且不具备鉴定条件。

7. 违反有关鉴定特定标准。

8. 鉴定文书缺少签名、盖章。

9. 其他违反有关规定的情形。

对鉴定意见有疑问的，人民法院应当依法通知鉴定人出庭作证或者由其出具相关说明，也可以依法补充鉴定或者重新鉴定。

■第八节　勘验、检查、辨认、侦查实验等笔录

勘验、检查笔录是指公安司法人员对与案件有关的场所、物品、人身、尸体进行勘查、检验时就所观察、测量的情况所作的实况记载。包括文字记录、现场绘图和现场照相、摄像等方法。

勘验、检查笔录记录的是勘验和检查活动中之所见。其中，勘验针对的是同案件有关的场所、物品、尸体，其目的是为直接了解案件的有关场所、物品、尸体的情况，并发现和获取证据。检查针对的是人身（指活体），其目的是确定犯罪嫌疑人、被害人等的外部特征、伤害情况或者生理状态。勘验、检查笔录主要有以下几种：

1. 现场勘验笔录，即在勘验活动中形成的对犯罪现场所作的实况记录。

2. 尸体检验笔录，即对尸体进行检验而形成的对尸体所作的实况记录。

3. 物证检验笔录，即对物证进行检验而形成的对物证的性质、特征、存在状态等内容的实况记录。

4. 人身检查笔录，即对被害人、犯罪嫌疑人等的人身进行检查而形成的对人身某些特征、伤害情况、生理状态等的实况记录。

辨认笔录是公安司法人员对与案件有关的人、照片或其他物品进行辨认时，就辨认情况所作的实况记录。

侦查实验笔录，是指为验证在某种条件下某一事件或现象是否发生、过程及后果如何，往往需要进行侦查实验而形成的笔录，即在与案件相同的条件下实验性地重演该事件，由此形成侦查实验笔录。

勘验、检查、辨认、侦查实验等笔录是一种独立的诉讼证据，它与物证、书证和鉴定意见有明显的区别：

1. 勘验、检查、辨认、侦查实验等笔录与物证的区别。勘验、检查、辨认、侦查实验等笔录属于对于侦查活动的客观记录，其中勘验、检查笔录属于广义的"物证"，即实物证据。勘验、检查笔录可能记载有关物证的情况，但它并非物证本身，而只是反映物证的情况和保全物证的一种方法。它不是在案发中形成的，而是在案件发生后由公安、司法工作人员制作的。狭义的物证则是在案件发生过程中使用或者形成的各种物品、痕迹。

2. 笔录与书证的区别。笔录虽然以其内容来证明有关案件事实，似乎与书证的证明机理相同，但它与书证存在本质的差别。书证一般形成于案件发生之前或发生过程中，书证的收集、提供者具有多元化特征，既包含公安司法人员，也包含当事人、证人等。笔录则形成于案件发生之后，其制作者具有特定性，只能是公安、司法人员。

3. 勘验、检查、辨认、侦查实验等笔录与鉴定意见的区别。首先，勘验、检查、辨认、侦查实验等笔录与鉴定意见制作者不同：勘验、检查、辨认、侦查实验等笔录的制作者是公安司法人员，而鉴定意见的制作者是鉴定人；其次，勘验、检查、辨认、侦查实验等笔录和鉴定运用的方法不同：勘验、检查、辨认、侦查实验是运用感官或器材直接观察和测量，只是一种观察和记录，鉴定意见则是运用鉴定人的专门知识对某种特定事物进行鉴别、分析后所得出的一种判断，属于"意见证据"。

在诉讼活动中，对于公安司法办案人员制作的勘验、检查、辨认、侦查实验等笔录需要进行甄别，勘验、检查、辨认、侦查实验和制作笔录都是人为的活动，难免受到主观条件或者客观因素的影响而发生疏忽、产生偏差。因此，只有经过审查判断并查证属实以后，才能将勘验、检查、辨认、侦查实验等笔录当作定案的根据。审查勘验、检查、辨认、侦查实验等笔录的主要方法是：

1. 审查勘验、检查、辨认、侦查实验和制作笔录的活动是否合法。我国刑事诉

第十六章

讼法和有关司法解释明确规定了进行勘验、检查、辨认、侦查实验的程序和制作笔录的规范，遵循这些规定为保障勘验、检查、辨认、侦查实验等笔录的真实性提供了条件；如果勘验、检查、辨认、侦查实验等活动和制作笔录的活动不是依法进行的，勘验、检查、辨认、侦查实验等笔录内容虚假的可能性比较大。

2. 审查勘验、检查、辨认、侦查实验等活动的对象是否完整、有无伪装、伪造、诱导、误导以及因实验条件、情况是否与验证对象的条件、情况相同或相似。犯罪人或者其他怀有某种特定动机的人，有可能破坏或伪造现场、物品、痕迹、人身特征、伤害情况和生理状况等，案件发生后人身特征、伤害情况和生理状况也有可能发生变化，辨认中存在诱导、误导以及因实验条件、情况与验证对象的条件、情况不相同和不相似，这些情况都会影响勘验、检查、辨认、侦查实验等笔录的真实性，因此，针对这些情况是否存在，必须进行审查判断，以甄别记录内容是否真实可靠。

3. 审查勘验、检查、辨认、侦查实验等人员的业务水平和责任心。勘验、检查、辨认、侦查实验等人员自身业务水平的高低和工作态度的优劣，对勘验、检查、辨认、侦查实验等笔录的质量高低有着重大影响。在审查笔录时，不能不对勘验、检查、辨认、侦查实验等人员的业务水平和责任心加以审查。

4. 审查勘验、检查、辨认、侦查实验等笔录的内容是否完整和真实。勘验、检查笔录的内容是否全面、详细、准确、规范：是否准确记录了提起勘验、检查的事由，勘验、检查的时间、地点，在场人员、现场方位、周围环境等情况；是否准确记载了现场、物品、人身、尸体等的位置、特征等详细情况以及勘验、检查、搜查的过程；文字记载与实物或者绘图、录像、照片是否相符；固定证据的形式、方法是否科学、规范；现场、物品、痕迹等是否被破坏或者伪造，是否是原始现场；人身特征、伤害情况、生理状况有无伪装或者变化等。在审查时除了要注意其内容本身有无矛盾、疏漏，也要与其他证据进行比对，审查其是否能够相互印证。如果存在疑问，则应展开调查，进一步了解有关情况以消释疑问、排除矛盾。在必要时还可以重新进行勘验和检查。另外，补充进行勘验、检查的，需要审查前后勘验、检查的情况是否有矛盾，是否说明了再次勘验、检查的原因。

勘验、检查笔录存在明显不符合法律及有关规定的情形，并且不能作出合理解释或者说明的，不能作为证据使用。

勘验、检查笔录存在勘验、检查时没有见证人的，或者勘验、检查人员和见证人没有签名、盖章的，或者勘验、检查人员违反回避规定的等情形，应当结合案件其他证据，审查其真实性和关联性。

辨认是在侦查人员主持下由被害人、证人、犯罪嫌疑人对犯罪嫌疑人与案件有关或怀疑与案件有关的物品、尸体、场所进行识别认定的一项侦查措施。辨认笔录是对辨认过程和结果所作的全面客观的记录，并由在场相关人员签名。侦查实验是指为了确定与案件有关的某一事件或者事实在某种条件下是否发生以及如何发生，而按照原来的条件，将该事件或事实重演加以实验的一种证据调查活动。侦查实验笔录是对侦查实验进行的时间、地点、条件、结果等所进行的客观笔录，并由侦查人员和其他相关人员签名的材料。

■第九节　视听资料、电子数据

视听资料是载有能够证明有关案件事实的内容的录音磁带、录像带、电影胶片及其所载的音响、活动影像和图形。

电子数据是指以电子计算机或者电子磁盘作为载体，储存在电子计算机内或者电子磁盘中，并用以证明有关案件事实的各种信息。运用电子计算机的储存功能，可以将需要保存的信息编制成一定的程序，通过输入装置将其输入到主控系统的中间处理器，对信号进行识别分类处理，将电能转换成磁能固定在磁盘中。当需要从这些资料中检查出某信息时，人们可以通过输出系统指令计算机从存储的数字系列中检索所需资料，在终端显示器上显现出图像与数据，甚至打印出资料的全部内容。

视听资料、电子数据是随着近现代科学技术的发展而产生的。电影是最先得到发明的现代视听手段，随后产生了机械电视扫描盘、磁带录像机、录音机，从而将原来不能保存的音响、活动影像完整地记录和储存下来。计算机的发明、电脑网络技术的高速发展和普及，使电子计算机和电子磁盘记录、储存、分析和传送与案件有关的事实情况，成为常见的手段。视听资料作为越来越广泛运用的证据乃大势所趋。

视听资料、电子数据作为一种独立的证据种类，是考虑到视听资料、电子数据具有自身的特点，不能完全归属为物证或者书证。因为磁带、录像带等视听资料虽然在形式上表现为一种物品，但其诉讼证明作用不是由它的物理属性、外部特征、存在状态来发挥的，而是由它所载的声音、活动影像和图形等内容来发挥的。视听资料、电子数据也不同于一般书证，因为书证是以文字、符号、图画所表示的内容和含义来证明案件事实的，而视听资料、电子数据则是以它的声调、图像、储存资料、信息来证明案件事实的。视听资料、电子数据的特殊性在于：

1. 视听资料、电子数据的形式表现为含有一定科技成分的载体。

2. 视听资料、电子数据具有高度的准确性和逼真性，只要收集的对象本身没有错误，录制设备没有故障，录制的方法得当，录制的声音、图像、储存的数据就能够相当准确地反映与案件有关的事实，失真的可能性较小。

3. 视听资料、电子数据具有动态直观性，其所记录的声音、影像往往是一个动态的过程。

4. 视听资料、电子数据一旦被伪造，不易分辨、甄别。

5. 视听资料、电子数据的形成、运用和审查判断往往都需要依赖科学技术，科学技术的发展对其在司法领域的运用具有决定意义。

由以上特点可以看出，视听资料、电子数据就其表现形式和证明作用来说与一般书证存在较大差距。因而，将视听资料、电子数据列为一种独立的证据种类，是较为适宜的。

按照表现形式的不同，我们可以把视听资料分为以下几种：

1. 录音资料。录音资料是通过录音设备记录的储存一定声音并用以证明案件事实的录音磁带。录音设备是运用声学、电学、化学、机械学等方面的科学原理制成的专用设备，通过它可以把各种声音如实记录下来，然后经过播放使记录下来的声音得以再现。录音资料是原始声音的真迹再现，人们称之为"会说话的证据"，它能够逼真地再现讲话人的音质、音速、语言习惯、讲话时的心情以及当时当地各种因素的真实情况。

2. 录像资料。录像资料是通过录像设备摄录的储存各种影像并用以证明与案件有关事实的录像磁带。录像设备是运用光电效应和电磁转换的原理制成的，通过它可以将一定的活动影像如实地记录下来。人们可以用录像机等播放设备将录像资料还原成像，看到生动逼真、连续活动的过程及其背景，从而了解与案件有关的事实。

3. 电影资料。电影资料是通过电影摄影机摄录的储存各种影像和声音的电影胶片。电影的制作和播放主要根据的是视觉存留原理，当使用照相和录音手段把外界事物的影像以及声音摄录在胶片上后，人们可以通过放映和还音，在银幕上造成活动影像并发出声音。

视听资料、电子数据在诉讼活动中的意义在于：为查明案件真实情况提供直观、动态的证明手段；对刑事司法活动进行全程录音、录像，能够反映侦查、起诉和审判活动是否依法进行，可以使公安司法人员的办案活动有所制约，为司法公正提供新的保障手段；视听资料、电子数据应用于诉讼活动，对多媒体等技术手段在刑事司法活动中的普遍应用具有促进作用，也促进了收集证据和法庭举证方式的创新。

尽管视听资料、电子数据是运用科技手段制作的证据，比其他证据有更强的客观性，但是它也存在一定的缺陷，如录音带、录像带容易冲洗、消磁、剪辑、编纂等，电子计算机和电子磁盘容易受到"计算机病毒"的侵害或者变换输入、输出的数据。因此，对视听资料、电子数据必须进行认真的审查判断。其主要方法是：

1. 审查视听资料、电子数据的来源。即审查视听资料、电子数据是由谁制作、收集或者提供的。对于来源不同的视听资料，审查的侧重点有所不同。对于侦查机关在侦查过程中制作、收集的视听资料、电子数据，应审查制作、收集这些视听资料、电子数据是否符合法定程序。对于当事人、证人或者其他人提供的视听资料、电子数据，要审查其是在什么情况下形成的，在制作过程中当事人有无受到威胁、引诱等违反法律及有关规定的情形，以及该视听资料、电子数据有无伪造、剪辑、编纂等情况。在审查中，应注意是否载明制作人或者持有人的身份，制作的时间、地点和条件以及制作方法，还要注意该视听资料、电子数据是否为原件，有无复制及复制份数；调取的视听资料是复制件的，是否附有无法调取原件的原因、制作过程和原件存放地点的说明，是否有制作人和原视听资料持有人签名或者盖章。对于电子邮件、电子数据交换、网上聊天记录、网络博客、手机短信、电子签名、域名等电子证据，应当审查该电子证据存储磁盘、存储光盘等可移动存储介质是否与打印件一并提交；是否载明该电子证据形成的时间、地点、对象、制作人、制作过程及设备情况等；对电子数据的制作、储存、传递、获得、收集、出示等程序和环节是否合法，取证人、制作人、持有人、见证人等是否签名或者盖章。

2. 审查视听资料、电子数据的制作过程是否科学、合法。主要审查：①视听资料、电子数据是在什么情况下形成的，比如审查视听资料、电子数据中所记录的某人谈话、行为动作是自愿的，还是受他人威胁、引诱、欺骗等被迫作出的，以甄别其内容是否真实；②审查视听资料、电子数据制作的时间、地点，以甄别其是否存在虚假的可能性；③此外，还要审查视听资料、电子数据是原始的还是转录的，如系转录的，应当查找原始资料进行对照审查。

3. 运用技术手段审查视听资料、电子数据是否真实。视听资料若被伪造、篡改，仅凭人的感官往往难以发现。因此，在审查判断视听资料时应当借助科技手段，比如通过音素分辨仪鉴别，确认录音带中的声响是否是模仿、伪造的；通过分辨仪勘测，确认录像带中的图像是否经过剪辑、拼凑。

4. 审查制作视听资料、电子数据的设备是否先进和完备，以及制作时的环境和条件。设备是否先进和完备对视听资料的质量大有影响，而制作时的环境和条件也对视听资料是否准确反映有关案件事实产生影响，对这些情况进行审查，有助于对视听资料的证明力作出正确判断。

5. 审查视听资料、电子数据的内容是否具有关联性和真实性。比如，视听资料的内容有无矛盾，与案件事实有无联系。另外，在审查视听资料时，应当注意将其与案内其他证据进行比对，看其是否能够相互印证。如果它们之间存在矛盾，应当进一步进行调查核实，力争排除矛盾，正确认定有关案件事实之有无。

具有下列情形之一的视听资料，不能作为定案的根据：

1. 视听资料经审查或者鉴定无法确定真伪。

2. 对视听资料的制作和取得的时间、地点、方式等有异议，不能作出合理解释或者提供必要证明。

■第十节　非法证据排除规则

我国《刑事诉讼法》针对犯罪嫌疑人、被告人口供确立了非法证据排除规则，该法第 564 条规定："采用刑讯逼供等非法方法收集的犯罪嫌疑人、被告人供述……应当予以排除。"这里的刑讯，也称为"酷刑"，是为了获取口供而对肉体施加作用力使其产生痛楚的行为，是最常见的非法取证行为，其严重侵害犯罪嫌疑人、被告人的基本人权，也严重损害国家的司法形象。国际社会明确反对以这种方式取证，在联合国 1975 年 12 月 9 日通过的《保护人人不受酷刑和其他残忍、不人道或有辱人格待遇或处罚宣言》中将"酷刑"定义为"政府官员或在他怂恿之下，对一个人故意施加的任何使他在肉体上或精神上极度痛苦或苦难，以谋从他或者第三者取得情报或供状……的行为"。联合国 1984 年 12 月 10 日通过的《禁止酷刑和其他残忍、不人道或有辱人格的待遇或处罚公约》第 1 条也有类似的定义。除刑讯逼供外，变相的刑讯逼供和精神折磨也可能导致口供被排除，这些变相的刑讯逼供和精神折磨包括冻馁、日晒、干渴、强光照射、困倦疲劳等具有拷问性质的非法取证行为。2017 年，我国刑事诉讼扩大了排除非法取得的犯罪嫌疑人、被告人口供的范围：

1. 采取殴打、违法使用戒具等暴力方法或者变相肉刑的恶劣手段，使犯罪嫌疑人、被告人遭受难以忍受的痛苦而违背意愿作出的供述，应当予以排除。

2. 采用以暴力或者严重损害本人及其近亲属合法权益等进行威胁的方法，使犯罪嫌疑人、被告人遭受难以忍受的痛苦而违背意愿作出的供述，应当予以排除。

3. 采用非法拘禁等非法限制人身自由的方法收集的犯罪嫌疑人、被告人供述，应当予以排除。

4. 对采用刑讯逼供方法使犯罪嫌疑人、被告人作出供述，之后犯罪嫌疑人、被告人受该刑讯逼供行为影响而作出的与该供述相同的重复性供述，应当一并排除。

我国《刑事诉讼法》针对证人证言、被害人陈述也确立了非法证据排除规则，该法第 56 条规定："采用暴力、威胁等非法方法收集的证人证言、被害人陈述，应当予以排除。"这里的暴力是指对肉体施加作用力使其产生痛楚的行为；威胁是指以一定的利益相威胁，使其产生恐惧感的行为。除暴力、威胁之外，其他具有程度相似的非法取证行为也应具有排除证人证言、被害人陈述证据的效果。遇有暴力、威胁或者其他具有程度相似的非法取证行为所获取的证人证言、被害人陈述，应当加以排除，不能作为起诉或定案的根据（除非是用作指控或确认对证人、被害人存在暴力、威胁等非法行为的证据）。2017 年我国刑事诉讼进一步扩大了排除范围：采用暴力、威胁以及非法限制人身自由等非法方法收集的证人证言，应当予以排除。

我国《刑事诉讼法》第 56 条规定，收集物证、书证不符合法定程序，可能严重影响司法公正的，应当予以补正或者不能作出合理解释；不能补正或者作出合理解释的，对该证据应当予以排除。这一规定表明我国《刑事诉讼法》实行裁量原则来确定是否排除非法取得的实物证据，并非确认属于非法取得的证据就必然加以排除。对于非法所得的实物证据，即使可能严重影响司法公正，侦查机关仍然可以予以补正或者作出合理解释，只有当不能补正或者不能作出合理解释的情况下，才会予以排除。对于实物证据实行裁量原则的原因在于，实物证据具有客观性和不可再生性，一旦排除则可能没有其他实物加以替代，因此排除实物证据需要采取慎重的态度。另外，我国刑事司法对于以非法搜查、扣押等手段收集实物证据的危害性认识不足，这也是对非法取得的实物证据谨慎地加以排除的原因。

按照我国《刑事诉讼法》的规定，在侦查、审查起诉、审判时发现有应当排除的证据的，公安司法机关应当依法予以排除，不得作为起诉意见、起诉决定和判决的依据。

在刑事诉讼程序中，对非法证据应当贯彻尽早发现、尽早排除的要求。在侦查过程中，发现需要排除的非法证据，应当及时排除。为防止非法取证，需要严格规范看守所的提讯登记和收押体检制度。看守所的提讯登记和体检记录等证据材料能够直接反映提押、讯问和采取有关措施的法律手续是否完备，尤其是体检记录能够直接反映犯罪嫌疑人身体是否有伤或者存在异常，与证据收集的合法性紧密相关。为及时发现并有效防范刑讯逼供行为，对侦查终结的案件，侦查机关应当全面审查证明证据收集合法性的证据材料，依法排除非法证据。排除非法证据后，证据不足的，不得移送审查起诉。侦查机关发现办案人员非法取证的，应当依法作出处理，并可另行指派侦查人员重新调查取证。

犯罪嫌疑人及其辩护人在侦查期间可以向人民检察院申请排除非法证据。对犯罪嫌疑人及其辩护人提供相关线索或者材料的，人民检察院应当调查核实，并将调查结论书面告知犯罪嫌疑人及其辩护人。对确有以非法方法收集证据情形的，人民检察院应当向侦查机关提出纠正意见。侦查机关对审查认定的非法证据，应当予以排除，不得作为提请批准逮捕、移送审查起诉的根据。

审查逮捕、审查起诉环节，人民检察院应当充分履行法律监督职责，认真审查取证行为的合法性，审查逮捕、审查起诉阶段中排除非法证据应当遵守以下的基本程序是：

1. 审查逮捕、审查起诉期间讯问犯罪嫌疑人，应当告知其有权申请排除非法证据，并告知其享有的诉讼权利和认罪的法律后果。

2. 审查逮捕、审查起诉期间，犯罪嫌疑人及其辩护人申请排除非法证据，并提供相关线索或者材料的，人民检察院应当调查核实。调查结论应当书面告知犯罪嫌疑人及其辩护人。同时，人民检察院在审查起诉期间发现侦查人员以刑讯逼供等非法方法收集证据的，应当依法排除相关证据并提出纠正意见，必要时人民检察院可以自行调查取证。

3. 人民检察院对审查认定的非法证据，应当予以排除，不得作为批准或者决定逮捕、提起公诉的根据。同时，被排除的非法证据应当随案移送，并写明为依法排除的非法证据。人民检察院依法排除非法证据后，证据不足，不符合逮捕、起诉条件的，不得批准或者决定逮捕、提起公诉。

人民检察院对于确有以非法方法收集证据情形构成犯罪的，应当依法追究刑事责任。

当事人及其辩护人、诉讼代理人有权申请人民法院对以非法方法收集的证据依法予以排除。申请排除以非法方法收集的证据的，应当提供相关线索或者材料。

法庭审理过程中，审判人员认为可能存在《刑事诉讼法》第56条规定的以非法方法收集证据情形的，应当对证据收集的合法性进行法庭调查。

在对证据收集的合法性进行法庭调查的过程中，人民检察院承担重要的职责，那就是对证据收集的合法性承担证明责任。也就是说，公诉机关在当事人、辩护人、诉讼代理人所提出的犯罪嫌疑人、被告人庭前供述或者证人证言、被害人陈述系非法取得的线索或者证据的情况下，如果公诉机关认为取证行为合法，应当承担证明被告人庭前供述系合法取得的证明责任。在控方不举证证明，或者已提供的证据不够确实、充分的情况下，则应当承担不能以该证据证明指控的犯罪事实的法律后果和责任。

现有证据材料不能证明证据收集的合法性的，人民检察院可以提请人民法院通知有关侦查人员或者其他人员出庭说明情况；人民法院可以通知有关侦查人员或者其他人员出庭说明情况。有关侦查人员或者其他人员也可以要求出庭说明情况。经人民法院通知，有关人员应当出庭。这一做法，一方面考虑到应当避免随意要求讯问人员到场作证的情形，同时也保证了在必要时讯问人员就其执行职务情况出庭作证，有助于便捷、有效地查明证据收集的合法性问题。

人民检察院履行证据合法性的证明责任，需要达到证据确实、充分的证明程度，达不到这一证明程度，不能认定取证行为合法，不得采纳有争议的证据。《刑事诉讼法》第58条规定："对于经过法庭审理，确认或者不能排除存在刑事诉讼法第56条规定的以非法方法收集证据情形的，对有关证据应当予以排除。"

概括地说，排除非法证据的具体程序包括如下步骤：

1. 程序启动。我国实行依职权启动和依申请启动排除非法证据程序的两种模式。为确保被告人知情权，人民法院在向被告人及其辩护人送达起诉书副本时，应当告知其有权申请排除非法证据。为避免辩护方在庭审过程中提出排除非法证据申请而导致庭审中断，要求被告人及其辩护人申请排除非法证据，应当在开庭审理前提出，但在庭审期间发现相关线索或者材料等情形除外。被告人及其辩护人在开庭审理前申请排除非法证据，未提供相关线索或者材料，不符合法律规定的申请条件的，人民法院对申请不予受理。

2. 对证据合法性争议的处理，前置到庭前会议中进行。被告人及其辩护人在开庭审理前申请排除非法证据，按照法律规定提供相关线索或材料的，人民法院应当召开庭前会议。人民检察院应当通过出示有关证据材料等方式，有针对性地对证据收集的合法性作出说明。人民法院可以核实情况，听取意见。人民法院在召开庭前会议后，发现控辩双方的争议焦点有待进一步明确，或者出现新的争议，人民检察院需要补充收集证据的，也可以多次召开庭前会议。人民检察院可以决定撤回有关证据，对于撤回的证据，没有新的理由，不得在庭审中出示。被告人及其辩护人可以撤回排除非法证据的申请。撤回申请后，没有新的线索或者材料，不得再次对有关证据提出排除申请。公诉人、被告人及其辩护人在庭前会议中对证据收集是否合法未达成一致意见，人民法院对证据收集的合法性有疑问的，应当在法庭审理中进行审查。在司法实践中，公诉人提供的相关证据材料能够明确排除非法取证情形，人民法院对证据合法性没有疑问，且没有新的线索或材料表明可能存在非法取证的，可以不再进行调查。

3. 先行当庭调查。庭审期间，法庭决定对证据收集的合法性进行调查的，应当先行当庭调查。但为防止庭审过分迟延，也可以在法庭调查结束前进行调查。

4. 控方证明。在对证据合法性进行法庭调查的过程中，人民检察院应当对证据收集的合法性加以证明。公诉人对证据收集的合法性加以证明，可以出示讯问笔录、提讯登记、体检记录、采取强制措施或者侦查措施的法律文书、侦查终结前对讯问合法性的核查材料等证据材料，有针对性地播放讯问录音录像，提请法庭通知侦查人员或者其他人员出庭说明情况。在法庭审理中，公诉人、被告人及其辩护人可以对证据收集的合法性进行质证、辩论。如果法庭对控辩双方提供的证据有疑问的，可以宣布休庭，对证据进行调查核实；必要时，可以通知公诉人、辩护人到场。

5. 法庭处理。法庭对证据收集的合法性进行调查后，应当当庭作出是否排除有关证据的决定。必要时，可以宣布休庭，由合议庭评议或者提交审判委员会讨论，于再次开庭时宣布决定。公诉人的证明达到确实、充分的程度，能够排除被告人审判前供述属非法取得的，法庭确认该供述的合法性，准许当庭宣读、质证；否则，法庭对该供述予以排除，不作为定案的根据。在法庭作出是否排除有关证据的决定前，不得对有关证据宣读、质证。无论是当庭还是休庭后作出是否排除有关证据的决定，在法庭作出相关决定之前不得对有关证据宣读、质证。法庭对排除非法证据申请的审查情况，以及启动证据收集合法性调查程序后的处理结果，应当在裁判文书中写明审查、调查结论，并说明理由。

6. 二审救济程序。控辩双方可以在上诉、抗诉程序中对证据收集合法性的审查、调查结论提出异议，二审法院应当进行审查。在司法实践中，被告人及其辩护人在二审程序中首次申请排除非法证据的，应当说明其未在一审中提出申请的理由，二审法院应当进行审查。人民检察院在一审程序中未出示证明证据收集合法性的证据，一审法院依法排除有关证据的，在二审期间不得出示之前未出示的证据，但一审结束后发现的新证据除外。一审法院对被告人及其辩护人排除非法证据的申请没有审查，并以有关证据作为定案根据，可能影响公正审判的，二审法院可以裁定撤销原判，发回原审法院重新审判。

在非法证据排除制度中，犯罪嫌疑人、被告人与排除证据的过程与结果有直接利害关系，为保障其合法权益，赋予辩护方相应的诉讼权利，包括：

1. 犯罪嫌疑人、被告人有申请法律援助的权利。犯罪嫌疑人、被告人申请提供法律援助的，应当按照有关规定指派法律援助律师。法律援助值班律师可以为犯罪嫌疑人、被告人提供法律帮助，对刑讯逼供、非法取证等情形代理申诉、控告。

2. 犯罪嫌疑人、被告人申请排除非法证据的，应当提供相关线索或者材料，包括涉嫌非法取证的人员、时间、地点、方式、内容等相关线索或者材料。提供的要求是为了防止滥用申请权，避免造成司法资源浪费。辩护方提出排除非法证据申请时，只需要提供使人民法院对证据收集的合法性产生疑问的相关线索或者材料，并非要求辩护方承担非法取证事实的证明责任。

3. 犯罪嫌疑人、被告人及其辩护人获取有关证据材料的诉讼权利。犯罪嫌疑人、被告人及其辩护人可以向人民法院、人民检察院申请调取公安机关、国家安全机关、人民检察院收集但未提交的讯问录音录像、体检记录等证据材料，人民法院、人民检察院经审查认定申请调取的证据材料与证明证据收集的合法性有联系的，应当予以调取。

【思考题】

    1. 物证与书证的区别是什么？

    2. 证人证言与鉴定意见有何区别？

    3. 如何审查视听资料、电子数据？

    4. 非法证据排除的范围和程序是什么？

第十六章

第十七章

刑事诉讼证据的分类

提要与学习要求　本章需要了解刑事证据分类的概念，划分不同的证据的概念。理解并掌握原始证据与传来证据的划分标准与运用，有罪证据与无罪证据的划分标准与运用，言词证据与实物证据的划分标准与运用，直接证据与间接证据的划分标准与运用，间接证据定案的规则，主证据与补强证据的划分标准与运用。

■第一节　证据分类

刑事证据的分类，是指在理论上按照不同的标准将刑事证据划分为不同的类别。

证据分类与证据种类不同，前者是在理论上对证据所作的划分，不具有法律效力；后者则由法律加以规定，具有法律效力。如果某一材料不符合法定证据种类，就因形式不合法而不能作为起诉和定案的根据。证据分类没有确定该材料有无证据能力的功能，不是判断某一材料是否可以当作起诉根据和定案根据的依据。

不过，在刑事诉讼发展历程中，曾经有过证据分类具有法律效力的历史。例如，根据欧洲中世纪后期各国法典的有关规定，证据可以分为完善的证据和不完善的证据，或完全的证据和不完全的证据。不完全的证据又区分为不太完全的证据、多一半完全的证据和少一半完全的证据。受审人的自白、书面证据、亲自的勘验、具有专门知识的人的证明、与案件无关的人的证明（即证人证言）等证据被视为完善的证据。受审人相互间的攀供、询问邻居所得知的关于犯罪嫌疑人的个人情况和行为、实施犯罪行为的要件、表白自己的宣誓被列为不完善或不完全的证据。按照证据规则，几个不完全的证据可以合成一个完全的证据。例如，一个证人的陈述被视为半个证据，两个证人完全相同的陈述构成一个完全的证据。凡能消除"受审人供述无罪的一切可能"的证据就是有罪的完善的证据。只要有一个完善的证据，就"足够认定判刑是不必怀疑的"。不完善的证据就是那些"不能消除受审人供述无罪的可能"的证据。完善的证据包括受审人的坦白（这在法定证据之下被认为是"全部证据中最好的证据"）、书面证据、亲自勘验的记录（在犯罪现场进行的并用以证明这一事件的真实情况的）、有专门知识的人员的证明（这些人员在法律上只是指一些"医务官员"）、与案件无关的人的证言。

当代刑事诉讼中的证据分类只是理论上的划分，但不意味着这并不重要，证据分类的目的在于研究不同类别证据的特点，把握其规律，以便在司法实践中对证据正确加以运用，实际上证据的分类具有理论研究价值和实践指导意义。

■第二节　言词证据和实物证据

根据证据的表现形式、存在状况、提供方式，可以把证据分为言词证据和实物证据。

言词证据又被称为"人证"，是记载人的言词之书面材料的证据。它依靠人的陈述来反映与案件有关的事实，并表现为语言的形式。人们在感知有关案件的事实的时候，在头脑中形成了某些印记，并储存在记忆中。当事人、证人、鉴定人等对自己感知的有关案件的事实情况用言词的形式表达出来，就形成了言词证据。所以，言词证据是通过口头或者书面叙述的形式提供的，并通常固定在笔录当中。言词证据包括：证人证言，被害人陈述，犯罪嫌疑人、被告人供述和辩解，鉴定意见等。需要注意的是，尽管鉴定意见在我国通常表现为鉴定书的形式，但鉴定意见并非书证，而属于言词证据。言词证据的共同特点是：生动、形象、内容丰富、涵盖面大，往往能够直接揭示与案件有关的事实；受到提供证据的人的自身感知能力、判断能力、记忆能力和表达能力的影响，常常会出现客观因素夹杂主观因素的情形，虚假可能性较大。因此，对言词证据的运用，必须仔细地加以审查鉴别，特别要注意以实物加以印证。

实物证据是广义的"物证"，指的是以痕迹、物品为材料的证据，既包括犯罪的工具、赃物等物品和犯罪留下的痕迹，也包括对案情有证明意义的书面文件等。它依靠各种物品、痕迹的特性、存在的状态和变化以及各种物品之间的联系来揭示与案件有关的事实。需要注意的是，勘验、检查笔录是办案人员在勘验、检查过程中对所观察的有关案件的情况所作的记载，也属于实物证据的范围。实物证据是在侦查活动中发现和收集的，并以扣押的方法加以妥善保管或者封存的证据。在法庭调查中，实物证据是以出示和宣读的方式提出的。实物证据的特点是客观性、直观性较强，其不像言词证据那样，易受人的各种主观因素的影响。但它容易被人更换和篡改，而且在许多情况下，其证明力需要借助科学技术的鉴定来加以判定。另外，实物证据只是呈现于法庭上，而不能自己通过言词方式来表达案情，因此人们称其为"哑巴证据"。

■第三节　有罪证据和无罪证据

根据证据对案件事实的证明作用，可以将证据分为有罪证据和无罪证据。

有罪证据，是指能够证明犯罪事实存在，并且犯罪嫌疑人、被告人实施了该犯罪事实的证据。有罪证据通常由控诉方收集并在指控犯罪嫌疑人、被告人有罪时向法院提出的，是法院对被告人作出有罪判决的根据。有的证据虽然对被告人有利并由辩护方提出，但并非为无罪证据，例如揭示犯罪人自首、有悔罪表现的证据就属于有罪证据。

无罪证据，是指能够证明犯罪事实不存在，或者犯罪嫌疑人、被告人没有实施犯罪行为的证据。由于它是否定控诉、揭示犯罪的证据，因此被称为"无罪证据"。无罪证据通常是由犯罪嫌疑人、被告人及其辩护人向公安司法机关提出的，也有的无罪证据是公安司法机关收集的。无罪证据是法院作出无罪判决的根据。当然，并非只有依靠无罪证据法院才能作出无罪裁决，如果控诉方不能提供充分证据证明被告人有罪，法院也应依法作出无罪判决。

把证据分为有罪证据和无罪证据的意义，在于使办案人员全面、公允地收集和运用证据，做到对有罪证据与无罪证据一概加以重视，不能只收集有罪证据而罔顾无罪证据。我国《刑事诉讼法》第52条规定，侦查人员、检察人员、审判人员必须依照法定程序，收集能够证明犯罪嫌疑人、被告人有罪或无罪，犯罪情节轻重的各种证据。这一规定就是对公安司法人员客观义务的规定。

根据证据对案件事实的证明作用，还可以对刑事证据作其他划分。例如按照证据是否有利于犯罪嫌疑人、被告人而将其划分为有利于犯罪嫌疑人、被告人的证据和不利于犯罪嫌疑人、被告人的证据。凡能够证明犯罪嫌疑人、被告人无罪、罪轻及有从轻、减轻、免除处罚情节的证据，都是有利于犯罪嫌疑人、被告人的证据；凡能够证明犯罪嫌疑人、被告人有罪、罪重以及有从重处罚情节的证据，都属于不利于犯罪嫌疑人、被告人的证据。又如按照同样的标准，把证据分为控诉证据和辩护证据。由控诉方提出、用以控诉的证据为控诉证据；由辩护方提出、用以辩护的证据则为辩护证据。

■第四节　原始证据和传来证据

根据证据的来源不同，可以把诉讼证据划分为原始证据和传来证据。

原始证据是指直接来源于案件事实的证据，即通常所说的第一手材料。例如，证人根据他亲眼看到、亲耳听到的情况所提供的证言，被害人对自己受害经过的陈述，犯罪嫌疑人、被告人对自己所实施的行为的供述，文件的原本、物证的原物等，都属于原始证据。

传来证据又称派生证据、第二手证据，指不是直接来源于案件的事实，而是通过原始证据派生出来的证据。凡是从原始出处以外的其他来源，即不是从第一来源直接获取的证据，都是传来证据。例如，证人没有亲眼看到、亲耳听到与案件有关的事实情况，而是从犯罪嫌疑人、被告人或者其他人的谈话中间接了解到与案件有关的事实情况并就此提供的证言，就是传来证据。另外，文件的副本或者抄件、复印件，勘验、检查笔录的复印件，物证的照片、复制件等，都是传来证据。

"传来证据"一词与"传闻证据"（Hearsay Evidence）是有区别的。"传闻证据"包括记述言词陈述的书面材料和非语言行为等。在一些国家，凡与诉讼争点有关但是在法庭审判外形成的证言，或陈述之内容非本人亲自感知的情况的证据，都属于传闻证据，其须受传闻证据规则的限制。传来证据既包括言词证据也包括实物证据。

一般来说，原始证据比传来证据可靠，因为证据经过转述、传抄和复制，往往产生偏差，其真实性和准确性就会随之降低。经验表明，证据最终衍生的中间环节越多，就越有可能存在偏差。

将证据划分为原始证据和传来证据，有利于促使公安、司法工作人员努力寻找原始证据，尽量掌握第一手材料。不过，不能认为传来证据完全不可靠就不注意收集传来证据。实际上，传来证据可以作为线索去发现和收集原始证据；可以用以审查原始证据是否具有完整性和真实性，并用以判断原始证据的可靠程度；在没有原始证据的情况下，达到一定数量的切实可靠的传来证据可以证明与案件有关的事实，甚至可以用来确认被告人是否有罪。

■第五节　直接证据和间接证据

根据证据与案件的主要事实的证明关系，可以将证据划分为直接证据和间接证据。所谓案件的主要事实，是指：①犯罪事实业已发生；②犯罪嫌疑人、被告人实施了该犯罪行为。两者共同构成"案件的主要事实"。

直接证据是指能够独立地证明案件主要事实的证据。凡是直接证明犯罪事实是否存在，以及犯罪嫌疑人、被告人是否有罪的证据，都是直接证据。直接证据是案件主要事实的直接反映，证人证言，被害人陈述，犯罪嫌疑人、被告人供述和辩解，都有可能是直接证据。原则上，一个直接证据经过查证属实后，就可以对案件的主要事实作出肯定或者否定的结论。例如，犯罪嫌疑人、被告人所作的有罪供述，经过查证属实，就可以据以对案件主要事实得出肯定的结论。不过，任何一个案件都不能单独根据一个证据来确认案件事实的有无，即使该证据为直接证据，因为任何一个证据都不能自我证明其真实性，而必须依赖其他证据相互印证才能判断其是否真实。司法实践中所谓的"孤证不能定案"就是指任何一个证据都不能单独成为确认案件事实的根据。直接证据的特点是证明过程直截了当，无需经过复杂的推理过程。但是，直接证据必须查证属实，才能作为定案的根据。同时，对全案事实的认定，仅靠直接证据只能查明案件的主要事实，其必须与全案证据结合起来，才能查明全案事实。

间接证据是指不能单独证明案件的主要事实，需要与其他证据相结合并经过推理才能证明有关案件事实的证据。间接证据具有互相依赖的特性，任何一个间接证据本身都没有单独的证明作用，因此必须依赖其他证据，并与其他证据结合起来才能发挥证明作用。这种结合应当彼此协调一致，不能互相矛盾、互相脱节。另外，间接证据的证明作用，不仅取决于间接证据本身的真实性，而且取决于它和案件之间的关联性。

需要指出的是，尽管间接证据不能单独用来证明案件的主要事实，但其在刑事诉讼中仍然具有重要的意义。司法实践中，往往将直接证据与间接证据结合起来，共同发挥认定案件事实的作用。有些案件不能收集到直接证据，只能依靠间接证据定案。

不过，由于一项间接证据不能直接揭示案件的主要事实，完全运用间接证据来认定案件事实要比运用直接证据更为困难、复杂，容易出现偏差乃至铸成大错，因此必须加以严格限制。根据刑事司法实践经验，完全运用间接证据定案，必须遵守以下规则：

1. 每个间接证据都应当查证属实。

2. 每个间接证据与案件事实存在客观联系，能够实质上起到证明与案件有关的某一事实的作用。

3. 各个间接证据之间应当互相衔接，构成一个完整的证据链。

4. 依据所有的间接证据，对案件主要事实得出的结论必须是唯一的，排除了其他可能性。

■第六节　主证据和补强证据

根据证据的作用和某证据对另一证据的担保依赖关系，可以将诉讼证据划分为主证据和补强证据。

主证据，又称"主要证据""实质证据"，是指基于证据本身的特殊性质，需要经过其他证据增强或者担保其证明力才能作为认定案件主要事实的根据的证据。有学者指出："主证据（Substantive Evidence），乃足以证明主要事实存否之证据，或称之为独立证据。"按照这一定义，所谓主证据就是前文所说的"直接证据"，只是在这里它相对于补强证据而言，故称为"主证据"。[1] 补强证据是为了增强或者担保主要证据的证明力而提出的证据。

---

〔1〕（台）陈朴生：《刑事证据法》，台湾三民书局1979年版，第146页。

　　补强证据的作用在于通过证据的相互印证作用而增强或担保主证据的证明力。由于主证据对案件主要事实的证明具有决定作用，为了保证发现案件的真相，防止该证据为虚假证据，需要借助补强证据来印证主证据的证明力。

　　在许多国家，刑事诉讼法中确立了补强规则。按照这一规则，只有被告人口供而没有其他证据的，不得认定被告人有罪。认定被告人有罪，需要具备其他证据（补强证据）。也就是说，即使存在具有任意性和证明力的证据，如果没有补强证据，仍然不能认定被告人有罪。显然，补强证据规则主要运用于被告人口供的补强，因此，"补强规则具有避免偏重于自白、防止误判、间接防止强制自白等意义"。[1]

　　补强证据的一般规则是：

　　1. 补强证据应有独立来源，即补强证据应当有着与主证据不同的来源，能够与主证据作实质性分离，而不能由主证据产生，否则无法起到增强或者担保主证据证明力的作用。

　　2. 补强证据与主证据应有共同的证明对象，如被害人报案时所作的陈述与被告人的供述都具有证明案件实体法事实的作用。

　　3. 补强证据应当能够与主证据相互印证，如无法印证，当然不具有增强或者担保主证据证明力的功能。

【思考题】

　　1. 言词证据的特点是什么？审查时应注意哪些问题？

　　2. 完全运用间接证据定案的规则是什么？

　　3. 补强证据规则的内容是什么？

第十七章

---

〔1〕〔日〕石井一正著，陈浩然译：《日本实用刑事证据法》，五南图书出版公司2000年版，第310页。

第十八章

刑事证据制度的理论基础

提要与学习要求　本章需要了解证据法学的理论基础主要包括认识论和价值论，理解认识论的含义和运用，掌握法律多元价值及平衡、选择理论在刑事证据制度中的运用。

■第一节　认识论

诉讼活动的主要组成部分是认识活动，对于认识活动，认识论无疑具有重要的理论意义和实践指导作用。

我们所说的认识，是指"能够确定某一人或事物是这个人或事物而不是别的"，或者指"人的头脑对客观世界的反映"。[1]认识在心理学上有广、狭两种含义：广义的认识是指感知的各个要素最为显著的心理历程，即感觉、知觉、想象、思维等之总名，与感情、意志对称；狭义的认识是指感知对象的状态，不管它为事为物，属内在的性质还是外在的表象，都领会其内容产生具有确实性的意识。哲学上的认识，指含有判断作用之知的作用，与知识之意相似，所不同的是，知识是系统的和确实的。[2]简单来说，即"认识"就是认识者对于认识对象的明白了解。科学意义上的认识不仅依赖感官知觉并且有赖于理智的作用。也就是说，感官知觉与理智都对知识的发生具有贡献作用。因此，认识活动就在感官知觉与理智的共同参与下对一定的事物明白了解的过程。推而广之，诉讼中的认识活动，就是公安司法人员和诉讼参与人依感官知觉与理智的作用从而对与案件有关的事实进行感知、判断从而达到了解的过程。

认识活动，不仅仅存在于刑事诉讼的侦查阶段，而且贯穿于诉讼活动的始终。

---

〔1〕　中国社会科学院语言研究所词典编辑室编：《现代汉语词典》，商务印书馆1996年版，第1067页。
〔2〕　舒新城主编：《中华百科辞典》，中华书局1935年版，第1000页。

第十八章

在案件事实发生前和发生时，与诉讼有关的认识就已经发生了：犯罪行为人在为犯罪活动进行准备时，就可能被他人所感知；被害人在受害过程中对于自己被侵害的事实性质、过程和结果以及侵害人的情况存在感知和判断；犯罪人对于犯罪过程、结果和被害人的情况也存在感知和判断。证人是了解案件事实的第三人，对于案件事实的感知是其具有作证资格的基础；对犯罪嫌疑人的抓捕、扭送行为，也是将被抓捕、扭送的人确认为有犯罪嫌疑的人的认识的结果，这种确认是建立在一定的感知和判断的基础之上的。鉴定人对所要检验、辨别的事物，运用专门知识和技能进行检验、辨别，其过程更是少不了感官感知和判断的参与。此外，在公安机关进行立案和侦查活动、检察机关进行审查批准逮捕和审查起诉、法院进行立案和法庭审理等活动中，对于立案条件所包含的事实，对于侦查对象事实、逮捕条件、起诉和不起诉条件所包含的事实，对于法院进行裁决所依据的事实，都必须通过感官感知、理性判断加以认识，然后才能作出推进、中止、终结诉讼进程或者进行实体处理等决定或者裁判。没有认识活动的参与，诉讼就不能进行。实际上，证明活动可以说是一个认识过程，这种认识活动在诉讼中具有根本的决定性意义。

对于控诉方而言，其主要的认识活动是在侦查和审查活动中完成的，在审判阶段，有关的结论和论题已经产生和明确，但这并不意味着认识活动已经结束。控诉方在法庭上进行的固然是"向裁判者证明"甚至是"证明给人看"的活动，但在诉讼活动和仲裁活动中，控诉方不仅要对审判活动（如对于法官审理活动的合法性）进行感知和判断，而且对于诉讼或者仲裁的对方当事人所提出的事实、申辩都需要其调动感官和理智进行认识，新的认识可能会强化、补充、动摇甚至在根本上摧毁已有的认识，所以控诉方可能会基于新的认识而撤回、变更或者追加控诉。显然，证明活动中的这些内容仍然属于认识活动。

对于法院来说，恰恰需要通过当事人（以及检察官）的证明活动来探求自己未知的事物。"各种过去发生的事实（其中也包括在每一个刑事案件中必须加以确认的主要事实，即被告人实施犯罪这个事实），并不是经审判员直接感受到的。过去的事实乃是间接认识的对象，即我们运用思维活动而取得的那种知识。这种思维活动就是我们把个别的直接为我们所感受的事实加以对比，而从这种事实中推论出关于未知事实的结论。这种思维活动也就是证明的过程。"[1]

法官在审读起诉书甚至阅读案卷后进行开庭，起诉书和案卷材料为其提供了认识案件事实的基础，但无罪推定原则和排除预断等制度设计，要求法官不能未经审理而对案件事实作出预断，特别是不能作出不利于被告人的假定，他应当不顾及起诉书和案卷材料给他实际造成的印象，坚持法律所认可的一种假定，即被告人无罪的假定，"头脑一片空白"地开始审判活动。当然，这种假定只是法律上可推翻的

---

〔1〕　［苏联］切里佐夫著，中国人民大学刑法教研室译：《苏维埃刑事诉讼》，法律出版社 1955 年版，第 200～201 页。

推定，审判过程中法官最终形成的认识可以否定这一假定。对于审判方来说，一切结论必须等到法庭举证、辩论后再根据举证、辩论活动给法官的感官和理智所带来的认识进行认定。所谓证明责任承担者的说服责任就是通过法庭举证、辩论给法官的感官和理智施加影响，使之形成有利于己方的判断。

法官的判决通常要建立在一定的事实基础之上，是通过证据对一定的事实存在与否，这些事实的性质、意义和法律与这些事实的契合性进行感知、判断所形成的结论。这些事实中的绝大部分是承担证明责任的当事人进行证明或者释明的对象，也有一些属于司法认知的内容，也就是说，法官的判决通常是在对证据、事实、法律及其相互关系进行认识的基础上形成的。认识活动为解决利益争端和纠纷并结束以此为目的的诉讼（或者仲裁）活动提供了先决条件。

当然，解决利益争端和纠纷不一定非得建立在客观真实的基础上不可，在形式上解决利益争端和纠纷就不需要建立在实质真实的基础上，但要在实质上解决利益争端和纠纷就必须建立在实质真实的基础上，因为不建立在实质真实基础上的对利益争端和纠纷的解决只是形式上的解决，它回避了在实质上解决争端和纠纷的诉讼渠道，不能使争端和纠纷的解决得到实体正义的实现。所以理想状态下的诉讼结果的产生，其不可或缺的基础是实质真实的发现和确认。只有在不能发现实质真实，或者权衡其他因素之后只以发现形式真实为满足，才在形式真实和无从确认实质真实的基础上作出裁判。

对案件事实真相的认识活动可能存在两种结果，一是最终查明了案件事实真相，二是没有查明案件事实真相。但认识活动仍然是认识活动，其不受是否达到查明案件事实真相的影响，没有查明案件事实真相本身也是一种认识结果。所以，即使可以说"利益争端的解决，诉讼和仲裁目的的完成，有时与事实真相是否得到查明毫不相干"，也不能说"利益争端的解决以及诉讼目的的完成与认识活动毫不相干"。

另外，这种认识活动是否受程序的约束，也不能对认识本身的性质产生影响，无论该活动受不受程序约束，认识活动仍然是认识活动。

审判阶段与查明事实真相的关系，包含以下要素：一是要求查明实质真实还是形式真实；二是查明事实真相的重心是在审前阶段还是审判阶段。这两者无论如何选择都不影响证明活动的性质是认识活动，因为无论是对实质真实还是形式真实的查明和确认，都离不开认识的参与，都属于认识活动；查明事实真相的重心是在审前阶段还是审判阶段，不影响认识活动在审判阶段的性质。在查明事实真相方面，法官的职能与查明事实真相的关系的作用是消极的还是积极的，也都不影响法官在审理案件中有认识活动的参与。无论法官是主动调查取证并在此基础上得出结论，还是不主动调查取证而在当事人举证的基础上得出结论，都要通过认识活动来完成。无论是作用消极的法官还是作用积极的法官，也无论他追求的是实质真实还是形式真实，都有责任尊重事实，在证据裁判主义的约束下就证据作出判断。

第
十
八
章

综上所述，我们可以得出结论：认识活动是判决的基础，构成了诉讼活动和审判阶段证明活动的主要内容，证明活动的目的就是达成特定的认识，认识是通过证明活动并在证明过程中形成的。认识活动在诉讼活动和审判阶段的证明活动中具有根本性意义，在其基础上最终形成了对案件的各种处理决定和诉讼的最终结果。

认识论是哲学的一部分，是"关于人类知识的来源、发展过程，以及认识与实践关系的学说"。[1]它的任务是研究人类认识的起源与发展，并考察组织异常复杂的认识作用。其基本问题包括认识的起源问题、认识的确实性问题和认识的本质问题。

对于认识的起源问题，主要有三派：①唯理主义者认为认识乃是先天固有的，其起源在于思考；②经验主义者认为认识起源于内外之经验；③批评主义调和于两说之间，认为先天和经验同为知识的源泉。

对于认识的确实性问题。主要有以下几种流派：①独断论是不加验证而独断其真实的观念，信奉者完全信赖感觉与知识的结果，认为世界的事实情况与我们所见的和所想的完全一致。例如，宗教是独断的，宗教活动人士坚信其所持教义的正确性，即使是超感觉的不可能的经验的对象，也深信不疑；哲学上也有一个相当长的时期是独断的，如柏拉图认为世界的本质是由非物质的观念或者原型组织而构成的，等等。②怀疑论与独断论相反，其极端怀疑认识的可能性，因而不作一切积极的主张。怀疑论起源于公元前300年的比罗，当时哲学家所持的见解彼此矛盾，莫衷一是，从而导致了怀疑论的产生。到了罗马时代，怀疑论更加盛行，其动机在于寻求精神上的安宁，为达到这一目的而避免卷入学派论战的漩涡当中。怀疑论的贡献在于教导人们在断案的前提未达到完全时，不要轻易下判断。在反对独断论这一方面，怀疑论起到了积极的作用，如《百科全书》就是在怀疑论的基础上写成的。贝尔（Bayle）依据怀疑论极力主张宗教教义是不能被证实的。③批评论注重研究认识的限度和可能、发展和起源，目的在于发现经验的产生依赖于主观要素的状况，并认识人类所能认识的范围。批评论的主张者对教条和自己的认识能力持批评态度，认为无论何事，不先考证确实，不信以为真。古代的埃里亚学派（Eleaticism）否认感官的认识能力，德谟克利特认为酸、甜、冷、热都不是物的真性，只不过是人的主观感觉。这些内容都含有批评的精神。自洛克、柏克、休谟等人的著作出现之后，考察认识的官能更加重要。康德受休谟的影响乃建立哲学的批评论。因康德的研究，独断论受到了致命的重创。④实证论认为认识的确实，只限于经验范围之内。该流派只主张科学研究现象的法则，不要研究实体究竟如何，那是不可知道的。实证论以法国的孔德、英国的穆勒为代表。

对于认识的本质问题，观念论认为认识不能获知外物的真实，外物只不过是人们意识中的观念："譬如我们观察一条忠实的狗，我们实际上并不知道这条狗是真实存在的，因为它也许只是我们种种感觉的总和。"不只是狗，天地、山川、海陆等都

---

[1]　中国社会科学院语言研究所词典编辑室编：《现代汉语词典》，商务印书馆1996年版，第1067页。

不过是人的观念而已，所以普罗塔哥拉说："人是万物的尺度，是存在的事物存在的尺度，也是不存在的事物不存在的尺度。"[1]实在论认为认识是意识描摹的客观事物。朴素的实在论认为周围独立存在的世界的表现就是真相。现象论属于实在论的一种，该流派的主张者认为人们所能知道的，只限于现象。如康德所说："我们一点都不知道事物本身是些什么东西，我们仅仅知道事物的现象，即事物对我们的感觉发生作用时在我们之内所产生出来的表象。"[2]

　　证据法、证明活动和证据法学深受上述认识论的影响。例如，神示证据制度的理论基础就是认识论中的独断论，认为神灵的存在是不能得到切实的证明的，认为神灵是"能想象的最伟大存在体"，存在于人们的信仰之中，在人们的信仰中"这个实在体是必然存在的，因为它若不存在，它就不是能想象的最伟大存在体"，[3]实际上等于是对未经切实证明的事物的存在坚信不疑，而神明的启示被认为是神向人的晓谕，是神通过一定的方式把真理（真相）告诉人们，否则单靠个人的力量可能永远不能获知真理和事物的真相。法定证据制度也带有独断论的影响，中世纪欧洲大陆的法定证据制度盛行之时，经院哲学大行于世。中世纪欧洲大陆的哲学屈服在神学之下，但人类的理性也有所伸张，形成了经验与归纳的研究法——即寻求观察正确的条件，从个别的经验事实寻求普遍适用的结论或原则。法定证据制度中对证据证明力所作的若干预先规定，目的在于防止缺乏经验的法官在认定证据和确认案件事实中发生错误，将来源于司法实践中的经验与等级观念相结合，总结、概括出一系列客观标准，并对这些客观标准采取了教条的、独断的态度。近现代诉讼中的盖然性理论，则是与认识不可能精确描摹客观事物的观念互为表里的。

　　我们认为，我国的证据法学应以实在论和对于人的认识能力存在适正评价的观点相结合的认识论为基础。

　　按照实在论的观点，我们由思虑和知觉所了解的，是不依赖于我们而独立存在的。例如，绿色的树叶，不因我们不去感觉它就不绿，不因黑夜、没有光线就不绿，即使无光、不去看，树叶仍然具有绿色的性质，也就是说，存在发生绿色视觉的条件，这种条件是客观地属于树叶的。但单纯的实在论观念很难持久存在，因为就我们的日常经验来说，感觉所导致的错误也使我们不敢相信感觉的可靠性。例如，将棍棒放入水中，其状如曲折，单靠感觉就不一定靠得住。除了感觉以外，还需要悟性加以判断，以便发现感觉间的联系与本质，完成从感性到理性的过程。但人的理性判断也会发生错误，不能将我们的观念与判断不加检验地认为是事实真相。例如

---

〔1〕　［德］康德：《导论》，转引自［苏联］柯普宁著，王天厚等译：《科学的认识论基础和逻辑基础》，华东师范大学出版社1989年版，第45页。

〔2〕　［德］康德：《导论》，转引自［苏联］柯普宁著，王天厚等译：《科学的认识论基础和逻辑基础》，华东师范大学出版社1989年版，第46～47页。

〔3〕　［美］罗宾·凯利编，杨牧谷编译：《当代信仰手册》，校园书房出版社1990年版，第19页。

患病时会看见、听见或者感觉到许多与客观事实不一致的景象、声音或者其他情况，会幻想许多与客观不同的东西。所以实在论还需要用批评论加以限定。

对于人的认识能力的适正评价，是认为在有限时空内，人的认识能力是有限的，不但自身有一定局限性，而且受客观外界的各种因素的影响，认识能力也会受到种种限制。例如，法庭审判对目击证人十分重视，但心理学家指出，这些假设是虚妄的，证人证言并不像人们普遍相信的那样完整和精确，人们经常赋予他们所感知的片断事实以结构和意义，并且，在司法实践中，证人证言受提问者措辞的影响很大，而且发生指认错误的现象十分常见。所以，对于人的感知能力、记忆能力和表达能力不能抱有过分夸大的态度。这种认识论的要义，是认为认识是意识对客观事物的描摹，但对于人的认识能力抱有批评的态度，否定未经批评的检查就相信所感知的世界为真实。

在诉讼中，一方面应当承认发生过的案件事实是客观存在的，我们对于案件事实的正确认识是对客观存在的事实的反映；另一方面也应当承认在一些案件（不是所有案件）的诉讼调查研究工作中会得出错误的结论。诉讼活动可以采取一系列办法，诸如选任适格的司法人员、维护法定的正当程序等手段来减少错误认识的发生，将审判的重心置于防错和纠错，反对一口断定"我国法院所作的判决，永远都反映真实情况"。

马克思主义的唯物主义认识论，符合前述认识论的两大特征：

1. 其认为存在是在思维之外，而且不依赖于思维而客观存在的。用马克思自己的话说，就是"意识在任何时候都只能是被意识到了的存在"。[1]

2. 对于人和人的实践活动来说，认识客观世界的现象、本质及其运动规律是必要的。

3. 其对于整体的、延续的人类的认识能力抱有乐观的态度，认为整体的、延续的人类能够认识客观世界的现象、本质及其运动规律。唯物主义认识论相信认识世界的可能性。与这种信念不同的，是被称为不可知论的认识论观点，它否认认识世界的可能性。

4. 就具体的个人或者人群来说，由于主观和客观因素的限制，其认识能力是有限的。恩格斯对此作出了具体的分析："一方面，人的思维的性质必然被看作是绝对的；另一方面，人的思维又是在完全有限地思维着的个人中实现的。这个矛盾只有在无限的前进过程中，在至少对我们来说实际上是无止境的人类世代更迭中才能得到解决。从这个意义来讲，人的思维是至上的，同样又是不至上的。它的认识能力是无限的，同时又是有限的。按它的本性、使命、可能和历史的终极目的来说，是至上的和无限的；按它的个别实现和每次的实现来说，又是不至上的和有限的。"[2]

---

[1] 《马克思恩格斯全集》第3卷，人民出版社1972年版，第29页。
[2] 《马克思恩格斯全集》第3卷，人民出版社1972年版，第126页。

认真地解读辩证唯物主义认识论，并且怀有尊重事实的态度的人，会承认：如果正确理解和正确运用辩证唯物主义认识论的话，是不会无节制地夸大人的认识能力的。苏联以及深受苏联影响的我国证据法学对于人的认识能力，就显然低估了人的认识能力在主客观条件的制约下的局限性，夸大了马克思列宁主义认识论原理和社会主义法律意识在认识具体案件时的实际作用。实际上，这种低估和夸大并非不能为辩证唯物主义认识论所匡正，因为应用辩证唯物主义认识论中存在低估和夸大的问题，就会对辩证唯物主义认识论本身失去冷静的、耐心的审视和持平公允的评价，必欲摈弃而后快。

■第二节　法律多元价值及平衡、选择理论

在证据制度中，作为其基础的法律价值具有多元化的特征，有的已经超越了诉讼本身而具有更为深远的意义，这种意义有时不是"实质正义（发现案件实质真实）"或者"程序正义（正当程序）"所能尽数涵盖的。如我国古代诉讼中"凡同居，若大功以上亲及外祖父母、外孙、妻之父母、女婿，若孙之父、夫之兄弟及兄弟妻，有罪相为容隐。奴婢、雇工人为家长隐者，皆勿论。若漏泄其事及通报消息，致令罪人隐匿逃避者，亦不坐"。[1]于证据制度中，即表现为亲属之间不互相揭发其罪的权利与义务，这也可以表现为拒绝提供可能陷其于罪的证言的权利和义务，这种法律制度的设定不是因为该证言有虚假的极大可能性而可能误导法官作出错误的裁决，也不是为了限制国家权力使之不被滥用，而是基于维护儒家理想的伦理秩序、培养或鼓励忠孝的品格或行为的理由。按照中国传统的观点，亲属关系的和谐和稳定是整个社会和谐和稳定的基础，"中国人在乡村中的社会组织，主要依靠他们的亲属关系，其次才作为人们彼此为邻的团体"。[2]亲属、主奴间的相隐，或因恩重或因义重，所以这种制度的设置所要保障的是恩义孝忠这样的法律价值。

我们还可以举出一些其他的例子，如现代诉讼中，许多国家的刑事诉讼法赋予律师拒绝披露他从履行辩护职责中获知的有关其当事人的情况，除非其当事人同意他这样做（但该当事人不能被强迫作出这种同意）。1901年，豪斯伯里（Halsbury, L. C.）指出："为了完美地司法和保护律师与其当事人之间存在的信任关系，基于信任而提供的信息不作为提供的对象被确立为一项公共政策原则。"[3]这一证据法规则所直接保护的对象是律师与其当事人之间存在的信任关系。此处的"信任"，是法律所保护的价值，通过对它的保护，防止辩护制度的大厦倾颓并进而对辩护权乃至实体权利提供保护。医师与病人、宗教活动者与信徒之间的信任关系也受到同样

---

〔1〕《大清律例》之名例律。

〔2〕［美］费正清著，孙瑞芹、陈泽宪译：《美国与中国》，商务印书馆1971年版，第32页。

〔3〕 William Shaw, *Evidence in Criminal Cases*, London：Butterworth & Co. Lid. , 1954, p. 224.

的保护，通过保护隐私权不受侵犯，最终保护医疗中的信赖性和安全性或者宗教制度的存续和发展。

有些证据规则保护的是国家重大利益，许多国家的刑事诉讼法规定国家公职人员对于公务秘密负有保密义务，他们不得就这样的事实作证。如意大利《刑事诉讼法》第202条第1项规定："公务员、公共职员和受委托从事公共服务的人员有义务不就属于国家秘密的事实作证。"又如日本《刑事诉讼法》第144条规定："对公务员或者曾任公务员的人得知的事实，本人或者该管公务机关声明是有关公务秘密的事项时，非经该管监督官厅的承诺，不得作为证人进行询问。但该管监督官厅，除有妨碍国家重大利益的情形以外，不得拒绝承诺。"这一类规定，既不是为了发现案件的实质真实，也不是为了维护所谓的程序正义，而是将"国家重大利益"作为法律所保护的价值而在具体制度设计中加以保护。

所以，证据法的价值既不是一元的（如实质真实或者程序正义），也不是二元的（实体正义与程序正义），而是多元的，它们共同构成证据法的价值体系，将证据法的价值仅仅定位为实质正义或者仅仅定位为程序正义，实际是将一个多元价值体系简单化了。在证据法的价值体系中，至少有四项价值属于基本价值，即秩序、个人自由、公平和效率。

社会秩序是法治的基础，社会秩序若陷入崩溃，法治也就无从谈起，因此美国学者彼得·斯坦等人在《西方社会的法律价值》一书中指出，"与法律永相伴随的基本价值，便是社会秩序"，"维持社会和平是实现其他法律价值的先决条件"，"必须先有社会秩序，才谈得上社会公平。社会秩序要靠一整套普遍性的法律规则来建立。而法律规则又需要整个社会系统地、正式地使用其力量加以维持"[1]"法律规则的首要目的，便是使社会中各个成员的人身和财产得到保障，使他们的精力不必因操心自我保护而消耗殆尽。"司法公正首先表现为对案件事实和证据有着正确的判断，发现案件的是非曲直，并正确适用实体法律。实质真实发现是实现刑事诉讼目的的必要条件，刑事诉讼的目的在于确认犯罪事实的发生和具体的犯罪人，并在此基础上适用刑罚权。实质真实发现之所以重要，主要原因在于社会秩序在法律价值体系中具有重要性——适用国家刑罚权来惩治和预防犯罪、维护社会秩序是刑事诉讼赖以存在的基础。偏离这一基本功能，刑事司法便无立足之地。刑事证据制度的建构应当有利于发现案件的实质真实，为将实体法律正确应用于具体案件而创造条件。设定某些证据规则的有说服力的理由是它们具备发现案件实质真实和正确适用法律的能力。只有当证据不足以确认被告人有罪时，亦即事实上的正义无法实现时，才退而求其次，实现法律所确认的正义，如在一些案件中会将实际上犯罪而没有得到证明的被告人释放。

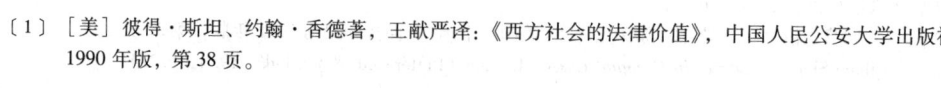

[1]　[美]彼得·斯坦、约翰·香德著，王献严译：《西方社会的法律价值》，中国人民公安大学出版社
　　　1990年版，第38页。

　　当然，维护社会秩序并非刑事法律的唯一价值，个人自由同样是法律——特别是刑事法律——的重要价值。国家秩序对于一个人来说，构成一种社会环境。人们很早就对秩序与自由的关系问题充满兴趣，秩序是自由之前提的命题，为人们广为接受，美国联邦最高法院时常提到的"有秩序的自由的概念"（the concept of ordered liberty）就包含了对这一命题的认同。但这一命题不能被夸大成为以秩序为由而压制自由的理由，按照联合国人权约法所确立的标准，只有当一个国家处于其本身的存在受到威胁的社会紧急状态并经正式宣布时才能克减自己所承担的在保障公民权利和自由方面的义务，但这种克减有着严格的实体和程序限制，并且包括生命权、思想、良心和宗教自由等权利不得克减。[1]对人及其存在的价值和尊严的尊重是法治的最高价值追求，自由是人及其存在的价值和尊严的重要体现和保障，因而也是现代社会最重要的法律价值之一。对个人自由的尊重，在诉讼中表现为符合公正标准的程序被严格遵行。在司法活动中，正当程序理念包含了严格执行程序的要求。

　　公平体现为法律的平等适用，即要求法律无偏倚地适用于每一个人，做到使人们不感到本人受到的对待与和自己地位相似的人不同。法律公正性的一个基本要求是在法律中确立平等适用的原则。这里需要防止因性别、民族、种族等造成法律适用中的偏袒和歧视现象，特别需要防止由权力因素造成法律适用中的不平等现象。

　　通过诉讼渠道解决法律纠纷意味着司法资源的投入，如何以较少的投入取得最大的收益，是立法机关、司法机关和诉讼参与人乃至一般民众都关心的问题。当代诉讼越来越关注诉讼效率问题，其结果是促成了简易、速裁程序的确立，即对于情节较轻或者被告人自愿供述有罪等案件采取相对于普通程序简洁明快的程序，以减少司法资源的不必要的丧失。对于像我国这种发展中国家来说，如果有司法资源投入较小而又无损于公正和廉洁的制度，就应当优先考虑采用这样的制度。当然，只有在公正得到有效保障的条件下才能进行这类选择，因为，在法律的诸价值中，公正是首要的价值，为效率而牺牲公正显然是得不偿失的。

　　前述价值之间往往存在冲突，特别是秩序与个人自由——在刑事诉讼中体现为实质正义与程序正义——之间存在的冲突颇为显著。

　　理想的司法状态是程序正义与实体正义同时获得实现，在大多数情况下，确是如此。一般地说，程序正义是实体正义的保障，但程序正义并不是实现实体正义的充分条件，即通过它不能必然实现实体正义的结果。不过，如果离开程序正义，往往使程序正义和实体正义两败俱伤。因此，在两者存在冲突时，需要司法人员根据法律的强制性规范进行取舍，或者根据法律授予的自由裁量权并综合两方面因素进行权衡后决定取舍。在刑事诉讼领域，为达目的不择手段的马基雅维里式的信条已遭摒弃，正当程序的理念产生了前所未有的影响力，手段的正当性得到极大尊重。在刑事诉讼中，多数案件能够通过正当程序达到实质真实发现的目的，从而实现正

---

〔1〕　参见联合国《公民权利和政治权利国际公约》第4条。

当程序与实质真实发现的统一，使刑事诉讼本身接近理想状态；但也有不少案件，会发现正当程序与实质真实发现之间存在矛盾，形成鱼与熊掌不可兼得的局面，这就需要在两者间进行权衡和作出选择。

需要指出的是，我国长期以来偏重客观真实发现而忽视程序合法，特别是在刑事诉讼中，在法律的诸多价值中偏重于秩序与效率，对个人自由、公平的保障十分薄弱，需要加以纠偏。纠偏的方法是在刑事诉讼中切实加强对犯罪嫌疑人和被告人的权利保障，防止以不正当手段实现维护秩序和惩罚犯罪的目的。

【思考题】

1. 如何认识证据制度的理论基础？
2. 如何理解在刑事诉讼中寻求法律价值的平衡？

第十八章

第十九章

刑事诉讼证明

提要与学习要求　本章需要了解刑事诉讼证明的概念，证明对象的概念，证明责任的含义，证明标准的概念，对全案证据的审查判断，理解并掌握刑事诉讼证明对象的内容、证明责任的分担及刑事诉讼中的具体的证明标准，以及疑罪从无原则。

■第一节　刑事诉讼证明概述

在许多国家，诉讼证明通常是指当事人证明自己诉讼主张的活动，刑事诉讼中承担公诉任务的检察官也是当事人的一种。虽然在我国，公诉人并非当事人，但公诉人提出证据表明自己的诉讼主张为真实的诉讼活动，也是证明活动。提出证据表明自己的诉讼主张为真实的诉讼活动。这里的"证明"是广义的证明。"证明"还有狭义概念，与"释明"（或者称"疏明""稀明"）相对应，指的是当事人提出证据表明自己的诉讼主张为真实而使审判人员产生"强固心证"的诉讼活动，在我国刑事诉讼中，尚未作出证明与释明的区分。

刑事诉讼证明是指检察人员或当事人及其委托的辩护人、代理人向法庭提出证据表明犯罪是否发生、谁是犯罪分子、罪责轻重以及其他有关案件事实的主张为真实的诉讼活动。

刑事诉讼证明的前提为诉讼主张。一般来说，主张是作出并维持一定的意思表示并想要使他人依从这一意思表示行事的行为，有时该意思表示也被称为"主张"。"主张"一词既可作动词，也可作名词。公诉人和当事人在诉讼过程中向法庭提出的诉讼请求以及这一请求所依据的事实，称为"诉讼主张"。诉讼主张由两部分内容构成：

1. 诉讼请求。刑事诉讼中的诉讼请求是要求法院确认被告人是否构成犯罪，并在构成犯罪的前提下科以何等刑罚的意思表示。

2. 事实主张。诉讼请求得到支持依赖于特定的法律事实的存在，为使自己的诉讼请求得到满足，控诉方或者辩护方需要提出这些事实，例如起诉书必须有明确的指控犯罪事实。在诉讼过程中，公诉人和当事人向法庭提出诉讼请求以及这一请求所依据的事实的诉讼行为，一般称为"提出诉讼主张"的行为。在一般情况下，诉讼主张的真实性不能通过自身体现出来，往往需要运用证据加以证明。通常是由提出肯定性主张的诉讼一方要对自己的主张提出证据加以证明；除了在例外的情况下，提出否定性主张的诉讼一方没有责任对自己提出的主张提出证据加以证明。因此，有主张（而且通常是肯定性主张）才需要有证明。古罗马所谓"谁主张，谁证明（举证）"，也表明了证明是以主张为前提的。

刑事诉讼证明往往与败诉后果相联系。特别是当有责任对自己的诉讼主张加以证明的一方如果不能提出证据或者提出的证据不足以证明自己的诉讼主张时，就必然或者可能招致败诉后果。败诉后果的存在和获得胜诉的愿望是公诉人和当事人进行诉讼证明的驱动力，由于胜诉与否与实体利益有关，因此公诉人和当事人无不积极主动地收集有利于本方的证据并向法院提出。即使在法律上没有"责任"进行证明的诉讼一方，也会本着维护自己的权利的立场从而积极主动地收集、提供证据进行证明活动。

需要指出的是，对于"证明"一词，尚有另一种解释，这种解释曾经是我国刑事证据法学的通说，至今仍然有很大影响，如认为"诉讼中的证明具有自己的特点，它是指司法机关或当事人依法运用证据确定或阐明案件事实的诉讼活动"。[1]这里所称之"证明"，是最宽泛意义上理解的证明。

■第二节　证明责任

一、证明责任的概念

证明责任，又称"举证责任"，指的是当事人（在我国刑事诉讼中还要分列出公诉人）承担的向法院提出证据支持自己的诉讼主张以期得到法院作出有利于自己的裁判、避免对自己不利的诉讼后果的责任。

"证明责任"（burden of proof；onus of proof）一词中的"责任"有"负担"之意（burden；onus）。从性质上看，"证明责任"中的"责任"既不是权利，也不是义务，因为义务的承担者如果不履行义务则意味着要受到处罚，但对于承担证明责任诉讼一方来说，不履行或者不充分履行这一责任并没有法律以预先规定的处罚措施强制其履行，"败诉的不利后果"才是推动其进行诉讼证明的动力。证明责任的履行靠的是法官必然或者可能对没有证明或者证明不充分的诉讼一方作出败诉判决，

---

[1]　陈一云主编：《证据学》，中国人民大学出版社 2000 年版，第114 页。

它实际上属于一种"间接强制"而不是法律处罚，因此证明责任中责任的意义与义务的属性是不吻合的。正是这个缘故，人们通常认为证明责任中"责任"的性质为风险负担，如果不履行或者不恰当地履行则必然或者可能招致败诉的不利后果。

如前所述，诉讼主张是法院审理的案件对象的重要组成部分，如果诉讼案件中没有明确的诉讼主张，证明就失去了明确的指向。在诉讼中，除非在法律所确认的特殊情况下，谁负有承担提出诉讼主张的责任，谁就需要承担证明这一诉讼主张的责任；而无须承担提出诉讼主张责任的诉讼一方，则无须进行证明。正如诉讼主张是诉讼证明的前提一样，主张责任也是证明责任的前提。

证明责任有着自身的结构，它由两部分组成：①提出证据的责任，向法庭提供支持自己的诉讼主张的证据，有时则是向法庭提供证据线索以便法官能够依职权收集支持其诉讼主张的证据；②说服责任，指的是负有证明责任的诉讼一方承担的以证据来说明、论证自己提出的诉讼主张的真实性，从而使法官形成法律要求达到的确认这一主张为真实的主观心理状态，即特定的相信程度（又称某种程度的心证）。

证明责任是否得到切实的履行，与诉讼结果存在密切的关系。证明责任如果没有得到切实的履行，即承担这一责任的诉讼一方不能提出足以说服法官相信其诉讼主张为真实的证据，就可能或者必然招致败诉的不利后果。在职权主义诉讼制度下，尽管责任方不能提出证据或者提出的证据来达到法定的证明标准，由于法官有依职权调查取证的功能，他可以主动收集证据以查明案件事实，从而确认某一诉讼主张的真实性，因此承担证明责任的诉讼一方不能提出足以说服法官相信其诉讼主张为真实的证据，只是可能招致被判决败诉的不利后果，而非必然招致败诉的不利后果。只有当法官不能收集到相应证据时，该证明责任的承担者才会被判决败诉。在当事人主义诉讼中，由于法官一般不具有主动依职权调查取证的职能，证据由双方当事人提供，承担证明责任的诉讼一方不能提出足以说服法官相信其诉讼主张为真实的证据，就可能或者必然招致被判决败诉的不利后果。无论如何，证明责任与败诉后果存在密切联系，败诉构成了不履行或者未充分履行证明责任的现实风险。由此所引发的风险负担，被认为是客观的、实质性的、结果意义上的证明责任。

不过，就检察机关而言，所谓"不利后果"指的仅仅是自己的诉讼主张不能被法院的判决加以支持的诉讼结果。检察机关不是狭隘的诉讼当事人，遵循的是法制原则和公益原则，只要法院的判决合法、公正，检察机关都应当予以支持，即使该判决使检察机关的最初控诉的意图未能实现也应当支持法院作出的判决。

需要指出，证明责任制度是在审判过程中，为了解决事实出现争议或者真伪不明应由谁提出证据加以证明，如果未予证明或者证明不能的则由谁承担败诉后果而设置的。证明责任制度来源于弹劾制诉讼。在弹劾制诉讼中，法官消极、中立，不主动调查取证，诉讼证据依赖当事人双方提供，因此，法官必须解决某一事实出现争议或者真伪不明时应当由谁提出证据加以证明，以及如果未予证明或者证明不能时则应由谁承担败诉后果等问题。如果这些问题得不到解决，就没有公正的审判。

在纠问制诉讼中,由于控诉和审判职能集于法官一身,诉讼中注重法官调查案件事实的职权作用,法官对发现案件真相负有责任,因此,不存在证明责任的问题。为了保障法官发现案件真相的实际能力,法律一般允许法官采用刑讯等手段追查案件的真相,并要求被告人承认犯罪,迫使其自证有罪。在中国古代,如果被拷问的人受到法定的刑讯后仍然拒绝招供认罪,法官可以反拷原告人,另外,对于证人也可以动用刑讯的手段获取证言,这也表明法官负有查明案件真相的责任,诉讼当事人和证人都是法官达到这一目的的工具。

"证明责任"是在法庭审判阶段中一个含义特定的概念,这一概念与弹劾主义诉讼紧密相连,以诉讼主张以及主张责任为前提,以败诉后果为归宿。离开审判阶段,离开诉讼主张以及主张责任,离开败诉后果,证明责任制度就失去了它产生之初及延续到现在于解决诉讼争议方面所具有的特定功能,证明责任本身的含义也就面目模糊、暧昧不清了。

需要注意的是,不是所有向法院提供证据的行为都是履行证明责任的行为。例如,在绝大多数情况下,辩护一方向法庭提供证据证明被告人无罪、罪轻、应当或者可以减轻、免除处罚的行为,是基于辩护权利而不是证明责任,事实上,即使其不提供证据,法院也不能仅凭辩护一方没有向法庭提供证据而判决被告人有罪、罪重,只有控诉一方的证明达到法定的标准,法院才能作出这样的判决。控诉一方的证明达不到法定的标准,即使辩护一方没有向法庭提供证据,法院也不能判决被告人有罪、罪重,并科以相应的刑罚。

二、刑事诉讼证明责任的承担

证明责任是由诉讼双方承担的,该责任分配于诉讼双方。

一般来说,诉讼中的一方主张有利于自己的事实,则应当就该事实负有证明的责任。在古罗马,诉讼中遵循的原则是"谁主张,谁证明",在此原则之下,有两项规则:其一,一方当事人对其陈述中主张的事实,有提出证据加以证明的义务;否认的一方,无需承担证明的责任。其二,双方当事人对自己的主张都提不出足够的证据时,负证明责任的一方败诉。这两项规则为后世证明责任分配制度的设置提供了总的框架。

不过,在具体设置证明责任制度的时候,必须考虑诉讼类型、与该诉讼类型关联的诉讼原则、诉讼两造的诉讼能力、取得证据的难易程度、证明成本等因素,以期合理地分配证明责任。在当代刑事诉讼中,要建立起合理的证明责任分配体系,应当考虑如下因素:

1. 无罪推定原则。在现代刑事诉讼中,实行无罪推定原则,被告人在经过法庭审判被证明为有罪并经法院判决之前应被推定为无罪。这一推定是法律上的推定,而且是可推翻的推定。推翻这一推定的责任当然不在被告人,而由提出与这一推定的内容相反主张的控诉方承担。既然被告人被推定为无罪,那么他无须证明自己无罪，只要控诉方不能证明他有罪，在法律上他就是清白无辜的，即使事实上并非如此。

2. 诉讼两造的诉讼能力。由控诉方证明被告人有罪，与控诉方的实际诉讼能力相适应。就自诉案件的控诉方而言，自诉案件一般为案情简单、法律关系不复杂、收集和提供证据较为容易的案件，一般来说，控诉方有能力提供相应的证据。就公诉案件的控诉方而言，担当公诉任务的是检察机关，检察人员有着较好的法律素养、法庭经验，检察工作又有着国家人力、物力、财力和法律强制力的支持，并且大多数案件是由警察机构调查和收集证据的，因此，其实际诉讼能力为其他机关、团体所难以企及，任何个人更是望尘莫及。比较而言，辩护一方的实际诉讼能力难以同检察机关相抗衡，被告人缺乏法律素养、法庭经验，他们中不少人还被采取各种强制措施，被限制或者剥夺人身自由，其获取有利于自己的证据甚为困难。即使有律师提供帮助，在一定程度上增强了诉讼能力，但律师的介入是否足以抗衡控诉方，尚取决于很多因素。因此，总的来说，不使辩护方承担证明被告人无罪的责任具有合理性。

3. 取得证据的难易程度。经验告诉我们，一个人要证明自己无罪往往是困难的，司法实践中常常发现，有的人确实清白无辜，但却无法提供自己无罪的证据。从这个经验出发，不令被告人承担证明自己无罪的责任是合理的。不过，也有某些特殊情形，由被告人承担主张责任甚至证明责任具有合理性。例如，在巨额财产来源不明罪中，对于巨大差额财产，公诉方常常无法查明其来源是否合法，如果不令被告人承担主张其巨大差额财产来源合法的责任甚至证明责任，被告人将逍遥法外。然而该巨大差额财产为非法获得的概率极高，被告人若合法取得该巨大差额财产则一般能够将该事实说清楚，提供相应的证据也较为容易。因此为切实惩罚犯罪，对于巨大差额财产的合法性，责令被告人承担主张责任甚至证明责任是较为合理的。不过，我国《刑事诉讼法》并未明确规定被告人对特定事实承担证明责任。

4. 对被告人权利的保障。在刑事诉讼中，被告人不负证明责任是人权保障的需要。令被告人承担证明自己无罪的责任，意味着为控诉方卸责，给被告人带来极大的心理压力，而且容易使追诉者在诉讼活动中依赖被告人的自我证明，导致刑讯的发生。因此，在现代刑事诉讼中，作为诉讼文明进步发展和人权保障程度提高的成果之一，被告人在原则上不承担证明自己无罪的责任。

5. 诉讼经济原则。某些需要证明的事项，如果都由控诉方一一加以证明，则诉讼成本过高。例如刑事诉讼中存在一个"理智清醒"的推定，即"每一个人都被推定为神经正常，除非其反面得到了证实。每一个神经正常的成年人都被推定为能够预见到自己有意识的行为会产生的后果"[1]也即推定被告人在实施被指控的犯罪行

---

〔1〕〔英〕J. W. 塞西尔·特纳著，王国庆、李启家等译：《肯尼刑法原理》，华夏出版社1989年版，第491页。

为时是神志清醒的。由于存在这一推定，控诉方在审判过程中不需要对被告人神志健全加以举证，除非这一事项产生争议而控诉方加以反驳。在很多国家，主张和证明被告人在实施被指控的犯罪行为时神志不清的责任是由辩护方承担的。不令控诉方逐一证明被告人神志清醒，显然符合我们的日常经验，也具有节省司法资源的功能。不过，在我国的刑事诉讼中虽然也隐含着"理智清醒"的推定，但主张和证明被告人在实施被指控的犯罪行为时神志不清的责任并不是或者不完全是由辩护方承担的，因为一旦有合理的根据怀疑被告人患有精神疾患，公安机关、检察机关和审判机关都应主动依职权查明被告人是否真的患有精神疾患，以及其在此情形下有无责任能力和诉讼行为能力，以便对案件作出适当的处理。

当今各国立法者，基于上述因素，在刑事诉讼法律制度中均一般规定，控诉方承担证明被告人有罪的责任，除法律规定的特殊情形，被告人无须承担证明责任。我国刑事诉讼的规定也是如此，在我国刑事诉讼中，控诉方（公诉人或自诉人）有责任提供证据证明自己的诉讼；否则，他们将承担其控告不能成立的不利后果。

我国《刑事诉讼法》第51条规定："公诉案件中被告人有罪的举证责任由人民检察院承担，自诉案件中被告人有罪的举证责任由自诉人承担。"具体而言，我国刑事诉讼中的证明责任，包含两个方面：

1. 控诉方对其指控的犯罪事实始终负有证明责任。

（1）公诉案件证明责任的承担。检察机关行使检察权，在审查决定提起公诉的时候，必须查明犯罪嫌疑人的犯罪事实、情节是否清楚，证据是否确实、充分。公诉人为了完成所承担的证明责任，必须依法行使自己的职权，采取各种法律手段，全面调查案件的各种证据，查明案件事实的各种情节，提出确实、充分的证据来证明犯罪嫌疑人、被告人应负有刑事责任。如果收集不到确实、充分的证据，不能证明犯罪嫌疑人、被告人确有犯罪时，就不能指控、追究他们的刑事责任。

（2）在自诉案件中，自诉人对其诉讼主张应当提出充分、确实的证据，承担证明被告人有罪的责任。自诉人在向人民法院起诉时，必须提供证据证明被告人有犯罪行为，依法应当追究刑事责任。人民法院进行审查后，认为自诉人起诉的案件事实清楚、有足够的证据证明的，应当受理。如果起诉的案件缺乏罪证，自诉人又无法提出补充证据，应当说服自诉人撤回自诉，或者用裁定予以驳回。因此，自诉人负有证明责任，否则将可能导致自诉不能成立或者败诉的后果。自诉案件的被告人如果提出了反诉，反诉一旦成立，反诉人也要承担与自诉人同样的证明责任。

2. 除法律规定的特殊情形外，被告人不负证明责任。被告人在一般情况下不负证明责任，亦即被告人不承担证明自己无罪的责任。但这一原则存在以下例外情况：

（1）在自诉案件中，被告人如果提出了反诉，则应当就反诉的事实和主张，承担证明责任。

（2）依照《刑法》第395条的规定，如果国家工作人员被指控为巨额财产来源不明罪的犯罪嫌疑人、被告人，那么其对明显超出自己合法收入的财产的来源，在司法机关无法查明其合法之时，应当承担证明其财产来源合法的责任。

（3）《刑法》第282条第2款规定："非法持有属于国家绝密、机密的文件、资料或其他物品，拒不说明来源与用途的，处3年以下有期徒刑、拘役或者管制。"根据最高人民法院和最高人民检察院的解释，本条被定名为非法持有国家绝密、机密文件、资料物品罪，这是1997年修正刑法时新增加的一个罪名。按本条的规定，公安司法机关只需证明犯罪嫌疑人、被告人不该持有而持有属于国家绝密、机密的文件、资料、物品，在上述事实得到证明且司法机关无法查明其拥有上述文件或物品合法的情况下，被告人应当承担主张责任和证明责任，主张并证明自己持有该文件、资料、物品是合法的；如果他不能以优势证据证明自己持有该文件、资料、物品是合法的，那么他将承担其所持有的文件、资料、物品被推定为是非法持有而被定罪量刑的不利后果。

■第三节　证明对象和免证事实

一、刑事证明对象的概念

刑事诉讼的证明对象，是指依法应当提出证据加以证明的指控犯罪事实和与案件有关的其他事实。

证明的过程通常是复原业已发生了的事实的过程，在诉讼过程中，需要复原两个方面的事实：一是指控犯罪事实本身，如杀人案件中，加害人杀害被害人的整个过程，就是需要加以复原的案件事实；二是其他与案件有关的事实，包括属于被告人个人情况的事实、在案件诉讼过程中引起争议的某些程序事实等。并非所有与案件有关的事实的全部内容都需要一一加以复原，需要复原的只是具有法律意义的事实，也就是能够产生一定法律效果的事实。这样的事实是由法律加以剪裁的、在实际发生的事实中的一部分内容，诉讼中并不需要将所有细枝末节的事实都逐一以证据加以复原，那样做既无必要也无可能。司法实践中所实行的"两个基本"证明标准，即"基本案件事实清楚，基本证据确实"。彭真同志在1981年5月《在五大城市治安座谈会上的讲话》提出："现在，有的案件因为证据不很完全，就判不下去。其实，一个案件，只要有确实的基本证据，基本的情节清楚，就可以判，一个案件几桩罪行，只要主要罪行证据确凿也可以判，要求把每个犯人犯罪的全部细节都搞清楚，每个证据都拿到手，这是极难做到的，一些细枝末节对判刑也没有用处。"即不要求必把案件的全部事实、情节，以至细枝末节都查清楚，也不要求把全部证据都收集到并加以核实。因此，作为证明对象的事实，是切实需要提出证据加以证明的那些事实，如被指控的犯罪事实中属于犯罪构成要件的事实，就属于"应当提出证据加以证明"的事实。

在刑事诉讼中预先确定证明的对象，其目的在于明确划定证明的范围，使承担证明责任者有针对性地进行诉讼证明，减少盲目性。证明对象也对侦查部门和审查起诉部门确定侦查目标和审查范围具有重要意义，侦查终结和提起公诉的条件之一是"犯罪事实清楚"，这里的"犯罪事实"的范围究竟是什么，需要根据诉讼中预定的证明对象加以确定。同时，证明对象也使法院在裁决案件中有所遵循，当有关事实需要加以证明而未予证明的情况下，法院应当要求对该事实承担证明责任的一方提出证据加以证明，也可以主动依职权调查取证，如果该事实不能得到证明，法院应当作出不利于承担证明责任一方的裁决。

二、证明对象的范围

刑事证明对象包括三类事实：第一类为实体法事实，乃是由刑事实体法所规范的事实，包括犯罪构成要件事实和其他实体法事实；第二类为程序法事实，乃是由刑事程序法所规范的事实；第三类为其他事实，指实体法事实、程序法事实以外需要加以证明的对于裁判案件有重要意义的事实。

（一）实体法事实

这部分事实是指对确认指控犯罪能否成立具有法律意义的并由实体法所规范的事实，即与被告人的定罪量刑有关的事实。粗略地说，实体法事实一般包含"五何"要素或者"五 w"要素，即何人（who）、何时（when）、何地（where）、如何进行（how）、何因（why）。具体而言，包括：

1. 犯罪事实是否已经发生。这是实体法事实中的首要事实，如果犯罪事实是否已经发生尚未得到证明，其他事实就无从谈起或者失去意义了。

2. 被告人是否实施了该犯罪行为，即被告人是否实施了由刑事实体法所确定的构成该犯罪的行为。该行为可能是作为，也可能是不作为，依具体案件所触犯的刑事实体法的有关罪名而定。另外，还需要判断被告人实施的行为与案件的结果是否存在因果关系，其行为是否为产生该结果的唯一原因等。

3. 被告人实施该行为是否符合刑事实体法所确定的构成该犯罪的主观要素，即是否存在法律所要求证明的故意或者过失。

4. 犯罪过程。包括犯罪时间、地点、作案手段、方法、动机和目的等。

5. 有无依法应当从重、从轻、减轻或免除处罚的情节。例如，犯罪行为处于哪一阶段——预备还是着手实施（既遂还是未遂）；是否属于正当防卫、紧急避险的情形；犯罪是否已过追诉时效期限，是否经特赦免除刑罚；是否属于告诉才处理而未经告诉或撤回告诉的犯罪；被告人是否具有自首、拒绝交代、毁灭罪证的情节；犯罪后的表现，即在犯罪后有无主动挽救因犯罪造成损失的行为，如在伤人之后有无积极主动地设法挽救的事实；犯罪后有无主动自首坦白、主动退赃等悔罪表现；犯罪后有无潜逃、拒捕、毁证、灭迹、隐匿罪证、转移赃款赃物、阻止同案人交代问题、订立攻守同盟、制造假证嫁祸于他人等表现；等等。

6. 被告人有无责任能力及责任能力大小。被告人的年龄与刑事责任有密切关系，如果被告人属于 14 周岁到 18 周岁之间以及 18 周岁左右的临界年龄，涉及是否达到责任年龄、有无责任能力，以及是否应当从轻或减轻处罚等问题。另外，被告人的精神健康状况也与确定刑事责任密切相联，涉及精神病人、间歇性精神病人是否应负刑事责任及应负多大刑事责任的问题，有精神病嫌疑或者辩护一方提出被告人心智不健全、有精神疾患的，需要提出相关证据加以确定或否认。

7. 确定被告人身份的事实。包括被告人的姓名、性别、年龄、民族、文化程度、工作经历、工作单位、职业、职务、政治面貌、原籍和现址等。被告人是可能的被定罪量刑的对象，确定其身份具有重要意义，因此控诉方在起诉时必须有明确的被告人及其基本情况。不过，在公诉案件中，如果被告人身份、住址不明，只要人员特定，也可以提出公诉，这是在无法及时查清其身份地址时退而求其次的做法。

8. 其他与定罪量刑有关的实体法事实。包括作为量刑酌定情节的被告人的一贯表现，是否有前科或是否受过处分等。

（二）程序法事实

这部分事实是指在办理刑事案件过程中，引起争议的、由刑事程序法所规范的事实。由于程序法事实关系到诉讼行为是否正确、合法，这些事实是否得到证明，不仅关系到实体法事实是否存在及其真伪问题，而且关系到裁判是否正确的问题，因此，程序法事实也往往成为诉讼中的证明对象。

当发生争议时需要证明的程序法事实包括以下几个方面：

1. 对某些犯罪嫌疑人、被告人是否应当采取某种强制措施的事实。《刑事诉讼法》对采取每种强制措施的条件都有明确的规定，在适用某一强制措施而引起争议时，往往需要以一定的证据证明是否应当适用该强制措施。

2. 有关回避方面的事实。我国《刑事诉讼法》规定审判人员、检察人员、书记员、翻译人员、鉴定人，凡具有法定情形之一、影响公正处理案件的，都应回避，而对于审判人员、检察人员、书记员、翻译人员、鉴定人是否符合法定的回避条件，往往需要以一定的证据加以证明。

3. 关于诉讼期限是否超越法律规定的事实。某一诉讼活动是否超过法律规定的诉讼期限的事实引起争议时，往往需要以一定的证据加以证明。

4. 证据合法性事实。当取证行为是否合法引起争议时，往往需要以一定的证据加以证明。例如在获取言词证据时是否采用了刑讯、利诱、欺骗等非法方法，需要通过一定的证据加以确认。

5. 侵犯犯罪嫌疑人、被告人的诉讼权利的事实。当剥夺或限制当事人的法定诉讼权利，可能影响公正处理案件的事实引起争议时，往往需要以一定的证据加以证明。

6. 其他违反法定程序的事实。例如，在管辖方面不符合法律规定；属于告诉才处理的案件，法院未经告诉而受理；等等，都属于违反管辖规定。当是否违反程序引起争议时，往往需要以一定的证据加以证明。

（三）其他事实

在诉讼过程中，除上述事实外，还有一些事实在裁决中具有重要意义，需要作为证明对象加以证明。主要包括诉讼涉及的某些外国法、某些地方法规和某些地方习惯，以及某些特殊的经验法则等，当这些事实不为法官所通晓之时，往往需要提出相应的证据（如法规文本）加以证明。

1. 外国法。诉讼涉及的某些外国法不为法官所通晓之时，需要提出相应的证据（如法规文本）加以证明。

2. 某些地方法规不为法官所通晓之时，需要提出相应的证据（如法规文本）加以证明。

3. 某些地方习惯不为法官所通晓之时，需要提出相应的证据加以证明。

4. 某些特殊的经验法则，需要提出相应的证据加以证明。所谓"经验法则"，是指人们从生活经验中总结出来的一定的规律性认识，通常分为一般经验法则和特别经验法则。一般经验法则是人们从生活经验中总结出来的一般性的规律，这类规律往往形成常识性认识，不需要加以证明；特别经验法则是具有特别知识或者经验的人所具有的一定的规律性认识，是一种专门性认识，往往不为法官和公众所通晓，需要提出相应的证据加以证明。

三、免证事实

承担证明责任的诉讼一方要想使自己的诉讼请求得到法院的确认，需要运用证据证明这些诉讼请求所依赖的事实，但也有部分事实是不需要承担证明责任的诉讼一方加以证明的。主要包括：

1. 为一般人共同知晓的常识性事实。所谓"为一般人共同知晓的常识性事实"是指诸如"北京是中华人民共和国的首都""五金是金银铜铁锡"这类为一般人都知晓的常识性事实。这类事实是显而易见的，对其加以证明则会浪费诉讼时间与精力。这里的"一般人"不能作机械的理解，只要是被正在审判的案件所在地的一定地域范围内的人共同知晓，就可以确定为"一般人"所知晓，不需要全国乃至全世界的人都共同拥有这样的知识。

2. 自然规律和定理。这类事实不一定为一般公众所共同知晓，但通常为一定专业领域的专业人士所公认，司法人员可以通过查阅资料知晓这些事实。如同常识性事实无需证明一样，自然规律和定理也无需加以证明，以免浪费司法资源。

3. 法律、法规的内容以及适用等属于法官履行审判职务应当知晓的事实。

4. 预决的事实，即人民法院生效裁判所确认的事实。这些事实只要不是本案再审程序正在重新审理的事实，就不需要再提出证据加以证明。法院作出的生效裁判具有"既判力"，即生效裁判确认的事实视为真实存在，可以直接援引为日后作出其他判决的根据。

5. 推定的事实。在刑事诉讼中，对事实的认定通常采取证据证明的方法，但对于某些事实也允许以推定的方法加以确认。所谓"推定"是指根据已知的事实推断另一事实的存在，前一事实被称为"基础事实"，后一事实被称为"推定事实"。一般来说，基础事实需要提出证据加以证明，使之成为已知事实。当基础事实得到证明以后，推定事实就可以被法院认定为真实存在。有些推定是由法律加以规定的，被称为"法律推定"；也有些推定是法律未作规定而是根据一定经验作出的，被称为"事实推定"。有些推定事实不允许提出相反的证据加以推翻，这类推定被称为"不可反驳的推定"，如按照英国法律规定，8岁以下的儿童不具有犯罪意图，就属于不可反驳的推定；还有些推定事实则允许提出相反的证据加以推翻，这类推定被称为"可反驳的推定"，要推翻可予反驳的推定，则需要提出相反的证据证明该推定事实之不存在。

■第四节 证明标准

一、证明标准的概念

证明标准是指法律规定的诉讼证明所需达到的特定程度。在我国，证明标准又称"证明要求"、"证明程度"或者"证明任务"。

刑事诉讼证明标准，是指在刑事诉讼活动中运用证据证明案件事实需要达到的法定程度。

对于承担证明责任的诉讼一方来说，达到法定的证明标准则意味着法定的证明责任的解除；对于不承担证明责任的一方来说，由于他们也有权利提出证据证明自己的诉讼主张，提出的证据达到法定的证明标准，意味着自己的诉讼主张将会得到法院的支持，达到胜诉的目的。

证明程度是法院确定承担证明责任的一方是否充分履行了证明责任的依据，也是在作出事实认定的裁决时的依据。

审判的理想状态是发现案件的实质真实并在此基础上正确适用法律，但对于实践中实际取得的审判结果，也可以在一定的认识论的基础上或者在一定价值取向的支配下人为地设定标准，包括以下一些相互对称的标准：①实质真实以及与实质真实相对称的形式真实；②客观真实以及与客观真实相对称的主观真实；③事实真实以及与事实真实相对称的法律真实；④绝对真实以及与绝对真实相对称的相对真实。

实质真实强调的是真实的实质性，客观真实强调的是外在于人的认识的客观存在的真实，事实真实强调的是真实的本原性、绝对真实强调的是非比较意义上的真实，它们强调的侧重点虽然有微妙差别，但说它们属于同一概念，并无不妥。

形式真实、主观真实、法律真实、相对真实也颇为相似，但有时也因使用者指称的对象不尽相同而具有明显的差别。形式真实以满足一定形式上的要求为真实的标准，一般只要符合法律规定的形式，就视为真实。主观真实往往以主观上认为其真实为满足，尽管人在确认实质真实的时候其主观状态也表现为主观上相信其为真实，但主观真实往往不是指这种情况，而是认为世界乃人的感觉的组合，人只能就自己的感觉依据经验进行判断，当自己相信其为真实则确认其真实，至于是否与实际情况相符则因不可获知而不必考虑。苏联学者曾经指出："19 世纪末期，尤其是 20 世纪初期，受哲学上主观主义影响的诉讼法学者，把法院裁判的全部任务归结为法官主观相信自己判决的正确。"[1]这就是主观真实。法律真实则以法律所设定的真实标准为依归，符合法律设定的真实是法律真实论者追求的目标。人们在使用"法律真实"的概念的时候往往是指与实质性的、客观存在的、本原性的、绝对意义上的真实相区别的，"法律真实"为法律剪裁、框定下来的范围较为狭窄的真实。但这个概念本身有些模糊，因此有学者指出，如果法律真实就是法律规定的真实，则"法律真实是放之四海、用于古今而皆准的标准"，因为从神明裁判制度的神示真实、法定证据制度的形式真实到我国刑事诉讼法所确立的客观真实，无一不是"法律真实"。[2]相对真实是比较意义上的真实，不要求寻根溯源、务必发现真正的真实。

由于刑事诉讼涉及的主要是公权力问题，判决的结果直接以被告人的人身自由甚至生命的剥夺为内容，"定罪的后果是非常可怕的，在人们的眼里，一个无辜的人被定罪，无论如何都是一场巨大的灾难"。[3]在英美法系国家，刑事诉讼与民事诉讼的界限在某些环节上以相同的原则运作，如刑事被告人的自愿承认有罪与民事被告的承认（即自认）具有相似的法律效力，但在刑事诉讼中，支持控诉所需达到的证明程度比民事诉讼要高，前者需要达到"排除一切合理怀疑"的程度，后者只要具有占优势的证据就可以胜诉。大陆法系国家，对于刑事诉讼实行的是实质真实发现原则，对于民事诉讼实行的是形式真实发现原则。

二、我国刑事诉讼证明标准

我国刑事诉讼中的证明标准是"犯罪事实清楚，证据确实、充分"。这一标准被称为"客观真实"标准。客观真实本与实质真实具有相同的含义，都是指尽力发现案件的真相。由于受到苏联法学的影响，我国学者往往将"实质真实"称为"客观真实"。客观真实被苏联学者确立为一项刑事诉讼原则，有学者指出，这里所谓的"真实"，"是说我们对于某一事实的概念与离开我们意识而确实存在于外界的事实相符合。因此刑事诉讼中的客观真实原则，就意味着立法者要求审判员所制作的判

---

〔1〕 ［苏联］安·扬·维辛斯基著，王之相译：《苏维埃法律上的诉讼证据理论》，法律出版社 1957 年版，第 175 页。

〔2〕 陈光中、陈海光、魏晓娜："刑事证据制度与认识论——兼与误区论、法律真实论、相对真实论商榷"，载《中国法学》2001 年第 1 期。

〔3〕 ［英］J. W. 塞西尔·特纳著，王国庆、李启家等译：《肯尼刑法原理》，华夏出版社 1989 年版，第 484 页。

决完全符合于实际的事实"。[1]我国刑事诉讼法要求准确查明犯罪事实、保障无罪的人不受刑事追究,以事实为根据,"有被告人供述,没有其他证据的,不能认定被告人有罪和处以刑罚",体现了实质真实发现原则。

所谓"犯罪事实清楚",是指与定罪量刑有关的事实、情节都必须查清。至于那些不影响定罪量刑的细枝末节,则没有必要查清。

证据确实、充分中的"确实"是对证据的质的要求,它要求每一个作为定案根据的证据都要具有真实性,即如实地反映案件的事实真相;"充分"是对证据的量的要求,要证明某一事实,往往需要具有一定数量的证据,证据的量因案件而异,无法作统一的要求,而是根据具体案件的不同情况,以能够证明案件事实情况为标准。证据之确实与充分相互联系、密不可分。确实,是就各个证据而言的;充分,是就全案证据而言的。充分以确实为基础,如果证据徒具量的要求而不具有确实性,则不能在实质上证明案件的真实情况;确实的证据也需要达到一定的量度,单一的证据不能自己证明自己的真实性,必须要达到一定的量。因此,证据达到法定的质与量的要求,才意味着达到了法定的证明标准。

我国《刑事诉讼法》第 55 条第 2 款规定控诉方要证明被告人有罪和法院要以裁判认定被告人有罪,必须达到证据确实、充分的标准,其中"证据确实、充分",应当符合以下条件:①定罪量刑的事实都有证据证明;②据以定案的证据均经法定程序查证属实;③综合全案证据,对所认定事实已排除合理怀疑。

只有达到上述全部要求,才能认定达到了证据确实、充分的证明要求。

这里"排除合理的怀疑",是指要排除的只能是有根有据怀疑,即"只能是有理由的怀疑,而不是随便怀疑",这是"因为任何与人为的事务有关并且依赖于人为的证据的东西都容易存在可能的或想象中的怀疑"[2],要排除一切怀疑既无必要也无可能。丹宁勋爵曾指出:"排除合理怀疑的证明并不意味着泯去所有怀疑的阴影的证明。如果允许臆测妄想的可能性使审判过程走向歧途,法律将不能为社会提供保护。如果指控一个人的证据如此强固,以至于有利于他的事实存在的可能性是遥不可及的,足以作出'当然是可能的而不是微小的可能'的判决,该案件就被证明到了排除合理怀疑的程度;达不到这一点,案件的证明就得不到满足。"[3]

诉讼既是一个客观活动过程,也是一个主观活动过程,我国刑事诉讼法顺应这一事实和规律,在客观证明标准中纳入一个主观判断指标,允许以主观心理状态(是否存在合理怀疑)来确定是否达到"证据确实、充分"的证明程度。不过,需

---

〔1〕 [苏联] M. A. 切里佐夫著,中国人民大学刑法教研室译:《苏维埃刑事诉讼》,法律出版社 1955 年版,第 118 页。

〔2〕 [英] J. W. 塞西尔·特纳著,王国庆、李启家等译:《肯尼刑法原理》,华夏出版社 1989 年版,第 549 页。

〔3〕 Rupert Cross, D. C. L. & Nancy Wilkins, *An Outline of the Law of Evidence*, Butterworths & Co. Publishers Ltd. , 1964, p. 33.

要指出的是，刑事诉讼法只是将排除合理怀疑作为判断是否达到"证据确实、充分"的证明标准的指标，并非是建立排除合理怀疑的新的证明标准加以取而代之。

■第五节　侦查职责和审理职责

我国《刑事诉讼法》第52条规定："审判人员、检察人员、侦查人员必须依照法定程序，收集能够证实犯罪嫌疑人、被告人有罪或者无罪、犯罪情节轻重的各种证据。严禁刑讯逼供和以威胁、引诱、欺骗以及其他非法的方法收集证据，不得强迫任何人证实自己有罪。必须保证一切与案件有关或者了解案情的公民，有客观地充分地提供证据的条件，除特殊情况外，可以吸收他们协助调查。"第54条第1款规定："人民法院、人民检察院和公安机关有权向有关单位和个人收集、调取证据。有关单位和个人应当如实提供证据。"有学者认为，这些规定表明人民法院、人民检察院和公安机关都承担证明责任。在公诉案件中，公安机关、国家安全机关，以及检察机关对直接受理的案件行使侦查权。他们对其负责侦查的案件必须全面收集证据，只有在掌握确实、充分证据的基础上查明案件事实后，才能移送起诉。因此，他们负有收集确实、充分的证据，查明案件事实真相的责任。法院在刑事诉讼中行使审判权，主持法庭审理。在法庭审理过程中，法庭对证据有疑问的可以宣布休庭，对证据进行调查核实，然后根据已经查明的事实、证据和有关的法律规定进行判决。因此，从调查核实证据的角度来讲，人民法院也负有证明责任。

我们认为，法院主动依职权收集、运用和审查判断证据的行为并不是在履行证明责任；法官在庭审中出示或宣读物证、书证等证据，也不是在履行"举证"责任。实际上，法院是不承担证明责任的。同样，公安机关也不承担证明责任，其收集并向检察机关提供证据的行为也不是在履行证明责任。

证明责任是一个具有特定含义的、专用于审判阶段的概念。人民法院在审理案件的整个过程中，没有诉讼主张，更谈不上承担主张责任，而没有诉讼主张，也就无须进行诉讼证明。另外，人民法院在审理案件的整个过程中没有败诉风险，否则法院就失去了中立性。同样，公安机关在审判过程中没有诉讼主张，除办案人员可能作为证人出庭以外，也不参与审判活动；另外，在审判活动中，检察机关负担败诉风险，公安机关不直接承受败诉风险，因此公安机关不承担所谓的"证明责任"。

然则，人民法院有权向有关单位和个人收集、调取、审查核实证据。在法庭审理过程中，合议庭对证据有疑问的，还可以宣布休庭，对证据进行调查核实，包括可以进行勘验、检查、扣押、鉴定和查询、冻结，提取双方当事人提供的证据材料，并进行查证核实等。实际上，人民法院进行上述活动属于行使审判权的活动，这样做是履行法律赋予的审判职责，因此应称之为履行"审判职责"或者"审理义务"的行为，而不宜视为履行证明责任的行为。

公安机关向有关单位和个人收集、调取、审查核实证据并向检察机关提供证据，也不是履行证明责任的行为，其性质应是履行"侦查职责"或者"侦查义务"的行为。

■第六节　对全案证据的审查判断

在诉讼证明活动中，法官对于提供给法院的各种证据，应当逐一进行审查判断，鉴别真伪，以确定各种证据有无证据能力、证明力以及证明力的大小，并在此基础上对整个案件事实作出裁决。

审查判断证据，一是要甄别各个证据的真伪；二是要对各个证据的证明力作出判断，即找出证据同案件事实存在的客观联系，进而确定其证据价值的大小；三是要在对每个证据进行审查判断的基础上，综合全案证据，进行全面分析，最终依据法定的证明标准对案件事实作出裁决。

对全案证据进行审查判断，主要应依循以下两个方面：

一、对单一证据进行审查判断

1. 根据各个证据的不同特点进行审查。

2. 审查提供证据的人的动机。提供该证据的人是否由于各种不良的动机（如为了掩盖事实真相、逃避罪责或受胁迫以及人情关系）作出了假证或提供了部分不真实的证据。

3. 审查提供证据的人的心智是否健全，有无认识上的错误。比如，当事人、证人是否因年龄、身体状况、生理缺陷、认识水平、精神状态等原因，对案件事实产生感知错误、判断错误，或者回忆时发生差错，陈述时不够准确等。

4. 审查客观环境对证据可能产生的影响。例如黑夜、光线不足、浓雾、雨雪天气、距离等影响其感知的正确性；现场的情况和痕迹、物品是否因自然和人为的原因而发生变化；被害人、被告人的伤情或生理、精神状况是否因时间的推移或治疗而发生变化等。

5. 审查办案人员及其他有关人员的责任心。注意是否因办案人员或其他人员在工作上的主观原因造成了证据的偏差，如各种笔录的记载不准确、有遗漏或者错误；鉴定人进行鉴定不负责任或者马虎大意等。

6. 审查证据的衍生过程，即注意传来证据在转述、复制、传抄中有无出现错误。

二、对全部证据进行综合审查判断

1. 审查全案证据之间有无矛盾。

2. 审查全案证据同认定的事实之间有无矛盾。对案件全部证据进行综合对比，排除矛盾。在一个案件收集到的各种证据中，不可避免地会出现这样或那样的矛盾。

对全案证据审查判断时，必须通过综合对比发现这些矛盾，并分析产生矛盾的原因，以进一步收集证据，解决这些矛盾。这种分析矛盾、解决矛盾的过程，正是办案人员认识升华的过程，也是案件事实真相大白的过程。

3. 将全案证据联系起来，审查得出的结论是否具有排他性。

4. 审查全案事实与结论之间是否符合情理。有些案件表面上事实清楚，证据充分，实际上却与情理不符，同生活经验、规律相矛盾，对此应格外慎重地进行审查。

在审查全案证据的时候，必须本着客观原则，对有利于和不利于被告人的证据应一律加以注意，防止片面性和主观臆断，进而得出公正的结论。

■第七节　疑罪案件的处理原则

在诉讼中，查明案件真相要作出裁决，不能查明案件真相也要作出相应的裁决。不能查明真相的情形包括：①没有证据证明诉讼一方或双方所主张的事实，或者提出的证据最终被确认为虚假；②诉讼主张虽然有证据加以支持，但达不到法定的证明标准，形成既无法肯定主张事实存在、也无法否定主张事实存在的局面。

在刑事诉讼中，存在所谓的"疑罪"案件，依其成因看，包括：①由于法官自身原因造成难以判明事实真伪的情况，可以称为"主观的疑罪"；②由于法律（如法律适用对象范围、法律内容本身规定得含糊不清或者法律间相互冲突造成难以作出处理和判明真伪）、事实、证据等客观原因造成难以判明事实真伪的情况，可以称为"客观的疑罪"。依其状态，疑罪案件是指既不能证实也不能证伪的悬疑状态的案件。亦即：刑事司法实践中所称之"疑罪"案件，是指有一定的证据证明被告人有犯罪重大嫌疑但现有的证据达不到法定的证明标准，造成既不能认定被告人有罪又不能排除被告人有罪的悬疑状态的案件。

在中国古代刑事司法中，对于疑罪案件，通常有以下处理方式：

1. 疑罪从赦。对疑罪案件的被告人加以赦免，如《吕刑》云："五刑之疑有赦，五罚之疑有赦。"《礼记·王制》云："疑狱，氾与众共之；众疑，赦之。"

2. 疑罪从轻。对疑罪案件的被告人加以从轻处理，如《尚书·大禹谟》记载："罪疑惟轻，功疑惟重；与其杀不辜，宁失不经。"

3. 疑罪从赎。允许疑罪案件的被告人通过交纳一定金钱财物"赎买"刑罚，如《唐律》规定："诸疑罪，各依所犯，以赎论。"

人们通常认为，疑罪从赦、疑罪从轻、疑罪从赎，皆为疑罪从有。依现代刑事诉讼的标准看，被告人在经法庭审判证明并被裁决为有罪之前都应当被推定为无罪。按照这一原则，既然不能证明被告人有罪，自当按无罪处理，这就是"疑罪从无"的处理原则。

狭义的"疑罪"只是被告人是否有罪存在疑问；广义的"疑罪"既包括对被告人是否有罪存在疑问，也包括对被告人罪行轻重存在疑问。罪疑与刑疑，处理原则是不同的：

1. 疑罪从无。这一原则是无罪推定原则的产物，"无罪推定的牢固性很强"，为了驳倒它，必须将被告人的罪行证明到"排除一切合理怀疑"的程度。如果所进行的证明活动达不到法定的证明程度，则应当作有利于被告人的处理，即宣告无罪。

2. 刑疑惟轻。当被告人构成犯罪不存在疑问，只是量刑的事实存在疑问，也应当作有利于被告人的解释和处理，即确认其构成轻罪。

我国《刑事诉讼法》第175条第4款规定，对于2次补充侦查的案件，人民检察院仍然认为证据不足，不符合起诉条件的，应当作出不起诉的决定。第200条第3项规定，证据不足，不能认定被告人有罪的，应当作出证据不足、指控的犯罪不能成立的无罪判决。这些规定都体现了刑事诉讼中的疑罪从无原则。

疑罪从无原则体现了刑事诉讼法注重对无辜者的保护，这一原则也有利于抑制国家权力，防止其滥用，从而为全社会提供切实有力的权利保障。需要指出的是，此乃两害相较后做出的制度选择。疑罪从无原则不是针对理想诉讼状态而确立的一项诉讼制度，事实上，这一制度存在着可能放纵某些真正的犯罪人的弊端。枉者为害，纵亦为害，因此在刑事诉讼中应当减少疑罪，努力追求不枉不纵的理想诉讼状态。

【思考题】

1. 刑事诉讼证明责任的内容是什么？在诉讼活动中如何分担证明责任？
2. 刑事诉讼证明对象的范围有哪些？
3. 如何理解"排除合理怀疑"之"合理"？
4. 处理疑罪案件的原则是什么？

第五编　刑事诉讼程序

第二十章

立　案

　　提要与学习要求　本章需要了解立案的概念、特征和意义，以及立案监督的概念。理解立案的材料来源，立案的条件，立案的程序，以及立案监督制度。掌握刑事诉讼法以及相关法律解释对立案的材料来源、立案的条件、立案的程序和立案的监督程序的规定。

■第一节　立案概述

一、立案的概念

　　在我国，刑事诉讼中的立案是指公安司法机关对于报案、控告、举报、自首以及自己发现和自诉人起诉等材料，按照各自的职能管辖范围进行审查后，认为有犯罪事实发生并需要追究刑事责任时，决定将其作为刑事案件进行侦查或审判的一种诉讼活动。根据刑事诉讼法的规定，立案具有以下特点：

　　1. 立案是法律赋予公安机关、人民检察院、人民法院特有的权力和职责，其他任何机关和个人都无刑事立案权。《刑事诉讼法》第 109 条规定："公安机关或者人民检察院发现犯罪事实或者犯罪嫌疑人，应当按照管辖范围，立案侦查。"第 114 条规定："对于自诉案件，被害人有权向人民法院直接起诉。被害人死亡或者丧失行为能力的，被害人的法定代理人、近亲属有权向人民法院起诉。人民法院应当依法受理。"这些规定表明，在我国，只有公安司法机关才有权决定将某一事件作为刑事案件纳入诉讼轨道，进而开展侦查或审判活动。刑事案件的立案权统一由公安司法机关行使，这既是宪法和法律赋予公安司法机关职权的应有之义，也有利于维护法制的统一。

2. 立案是我国刑事诉讼的一个独立、必经的诉讼阶段，是刑事诉讼活动开始的标志。其独立性表现在：它与侦查、提起公诉、审判等诉讼阶段相并列，具有特定的诉讼任务及实现任务的特定程序和方式，诉讼主体之间形成了特定的刑事诉讼法律关系。所谓必经，是指公安司法机关办理任何刑事案件都必须经过立案阶段。刑事诉讼分为立案、侦查、提起公诉、审判、执行等相对独立的阶段，某些案件可能不经过其中的一个或几个阶段，但必须经过立案阶段，如刑事自诉案件能够不经侦查即提起公诉，但必须是人民法院依法审查立案后才能进入审判程序。正由于立案是刑事诉讼必需的开始程序，因而实践中一些公安司法机关片面追求破案率而实行先破后立、不破不立的做法严重违反刑事诉讼法规定立案程序的宗旨，应予纠正。

二、立案的任务

控制犯罪和保障人权是我国刑事诉讼的两大根本任务。但在不同的诉讼阶段，刑事诉讼活动任务的侧重点和具体内容又有所不同。立案不同于侦查、提起公诉、审判和执行阶段，立案的任务在于决定是否开始追究刑事犯罪，也即通过对主动获取的线索或接受的有关材料进行审查，确定有无犯罪事实、依法是否需要追究刑事责任从而作出立案与否的决定。

明确立案的任务，有利于公安司法机关更好地履行立案阶段的职责。在立案阶段，公安司法机关的主要职责是对有关材料依据事实和法律进行审查，一般不采取侦查行为，只有在查明有犯罪事实并依法需要追究刑事责任进而作出立案决定之后才能采取侦查手段和强制措施，以防止公安司法机关滥用权力，侵害公民、单位的合法权益。但这不排除在紧急情况下可以采取某些必要的侦查手段和强制措施。

三、立案的意义

刑事诉讼法在总结我国长期司法实践经验的基础上，将立案确立为刑事诉讼的开始和必经程序，对于实现刑事诉讼的任务，保障刑事诉讼活动的正确进行具有重要意义。

1. 立案是保护公民合法权益不受非法侵犯，保障无罪的人不受刑事追究的重要的程序保障措施。立案是刑事诉讼开始的必经程序，公安司法机关只有在审查了有关材料，依法认定有犯罪事实发生并需追究刑事责任进而作出立案决定后，其进行的侦查、提起公诉或审判等诉讼行为才有合法依据。

2. 立案有助于督促公安司法机关及时、准确地揭露、证实、打击犯罪。立案是刑事诉讼开始的必经程序，公安司法机关必须切实遵照执行。公安司法机关一旦发现已经实施、预备实施或正在实施并需要追究刑事责任的犯罪行为，必须准确、及时地立案，迅速组织力量进行必要的侦查行为，采取必要的强制措施，开展侦查活动，以及时发现和收集证据，从而充分揭露、证实、惩罚犯罪分子。

3. 立案有利于准确评价社会治安形势，为国家制定刑事政策提供依据。通过正确开展立案活动，做好司法统计，国家能够及时、准确地了解、掌握各个时期、各个地区刑事案件的发案情况，不同犯罪的活动规律、特点和发展情况，从而在宏观上准确评价出社会治安形势，并制定相应的刑事政策。

■第二节　立案的材料来源和条件

一、立案的材料来源

立案材料是指公安机关、人民检察院发现的或者有关单位、组织或个人向公安司法机关提交的有关犯罪事实和犯罪嫌疑人情况的材料。它是公安司法机关进行审查，决定是否立案的事实材料。根据我国刑事诉讼法的规定和司法实践中的情况，作为立案材料来源主要有以下几个方面：

（一）公安机关、人民检察院发现犯罪事实或者犯罪嫌疑人

《刑事诉讼法》第109条规定："公安机关或者人民检察院发现犯罪事实或者犯罪嫌疑人，应当按照管辖范围，立案侦查。"公安机关、人民检察院是享有侦查权，同犯罪作斗争的专门机关，应当积极主动地发现、获取犯罪线索，特别是在执行公务中，不能就案办案、坐堂办案，而应当注意案件疑点，查清余罪。一旦发现有犯罪事实或者犯罪嫌疑人需要追究刑事责任的，必须主动立案追查或者移送有管辖权的机关处理；需采取紧急措施的，应先采取紧急措施，再移送有关机关处理。司法实践表明，公安机关、人民检察院主动发现、获取的犯罪线索是立案材料的重要来源。

警察在日常巡逻、守卫、出警中可能即时发现犯罪行为，从而当场抓住犯罪嫌疑人。警察接到报案后到达现场越快，案件侦破的可能性越大；而警察如果在案发以后很久才到达现场，抓住罪犯的可能性就很小了。因此，警察执行职务中发现犯罪事实或者犯罪嫌疑人是查获犯罪人一种重要的材料来源。

（二）单位或者个人的报案或者举报

《刑事诉讼法》第110条第1款规定："任何单位和个人发现有犯罪事实或者犯罪嫌疑人，有权利也有义务向公安机关、人民检察院或者人民法院报案或者举报。"单位和个人的报案或者举报材料是公安司法机关审查决定是否立案的主要材料来源之一。具有行政处罚权的行政执法机关如工商、税务等机关在查处违法行为过程中，发现违法事实涉及的金额、违法事实的情节、违法事实造成的后果等内容涉嫌构成犯罪，依法需要追究刑事责任的，必须向公安机关移送。

报案和举报有所不同。报案是指有关单位或者个人发现有犯罪事实发生而向公安机关、人民检察院、人民法院揭露和报告的行为；举报是指有关单位或者个人将其发现的犯罪事实及犯罪嫌疑人向公安机关、人民检察院或者人民法院揭发、报告

的行为。可见，报案一般是针对犯罪事实的发生，报案材料提供的案件事实、证据材料较为简单笼统，往往不能明确指出犯罪嫌疑人，而举报内容则不仅有犯罪事实的发生，通常还具体地指明了犯罪嫌疑人，其提供的犯罪事实和证据材料相对具体和详细。

（三）被害人的报案或者控告

《刑事诉讼法》第110条第2款规定："被害人对侵犯其人身、财产权利的犯罪事实或者犯罪嫌疑人，有权向公安机关、人民检察院或者人民法院报案或者控告。"

被害人（包括被害单位）是受犯罪行为直接侵害的人，其具有追究犯罪的强烈愿望和积极主动性，同时，由于被害人往往与犯罪嫌疑人有所接触，了解案件的情况较多，因而能够提供较为具体详细的有关犯罪事实和犯罪嫌疑人的情况。因此，被害人的报案和控告是又一个重要的立案材料来源。

报案和控告的区别与前述报案和举报的区别相同，控告与举报就其内容而言基本是一样的，都是向公安机关、人民检察院或者人民法院揭发、报告犯罪事实及犯罪嫌疑人。二者的区别在于控告是由遭受犯罪行为直接侵害的被害人提出，而举报则一般是由与案件无直接利害关系的单位或个人提出；控告人主要是基于维护自身权益而要求追究刑事责任，而举报人往往是为维护国家、集体或他人的合法权益或者伸张正义而要求公安司法机关追究被举报人的刑事责任。

（四）犯罪人的自首

《刑事诉讼法》第110条第4款规定犯罪人的自首是重要的立案材料来源。犯罪分子犯罪以后自动投案，以及被采取强制措施的犯罪嫌疑人、被告人、正在执行刑罚的罪犯如实向公安司法机关供述公安司法机关还未掌握的他的其他罪行也是自首，其所提供的材料也是立案的材料来源之一。

（五）其他途径

在司法实践中，立案的材料来源常见的还有上级机关交办的案件、群众的扭送等。

二、立案的条件

公安司法机关接受或者获取有关犯罪事实和犯罪嫌疑人的材料后，并不都予以立案侦查或者审判，而是要依法进行审查，只有符合法定的理由和根据时才予以立案。因而立案的条件实质是指符合刑事诉讼法规定的立案的理由和根据。《刑事诉讼法》第112条规定，人民法院、人民检察院或者公安机关认为有犯罪事实需要追究刑事责任的时候，应当立案；认为没有犯罪事实，或者犯罪事实显著轻微，不需要追究刑事责任的时候，不予立案，并且将不立案的原因通知控告人。据此，刑事案件的立案条件是：

（一）有犯罪事实

有犯罪事实是指有依照刑法的规定构成犯罪的行为发生，并且该犯罪事实的存在有一定的证据证明。这是立案的首要条件。具体而言，"有犯罪事实"有以下两层含义：

1. 需要立案追究的只能是依照刑法的规定构成犯罪的行为。立案是严肃慎重的刑事诉讼活动，公安司法机关一旦决定立案就意味着刑事追诉活动正式开始，并且相应地会采取侦查行为、强制措施等限制有关单位和个人权利的行为。因此，公安司法机关在对有关材料进行审查、决定是否立案时必须严格把握立案的先决条件——有无犯罪事实存在，正确区分罪与非罪、刑事追诉与行政处罚的界限。

需要说明的是，立案要求的"有犯罪事实"仅指某种危害社会并触犯《刑法》的犯罪行为发生，并不要求弄清整个犯罪过程、具体的犯罪情节、犯罪嫌疑人情况，因为立案只是刑事诉讼程序的开始程序，案件尚未进行侦查或者审理，清楚、完全的犯罪事实要由立案后的侦查或审理活动来查明。

2. 犯罪事实必须有相关的证据材料证明。犯罪事实是客观存在的，而不是侦查、检察、审判人员随意猜测、主观臆断出来的，它是建立在客观存在的证据材料的基础上。虽然在立案阶段不要求也不可能要求掌握全部证据，但绝不是没有证据就可以立案。立案阶段对证据的要求是这些证据能够足以证明犯罪事实已经发生，证据本身是客观存在的，而不是凭空捏造的。

（二）需要追究刑事责任

有犯罪事实，还不一定能够立案，因为立案以追究刑事责任，实现国家刑罚权为目的，但并不是所有被发现的犯罪事实都需要追究刑事责任，依法不需要追究刑事责任的犯罪事实就不能立案。只有既有犯罪事实发生又需要追究刑事责任的才能立案。需要追究刑事责任是指依照实体法和程序法规定应当追究行为人刑事责任。例如，具备《刑事诉讼法》第16条规定的情形之一的，不追究刑事责任，不应当立案。

■第三节　立案的程序

一、立案材料的接受

报案、控告、举报、自首材料是刑事案件立案材料的最主要来源，公安机关、人民检察院、人民法院必须予以妥善处理，为以后的刑事诉讼活动作好准备。根据刑事诉讼法的有关规定，对立案材料的接受，具体而言应当注意以下几点：

1. 公安机关、人民检察院或者人民法院对于报案、控告、举报、自首，都应当接受。对不属于自己管辖的，应当移送主管机关处理，并且通知报案人、控告人、举报人；对不属于自己管辖而又必须采取紧急措施的，应当先采取紧急措施，然后移送主管机关。刑事诉讼法和有关司法解释、规定均对此作了明确具体的要求，即公安司法机关不得以任何理由推诿和拒绝。法律将公安司法机关无条件接受所有有关犯罪的材料确立为其所必须遵守的职责，是为了便于广大群众同违法犯罪作斗争，有利于公安司法机关及时有效地打击犯罪。司法实践中出现的"告状难""告状无门"及公安司法机关之间相互扯皮、推诿的现象，主要是由于有关公安司法机关没有认真执行这一规定，对此应当予以纠正，情节严重的应当追究法律责任。

2. 为了便于有关单位和个人报案、控告、举报以及犯罪人自首、群众扭送，报案、控告、举报既可以用书面形式提出，也可以用口头形式提出，二者在法律上具有同等效力，司法机关都应当接受。接受口头报案、控告、举报、自首的工作人员应当问明情况，制作笔录，经宣读无误后，由报案人、控告人、举报人、自首人、扭送人签名或者盖章，必要时可以录音，以固定证据资料；单位的书面报案、控告、举报，应盖有单位公章，并由单位负责人签名或盖章，防止事后无人负责和诬告陷害的情形。

3. 为了防止诬告陷害，确保控告、举报材料的真实、客观，接受控告、举报的工作人员应当向控告人、举报人说明诬告应负的法律责任，要求其尽量实事求是、客观准确地进行控告、举报。但是，从鼓励群众大胆揭露犯罪的目的出发，对控告人、举报人因各种主客观因素影响而出现的控告、举报事实有出入甚至错告的，只要不是故意捏造事实、伪造证据诬陷他人，就不应当作诬告处理。

4. 公安司法机关应当保障扭送人、报案人、控告人、举报人及其近亲属的安全，并为他们保密。在实践中，对扭送人、报案人、控告人、举报人及其近亲属进行打击报复、行凶伤害甚至杀害的案件屡有发生，影响了人民群众同犯罪作斗争的积极性。为了鼓励公民积极提供揭露犯罪的材料，《刑事诉讼法》第111条第3款专门规定了对这些公民的保护："公安机关、人民检察院或者人民法院应当保障报案人、控告人、举报人及其近亲属的安全。报案人、控告人、举报人如果不愿公开自己的姓名和报案、控告、举报的行为，应当为他保守秘密。"根据这条规定，公安司法机关应当尽可能为这些公民提供事前保护，避免犯罪分子对这些公民造成不必要的危险。对那些威胁、侮辱、殴打扭送人、报案人、控告人或者举报人的人必须予以严肃查处，构成犯罪的要依法追究刑事责任。

5. 公安机关接受案件时，应当制作《受案登记表》，将其作为公安机关管理刑事案件的原始材料妥善保管，存档备查。人民检察院控告检察部门或者举报中心统一受理报案、控告、举报、申诉和犯罪嫌疑人投案自首。

在司法实践中，匿名的报案、控告、举报占有一定的比重。对此，公安司法机关应持特别审慎的态度，不能因匿名、报案、控告、举报无法找到报案、控告、举报人调查核实其报案、控告、举报的内容，而一概否认其证据价值。匿名报案、控告、举报的原因是复杂的，有的是由于害怕遭到打击报复而不敢署名，有的是因为怕麻烦、怕负责而不愿署名，有的也有可能是利用匿名举报诬告陷害他人。因此，公安司法机关对匿名报案、控告、举报应当仔细审查，可采取必要的调查以核实其内容，查证属实的可以作为立案根据，未经查证属实的不能作为立案的根据。

二、对立案材料的审查和处理

《刑事诉讼法》第112条规定："人民法院、人民检察院或者公安机关对于报案、控告、举报和自首的材料，应当按照管辖范围，迅速进行审查，认为有犯罪事实需要追究刑事责任的时候，应当立案；认为没有犯罪事实，或者犯罪事实显著轻微，不需要追究刑事责任的时候，不予立案，并且将不立案的原因通知控告人。控告人如果不服，可以申请复议。"这是刑事诉讼法对立案材料的审查和处理作出的原则性规定。由于公、检、法三机关在刑事诉讼中的职能分工不同，而且其直接受理的刑事案件各有特色，因而三机关在对立案材料的审查和处理的具体做法上有所不同。

1. 公安机关对于接受的案件材料或者发现的犯罪线索，应当迅速进行审查，经过审查分别作出以下处理：①认为有犯罪事实，但不属于自己管辖的案件，应当立即报经县级以上公安机关负责人批准，制作《移送案件通知书》，移送有管辖权的机关处理；必须采取紧急措施的，应当先采取紧急措施，然后办理手续，移送主管机关。②对于告诉才处理的案件，应当告知当事人向人民法院起诉。对被害人有证据证明的轻微刑事案件，公安机关应当告知被害人可以向人民法院起诉；被害人要求公安机关处理的，公安机关应当依法受理。人民法院审理自诉案件，依法调取公安机关已经收集的案件材料和有关证据的，公安机关应当及时移交。③对于不够刑事处罚需要给予行政处罚的，依法处理。④认为没有犯罪事实，或者犯罪情节显著轻微不需要追究刑事责任，或者具有其他依法不追究刑事责任情形的，经县级以上公安机关负责人批准，不予立案；有控告人的案件应当制作《不予立案通知书》，3日内送达控告人。⑤认为有犯罪事实，需要追究刑事责任且属自己管辖的，经县级以上公安机关负责人批准予以立案。

2. 人民检察院对于接受的犯罪案件材料应当及时审查，并根据举报线索的不同情况和管辖规定，在7日以内分别作出如下处理：①属于人民检察院管辖的，按照相关规定移送本院有关部门或者其他人民检察院办理。②不属于人民检察院管辖的，移送有管辖权的机关处理，并且通知报案人、控告人、举报人、自首人。对于不属于人民检察院管辖又必须采取紧急措施的，应当先采取紧急措施，然后移送主管机关。③对案件事实或者线索不明的，应当进行必要的调查核实，收集相关材料，查明情况后及时移送有管辖权的机关或者部门办理。

3. 人民法院直接受理的自诉案件，对收到的材料经审查不属于自己管辖的，应当将材料移送有管辖权的机关处理；对属于自己管辖的自诉案件，符合刑事诉讼法及有关司法解释规定的，应当立案受理；不符合有关规定的，应当说服自诉人撤回起诉，或者裁定驳回起诉。

三、控告人对不立案决定的申请复议

《刑事诉讼法》第112条规定，控告人如果对公安机关、人民检察院、人民法院不予立案的决定不服，可以申请复议。法律赋予控告人申请复议权，一方面是为了有效保护受犯罪行为直接侵害的受害人的合法权益，另一方面也是对公安司法机关应当立案而不立案行为的有效监督和制约。根据有关规定，控告人对不立案决定的申请复议应当注意以下几点：

1. 申请复议应向原作出不予立案决定的机关提出。公安司法机关在对立案材料进行审查后，认为没有犯罪事实，或者犯罪事实显著轻微，不需要追究刑事责任而作出不立案决定后，对有控告人的，必须将不立案的原因、法律依据，以《不立案通知书》的形式告知控告人，便于控告人申请复议。控告人如果不服可向作出原决定的公安司法机关申请复议，对于复议申请，原决定机关应当尽快办理，作出决定并书面通知控告人。对于公安机关管辖的案件，根据公安部《规定》第175条，对于有控告人的案件，决定不予立案的，公安机关应当制作《不予立案通知书》，并在3日内送达控告人。第176条规定，控告人对不立案决定不服的，可以在收到《不予立案通知书》后7日内向原决定的公安机关申请复议。作出原决定的公安机关应当在收到复议申请后7日内作出复议决定，并书面通知控告人。

2. 控告人对不立案决定除申请复议外，也可以不经复议而向人民检察院提出要求人民检察院予以监督，或者直接向人民法院起诉。《刑事诉讼法》第113条规定了人民检察院对公安机关不立案的监督。《刑事诉讼法》第210条第3项规定，被害人有证据证明对被告人侵犯自己人身、财产权利的行为应当依法追究刑事责任，而公安机关或者人民检察院不予追究被告人刑事责任的案件，可作为自诉案件，被害人有权直接向人民法院起诉，人民法院应当依法受理。可见，由于申请复议是向原决定机关提出，缺少外部监督、制约，为了保障控告人的合法权益，刑事诉讼法又规定了这两种救济措施。

四、人民检察院对不立案的监督

《刑事诉讼法》第8条规定，人民检察院依法对刑事诉讼实行法律监督。针对司法实践中出现的应立案而不立案、公民告状无门的现象，刑事诉讼法专门规定了人民检察院对公安机关不立案活动的监督。《刑事诉讼法》第113条规定："人民检察院认为公安机关对应当立案侦查的案件而不立案侦查的，或者被害人认为公安机关对应当立案侦查的案件而不立案侦查，向人民检察院提出的，人民检察院应当要求公安机关说明不立案的理由。人民检察院认为公安机关不立案理由不能成立的，应当通知公安机关立案，公安机关接到通知后应当立案。"根据最高检《规则》和公安部《规定》的规定，人民检察院对不立案的监督有以下几个方面：

1. 人民检察院对不立案实施监督的材料来源主要有两个方面：一是通过人民检

第二十章

察院的各种业务活动发现公安机关有应当立案而不立案的情况；二是通过被害人提出的材料获知，被害人认为公安机关应当立案而不立案，向人民检察院提出的，人民检察院都应当接受，不得以任何理由拒绝。

2. 人民检察院获取不立案监督的材料后，应当根据事实和法律进行审查。审查中可以要求被害人提供有关的材料，进行必要的调查、核实。认为需要公安机关说明不立案理由的，经检察长批准后，可以要求公安机关在 7 日内书面说明不立案的理由。公安机关应当在收到人民检察院要求说明不立案理由的通知后 7 日内制作《不立案理由说明书》，经县级以上公安机关负责人批准后，送达人民检察院。

3. 人民检察院通过必要的调查、认真审查后，认为公安机关不立案的理由不能成立的，应当通知公安机关立案。人民检察院通知公安机关立案的，应当由检察长决定；重大、疑难、复杂的案件，由检察长提交检察委员会讨论决定。人民检察院通知公安机关立案时，应当制作《通知立案书》，并送达公安机关。送达时，还应当将有关证明应当立案的材料同时移送公安机关，并且告知公安机关应在 15 日以内立案和及时将立案决定书送达人民检察院。对人民检察院的立案通知，公安机关可以要求复议，不接受复议决定的可以提请上一级人民检察院复核。

4. 公安机关在接到人民检察院要求立案的通知后，应当在 15 日内决定立案，并将立案决定书送达人民检察院。因为人民检察院对公安机关不立案的纠正通知具有法律约束力，公安机关应当遵守。同时人民检察院也应当采取措施，依法对通知立案书的执行情况进行监督。对于由公安机关管辖的国家机关工作人员利用职权实施的重大犯罪案件，人民检察院通知公安机关立案，公安机关不予立案的，经省级以上人民检察院决定，人民检察院可以直接立案侦查。

5. 对于公安机关不应当立案而立案侦查的，人民检察院应当向公安机关提出纠正违法意见。

【思考题】

1. 立案的材料来源有哪些？
2. 立案的条件是什么？
3. 如果对一起刑事案件，公安机关没有予以立案，被害人有什么救济性权利？

第二十一章

侦 查

提要与学习要求　本章需要了解侦查的概念、任务和意义，各种侦查行为的概念，侦查终结的概念，补充侦查的概念，侦查监督的概念。理解各种侦查行为的法定程序，侦查终结的条件和处理程序，人民检察院直接受理案件的侦查程序，补充侦查的种类，侦查监督的程序。掌握刑事诉讼法以及相关法律法规解释和司法解释对各种侦查行为的法定程序，侦查终结的条件和处理程序，人民检察院直接受理案件的侦查程序，补充侦查的种类，侦查监督程序的具体规定。

■第一节　侦查概述

一、侦查的概念

我国《刑事诉讼法》第108条第1项规定："'侦查'是指公安机关、人民检察院对于刑事案件，依照法律进行的收集证据、查明案情的工作和有关的强制性措施"。根据这一法律定义和刑事诉讼法的有关规定，对侦查的概念可从以下几个方面来理解：

（一）侦查是我国刑事诉讼的一个独立阶段

在我国，刑事案件的诉讼程序分为立案、侦查、起诉、审判和执行五个阶段。《刑事诉讼法》第二编第二章对侦查作了具体的规定。其中，公安机关等侦查机关对已经立案的刑事案件，应当进行侦查；侦查终结的案件如果是犯罪事实清楚、证据确实充分的，则应当移送同级人民检察院审查，由检察院决定是否提起公诉。这表明，侦查既是公诉案件立案后必须进入的一个阶段，也是为起诉作准备的一个阶段。公诉案件不经过侦查（调查），就不能向人民法院提起公诉。只有通过侦查（调查）活动收集确实、充分的证据，查明犯罪事实，查获犯罪嫌疑人，才能进入起诉阶段。因此，侦查有它特定的任务和目的，是刑事诉讼的一个独立阶段。

（二）侦查只能由法定的侦查机关进行

为了保护公民的人身权利、民主权利、财产权利以及其他正当权利不受非法侵犯，同时保障国家侦查权的统一行使，有效地与犯罪行为作斗争，我国刑事诉讼法和相关法律对行使侦查权的机关及其职权作了明确规定。《刑事诉讼法》第 3 条第 1 款规定，公安机关负责"对刑事案件的侦查、拘留、执行逮捕、预审"；人民检察院负责"直接受理的案件的侦查"。第 4 条规定："国家安全机关依照法律规定，办理危害国家安全的刑事案件，行使与公安机关相同的职权。"第 308 条第 1、2、3 款规定："军队保卫部门对军队内部发生的刑事案件行使侦查权。中国海警局履行海上维权执法职责，对海上发生的刑事案件行使侦查权。对罪犯在监狱内犯罪的案件由监狱进行侦查。"根据 1998 年 7 月中共中央、国务院关于组建由海关和公安机关双重垂直领导，以海关领导为主的缉私警察队伍的决定，走私犯罪侦查局（自 2003 年 1 月 1 日起更名为"缉私局"）负责"走私案件的侦查、拘留、执行逮捕和预审"。因此，在我国，只有公安机关、人民检察院、国家安全机关、军队保卫部门、海警局、监狱和走私犯罪侦查机关有权对属于各自管辖的刑事案件进行侦查。除此之外，其他任何机关、团体和个人都无权行使侦查的权力。

需要注意的是，根据 2018 年的《监察法》，公职人员的职务犯罪行为由监察委员会进行调查。调查终结后，监察委员会认为犯罪事实清楚，证据确实、充分，需要追究刑事责任的，移送人民检察院审查起诉。

（三）侦查的内容包括专门调查工作和有关的强制性措施

所谓"收集证据、查明案情的工作"，是指刑事诉讼法所规定的为收集证据、查明犯罪而进行的调查工作。根据《刑事诉讼法》第二编第二章的规定，专门调查工作具体包括讯问犯罪嫌疑人，询问证人、被害人，勘验、检查，侦查实验，扣押物证、书证，查询、冻结存款、汇款，鉴定，技术侦查措施，通缉等诉讼活动。通过这些活动所收集的证据材料是人民检察院提起公诉的主要依据，经庭审查证属实后，就可以作为人民法院认定犯罪事实的根据。

所谓"有关的强制性措施"，是指刑事诉讼法所规定的为收集证据、查明犯罪和查获犯罪人而采用的限制、剥夺人身自由或对人身、财物进行强制的措施。根据刑事诉讼法第一编第六章和第二编第二章的规定，有关的强制性措施包括两类：一类是在侦查活动中采用的强制措施，包括拘传、取保候审、监视居住、拘留、逮捕五种；另一类是在进行专门调查工作中必要时采用的强制性方法，如强制检查、强行搜查、强制扣押等。

（四）侦查活动必须严格依法进行

侦查活动具有一定的隐蔽性（一般仅对调查对象公开）和很大的强制性，容易对公民的人身权利、财产权利造成侵犯。为保障公民的合法权益，防止伤害无辜，《刑事诉讼法》在总结我国刑事诉讼活动的经验教训，借鉴其他国家有益做法的基础上，结合本国的具体情况，对侦查的方式、条件、程序、方法等都作了具体明确的规定。侦查机关和侦查人员在侦查过程中，必须严格遵守法律规定，切实依照法律进行专门的调查工作和有关的强制性措施。

要求侦查人员的侦查活动必须严格依法进行，有两个方面的目标：①实体目标，是指依法进行的侦查活动能够最大限度地保证侦查获得的证据的真实可靠性，例如询问证人应当个别进行，搜查应当有见证人在场，讯问犯罪嫌疑人不能进行刑讯、威胁、引诱等，因为违反这些要求可能会造成证据的虚假、不可靠；②程序目标，是指侦查机关的侦查权必须受到约束，以防止其代表国家的公权力侵犯公民的基本权利，例如搜查要有搜查证，逮捕必须经过人民检察院批准等。

在我国，侦查机关的权力并不受审判权的审查和约束。在我国刑事诉讼过程中，警察（侦查机关）本身就有权决定采取搜查、扣押、拘留等措施，即便是时间相当长的逮捕（相当于审前羁押，Pretrial Detention），也只需要检察院批准而不需要法院批准。侦查机关的权力不受约束更有利于有效控制犯罪，提高侦查机关的效率，但不利于对公民基本权利的充分保障。

二、侦查的任务

侦查是刑事诉讼的一个重要阶段。根据我国《刑事诉讼法》第 2 条关于刑事诉讼任务的规定和第 115、116 条关于侦查的一般规定，侦查的任务主要有三个方面：①收集证据，查明犯罪事实和抓获犯罪嫌疑人，这是侦查的首要任务；②及时制止某些正在进行的犯罪并且预防该犯罪分子继续犯罪；③为提起公诉和审判的顺利进行提供可靠的、充分的证据。

三、侦查的意义

（一）侦查是查明刑事案件事实的必要手段

除了自诉案件以外，所有的公诉案件都必须经过侦查（调查）阶段。这是因为犯罪活动大多是秘密进行的，而且犯罪分子作案后，还会想方设法采用隐匿、毁灭证据和制造假象等伎俩逃避刑事责任追究，因而事实的真相往往被掩盖起来。只有进行侦查（调查）活动，通过专门的收集证据的手段和有关的强制性措施，发现和收集证据，才能准确及时地查明案件事实，查获犯罪嫌疑人，进而对犯罪分子予以有效的揭露、证实和惩罚。

（二）侦查是提起公诉和审判的前提

在我国的刑事诉讼中，侦查（调查）机关担负着查明犯罪事实和查获犯罪嫌疑人的实质性工作。只有通过侦查（调查）活动，发现和收集证据，查明犯罪事实和查获犯罪嫌疑人，才能将案件移送检察机关审查起诉和提交人民法院审判，否则起诉和审判便无法进行。而且，侦查（调查）工作的质量如何，对起诉和审判工作也有着直接的影响。如果侦查（调查）工作做得好，收集的证据确实、充分，就可以保证起诉和审判工作的顺利进行；如果侦查（调查）工作存在疏漏和偏差，则往往会给起诉和审判工作带来困难，以致有的案件不得不退回补充侦查（调查），有的案件甚至无法对其进行认定和处理。因此，侦查（调查）活动是提起公诉和审判的重要前提和保证。

■第二节　侦查行为

一、讯问犯罪嫌疑人

（一）讯问犯罪嫌疑人的概念和意义

讯问犯罪嫌疑人，是指侦查人员依照法定程序以言词方式，就案件事实和其他与案件有关的问题向犯罪嫌疑人进行查问的一种侦查活动。

讯问犯罪嫌疑人是一项重要的侦查活动，在侦查程序中具有十分重要的意义。具体表现在：①讯问是刑事案件侦查的必经程序。犯罪嫌疑人对自己是否实施犯罪以及如何实施犯罪的情况最为清楚，如果他实施了犯罪并如实交代，可以获得有价值的口供；如果未实施犯罪，他会作无罪辩解，从而有利于侦查人员查明案情。②讯问是查明犯罪事实的有效措施。通过讯问犯罪嫌疑人，可以查明犯罪的动机、目的、经过等案件事实和情节，辨明犯罪的性质；也可查明赃款、赃物的去向，以及有无遗漏罪行和其他应当追究刑事责任的人；还可以追查其他犯罪线索，从而对全部案件事实作出全面、准确的认定。③讯问给予犯罪嫌疑人进行辩护和获得从宽处理的适当机会。在讯问中，犯罪嫌疑人可以进行无罪或罪轻的辩解，以维护自己的合法权益，也可以坦白交代罪行或检举揭发他人的罪行，从而获得有利的处理结果。

（二）讯问犯罪嫌疑人的程序

根据《刑事诉讼法》和有关规定，讯问犯罪嫌疑人必须遵守下列程序：

1. 讯问的人员及人数。《刑事诉讼法》第118条第1款规定："讯问犯罪嫌疑人必须由人民检察院或者公安机关中侦查人员负责进行。讯问的时候，侦查人员不得少于2人。"这表明，讯问犯罪嫌疑人是侦查机关的侦查人员的专有职权，其他任何机关、团体和个人都没有这项权力。而且，为了便于侦查人员在讯问时相互配合、相互监督，提高讯问的效率，保证讯问的合法性，同时保障侦查人员的人身安全，防止犯罪嫌疑人自杀、逃跑等意外事件发生，在讯问犯罪嫌疑人时，侦查人员不得少于2人。

2. 讯问的时间、地点。《刑事诉讼法》第119条第1款规定："对不需要逮捕、拘留的犯罪嫌疑人，可以传唤到犯罪嫌疑人所在市、县内的指定地点或者到他的住处进行讯问，但是应当出示人民检察院或者公安机关的证明文件。对在现场发现的犯罪嫌疑人，经出示工作证件，可以口头传唤，但应当在讯问笔录中注明。"除了在犯罪现场的口头传唤以外，传唤犯罪嫌疑人时，应当出示传唤通知书和侦查人员的工作证件，并责令其在传唤通知书上签名（盖章）、按指印；犯罪嫌疑人到案后，应当由其在传唤通知书上填写到案时间；拒绝填写的，侦查人员应当在传唤通知书上注明。犯罪嫌疑人经合法传唤，无正当理由不到案的，可以拘传。根据侦查需要，也可以不经传唤，直接拘传。传唤、拘传持续的时间最长不得超过 12 小时；案情特别重大、复杂，需要采取拘留、逮捕措施的，传唤、拘传持续的时间不得超过 24 小时。不得以连续传唤、拘传的形式变相拘禁犯罪嫌疑人。传唤、拘传犯罪嫌疑人的，应当保证犯罪嫌疑人的饮食和必要的休息时间。

对于被拘留或者逮捕的犯罪嫌疑人，应当在拘留、逮捕后的 24 小时内进行讯问。犯罪嫌疑人被送交看守所羁押以后，侦查人员对其进行讯问，应当在看守所内进行。

3. 讯问犯罪嫌疑人应当个别进行。当一个案件有几个犯罪嫌疑人时，侦查人员应当分别讯问，未被讯问的犯罪嫌疑人不得在场，以防止同案犯罪嫌疑人之间进行互相串供或者影响。此外，在侦查阶段，一般也不宜在同案犯罪嫌疑人之间进行对质。

4. 讯问前的准备。讯问前，侦查人员应当了解案件情况和证据材料，制定讯问计划，列出讯问提纲。第一次讯问，应当问明犯罪嫌疑人的姓名、别名、曾用名、出生年月日、户籍所在地、暂住地、籍贯、出生地、民族、职业、文化程度、家庭情况、社会经历、是否受过刑事处罚或者行政处分等情况。

5. 讯问的步骤、方法。《刑事诉讼法》第 120 条第 1 款规定：“侦查人员在讯问犯罪嫌疑人的时候，应当首先讯问犯罪嫌疑人是否有犯罪行为，让他陈述有罪的情节或者无罪的辩解，然后向他提出问题……”在讯问前，犯罪嫌疑人是否有罪尚无法确定，需要通过讯问予以证实。因此，为了避免侦查人员对犯罪嫌疑人主观片面、先入为主的观念，保证讯问的客观性和公正性，侦查人员在讯问犯罪嫌疑人时应首先讯问他是否有犯罪行为。如果犯罪嫌疑人承认有犯罪行为，便让他陈述犯罪的经过和情节；如果犯罪嫌疑人否认有犯罪行为，则应让他作无罪的辩解，然后再就犯罪嫌疑人供述或辩解中不清楚、不全面或者前后矛盾的地方向他提问。

《刑事诉讼法》第 120 条还规定：“……犯罪嫌疑人对侦查人员的提问，应当如实回答。但是对与本案无关的问题，有拒绝回答的权利。侦查人员在讯问犯罪嫌疑人的时候，应当告知犯罪嫌疑人享有的诉讼权利，如实供述自己罪行可以从宽处理和认罪认罚的法律规定。”这表明，对于侦查人员与本案有关问题的提问，犯罪嫌疑人负有如实回答和陈述的义务，既不能拒绝回答，也不能作虚假陈述；既不能捏造事实，也不能隐瞒事实或在回答时避重就轻；犯罪嫌疑人虽然不得被强迫证实自己有罪，但也没有沉默权，只是对侦查人员提出的与本案无关的问题，有拒绝回答的权利。所谓“与本案无关的问题”，是指与犯罪无关的问题，如盗窃案件中犯罪嫌疑人的个人隐私。对于这类问题，犯罪嫌疑人有权拒绝回答。但对于侦查人员提出的与犯罪有关的问题，如犯罪嫌疑人的其他犯罪问题或同案犯罪嫌疑人的犯罪问题，犯罪嫌疑人便不能以“与本案无关”为借口拒绝回答。需要指出的是，侦查人员在讯问时，应当将该项义务和权利告知犯罪嫌疑人。

6. 讯问未成年和聋、哑等犯罪嫌疑人的特殊要求。《刑事诉讼法》第281、121条和公安部《规定》第199条对讯问未成年、聋、哑和不通晓当地语言文字的犯罪嫌疑人作了特殊规定，以保障其合法权益。具体包括：①在讯问未成年犯罪嫌疑人的时候，应当通知未成年犯罪嫌疑人的法定代理人到场。无法通知、法定代理人不能到场或者法定代理人是共犯的，也可以通知未成年犯罪嫌疑人的其他成年亲属，所在学校、单位、居住地基层组织或者未成年人保护组织的代表到场，并将有关情况记录在案。到场的法定代理人可以代为行使未成年犯罪嫌疑人的诉讼权利。到场的法定代理人或者其他人员认为办案人员在讯问中侵犯未成年人合法权益的，可以提出意见。讯问笔录、法庭笔录应当交给到场的法定代理人或者其他人员阅读或者向他宣读。讯问女性未成年犯罪嫌疑人，应当有女工作人员在场。②讯问聋、哑犯罪嫌疑人，应当有通晓聋、哑手势的人参加，并在讯问笔录上注明犯罪嫌疑人的聋、哑情况，以及翻译人员的姓名、工作单位和职业。③讯问不通晓当地语言文字的犯罪嫌疑人时，应当配备翻译人员。

7. 讯问犯罪嫌疑人的禁止性规定。根据《刑事诉讼法》第56条的规定，严禁刑讯逼供和以威胁、引诱、欺骗以及其他非法的方法收集证据，不得强迫任何人证实自己有罪。刑讯逼供违背了我国已经加入的《联合国禁止酷刑公约》中规定的义务，在我国刑事诉讼中应当予以禁止。根据《刑事诉讼法》第56条和相关司法解释，采用刑讯逼供、威胁方法收集的犯罪嫌疑人、被告人供述应当予以排除。

8. 讯问笔录的制作。讯问犯罪嫌疑人，应当制作讯问笔录。讯问笔录是重要的证据材料，侦查人员应当将问话和犯罪嫌疑人的供述或者辩解如实地记录清楚，书写讯问笔录应当使用能够长期保持字迹的书写工具、墨水。根据《刑事诉讼法》第122条的规定，讯问笔录应当交犯罪嫌疑人核对，对于没有阅读能力的，应当向他宣读；如果记载有遗漏或者差错，犯罪嫌疑人可以提出补充或者改正。犯罪嫌疑人承认笔录没有错误后，应当签名或者盖章。侦查人员也应当在笔录上签名。犯罪嫌疑人请求自行书写供述的，应当准许。必要的时候，侦查人员也可以要求犯罪嫌疑人亲笔书写供词。《刑事诉讼法》第123条规定，侦查人员在讯问犯罪嫌疑人的时候，可以对讯问过程进行录音或者录像；对于可能判处无期徒刑、死刑的案件或者其他重大犯罪案件，应当对讯问过程进行录音或者录像。录音或者录像应当全程进行，保持完整性。

9. 侦查阶段犯罪嫌疑人有权委托辩护律师。《刑事诉讼法》第34条第1款规定："犯罪嫌疑人自被侦查机关第一次讯问或者采取强制措施之日起，有权委托辩护人；在侦查期间，只能委托律师作为辩护人……"

二、询问证人、被害人

（一）询问证人的程序

询问证人，是指侦查人员依照法定程序以言词方式，就案件有关情况向证人进行调查了解的一种侦查活动。

证人是知道案件情况的人。由于犯罪分子同样生活在社会上，其犯罪行为难免不为其他人所耳闻目睹，因此几乎在每一起刑事案件中都可以找到知道该案件情况的证人，从而询问证人就成为刑事诉讼中广泛使用的一项侦查行为。

根据刑事诉讼法和有关规定，询问证人应当遵守下列程序：

1. 询问的地点和人数。《刑事诉讼法》第124条第1款规定："侦查人员询问证人，可以在现场进行，也可以到证人所在单位、住处或者证人提出的地点进行，在必要的时候，可以通知证人到人民检察院或者公安机关提供证言。在现场询问证人，应当出示工作证件，到证人所在单位、住处或者证人提出的地点询问证人，应当出示人民检察院或者公安机关的证明文件。"据此，在一般情况下，侦查人员应当到证人所在的单位、住处或者证人提出的地点进行询问，以方便群众，并减轻证人的思想顾虑，节省证人的时间，同时也有利于获得证人所在单位的支持，了解证人的情况。只有在必要的时候，如为了保守侦查秘密，保护证人安全，防止证人的单位、亲属或他人的干扰，保障证人如实提供证言等，才可以通知证人到侦查机关接受询问。此外，最高检《规则》第192条规定，询问的时候，检察人员或者检察人员和书记员不得少于2人。

2. 询问证人应当个别进行。《刑事诉讼法》第124条第2款规定："询问证人应当个别进行。"据此，同一案件有几个证人需要询问的时候，侦查人员应当对每个证人分别进行询问；询问某一证人时，不得有其他证人在场，也不允许采用开座谈会的形式，让证人进行集体讨论和作证。这是因为，询问证人只有个别进行，才能使证人独立地提供自己所知道的案件情况，防止证人之间相互影响；才能解除证人的思想顾虑，使其充分地陈述自己的所见所闻；才能使侦查人员对各个证人提供的证言进行审查判断，从中发现矛盾，澄清疑点，用作定案的根据；才能便于侦查人员针对每个证人的不同特点进行法制教育，促使证人如实提供证言。

3. 询问前的准备。询问前，侦查人员应分析研究有关案件情况和证据材料；了解证人的身份、职业、性格特点，厘清证人与犯罪嫌疑人、被害人的关系；明确通过询问证人应查明的问题，拟出询问提纲，有计划、有目的地询问证人，确保询问的成效。

4. 询问证人的步骤、方法。首先，应当问明证人的基本情况以及与当事人的关系。其次，应当告知证人有如实作证的义务。《刑事诉讼法》第125条规定："询问证人，应当告知他应当如实地提供证据、证言和有意作伪证或者隐匿罪证要负的法律责任。"实践证明，这是保证证人如实陈述，防止其作伪证和隐匿罪证的重要法律措施，因此侦查人员必须依法告知，不能遗漏。最后，根据侦查实践，侦查人员询问证人应当先让证人把知道的案件情况连续地陈述出来，再就其陈述中不清楚、不全面或者有矛盾的地方以及其他需要查明的事实情节，向证人提问，要求证人回答。在证人陈述时，侦查人员不宜随意打断，以保证其记忆的连贯性和陈述的客观性。

对证人陈述的事实，应当问明来源和根据，并注意查明证人得知案件情况时的主观和客观条件。

5. 询问未成年人证人的特殊要求。《刑事诉讼法》第281条第5款规定："询问未成年被害人、证人，适用第1款、第2款、第3款的规定。"据此，为了减轻未成年人的思想压力，增强其心理承受能力，保证其如实作证，侦查人员在询问不满18岁的证人时，应当通知其法定代理人到场，并把笔录交给法定代理人阅读。询问女性未成年证人时，应当有女工作人员在场。

6. 询问证人的禁止性规定。《刑事诉讼法》第56条规定，严禁刑讯逼供和以威胁、引诱、欺骗以及其他非法的方法收集证据。这里的收集证据包括询问证人所得的证据。据此，侦查人员不得向证人泄露案情或者表达对案件的看法，不得使用羁押、刑讯、威胁、引诱、欺骗以及其他非法方法询问证人。根据《刑事诉讼法》第56条和相关司法解释的规定，采用非法拘禁或者暴力、威胁方法收集的证人证言、被害人陈述，应当予以排除。此外，询问内容中涉及证人隐私的，应当保守秘密，不得泄露。

7. 询问笔录的制作。询问证人，应当制作询问笔录。询问笔录是重要的证据材料，应当客观、真实和详细，力求反映证人证词的原意。根据《刑事诉讼法》第126条的规定，询问笔录应当交证人核对，对于没有阅读能力的，应当向证人宣读。如果记载有遗漏或者差错，证人可以提出补充或者改正。证人承认笔录没有错误后，应当签名或者盖章。侦查人员也应当在笔录上签名。证人请求自行书写证词的，应当准许，必要的时候，侦查人员也可以要求证人亲笔书写证词。

（二）询问被害人的程序

询问被害人，是指侦查人员依照法定程序以言词方式，就被害人遭受侵害的事实和犯罪人的有关情况向被害人进行调查了解的一种侦查活动。被害人陈述是一种重要的证据种类。由于被害人受到犯罪行为的直接侵害，一般与犯罪嫌疑人有过直接的接触，对犯罪事实有切身感受，因此及时、正确地询问被害人，对于收集证据，查明犯罪事实，查获犯罪人，进而惩罚犯罪和保护被害人的合法权益，均具有十分重要的意义。

根据《刑事诉讼法》第127条的规定，询问被害人适用询问证人的程序。但是，由于被害人受到犯罪行为的直接侵犯，是刑事诉讼的当事人，与犯罪嫌疑人有着直接的利害关系，在诉讼中其与证人的地位不同，因此询问被害人除了应当遵守询问证人的各项规定以外，还应当注意被害人害怕被打击报复或顾及名誉、情面的特殊心理和了解犯罪嫌疑人更多情况的特点，要耐心做好被害人的思想工作，使其如实陈述；对伤势较重、有生命危险的被害人，要及时询问并尽可能地进行录音、录像；要采取有效措施保障被害人的人身安全；对于被害人的个人隐私，应当为其保守秘密。另外，在第一次询问被害人时，应当告知其有提起刑事附带民事诉讼的权利。

三、勘验、检查

（一）勘验、检查的概念和意义

勘验、检查，是指侦查人员对与犯罪有关的场所、物品、尸体或者人身进行勘查、勘验或检查，以发现和收集犯罪活动所遗留的各种痕迹和物品的一种侦查活动。勘验、检查的性质是一样的，只是适用的对象不同，勘验的对象是现场、物品和尸体，而检查的对象则是活人的身体。按照对象和内容的不同，勘验、检查可以分为现场勘查、物品检验、尸体检验、人身检查四种。

勘验、检查是一种极其重要的侦查行为，是发现和获取证据、查明案情的重要手段，对侦破案件有着特别重要的意义：首先，通过勘验、检查，可以发现和提取犯罪活动所遗留的各种痕迹和物品。这些痕迹和物品大多是原始证据，即"第一手材料"，对查明犯罪事实和正确认定案情往往起着关键的作用。其次，通过对所获得的各种痕迹和物品进行分析研究，可以判明案件的性质，了解犯罪嫌疑人的特征，明确侦查的方向和范围，为侦查破案提供线索和证据。

根据《刑事诉讼法》的规定，勘验、检查的基本程序是：①勘验、检查由侦查人员进行，必要的时候可以指派或者聘请具有专门知识的人，在侦查人员的主持下进行；②侦查人员进行勘验、检查，必须持有人民检察院或者公安机关的证明文件；③侦查人员应当邀请与案件没有利害关系的人作为见证人参加勘验、检查工作，以保证勘验、检查的客观性；④人民检察院要求复验、复查的，侦查机关应当及时进行复验、复查，并通知人民检察院派员参加；⑤勘验、检查的情况应当制作笔录，由参加勘验、检查的人和见证人签名或者盖章。

（二）现场勘查

现场勘查，是侦查人员对犯罪分子实施犯罪的地点以及遗留有犯罪痕迹和物品的场所进行勘查的一种侦查活动。对犯罪现场进行勘查，应当遵守下列程序：

1. 犯罪现场的保护。《刑事诉讼法》第 129 条规定："任何单位和个人，都有义务保护犯罪现场，并且立即通知公安机关派员勘验。"同时，案发地派出所、巡警或者治安保卫组织应当妥善保护犯罪现场，注意保护证据，控制犯罪嫌疑人，并立即报告公安机关主管部门。

2. 现场勘查的指挥和执行人员。现场勘查，由县级以上公安机关侦查部门负责。其中，一般案件的现场勘查，由侦查部门负责人指定的人员进行现场指挥；重大、特别重大案件的现场勘查由侦查部门负责人进行现场指挥；必要时，案发地公安机关负责人应当亲自到现场指挥。现场勘查由侦查人员进行；在必要的时候，可以指派或者聘请具有专门知识的人，在侦查人员的主持下进行勘查。执行勘查的侦查人员接到通知后，应当立即赶赴现场，并应当持有刑事犯罪现场勘查证。

3. 现场勘查的具体要求。首先，应当向发现人、报案人、现场保护人了解现场的原始情况，然后圈定勘查范围，先外后内，先重点后一般，有计划、有步骤地进行勘查活动。其次，应当认真、仔细观察现场每个物品和痕迹的特征、位置、状态，分析其中的联系，并采用有关技术手段发现、提取和保护证据。最后，对案发现场的被害人，应及时送往附近医院救治；对尸体应先进行必要的检查，如果需要，再由法医依法进行解剖和检验；在计算机犯罪的现场，应立即停止计算机的应用，并采取措施保护计算机及相关设备。

4. 现场勘查笔录的制作。侦查人员勘查现场，应制作现场勘查笔录，必要时应制作现场图。现场勘查笔录应当客观、准确又全面地反映现场的实际情况和侦查人员的勘查活动，其内容包括：勘查的时间，现场所在的地点、位置及其与周围环境的关系，现场物品变动和破坏情况，犯罪嫌疑人遗留在现场的各种痕迹、物品及其位置和特征，提取痕迹、物品的情况，并附上拍摄的图片。对重大、特别重大案件的现场，应当录像；勘查计算机犯罪案件的现场，应注意复制电子数据。侦查人员、其他参加勘查的人员和见证人应当在现场勘查笔录上签名或者盖章，并注明时间。

（三）物品检验

物品检验，是指侦查人员对已经收集到的物品及其痕迹进行检查和验证，以确定其与案件有无联系的一种侦查活动。

侦查人员对物品进行检验，应当注意以下几点：①要仔细地查验物品上的特征，如单据上被涂改的痕迹、鞋底上的花纹等；对于在现场收集的物品，还要注意它与周围环境的关系，并分析研究物品的特征和痕迹的变化情况。②通过分析研究，要确定该物品及其痕迹与案件事实有无联系以及有何种联系。③对物品的特征，如果侦查人员不能作出判断时，应当指派或者聘请具有专门知识的人进行鉴定。

检验物品，应当制作检验笔录，详细记载检验的过程、物品及其痕迹的特征，如物品的大小、形状、尺寸、重量、颜色、商标、号码和痕迹的位置、大小、深度、长度、形态、性质等。侦查人员、其他参加检验的人员和见证人应当在物品检验笔录上签名或者盖章，并注明时间。

（四）尸体检验

尸体检验，是在侦查人员的主持下，由法医或者医生对非正常死亡者的尸体进行检验或者解剖的一种侦查活动。其目的在于确定死亡的原因，判断死亡的时间、致死的工具、致死的手段和方法，以便分析研究案情，认定案件的性质，为侦查破案提供线索和证据。尸体检验应当及时进行，以防止尸体上的痕迹或现象因尸体的变化和腐烂而消失。尸体检验分为尸表检验和尸体解剖两种。

尸表检验，是指对尸体外部表面的检验，其具体做法是：①在检验前，应仔细察看尸体的位置、姿态、尸体周围的环境和情况，注意发现尸体周围痕迹和物品的情况，以免在进行尸体检验时对其他痕迹、物品造成破坏，影响其证据价值；②对尸体的衣着、身长、体格状况、皮肤情况进行观察、测量，检验尸体是否出现尸斑、尸僵或腐败等现象，其程度如何；③注意观察尸体各部位是否有损伤，损伤的具体位置、形状、大小、深度和方向等，尸体的隐蔽部位（如口、鼻、眼、指甲、腋下、阴部等）有无附着物。

尸体解剖，是指对尸体的内部器官进行的检验。《刑事诉讼法》第 131 条规定："对于死因不明的尸体，公安机关有权决定解剖，并且通知死者家属到场。"侦查人员应填写尸体解剖报告表，报县级以上公安机关负责人批准；解剖应严格按照卫生部《解剖尸体规则》进行；还应注意尊重当地群众的风俗习惯，保持尸体外貌的完整。无论是局部解剖还是全部解剖，均应写明结论，如确定死亡的时间、原因、损伤情况及有无病史等。此外，解剖只能在侦查机关和医院内设的法医室（科）进行。

尸体检验的情况应制作笔录，由侦查人员和进行检验的法医或医生、死者的家属或见证人签名或盖章，并注明时间。

人民检察院决定解剖死因不明的尸体时，应当通知死者家属到场，并让其在解剖通知书上签名或者盖章。

（五）人身检查

人身检查，是指为了确定被害人、犯罪嫌疑人的某些特征、伤害情况或者生理状态，对其人身进行检验、查看，以及提取指纹信息，采集血液、尿液等生物样本的一种侦查活动。

人身检查涉及公民的人身权利和自由，因此必须严格按照《刑事诉讼法》和有关规定进行：①人身检查只能由侦查人员进行，必要时可以邀请法医或者医师参加；②犯罪嫌疑人如果拒绝检查，侦查人员认为必要时，可以强制检查，但是对被害人不得进行强制检查；③检查妇女的身体，应当由女工作人员或者医师进行。

人身检查的情况应当制作笔录，由侦查人员、其他进行检查的人员或者见证人签名或者盖章，并注明时间。

四、侦查实验

侦查实验，是指为了确定与案件有关的某一事件或者事实在某种条件下能否发生或者怎样发生，而按照原来的条件将该事件或者事实加以重演或者进行试验的一种侦查活动。

《刑事诉讼法》第 135 条第 1 款规定："为了查明案情，在必要的时候，经公安机关负责人批准，可以进行侦查实验。"据此，侦查实验并不是每个刑事案件必须进行的程序，只有在必要时才可以进行。所谓必要，一般是指通过侦查实验要完成下列任务之一：①确定在一定条件下能否听到某种声音或者看到某种情形；②确定在一定时间内能否完成某一行为；③确定在什么条件下能够发生某种现象；④确定在某种条件下某种行为和某种痕迹是否吻合一致；⑤确定在某种条件下使用某种工具可能或者不可能留下某种痕迹；⑥确定某种痕迹在什么条件下会发生变异；⑦确定某种事件怎样发生。

实践证明，侦查实验是审查证人证言、被害人陈述、犯罪嫌疑人供述和辩解是否符合实际情况、是否客观真实、能否作为定案根据的有效方法，可以为侦查人员判明案情、认定案件事实提供可靠的依据。

根据《刑事诉讼法》和有关规定，进行侦查实验应当遵守以下程序和要求：

1. 侦查实验应当经县级以上侦查机关负责人批准，并由侦查人员负责进行；在进行侦查实验时，应当邀请见证人在场，如果该侦查实验需要具备某种专门知识，应当聘请有关专业人员参加。必要时，也可以要求犯罪嫌疑人、被害人、证人参加。公安机关进行侦查实验，可以商请人民检察院派员参加。

2. 侦查实验既可以在现场勘验过程中进行，也可以单独进行。在进行侦查实验前，一般应拟定侦查实验计划，确定实验的目的、实验的时间和地点、实验的工具和物品、实验的任务、实验的顺序和方法以及参加人员等。

3. 侦查实验的条件应与原来的条件相同或相似，并且尽可能对同一情况进行重复实验，以保证侦查实验的科学性和准确性。

4. 根据《刑事诉讼法》第135条第3款的规定，进行侦查实验，禁止一切足以造成危险、侮辱人格或者有伤风化的行为。

5. 侦查实验应当制作笔录，写明实验的目的、实验的时间和地点、实验的条件以及实验的经过和结果，并由进行实验的侦查人员、其他参加人员和见证人签名或者盖章。实验的照片、绘图应附入侦查实验笔录。

五、搜查

（一）搜查的概念和程序

搜查，是指侦查人员对犯罪嫌疑人以及可能隐藏罪犯嫌疑人或者犯罪证据的人的身体、物品、住处和其他有关的地方进行搜索检查的一种侦查活动。

搜查的任务是发现和收集犯罪证据，查获罪犯嫌疑人。《刑事诉讼法》第137条规定："任何单位和个人，有义务按照人民检察院和公安机关的要求，交出可以证明犯罪嫌疑人有罪或者无罪的物证、书证、视听资料等证据。"对于拒不交出的，侦查机关有权决定搜查。因此，凡是可能隐藏犯罪嫌疑人或者犯罪证据的人的身体、物品、住处和其他有关的地方，侦查机关都可以进行搜查。正确地进行搜查，对于及时揭露、证实和惩罚犯罪，具有十分重要的意义。

由于搜查涉及公民的人身自由和住宅不受侵犯的权利，因此必须严格依法进行。根据《刑事诉讼法》和有关规定，搜查应当遵守下列程序：

1. 搜查须由侦查机关负责人批准，签发搜查证，执行搜查的侦查人员不得少于2人。侦查人员进行搜查，既可以在勘验、检查时进行，也可以在执行逮捕、拘留时进行，还可以单独进行。搜查前，应当了解被搜查对象的基本情况、搜查现场及周围环境，确定搜查的范围和重点，明确搜查人员的分工和责任。

2. 进行搜查前，必须向被搜查人出示搜查证。在执行逮捕、拘留的时候，遇到紧急情况，不另用搜查证也可以进行搜查，但搜查结束后搜查人员应当及时向侦查机关负责人报告，并补办有关手续。所谓紧急情况，一般是指下列几种情况：①可能随身携带凶器的；②可能隐藏爆炸、剧毒等危险物品的；③可能隐匿、毁弃、转移犯罪证据的；④可能隐匿其他犯罪嫌疑人的；⑤其他突然发生的紧急情况。侦查人员向被搜查人出示搜查证后，应责令其在搜查证上签字或按指印。如果被搜查人拒绝，侦查人员应在搜查证上注明"被搜查人拒绝签字"的字样，接着责令被搜查人或者他的家属交出与犯罪有关的证据，如果拒不交出的，便可以进行搜查。

3. 搜查时，应当有被搜查人或者其家属、邻居或者其他见证人在场，并且对被搜查人或其家属说明阻碍、妨碍公务应负的法律责任。在搜查过程中，如果遇到阻碍，可以强行进行搜查；对以暴力、威胁方法阻碍搜查的，应当予以制止或者将其带离现场。

4. 搜查妇女的身体，应当由女工作人员进行。

5. 搜查的情况应当制作笔录，由侦查人员和被搜查人或者他的家属、邻居或者其他见证人签名或者盖章。如果被搜查人或者其家属在逃或者拒绝签名、盖章，应当在笔录上注明。必要时，可以进行拍照或者录像。

（二）搜查应注意的几个问题

1. 为了防止被搜查人逃跑或者转移、销毁被搜查的物品，必要时可以在被搜查的场所周围设置武装警戒或者封锁通道，以保证搜查的顺利进行。

2. 搜查应当全面、细致、及时，并应根据不同的搜查对象，采取不同的搜查方法。例如，搜查人身，应站在被搜查人的背后，自上而下进行，并要注意比较隐蔽或者容易被忽视的部位；搜查箱、柜等体积大的物品，要注意从其中装有的衣服等物品或夹层中寻找与案件有关的证据材料；搜查住宅、办公室或者露天场所，应当分段进行，并指派专人对被搜查人进行监视，以观察其表情和防止其转移罪证。

3. 应注意保护公私财物。为了收集和提取证据或者查获犯罪人而不得不损坏财物时，应尽量将损失控制在最低限度。

六、查封、扣押物证、书证

扣押物证、书证，是指侦查机关依法强行扣留和提存与案件有关的物品（包括视听资料，下同）和文件的一种侦查活动。根据《刑事诉讼法》第141条第1款的规定，侦查机关只能扣押能够证明犯罪嫌疑人有罪或者无罪的物品和文件，与案件无关的财物和文件，不得查封、扣押。

在侦查过程中，侦查机关扣押与案件有关的物品、文件，可以获取和保全物证、书证，防止其被损毁和被隐匿，从而用以认定案情，查明犯罪，同时保障刑事诉讼活动的顺利进行，因此扣押物证、书证既具有实体意义，又具有程序意义。

为保障公民、法人和其他组织的财产权利和其他权利不受侵犯，《刑事诉讼法》和有关规定对扣押物证、书证设置了严格的程序。具体如下：

1. 扣押物证、书证须由侦查机关或其他侦查部门的负责人批准，执行扣押物品、文件的侦查人员不得少于2人。扣押物证、书证，既可以在勘验、检查或搜查时进行，也可以单独进行。其中在勘验、检查或者搜查的过程中需要扣押物品、文件的，由现场指挥人员决定。

2. 扣押物证、书证须持有侦查机关的证明文件。在扣押时，侦查人员可以责令持有人主动交出应当扣押的物品、书证；对于持有人拒绝交出的，侦查人员可以强行扣押。

3. 侦查人员应当依法办理扣押手续。对于扣押的财物和文件，侦查人员应当会同在场的见证人和被查封、扣押物品、文件的持有人查点清楚，当场开列扣押物品、文件清单一式二份，写明财物或文件的名称、型号、规格、数量、重量、质量、颜色、新旧程度、缺损特征及其来源，由侦查人员、见证人和持有人签名或者盖章，一份交给持有人，一份交给侦查机关人员保管附卷备查。对于应当扣押但是不便提取的物品、文件，经拍照或者录像后，可以交被扣押物品、文件持有人保管或者封存，并且单独开列扣押物品、文件清单一式两份，在清单上注明已经拍照或者录像，物品、文件持有人应当妥善保管，不得转移、变卖、毁损，由侦查人员、见证人和持有人签名或者盖章，一份交给持有人，另一份连同照片或者录像带附卷备查。

4. 扣押邮件、电报应严格依法进行。《刑事诉讼法》第143条第1款规定："侦查人员认为需要扣押犯罪嫌疑人的邮件、电报的时候，经公安机关或者人民检察院批准，即可通知邮电机关将有关的邮件、电报检交扣押。"据此，侦查人员认为需要扣押邮件（含电子邮件）、电报时应报经县级以上侦查机关负责人批准，由县级以上侦查机关负责人签发扣押通知书，然后通知邮电机关或者网络服务单位检交扣押。当案情发生变化或者因其他原因不需要继续扣押时，应当经县级以上侦查机关负责人批准，由县级以上侦查机关负责人签发解除扣押通知书，立即通知邮电机关或者网络服务单位停止扣押。

5. 扣押物证、书证后的保管和处理。侦查机关对于扣押的物品、文件和邮件、电报应当指派专人妥善保管，不得使用、调换、损毁或者自行处理。对于不能长期保存的物品，应在拍照后按有关规定处理。经查明确实与案件无关的，应当在3日以内解除扣押，退还原主或者原邮电机关、网络服务单位。

七、查询、冻结存款、汇款、债券、股票、基金份额

查询、冻结存款、汇款、债券、股票、基金份额（以下简称查询、冻结存款、汇款），是指侦查机关根据侦查犯罪的需要依法向银行或者其他金融机构、邮政机关查询犯罪嫌疑人的存款、汇款、债券、股票、基金份额，在必要时予以冻结的一种侦查活动。

查询、冻结存款、汇款，应当注意以下几个方面的问题：

1. 查询、冻结存款、汇款、债券、股票、基金份额，应当经县级以上侦查机关

负责人批准，制作查询存款、汇款通知书或者冻结存款、汇款通知书，并通知银行或者其他金融机构、邮政机关执行。此外，查询、冻结归侨、侨眷的存款、汇款，还应征求当地侨务、统战部门的意见，并经地（市）级以上侦查机关负责人批准。

2. 查询、冻结的存款、汇款、债券、股票、基金份额只限于犯罪嫌疑人的存款、汇款。其中，"犯罪嫌疑人的存款"既包括犯罪嫌疑人以其真名、化名存入的款项，也包括其因犯罪所得而以其家庭成员或者亲朋好友的名字存入的款项。如果一时分不清该笔款项是否属于犯罪嫌疑人的存款，但为了侦查犯罪又需要查询、冻结的，可以先予以查询、冻结，然后根据情况再作处理。"犯罪嫌疑人的汇款"既包括犯罪嫌疑人汇出的款项，又包括其他单位和个人汇给犯罪嫌疑人的款项。对于不属于犯罪嫌疑人的存款、汇款，不得查询、冻结。

3. 犯罪嫌疑人的存款、汇款、债券、股票、基金份额已被冻结的，不得重复冻结。所谓"不得重复冻结"，是指不论犯罪嫌疑人的存款、汇款是因何种原因由哪一个机关依法冻结的，侦查机关都不得再次采取冻结措施。实践中，虽然侦查机关不得重复冻结，但可以要求有关银行或者其他金融机构、邮政机关在解除冻结或者作出处理前预先通知侦查机关，以便采取相应措施。

4. 冻结存款、汇款、债券、股票、基金份额的期限为 6 个月。有特殊原因需要延长的，侦查机关应当在冻结期满前办理继续冻结手续，每次冻结期限最长不得超过 6 个月。侦查机关逾期不办理继续冻结手续的，视为自动撤销冻结。

5. 冻结存款、汇款、债券、股票、基金份额后应分情况作出处理：①对于在侦查中犯罪嫌疑人死亡而对其被冻结的存款、汇款应当依法予以没收或者返还被害人的，侦查机关可以申请人民法院裁定并通知冻结的银行、其他金融机构或者邮政机关上缴国库或者返还被害人；②对于冻结在银行、其他金融机构或者邮政机关的赃款，应当随案向人民法院移送该银行、其他金融机构或者邮政机关出具的证明文件，待人民法院作出生效判决后，由人民法院通知该银行、其他金融机构或者邮政机关上缴国库；③对于不需要继续冻结犯罪嫌疑人的存款、汇款的，侦查机关应当制作解除冻结存款、汇款通知书，通知银行或者其他金融机构、邮政机关执行；④对于冻结的存款、汇款经查明确实与案件无关的，侦查机关应当在 3 日内通知原银行或者其他金融机构、邮政机关解除冻结，并通知被冻结存款、汇款的所有人。

八、鉴定

鉴定，是指侦查机关指派或者聘请具有专门知识的人，就案件中的某些专门性问题进行鉴别判断并提供意见的一种侦查活动。

在侦查过程中，侦查人员对于某些专门性问题，依法指派或者聘请具有专门知识的人进行鉴定，可以对与案件有关的物品、文件、痕迹、人身和尸体等证据材料的真伪作出科学、公正的判断，从而有效地查明案件事实，正确认定案情，为惩罚犯罪、保护无辜提供有力的根据。

（一）鉴定人的条件和鉴定的对象

为了保证鉴定结论的科学性、准确性和客观性，鉴定人应具备以下三个条件：①必须是具有专门知识或者技能的人；②必须是获得侦查机关指派或者聘请的人；③必须是与案件无利害关系，能够客观公正地作出鉴定意见的人。

根据《刑事诉讼法》的规定，鉴定的对象是案件中的某些专门性问题。在侦查实践中，这些专门性问题通常是指法医问题、司法精神病问题、毒物毒品问题、会计问题、刑事技术问题（如指纹、脚印、弹痕、文件检验等）以及其他涉及工业、运输、建筑等技术问题。只有上述专门性问题才需要指派或者聘请鉴定人进行鉴定，至于案件中的一般问题和法律问题则由侦查人员进行分析、判断并提出意见，无需进行鉴定。

（二）鉴定的程序

根据《刑事诉讼法》和有关规定，鉴定应当按照下列程序进行：

1. 刑事技术鉴定，由县级以上公安机关指派其刑事技术部门专职人员或者其他专职人员负责进行；其他专门性问题需要聘请有专门知识或技能的人进行鉴定的，应当经县级以上侦查机关负责人批准，并制作聘请书。

2. 侦查机关应当为鉴定人进行鉴定提供必要的条件，及时向鉴定人送交有关检验和对比样本等原始材料，介绍与鉴定有关的情况，并且明确提出要求鉴定人解决的问题，但不得暗示或者强迫鉴定人提出某种鉴定意见。

3. 鉴定人应当按照鉴定规则，运用科学方法进行鉴定，出具鉴定意见并签名或者盖章。其中，几个鉴定人对同一专门性问题进行鉴定的，可以互相讨论，共同提出鉴定意见并签名或者盖章；若意见不一致时，则可以分别提出鉴定结论并签名或者盖章。

4. 侦查人员或者侦查部门认为鉴定意见不确切或者有错误的，经县级以上侦查机关负责人批准，可以进行补充鉴定或者重新鉴定；侦查人员应当将用作证据的鉴定意见告知犯罪嫌疑人、被害人，如果犯罪嫌疑人、被害人对鉴定意见有异议提出申请，经县级以上侦查机关负责人批准，可以进行补充鉴定或者重新鉴定。其中，重新鉴定的，侦查机关应当另行指派或者聘请鉴定人。

九、辨认

辨认，是指在侦查人员的主持下，由被害人、犯罪嫌疑人或者证人对与犯罪有关的物品、文件、尸体、场所或者犯罪嫌疑人进行辨别和确认的一种侦查活动。

通过辨认活动，可以对与犯罪有关的物品、文件、场所的真实性以及死者的身份情况和犯罪嫌疑人是否为作案人予以辨别确认，从而为侦查工作提供线索和证据，进而有利于查明案情，正确认定案件事实，迅速查获犯罪人，并为侦查破案提供重要依据。

我国《刑事诉讼法》对辨认没有作出规定。根据公安部《规定》和最高检《规则》，辨认应当符合以下程序和要求：

1. 辨认应当由侦查人员主持进行（公安部《规定》明确了主持辨认的侦查人员不得少于 2 人）。其中对犯罪嫌疑人进行辨认，应当经侦查机关或其他侦查部门的负责人批准。为保证辨认的客观性和合法性，侦查人员应当聘请见证人参加辨认活动。

2. 组织辨认前，侦查人员应当向辨认人详细询问辨认对象的具体特征，禁止辨认人见到辨认对象，以防止辨认人无根据地进行辨认和产生先入为主的观念。同时，应当告知辨认人有意作假辨认应负的法律责任。

3. 几名辨认人对同一辨认对象进行辨认时，应当个别进行，以防止辨认人之间互相影响，作出错误的辨认。

4. 辨认时，侦查人员应当将辨认对象混杂在其他对象中让辨认人辨认，同时不得给予辨认人以任何暗示。其中，辨认犯罪嫌疑人时，被辨认的人数，公安部《规定》明确不得少于 7 人，最高检《规则》规定不得少于 7 人；对犯罪嫌疑人的辨认，辨认人不愿意公开进行时，可以在不暴露辨认人的情况下进行，而且侦查人员应当为其保守秘密。对犯罪嫌疑人照片进行辨认时，所提供的照片，公安部《规定》明确不得少于 10 张，最高检《规则》规定不得少于 10 张。

5. 对于辨认的经过和结果，应当制作笔录，由侦查人员、辨认人、见证人签名或者盖章，并注明时间。

十、技术侦查措施

（一）技术侦查措施的适用范围

公安机关在立案后，对于危害国家安全犯罪、恐怖活动犯罪、黑社会性质的组织犯罪、重大毒品犯罪或者其他严重危害社会的犯罪案件，根据侦查犯罪的需要，经过严格的批准手续，可以采取技术侦查措施。

人民检察院在立案后，对于利用职权实施的严重侵犯公民人身权利的重大犯罪案件，根据侦查犯罪的需要，经过严格的批准手续，可以采取技术侦查措施，按照规定交有关机关执行。

追捕被通缉或者批准、决定逮捕的在逃的犯罪嫌疑人、被告人的，经过批准，可以采取追捕所必需的技术侦查措施。

批准决定应当根据侦查犯罪的需要，确定采取技术侦查措施的种类和适用对象。

（二）技术侦查的期限

批准决定自签发之日起 3 个月内有效。对于不需要继续采取技术侦查措施的，应当及时解除；对于复杂、疑难案件，期限届满仍有必要继续采取技术侦查措施的，经过批准，有效期可以延长，每次不得超过 3 个月。

（三）采取技术侦查措施应注意的问题

采取技术侦查措施，必须严格按照批准的措施种类、适用对象和期限执行。

侦查人员对采取技术侦查措施过程中知悉的国家秘密、商业秘密和个人隐私，应当保密；对采取技术侦查措施获取的与案件无关的材料，必须及时销毁。

采取技术侦查措施获取的材料，只能用于对犯罪的侦查、起诉和审判，不得用于其他用途。

公安机关依法采取技术侦查措施的，有关单位和个人应当配合，并对有关情况予以保密。

（四）秘密侦查和控制下交付

为了查明案情，在必要的时候，经公安机关负责人决定，可以由有关人员隐匿其身份实施侦查。但是，不得诱使他人犯罪，不得采用可能危害公共安全或者发生重大人身危险的方法。

对于涉及给付毒品等违禁品或者财物的犯罪活动，公安机关根据侦查犯罪的需要，可以依照规定实施控制下交付。

（五）通过技术侦查、秘密侦查、控制下交付获得的材料可以作为证据使用

采取侦查措施收集的材料在刑事诉讼中可以作为证据使用。如果使用该证据可能危及有关人员的人身安全，或者可能产生其他严重后果的，应当采取不暴露有关人员身份、技术方法等保护措施，必要的时候，可以由审判人员在庭外对证据进行核实。

十一、通缉

通缉，是指公安机关发布通缉令并采取有效措施，将应当逮捕而在逃的犯罪嫌疑人追捕归案的一种侦查活动。

（一）通缉的对象和条件

根据《刑事诉讼法》第155条第1款的规定，通缉的对象是应当逮捕而在逃的犯罪嫌疑人。具体包括：①已批准或者决定逮捕而在逃和在采取取保候审、监视居住期间逃跑的犯罪嫌疑人；②已决定拘留而在逃的重大嫌疑分子；③从被羁押场所逃跑的犯罪嫌疑人；④在讯问期间或者在押解期间逃跑的犯罪嫌疑人。此外，对越狱逃跑的被告人或者罪犯，也可以通缉。在实践中，公安机关仅对罪行比较严重而逃跑的犯罪嫌疑人采取通缉措施，对符合逮捕条件但罪行不太严重而在逃的犯罪嫌疑人，一般由公安机关发出协查通报，要求其他公安机关协助查获。

通缉应当具备以下两个条件：①实质条件，即按照犯罪嫌疑人所犯罪行依法应当予以逮捕；②形式条件，即有证据证明犯罪嫌疑人确已逃跑。

（二）通缉的程序

根据《刑事诉讼法》和有关规定，通缉应当按照下列程序进行：

1. 决定通缉。在侦查过程中需要通缉捉拿符合逮捕条件而在逃的犯罪嫌疑人的，侦查人员应报经县级以上侦查机关负责人作出决定。

2. 制作通缉令。通缉令是公安机关根据本机关和其他侦查机关的通缉决定，向社会和本系统发布的缉拿应当逮捕而在逃的犯罪嫌疑人的书面命令。其内容包括：

被通缉人的姓名、别名、曾用名、绰号、性别、年龄、民族、籍贯、出生地、户籍所在地、居住地、职业、身份证号码、衣着和体貌特征并附被通缉人近期照片，还可以附指纹及其他物证的照片；除了必须保密的事项以外，应当写明发案的时间、地点和简要案情；发布通缉令的机关、时间，并加盖公章。

3. 发布通缉令。县级以上公安机关在自己管辖的地区以内，可以直接发布通缉令；超出自己管辖的地区，应当报请有权决定的上级公安机关发布。通缉令的发送范围，由签发通缉令的公安机关负责人决定。同时，为发现重大犯罪线索，追缴涉案财物、证据，查获犯罪嫌疑人，必要时，经县级以上公安机关负责人批准，可以发布悬赏通告。悬赏通告应当写明悬赏对象的基本情况和赏金的具体数额。通缉令、悬赏通告可通过广播、电视、报刊、计算机网络等媒体发布，也可以张贴等形式发布。

4. 补发通报。通缉令发出后，如果发现新的重要情况，发布通缉令的公安机关可以补发通报。通报必须注明原通缉令的编号和日期。

5. 布置查缉。有关公安机关在接到通缉令后，应当及时布置查缉。其措施包括控制被通缉人可能出入或者隐藏的地方，发动群众提供线索，加以围追堵截等。为防止犯罪嫌疑人逃往境外，需要在边防口岸采取边控措施的，应当按照有关规定制作《边控对象通知书》，经县级以上公安机关负责人审核后，层报省级公安机关批准，办理边控手续。需要在全国范围内采取边控措施的，应当层报公安部批准。对需要边防检查站限制犯罪嫌疑人人身自由的，需同时出具有关法律文书；在紧急情况下，县级以上公安机关可以出具公函，先向当地边防检查站交控，但应当在 7 日内补办交控手续。有关公安机关抓获犯罪嫌疑人后，应当迅速通知通缉令发布机关，并报经抓获地县级以上公安机关负责人批准后，凭通缉令羁押。原通缉令发布机关应当立即进行核实，并及时依法处理。

6. 撤销通缉令。犯罪嫌疑人自首、被击毙或被抓获并经核实后，原发布机关应当在原通缉、通知、通告范围内，撤销通缉令、边控通知、悬赏通告。

十二、人民检察院行使侦查权的特别规定

《刑事诉讼法》第 164 条规定："人民检察院对直接受理的案件的侦查适用本章规定。"这表明，《刑事诉讼法》中关于侦查的所有规定均适用于人民检察院直接受理的案件。因此，人民检察院在讯问犯罪嫌疑人、询问证人或被害人、勘验、检查、侦查实验、搜查、扣押、查询和冻结存款或汇款、鉴定、技术侦查措施、辨认等侦查活动中，都必须遵守《刑事诉讼法》的有关规定。但是，考虑到人民检察院的性质和其直接受理的案件的特殊性，《刑事诉讼法》又对其侦查权的行使作了如下特别规定：

（一）对犯罪嫌疑人的拘留和讯问

《刑事诉讼法》第 165 条规定，人民检察院直接受理的案件中符合本法第 82 条

第 4、5 项规定的情形（即犯罪后企图自杀、逃跑或者在逃的；有毁灭、伪造证据或者串供可能的），需要拘留犯罪嫌疑人的，由人民检察院作出决定，由公安机关执行。人民检察院在侦查直接受理的案件时和公安机关一样，也常常会遇到犯罪嫌疑人犯罪后企图自杀、逃跑或毁灭、伪造证据等紧急情况，赋予其拘留决定权有利于及时予以侦查并破案。对于被拘留的人，人民检察院应当在拘留后 24 小时内进行讯问，在发现不应当拘留的时候，必须立即释放，发给释放证明；对需要逮捕而证据不足的，可以取保候审或者监视居住。

（二）对犯罪嫌疑人的逮捕

《刑事诉讼法》第 165 条规定，人民检察院直接受理的案件中符合本法第 81 条规定的条件，需要逮捕犯罪嫌疑人的，由人民检察院作出决定，由公安机关执行。第 167 条规定，人民检察院对直接受理的案件中被拘留的人，认为需要逮捕的，应当在 14 日以内作出决定；在特殊情况下，决定逮捕的时间可以延长 1~3 日；对不需要逮捕的，应当立即释放，并发给释放证明；对需要继续侦查，并且符合取保候审、监视居住条件的，依法采取取保候审或者监视居住的侦查措施。

■第三节　侦查终结

一、侦查终结的概念和程序

侦查终结，是指侦查机关经过一系列的侦查活动，认为案件事实已经查清，证据确实、充分，足以认定犯罪嫌疑人是否犯罪和应否对其追究刑事责任而决定结束侦查，依法对案件作出处理或者提出处理意见的一项诉讼活动。

侦查终结是侦查程序的最后一项工作，也是侦查程序的一个必经阶段。它要求侦查机关根据对已收集证据所作出的审查判断，确定犯罪嫌疑人是否有罪并向检察机关提出起诉意见或者作出撤销案件的决定。因此，这一阶段的工作效果如何，对于准确及时地追究犯罪，有效地保护无辜者，具有重要意义。

根据刑事诉讼法和有关规定，侦查终结应当遵守下列程序：

（一）制作侦查终结报告

侦查终结的案件，侦查人员应当制作侦查终结报告，其内容包括：①犯罪嫌疑人的基本情况，包括犯罪嫌疑人的姓名、性别、年龄、籍贯、文化程度、住址、有无前科等；②对犯罪嫌疑人采取的强制措施及理由、羁押的场所；③案件的事实和证据；④根据案件事实和法律规定提出的处理意见。

（二）侦查终结案件的处理

侦查终结案件的处理，由县级以上侦查机关负责人批准；重大、复杂、疑难的案件应当经过集体讨论决定。其中，具备起诉条件的，应当移送人民检察院审查起诉；发现不应对犯罪嫌疑人追究刑事责任的，应当撤销案件。

（三）案卷材料的整理和立卷

侦查终结后，侦查人员应当将全部案卷材料加以整理，按要求装订立卷。向人民检察院移送案卷时，只移送诉讼卷，侦查卷由侦查机关存档备查；需要将技术侦查所获取的材料作为证据公开使用时，应当按照规定采取相应的处理措施。

二、移送审查起诉的条件和程序

根据《刑事诉讼法》和有关规定，侦查机关对于侦查终结的案件作出移送人民检察院审查起诉决定的，应当具备以下条件：

（一）犯罪事实清楚

这是指犯罪人、犯罪的时间和地点、犯罪的动机和目的、犯罪手段、犯罪结果以及其他有关犯罪的具体情节都已查清，并且没有遗漏罪行和其他应当追究刑事责任的人。

（二）证据确实、充分

这是指证明犯罪嫌疑人犯罪事实、情节的每一个证据都已经查证属实，证据与证据之间没有矛盾（或者矛盾已被排除），能够互相印证，并且形成一个完整的证明体系，可以确认犯罪嫌疑人有罪与否和犯罪情节的轻重。

（三）犯罪的性质和罪名认定正确

这是指根据查明的事实和法律规定，足以对犯罪嫌疑人犯了某种罪或者某几种罪的性质和罪名作出正确的认定。

（四）法律手续完备

这是指侦查机关进行各项侦查活动都必须有相应的法律手续，如拘留要有拘留证，搜查要有搜查证，扣押物证要开列扣押清单等。同时，进行侦查活动的各项手续还必须符合法律规定的要求，如讯问笔录要有被讯问人和侦查人员签名或者盖章，搜查笔录要有侦查人员、被搜查人或其家属和见证人签名或者盖章等。若发现法律手续不完备或者不符合要求的，应采取适当措施予以补救。

（五）依法应当追究刑事责任

根据已查明的事实和《刑法》的有关规定，只有对犯罪嫌疑人应当追究刑事责任的，侦查机关才能作出移送人民检察院审查起诉的决定；如果发现对犯罪嫌疑人不应追究刑事责任的，则应作出撤销案件的决定。

根据《刑事诉讼法》第162条的规定，公安机关侦查终结的案件，应当做到犯罪事实清楚，证据确实、充分，并且写出起诉意见书，连同案卷材料、证据一并移送同级人民检察院审查决定；同时将案件移送情况告知犯罪嫌疑人及其辩护律师。犯罪嫌疑人自愿认罪的，应当记录在案，随案移送，并在起诉意见书中写明有关情况。

共同犯罪案件的起诉意见书，应当写明每个犯罪嫌疑人在共同犯罪中的地位、作用、具体罪责和认罪态度，并分别提出处理意见；被害人提出附带民事诉讼请求的，应当记录在案，在移送审查起诉时应当在起诉意见书末页加以注明。

三、撤销案件的条件和程序

《刑事诉讼法》第 163 条规定："在侦查过程中，发现不应对犯罪嫌疑人追究刑事责任的，应当撤销案件；犯罪嫌疑人已被逮捕的，应当立即释放，发给释放证明，并且通知原批准逮捕的人民检察院。"所谓不应对犯罪嫌疑人追究刑事责任，是指没有犯罪事实或者有《刑事诉讼法》第 16 条规定的 6 种情形之一时，不追究刑事责任。侦查机关经过侦查，发现不应对犯罪嫌疑人追究刑事责任时，应当作出撤销案件的决定，并制作撤销案件决定书。犯罪嫌疑人已被逮捕的，应当立即释放，发给释放证明，并且通知原批准逮捕的人民检察院。

此外，在侦查过程中，如果发现犯罪嫌疑人达不到刑事处罚的标准，需要行政处分的，经县级以上侦查机关批准，对犯罪嫌疑人应依法予以行政处理或者移交其他有关部门处理。

四、侦查羁押期限

我国刑事诉讼法没有规定侦查期限。这是因为侦查工作具有特殊性，刑事案件从立案开始到侦查终结应当在多长时间内完成，立法机关无法作出具体规定。但如果犯罪嫌疑人已被逮捕，刑事诉讼法则要求在一定期限内终结，以保障侦查的顺利进行，防止对犯罪嫌疑人久押不决，维护公民的合法权益。如果侦查机关不能在法定侦查羁押期限内侦查终结的，便应当依法释放犯罪嫌疑人或者变更强制措施。

根据《刑事诉讼法》的规定，侦查羁押期限可以分为以下四种：

（一）一般侦查羁押期限

《刑事诉讼法》第 156 条规定："对于犯罪嫌疑人逮捕后的侦查羁押期限不得超过 2 个月……"这就是侦查羁押期限的一般规定。该期限只是指对犯罪嫌疑人逮捕后的羁押期限，而不包括在这之前的拘留期限（拘留期限在《刑事诉讼法》中另有规定）。

（二）延长侦查羁押期限

考虑到特殊刑事案件的需要，《刑事诉讼法》对侦查羁押期限作了灵活规定，即只要是所规定的特殊案件，并经有关机关批准或者决定，侦查羁押期限便可以延长。具体有：

1.《刑事诉讼法》第 156 条规定，案情复杂、期限届满不能终结的案件，可以经上一级人民检察院批准延长 1 个月。

2.《刑事诉讼法》第 157 条规定，因为特殊原因，在较长时间内不宜交付审判的特别重大复杂案件，由最高人民检察院报请全国人民代表大会常务委员会批准延期审理。

3.《刑事诉讼法》第 158 条规定，下列案件在本法第 126 条规定的期限届满不能侦查终结的，经省、自治区、直辖市人民检察院批准或者决定，可以延长 2 个月，即下列案件的侦查羁押期限最长可以达到 5 个月：①交通十分不便的边远地区的重大复杂案件；②重大的犯罪集团案件；③流窜作案的重大复杂案件；④犯罪涉及面广，取证困难的重大复杂案件。

4.《刑事诉讼法》第 159 条规定，对犯罪嫌疑人可能判处 10 年有期徒刑以上刑罚，依照本法第 158 条规定延长期限届满，仍不能侦查终结的，经省、自治区、直辖市人民检察院批准或者决定，可以再延长 2 个月。即这类案件的侦查羁押期限最长可达到 7 个月。

（三）重新计算羁押期限

1.《刑事诉讼法》第 160 条第 1 款规定，在侦查期间，发现犯罪嫌疑人另有重要罪行的，自发现之日起依照本法第 156 条的规定重新计算侦查羁押期限。

2.《刑事诉讼法》第 160 条第 2 款规定，犯罪嫌疑人不讲真实姓名、住址，身份不明的，应当对其身份进行调查，侦查羁押期限自查清其身份之日起计算，但是不得停止对其犯罪行为的侦查取证。对犯罪事实清楚，证据确实、充分，确实无法查明其身份的，也可以按其自报的姓名起诉、审判。最高检《规则》第 358 条第 3 款规定，如果被告人自报的姓名可能造成损害他人名誉、败坏道德风俗等不良影响的，可以对被告人编号并按编号制作起诉书，并在起诉书中附具被告人的照片，记明足以确定被告人面貌、体格、指纹以及其他反映被告人特征的事项。

（四）不计入侦查羁押期限

《刑事诉讼法》第 149 条规定，对犯罪嫌疑人作精神病鉴定的期间不计入办案期限（包括侦查羁押期限）。

■第四节　补充侦查

一、补充侦查的概念

补充侦查，是指公安机关或者人民检察院依照法定程序，在原有侦查工作的基础上，就案件的部分事实、情节继续进行侦查的诉讼活动。

补充侦查，本质上是原有侦查工作的继续，仍属于侦查程序的范畴。如果原有侦查工作已经达到侦查的目的和要求，侦查任务已经完成，就无需补充侦查。可见，补充侦查并不是每个刑事案件都必须经过的程序，它是在原有侦查工作没有完成侦查任务的情况下就案件的部分事实、情节所进行的侦查活动。

二、不同诉讼阶段的补充侦查

根据我国《刑事诉讼法》的规定，补充侦查在程序上有以下两种：

（一）审查起诉阶段的补充侦查

《刑事诉讼法》第 175 条第 2、3 款规定："人民检察院审查案件，对于需要补充侦查的，可以退回公安机关补充侦查，也可以自行侦查。对于补充侦查的案件，应当在 1 个月以内补充侦查完毕。补充侦查以 2 次为限……"这一规定适用于退回公安机关补充侦查的情形，人民检察院自行补充侦查的，应当在审查起诉期限内进行。一个案件如果改变过管辖的，在改变管辖前后，人民检察院决定退回补充侦查的次数，总计不得超过 2 次。这一规定对于防止案件久拖不决、及时打击犯罪和切实保障犯罪嫌疑人的合法权益，具有十分重要的意义。

（二）法庭审判阶段的补充侦查

根据《刑事诉讼法》第 204 条和第 205 条的规定，在法庭审判过程中，检察人员发现提起公诉的案件需要补充侦查，提出建议的，人民法院可以决定延期审理；人民检察院应当在 1 个月以内补充侦查完毕，补充侦查不得超过 2 次。

一般说来，人民法院不能主动将案件退回人民检察院补充侦查，但是在审判期间，被告人提出新的立功线索的，人民法院可以建议人民检察院补充侦查。

三、补充侦查的方式

根据《刑事诉讼法》的有关规定，补充侦查有以下两种方式：

（一）退回补充侦查

退回补充侦查，是指决定补充侦查的人民检察院将案件退回原侦查机关或者侦查部门进行补充侦查。对于公安机关侦查终结移送人民检察院审查起诉的案件，可以退回公安机关补充侦查。对于公安机关等侦查机关移送审查起诉的案件，人民检察院认为有犯罪事实不清、证据不足或者遗漏罪行、遗漏同案犯罪嫌疑人等情形，需要补充侦查的，应当提出具体的书面意见，连同案卷材料一并退回侦查机关补充侦查。对人民检察院退回补充侦查的案件，侦查机关的原侦查部门应当对案件的事实、证据和定性处理意见进行认真全面的审查，分析研究人民检察院的退回补充侦查意见，根据不同情况，报县级以上侦查机关负责人批准，分别作如下处理：

1. 原认定犯罪事实清楚，证据不够充分的，补充证据后，应当制作补充侦查报告书，移送人民检察院审查，对有些证据无法补充的，应当作出说明。

2. 在补充侦查过程中，发现新的同案犯罪嫌疑人或者新的罪行，需要追究刑事责任的，应当重新制作起诉意见书，移送人民检察院审查。

3. 发现原认定的犯罪事实有重大变化，不应当追究刑事责任的，应当重新提出处理意见，并将处理结果通知退回补充侦查的人民检察院。

4. 原认定犯罪事实清楚、证据确实、充分，人民检察院退回补充侦查不当的，应当说明理由，移送人民检察院审查。

（二）自行补充侦查

自行补充侦查，是指决定补充侦查的人民检察院自行对案件进行的补充侦查。

自行补充侦查的案件，既可以是原来由公安机关立案侦查的案件，也可以是人民检察院直接受理侦查的案件。人民检察院自行侦查的案件需要补充侦查的，只能由人民检察院自行补充侦查。对原来由公安机关立案侦查的案件，如果是审查起诉阶段的补充侦查，则人民检察院既可以将案件退回公安机关补充侦查，也可以自行补充侦查。如果是法庭审判阶段的补充侦查，则由人民检察院自行侦查，必要时可以要求公安机关予以协助。

人民检察院是选择退回补充侦查还是选择自行补充侦查，一般取决于未查明案件事实的内容和性质。如果主要事实不清、证据不足或者有遗漏罪行、遗漏同案犯罪嫌疑人等情形的，原则上应退回公安机关补充侦查；如果只是次要事实不清、证据不足的，则应尽可能自行补充侦查，以节省办案时间，提高诉讼效率。

根据《刑事诉讼法》第170条第1款规定，"人民检察院对于监察机关移送起诉的案件，依照本法和监察法的有关规定进行审查。人民检察院经审查，认为需要补充核实的，应当退回监察机关补充调查，必要时可以自行补充侦查。"

■第五节 侦查监督

一、侦查监督的概念

侦查监督，是指人民检察院依法对侦查机关的侦查活动是否合法进行的监督。根据《刑事诉讼法》的规定，公安机关、国家安全机关、走私犯罪侦查局、海警局、监狱、军队保卫部门和人民检察院的侦查部门均享有侦查权。因此，人民检察院对上述机关或部门的侦查活动是否合法，都可以依法进行监督。

人民检察院是国家法律监督机关。按照《刑事诉讼法》第8条规定，人民检察院依法对刑事诉讼实行法律监督。因此，侦查监督是人民检察院对刑事诉讼活动所进行的法律监督的重要组成部分。《刑事诉讼法》第100条对侦查监督的内容和程序进行了进一步的详细规定。

二、侦查监督的内容

侦查监督的内容，是指需要人民检察院通过履行侦查监督职能对侦查机关（部门）和侦查人员在侦查活动中的违法行为予以发现和纠正。根据最高检《规则》第567条的规定，侦查监督的内容主要是：①采用刑讯逼供以及其他非法方法收集犯罪嫌疑人供述的；②讯问犯罪嫌疑人依法应当录音或者录像而没有录音或者录像，或者未在法定羁押场所讯问犯罪嫌疑人的；③采用暴力、威胁以及非法限制人身自由等非法方法收集证人证言、被害人陈述，或者以暴力、威胁等方法阻止证人作证或者指使他人作伪证的；④伪造、隐匿、销毁、调换、私自涂改证据，或者帮助当事人毁灭、伪造证据的；⑤违反《刑事诉讼法》关于决定、执行、变更、撤销强制措施的规定，或者强制措施法定期限届满，不予释放、解除或者变更的；⑥应当退还取保候审保证金不退还的；⑦违反《刑事诉讼法》关于讯问、询问、勘验、检查、搜查、鉴定、采取技术侦查措施等规定的；⑧对与案件无关的财物采取查封、扣押、冻结措施，或者应当解除查封、扣押、冻结而不解除的；⑨贪污、挪用、私分、调换、违反规定使用查封、扣押、冻结的财物及其孳息的；⑩不应当撤案而撤案的；⑪侦查人员应当回避而不回避的；⑫依法应当告知犯罪嫌疑人诉讼权利而不告知，影响犯罪嫌疑人行使诉讼权利的；⑬对犯罪嫌疑人拘留、逮捕、指定居所监视居住后依法应当通知家属而未通知的；⑭阻碍当事人、辩护人、诉讼代理人、值班律师依法行使诉讼权利的；⑮应当对证据收集的合法性出具说明或者提供证明材料而不出具、不提供的；⑯侦查活动中的其他违反法律规定的行为。

三、侦查监督的程序

（一）对侦查违法行为的发现

人民检察院发现侦查机关（部门）和侦查人员的违法行为，主要有以下几种方式：①人民检察院在审查逮捕、审查起诉过程中，应当审查侦查机关或部门的侦查活动是否合法；②人民检察院根据需要可以派员参加侦查机关对于重大案件的讨论和其他侦查活动，从中发现违法行为；③通过受理诉讼参与人对侦查机关或者部门和侦查人员侵犯其诉讼权利和人身侮辱的行为向人民检察院提出的控告并及时审查，从中发现违法行为；④通过审查公安机关执行人民检察院批准或者不批准逮捕决定的情况以及释放被逮捕的犯罪嫌疑人或者变更逮捕措施的情况，从中发现违法行为。根据《刑事诉讼法》的规定，对于人民检察院批准逮捕的决定，公安机关应当立即执行，并且将执行情况及时通知人民检察院；对于人民检察院不批准逮捕的，公安机关应当在接到通知后立即释放被关押的犯罪嫌疑人，并且将执行情况及时通知人民检察院；公安机关发现对犯罪嫌疑人采取逮捕措施不当而撤销、变更逮捕措施的，应当通知原批准逮捕的人民检察院；公安机关在侦查过程中撤销案件的，如果犯罪嫌疑人已被逮捕，应当立即释放，并通知原批准的人民检察院。对于上述通知，人民检察院应当及时审查，以发现公安机关可能发生的违法行为。

（二）对侦查违法行为的处理

根据《刑事诉讼法》和有关规定，人民检察院如果发现侦查机关的侦查活动有违法行为的，可以分别作出以下三种处理：

1. 口头通知纠正。对于情节较轻的违法行为，检察人员可以通过口头方式向侦查人员或者侦查机关负责人提出，要求纠正；检察人员口头提出纠正意见后，应及时向本部门负责人汇报；必要时，由部门负责人提出纠正意见。人民检察院口头通知纠正违法的，一般不要求对方书面答复，但对于通知纠正这一情况应当记录在案。

2. 书面通知纠正。对于情节较重的违法行为，检察人员应当报请检察长批准后，向侦查机关发出纠正违法通知书。人民检察院发出纠正违法通知书的，侦查机关应当将纠正情况书面通知人民检察院。人民检察院应当根据侦查机关的回复，监督纠正违法通知书的落实情况；没有回复的，应当督促侦查机关回复。

3. 移送有关部门依法追究刑事责任。人民检察院审查逮捕部门、审查起诉部门发现侦查人员在侦查活动中的违法行为情节严重，构成犯罪的，应当移送本院侦查部门审查，并将有关情况报告检察长。侦查部门在审查后应当提出是否立案侦查的意见，报请检察长决定；对于不属于人民检察院管辖的，应当移送有管辖权的机关处理。

由于人民检察院内部实行分工，相互间存在制约关系，因此人民检察院审查逮捕部门或者审查起诉部门对本院侦查部门在侦查或者决定、执行、变更、撤销强制措施等活动中的违法行为，应当报请检察长决定予以纠正。

【思考题】

1. 我国的侦查机关在采取拘留、搜查、扣押等手段时，不需要获得法院的许可。如何评价这种立法选择？

2. 我国的犯罪嫌疑人在侦查阶段是否享有沉默权？《刑事诉讼法》对此是如何进行规定的？如何评价？

3. 讯问犯罪嫌疑人的时候，犯罪嫌疑人的辩护律师是否有权在场？

4. 人民检察院是否有权决定通缉？

5. 人民检察院是否有权决定解剖死因不明的尸体？

6. 在法庭审判阶段，法院能否建议人民检察院补充侦查？

第二十二章

提起公诉

　　提要与学习要求　本章需要了解起诉、审查起诉、提起公诉、不起诉的概念。理解刑事公诉的一般理论，提起公诉的任务和意义，审查起诉的内容、程序。掌握《刑事诉讼法》及相关法律解释规定的审查起诉的步骤和方法，提起公诉、不起诉的条件和具体程序；理解认罪认罚从宽制度在审查起诉阶段的体现与落实；把握《刑事诉讼法》与《监察法》的衔接。学习本章，重点参阅的法律、立法解释、司法解释及规范性文件主要有《刑事诉讼法》第 169～182、210、214、215、222、223 条；《监察法》第 45～47 条；国家监察委员会、最高人民检察院《国家监察委员会与最高人民检察院办理职务犯罪案件工作衔接办法》；第十二届全国人民代表大会常务委员会 2014 年 4 月 24 日通过的全国人大常委会关于《刑事诉讼法》第 271 条第 2 款的解释[1]；六机关《规定》第 23、24 条；最高检《规则》第 10 章第 1、2 节、第 7～9 节、第 11 章第 2 节第 430～433 条、第 3 节第 437～441 条等。还应当关注特别程序中的相关内容，例如《刑事诉讼法》第 282～284 条、第 289～291 条等。

■第一节　起诉

一、起诉的概念和意义

（一）起诉的概念

刑事起诉，是指享有控诉权的国家机关和公民，依法向法院提起诉讼，请求法院对指控的内容进行审判，以确定被告人刑事责任并依法予以刑事制裁的诉讼活动。

---

〔1〕　此处对应 2018 年修改后《刑事诉讼法》第 282 条第 2 款。

　　按照行使追诉权的主体不同，刑事起诉分为公诉和自诉两种方式。公诉是指依法享有刑事追诉权的国家专门机关，代表国家和公众向法院起诉，要求审判机关追究被告人刑事责任的活动；自诉是指刑事被害人及其法定代理人、近亲属等，以个人的名义直接向法院起诉，要求保护被害人的合法权益，追究被告人刑事责任的诉讼活动。

　　在我国，享有刑事起诉权的是人民检察院和自诉人，审判机关则是人民法院。刑事起诉是刑事诉讼活动的重要阶段和程序之一。

　　起诉和起诉方式，是人类司法制度发展到一定历史阶段的产物。最早的起诉方式是自诉，通常由被害人及其法定代理人等享有起诉权的个人直接向有管辖权的司法机关控告犯罪人。随着社会经济条件的变化和司法经验的积累，统治者逐渐认识到，任何一种犯罪，尤其是一些严重的犯罪，不仅危害了被害人个人的利益，而且从根本上危害了国家利益和社会利益。如果对犯罪人的追究权仅限于被害人个人行使，则既不利于保护被害人的利益，也不利于维护统治阶级的统治。同时，追究犯罪是十分复杂的活动，特别是一些重大、复杂的犯罪案件，只凭被害人个人的力量是无法收集到必要的证据的，个人也很难承担起诉的任务。如果由国家设立专门的机构和人员对犯罪人进行追诉，就可以克服单纯自诉的不足，更有利于同犯罪作斗争，以维护国家利益和统治权力。于是，公诉制度应运而生。

　　对犯罪的追诉，各国刑事诉讼法虽皆施行告发原则，但立法内容因告发模式的差异而有所不同。有的国家采取国家追诉主义，也有的国家采取私人追诉主义，还有的国家采取公众追诉主义。目前，在世界各国的起诉方式中，公诉制度占主导地位。但是，由于各国政治、经济、文化传统的不同，其法律制度和刑事诉讼制度的产生、发展历史也不同。这就形成了不同法系之间、不同国家之间在起诉制度上的差异。从起诉权的行使上看，各国的起诉制度大致可以分为两类：一类是统一公诉制，即刑事案件由检察官向法院起诉，不允许私人自诉，如美国、法国、日本等。另一类是公诉兼自诉制，即刑事案件的起诉，大都由检察机关代表国家实行公诉，部分案件允许公民个人自诉，国家不主动干预，如德国、俄罗斯、奥地利等。大多数国家都采取后一种方式，保留自诉的原因主要是考虑对那些罪行比较轻微、案情比较简单、主要损害个人利益的犯罪由被害人或者有关个人直接向法院起诉更有利于案件的及时审结以及冲突解决，同时也更有利于国家集中人力、财力追诉那些较为严重的刑事犯罪。从自诉的范围和实际运用进行总体分析，自诉作为公诉的补充而存在，在现代刑事诉讼制度中，起诉权主要表现为公诉权。

　　我国现行诉讼制度与大陆法系国家刑事诉讼制度相似，采取国家追诉主义与被害人追诉主义的并行模式，实行以公诉为主、自诉为辅的方式。除了刑事诉讼法规定由人民法院直接受理的少数案件由被害人等进行自诉以外，对绝大多数刑事案件都实行公诉。人民检察院是行使国家公诉权的专门机关，其他任何机关、团体和个人都不能行使这项国家权力。人民检察院追诉活动的内容，包括审查起诉、提起公诉、出庭支持公诉以及从提起公诉中派生出来的不起诉活动。其中，提起公诉是人民检察院公诉活动的核心内容，审查起诉是提起公诉的准备和基础，出庭支持公诉是提起公诉活动在人民法院审判阶段的延伸。然而，我们也要看到，我国刑事诉讼法对自诉范围不断扩大，除允许被害人就某些犯罪直接独立追诉外，还对检察院已经终结并由初级法院管辖的直接侵害个人法益的案件，允许被害人向法院再行起诉，甚至对检察机关已经作出不起诉决定的案件，仍然可以以自诉的方式重新启动诉讼程序。

（二）起诉的意义

1. 起诉是审判程序之前的必经程序。起诉，是刑事审判的前提，没有起诉活动，也就没有审判程序。从本质上说，刑事起诉是国家法律赋予社会主体在其合法权益受到刑事侵害时，请求审判机关通过行使审判权惩罚犯罪和保护合法权益的活动。在我国，公诉案件中，人民检察院通过行使公诉权，一方面可以对调查或者侦查终结后移送起诉的案件从认定事实到适用法律进行全面审查，监督调查、侦查工作依法进行；另一方面，将构成犯罪且需要追究刑事责任的人起诉到人民法院，以完成惩罚犯罪的任务。提起公诉阶段在诉讼中具有承上启下的作用，也是人民检察院与监察机关、公安机关及人民法院实行分工负责、互相配合、互相制约的体现。自诉案件中，自诉人行使自诉权，是使被告人受到必要追诉的前提。

2. 起诉有利于有效惩罚犯罪，维护社会和公民权益。当社会主体的权益受到犯罪行为侵犯时，需要借助国家审判力量予以保护，惩罚犯罪，恢复权益的正常状态。而起诉正是为审判提供对象的活动。在我国，未经起诉的人员和事项，人民法院不得审判。

3. 起诉程序有利于保证准确惩罚犯罪，保障无罪的人免受刑事追究，实现程序公正。在我国公诉案件中，人民检察院通过审查起诉阶段的活动，实现对调查、侦查终结后移送起诉案件的全面审查、监督调查、侦查工作依法进行，将符合起诉条件的人起诉到人民法院，保证准确、及时惩罚犯罪，且尽早使无辜的人或者依法不受刑事追究的人从刑事程序中解脱出来。自诉案件中，通过提起自诉和对自诉的审查，可以保证案件处理的准确性，实现诉讼公正和效率。

二、公诉的概念、原则和任务

（一）公诉的概念

公诉，本是自诉的对称，有时也作为对提起公诉的简称，它是指由国家设立的专门机构（通常即检察院）针对犯罪嫌疑人的犯罪行为向法院提出控告，要求法院通过审判确认犯罪事实、惩罚犯罪人的诉讼活动。它具有广义与狭义两种含义，前者泛指在侦查活动结束之后，案件交付法院审判之前，在检察机关主持下进行的一系列为准确指控犯罪的准备工作总称，它是独立的诉讼阶段，后者则仅指检察机关向法院提出控诉的行为。以我国为例，广义的提起公诉包括《刑事诉讼法》第二编

第三章的全部内容，狭义的提起公诉则仅指人民检察院向人民法院提起公诉的行为。

公诉是代表国家行使追诉权的检察机关向行使国家审判权的人民法院提出的一种诉讼请求，其内容是要求法院通过审判确定被告人犯有被控罪行并给予其相应的刑事惩罚。除自诉案件外，向审判机关控告犯罪，要求审判机关惩罚犯罪，是国家赋予人民检察院专门行使的一项重要职权。公诉活动是由国家专门机关代表国家对犯罪行为提出控告，目的是要求审判机关对犯罪进行处罚的活动，属于刑事诉讼中三大主要职能之一的控诉职能。在刑事诉讼程序中，提起公诉是一个独立的诉讼阶段，是连接调查或者侦查与审判的纽带，是公诉案件的必经程序。

（二）公诉的原则

1. 国家追诉主义。国家追诉主义，是指刑事案件的起诉权由国家垄断行使。受犯罪行为侵害的被害人没有向国家审判机关直接控诉犯罪的权利。通常情况下，各国都是以检察院为公诉机关，代表国家对刑事案件提起公诉和支持公诉。实行这一做法的国家主要有日本、法国等。1948 年颁布的日本《刑事诉讼法》第 247 条[1]明确规定对犯罪的追诉实行"国家追诉主义"，"公诉由检察官实施"。在法国刑事诉讼中同样不存在自诉制度，追诉犯罪的权力由国家统一行使，被害人可以就犯罪造成的损害提出附带民事赔偿的请求，但这种要求损害赔偿的民事请求可以成为预审法官开始正式侦查或者检察官提起公诉的一种理由。

2. 起诉法定主义与起诉便宜主义。起诉法定主义，是指只要犯罪嫌疑人存在足够的犯罪嫌疑，只要对犯罪嫌疑人的指控具备充分理由，只要符合法律规定的起诉条件，检察机关就必须提起公诉。西方诉讼法学者认为，采取这种做法，强调合法性、公平性，因此又称为起诉合法主义。起诉法定主义排除公诉机关对起诉的自由裁量权。19 世纪中叶以前，起诉法定主义为各国广泛采用。从理论上分析，实行起诉法定主义的优势在于：一是与有罪必罚的报复性刑罚思想和注重对犯罪分子进行特殊预防的刑事政策相联系；二是可以在对犯罪进行追诉的问题上统一标准，加强法治，以防止检察机关擅专职权、徇私舞弊；三是可以有效地防止刑事司法受政治势力左右，在追诉犯罪时排除非法干扰和不当影响。

与起诉法定主义相对的是起诉便宜主义，又称为起诉裁量主义，是指案件经侦查终结确认犯罪嫌疑人具有提起公诉的充分依据，也符合起诉的条件，法律上仍允许检察机关行使自由裁量权，决定是否起诉。实行起诉便宜主义，意味着并非一切犯罪都必须提起公诉，而是要根据具体案情权衡有无追诉的必要。由起诉法定主义发展到起诉便宜主义，旨在使对犯罪的追诉更符合刑事诉讼的目的，适应刑事政策的要求，强调诉讼的目的性、合理性，因此，诉讼理论上又称起诉便宜主义为起诉合理主义。

我国公诉的原则是起诉法定主义兼采起诉便宜主义，其典型表现是在法律规定

---

[1] 参见《日本刑事诉讼法》第 247 条，2014 年 6 月 25 日（平成 26 年 6 与 25 日）修正。

了有罪必究前提下，还设立了酌定不起诉、特殊案件不起诉和附条件不起诉制度。

（三）公诉的任务

在我国，人民检察院提起公诉是调查或者侦查终结后的一个独立的诉讼阶段，是人民检察院独立行使检察权的范畴，与其他诉讼阶段相比，具有下列特定任务：

1. 代表国家对监察机关调查终结、公安机关或者人民检察院负责侦查的部门侦查终结移送起诉的案件进行全面审查。

2. 根据事实和法律，对案件分别作出提起公诉、不起诉以及是否提起附带民事诉讼、附带民事公益诉讼的决定。[1]

3. 通过对监察机关调查终结移送起诉的案件进行审查，实现依法制约；对公安机关等侦查终结移送起诉的案件进行审查，实行侦查监督。

4. 对于决定提起公诉交付审判的案件，做好出庭支持公诉的准备工作；对于决定不起诉的案件，从综合治理的目的出发做好善后工作。

■第二节　审查起诉

一、审查起诉的概念

审查起诉，是指人民检察院在提起公诉阶段，为了确定经监察机关调查终结、公安机关或者人民检察院负责侦查的部门侦查终结的刑事案件是否具备提起公诉条件，对调查、侦查所确认的犯罪事实和证据、犯罪性质和罪名进行审查核实，并作出处理决定的诉讼活动。

《刑事诉讼法》第169条规定："凡需要提起公诉的案件，一律由人民检察院审查决定。"因而，无论是由监察机关调查终结的案件，由公安机关侦查终结的案件，还是由人民检察院负责侦查的部门侦查终结的案件，在对刑事案件决定提起公诉之前，都必须经过审查起诉的程序。

审查起诉活动在刑事诉讼中具有重要作用，西方国家的刑事诉讼中在起诉和审判之间往往设有预审程序（与我国侦查中的预审属不同概念），防止不当起诉和滥用追诉权的情形出现。我国没有设立预审程序，因此，审查起诉的重要意义则更为突显：

1. 审查起诉活动，是对已经调查终结或者侦查终结的案件的审查，即对犯罪事实清楚，证据确实、充分，依法应当追究刑事责任的犯罪嫌疑人提起公诉，交付审判，以实现国家刑罚请求权的形式，有效地追究和惩治犯罪。

2. 审查起诉活动，是连接调查或者侦查程序与审判程序的纽带，它对调查或者侦查阶段的活动进行检查和把关，对其中正确部分予以维护，对反映出的不足予以

---

〔1〕　参见最高检《规则》第339条。

弥补，对错误部分予以纠正。

3. 审查起诉活动，是追诉的公正性和准确性的保证，它防止将无辜的人或者依法不应追究刑事责任的人，以及指控犯罪证据不足的人提交审判，以保障公民的合法权益不受侵犯。

二、审查起诉的内容

根据《刑事诉讼法》第 171 条和最高检《规则》第 330 条的规定，人民检察院审查起诉，必须查明的内容有：

1. 犯罪嫌疑人身份状况是否清楚，包括姓名、性别、国籍、出生年月日、职业和单位等；单位犯罪的，单位的相关情况是否清楚。

2. 犯罪事实、情节是否清楚；实施犯罪的时间、地点、手段、危害后果是否明确。

3. 认定犯罪性质和罪名的意见是否正确；有无法定的从重、从轻、减轻或者免除处罚情节及酌定从重、从轻情节；共同犯罪案件的犯罪嫌疑人在犯罪活动中的责任认定是否恰当。

犯罪事实和情节清楚，是追究犯罪、惩罚犯罪的基本依据，也是进行刑事诉讼的一般条件。犯罪事实、情节清楚，既要求查清主要犯罪事实和情节，又要求查清次要犯罪事实和有关情节；既要查清主犯的犯罪事实，又要查清同案犯的犯罪事实；同时，对每个犯罪嫌疑人的犯罪事实，都要查清其犯罪的时间、地点、目的、动机、手段、后果、情节以及犯罪的全过程。既要求查清犯罪嫌疑人的从重情节，又要查清其从轻、减轻以及免除刑罚的情节；同时，还要查清共同犯罪案件中每个犯罪嫌疑人各自在犯罪中的地位和作用，以及应负的刑事责任等。只有这样才是查明了全部犯罪事实和情节。

司法实践中，以上的基本事实、基本情节已查清，就可以认为犯罪事实、情节已经查清，而不是要把所有的并不影响定罪量刑的细枝末节都一一查清。

4. 犯罪嫌疑人是否认罪认罚。[1]

5. 证明犯罪事实的证据材料是否随案移送；证明相关财产系违法所得的证据材料是否随案移送；不宜移送的证据的清单、复制件、照片或者其他证明文件是否随案移送。

6. 证据是否确实、充分，是否依法收集，有无应当排除非法证据的情形。犯罪事实和情节是否清楚，是通过证据加以证明的，只有掌握了确实、充分的证据，才能准确认定犯罪事实。因此，在审查犯罪事实、情节时，必须对调查或者侦查中所获得的全案证据进行全面分析、鉴别，看其是否客观、全面、真实；是否与案件事实有关，是否充分；证据的证明力如何；收集证据的程序是否合法。在审查时，既

---

[1]　参见最高检《规则》第 10 章第 2 节"认罪认罚从宽案件办理"。

要注意证明有罪和罪重的证据，也要注意证明无罪和罪轻的证据，并注意各种证据之间有无矛盾，特别是犯罪嫌疑人的供述与其他证据之间有无矛盾。

7. 采取侦查措施包括技术侦查措施的法律手续和诉讼文书是否完备。

8. 有无遗漏罪行和其他应当追究刑事责任的人。在刑事诉讼中，起诉权和审判权分离，审判以起诉为前提，受起诉范围的限制，正确、全面的起诉直接关系到审判的质量和对被告人的定罪量刑。因此，审查时要注意查清犯罪嫌疑人的全部犯罪事实，不能满足于查清部分主要犯罪事实。在刑事案件中，某些特定种类犯罪中的犯罪嫌疑人往往不止实施一个犯罪行为，因此，在对这些种类的犯罪案件进行审查起诉时，无论该犯罪嫌疑人是被指控一罪或数罪，均应注意审查是否遗漏了犯罪嫌疑人的其他罪行，以防止犯罪嫌疑人逃避应有的法律制裁。对于共同犯罪的案件，在调查或者侦查中由于种种原因，可能仅对部分犯罪嫌疑人移送起诉，在审查起诉时，必须首先注意其他未移送的共同作案人的行为是否构成犯罪，没有被移送起诉的理由是否充分。另外，还应当充分注意该案的犯罪行为是否由已查出的一名或数名犯罪嫌疑人所为，是否有隐瞒和包庇其他犯罪嫌疑人的可能。如果确实遗漏犯罪嫌疑人的罪行和其他应当追究刑事责任的人，应当及时采取措施予以纠正。

9. 是否属于不应当追究刑事责任的。不枉不纵，不错不漏，是刑事诉讼的基本要求。在依法追究犯罪嫌疑人、被告人刑事责任的同时，还要注意不使无罪的人或者依法不应追究刑事责任的人受到错误追究。根据《刑事诉讼法》第177条第1款规定，犯罪嫌疑人没有犯罪事实或者符合《刑事诉讼法》第16条规定的情形之一的，均不应当追究刑事责任。人民检察院对案件进行审查，必须查明是否存在这些情形，如果存在，就不应对其起诉，而应当依法作出不起诉的决定。

10. 有无附带民事诉讼；对于国家财产、集体财产遭受损失的，是否需要由人民检察院提起附带民事诉讼；对于破坏生态环境和资源保护，食品药品安全领域侵害众多消费者合法权益，侵害英雄烈士的姓名、肖像、名誉、荣誉等损害社会公共利益的行为，是否需要由人民检察院提起附带民事公益诉讼。[1]

11. 采取的强制措施是否恰当，对于已经逮捕的犯罪嫌疑人，有无继续羁押的必要。强制措施适用的必要性及运用是否得当，关乎刑事诉讼进程的顺利与否，也是人权保障的试金石，为此，刑事诉讼法不仅规定了各种不同措施的适用条件，更是设置了相关的制约机制，例如《刑事诉讼法》第95条规定的羁押必要性审查，在

---

〔1〕 最高人民法院、最高人民检察院《关于检察公益诉讼案件适用法律若干问题的解释》，于2018年3月2日起施行，共27条。第20条规定："人民检察院对破坏生态环境和资源保护、食品药品安全领域侵害众多消费者合法权益等损害社会公共利益的犯罪行为提起刑事公诉时，可以向人民法院一并提起附带民事公益诉讼，由人民法院同一审判组织审理。人民检察院提起的刑事附带民事公益诉讼案件由审理刑事案件的人民法院管辖。"人民检察院提起附带民事诉讼的身份列为附带民事诉讼原告人，提起刑事附带民事公益诉讼的身份则列为公益诉讼起诉人。

审查起诉阶段仍应当继续进行。[1]如果发现羁押措施明显不适当的，应当立即采取措施加以纠正或弥补，这也体现了人民检察院的法律监督职能。

12. 侦查活动是否合法。对侦查活动是否合法实行监督，是人民检察院的一项重要职责。提起公诉阶段如果发现侦查活动存在违法情况，应当及时通知公安机关或者人民检察院负责侦查的部门纠正，公安机关或者人民检察院负责侦查的部门应当将纠正的情况告知人民检察院负责捕诉的部门。在审查起诉过程中，不仅应对案件事实的认定和法律的适用是否正确进行审查，还应当审查侦查人员在全部收集证据过程中，以及在采取强制措施时是否遵守法律规定，符合法律程序，法律文书是否完备，尤其要注意侦查人员是否有非法取证的行为。认为可能存在以非法方法收集证据情形的，可以要求对证据收集的合法性作出说明。[2]此外，根据《监察法》第45~47条等规定，对调查终结移送起诉的案件，人民检察院经审查认为需要补充核实的，应当退回监察机关补充调查，必要时可以自行补充侦查，这一环节也可使得调查中的不足获得矫正。

13. 涉案财物是否查封、扣押、冻结并妥善保管，清单是否齐备；对被害人合法财产的返还和对违禁品或者不宜长期保存的物品的处理是否妥当，移送的证明文件是否完备。

在审查起诉过程中，人民检察院还应当注意是否存在属于《刑事诉讼法》特别程序规定的情形，其中：对于未成年人刑事案件，应当按照《刑事诉讼法》第277~284条的规定执行；对于符合当事人和解的公诉案件诉讼程序适用范围的案件，应当按照《刑事诉讼法》第290条并结合《刑事诉讼法》第177条第2款执行；对于符合缺席审判程序适用范围的情形，应当按照《刑事诉讼法》第291条的规定执行；对于符合违法所得没收程序适用范围的情形，应当按照《刑事诉讼法》第298条的规定执行；发现犯罪嫌疑人属于强制医疗范围的情形，应当依照《刑事诉讼法》第302、303条的规定执行。

三、审查起诉的步骤和方法

根据《刑事诉讼法》第173~175条、最高检《规则》第354条"人民检察院在审查起诉阶段，可以适用本规则规定的侦查措施和程序"的规定、其他相关司法解释的有关内容[3]以及司法实践经验，人民检察院审查起诉的基本步骤和方法有：

（一）审查起诉案件的受理

1. 确定负责审查工作的检察人员。审查起诉，应当由人民检察院负责捕诉的部门进行。人民检察院受理移送审查起诉案件，应当指定检察官（1名检察官独任或

---

[1]　参见最高检《规则》第13章"刑事诉讼法律监督"第5节"羁押必要性审查"，第573~582条。

[2]　参见最高检《规则》第73~75条。

[3]　参见最高检《规则》第5章、第10章第1、2节，第7节等。

者 2 名以上检察官组成办案组）办理。

2. 审查案件的管辖。各级人民检察院提起公诉，应当与人民法院审判管辖相适应。负责捕诉的部门收到移送起诉的案件后，经审查认为不属于本院管辖的，应当在发现之日起 5 日以内经由负责案件管理的部门移送有管辖权的人民检察院。属于上级人民法院管辖的第一审案件，应当报送上级人民检察院，同时通知移送起诉的公安机关；属于同级其他人民法院管辖的第一审案件，应当移送有管辖权的人民检察院或者报送共同的上级人民检察院指定管辖，同时通知移送起诉的公安机关。上级人民检察院受理同级公安机关移送起诉的案件，认为属于下级人民法院管辖的，可以交下级人民检察院审查，由下级人民检察院向同级人民法院提起公诉，同时通知移送起诉的公安机关。一人犯数罪、共同犯罪和其他需要并案审理的案件，只要其中一人或者一罪属于上级人民检察院管辖的，全案由上级人民检察院审查起诉。公安机关移送起诉的案件，需要依照刑事诉讼法的规定指定审判管辖的，人民检察院应当在公安机关移送起诉前协商同级人民法院办理指定管辖有关事宜。监察机关移送起诉的案件，需要依照《刑事诉讼法》的规定指定审判管辖的，人民检察院应当在监察机关移送起诉 20 日前协商同级人民法院办理指定管辖有关事宜。

（二）全面审阅案卷材料

办案检察官应当全面审阅案卷材料，必要时制作阅卷笔录。办案人员应当注意，将起诉意见书认定的犯罪事实与证据相对照，审查犯罪事实的每个环节是否都有相应证据予以证明；将犯罪嫌疑人的各次口供相对照，以及口供与其他证据相对照，审查口供与口供之间是否一致；将犯罪事实与调查或者侦查认定的犯罪性质、罪名相对照，审查犯罪性质与罪名的认定是否正确；将犯罪嫌疑人的犯罪行为与有关法律规定相对照，审查犯罪嫌疑人的行为应否负刑事责任以及调查、侦查阶段的处理意见是否正确。

（三）讯问犯罪嫌疑人

《刑事诉讼法》第 173 条规定，人民检察院审查案件，应当讯问犯罪嫌疑人。讯问犯罪嫌疑人是审查起诉的必经程序和法定方法。审查起诉阶段讯问犯罪嫌疑人侧重于直接听取犯罪嫌疑人的供述和辩解，以进一步核实口供的可靠性，分析口供与其他证据之间有无矛盾，查清犯罪事实和情节，以便正确认定犯罪性质和罪名，同时了解和掌握犯罪嫌疑人的思想动态和认罪态度，为出庭公诉做好准备。通过讯问，还可以发现有无遗漏的罪行、遗漏的罪犯，发现侦查活动中有无违法情形。讯问犯罪嫌疑人，应当按照《刑事诉讼法》第 118 ~ 123 条，最高检《规则》第 176、177、179 条、第 182 ~ 190 条、第 258 条等规定进行讯问。讯问犯罪嫌疑人，应当告知其在审查起诉阶段享有的诉讼权利。

（四）听取辩护人或者值班律师的意见

《刑事诉讼法》第 173 条规定，人民检察院审查案件，应当听取辩护人或者值班律师、诉讼代理人的意见。辩护人、诉讼代理人分别是在刑事诉讼中依法为有关当事人提供法律帮助的人，包括律师或者其他人士。他们在审查起诉阶段的介入，有助于维护犯罪嫌疑人或者被害人的合法权益，促进检察机关审查起诉质量的提高。《刑事诉讼法》规定，犯罪嫌疑人被公安机关第一次讯问或者采取强制措施之日起，有权委托辩护人，辩护人依法享有包括可以和在押的犯罪嫌疑人会见和通信等一系列权利，被害人等可以依法委托诉讼代理人，所以，在审查起诉阶段，犯罪嫌疑人可能已经委托了辩护人或者由法律援助机构指派了律师为其提供辩护。如果尚未有辩护人，人民检察院应当依法告知犯罪嫌疑人享有的诉讼权利，必要时通知法律援助机构指派律师。只要有辩护人，人民检察院就应当听取辩护人的意见，并记录在案，而且也允许其提供书面意见。

根据《刑事诉讼法》第 36 条规定，我国已经建立了值班律师制度，相应地，在审查起诉阶段，值班律师发挥的作用非常关键。根据《刑事诉讼法》第 173 条第 2 款规定，犯罪嫌疑人认罪认罚的，人民检察院应当告知其享有的诉讼权利和认罪认罚的相关法律规定，听取犯罪嫌疑人、辩护人或者值班律师、被害人及其诉讼代理人对下列事项的意见，并记录在案：①涉嫌的犯罪事实、罪名及适用的法律规定；②从轻、减轻或者免除处罚等从宽处罚的建议；③认罪认罚后案件审理适用的程序；④其他需要听取意见的事项。第 3 款规定，人民检察院听取值班律师意见，应当提前为值班律师了解案件有关情况提供必要的便利。

根据最高检《规则》第 261 条第 3、4 款，对于辩护律师在审查逮捕、审查起诉阶段多次提出意见的，均应如实记录。辩护律师提出犯罪嫌疑人不构成犯罪、无社会危险性、不适宜羁押或者侦查活动有违法犯罪情形等书面意见的，检察人员应当审查，并在相关工作文书中说明是否采纳的情况和理由。

除《刑事诉讼法》规定外，最高检《规则》还就刑事案件涉及认罪认罚方面，作出一些更为详尽的规范，例如，第 269 条第 1 款在重申法律前述规定的基础上，第 2 款进一步明确："依照前款规定听取值班律师意见的，应当提前为值班律师了解案件情况提供必要的便利。自人民检察院队案件审查起诉之日起，值班律师可以查阅案卷材料，了解案情。人民检察院应当为值班律师查阅案卷材料提供便利。"第 3 款："人民检察院不采纳辩护人或者值班律师所提意见的，应当向其说明理由。"并且在《规则》第 10 章"审查逮捕和审查起诉"中以第 2 节专节规定了"认罪认罚从宽案件办理"。

（五）听取被害人及其诉讼代理人的意见

根据《刑事诉讼法》第 173 条规定，人民检察院审查案件，应当听取被害人及其诉讼代理人的意见，并记录在案；被害人及其诉讼代理人提出书面意见的，应当附卷。被害人在刑事诉讼中具有双重地位，从与案件的利害关系上讲，被害人是当事人；就其陈述可以作为证据而言，被害人的陈述又是一种证据的来源。检察机关作为国家公诉机关，既代表社会，又代表被害人，有义务保证充分揭示案件真相。因此，检察机关在审查起诉时应当听取被害人的诉求，以保证其合法权益能得到充分的保护。应当指出的是，听取被害人及其诉讼代理人的意见，不意味着他们的意见对检察机关具有法律约束力，是否采纳该意见，由检察机关在实事求是的基础上决定。审查人员直接听取意见有困难的，可以通过电话、视频等方式听取意见并记录在案，或者通知其提出书面意见。无法通知或者在指定期限内未提出意见的，应当记录在卷。询问被害人，应当告知其在审查起诉阶段享有的诉讼权利。

（六）其他方法和调查核实证据

审查起诉人员在审查起诉时，可以运用多种方法，通过审阅全部案卷材料，讯问犯罪嫌疑人、听取辩护人、被害人及其诉讼代理人的意见等，发现口供之间、其他证据之间、口供与其他证据之间有矛盾、疑点，还可以通过多种方式进一步调查核实。这也是审查起诉中基本、重要的方法。

根据《刑事诉讼法》第134、175条以及最高检《规则》[1]的有关规定，人民检察院在审查起诉阶段，负责捕诉的部门可以适用侦查措施和程序，除前述之外，具体还可以：

1. 认为需要对案件中某些专门性问题进行鉴定而监察机关或者公安机关没有鉴定的，应当要求监察机关或者公安机关进行鉴定。必要时，也可以由人民检察院进行鉴定，或者由人民检察院聘请有鉴定资格的人进行鉴定。

2. 发现犯罪嫌疑人是盲、聋、哑人或者是尚未完全丧失辨认或者控制自己行为能力的精神病人，或者可能被判处无期徒刑、死刑，没有委托辩护人的，应当自发现之日起3日以内书面通知法律援助机构指派律师为其提供辩护。

3. 发现犯罪嫌疑人可能患有精神病的，应当对犯罪嫌疑人进行鉴定。犯罪嫌疑人的辩护人或者近亲属以犯罪嫌疑人可能患有精神病而申请对犯罪嫌疑人进行鉴定的，人民检察院也可以依照规定对犯罪嫌疑人进行鉴定，鉴定费用由申请方承担。

4. 对鉴定意见有疑问的，可以询问鉴定人或者有专门知识的人并制作笔录附卷，也可以指派有鉴定资格的检察技术人员或者聘请其他有鉴定资格的人进行补充鉴定或者重新鉴定。对鉴定意见等技术性证据材料需要进行专门审查的，按照有关规定交检察技术人员或者其他有专门知识的人审查并出具审查意见。

5. 对监察机关或者公安机关的勘验、检查，认为需要复验、复查的，应当要求其复验、复查，人民检察院可以派员参加；也可以由人民检察院自行复验、复查，商请监察机关或者公安机关派员参加，必要时也可以指派检察技术人员或者聘请其他有专门知识的人参加。

6. 对物证、书证、视听资料、电子数据及勘验、检查、辨认、侦查实验等笔录存在疑问的，可以要求调查人员或者侦查人员提供获取、制作的有关情况，必要时也可以询问提供相关证据材料的人员和见证人并制作笔录附卷，对物证、书证、视听资料、电子数据进行鉴定。

---

[1]　参见最高检《规则》第42、74、75、258、259、260~262、331~341条等。

7. 对证人证言笔录存在疑问或者认为对证人的询问不具体或者有遗漏的，可以对证人进行询问并制作笔录。询问证人，应当告知其在审查起诉阶段享有的诉讼权利。

8. 对于公安机关移送起诉的案件，发现讯问活动可能存在刑讯逼供等非法取证行为的，可以调取公安机关讯问犯罪嫌疑人的录音、录像并审查相关的录音、录像。对于监察机关移送起诉的案件，认为需要调取有关录音、录像的，可以商请监察机关调取。对于人民检察院直接受理侦查的案件，审查时发现负责侦查的部门未按照规定将讯问录音、录像连同案卷材料一并移送的，或者移送不全的，应当要求补充移送。对取证合法性或者讯问笔录真实性等产生疑问的，应当有针对性地审查相关的录音、录像。对于重大、疑难、复杂的案件，可以审查全部录音、录像。发现违法行为，应提出要求予以纠正、补正或者书面作出合理解释。发现讯问笔录与讯问录音、录像内容有重大实质性差异的，或者公安机关、检察院负责侦查的部门不能补正或者作出合理解释的，该讯问笔录不能作为提起公诉的依据。

9. 认为可能存在以刑讯逼供等非法方法收集证据情形的，可以要求监察机关、公安机关对证据收集的合法性作出书面说明或者提供相关证明材料。发现侦查人员以非法方法收集犯罪嫌疑人供述、被害人陈述、证人证言等证据材料的，应当依法排除非法证据并提出纠正意见，同时可以要求其另行指派侦查人员重新调查取证，必要时人民检察院也可以自行调查取证。

（七）补充侦查（补充调查）[1]

审查起诉阶段的补充侦查（补充调查），是指人民检察院负责捕诉的部门在审查起诉中，认为案件犯罪事实不清、证据不足或者存在遗漏罪行、遗漏同案犯罪嫌疑人等情形，不能作出提起公诉或者不起诉决定时，依照法律决定由原监察机关、公安机关或者人民检察院负责侦查的部门在既有的调查或者侦查基础上予以必要补充或者由人民检察院自行补充的诉讼行为。

根据案件具体情况，补充侦查可以分别采用退回补充侦查（调查）和自行补充侦查的方式。具体做法是：

人民检察院认为案件犯罪事实不清、证据不足或者存在遗漏罪行、遗漏同案犯罪嫌疑人等情形需要补充侦查的，应当制作补充侦查提纲，写明需要补充侦查的事项、理由、侦查方向、需补充收集的证据及其证明作用等，连同案卷材料一并退回公安机关补充侦查。

人民检察院也可以自行侦查，必要时可以要求公安机关提供协助。人民检察院发现遗漏罪行或者有依法应当移送起诉的同案犯罪嫌疑人未移送起诉的，也可以要求公安机关补充移送起诉,对于犯罪事实清楚,证据确实、充分的,也可以直接提起公诉。

人民检察院对于监察机关移送起诉的案件,认为需要补充调查的。应当退回监察机关补充调查。必要时,可以自行补充侦查。需要退回补充调查的案件,人民检察院应当出具补充调查决定书、补充调查提纲,写明补充侦查的事项、理由、调查方向、需补充收集的证据及其证明作用等,连同案卷材料一并送交监察机关。人民检察院决定退回补充调查的案件,犯罪嫌疑人已被采取强制措施的,应当将退回补充调查情况书面通知强制措施执行机关。监察机关需要讯问的,人民检察院应当予以配合。

对于监察机关移送起诉的案件,具有下列情形之一的,人民检察院可以自行补充侦查:①证人证言、犯罪嫌疑人供述和辩解、被害人陈述的内容主要情节一致,个别情节不一致的;②物证、书证等证据材料需要补充鉴定的;③其他由人民检察院查证更为便利、更有效率、更有利于查清案件事实的情形。自行补充侦查完毕后,应当将相关证据材料入卷,同时抄送监察机关。人民检察院自行补充侦查的,可以商请监察机关提供协助。

人民检察院负责捕诉的部门对本院负责侦查的部门移送起诉的案件进行审查后,认为犯罪事实不清、证据不足或者存在遗漏罪行、遗漏同案犯罪嫌疑人等情形需要补充侦查的,应当制作补充侦查提纲,连同案卷材料一并退回负责侦查的部门补充侦查。必要时,也可以自行侦查,可以要求负责侦查的部门予以协助。

补充侦查(调查)的期限,《监察法》《刑事诉讼法》和最高检《规则》均有明确规定,鉴于其在人民检察院负责捕诉的部门对移送起诉的案件进行审查的环节中产生,所以应综合与"审查起诉的期限"一并理解。

四、审查起诉的期限、次数[1]

根据《刑事诉讼法》第172条规定,人民检察院对于监察机关、公安机关移送起诉的案件,应当在1个月以内作出决定,重大、复杂的案件,可以延长15日;犯罪嫌疑人认罪认罚,符合速裁程序适用条件的,应当在10日以内作出决定,对可能判处的有期徒刑超过1年的,可以延长至15日。

人民检察院审查起诉的案件,改变管辖的,从改变后的人民检察院收到案件之日起计算审查起诉期限。

根据《刑事诉讼法》第170条第2款规定,对于监察机关移送起诉的已采取留置措施的案件,人民检察院应当对犯罪嫌疑人先行拘留,留置措施自动解除。人民检察院应当在拘留后的10日以内作出是否逮捕、取保候审或者监视居住的决定。在

---

[1] 参见《监察法》第47条、《刑事诉讼法》第170、172、175条,最高检《规则》第257、273、346~351、356条。

特殊情况下，决定的时间可以延长 1 日至 4 日。人民检察院决定采取强制措施的期间不计入审查起诉期限。

根据《监察法》第 47 条、《刑事诉讼法》第 175 条、最高检《规则》有关规定，人民检察院对于退回监察机关补充调查、退回公安机关补充侦查的案件，均应当在 1 个月以内补充调查、补充侦查完毕。补充调查、补充侦查以 2 次为限。补充调查、补充侦查完毕移送起诉后，人民检察院重新计算审查起诉期限。人民检察院负责捕诉的部门退回本院负责侦查的部门的，补充侦查的期限也应当为每次 1 个月以内补充侦查完毕，次数 2 次为限。

补充侦查期限届满，公安机关未将案件重新移送起诉的，人民检察院应当要求公安机关说明理由。人民检察院发现公安机关违反法律规定撤销案件的。应当提出纠正意见。

人民检察院在审查起诉中决定自行侦查的，应当在审查起诉期限内侦查完毕。

人民检察院对已经退回监察机关 2 次补充调查或者退回公安机关 2 次补充侦查的案件，在审查起诉中又发现新的犯罪事实，应当将犯罪线索移送监察机关或者公安机关，对已经查清的犯罪事实，应当依法提起公诉。

对于在审查起诉期间改变管辖的，改变后的人民检察院对于符合《刑事诉讼法》第 175 条第 2 款规定的案件，可以通过原受理案件的人民检察院退回原侦查的公安机关补充侦查，也可以自行侦查。改变管辖前后退回补充侦查的次数总共不得超过 2 次。

人民检察院对于审查起诉的案件，按照《刑事诉讼法》的管辖规定，认为应当由上级人民检察院或者同级其他人民检察院起诉的，应当将案件移送有管辖权的人民检察院。人民检察院认为需要依照《刑事诉讼法》的规定指定审判管辖的，应当协商同级人民法院办理指定管辖有关事宜。[1]

五、审查后的处理决定

人民检察院审查后，应当依法作出起诉或者不起诉以及是否提起附带民事诉讼、附带民事公益诉讼的决定。总体为两类：提起公诉或者不起诉。[2]

对于未成年人刑事案件，符合法定条件，人民检察院有权作出附条件不起诉的决定，关于这一点，应当遵守《刑事诉讼法》特别程序中第 277～287 条及有关立法解释、司法解释中有关未成年人刑事案件诉讼程序的规定。[3]

---

〔1〕　参见六机关《规定》第 23 条第 2 款。

〔2〕　参见本教材本章第 3、4 节。

〔3〕　有关附条件不起诉的规定及相关程序，可参见全国人大常委会关于《刑事诉讼法》第 271 条第 2 款的解释（2014 年 4 月 24 日）（即对应 2018 年修改后的《刑事诉讼法》第 281 条第 2 款）和本教材专门章节。

在审查起诉中，发现符合《刑事诉讼法》其他特别程序规定的情形的，应当分别按照当事人和解的公诉案件诉讼程序，缺席审判程序，犯罪嫌疑人、被告人逃匿、死亡案件违法所得没收程序，依法不负刑事责任的精神病人的强制医疗程序等执行。

对于调查、侦查中的涉案财物等，亦应按照法律和司法解释处理。

■第三节　提起公诉

一、提起公诉的概念和意义

提起公诉，是指人民检察院负责捕诉的部门对监察机关调查终结、公安机关侦查终结或者人民检察院负责侦查的部门侦查终结移送起诉的案件，经过全面审查，认为犯罪事实已经查清，证据确实、充分，依法应当追究刑事责任时，向人民法院提出控诉并要求对被告人予以刑事处罚的活动。

我国刑事诉讼中提起公诉的概念有广义和狭义两种。广义的提起公诉包括《刑事诉讼法》第二编第三章的全部内容，是公诉案件一个独立的诉讼阶段。提起公诉作为一个诉讼阶段，是指人民检察院对监察机关调查终结、公安机关侦查终结或者人民检察院负责侦查的部门侦查终结后移送起诉的案件进行审查，依法决定提起公诉或者不起诉的诉讼活动。其内容主要包括：对移送审查起诉的案件进行全面审查并依法作出提起公诉或者不起诉的决定；对公安机关的侦查活动进行监督，纠正违法情况；应对各类针对不起诉决定的异议；对涉案财物进行处理等。狭义的提起公诉，仅指人民检察院负责捕诉的部门根据《刑事诉讼法》第 176 条的规定所作出的决定。

提起公诉是国家赋予人民检察院的一项专有职权，只有人民检察院才能代表国家对犯罪提起公诉，其他任何机关、团体和个人都无权行使这项权力。

在刑事诉讼中，起诉是审判的前提和依据，没有起诉就没有审判。因此，起诉关系到是否将犯罪嫌疑人交付审判、是否追究其刑事责任的问题。在公诉案件中，提起公诉的意义主要有：

1. 通过对犯罪嫌疑人的追诉，为审判和处罚犯罪创造条件，奠定基础，以实现国家对犯罪的追究和制裁，保护国家、社会利益和公民的合法权益。

2. 体现刑事诉讼中控诉犯罪与审判犯罪职能上的分工，调整了起诉与审判的关系，从而在制度上、程序上为使刑事案件能够得到正确处理提供保障。

3. 确定被追诉人的诉讼地位，使犯罪嫌疑人成为刑事被告人。一方面，促使被告人面临法庭的审判并可能因此受到严厉的刑罚制裁；另一方面，也保障了被告人的合法权益，使刑事被告人区别于刑事罪犯，由纠问式诉讼中的诉讼客体成为诉讼一方当事人。

二、提起公诉的条件

根据《刑事诉讼法》第 176 条第 1 款和相关司法解释的规定[1]，提起公诉须具备下列条件：

1. 犯罪嫌疑人的犯罪事实已经查清。这里的"犯罪事实"，是指影响定罪量刑的犯罪事实，包括：①确定犯罪嫌疑人实施的行为是犯罪，而不是一般违法行为的事实。②确定犯罪嫌疑人是否负刑事责任或者免除刑事责任的事实，如犯罪嫌疑人的主观状态（包括故意、过失、动机和目的）、年龄、精神状态等。③确定对犯罪嫌疑人应当从轻、减轻或者从重处罚的事实。

根据最高检《规则》的规定，具有下列情形之一的，可以认为犯罪事实已经查清：①属于单一罪行的案件，查清的事实足以定罪量刑或者与定罪量刑有关的事实已经查清，不影响定罪量刑的事实无法查清的；②属于数个罪行的案件，部分罪行已经查清并符合起诉条件，其他罪行无法查清的；③无法查清作案工具、赃物去向，但有其他证据足以对被告人定罪量刑的；④证人证言、犯罪嫌疑人供述和辩解、被害人陈述的内容主要情节一致，个别情节不一致，但不影响定罪的。对于符合第②项情形的，应当以已经查清的罪行起诉。

2. 证据确实、充分。证据确实，是对证据质的要求，是指用以证明犯罪事实的每一项证据必须是客观真实存在的事实，同时又与犯罪事实有内在的联系，能够证明案件的事实真相。证据充分，是对证据量的要求，只要存在一定数量的证据足够证明犯罪事实，就可以认定为证据充分。

3. 依法应当追究犯罪嫌疑人的刑事责任。公诉机关将犯罪嫌疑人交付审判的目的，是追究其刑事责任并使之受到应有的刑事制裁。在提起公诉时，如果犯罪嫌疑人虽已构成犯罪，但属于《刑法》或《刑事诉讼法》规定不应追究刑事责任的情形，就没有将其交付审判的必要。这样既可以防止浪费司法资源，又可以避免侵犯公民的合法权益。

以上三个条件，必须同时具备，缺一不可。

同时，根据《刑事诉讼法》第 174 条规定，犯罪嫌疑人认罪认罚，同意量刑建议和程序适用的，应当在辩护人或者值班律师在场的情况下签署认罪认罚具结书。犯罪嫌疑人认罪认罚，有下列情形之一的，不需要签署认罪认罚具结书：①犯罪嫌疑人是盲、聋、哑人，或者是尚未完全丧失辨认或者丧失自己行为能力的精神病人的；②未成年犯罪嫌疑人的法定代理人、辩护人对未成年人认罪认罚有异议的；③其他不需要签署认罪认罚具结书的情形。

根据《刑事诉讼法》第 176 条第 2 款规定，犯罪嫌疑人认罪认罚的，人民检察院应当就主刑、附加刑、是否适用缓刑等提出量刑建议，并随案移送认罪认罚具结

---

[1]　参见最高检《规则》第 355～357 条。

书等材料。

据此，人民检察院在审查起诉时应当依法着力做好与认罪认罚从宽案件相关的各项诉讼工作，[1]包括向犯罪嫌疑人告知权利，甄别其认罪认罚的自愿性，听取犯罪嫌疑人及其辩护人的意见，听取被害人及其诉讼代理人意见等，厘清是否需要签署具结书的不同情形，进而依法由犯罪嫌疑人签署具结书，再将此体现于起诉书中并提出量刑建议。

人民检察院在办理公安机关移送起诉的案件中，发现遗漏罪行或者有依法应当移送起诉的同案犯罪嫌疑人未移送起诉的，应当要求公安机关补充移送；对于犯罪事实清楚，证据确实、充分的，人民检察院也可以直接提起公诉。人民检察院在立案侦查时认为属于直接立案侦查的案件，在审查起诉阶段发现不属于人民检察院管辖，案件事实清楚、证据确实充分，符合起诉条件的，可以直接起诉；事实不清、证据不足的，应当及时移送有管辖权的机关办理。

三、起诉书的制作和移送

人民检察院决定提起公诉的，应当制作起诉书。起诉书是人民检察院代表国家向人民法院提出追究被告人刑事责任的诉讼请求的重要法律文书。它是人民法院受理案件并对被告人予以审判的依据，也是法庭调查和辩论的基础。人民检察院应当根据《刑事诉讼法》、最高检《规则》和最高人民检察院《人民检察院刑事诉讼法律文书格式样本（2020版）》[2]的规定制作起诉书。制作起诉书是一项十分严肃的工作，必须认真负责地予以对待，做到忠实于案件事实，忠实于国家法律。制作起诉书的基本要求是：叙事要清楚，文字要简练、准确，结构要严谨，格式要规范，请求要明确，引用法律要全面恰当。

起诉书的内容（以人民检察院依法将公诉案件的被告人向人民法院提起公诉及附带民事诉讼为例），主要有三部分：首部、主要内容、尾部。

首部，是指应当在起诉书这一文书名称之前，冠以制作该文书的人民检察院的名称，注明文书编号。①人民检察院的名称：除最高人民检察院外，各地方人民检察院的名称前应写省（自治区、直辖市）的名称；对涉外案件提起公诉时，各级人民检察院的名称前均应注明"中华人民共和国"的字样。②文号：由制作起诉书的人民检察院的简称、案件性质（即"刑诉"）、起诉年度、案件顺序号组成。其中，年度须用4位数字表述。文号应当写在该行的最右端，上下各空一行。

尾部，是指写明起诉书送达的人民法院名称等。起诉书应当署具体承办案件检

---

[1]　参见最高检《规则》第10章"审查逮捕和审查起诉"的第2节"认罪认罚从宽案件办理"相关内容。

[2]　参见童建明、万春主编：《人民检察院刑事诉讼法律文书适用指南》，中国检察出版社2020年版，第747~750页。

察官和检察官助理的姓名。起诉书的年月日，为签发起诉书的日期。

根据最高检《规则》和最高人民检察院《人民检察院刑事诉讼法律文书格式样本（2020版）》，起诉书的主要内容包括[1]：

1. 被告人（被告单位）的基本情况，包括姓名、性别、出生年月日、出生地和户籍地、公民身份号码、民族、文化程度、职业、工作单位及职务、住址，是否受过刑事处分及处分的种类和时间，采取强制措施的情况等；如果是单位犯罪，应当写明犯罪单位的名称和组织机构代码、所在地址、联系方式，法定代表人和诉讼代表人的姓名、职务、联系方式；如果还有应当负刑事责任的直接负责主管人员或其他直接责任人员，应当按上述被告人基本情况的内容叙写。

2. 案由和案件来源。案由，是指案件的内容提要，通常只要写出犯罪主体和认定的罪名；案件来源即案件的审查过程。例如监察机关（公安机关）调查/侦查终结移送的案件，其案件来源表述为：本案由（监察/公安机关）调查/侦查终结，以被告人×××涉嫌×××罪，于（受理日期）向本院移送起诉。本院受理后，于×××年××月××日已告知被告人有权委托辩护人，×××年××月××日已告知被害人及其法定代理人（近亲属）、附带民事诉讼的当事人及其法定代理人有权委托诉讼代理人，依法讯问了被告人，听取了辩护人、被害人及其诉讼代理人的意见，审查了全部案件材料。本院于（1次退查日期、2次退查日期）退回调查/侦查机关补充调查/侦查，调查/侦查机关（1次重报日期、2次重报日期）补充调查/侦查完毕移送起诉。本院于（1次延长日期、2次延长日期、3次延长日期）延长审查起诉期限15日。

3. 案件事实，包括犯罪的时间、地点、经过、手段、动机、目的、危害后果等与定罪量刑有关的事实要素。起诉书叙述的指控犯罪事实的必备要素应当明晰、准确。被告人被控有多项犯罪事实的，应当逐一列举，对于犯罪手段相同的同一犯罪可以概括叙写。

4. 证据。应当指明证据的名称、种类，但不必对证据与事实、证据与证据之间的关系进行具体的分析、论证。在叙写证据时，一般应当采取"一事一证"的方式，即在每一起案件事实后，写明据以认定的主要证据。对于作案多起的一般刑事案件，如果案件事实是概括叙述的，证据的叙写也可以采取"一罪一证"的方式，即在该种犯罪后概括写明主要证据的种类，而不再指出认定每一起案件事实的证据。

5. 起诉的根据和理由，包括被告人触犯的刑法条款、犯罪的性质及认定的罪名、处罚条款，法定从轻、减轻或从重处罚的情节，共同犯罪各被告人应负的罪责等。

6. 被告人认罪认罚情况，包括认罪认罚的内容、具结书签署情况等。

被告人的真实姓名、住址无法查清的，可以按其绰号或者自报的姓名、住址制

---

[1] 参见最高检《规则》第358条。

作起诉书,并在起诉书中注明。被告人自报的姓名可能造成损害他人名誉、败坏道德风俗等不良影响的,可以对被告人编号并按编号制作起诉书,附具被告人的照片,记明足以确定被告人面貌、体格、指纹以及其他反映被告人特征的事项。

起诉书应当附有被告人的现在处所,证人、鉴定人、需要出庭的有专门知识的人的名单,需要保护的被害人、证人、鉴定人的化名名单,查封、扣押、冻结的财物及孳息的清单,附带民事诉讼情况、附带民事公益诉讼情况以及其他需要附注的情况。证人、鉴定人、有专门知识的人的名单应当列明姓名、性别、年龄、职业、住址、联系方式,并注明证人、鉴定人是否出庭。

起诉书原本应经检察长审查同意后署名,正本和副本都应加盖人民检察院印章。正本连同案卷材料及有关证物一并移送有管辖权的法院,副本存检察院内卷。有被害人的公诉案件,人民检察院可将提起公诉的情况告知被害人。

根据《刑事诉讼法》第176条和最高检《规则》有关规定,人民检察院提起公诉的案件,应当向人民法院移送起诉书、案卷材料、证据和认罪认罚具结书等材料。相应地,六机关《规定》第24条指出,人民检察院向人民法院提起公诉时,应当将案卷材料和全部证据移送人民法院,包括犯罪嫌疑人、被告人翻供的材料,证人改变证言的材料,以及对犯罪嫌疑人、被告人有利的其他证据材料。

起诉书应当一式8份,每增加一名被告人增加起诉书5份。关于被害人姓名、住址、联系方式、被告人被采取强制措施的种类、是否在案及羁押处所等问题,人民检察院应当在起诉书中列明,不再单独移送材料;对于涉及被害人隐私或者为保护证人、鉴定人、被害人人身安全,而不宜公开证人、鉴定人、被害人姓名、住址、工作单位和联系方式等个人信息的,可以在起诉书中使用化名。但是应当另行书面说明使用化名的情况,并标明密级,单独成卷。

人民检察院对于犯罪嫌疑人、被告人或者证人等翻供、翻证的材料以及对犯罪嫌疑人、被告人有利的其他证据材料,应当移送人民法院。

人民法院向人民检察院提出书面意见要求补充移送材料,人民检察院认为有必要移送的,应当自收到通知之日起3日以内补送。对提起公诉后,在人民法院宣告判决前补充收集的证据材料,人民检察院应当及时移送人民法院。

在审查起诉期间,人民检察院可以根据辩护人的申请,向监察机关、公安机关调取在调查、侦查期间收集的证明犯罪嫌疑人、被告人无罪或者罪轻的证据材料。

人民检察院对提起公诉的案件,可以向人民法院提出量刑建议。除有减轻处罚或者免除处罚的情节外,量刑建议应当在法定量刑幅度内提出。建议判处有期徒刑、管制、拘役的,可以具有一定的幅度,也可以提出具体确定的建议。

提出量刑建议的,可以制作量刑建议书,与起诉书一并移送人民法院。量刑建议书的主要内容应当包括被告人所犯罪行的法定刑、量刑情节,建议人民法院对被告人判处刑罚的种类、刑罚幅度,以及可以适用的刑罚执行方式以及提出量刑建议的依据和理由等。

认罪认罚案件的量刑建议，按照最高检《规则》第10章第2节"认罪认罚从宽案件办理"的规定办理。

提起公诉，应当按照管辖的规定移送，如果案件是属于上级人民法院管辖的，应将案件报送上级人民检察院进行重新审查和制作起诉书，并向其同级人民法院提起公诉；如果案件属于下级人民法院管辖，应将案件移送下级人民检察院，指定其重新制作起诉书并向其同级人民法院提起公诉。

人民检察院在提起公诉以后，如果发现犯罪事实不清，证据不足，或者遗漏罪行或其他犯罪分子的，应当主动补充起诉或者补充材料；如果发现具有不应当追究被告人刑事责任的情况，应当主动撤回起诉。

对于提起公诉的案件，被告人及其辩护人提出审判前供述系非法取得，并提供线索或者材料的，人民检察院可以将讯问录音、录像连同案卷材料一并移送人民法院。

四、适用简易程序案件的移送

认罪认罚从宽制度的重要价值即在于实现程序上的繁简分流。其中，对于犯罪嫌疑人自愿认罪认罚，在调查、侦查阶段已经明确表明态度的，合理简化诉讼程序，可以提升诉讼效率，有效利用司法资源，减少当事人等的诉累。因而，对于认罪认罚这样一个贯穿于刑事诉讼始终的制度，由人民检察院及时提出建议适用更为便捷的程序极为必要。目前，我国已经逐步设立了不同的简便诉讼程序，例如《刑事诉讼法》第214~221条规定了我国刑事诉讼中的简易审判程序。对于适用简易程序的案件范围和条件、不予适用的情形、具体程序均有必要的规范。其中，对于公诉案件，人民检察院有一定的程序选择（建议）权和出庭支持公诉的义务。根据《刑事诉讼法》第214条的规定，基层人民法院管辖的刑事案件，人民检察院认为符合简易程序审理条件，在提起公诉的时候，可以建议人民法院适用简易程序审理这些案件，它们是：①案件事实清楚、证据充分的；②被告人承认自己所犯罪行，对指控的犯罪事实没有异议的；③被告人对适用简易程序没有异议的。人民检察院的办案人员认为可以适用简易程序的，应当在审查报告中提出意见，按照提起公诉的审批程序报请决定。同时，《刑事诉讼法》第215条还明确规定了不适用简易程序审理的案件，最高检《规则》第431条又给予了一些补充，包括：①被告人是盲、聋、哑人，或者是尚未完全丧失辨认或者控制自己行为能力的精神病人的；②有重大社会影响的；③共同犯罪案件中部分被告人不认罪或者对适用简易程序有异议的；④比较复杂的共同犯罪案件；⑤辩护人作无罪辩护或者对主要犯罪事实有异议的；⑥其他不宜适用简易程序审理的。对此，人民检察院不得建议人民法院适用简易程序。

人民法院决定适用简易程序审理的案件，人民检察院认为具有《刑事诉讼法》第215条规定情形之一的，应当向人民法院提出纠正意见；具有其他不宜适用简易程序情形的，人民检察院可以建议人民法院不适用简易程序。

人民检察院对于建议适用简易程序审理的公诉案件，与普通程序一样，应当向人民法院移送全部案卷和证据，并且还应当派员出席法庭。

五、适用速裁程序案件的移送[1]

与上述的简易程序同样道理。我国《刑事诉讼法》第222～226条规定了速裁程序。其中，与审查起诉相关的是《刑事诉讼法》第222条可以适用速裁程序的情形：基层人民法院管辖的可能判处3年有期徒刑以下刑罚的案件，案件事实清楚，证据确实、充分，被告人认罪认罚并同意适用速裁程序的，可以适用速裁程序，由审判员一人独任审判。人民检察院在提起公诉的时候，可以建议人民法院适用速裁程序。相应地，《刑事诉讼法》第223条规定了不适用速裁程序的情形，包括：①被告人是盲、聋、哑人，或者尚未完全丧失辨认或者控制自己行为能力的精神病人的；②被告人是未成年人的；③案件有重大社会影响的；④共同犯罪案件中部分被告人对指控的犯罪事实、罪名、量刑建议或者适用速裁程序有异议的；⑤被告人与被害人或者其法定代理人没有就附带民事诉讼赔偿等事项达成调解或者和解协议的；⑥其他不宜适用速裁程序。符合这几项情形的，人民检察院不得建议人民法院适用建议程序。

根据最高检《规则》的规定，公安机关、犯罪嫌疑人及其辩护人建议适用速裁程序，人民检察院经审查认为符合条件的，可以建议人民法院适用速裁程序审理。公安机关、辩护人未建议适用速裁程序，人民检察院经审查认为符合速裁程序的适用条件，且犯罪嫌疑人同意适用的，可以建议人民法院适用速裁程序审理。

人民检察院建议适用速裁程序审理的案件，起诉书内容可以适当简化，重点写明指控的事实和适用的法律。人民法院适用速裁程序审理的案件。人民检察院应当派员出席法庭。

综上，人民检察院对于符合速裁程序的案件，应当尽责提出建议，移送有管辖权的法院。适用速裁程序审理的案件，人民检察院发现有不宜适用速裁程序审理情形的，应当建议人民法院转为普通程序或者简易程序重新审理。

■第四节　不起诉

一、不起诉的概念

不起诉，是指人民检察院对监察机关调查终结、公安机关侦查终结或者人民检察院负责侦查的部门侦查终结的案件进行审查后，依法作出不将犯罪嫌疑人交付人民法院审判的一种处理决定。不起诉是人民检察院审查起诉后所作的处理方式之一，具有终止刑事诉讼的效力。不起诉决定必须依照法定条件作出，才能保证既防止不

---

〔1〕 参见最高检《规则》第437～444条。

必要的审判，又不放过应当追究刑事责任的罪犯。

二、不起诉的种类和条件

不起诉的种类依照《刑事诉讼法》第二编第三章的规定可以分为法定不起诉、酌定不起诉、证据不足不起诉、特殊案件不起诉四种，适用的条件主要依据《刑事诉讼法》第 177 条第 1、2 款，第 175 条第 4 款和第 182 条。

根据《刑事诉讼法》第五编第一章规定，对于未成年人刑事诉讼案件，还可以决定附条件不起诉。应当指出，根据《刑事诉讼法》第 282 ~ 284 条的规定和立法解释[1]、司法解释，未成年人刑事案件诉讼程序中确立了附条件不起诉制度。对于符合条件的未成年人作出附条件不起诉决定后，在考验期内没有违反规定，考验期满，人民检察院应当作出不起诉的决定。人民检察院在作出附条件不起诉的决定以及考验期满作出不起诉的决定以前，应当听取被害人的意见。

此外，在当事人和解的公诉案件诉讼程序中，根据《刑事诉讼法》第 290 条的规定，对于达成和解协议的案件，公安机关可以向人民检察院提出从宽处理的建议，人民检察院可以向人民法院提出从宽处罚的建议；对于犯罪情节轻微，不需要判处刑罚的，可以作出不起诉的决定。鉴于此类不起诉仍然以"犯罪情节轻微，不需要判处刑罚"为基本对象，所以不构成独立的一类不起诉。

（一）法定不起诉

《刑事诉讼法》第 177 条第 1 款规定：犯罪嫌疑人没有犯罪事实，或者有本法第 16 条规定的情形之一的，人民检察院应当作出不起诉决定。这被称之为法定不起诉，即法律有明确规定的具体情形的不起诉。

《刑事诉讼法》第 16 条规定的情形是：①情节显著轻微、危害不大，不认为是犯罪的；②犯罪已过追诉时效期限的；③经特赦令免除刑罚的；④依照刑法告诉才处理的犯罪，没有告诉或者撤回告诉的；⑤犯罪嫌疑人、被告人死亡的；⑥其他法律规定免予追究刑事责任的。

根据最高检《规则》规定[2]：人民检察院对于监察机关或者公安机关移送起诉的案件，发现犯罪嫌疑人没有犯罪事实，或者符合刑事诉讼法第 16 条规定的情形之一的，经检察长批准，应当作出不起诉决定。对于犯罪事实并非犯罪嫌疑人所为，需要重新调查或者侦查的，应当在作出不起诉决定后书面说明理由，将案卷材料退回监察机关或者公安机关并建议重新调查或者侦查。

人民检察院负责捕诉的部门对于本院负责侦查的部门移送起诉的案件，发现犯罪嫌疑人没有犯罪事实，或者符合《刑事诉讼法》第 16 条规定的情形之一的，应当

---

〔1〕　参见全国人大常委会关于《刑事诉讼法》第 271 条第 2 款的解释（2014 年 4 月 24 日）（即对应 2018 年修改后的《刑事诉讼法》第 282 条）。

〔2〕　参见最高检《规则》第 365、366 条。

退回本院负责侦查的部门，建议撤销案件。

（二）酌定不起诉

《刑事诉讼法》第 177 条第 2 款规定："对于犯罪情节轻微，依照刑法规定不需要判处刑罚或者免除刑罚的，人民检察院可以作出不起诉决定。"这被称之为酌定不起诉，即人民检察院可以根据案件的具体情况有选择地决定提起公诉或者不起诉。

酌定不起诉必须同时具备两个条件：一是犯罪嫌疑人的行为已经构成犯罪；二是犯罪情节轻微，依照刑法规定不需要判处刑罚或者免除刑罚。依照刑法的有关规定，免除刑罚的情形主要有：①犯罪嫌疑人在中华人民共和国领域外犯罪，依照我国刑法规定应当负刑事责任，但在外国已经受过刑事处罚的；②犯罪嫌疑人又聋又哑，或者是盲人犯罪的；③犯罪嫌疑人因防卫过当或者紧急避险超过必要限度，并造成不应有危害而犯罪的；④为犯罪准备工具，制造条件的；⑤在犯罪过程中自动中止或自动有效地防止犯罪结果发生的；⑥在共同犯罪中，起次要或辅助作用的；⑦被胁迫参加犯罪的；⑧犯罪嫌疑人自首或者在自首后有立功表现的。

在同时具备以上两个条件时，人民检察院也不是必须作出不起诉决定，而是可以斟酌具体案情和犯罪嫌疑人悔罪表现来确定是否作出不起诉决定，或者提起公诉，追究犯罪嫌疑人的责任，或者不起诉，终结诉讼。因此，酌定不起诉是人民检察院行使起诉裁量权的表现。作出酌定不起诉，应经检察长批准。

（三）证据不足不起诉

《刑事诉讼法》第 175 条第 4 款规定："对于 2 次补充侦查的案件，人民检察院仍然认为证据不足，不符合起诉条件的，应当作出不起诉的决定。"

根据最高检《规则》的规定，[1]具有下列情形之一，不能确定犯罪嫌疑人构成犯罪和需要追究刑事责任的，属于证据不足，不符合起诉条件：①犯罪构成要件事实缺乏必要的证据予以证明的；②据以定罪的证据存在疑问，无法查证属实的；③据以定罪的证据之间、证据与案件事实之间的矛盾不能合理排除的；④根据证据得出的结论具有其他可能性，不能排除合理怀疑的；⑤根据证据认定案件事实不符合逻辑和经验法则，得出的结论明显不符合常理的。

人民检察院审查起诉时，认为证据不足，不符合起诉条件的，可以退回案件的调查机关、公安机关补充调查、补充侦查或者自行对案件进行补充侦查。补充调查、补充侦查以 2 次为限，对于 2 次退回补充调查或者补充侦查的案件，仍然认为证据不足，不符合起诉条件的，经检察长批准，依法作出不起诉决定。人民检察院对于经过 1 次退回补充调查或者补充侦查的案件，认为证据不足，不符合起诉条件，且没有再次退回补充调查或者补充侦查必要的，经检察长批准，可以作出不起诉决定。人民检察院作出证据不足不起诉决定的，在发现新的证据，符合起诉条件时，可以

---

〔1〕 参见最高检《规则》第 368 条。

提起公诉。[1]

需要注意，根据有关司法解释规定等，如果检察院的管辖系由上级检察院指定而来，则退回监察机关补充调查或者自行补充侦查，均要经过指定管辖的上级检察机关批准。人民检察院办理直接受理侦查的案件，以及监察机关移送起诉的案件，拟作不起诉决定的，应当报请上一级人民检察院批准。[2]

（四）特殊案件不起诉

根据《刑事诉讼法》第 182 条规定，犯罪嫌疑人自愿如实供述涉嫌犯罪的事实，有重大立功或者案件涉及国家重大利益的，经最高人民检察院核准，公安机关可以撤销案件，人民检察院可以作出不起诉决定，也可以对涉嫌数罪中的一项或者多项不起诉。决定不起诉或者撤销案件的，人民检察院、公安机关应当及时对查封、扣押、冻结的财物及其孳息作出处理。

此类不起诉是我国刑事诉讼法中新创设的制度，本质上是对证据裁判原则的一种突破，其适用对象是犯罪嫌疑人的行为构成犯罪，应当进行追诉，但法律允许在"罪名"与"罪数"方面也提供了从宽处理的一定空间，这与一般认罪认罚从宽案件不得进行"罪"的协商，其从宽的实体后果主要体现在量刑方面有所区别。规定特殊案件不起诉制度有利于维护外交、国家安全等重大国家利益和公共利益，但须经过严格的程序控制即最高人民检察院的核准，从中可以看出"严格控制，慎重适用，防止滥用"的立法取向。

（五）附条件不起诉[3]

需要注意，附条件不起诉与酌定不起诉存在一定的竞合，如果出现同时符合的情形，我们认为应当首先选择酌定不起诉为宜。

三、不起诉的程序[4]

（一）制作不起诉决定书[5]

人民检察院决定不起诉的案件，应当制作不起诉决定书。不起诉决定书的"主要内容"部分包括：

1. 被不起诉人的基本情况，包括姓名、性别、出生年月日、出生地和户籍地、公民身份号码、民族、文化程度、职业、工作单位及职务、住址，是否受过刑事处分，采取强制措施的情况以及羁押处所等；如果是单位犯罪，应当写明犯罪单位的名称和组织机构代码、所在地址、联系方式，法定代表人和诉讼代表人的姓名、职

---

[1] 参见最高检《规则》第 367 ~ 369 条。

[2] 参见最高检《规则》第 371 条。

[3] 参见《刑事诉讼法》第五编第一章，主要是第 282 ~ 284 条；本书有关"未成年人刑事案件诉讼程序"一章；最高检《规则》第 469 ~ 480 条。

[4] 参见最高检《规则》第 372 ~ 389 条。

[5] 参见最高检《规则》第 372 条。

务、联系方式。

2. 案由和案件来源。

3. 案件事实，包括否定或者指控被不起诉人构成犯罪的事实以及作为不起诉决定根据的事实。

4. 不起诉的法律根据和理由，写明作出不起诉决定适用的法律条款。

5. 查封、扣押、冻结的涉案财物的处理情况。

6. 有关告知事项。

（二）不起诉决定书的宣布和送达

根据《刑事诉讼法》第 177 条第 3 款、178～181 条和相关司法解释的规定[1]，不起诉的决定，由人民检察院公开宣布。公开宣布不起诉决定的活动应当记录在案。不起诉决定书自公开宣布之日起生效。被不起诉人在押的，应当立即释放；被采取其他强制措施的，应当通知执行机关解除。

不起诉决定书应当送达被害人或者其近亲属及其诉讼代理人、被不起诉人及其辩护人以及被不起诉人所在单位。送达时，应当告知被害人或者其近亲属及其诉讼代理人，如果对不起诉不服，可以自收到不起诉决定书后 7 日以内向上一级人民检察院申诉；也可以不经申诉，直接向人民法院起诉。应当告知被不起诉人，如果对酌定不起诉决定不服，可以自收到不起诉决定书后 7 日以内向人民检察院申诉。

对于监察机关或者公安机关移送起诉的案件，人民检察院决定不起诉的，应当将不起诉决定书送达监察机关或者公安机关。

（三）作出其他附带处理及移送主管机关处理[2]

人民检察院决定不起诉的案件，可以根据案件的不同情况，对被不起诉人予以训诫或者责令具结悔过、赔礼道歉、赔偿损失。对被不起诉人需要给予行政处罚、政务处分或者其他处分的，经检察长批准，人民检察院应当提出检察意见，连同不起诉决定书一并移送有关主管机关处理，并要求有关主管机关及时通报处理情况。

（四）对涉案财物的处理[3]

人民检察院决定不起诉的案件，应当同时书面通知作出查封、扣押、冻结决定的机关或者执行查封、扣押、冻结决定的机关解除查封、扣押、冻结。

人民检察院决定不起诉的案件，需要没收违法所得的，经检察长批准，应当提出检察意见，移送有关主管机关处理，并要求有关主管机关及时通报处理情况。具体参照最高检《规则》第 248 条的规定办理。

---

[1] 参见最高检《规则》第 376～378 条。

[2] 参见最高检《规则》第 373 条。

[3] 参见最高检《规则》第 248、374、375 条。

（五）对不起诉决定的异议和处理[1]

1. 监察机关认为不起诉的决定有错误，向上一级人民检察院提请复议的，上一级人民检察院应当在收到提请复议意见书后 30 日以内，经检察长批准，作出复议决定，通知监察机关。公安机关认为不起诉决定有错误并要求复议的，人民检察院负责捕诉的部门应当另行指派检察官或者检察官办案组进行审查，并在收到要求复议意见书后 30 日以内，经检察长批准，作出复议决定，通知公安机关。

公安机关对不起诉决定提请复核的，上一级人民检察院应在收到提请复核意见书后 30 日以内，经检察长批准，作出复核决定，通知提请复核的公安机关和下级人民检察院。经复核认为下级人民检察院不起诉决定错误的，应当指令下级人民检察院纠正，或者撤销、变更下级人民检察院作出的不起诉决定。

2. 被害人不服不起诉决定，在收到不起诉决定书后 7 日以内提出申诉的，由作出不起诉决定的人民检察院的上一级人民检察院负责捕诉的部门进行复查。被害人向作出不起诉决定的人民检察院提出申诉的，作出决定的人民检察院应当将申诉材料连同案卷一并报送上一级人民检察院。被害人不服不起诉决定，在收到不起诉决定书 7 日以后提出申诉的，由作出不起诉决定的人民检察院负责控告申诉检察的部门进行审查。经审查，认为不起诉决定正确的，出具审查结论直接答复申诉人，并做好释法说理工作；认为不起诉决定可能存在错误的，移送负责捕诉的部门进行复查。

人民检察院应当将复查决定书送达被害人、被不起诉人和作出不起诉决定的人民检察院。上级人民检察院经复查作出起诉决定的，应当撤销下级人民检察院的不起诉决定，交由下级人民检察院提起公诉，并将复查决定抄送移送起诉的监察机关或者公安机关。

被害人对不起诉决定不服提出申诉的，应当递交申诉书，写明申诉理由。没有书写能力的，也可以口头提出申诉。人民检察院应当根据其口头提出的申诉制作笔录。

人民检察院收到人民法院受理被害人对被不起诉人起诉的通知后，应当终止复查，将作出不起诉决定所依据的有关案卷材料移送人民法院。

3. 被不起诉人不服不起诉决定，在收到不起诉决定书后 7 日以内提出申诉的，应当由作出不起诉决定的人民检察院负责捕诉的部门进行复查。被不起诉人在收到不起诉决定书 7 日以后提出申诉的，由负责控告申诉检察的部门进行审查。经审查，认为不起诉决定正确的，出具审查结论直接答复申诉人，并做好释法说理工作；认为不起诉决定可能存在错误的，移送负责捕诉的部门复查。人民检察院应当将复查决定书送达被不起诉人、被害人。复查后，撤销不起诉决定，变更不起诉的事实或者法律依据的，应当同时将复查决定书抄送移送起诉的监察机关或者公安机关。

---

[1]　参见《监察法》第 47 条；《刑事诉讼法》第 178～181 条；最高检《规则》第 377～389 条。

被不起诉人对不起诉决定不服提出申诉的，应当递交申诉书，写明申诉理由。没有书写能力的，也可以口头提出申诉，人民检察院应当根据其口头提出的申诉制作笔录。

（六）其他相关规定[1]

人民检察院直接受理侦查的案件，以及监察机关移送起诉的案件，拟做不起诉决定的，应当报请上一级人民检察院批准。

人民检察院复查不服不起诉决定的申诉，应当在立案后 3 个月以内报经检察长批准作出复查决定，案情复杂的，不得超过 6 个月。

人民检察院发现不起诉决定确有错误，符合起诉条件的，应当撤销不起诉决定，提起公诉。

最高人民检察院对地方各级人民检察院的起诉、不起诉决定，上级人民检察院对下级人民检察院的起诉、不起诉决定，发现确有错误的，应当予以撤销或者指令下级人民检察院纠正。

【思考题】

1. 什么是起诉？我国的刑事起诉制度是如何规定的？

2. 什么是公诉？公诉的原则有哪些？

3. 审查起诉的概念和内容有哪些？

4. 审查起诉的程序、期限以及审查后的处理情形如何？

5. 提起公诉的概念和条件是什么？

6. 不起诉的概念、种类、条件、程序以及救济途径有哪些？

7. 认罪认罚从宽制度在审查起诉阶段的具体体现如何？

8. 如何认识检察机关在认罪认罚制度中的地位和作用？

9.《刑事诉讼法》与《监察法》在审查起诉阶段如何实现衔接？

---

[1]　参见最高检《规则》第 371、386、388、389 条。

第二十三章

第一审程序

　　提要与学习要求　本章需要了解刑事审判的概念、任务、程序和审判各原则的概念，审判组织的概念，第一审程序的概念，公诉案件庭前审查的概念，理解审判组织的组成和运行，公诉案件第一审程序的内容，延期审理、中止审理和终止审理的适用情形，简易程序的内容，速裁程序的内容。掌握刑事审判相关原理，刑事诉讼法以及相关司法解释对第一审普通程序、简易程序、速裁程序的具体规定。

■第一节　审判概述

一、审判概述

（一）审判的概念

　　在法治社会中，审判被视为解决社会冲突最终的、最彻底的方式，社会成员间的任何冲突在以其他方式难以解决的情形下，均可诉诸法院通过审判裁决。根据审判所解决纠纷性质的不同，可以分为刑事审判、民事审判和行政审判三种。

　　从现代诉讼原理出发，构成审判活动的要素主要包括：客观上存在着一个双方（或多方）当事人之间的冲突或纠纷；利益主张不同的冲突双方（或多方）把这一争执交由非冲突方的、具有权威性的第三者处理；在"两造具备"、第三者居间的"三方组合"格局中，按一定程序解决该纠纷；对冲突或行为的处理，第三者有最终的决定权。

　　刑事诉讼中的审判是指人民法院对于刑事案件依法进行审理并且作出裁判的活动。审理是人民法院在控诉和辩护双方以及其他诉讼参与人的参加下，通过调查核实证据、查明刑事案件事实并且审查如何使用法律的活动；裁判则是人民法院根据其所认定的事实和证据对刑事案件的实体和程序问题做出的处理。审理是裁判的前提和基础，裁判是审理的结果，人民法院必须先审理后裁判。

刑事审判的启动有两种途径，或者由人民检察院代表国家向人民法院提起公诉，或者由自诉人依法向人民法院提起自诉，进行刑事诉讼即进入审判程序。

我国刑事审判具有以下特征：

1. 刑事审判是国家行使刑罚权的活动，是一种职权行为。刑事审判所要解决的是刑事被告人的刑事责任问题，通过审理和裁判活动，对犯罪行为依法做出处理，以实现国家的刑罚权。这也正是刑事审判区别于民事审判和行政审判之处，民事审判解决作为平等主体的公民、法人和其他组织之间的财产关系或者人身关系；行政审判解决行政管理机关与行政管理相对人之间发生的行政争议。

2. 在刑事诉讼过程中，审判居于重要地位，决定着案件的最终处理结果，是实现国家刑罚权的关键阶段。刑事审判是在人民法院主持之下，控诉方和辩护方通过对刑事案件事实的调查，查明事实，核实证据，并在此基础之上展开辩论，最终由人民法院依法确定被告人的行为是否构成犯罪、应否给予刑事处罚以及给予何种处罚的诉讼活动。

3. 没有起诉，就没有审判。我国人民法院实行"不告不理"，除非有人民检察院代表国家提起的公诉或者自诉人依法提起的自诉，否则人民法院不进行审判。在我国，大多数刑事案件属于公诉案件，应由人民检察院向人民法院依法提起公诉并且出庭支持公诉，这与民事诉讼和行政诉讼有很大区别。

4. 人民法院在审判中的地位中立，超然于控诉方和辩护方，以保证实现公正审判。但同时人民法院在审判中并不消极，其有职有权，以保证审判效率。

（二）刑事审判的任务

刑事审判的任务是，依照法律规定的程序，查清案件事实，并且根据已经查明的案件事实和证据，依据有关实体法和程序法的规定，对于被告人是否犯有刑事罪行、犯有何种罪行、应否受到刑罚处罚以及给予何种处罚作出裁判。

刑事案件的审判要为实现刑事诉讼法的任务服务，通过审判活动，惩罚犯罪分子，保障无辜的公民不受刑事追究，教育公民自觉遵守法律，积极同犯罪行为作斗争，以维护社会主义法制和社会秩序，保护公民的人身权利、财产权利、民主权利和其他权利，保障社会主义建设事业的顺利进行。

（三）刑事案件的审判程序

我国《刑事诉讼法》规定了四种刑事案件的审判程序：

1. 第一审程序。第一审程序是指人民法院依据审判管辖的规定，对于人民检察院提起公诉或者自诉人提起自诉的刑事案件进行初次审理并且作出裁判的程序。依据起诉主体的不同，第一审程序分为公诉案件的第一审程序和自诉案件的第一审程序，其中公诉案件的第一审程序是人民法院对于由人民检察院提起公诉的刑事案件进行初次审判时所应当遵循的方式和步骤，内容包括对公诉案件的审查和开庭审判等诉讼环节，也就是第一审普通程序。而简易程序、速裁程序则是对第一审普通程序的简化。

2. 第二审程序。第二审程序是指第二审人民法院对针对第一审生效裁判的上诉、抗诉案件进行审理并且作出裁判的程序。

3. 特殊案件的复核和核准程序。具体有死刑复核程序、在法定刑以下判处刑罚的案件的复核程序以及适用特殊情况假释的核准程序。

4. 审判监督程序。审判监督程序是指对已经发生法律效力的判决或者裁定，发现在事实认定上或者法律适用上确有错误的，依法进行重新审判的程序。

（四）审判的原则

为了实现审判公正，现代世界各国的刑事审判中都规定有某些共同的审判原则，要求审判机关予以严格遵守。概括起来，这些原则主要包括：审判公开原则、陪审原则、直接言词原则、辩论原则、集中审理原则等。第一编第五章已经介绍了审判公开原则，以下简要介绍其他原则：

1. 陪审原则。陪审原则是指从公民中产生的陪审员参加法院对案件审判的原则。陪审原则起源于奴隶制国家中的雅典和罗马。在封建君主专制时期，纠问式诉讼占统治地位，不实行陪审制度。在资产阶级夺取政权后，先后在法律中确立了陪审制。大陆法系国家进行审判的形式是，由专业法官和陪审员组成合议庭，共同审理，共同作出判决，这种形式又称参审制。例如，在法国，重罪法院审判刑事案件，除法律有特殊规定外，均由 3 名法官和 9 名陪审员组成的法庭进行。英美法系国家进行审判的形式是，由非法律专业人员组成的陪审团参加法庭审判活动，对被告人是否犯罪作出决定，量刑则由法官负责决定。例如，在美国，根据联邦法院规则的规定，不论发生在联邦还是州的刑事案件，只要被告人有可能被判处 6 个月以上的监禁，被告人就享有受到陪审团审判的权利。[1]

我国的刑事审判也采取陪审制。《刑事诉讼法》第 13 条规定："人民法院审判案件，依照本法实行人民陪审员陪审的制度。"第 183 条第 1、2 款规定："基层人民法院、中级人民法院审判第一审案件，应当由审判员 3 人或者由审判员和人民陪审员共 3 人或者 7 人组成合议庭进行……高级人民法院、最高人民法院审判第一审案件，应当由审判员共 3～7 人或者由审判员和人民陪审员共 3 人或者 7 人组成合议庭进行。"这一规定表明，人民法院审判第一审案件，可以根据具体情况实行陪审员陪审制，也可以不实行陪审制。

根据《陪审员法》的规定，人民陪审员依法参加人民法院的审判活动，不得担任审判长。公民担任人民陪审员，应当具备下列条件：①拥护中华人民共和国宪法；②年满 28 周岁；③遵纪守法、品行良好、公道正派；④具有正常履行职责的身体条件。担任人民陪审员，一般应当具有高中以上文化程度。

人民代表大会常务委员会的组成人员，监察委员会、人民法院、人民检察院、

---

[1]　卞建林、刘玫：《外国刑事诉讼法》，人民法院出版社、中国社会科学出版社 2002 年版，第 213 页。

公安机关、国家安全机关、司法行政机关的工作人员，以及和律师、公证员、仲裁员、基层法律服务工作者，不得担任人民陪审员。另外，下列人员不得担任人民陪审员：①受过刑事处罚的；②被开除公职的；③被吊销律师、公证员执业证书的；④被纳入失信被执行人名单的；⑤因受惩戒被免除人民陪审员职务的；⑥其他有严重违法违纪行为，可能影响司法公信的。

符合担任人民陪审员条件的公民，可以由其所在单位、户籍所在地或者经常居住地的基层组织、人民团体推荐，或者本人提出申请，经司法行政机关会同基层人民法院公安机关进行资格审查，确定人民陪审员人选，由基层人民法院院长提请同级人民代表大会常务委员会任命。

人民陪审员参加3人合议庭审判案件，对事实认定、法律适用部分，独立发表意见，行使表决权。人民陪审员参加7人合议庭审判案件，对事实认定部分，独立发表意见，并与法官共同表决；对法律适用部分，可以发表意见，但不参加表决。合议庭评议案件时，实行少数服从多数的原则。人民陪审员同合议庭其他组成人员的意见有分歧的，应当将其意见写入笔录，合议庭组成人员的意见有重大分歧的，人民陪审员或者法官可以要求合议庭将案件提请院长决定是否提交由审判委员会讨论决定。

2. 直接言词原则。直接言词原则是指法官必须在法庭上亲自听取被告人、证人及其他诉讼参与人的陈述，案件事实和证据必须以口头方式向法庭提出，调查须由控辩双方以口头辩论、质证的方式进行。

就刑事诉讼原理而言，直接言词原则的具体含义有：

（1）法官审理案件时，公诉人、当事人及其他诉讼参与人应当在场。上述人员不在场时，除法律有特别规定外，法官不得进行法庭审理，否则该审理无效。

（2）在刑事诉讼程序中，证据的调查和收集，应由法官以直接的方式进行，只有以直接调查并经过衡量评价后而采纳的证据，才能作为判决的依据。首先，法官在审理时，对于证据的调查和认定，必须亲自直接进行，不能委托其他法院或者其他法官进行。法官在查证时，必须与被告人、被害人、证人、鉴定人等有过直接接触，不能仅就文书、卷宗的记载资料，从事间接采证工作。其次，法官判决的依据，必须是经过亲自直接采证方式获得的证据。在审理中未经法官本人直接查证的证据不得作为认定犯罪事实的证据。例如传闻证据不能作为判决的根据。对于证人、鉴定人，其原则上应当直接出庭接受查证，除非有不可避免的缘由。

（3）法官审理案件应当以言词陈述的方式进行，控辩双方口头进行举证、质证和辩论，被告人、证人、鉴定人等口头进行陈述或作证，法官口头进行讯问、询问和审判。除法律有特别规定外，凡是未经当庭以言词方式调查的证据材料视同未曾发生或不存在，其不能作为判决的根据。

以英、美为代表的英美法系国家，在刑事诉讼中奉行完整意义上的直接言词原则。英美法系国家实行当事人主义诉讼结构，法庭审判活动以控辩双方的积极对抗为核心内容，控、辩双方就诉讼主张及证据展开攻防活动，审判活动中由当事人掌握主动权。因此，当事人主义模式本身就包含了这一原则的存在，直接言词审理原则是当事人主义审理模式的基本要求和内容。大陆法系国家的刑事诉讼立法也在一定程度上体现了直接言词原则。如德国《刑事诉讼法》第250条规定："证书及其他作为证据如果是建立在一个人的五官感觉之上的时候，要在审判中对他询问。询问不允许以宣读以前的询问笔录或者书面证言而代替。"

我国刑事诉讼法没有明确规定这一原则，但从立法精神来看，对该原则是持肯定态度的。例如，关于通知证人、鉴定人出庭的规定；关于证人证言必须在法庭上经过公诉人、被害人和被告人、辩护人双方询问、质证的规定；关于公诉人、当事人和辩护人经审判长许可，可以直接对证人、鉴定人发问的规定；关于经审判长许可，当事人、辩护人可以对证据和案件情况发表意见且可以相互辩论的规定；关于公诉人、辩护人应向法院出示物证并让当事人进行辨认的规定等，都证明了这一点。当然，应当注意的是，在司法实践中，审判人员审查被告人口供、证人证言、被害人陈述和鉴定意见等，仍较多地依赖书面材料，这体现了在我国刑事诉讼中，直接言词原则的贯彻尚不充分。

3. 辩论原则。辩论原则是指在法庭审理中，控诉方和被告方应当以公开的、口头的、对立性的方式进行充分的辩驳，未经充分的辩驳，不得进行裁判。

刑事诉讼的基本原理表明，控诉是刑事诉讼产生和存在的前提。没有控诉，也就没有刑事诉讼；辩护是派生于控诉而又具有相对独立性的权能。控、辩双方的本能对抗和辩论，可以促使审判结果客观公正。具体而言，控辩双方各自以自己的方式进行质证，并相互指责对方的弱点，揭示对方所提供证据的不实、矛盾，使法官能够听到双方的正反两种意见，防止偏听偏信，有利于查明案件事实真相。

辩论原则的内容具体包括：

（1）在刑事审判中，辩论的主体是控诉方和被控方。其中，控诉方即为检察官或自诉人及其代理人，被控方即为被告人及其辩护人。

（2）辩论的内容，既包括案件事实认定和法律适用问题，也可能涉及案件处理的有关程序问题。

（3）控、辩双方既可以在法庭审判中的辩论阶段进行集中辩论，也可以在法庭审判的调查阶段进行辩论。在集中辩论阶段，先由控诉方发表意见，然后由辩护方发表意见，接着由双方进行相互辩论；在法庭调查阶段，则由控诉方或辩护方在对方提出某一证据或事实、情节后立即予以辩驳，并且可以进行相互辩论。

在英美法系国家，辩论原则在刑事诉讼中得到了充分的体现。因为当事人主义的刑事审判模式在本质上就是以控辩双方的对抗性为核心的，法官处于消极中立的裁判者的地位。如在英国，当控、辩双方举证后，两者均有权向陪审团作第二次陈述，以总结证据，提出有利于本方的结论。辩护律师在陈述中，可以对证据发表评论，也可以就对被告人有利的事实提出辩护，但不能把未经证据证实的任何事情作为肯定的事实向陪审团陈述。[1]大陆法系国家的刑事审判活动的核心是法官的职权活动，控辩双方处于协助、配合地位，因此，辩论原则主要体现在法庭审判中的法庭辩论阶段，而且控辩双方辩论的方式、范围以及时间的长短往往会受到法官的诸多限制。

在我国最初的刑事审判中，辩论原则的贯彻情形与大陆法系国家相似。2012 年修正的《刑事诉讼法》进行了较大的变革，更好地贯彻了辩论原则。《刑事诉讼法》第 198 条第 2 款规定："经审判长许可，公诉人、当事人和辩护人、诉讼代理人可以对证据和案件情况发表意见并且可以互相辩论。"在我国刑事审判中，法庭辩论是一个独立阶段，控、辩双方可以就案件的事实认定和法律适用展开充分辩论。同时，在法庭调查阶段也可以就证据和案件情况进行辩论。

4. 集中审理原则。集中审理原则是指法庭对每一个刑事案件的审理，除了必要的休息时间外，原则上应持续进行，亦即法庭审理案件从开庭到判决应尽可能地集中审理，不得中断。

集中审理原则的具体要求是：在整个审判阶段都要以庭审为中心，所有的事实、证据和法律观点等都应在庭审中提出并进行相互辩论，最终得出审判结论；对一个案件应当一次连续审理完毕，在此期间，法官不得审理其他任何案件。

世界上许多国家在刑事审判中实行集中审理原则。如德国《刑事诉讼法》第 226 条规定："审判是在被召集作裁判人员、检察员和法院书记处 1 名书记员不间断地在场情形下进行。"法国《刑事诉讼法》第 307 条规定："审理不得中断，应当连续进行直到重罪法院作出判决，案件终结为止。在法官和被告人必要的用餐时间内，审理可以暂停。"第 355 条规定："法庭的法官和陪审员退庭进入评议室。他们在作出决定之前，不得离开。"

我国的刑事诉讼法没有规定这一原则，而由最高人民法院《人民法院办理刑事案件第一审普通程序法庭调查规程（试行）》规定了这一原则。然而，法律同时允许刑事案件在某种情况下可以延期审理，法官在同一时间段内同时审理多个刑事案件的情况极为普遍。这是我国刑事审判实践中的一个不足之处，从科学性考虑，我国的刑事审判中也应更好地贯彻这一原则。

二、审判组织

（一）审判组织的概念

审判组织是人民法院审判案件的组织形式。人民法院是行使国家审判权的机关，在行使权力时，只有通过一定的具体审判组织才能实现对具体案件的审判，审判组织是审判权的具体行使者，也是具体与其他专门机关、当事人、其他诉讼参与人发生诉讼权利义务关系的具体执行者。我国刑事案件的审判组织有独任庭、合议庭和

---

[1]　陈光中主编：《外国刑事诉讼程序比较研究》，法律出版社 1988 年版，第 97 页。

审判委员会，其组成和职权范围各不相同。

（二）审判组织的种类

1. 独任庭。独任庭是由审判员一人单独审判刑事案件的组织形式。采用独任庭进行审判，可以节约人力、物力、财力，提高诉讼效率。

基层人民法院适用简易程序、速裁程序的第一审刑事案件，可以由 1 名审判员独任审判。就独任庭的适用范围而言，首先，独任庭仅仅适用于基层人民法院，其他三级人民法院不适用；其次，独任审判仅适用于第一审程序中的简易程序和速裁程序，普通程序和其他审判程序中并不适用；最后，即使是基层人民法院适用简易程序审判案件，也不是一律实行独任庭审判。

独任审判员独任审判刑事案件时，享有与审判长相同的权利。然而，其仍然应当严格按照刑事诉讼法规定的程序进行各项诉讼活动。应当认真执行公开审判、回避、辩护和代理等各项诉讼制度，切实保障当事人及其他诉讼参与人的诉讼权利。在简化审判组织形式的同时，保证案件的审判质量。

2. 合议庭。合议庭是由人民法院的审判人员数人共同审判案件的组织形式，是一种集思广益、集体审判的制度。实行合议庭审判，由合议庭成员共同进行审判活动，可以避免个人专断和主观片面，力求客观公正。

《人民法院组织法》第 29 条第 1 款规定："人民法院审理案件，由合议庭或者法官一人独任审理。"依据《刑事诉讼法》第 183 条第 1、2 款的规定，除基层人民法院适用简易程序、速裁程序的案件可以独任审判以外，其他案件以及中级人民法院、高级人民法院、最高人民法院审判的第一审案件，应当由合议庭进行。

合议庭的组成，因审判程序和人民法院级别的不同而有所不同。合议庭的组成有以下几种情况：

（1）基层人民法院、中级人民法院审判第一审刑事案件，应当由审判员 3 人或者由审判员和人民陪审员共 3 人或者 7 人组成合议庭进行。

（2）高级人民法院审判第一审刑事案件，应当由审判员 3～7 人或者由审判员和人民陪审员共 3 人或者 7 人组成合议庭进行。

（3）最高人民法院审判第一审刑事案件，应当由审判员 3～7 人组成合议庭进行。

（4）中级人民法院以上的各级人民法院审判上诉和抗诉的刑事案件，由审判员 3 人或者 5 人组成合议庭进行。

（5）最高人民法院和高级人民法院复核死刑和死刑缓期执行的刑事案件，应当由审判员 3 人组成合议庭进行。

合议庭的组成，还应当注意以下几点：

（1）合议庭依法只能由经过合法任命的本人民法院审判员和在符合资格条件的人民陪审员组成。除此之外，任何人不得参加合议庭审判案件。合议庭由法院院长或者刑事审判庭庭长指定 1 人担任审判长。院长或者庭长参加案件审判的时候，自己担任审判长。应当注意，人民陪审员不得担任审判长。

（2）第一审程序的合议庭可以吸收人民陪审员参加。陪审制度是人民群众参加国家管理活动的一种形式，是诉讼民主的体现。人民陪审员在人民法院执行职务时，不得担任审判长。人民法院审判第一审刑事案件，有下列情形之一的，由人民陪审员和法官组成合议庭进行，法律另有规定的除外：①涉及群体利益、公共利益的；②人民群众广泛关注或者其他社会影响较大的；③案情复杂或者有其他情形，需要由人民陪审员参加审判的。人民法院审判下列第一审刑事案件，由人民陪审员和法官组成7人合议庭进行：①可能判处10年以上有期徒刑、无期徒刑、死刑，社会影响重大的刑事案件；②根据民事诉讼法、行政诉讼法提起的公益诉讼案件；③涉及征地拆迁、生态环境保护、食品药品安全，社会影响重大的案件；④其他社会影响重大的案件。

（3）合议庭的人员组成只能是单数。这是因为合议庭实行少数服从多数的评议原则。

（4）合议庭审判案件时，由审判长主持。合议庭评议案件应当按照多数人的意见作出决定，少数人的意见应当记入笔录。评议笔录应当由合议庭全体组成人员签名。

（5）合议庭开庭审理并且进行评议以后，应当作出判决。只有对于疑难、复杂、重大的案件，合议庭认为难以作出决定的，才由合议庭提请院长决定提交审判委员会讨论决定。院长认为不必要的，可以建议合议庭复议一次。对于审判委员会的决定，合议庭应当执行。

3. 审判委员会。审判委员会是人民法院内部对审判工作实行集体领导的组织形式。各级人民法院设立审判委员会，实行民主集中制。审判委员会的任务是总结审判工作经验；讨论重大、疑难、复杂案件的法律适用；讨论决定本院已经发生法律效力的判决、裁定、调解书是否应当再审和其他有关审判工作的重大问题。审判委员会在人民法院内部的领导地位及其对于案件实体上的决定权，表明它具有审判组织的性质。

审判委员会委员由院长提请本级人民代表大会常务委员会任免，审判委员会由院长或者院长委托的副院长主持，本级人民检察院检察长可以列席并且对于讨论事项发表意见，但不能参加表决。

审判委员会不同于合议庭，它不直接开庭审理案件，也不对所有的案件进行讨论并且作出决定。依据最高人民法院的司法解释，对于以下案件，合议庭难以作出决定的，才提请院长决定提交审判委员会讨论决定：①拟判处死刑的；②人民检察院抗诉的；③合议庭成员意见有重大分歧的；④新类型案件；⑤社会影响重大的；⑥其他疑难、复杂、重大的案件，合议庭认为难以作出决定的。

此外，最高人民法院的司法解释还规定，独任审判的案件，独任审判员认为有必要的，也可以提请院长决定提交审判委员会讨论决定。

审判委员会和合议庭既有区别又有联系。二者的联系表现在：合议庭认为案件疑难、重大、复杂，难以作出决定的，提请院长决定交由审判委员会讨论决定。审判委员会作出决定后，如果合议庭的意见与审判委员会的意见有分歧，合议庭应当服从并执行审判委员会的意见，按照审判委员会的意见制作判决书或者裁定书。

审判委员会和合议庭的区别表现在：①任务不同。合议庭的任务是负责审判案件；审判委员会的任务是总结审判经验，讨论决定重大的或者疑难的案件以及其他有关审判工作的重大问题，而不具体审判案件。②组成不同。合议庭是根据院长或者庭长的指定组成的；审判委员会则是根据《人民法院组织法》的规定设立的，各级人民法院审判委员会的委员，均由院长提请同级人民代表大会常务委员会任免，本级法院无权决定。③稳定性不同。合议庭是因具体案件的审判而组成的临时组织，合议庭的人数和结构也可以因具体案件的实际需要临时作出调整；审判委员会是比较稳定的组织，成员不能被随意加以调整，每个法院只有一个审判委员会，由其统一负责对本院审判工作的具体领导。

审判委员会实行民主集中制，各成员享有平等的发言权和表决权。审判委员会讨论案件，应当在合议庭审理的基础之上进行，并且应当充分听取合议庭成员关于审理和评议情况的说明。审判委员会讨论案件时，如果有意见分歧，按照少数服从多数的原则进行表决，对于少数人的意见，应当记入笔录。审判委员会的决定，合议庭应当执行。但审判委员会讨论决定的案件的判决书和裁定书，仍应当以审理该案件的合议庭成员的名义发布。

第二十三章

■第二节　第一审程序的概念和意义

一、第一审程序的概念

第一审程序是指人民法院对人民检察院提起公诉或者自诉人提起自诉的刑事案件进行初次审判的程序。

根据我国《刑事诉讼法》的规定，地方各级人民法院审理刑事案件均实行两审终审制。刑事案件经人民检察院提起公诉或者自诉人向人民法院提起自诉经法院审查受理后，即进入第一审程序。第一审程序的任务是，人民法院在公诉人、当事人及其他诉讼参与人的参加下，依照法定程序客观全面地审查核实证据，查明案件事实，然后根据《刑法》就被告人是否构成犯罪，应否处以刑罚以及处以何种刑罚等作出实体判决，从而使犯罪分子受到应有的法律制裁，使无罪的人不受错误的刑事追究。为实现第一审程序的任务，要认真贯彻刑事诉讼法的各项原则，严格按照法律规定的程序和方法进行审判。第一审程序的内容包括对公诉案件的审查和对自诉案件的审查受理、对决定开庭审判案件的庭前准备工作、案件的法庭审判等。

二、第一审程序的意义

第一审程序在刑事诉讼中具有重要地位，其意义主要体现在以下方面：

1. 第一审程序是刑事审判的基本程序和必经程序。就刑事诉讼的整个过程来看，审判是具有决定意义的阶段，第一审程序又是审判的基本和必经程序。在刑事诉讼中，无论是公诉还是自诉案件，都是从第一审程序开始，由人民法院进行审理并作出裁判。侦查、起诉等程序，都是为第一审提供材料、准备条件；第二审程序、审判监督程序等，都是对第一审程序审判的检查和监督。因此，第一审程序是刑事诉讼的中心环节和主要阶段，第一审程序进行得如何，直接关系到案件的处理结果，关系到被告人的利益，也关系到刑事诉讼的任务最终能否实现。

2. 第一审程序的审判，不仅能够依法对有罪的被告人处以刑罚，使无罪者不受刑事追究，以保证刑法的正确实施，及时惩治犯罪，维护社会法律秩序，而且还能够保障无辜，维护公民的合法权益。同时可以通过庭审过程，对公民进行直接、具体、生动的法制教育。

3. 正确进行第一审判，能够减少上诉、申诉案件，减轻上级法院和当事人的负担，缩短诉讼周期，降低诉讼成本，提高诉讼效率。

4. 在第一审程序中，人民法院作出的裁判是第二审程序、死刑复核程序以及审判监督程序的基础，而且第一审程序中的许多规定是其他审判程序参照执行的标准。

■第三节 对公诉案件的审查

一、对公诉案件的审查的概念

对公诉案件的审查，是指人民法院对于人民检察院提起公诉的刑事案件进行庭前审查，并决定是否开庭审判的诉讼活动。对公诉案件的审查是我国刑事诉讼第一审程序中的一个重要环节。在我国刑事诉讼中，公诉案件都必须经过一定的审查，在符合法律要求后，才能开庭审判。

对公诉案件的审查，又称庭前审查，目的在于确定人民法院收到的公诉案件是否确实符合法定的起诉条件，是否能正式开始法庭审判，它一般不涉及被告人的犯罪构成及刑事责任等实体问题。人民法院只有经过法庭审判后，才能根据事实和法律对被告人定罪量刑。因此，庭前审查与法庭审判是有根本区别的。

通过对公诉案件进行庭前审查，有利于避免不当审判的出现，保障被告人的合法权益，减少法院对不应该交付审判的公民进行审判的可能，提高法院审判工作的质量。

世界各国刑事诉讼中大都规定有法院的庭前审查。例如，英国刑事审判中的预审程序，是由治安法官对那些按照公诉书起诉的可诉罪案件进行审查，以确定控诉一方是否有充分的指控证据，案件是否有必要移送刑事法院并举行由法官和陪审团共同进行的法庭审判，从而保证被告人免受无根据的起诉和审判的一种程序。美国刑事诉讼中的预审程序，被指控犯有重罪的被告人有权要求在近期内举行预审，预审的主要目的在于审查是否存在合理根据以支持对被告人提出的指控，确定是否交付审判。德国法律将庭前审查称为"中间程序"，设立这一程序的主要目的在于：一方面，通过审查，决定是否有必要对案件进行补充侦查，以避免被告人受到不必要的审判；另一方面，也给予被告人申请重新调查的机会。

二、审查的内容和审查后的处理

（一）审查的内容

《刑事诉讼法》第 186 条规定："人民法院对提起公诉的案件进行审查后，对于起诉书中有明确的指控犯罪事实的，应当决定开庭审判。"

相比于 1996 年《刑事诉讼法》，2012 年修正的《刑事诉讼法》在公诉审查内容的规定上删除了"附有证据目录、证人名单和主要证据复印件或者照片"，以便与《刑事诉讼法》第 176 条规定相衔接，即在起诉方式上把原来部分证据材料移送改为全案卷宗移送。此外，2012 年修正的《刑事诉讼法》在保留程序性审查的同时，把部分证据材料移送改为全案卷宗移送。

根据最高法《解释》，人民法院对于人民检察院提起公诉的案件，应当在收到起诉书以后，指定审判员书面审查以下内容：

1. 是否属于本院管辖。

2. 起诉书是否写明被告人的身份，是否受过或者正在接受刑事处罚，被采取强制措施的种类、羁押地点，犯罪的时间、地点、手段、后果以及其他可能影响定罪量刑的情节。

3. 是否移送证明指控犯罪事实的证据材料，包括采取技术侦查措施的批准决定和所收集的证据材料。

4. 是否查封、扣押、冻结被告人的违法所得或者其他涉案财物，并附证明相关财物依法应当追缴的证据材料。

5. 是否列明被害人的姓名、住址、联系方式；是否附有证人、鉴定人名单；是否申请法庭通知证人、鉴定人、有专门知识的人出庭，并列明有关人员的姓名、性别、年龄、职业、住址、联系方式；是否附有需要保护的证人、鉴定人、被害人名单。

6. 当事人已委托辩护人、诉讼代理人，或者已接受法律援助的，是否列明辩护人、诉讼代理人的姓名、住址、联系方式。

7. 是否提起附带民事诉讼；提起附带民事诉讼的，是否列明附带民事诉讼当事人的姓名、住址、联系方式，是否附有相关证据材料。

8. 侦查、审查起诉程序的各种法律手续和诉讼文书是否齐全。

9. 有无《刑事诉讼法》第 16 条第 2～6 项规定的不追究刑事责任的情形。

（二）审查后的处理

1. 属于告诉才处理的案件，应当退回人民检察院，并告知被害人有权提起自诉。

2. 不属于本院管辖或者被告人不在案的，应当将案件退回人民检察院。

3. 不符合最高法《解释》第 180 条第 2～8 项规定之一，需要补充材料的，应当通知人民检察院在 3 日内补送。

4. 依照《刑事诉讼法》第 200 条第 3 项规定宣告被告人无罪后，人民检察院根据新的事实、证据重新起诉的，应当依法受理。

5. 依照最高法《解释》第 242 条规定裁定准许撤诉的案件，没有新的事实、证据，重新起诉的，应当退回人民检察院。

6. 符合《刑事诉讼法》第 16 条第 2～6 项规定情形的，应当裁定终止审理或者将案件退回人民检察院。

7. 被告人真实身份不明，但符合《刑事诉讼法》第 160 条第 2 款规定的，应当依法受理。

人民法院对于按照普通程序审理的公诉案件，应当在 7 日以内审查完毕并作出是否受理的决定。人民法院对提起公诉的案件进行审查的期限，计入人民法院的审理期限。

■第四节　法庭审判

一、开庭前的准备

人民法院决定开庭审理案件以后，为了保证法庭审判的顺利进行，应当做好以下准备工作：

（一）确定审判长及合议庭的组成人员

人民法院适用普通程序审理的公诉案件，应当由院长或者庭长指定审判长并确定合议庭的组成人员。

合议庭是由数名审判人员组成的法庭，是代表人民法院行使审判权的组织形式。合议庭的组成有单一制和混合制两种。前者指合议庭成员由人民法院的专职审判员组成；后者指合议庭由人民法院的专职审判员和人民陪审员共同组成。

在组成合议庭的同时，应确定法庭的书记员，由其负责审判的记录工作，并办理与审判有关的其他事项。

（二）将起诉状副本送达被告人及其辩护人

人民法院应当将人民检察院的起诉书副本至迟在开庭 10 日以前送达被告人及其辩护人。人民法院决定开庭审判的案件，应当切实保障被告人的知悉权。应当将人民检察院的起诉书副本最迟在开庭 10 日前送达被告人及其辩护人，使被告人及早了解自己的被控罪名和有关情况，做好充分行使辩护权的准备。

（三）被告人有权委托辩护人

对于被告人未委托辩护人的，告知被告人可以委托辩护人，或者在必要的时候通知法律援助机构指派律师为其提供辩护。对于被告人是盲、聋、哑人，或者是尚未完全丧失辨认或者控制自己行为能力的精神病人，或者未成年人而没有委托辩护人的，或者被告人可能被判处无期徒刑、死刑而没有委托辩护人的，人民法院应当指定承担法律援助义务的律师为其提供辩护。对于公诉人出庭公诉的案件，被告人因经济困难或者其他原因没有委托辩护人的，法律援助机构可以为其指派律师为其辩护。

（四）召开庭前会议

在开庭之前，审判人员可以召集公诉人、当事人和辩护人、诉讼代理人，对回避、出庭证人名单、非法证据排除等与审判有关的问题，了解情况，听取意见。就下列问题，审判人员可以向控辩双方了解情况，听取意见：是否对案件管辖有异议；是否申请有关人员回避；是否申请调取在侦查、审查起诉期间公安机关、人民检察院收集但未随案移送的证明被告人无罪或者罪轻的证据材料；是否提供新的证据；是否对出庭证人、鉴定人、有专门知识的人的名单有异议；是否申请排除非法证据；是否申请不公开审理；以及与审判相关的其他问题。

（五）通知检察院

人民法院应当将开庭的时间、地点通知人民检察院，以便人民检察院派员出庭支持公诉。根据《刑事诉讼法》第 189 条的规定，人民法院审判公诉案件，人民检察院应当派员出席法庭支持公诉。因此，将开庭的时间、地点通知人民检察院，有利于公诉人做好出庭支持公诉的准备工作。

（六）送达传票、通知书

需要传唤当事人，通知辩护人、法定代理人、诉讼代理人、证人、鉴定人、勘验、检查笔录制作人和翻译人员的，传票和通知书至迟在开庭 3 日以前送达，使其各自做好准备。

人民法院通知公诉机关或者辩护人提供的证人时，如果该证人表示拒绝出庭作证或者按照所提供的证人通讯地址未能通知到该证人的，应当及时告知申请通知该证人出庭的公诉机关或者辩护人。

（七）公开案件相关信息

公开审判的案件，在开庭 3 日以前先期公布案由、被告人姓名、开庭时间和地点。因为实行公开审判制度，进行先期公告，有利于安排群众旁听，安排记者采访和报道。根据审判公开原则的要求，凡是公开审判的案件，要对社会公开，允许公民到庭旁听，允许新闻记者采访。因此，公开审判的案件应当依法先期予以公告，使人民群众和其他旁听人员有足够的时间做好工作安排，方便其旁听审判。

上述各项准备工作，都是依法进行的诉讼活动，每一项活动直接涉及诉讼能否顺利进行，关系到法庭审判的质量，甚至影响到判决的效力。因此，人民法院应当制作笔录，由审判长和书记员签名，附卷保存。

二、法庭审判

法庭审判是指人民法院的审判组织通过开庭的方式，在公诉人、当事人和其他诉讼参与人的参加下，调查核实证据，查清案件事实，充分听取控辩双方对证据、案件事实和法律适用的意见，依法确定被告人的行为是否构成犯罪，应否受到刑事处罚以及应当给予何种刑事处罚的诉讼活动。依据《刑事诉讼法》的规定，法庭审判分为开庭、法庭调查、法庭辩论、被告人最后陈述、评议和宣判 5 个阶段。

（一）开庭

开庭审理前，书记员应当依次进行下列工作：查明公诉人、当事人、证人及其他诉讼参与人是否已经到庭；宣读法庭规则；请公诉人、辩护人入庭；请审判长、审判员或者人民陪审员入庭；审判人员就座后，当庭向审判长报告开庭前的准备工作已经就绪。

开庭的具体程序包括：

1. 审判长宣布开庭，传唤被告人到庭后，审判长应当查明：被告人的姓名、出生时间和地点、民族、文化程度、职业、住址或者单位的名称、住所地、诉讼代表人的姓名、职务；是否曾受过法律处分及处分的种类、时间；是否被采取强制措施及强制措施的种类、时间；收到人民检察院起诉书副本的日期，以及附带民事诉讼被告人收到民事诉状的日期。

2. 审判长宣布案件的来源、起诉的案由、附带民事诉讼原告人和被告人的姓名或者名称以及是否公开审理。对于不公开审理的案件，应当当庭宣布不公开审理的理由。

3. 审判长宣布合议庭组成人员、书记员、公诉人、辩护人、鉴定人和翻译人员的名单。

4. 审判长应当告知当事人及其法定代理人、辩护人、诉讼代理人在法庭审理过程中依法享有下列诉讼权利：

（1）可以申请合议庭组成人员、书记员、公诉人、鉴定人和翻译人员回避。

（2）可以提出证据，申请通知新的证人到庭、调取新的证据、重新鉴定或者勘验、检查。

（3）被告人可以自行辩护。

（4）被告人可以在法庭辩论终结后作最后的陈述。

（5）被告人认罪认罚的，应当告知被告人享有的诉讼权利和认罪认罚的法律规定。

5. 审判长应当分别询问当事人、法定代理人是否申请回避，以及申请何人回避和申请回避的理由。如果当事人、法定代理人申请审判人员、出庭支持公诉的检察人员回避，合议庭认为符合法定情形的，应当依照有关回避的规定处理；认为不符合法定情形的，应当当庭驳回，继续开庭审理。如果申请回避人当庭申请复议，合议庭应当宣布休庭，待作出复议决定后，决定是否继续法庭审理。同意或者驳回回避申请的决定及复议决定，由审判长宣布，并说明理由。必要时，也可以由院长到庭宣布。

6. 被告人认罪认罚的，审判长应当审查认罪认罚的自愿性和认罪认罚具结书内容的真实性、合法性。

（二）法庭调查

法庭调查是审判人员在控诉方、辩护方和其他诉讼参与人的参加下，当庭对案件事实和证据进行审查、核实的诉讼活动。

法庭调查的范围是起诉书所指控的被告人的犯罪事实以及与之相关的各种证据。

法庭调查的具体程序包括：

1. 宣读起诉书。审判长宣布法庭调查开始后，首先由公诉人宣读起诉书。宣读起诉书的作用是，一方面，向法庭阐明公诉犯罪事实即法庭调查的范围和被告人应负刑事责任的事实根据和法律依据；另一方面，也可以使旁听群众了解案情，更深入地观察法庭审判的过程。

宣读起诉书时，如果一案有数名被告人，应同时在场。

公诉人宣读起诉书后，如果有附带民事诉讼的，再由附带民事诉讼的原告人或者其诉讼代理人宣读附带民事诉状。起诉书指控的被告人的犯罪事实在2起以上的，法庭调查时，一般应当就每一起犯罪事实分别进行。

对于召开庭前会议的案件，法庭应当宣布庭前会议报告的主要内容。有多起犯罪事实的案件，法庭可以在有关犯罪事实的法庭调查开始前，分别宣布庭前会议报告的相关内容。

对于庭前会议中达成一致意见的事项，法庭可以向控辩双方核实后当庭予以确认；对于未达成一致意见的事项，法庭可以在庭审中涉及该事项的环节归纳争议焦点，听取控辩双方意见，依法作出处理。

2. 被告人就指控的犯罪事实进行陈述。公诉人宣读起诉书后，审判长应询问被告人对起诉书指控的犯罪事实是否有异议，听取被告人的供述和辩解。对于被告人当庭认罪的案件，应当核实被告人认罪的自愿性和真实性，听取其供述和辩解。

3. 讯问被告人。在审判长主持下，公诉人可以就起诉书指控的犯罪事实讯问被告人，为防止庭审过分迟延，就证据问题可在举证、质证环节进行对被告人的讯问。

4. 向被告人的发问。公诉人讯问被告人后，被害人及其法定代理人、诉讼代理人经审判长准许，可以就公诉人讯问的犯罪事实补充发问。附带民事诉讼的原告人及其法定代理人、诉讼代理人经审判长准许，可以就附带民事诉讼部分的事实向被告人发问。经审判长许可，被告人的法定代理人、辩护人，附带民事诉讼被告人及其法定代理人、诉讼代理人可以在控诉一方就某一具体问题讯问完毕后向被告人发问。有多名被告人的案件，辩护人对被告人的发问，应当在审判长主持下，先由被告人本人的辩护人进行，再由其他被告人的辩护人进行。

有多名被告人的案件，对被告人的讯问应当分别进行。被告人供述之间存在实质性差异的，法庭可以传唤有关被告人到庭对质。审判长可以分别讯问被告人，就供述的实质性差异进行调查核实。经审判长准许，控辩双方可以向被告人讯问、发问。审判长认为有必要的，可以准许被告人之间相互发问。

审判长认为控诉和辩护双方讯问、发问被告人的内容与本案无关或者讯问、发问的方式不当的，应当制止。对于控辩双方认为对方讯问或者发问的内容与本案无关或者讯问、发问的方式不当并且提出异议的，审判长应当判明情况予以支持或者驳回。审判人员认为有必要时，可以向被告人讯问或者发问。

5. 被害人就指控的犯罪事实进行陈述。对被告人讯问、发问完毕后，其他证据出示前，在审判长主持下，参加庭审的被害人可以就起诉书指控的犯罪事实作出陈述。

6. 向被害人的发问。经审判长准许，控辩双方可以在被害人陈述后向被害人发问。为解答被告人供述和辩解中的疑问，审判人员也可以向被害人发问。

7. 有多起犯罪事实的案件，对被告人不认罪的事实，法庭调查一般应当分别进行。被告人不认罪或者认罪后又反悔的案件，法庭应当对与定罪和量刑有关的事实、证据进行全面调查。被告人当庭认罪的案件，法庭核实被告人认罪的自愿性和真实性，确认被告人知悉认罪的法律后果后，可以重点围绕量刑事实和其他有争议的问题进行法庭调查。

8. 审查核实其他证据。只有经过法庭调查核实的证据，才能作为合议庭认定事实的根据。法庭调查过程中审查核实证据，主要是通过询问证人和鉴定人、辨认物证、宣读有关证据等方法进行的。

对指控的每一起案件事实，经审判长准许，公诉人可以提请审判长传唤证人、鉴定人及勘验、检查笔录制作人出庭作证，或者出示证据，即宣读未到庭的被害人、证人、鉴定人、勘验、检查笔录制作人的书面陈述、证言、鉴定意见及勘验、检查笔录。被害人及其诉讼代理人和附带民事诉讼的原告人及其诉讼代理人经审判长准许，也可以分别提请传唤尚未出庭作证的证人、鉴定人和勘验、检查笔录制作人出庭作证，或者出示公诉人未出示的证据，宣读公诉人未宣读的书面证人证言、鉴定意见及勘验、检查笔录。

控辩双方要求证人出庭作证，或者向法庭出示物证、书证、视听资料等证据时，应当向审判长说明拟证明的事实，审判长同意的，即传唤证人或者准许出示证据。审判长认为与案件无关或者明显重复、不必要的证据，可以不予准许。

被告人、辩护人、法定代理人经审判长准许，可以在起诉一方举证提供证据后，分别提请传唤证人、鉴定人出庭作证，或者出示证据、宣读未到庭的证人的书面证言、鉴定人的鉴定意见。

公诉人、当事人或者辩护人、诉讼代理人对证人证言有异议，且人民法院认为该证人证言对案件定罪量刑有重大影响，证人应当出庭作证。人民警察在执行职务时目击犯罪的，作为证人出庭作证。符合下列情形，经人民法院准许的，证人可以不出庭作证：在庭审期间身患严重疾病或者行动极为不便的；居所远离开庭地点且交通极为不便的；身处国外短期无法回国的；有其他客观原因，确实无法出庭的。经人民法院通知，证人没有正当理由不出庭作证的，人民法院可以强制其到庭，但被告人的配偶、父母、子女除外。

证人到庭后，审判人员应当先核实证人的身份、与当事人以及本案的关系，告知证人应当如实地提供证言和有意作伪证或者隐匿罪证要负的法律责任。证人作证前，应当在如实作证的保证书上签名。向证人发问，应当先由举证方进行，发问完毕后，对方也可以进行发问。根据案件审理需要，也可以先由申请方发问。审理危害国家安全犯罪、恐怖活动犯罪、黑社会性质的组织犯罪、毒品犯罪等案件，证人、鉴定人、被害人因出庭作证，本人或者其近亲属的人身安全面临危险的，人民法院应当采取不公开其真实姓名、住址和工作单位等个人信息，或者不暴露其外貌、真实声音等保护措施。

鉴定人应当出庭宣读鉴定意见，但经人民法院准许不出庭的除外。鉴定人到庭后，审判人员应当先核实鉴定人的身份、与当事人及本案的关系，审查鉴定人的作证能力、专业资质，告知鉴定人有关作证的权利义务和法律责任。鉴定人说明鉴定意见前，应当在如实说明鉴定意见的保证书上签名。向鉴定人发问，应当先由举证方进行，发问完毕后，对方也可以发问。根据案件审理需要，也可以先由申请方发问。

询问证人应当遵循以下规则：发问的内容应当与案件事实相关；不得以诱导方式发问；不得威胁或者误导证人；不得损害证人人格尊严。这些规定也适用于对被告人、被害人、附带民事诉讼原告人和被告人、鉴定人的讯问、发问或者询问。

审判长认为向证人、鉴定人发问的内容与本案无关或者发问的方式不当的，应当制止。对于控辩双方认为对方发问的内容与本案无关或者发问的方式不当并提出异议的，审判长应当判明情况予以支持或者驳回。审判人员认为有必要时，可以询问证人、鉴定人。

向证人和鉴定人发问应当分别进行。证人、鉴定人经控辩双方发问或者审判人员询问后，审判长应当告知其退庭。证人、鉴定人不得旁听对本案的审理。

当庭出示的物证、书证、视听资料等证据，应当先由出示证据的一方就所出示的证据的来源、特征等作必要的说明，然后由另一方进行辨认并发表意见。控辩双方可以互相质问、辩论。

公诉人应当按其开庭前向人民法院送交的证据目录向法庭出示物证，让当事人进行辨认。对于未到庭的证人的证言笔录、鉴定人的鉴定意见以及勘验、检查笔录等其他证据，应当当庭宣读。

在法庭调查过程中，合议庭对于证据有疑问的，可以宣布休庭，对该证据继续调查核实。人民法院调查核实证据时，可以进行勘验、检查、扣押、鉴定、查询和冻结。必要时，可以通知检察人员、辩护人到场。当事人和辩护人申请通知新的证人到庭，调取新的证据，申请重新鉴定或者勘验的，应当提供证人的姓名、证据的存放地点，说明所要证明的案件事实，要求重新鉴定或者勘验的理由。公诉人、当事人和辩护人、诉讼代理人可以申请法庭通知有专门知识的人出庭，就鉴定人作出的鉴定意见提出意见。审判人员根据具体情况，认为可能影响案件事实认定的，应当同意该申请，并宣布延期审理；不同意的，应当告知理由并继续审理。

在庭审过程中，公诉人发现案件需要补充侦查，提出延期审理建议的，合议庭应当同意。但是建议延期审理的次数不得超过2次。法庭宣布延期审理后，人民检察院在补充侦查的期限内没有提请人民法院恢复法庭审理的，人民法院应当决定按人民检察院撤诉处理。

人民法院向人民检察院调取需要调查核实的证据材料，或者根据辩护人、被告人的申请，向人民检察院调取在侦查、审查起诉中收集的有关被告人无罪和罪轻的证据材料，应当通知人民检察院在收到调取证据材料决定书后3日内移交。

合议庭在案件审理过程中，发现被告人可能有自首、立功等法定量刑情节，而起诉和移送的证据材料中没有这方面的证据材料的，应当通知人民检察院移送。

（三）法庭辩论

合议庭认为本案事实已经调查清楚，应当由审判长宣布法庭调查结束，开始就全案定罪量刑的事实、证据、适用法律等问题进行法庭辩论。法庭辩论是由审判长主持进行的，控辩双方对案件事实和相关证据、实体法和程序法的适用等问题发表意见、互相辩论的活动。控辩双方在审判长的主持之下，依据法庭调查中已经调查的证据和有关法律规定，对证据有何种证明力和被告人是否有罪、所犯何罪、罪责轻重、应否处刑和如何处罚等问题，提出自己的意见和理由，在法庭上当面进行论证和反驳。法庭辩论活动，既是控方揭露犯罪、证实犯罪的活动，也是辩方据理反驳控诉、维护被告人合法权益的活动。通过法庭辩论，可以使审判人员全面听取各方的主张和观点，做到兼听则明。《刑事诉讼法》第198条第1、2款规定："法庭审理过程中，对与定罪、量刑有关的事实、证据都应当进行调查、辩论。经审判长许可，公诉人、当事人和辩护人、诉讼代理人可以对证据和案件情况发表意见并且可以互相辩论。"

法庭辩论的顺序是：公诉人发言；被害人及其诉讼代理人发言；被告人自行辩护；辩护人为被告人辩护；控诉和辩护双方进行辩论。

如果有附带民事诉讼，附带民事诉讼部分的辩论应当在刑事诉讼部分的辩论结束后进行，先由附带民事诉讼原告人及其诉讼代理人发言，然后由附带民事诉讼被告人及其诉讼代理人答辩，附带民事诉讼原、被告双方还可以进行互相辩论。

公诉人在法庭辩论中的首次发言，在司法实践中被称为公诉词。发表公诉词是公诉人支持公诉的主要形式之一，也是为了宣传法制、教育群众。公诉词以起诉书为基础，是起诉书内容的进一步深化，能够揭露犯罪、证实犯罪。

被害人是犯罪活动的直接受害者，在诉讼中是控诉一方当事人，有权在法庭辩论中控诉和证实犯罪，请求法庭公正地对被告人加以处罚。如果犯罪行为给被害人造成了物质损失，被害人还可以成为附带民事诉讼的原告，要求被告人赔偿损失。诉讼代理人在被害人发言之后，可以继续为被害人发言。

被告人是公诉案件的主要当事人，被告人在辩论中的发言既是被告人行使辩护权的基本形式，也是合议庭了解案件争点和被告人主观态度的一个主要渠道。

辩护人在法庭辩论中的首轮发言，在司法实践中被称为辩护词。辩护词是辩护人辩护宗旨的集中体现。辩护人必须以事实为根据，以法律为准绳，实事求是地进行辩护，其辩护才可能达到应有的效果。

法庭辩论由审判长主持，在法庭辩论过程中，对于控辩双方与本案无关、重复或者互相指责的发言，审判长应当制止。

法庭辩论中如果发现与定罪、量刑有关的新的事实，合议庭认为有必要进行调查的，审判长可以宣布暂停法庭辩论，恢复法庭调查，在事实调查清楚之后，继续法庭辩论。

审判长如果认为双方意见已经充分阐述，可以结束辩论的，宣布法庭辩论结束。

（四）被告人最后陈述

这是刑事诉讼开庭审判特有的一个独立阶段。在审判长宣布法庭辩论结束以后，被告人有作最后陈述的权利。这是给被告人最后一次为自己辩护的机会，使合议庭可以充分听取被告人的意见和要求，防止发生错误的裁判。

《刑事诉讼法》第198条第3款规定，审判长在宣布辩论终结后，被告人有最后陈述的权利。所谓"被告人最后陈述"，是指被告人在法庭审理结束之际，就自己被指控的罪行进行最后辩护和最后陈述的活动。这是法律赋予被告人的一项重要权利，是法庭审理的一个独立的诉讼环节。被告人是案件当事人，案件的判决关系到被告人的切身利益。在作出判决前，再给他一次陈述的机会，听取他对案件的意见，既可以让被告人独立完整地叙明自己的意见，强化合议庭对辩护的印象，也可以弥补在法庭调查和法庭辩论中辩护的不足之处。这对于法庭准确认定案件事实，正确适用法律，具有十分重要的意义。因此，审判人员应当切实保障被告人最后陈述的权利，只要被告人的陈述不超出本案范围，不违反法庭纪律，就要让其充分陈述。

因此，审判长宣布法庭辩论终结后，合议庭应当保证被告人充分行使最后陈述的权利。如果被告人在最后陈述中多次重复自己的意见，审判长可以制止；如果陈述内容是蔑视法庭、公诉人，损害他人及社会公共利益或者与本案无关的，应当制止；在公开审理的案件中，被告人最后陈述的内容涉及国家秘密或者个人隐私的，也应当制止。

被告人在最后陈述中提出了新的事实、证据，合议庭认为可能影响正确裁判的，应当恢复法庭调查；如果被告人提出新的辩解理由，合议庭认为确有必要的，应当恢复法庭辩论。

（五）评议和宣判

审判长在被告人最后陈述后，应当宣布休庭，由合议庭进行评议。评议是合议庭组成人员在法庭审理的基础上，经过研究和讨论，对案件作出处理的诉讼活动。

合议庭应当根据已经查明的事实、证据和有关法律规定，并在充分考虑控辩双方意见的基础上进行评议，内容包括：确定被告人是否有罪，应否追究刑事责任；构成何罪，应否处以刑罚；判处何种刑罚；有无从重、从轻、减轻或者免除处罚的情节；附带民事诉讼如何解决；赃款赃物如何处理等，并依法作出判决。

合议庭评议活动应当制作合议笔录，合议庭成员应当在合议笔录上签名，并在法律文书上署名。

人民法院应当根据案件的具体情形，分别作出裁判：

1. 起诉指控的事实清楚，证据确实、充分，依据法律认定被告人的罪名成立的，应当作出有罪判决。

2. 起诉指控的事实清楚，证据确实、充分，指控的罪名与人民法院审理认定的罪名不一致的，应当作出有罪判决。

3. 案件事实清楚，证据确实、充分，依据法律认定被告人无罪的，应当判决宣告被告人无罪。

4. 证据不足，不能认定被告人有罪的，应当以证据不足、指控的犯罪不能成立为由，判决宣告被告人无罪。

5. 案件事实部分清楚，证据确实、充分的，应当依法作出有罪或者无罪的判决；事实不清，证据不足部分，依法不予认定。

6. 被告人因不满 16 周岁，不予刑事处罚的，应当判决宣告被告人不负刑事责任。

7. 被告人是精神病人，在不能辨认或者不能控制自己行为的时候造成危害结果，不予刑事处罚的，应当判决宣告被告人不负刑事责任。

8. 犯罪已过追诉时效期限，并且不是必须追诉或者经特赦令免除刑罚的，应当裁定终止审理。

9. 被告人死亡的，应当裁定终止审理；对于根据已经查明的案件事实和认定的证据材料，能够确认被告人无罪的，应当判决宣告被告人无罪。

对于认罪认罚案件，人民法院依法作出判决时，一般应当采纳人民检察院指控的罪名和量刑建议，但有下列情形的除外：①被告人的行为不构成犯罪或者不应当追究其刑事责任的；②被告人违背意愿认罪认罚的；③被告人否认指控的犯罪事实的；④起诉指控的罪名与审理认定的罪名不一致的；⑤其他可能影响公正审判的情形。人民法院经审理认为量刑建议明显不当，或者被告人、辩护人对量刑建议提出异议的，人民检察院可以调整量刑建议。人民检察院不调整量刑建议或者调整量刑建议后仍然明显不当的，人民法院应当依法作出判决。

在宣告判决前，人民检察院要求撤回起诉的，人民法院应当审查人民检察院撤回起诉的理由，并作出是否准许的裁定。

人民法院在审理中发现新的事实，可能影响定罪的，应当建议人民检察院补充或者变更起诉；人民检察院不同意或在 7 日内未回复意见的，人民法院应当就起诉指控的犯罪事实，依照上述有关规定依法作出判决。

宣判是指人民法院将判决书的内容向当事人及其他诉讼参与人和社会公开宣告。宣判分为当庭宣判和定期宣判两种。当庭宣告判决的，应当宣布判决结果，并在 5 日内将判决书送达当事人、法定代理人、诉讼代理人、提起公诉的人民检察院、辩护人和被告人的近亲属。定期宣告判决的，合议庭应当在宣判前，先期公告宣判的时间和地点，传唤当事人并通知公诉人、法定代理人、诉讼代理人和辩护人。判决宣告后，应当立即将判决书送达当事人、法定代理人、诉讼代理人、提起公诉的人民检察院、辩护人和被告人的近亲属。判决生效后还应当送达被告人的所在单位或者原户籍所在地的公安派出所。被告人是单位的，应当送达被告单位的注册登记机关。

宣告判决，应当一律公开进行。宣告判决时，法庭内全体人员应当起立。宣判时，公诉人、辩护人、被害人、自诉人或者附带民事诉讼的原告未到庭的，不影响宣判的进行。

三、单位犯罪案件的审理程序

人民法院受理单位犯罪案件，除依照有关规定进行审查外，还应当审查起诉书中是否列明被告单位的名称、住所地、联系方式、法定代表人、主要负责人，以及代表被告单位出庭的诉讼代表人的姓名、职务、联系方式。

代表被告单位出庭的诉讼代表人，应当是单位的法定代表人或者主要负责人；法定代表人或者主要负责人被指控为单位犯罪直接负责的主管人员或者因客观原因无法出庭的，应当由被告单位委托其他负责人或者职工作为被告单位的诉讼代表人出庭。但是，有关人员被指控为单位犯罪的其他直接责任人员或者其知道案件情况、负有作证义务的除外。人民法院决定开庭审理单位犯罪案件，应当通知被告单位的诉讼代表人出庭，接到出庭通知的被告单位的诉讼代表人应当出庭，拒不出庭的，人民法院在必要的时候，可以拘传到庭。

人民法院审理单位犯罪案件，被告单位的诉讼代表人享有刑事诉讼法规定的有关被告人的诉讼权利。开庭时，诉讼代表人的席位置于审判台前左侧，与辩护人席并列。

被告单位的违法所得及其产生的收益，尚未依法追缴或者查封、扣押、冻结的，人民法院应当根据案件具体情况，决定追缴或者查封、扣押、冻结。人民法院为了保证判决的执行，根据案件具体情况，可以先行查封、扣押、冻结被告单位的财产或者由被告单位提出担保。

　　人民法院审理单位犯罪案件，被告单位被撤销、注销、吊销营业执照或者宣告破产，对单位犯罪直接负责的主管人员和其他直接责任人员，应当继续审理。

　　审判期间，被告单位合并、分立的，应当将原单位列为被告单位，并注明合并、分立情况。对被告单位所判处的罚金以其在新单位的财产及收益为限。

四、法庭秩序

　　法庭秩序是指人民法院在开庭审判案件时，所有的诉讼参与人和旁听人员都必须遵守的秩序和纪律。法庭审判是人民法院代表国家行使审判权的严肃法律活动，任何诉讼参与人、旁听人员以及采访的记者等都应当遵守法庭秩序，不得实施妨碍秩序的行为。在法庭审判过程中，如果诉讼参与人或者旁听人员违反法庭秩序，合议庭应当按照下列情形分别处理：

　　1. 对于违反法庭秩序情节较轻的，审判长应当当庭予以警告制止并进行训诫。

　　2. 对于不听从警告制止的，审判长可以指令法警将其强行带出法庭。

　　3. 对于违反法庭秩序情节严重的，经报请院长批准后，对行为人处以1000元以下的罚款或者15日以下的拘留。

　　4. 不得对庭审活动进行录音、录像、摄影，或者通过发送邮件、博客、微博客等方式传播庭审情况，但经人民法院许可的新闻记者除外。

　　5. 对于聚众哄闹，冲击法庭或者侮辱、诽谤、威胁、殴打司法工作人员或者诉讼参与人，严重扰乱法庭秩序，构成犯罪的，应当依法追究刑事责任。

　　当事人对人民法院罚款、拘留的决定不服，可以向上一级人民法院申请复议。复议申请可以直接向上一级人民法院提出，也可以通过作出罚款、拘留决定的人民法院提出。通过作出罚款、拘留决定的人民法院向上一级人民法院申请复议的，该人民法院应当自收到复议申请之日起3日内，将申请人的复议申请、罚款或者拘留决定书和有关事实、证据材料一并报上一级人民法院复议。上一级人民法院的复议期间，不停止决定的执行。

五、法庭审判笔录

　　法庭审判笔录是指由法院书记员制作的记载全部法庭审判活动的诉讼文书。法庭审判笔录是合议庭讨论、评议和对案件作出处理决定的重要依据，也是二审和审判监督程序中审查一审的实体审理以及程序适用是否合法的重要依据。因此，法庭审判的全部活动，应当制作笔录。

　　开庭审理的全部活动，应当由书记员制作成笔录，经审判长审阅后，由审判长和书记员签名。法庭笔录中的出庭证人的证言部分，应当在庭审后交由证人阅读或者向其宣读，证人确认无误后，应当签名或者盖章。法庭笔录应当在庭审后交由当事人阅读或者向其宣读。当事人认为记录有遗漏或者有差错的，可以请求补充或者改正。当事人确认无误后，应当签名或者盖章。

六、审判障碍

在人民法院受理刑事案件之后到合议庭评议之前，可能会遇到使审判无法依照诉讼程序进行或者不能继续开庭的特定情况，称为审判障碍。根据《刑事诉讼法》的有关规定，出现审判障碍后，可以根据具体情况，采用延期审理、中止审理或者终止审理的办法予以处理。

（一）延期审理

延期审理是指在法庭审判过程中，遇到某些法定的足以影响审判进行的情形时，法庭决定推迟审理活动，待影响审判活动进行的法定情形消失后，再行恢复审判活动。

在法庭审判过程中，遇有下列情形之一，影响审判进行的，可以延期审理：

1. 需要通知新的证人到庭，调取新的物证，重新鉴定或者勘验的。

2. 检察人员发现提起公诉的案件需要补充侦查，提出建议的。

3. 由于申请回避而不能进行审判的。

在庭审过程中，公诉人发现案件需要补充侦查，提出延期审理建议的，合议庭应当同意。但是建议延期审理的次数不得超过2次。法庭宣布延期审理后，人民检察院在补充侦查的期限内没有提请人民法院恢复法庭审理的，人民法院应当决定按人民检察院撤诉处理。

（二）中止审理

中止审理是指在审判过程中，出现了某些使审判活动在一定期限内无法继续进行的情况时，审判人员决定暂时停止审判活动，待有关情形消失后，再行恢复审判。

在审判过程中，被告人患有严重疾病，无法出庭；或者被告人脱逃；或者自诉人患有严重疾病，无法出庭，未委托诉讼代理人出庭；或者由于不能抗拒的原因，致使案件在较长时间内无法继续审理的，人民法院可以裁定中止审理。待中止审理的原因消失后，应当恢复审理。中止审理的期间不计入审理期限。中止审理不同于延期审理，其不同点主要表现在：

1. 作出决定的时间不同。延期审理的决定只能在开庭审理期间作出；而中止审理的决定既可以在开庭审理期间作出，也可以在法院受理后的开庭前准备阶段至作出裁判前作出。

2. 理由不同。延期审理的理由由刑事诉讼法明确规定，一般是诉讼本身出现了障碍；而中止审理的原因是诉讼外的原因，该原因是司法人员无法自行解决，甚至无法预见的。

3. 后果不同。延期审理只是暂时停止审理活动，其他诉讼活动根据案件情况仍应当进行；而中止审理则由于无法确定恢复审理的时间，在一定时间内诉讼活动全部停止。

4. 再次开庭的可预见性不同。延期审理的案件，可以预见再次开庭审理的时间；而中止审理的案件，无法预见恢复审理的时间。

（三）终止审理

终止审理是指人民法院在案件审判过程中，遇有法律明确规定的情形时终结诉讼程序的活动。《刑事诉讼法》第16条第2~6项规定了应当终止审理的情形：①犯罪已过追诉时效期限的；②经特赦令免除刑罚的；③依照刑法告诉才处理的犯罪，没有告诉或者撤回告诉的；④被告人死亡的；⑤其他法律规定免予追究刑事责任的。

终止审理不同于延期审理和中止审理。终止审理是由于出现了诉讼不应当继续进行下去或者诉讼不需要继续进行下去的理由。终止审理后，诉讼即告结束，不再恢复。

七、一审法定期限

根据《刑事诉讼法》第208条第1款的规定，人民法院审理公诉案件，应当在受理后2个月内宣判，最迟不得超过3个月。可能判处死刑或者刑事附带民事诉讼的案件，以及有《刑事诉讼法》第158条规定情形之一的（即交通十分不便的边远地区的重大复杂案件，重大的犯罪集团案件，流窜作案的重大复杂案件和犯罪涉及面广、取证困难的重大复杂案件），经上一级人民法院批准，可以再延长3个月；因特殊情况还需要延长的，报请最高人民法院批准。

人民检察院补充侦查的案件，应当在1个月内补充侦查完毕。补充侦查完毕并移送人民法院后，人民法院重新计算一审期限。

审判期间，对被告人作精神病鉴定的时间不计入一审期限。

人民法院改变管辖的案件，从改变管辖后的人民法院收到案件之日起重新计算一审期限。

第二审人民法院发回原审人民法院重新审判的案件，原审人民法院重新计算一审期限。

八、人民检察院对审判活动的法律监督

人民检察院是国家的法律监督机关，有权对人民法院的审判活动是否合法进行法律监督。《刑事诉讼法》第209条规定："人民检察院发现人民法院审理案件违反法律规定的诉讼程序，有权向人民法院提出纠正意见。"

人民检察院监督审判活动是否合法的主要内容是：人民法院对刑事案件的受理是否违反管辖规定；案件的审理是否违反法定审理和送达期限；法庭组成人员是否符合法律规定；案件的审理是否违反法定程序；是否存在侵犯当事人和其他诉讼参与人诉讼权利和其他合法权利的情况；法庭审理时对有关程序问题所作的决定是否违反法律规定；等等。

检察人员发现法庭审判违反法律规定的诉讼程序时，应当在休庭后及时向本院

检察长报告。同时，人民检察院也可以通过调查、审阅案卷、受理申诉等活动，对审判活动进行监督。人民检察院对审判活动的监督方式属于事后监督，即在庭审后以人民检察院的名义向人民法院提出书面意见。

人民检察院对确有错误的第一审判决、裁定提出抗诉，以及按照审判监督程序提出的抗诉，也是人民检察院监督审判活动是否合法的重要表现形式。

■第五节　简易程序

一、简易程序的概念和意义

简易程序是指基层人民法院审理某些事实清楚、证据充分的刑事案件所适用的比普通程序相对简化的审判程序。我国刑事诉讼简易程序具有以下特点：①只适用于第一审程序；②只适用于基层法院；③简易程序是对第一审普通程序的相对简化。

我国1996年修改《刑事诉讼法》时增设了简易程序，2012年再修改《刑事诉讼法》时对简易程序作了完善。规定这一程序的必要性在于：

（一）提高诉讼效率，保障诉讼公正

简易程序通过审判组织、审判准备工作、庭审内容以及证人、鉴定人出庭作证等方面的简化，使整个案件的处理所耗费的时间、人力、物力、财力大为减少，从而在整体上提高了一审程序效率。对简单的案件适用简易程序，不仅提高了人民法院审判效率，让人民法院将更多的时间和精力投入到重大或复杂的刑事案件，而且大大缩短了当事人和其他诉讼参与人参与诉讼的时间，尽早摆脱讼累之苦，节约了诉讼资源。简易程序简便易行，方便人民法院办案，方便诉讼参与人诉讼。

部分案件适用简易程序处理，可使有限的司法资源更多地用于普通程序的审判，有助于普通程序所追求的程序公正目标的实现。此外，简易程序本身包含有公正价值，有利于保护当事人利益。在刑事诉讼中无论是被害人、自诉人还是被告人都有一个基本需求：希望能尽快从讼累中解脱出来，及早获得正义，因为"迟来的正义为非正义"。简易程序在保障当事人基本诉讼权利的基础上，通过简化程序缩短审理期限，使案件得以及时处理，保护当事人的合法权益，使案件得到公正处理。

（二）适应刑事案件的自身特点

刑事案件繁简不一，有些刑事案件事实清楚、证据充分，控、辩双方无争议，如果一律适用普通程序来查明案件事实，会造成司法资源的浪费。对部分刑事案件适用简易程序，是由该刑事案件的内在性质决定的。规定犯罪和量刑都较轻微的刑事案件适用简易程序，这是由刑事案件本身的复杂性决定的，刑事案件有简有繁，有难有易，针对难易不同的案件，适用不同的程序，是矛盾的特殊性原理的正确体现。

（三）符合当今世界各国刑事诉讼发展的趋势

第二次世界大战后，面对繁琐的诉讼程序和日益增长的刑事案件，西方国家把简易程序提到了议事日程。各国的简易程序规定各不相同，如美国、英国在刑事诉讼中实行答辩交易和有罪答辩，德国、法国、意大利等国家广泛采用依据卷宗材料作出刑罚处罚令的程序。在美国的答辩交易程序中，起诉和辩护双方律师在庭外进行磋商和谈判，起诉方以撤销部分指控、降格控诉或者建议法官从轻判刑等许诺换取被告人作认罪答辩，以便节省审判所需的时间和开支，特别是避免审判的不确定性。答辩交易自被确认为合法程序后，在美国刑事诉讼中被大量采用，有的地区用答辩交易处理的案件比例高达 90% 以上。[1] 德国的刑罚命令程序针对的是某些轻微犯罪，进入该程序后，法庭可以不经庭审而以口头评议方式直接决定是否发布刑罚命令。对刑罚命令，被告人可以在一周内申诉。申诉成功的法律后果是进行正式法庭审判。[2] 此外，有的国家还规定了创新的简易程序。例如，1988 年意大利《刑事诉讼法》增设了直接审判、迅速审判等有别于传统形式的简易程序。之后，西班牙、丹麦也创设了书面审理方式的简易程序。

（四）符合司法实践的客观要求

在司法实践中，如果对所有的刑事案件都一律适用普通程序，会导致拖延诉讼，造成人、财、物的浪费，公民对过于繁琐的程序往往不会感兴趣，导致法庭审判的教育作用也无法实现。

二、简易程序的适用范围和适用条件

简易程序只能适用特定种类的刑事案件。根据《刑事诉讼法》第 214、215 条的规定，对于基层人民法院管辖的案件，在符合法定条件下，都可以适用简易程序。简易程序的适用条件：①案件事实清楚，证据充分；②被告人承认自己所犯罪行，对指控的犯罪事实没有异议；③被告人对适用简易程序没有异议。

有下列情形之一的，不适用简易程序：①被告人是盲、聋、哑人，或者是尚未完全丧失辨认或者控制自己行为能力的精神病人；②有重大社会影响的；③共同犯罪案件中部分被告人不认罪或者对适用简易程序有异议的；④不宜适用简易程序审理的其他情形。

对于公诉案件，2012 年《刑事诉讼法》不再要求必须由人民检察院同意或建议适用简易程序，而是对其规定了可以建议适用。

三、简易审判程序的特点

（一）可以由审判员一人独任审判

适用简易程序审理的案件案情简单，事实清楚，情节轻微，不需要采用合议庭

---

〔1〕 卞建林、刘玫：《外国刑事诉讼法》，人民法院出版社、中国社会科学出版社 2002 年版，第 220 ~ 221 页。

〔2〕 卞建林、刘玫：《外国刑事诉讼法》，人民法院出版社、中国社会科学出版社 2002 年版，第 36 页。

的审判组织形式，可以简化为审判员一人独任审判。但适用简易程序也应切实保证办案质量，不能由于程序简单而影响认定案件事实和适用法律的正确性。应当指定业务能力比较强的法官承担适用简易程序审理的任务，以免由于一人审判而出现错误裁判的结果。显然，适用简易程序的由审判员一人独任审判的案件不吸收人民陪审员。

根据《刑事诉讼法》的规定，适用简易程序审理案件，对可能判处 3 年有期徒刑以下刑罚的，可以组成合议庭进行审理，也可以由审判员一人独任审判；对可能判处 3 年以上有期徒刑的，应当组成合议庭进行审判。这种根据被告人可能判处刑罚的轻重来决定审判组织形式的规定，既能保障被告人的合法权益，保证办案质量，又能兼顾到办案效率，节约诉讼成本。

简易程序依法只能由基层人民法院适用，中级以上的人民法院不得适用简易程序。

（二）简化法庭调查和法庭辩论程序

适用简易程序审理案件，不受刑事诉讼法关于送达期限、讯问被告人、询问证人、鉴定人、出示证据、法庭辩论程序等规定的限制，但在判决宣告前应当听取被告人的最后陈述意见。

此外，被告人自愿认罪，并对起诉书所指控的犯罪事实无异议的，法庭可以直接作出有罪判决。

（三）简易程序在必要时可以变更为普通程序，但是普通程序不得转换为简易程序

适用简易程序审理的案件，在庭审过程中如果发现了不宜适用简易程序的情形，可以由简易程序转换为普通程序。但是，一经确定为适用普通程序审理的案件，不得转换为简易程序。因为，第一审普通程序是法律设置的相对完善的正当程序，具有排他性。

适用简易程序审理的案件，在法庭审理过程中，发现以下情形的，法院应当决定中止审理，并按照普通程序重新审理：①被告人的行为可能不构成犯罪的；②被告人可能不负刑事责任的；③被告人当庭对起诉指控的犯罪事实予以否认的；④案件事实不清、证据不足的；⑤不应当或者不宜适用简易程序的其他情形。

转为普通程序审理的案件，审理期限应当从决定转为普通程序之日起计算。对于告诉才处理的案件和被害人有证据证明的轻微刑事案件，按照自诉案件的审理程序进行审理。发生简易程序向普通程序的转化时，原起诉仍然有效。自诉人不必另行提起诉讼，只要人民法院将适用第一审普通程序审判的决定通知自诉人即可。

四、简易程序的提起和审判

基层人民法院受理公诉案件后，经审查认为案件事实清楚、证据充分的，在将起诉书副本送达被告人时，应当询问被告人对指控的犯罪事实的意见，告知其适用

简易程序的法律规定。被告人对指控的犯罪事实没有异议并同意适用简易程序的，可以决定适用简易程序，并在开庭前通知人民检察院和辩护人。适用简易程序审理的公诉案件，人民检察院应当派员出席法庭。人民检察院可以对适用简易程序的案件相对集中提起公诉，建议人民法院相对集中审理。

适用简易程序审理案件，人民法院应当在开庭 3 日前，将开庭的时间、地点通知人民检察院、自诉人、被告人、辩护人，也可以通知其他诉讼参与人。通知可以采用简便方式，但应当记录在案。适用简易程序审理案件，被告人有辩护人的，应当通知其出庭。适用简易程序审理案件，审判长或者独任审判员应当当庭询问被告人对指控的犯罪事实的意见，告知被告人适用简易程序审理的法律规定，确认被告人是否同意适用简易程序。

适用简易程序审理案件，可以对庭审作如下简化：

1. 公诉人可以摘要宣读起诉书。

2. 公诉人、辩护人、审判人员对被告人的讯问、发问可以简化或者省略。

3. 对控辩双方无异议的证据，可以仅就证据的名称及所证明的事项作出说明。对控辩双方有异议，或者法庭认为有必要调查核实的证据，应当出示，并进行质证。

4. 控辩双方对与定罪量刑有关的事实、证据没有异议的，法庭审理可以直接围绕罪名确定和量刑问题进行。

适用简易程序审理案件，判决宣告前应当听取被告人的最后陈述。适用简易程序审理案件，人民法院应当在受理后 20 日以内审结。对于可能判处的有期徒刑超过 3 年的，可以延长至一个半月。转为普通程序审理的案件，审理期限应当从决定转为普通程序之日起计算。

■第六节　速裁程序

为了进一步合理配置司法资源、提高诉讼效率、促进程序繁简分流，2014 年 6 月 27 日，十二届全国人大常委会通过了《关于授权最高人民法院、最高人民检察院在部分地区开展刑事案件速裁程序的试点工作的决定》，同年 8 月 22 日，最高人民法院、最高人民检察院、公安部和司法部联合印发了《关于在部分地区开展刑事案件速裁程序试点工作的办法》。2018 年《刑事诉讼法》修改把速裁程序试点工作中行之有效的做法在法律中予以正式确立。

一、速裁程序的概念

简易程序是指基层人民法院审理的可能判处 3 年有期徒刑以下刑罚的某些事实清楚、证据确实充分的刑事案件所适用的比简易程序更加简化的审判程序。我国刑事诉讼速裁程序具有以下特点：①只适用于第一审程序；②只适用于基层法院。

二、速裁程序的适用范围和适用条件

根据《刑事诉讼法》第222、223条的规定，对于基层人民法院管辖的可能判处3年有期徒刑以下刑罚的案件，在符合法定条件下，都可以适用速裁程序。

速裁程序的适用条件：①案件事实清楚，证据确实充分；②被告人认罪认罚；③被告人同意适用速裁程序。

有下列情形之一的，不适用速裁程序：①被告人是盲、聋、哑人；②被告人是尚未完全丧失辨认或者控制自己行为能力的精神病人；③被告人是未成年人的；④案件有重大社会影响的；⑤共同犯罪案件中部分被告人对指控的犯罪事实、罪名、量刑建议或者适用速裁程序有异议的；⑥被告人与被害人或者其法定代理人没有就附带民事诉讼赔偿等事项达成调解或者和解协议的；⑦其他不宜适用速裁程序审理的情形。

对于公诉案件，人民检察院可以建议人民法院适用速裁程序。

三、速裁审判程序的特点

（一）适用法院

速裁程序依法只能由基层人民法院适用，中级以上的人民法院不得适用速裁程序。

（二）审判组织

根据《刑事诉讼法》第222条第1款的规定，适用速裁程序审理的案件案情简单，事实清楚，情节轻微，不需要采用合议庭的审判组织形式，简化为审判员一人独任审判。

（三）庭审程序的简化

根据《刑事诉讼法》第224条第1款的规定，适用速裁程序审理案件，不受刑事诉讼法关于送达期限的限制，一般不进行法庭调查、法庭辩论，但在判决宣告前应当听取辩护人的意见和被告人的最后陈述意见。

（四）宣判方式

根据《刑事诉讼法》第224条第2款的规定，适用速裁程序审理案件，应当当庭宣判。速裁程序设立的目的是为了节约诉讼资源，提高诉讼效率，因此不适宜采用定期宣判的方式。

（五）速裁程序的审理期限

根据《刑事诉讼法》第225条的规定，适用速裁程序审理案件，人民法院应当在受理后10日以内审结；对可能判处的有期徒刑超过1年的，可以延长至15日。

（六）速裁程序的转化

根据《刑事诉讼法》第226条的规定，人民法院在审理过程中，发现有被告人的行为不构成犯罪或者不应当追究其刑事责任、被告人违背意愿认罪认罚、被告人否认指控的犯罪事实或者其他不宜适用速裁程序审理的情形的，应当按照普通程序或者简易程序重新审理。

■第七节　判决、裁定和决定

判决、裁定和决定是刑事诉讼中具有拘束力的处理方式，用以解决刑事案件处理中的实体问题或程序问题。每作出其中任何一种处理，都会对刑事诉讼的进程产生一定影响，同时也会对当事人及其他诉讼参与人产生约束力。

一、判决

刑事诉讼中的判决，是人民法院对案件的实体问题所作的处理决定，即人民法院经过法庭审理，根据已经查明的事实、证据和有关的法律规定，就被告人是否犯罪、犯了什么罪、应否处以刑罚和处以什么刑罚的问题所作的一种结论。它是人民法院代表国家行使审判权的具体结果，是国家法律的具体化，具有强制性、稳定性和排他性的特点。判决一经作出，既标志着实体问题的解决，也标志着案件审理的结束。

判决是人民法院代表国家行使审判权的具体表现，是人民法院对于具体案件适用法律的后果。判决一旦发生法律效力，即具有权威性和强制性，非经法定程序任何人不得将其改变。拒不执行人民法院生效判决的，要承担法律责任。

依据《刑事诉讼法》第 200 条和相关法律的规定，刑事诉讼中有两类四种判决：刑事判决依是否确定被告人有罪，分为有罪判决和无罪判决。对于案件事实清楚，证据确实、充分，依据法律认定被告人有罪的，应当作出有罪判决。根据对被告人是否处以刑罚，有罪判决又分为处刑判决和免刑判决。处刑判决是认定被告人的行为已构成犯罪，并给予刑事处罚的处理方式；免刑判决是认定被告人的行为已构成犯罪，但是因为具备法定的不需要判处刑罚，或者可以免除刑罚的情节，因而不给予刑事处罚的处理方式。根据《刑事诉讼法》第 200 条第 2、3 项的规定，无罪判决包含两种情况：①案件事实清楚，证据确实、充分，依据法律认定被告人无罪的，应当作出无罪判决；②证据不足，不能认定被告人有罪的，应当作出证据不足、指控的犯罪不能成立的无罪判决。此外应特别注意的是，相关司法解释规定"被告人因不满 16 周岁，不予刑事处罚的，应当判决宣告被告人不负刑事责任"，以及规定"被告人是精神病人，在不能辨认或者不能控制自己行为的时候造成危害结果，不予刑事处罚的，应当判决宣告被告人不负刑事责任"。我们认为，上述两项规定中的"应当判决宣告被告人不负刑事责任"而作出的判决属于无罪判决。

判决具有确定力，判决的确定力意在于不能随意地更改和撤销生效判决，体现了判决的稳定性。它包括判决形式上的确定力和实质上的确定力两个方面。形式上的确定力，是指法院判决确定即发生法律效力后，就不能通过上诉或抗诉将该判决撤销或者变更；实质上的确定力即判决的既判力，是指判决一经生效，就不得对该判决已经处理的问题再行起诉，人民法院也不得对其再次受理、再次审判，这样可以防止对同一案件作出互相矛盾的判决，有利于维护生效判决的稳定性和严肃性。对于证据不足、指控的犯罪不能成立的无罪判决，在出现新的事实和证据时，根据相关司法解释规定，对于证据不足、指控的犯罪不能成立的无罪判决，人民检察院依据新的事实、证据材料重新起诉的，人民法院应当依法受理。

二、裁定

裁定是人民法院在审理案件和裁判决执行过程中，对程序问题和部分实体问题所作的处理。

裁定按其解决的问题可以分为程序性裁定和实体性裁定。程序性裁定主要包括对自诉案件驳回起诉的裁定，撤销原判决发回重审的裁定，有关是否恢复诉讼期限的裁定等；实体性裁定包括没收违法所得的裁定、减刑裁定、假释裁定和核准的裁定等。按照诉讼阶段划分，裁定分为一审裁定、二审裁定、再审裁定和核准裁定等。

根据《刑事诉讼法》和相关司法解释的有关规定，法院在普通程序审理或判决执行过程中可以作出如下裁定：驳回自诉的裁定；准许撤诉或按撤诉处理的裁定；将冻结的存款、汇款上缴国库或者返还被害人的裁定；中止审理裁定；恢复审理裁定；终止审理裁定；核准或者不核准法定刑以下判处刑罚的裁定；二审维持原判裁定；二审维持原判刑事附带民事裁定；二审发回重审裁定；二审维持、变更、撤销一审裁定的裁定；准许撤回上诉、抗诉裁定；最高人民法院核准死刑裁定；高级人民法院核准死刑缓期执行裁定；死缓期间故意犯罪核准执行死刑裁定；死刑复核发回重审裁定；死刑缓期2年执行减刑裁定；按第一审程序再审维持原判裁定；按第二审程序再审维持原判裁定；再审后的上诉、抗诉案件二审维持原判裁定；减刑裁定；假释裁定；核准或者不予核准有特殊情况的假释裁定；维持或者撤销减刑、假释的裁定；撤销缓刑裁定；减、免罚金裁定。

判决和裁定的相同点是二者都具有权威性、强制性和排他性，以国家强制力为后盾，任何人不得抗拒执行已经发生法律效力的判决和裁定。非经法定的审判监督程序，任何人也不得改变发生法律效力的判决和裁定。

判决和裁定有以下不同点：

1. 适用对象不同。判决用于解决实体问题，即用于解决定罪和量刑问题。裁定则多数用于解决程序问题，少数用于解决实体问题。

2. 一个刑事案件中，发生法律效力的判决只能有一个，但发生法律效力的裁定可以有若干个。

3. 上诉、抗诉期限不同。对一审判决的上诉、抗诉期限是10日；而对一审裁定的上诉、抗诉期限为5日。

三、决定

决定是人民法院、人民检察院、公安机关在诉讼过程中，为解决有关法律问题所作的一种处理。决定一般只用于解决诉讼程序问题，不涉及实体问题。决定在刑事诉讼中适用的范围比较广泛。公安机关、人民检察院、人民法院分别用决定解决各自诉讼过程中的程序性问题，相应地，各自所作出决定的种类各有不同。

决定可以书面作出，也可以口头作出，法律效力相同。口头决定应当记录在案，书面决定应当制作决定书，并送达有关人员。决定不同于判决和裁定，通常决定一经作出，立刻发生法律效力，没有上诉和抗诉的问题，但《刑事诉讼法》规定了对于某些决定可以申请复议、提请复核和申诉。

决定与判决和裁定相比，有以下不同点：

1. 适用对象不同。判决用于解决实体问题，裁定部分用于解决实体问题，部分用于解决程序问题，而决定只解决程序问题。

2. 只有人民法院有权作出判决和裁定，而决定可以由人民法院、人民检察院、公安机关分别作出。

3. 效力不同。第一审人民法院所作的判决或者裁定，有关机关和人员依法可以提起上诉或抗诉，并不立即发生法律效力；而决定无论由哪一级、哪一个公检法机关作出，均立即生法律效力，不得上诉和抗诉。

【思考题】

1. 什么是审判？审判有哪些特征？

2. 审判包括哪些审判程序？应当遵循哪些原则？

3. 刑事诉讼中有哪些审判组织？简述各种审判组织的组成、适用案件范围。

4. 简述合议庭和审判委员会的关系。

5. 简述对公诉案件审查的内容以及审查后的处理。

6. 简述法庭审判的具体程序以及审判后的处理。

7. 简述延期审理、中止审理、终止审理的区别。

8. 简易程序的适用范围和条件分别是什么？

9. 简述简易程序转化为普通程序的情形。

10. 简述速裁程序的适用条件。

11. 比较判决、裁定和决定。

第二十四章

第二审程序

提要与学习要求 本章需要了解审级制度的概念，第二审程序的概念，上诉与抗诉的概念，全面审查原则、上诉不加刑原则的概念。理解两审终审制的含义及其例外，上诉、抗诉的主体范围、理由，全面审查原则、上诉不加刑原则的内容，第二审程序的审理程序和审理后的处理，对扣押、冻结在案财物的处理程序。掌握刑事诉讼法以及相关法律解释对第二审程序的提起和审判的具体程序的规定。

■第一节 审级制度概述

一、审级制度的概念和意义

审级制度是指法律规定案件在起诉后最多经过几级法院审理即告终结的诉讼制度。

我国的审判机关是人民法院。人民法院分为四级，即最高人民法院、高级人民法院、中级人民法院和基层人民法院。我国实行两审终审制，而世界上其他国家和地区也有实行三审终审制的。

审级制度是刑事诉讼中一项重要的制度，设立审级制度的目的在于保证判决、裁定的准确性和案件审理的公正性和权威性。实行审级制度的意义主要表现在：

1. 有利于查明案件的事实真相，保证判决、裁定的准确性。审判是刑事案件处理的中心环节，决定案件的最后结果，因此，判决、裁定必须准确、公正。由不同级别的审判机关负责不同案件的审理，有利于充分发挥各级审判机关的积极性和能动性，使各级法院所作的判决、裁定做到客观公正。

2. 有利于发挥上级法院对下级法院审判工作的指导、监督作用，纠正下级法院可能发生的错误，从而避免下级法院滥用审判权，影响国家机关的权威。审级制度的重要内容，是通过对上诉、抗诉案件的审判，体现上、下级法院之间的审级关系，发挥上级法院对下级法院审判工作的监督作用。由于下级法院政策、法律水平的限制以及案件情况的错综复杂，一审法院的判决、裁定难免会发生偏差或错误。如果没有审级制度，一审法院的判决、裁定于作出后即交付执行，那么，判决、裁定即使存在错误，也无法及时予以纠正。因此，确立审级制度，可以通过发挥上级法院的监督作用，纠正一审法院的错误裁判，弥补一审法院政策、法律水平的不足，使整个审判工作得以正确进行，实现审判结果的客观公正。

3. 有利于维持一审法院的正确裁判。当一审裁判正确时，上级法院通过二审，作出维持原判的裁定，可以缓解当事人对一审判决的不信任情绪，从而使正确的判决、裁定得以生效并顺利执行。如果没有审级制度，即使判决、裁定是正确的，也难以消除有些当事人的疑虑和抵触，难以使被告人心悦诚服，认罪伏法，从而妨碍刑事诉讼任务的顺利实现。

4. 有利于保护当事人的合法权益，使正确裁判得以顺利执行。刑事诉讼的结果不仅体现了国家利益，而且直接关系到诉讼当事人的切身利益。因此，应当允许当事人对一审判决结果有意见或认为判决有错误时，有权要求重新审理。

二、两审终审制

《刑事诉讼法》第 10 条规定："人民法院审判案件，实行两审终审制。"

我国的两审终审制是指一个案件至多经过相邻两级法院审判，普通审判程序即告终结的制度，对于第二审法院作出的终审判决、裁定，当事人等不得再提起上诉，人民检察院不得按照上诉审程序提出抗诉。

地方各级人民法院按照第一审程序对案件审理后所作的判决、裁定，不能立即生效，只有在法定的上诉期内，有上诉权的人没有提起上诉，检察院也没有提出抗诉，第一审法院的判决、裁定才能生效。在法定上诉期内，如果有上诉权的人提出了上诉，或者检察院提出了抗诉，上一级法院应当按照第二审程序对案件进行审判。上一级法院审理第二审案件所作出的判决、裁定，是终审的判决、裁定，立即发生法律效力。

两审终审制的实质是允许一个案件经过两级法院审理，但最多只能经过两级法院审理的审级限制。不过我国两审终审制有三种例外：

1. 最高人民法院审理的第一审案件为一审终审。

2. 判处死刑的案件，必须依法经过死刑复核程序核准后，判处死刑的裁判才能生效并交付执行。

3. 地方各级人民法院依照刑法规定在法定刑以下判处刑罚的案件，必须经过最高人民法院核准才能生效并交付执行。

当今各国的审级制度主要有两种：①三审终审制，为德国、法国、日本、英国等国家采用。例如在德国刑事诉讼中，第二审上诉的对象是地方法院法官以及陪审法庭作出的判决，不需强制说明上诉理由，全面审理事实和法律问题，第三审上诉的对象只对原审判决进行法律方面的审查。[1]②两审终审制，为俄罗斯、罗马尼亚等国家采用。当事人不服第一审法院的判决，只能上诉一次，二审法院对事实和法律进行全面审理。美国的情况比较特殊，法院组织实行双轨制，联邦法院系统和州法院系统基本上实行两审终审制，以上诉一次为原则。事实审只限于一审法院，上诉法院只审理适用法律是否有错误的问题。上诉两次是例外，即少数案件经过严格的批准手续，涉及联邦法律问题，才能向联邦最高法院提出上诉。[2]

我国实行的是两审终审制，其原因在于：

1. 两审终审制符合我国地域辽阔、交通不发达的实际情况。刑事案件原则上由案发地基层人民法院进行第一审，由其所在地的上一级人民法院进行第二审，便于群众参与刑事诉讼活动，也便于人民法院行使审判权，有利于及时惩罚犯罪分子，教育广大人民群众，维护社会秩序的稳定。如果审级太多，不仅会造成人力、物力的浪费，而且会长期拖延诉讼，既不利于及时发挥审判活动的惩罚、威慑、教育的作用，也不利于切实保护当事人的合法权益。

2. 两审终审制能够保证绝大多数刑事案件得到正确处理。①从第一审程序来看，刑事诉讼法根据案件的性质、罪行轻重和影响的大小，规定了不同人民法院的审判管辖权限。犯罪性质和罪行严重、影响较大的案件均由中级以上的人民法院进行第一审，从而为这些案件在第一审程序中即获得正确处理提供了法律保障。②从第二审程序来看，人民法院审理上诉和抗诉案件时，实行全面审理原则。因此，即使一审裁判出现了错误，经过二审法院全面审理以后，该裁判也能够得到纠正。③从根本上说，案件审判质量的高低虽然与审级多少有一定关系，但主要取决于审判人员的思想、业务水平的高低。要保证案件得到正确处理，关键在于不断加强人民法院特别是基层、中级人民法院的组织、业务和思想建设，大力提高审判工作的水平和效率，同时切实保障审判独立，以使绝大多数刑事案件能够在基层、中级人民法院得到妥善处理。④经过两审终审后，即使极少数刑事案件的判决、裁定还可能出现错误，通过死刑复核程序和审判监督程序其也可以得到纠正。

3. 两审终审制有利于上级人民法院对下级人民法院的审判工作实行监督。两审终审制可以使上级法院了解下级法院的审判情况，发现问题后及时通过二审程序予以纠正，发挥其业务监督作用。同时，没有过多的审级，又能使上级法院集中精力搞好审判业务指导工作，特别是能够使最高人民法院摆脱审判具体刑事案件的负担，以便集中力量加强对地方各级人民法院的业务指导和工作监督，做好出台司法解释和审判重大案件的工作。

〔1〕 卞建林、刘玫：《外国刑事诉讼法》，人民法院出版社、中国社会科学出版社2002年版，第33页。
〔2〕 陈光中主编：《外国刑事诉讼程序比较研究》，法律出版社1988年版，第259页。

■第二节 第二审程序的概念和意义

一、第二审程序的概念

第二审程序是指第一审人民法院的上一级人民法院，对不服第一审人民法院尚未发生法律效力的判决或裁定而提起上诉或者抗诉的案件进行审理时所适用的诉讼程序。

在理解第二审程序时，应注意以下几点：

1. 第二审程序不是审理刑事案件的必经程序。案件是否经过第二审程序，取决于上诉权人是否提出上诉或者人民检察院是否提出二审抗诉。如果对于第一审人民法院作出的判决、裁定，在法定期限内，上诉权人不提起上诉，人民检察院不提出抗诉，该判决、裁定就发生法律效力，也就不会引起第二审程序。

2. 不能将第二审程序简单等同于对同一案件进行第二次审理的程序。因为对同一案件进行第二次审理，根据情况不同，还可能是第一审程序或者审判监督程序。例如，对于由于没有提起上诉、抗诉等原因而发生法律效力的一审裁判，一审人民法院院长发现在认定事实和适用法律上确有错误而提交本院审判委员会讨论后决定再审的，因为该案原来是第一审案件，则仍应按照第一审程序进行审判。虽然这是对该案的第二次审理，但根据《刑事诉讼法》的规定，这属于审判监督程序。

3. 除基层人民法院以外，其他各级人民法院都可以成为上级人民法院。因此，中级人民法院、高级人民法院和最高人民法院对于其下一级人民法院来说，都是第二审人民法院，对于不服下一级人民法院第一审判决或裁定而提出上诉或抗诉的，都要适用第二审程序进行审理、裁判。

二、第二审程序的意义

1. 第二审程序能保证刑事案件得到正确处理。从第二审程序来看，人民法院审理上诉和抗诉案件时，实行全面审理原则。当一审裁判正确时，上级法院通过重新审理，作出维持原判的裁定，使正确的裁判得以生效并顺利执行；当一审裁判出现错误时，上级法院可以依法改判或者发回原审人民法院重新审理。这样，可以提高刑事审判的质量，使犯罪分子得到应有的惩罚，并保障无辜的人不受刑事追究。

2. 第二审程序有利于上级人民法院对下级人民法院的审判工作进行监督。二审程序可以使上级人民法院了解下级人民法院的审判情况，在发现问题后及时予以纠正，发挥监督作用。

3. 第二审程序能满足当事人的合理要求。刑事诉讼的结果直接关系到诉讼当事人的切身利益，因此，在当事人对一审裁判有意见或认为裁判有错误而提出重新审理的要求时，二审程序的设立满足了这种要求。

■第三节　第二审程序的提起

第二审程序是由合法的上诉或抗诉而引起的，一个案件是否经过二审，取决于上诉权人是否在法定期限内提起上诉或抗诉机关是否在法定期限内提出抗诉。

一、上诉、抗诉的主体

根据《刑事诉讼法》第 227 条第 1、2 款的规定，有权提起上诉的人员是：自诉人、被告人或者他们的法定代理人，以及经被告人同意的辩护人、近亲属，还有附带民事诉讼的当事人及其法定代理人。有权提出抗诉的机关是地方各级人民检察院。

（一）上诉的主体

所谓上诉，是指自诉人、被告人及其法定代理人，以及经被告人同意的辩护人或近亲属，附带民事诉讼的当事人及其法定代理人，不服第一审未生效的判决、裁定，依照法定程序和期限，要求上一级人民法院对案件进行重新审判的诉讼行为。上诉制度是确保人民法院及时、准确地惩罚犯罪，保障无辜的人不受非法追究的一项重要制度。相关司法解释规定："地方各级人民法院在宣告第一审判决、裁定时，应当告知被告人、自诉人及其法定代理人不服判决、裁定的，有权在法定期限内以书面或者口头形式，通过本院或者直接向上一级人民法院提出上诉；被告人的辩护人、近亲属经被告人同意，也可以提出上诉；附带民事诉讼的当事人及其法定代理人，可以对判决、裁定中的附带民事部分提出上诉。"因此，有权提起上诉的人包括：

1. 自诉人及其法定代理人。自诉人是刑事诉讼的当事人，在刑事诉讼中处于控告一方的地位，案件处理结果与其有直接利害关系。如果不服一审裁判，自诉人及其法定代理人有权提起上诉，享有独立的上诉权。

2. 被告人及其法定代理人。被告人是刑事追诉的对象，刑事裁判的结果直接对其产生影响，因而被告人更关心案件的处理结果。如果不服第一审人民法院的裁判，被告人及其法定代理人都有权上诉，享有独立的上诉权。为了保证被告人能够切实行使上诉权，《刑事诉讼法》第 227 条第 3 款明确规定："对被告人的上诉权，不得以任何借口加以剥夺。"上诉权对被告人而言，是重要的诉讼权利之一，保护被告人的上诉权，有利于司法机关公正执法，有利于维护被告人的合法权益，避免造成冤假错案。所以法律明确规定不得以任何借口剥夺被告人的上诉权。任何剥夺或者限制被告人上诉权的行为都是严重违反法定诉讼程序的，这也是二审法院撤销原判的法定依据之一。

3. 经被告人同意提起上诉的辩护人和近亲属。被告人的辩护人和近亲属不是案件的当事人，其提出上诉，归根到底是为了维护被告人的合法权益，所以其不享有独立的上诉权，其提起上诉必须得到被告人的同意。因为被告人才是被依法追究刑事责任的人，处于被控告的地位，法院的判决是针对其犯罪事实、刑事责任、刑罚等问题作出的，直接涉及被告人的人身权利、民主权利等，而被告人的辩护人和近亲属是为了维护被告人的合法权益参加诉讼的，法院的判决与其没有直接的利害关系。因此，被告人的辩护人、近亲属不享有独立的上诉权，需要征得被告人同意才能提起上诉。这一规定，既有利于被告人充分行使上诉权，又可以防止在被告人已经认罪服判的情况下，辩护人或近亲属违背被告人的意愿而提起上诉。需要指出的是，根据2018年《刑事诉讼法》第294条，在缺席审判程序中，被告人的近亲属依法享有独立的上诉权。

4. 附带民事诉讼的当事人及其法定代理人。附带民事诉讼的当事人及其法定代理人只有权对地方各级人民法院一审的判决、裁定中的附带民事诉讼部分提起上诉，对判决、裁定中的刑事部分无权上诉。附带民事诉讼的当事人如果同时也是刑事诉讼当事人中的被告人、自诉人，则其既可以对附带民事诉讼部分提起上诉，也可以对刑事诉讼部分提起上诉。如果刑事诉讼部分当事人没有提起上诉，人民检察院也没有提出抗诉，附带民事诉讼的当事人及其法定代理人的上诉不影响判决、裁定中的刑事部分的生效。

（二）抗诉的主体

抗诉是指人民检察院发现或者认为人民法院的判决、裁定确有错误时，提请审判机关依法重新审理并予以纠正的诉讼行为。抗诉分为两种：一种是对上诉审程序的抗诉，即对一审未生效裁判的抗诉；另一种是对再审程序的抗诉，即对生效裁判的抗诉。《刑事诉讼法》第228条规定："地方各级人民检察院认为本级人民法院第一审的判决、裁定确有错误的时候，应当向上一级人民法院提出抗诉。"这一规定是指对上诉审程序的抗诉。人民检察院作为国家的法律监督机关，对人民法院的审判活动的合法性进行监督是其法定职责，无论是对被告人有利的还是不利的判决、裁定，人民检察院都可以提出抗诉。

在对上诉审的抗诉中，地方各级人民检察院认为本级人民法院第一审的判决、裁定确有错误的时候，应当向上一级人民法院提出抗诉。有权对一审未生效判决、裁定提出抗诉的机关是第一审人民法院的同级人民检察院。我国《宪法》赋予人民检察院以国家法律监督机关的地位，在刑事诉讼中，人民检察院有权对刑事诉讼活动进行监督。其法律监督职权的重要组成部分之一就是抗诉权，依法对暂未生效的裁判提出抗诉，是地方各级人民检察院对同级人民法院的审判活动实行法律监督的重要表现形式。因此，只要一审未生效的判决、裁定确有错误，同级人民检察院就应依法提出抗诉，要求上一级人民法院对案件进行重新审判，纠正错误，维护法律的正确、统一实施。

（三）提请抗诉的主体

被害人及其法定代理人没有上诉权。但是，如果其不服地方各级人民法院第一审的判决的，自收到判决书后5日以内，有权请求人民检察院提出抗诉。人民检察院自收到被害人及其法定代理人的请求后 5 日以内，应当作出是否抗诉的决定并且答复请求人。据此，公诉案件中的被害人及其法定代理人享有请求检察机关提出抗诉的权利。这是因为，在公诉案件中，虽然有公诉机关代表被害人的合法利益，但是在某些案件中，由于各自的诉讼地位、立场不完全相同，难以避免公诉人和被害人在诉讼中存在分歧的情况。当公诉机关不准备提出抗诉，而被害人又不服一审判决时，赋予被害人及其法定代理人抗诉请求权，对维护被害人的合法权益具有重要作用。被害人及其法定代理人请求抗诉后，是否抗诉，由人民检察院决定。因此，被害人及其法定代理人的抗诉请求权，并不等于上诉权，不必然引起二审程序。

法律没有赋予被害人及其法定代理人的上诉权，主要原因在于发挥"上诉不加刑"原则的作用。在被害人及其法定代理人只享有抗诉请求权的情况下，作为被申请抗诉的检察院，应当注意切实保障被害人的权利，当请求抗诉的理由充分时，应依法作出抗诉的决定。因此，被害人及其法定代理人不服地方各级人民法院作出的第一审判决的，在收到判决书后 5 日以内请求人民检察院提出抗诉的，人民检察院应当立即进行审查，在收到被害人及其法定代理人的请求后 5 日内作出是否抗诉的决定，并答复请求人。

二、上诉、抗诉的理由

（一）上诉的理由

对于上诉的理由，《刑事诉讼法》没有予以明确规定。享有上诉权的人只要不服一审未生效的判决、裁定，就有权依法提起上诉，人民法院就应当受理，并启动二审程序。人民法院不得以任何借口限制上诉人的上诉，也不得以上诉理由不正确、不充分为由而不接受上诉。

（二）抗诉的理由

人民检察院提出抗诉，必须是认为"人民法院第一审的判决、裁定确有错误"。具体是指第一审的判决、裁定有下列情形之一：

1. 认定事实不清、证据不足的。

2. 有确实、充分的证据证明有罪而被判无罪，或者无罪而被判有罪的。

3. 重罪轻判、轻罪重判，适用刑罚明显不当的。

4. 认定罪名不正确，一罪判数罪或数罪判一罪，影响量刑或者造成严重社会影响的。

5. 免除刑事处罚或者适用缓刑、禁制令、限制减刑错误的。

6. 人民法院在审理过程中严重违反法律规定的诉讼程序的。

三、上诉、抗诉的期限

不服判决的上诉和抗诉的期限为 10 日，不服裁定的上诉和抗诉的期限为 5 日，该期限从接到判决书、裁定书的第 2 日起算。由于上诉、抗诉具有阻止一审判决、裁定生效的作用，如果没有时间限制，判决、裁定也就不会有确定之日，正确的判决、裁定将不能得到执行。因此，法律必须明确规定上诉、抗诉的期限。只有在法定期限内提出的上诉、抗诉才能产生相应的效力；超出法定期限，且没有人民法院认定的合理理由，提出的上诉、抗诉便不具有法律效力，则第一审判决、裁定即告生效。

对附带民事判决或者裁定的上诉、抗诉期限，应当按照刑事部分的上诉、抗诉期限加以确定。如果原审附带民事部分是另行审判的，上诉期限也应当按照《刑事诉讼法》规定的期限执行。

法律之所以规定上诉、抗诉的期限，主要有两个目的：一是为了让上诉人、抗诉机关等有一定的期间来考虑是否进行上诉、抗诉以及上诉、抗诉的理由等，保障上诉权、抗诉权的充分行使；二是保证人民法院能够在法定期限内迅速审判上诉、抗诉案件，及时纠正错误裁判，维持正确裁判，避免拖延诉讼。

四、上诉、抗诉的方式与程序

（一）上诉的方式与程序

上诉可以用上诉状和口头上诉两种形式提出，无论以哪一种形式提出，人民法院均应受理。提出上诉状的，一般应当有上诉状正本及副本。上诉状内容应当包括：第一审判决书、裁定书的文号和上诉人收到的时间；第一审法院的名称；上诉的请求和理由；提出上诉的时间；上诉人签名或者盖章。如果是被告人的辩护人、近亲属经被告人同意提出上诉的，还应当写明其与被告人的关系，并应当以被告人为上诉人。口头上诉的，人民法院应当制作笔录，由上诉人阅读或者向上诉人宣读，并且上诉人应当在笔录上签名或者盖章。

上诉可以通过原审人民法院提出，也可以直接向上一级人民法院提出。

1. 被告人、自诉人、附带民事诉讼的原告和被告通过原审人民法院提起上诉的，原审人民法院应当在上诉，抗诉期满的 3 日以内将上诉状连同案卷、证据移送上一级人民法院，同时将上诉状副本送交同级人民检察院和对方当事人。

2. 被告人、自诉人、附带民事诉讼的原告和被告直接向第二审人民法院提起上诉的，第二审人民法院应当在收到后 3 日以内将上诉状交原审人民法院，由原审人民法院将上诉状副本送交同级人民检察院和对方当事人，并将原审全部案卷、证据材料报送第二审人民法院。

被告人、自诉人、附带民事诉讼的当事人和他们的法定代理人是否提起上诉，以其在上诉期满前的最后一次意思表示为准。被告人、自诉人、附带民事诉讼的原告和被告人及其法定代理人在上诉期限内要求撤回上诉的，应当准许。被告人、自诉人、附带民事诉讼的原告和被告人及其法定代理人在上诉期满后要求撤回上诉的，应当由第二审人民法院进行审查。第二审人民法院认为原判决认定事实和适用法律正确，量刑适当，应当裁定准许撤回上诉；认为原判决事实不清、证据不足或者将无罪判为有罪、轻罪重判等，应当不允许撤回上诉，并按照上诉程序进行审理。

（二）抗诉的程序和方式

地方各级人民检察院对同级人民法院第一审判决、裁定的抗诉，只能以抗诉书的形式向上级人民法院提出，不能采用口头形式。地方各级人民检察院对同级人民法院第一审判决、裁定的抗诉，应当通过原审人民法院提出抗诉书，并且将抗诉书抄送上一级人民检察院。原审人民法院应当在抗诉期满后 3 日内将抗诉书连同案卷、证据移送上一级人民法院，并且将抗诉书副本送交当事人。上级人民检察院认为抗诉正确的，应当支持抗诉；认为抗诉不当的，应当向同级人民法院撤回抗诉，并且通知下级人民检察院。下级人民检察院认为上级人民检察院撤回抗诉不当的，可以提请复议。上级人民检察院应当作出复议，并将复议结果通知下级人民检察院。上一级人民检察院在上诉、抗诉期限内发现下级人民检察院应当抗诉而没有抗诉的，可以指令下级人民检察院依法提出抗诉。

人民检察院在抗诉期限内撤回抗诉的，第一审人民法院不再向上一级人民法院移送案件；如果是在抗诉期满后，第二审人民法院宣告裁判前撤回抗诉的，第二审人民法院可以裁定准许，并通知第一审人民法院和当事人。

五、上诉与抗诉（二审抗诉）的异同

（一）上诉与抗诉的相同点

1. 对象相同，都是针对地方各级人民法院未生效的判决、裁定。

2. 期限相同，对判决的上诉、抗诉期限是 10 天，对裁定是 5 天。

3. 效力相同，都必然引起第二审程序。

（二）上诉与抗诉的不同点

1. 主体不同，上诉的主体是自诉人、被告人、附带民事诉讼当事人以及这些主体的法定代理人、经被告人同意提起上诉的辩护人和近亲属，而抗诉的主体是第一审法院的同级人民检察院。

2. 理由不同，上诉理由不受限制，而抗诉理由必须是认为第一审裁判"确有错误"。

3. 方式不同，上诉可以以书面或者口头形式提起，而抗诉只能以书面形式提出。

4. 途径不同，上诉可以通过原审法院或者直接向上一级法院提出，而抗诉只能通过原审法院向上一级法院提出。

■第四节　第二审程序的审判

一、第二审程序的全面审查

第二审人民法院对第一审人民法院移送的上诉、抗诉的案卷，应当审查是否应

当包括下列内容：移送上（抗）诉案件函；上诉状或者抗诉书；第一审判决书或者裁定书的份数；全部案卷材料和证据，包括案件审结报告和其他应当移送的材料。如果上述材料齐备，第二审人民法院应当收案；材料不齐备或不符合规定的，应当通知第一审人民法院及时补送。

（一）全面审理原则的概念和意义

《刑事诉讼法》第233条规定："第二审人民法院应当就第一审判决认定的事实和适用法律进行全面审查，不受上诉或者抗诉范围的限制。共同犯罪的案件只有部分被告人上诉的，应当对全案进行审查，一并处理。"这就是我国《刑事诉讼法》中规定的第二审程序的全面审查原则。

实行全面审查原则使得第二审人民法院在审理上诉或者抗诉案件时不被动地应付上诉或者抗诉，而对整个案件的事实、证据、定罪量刑和审判程序等问题进行综合考虑，使上诉或者抗诉中已经指出或者没有指出的一审判决中的错误得到纠正，确保终审裁判作出时，案件获得彻底、正确的处理。

（二）全面审理原则的要求

在二审程序中贯彻全面审理原则，具体要求如下：

1. 既要审查一审判决认定的事实是否正确，证据是否确实充分，又要审查一审判决适用法律有无错误。

2. 既要审查上诉或者抗诉的部分，又要审查没有上诉或者抗诉的部分。

3. 在共同犯罪案件中，只有部分被告人上诉的，或者人民检察院只就第一审人民法院对部分被告人的判决提出抗诉的，第二审人民法院应当对全案进行审查，一并处理。

对于共同犯罪案件，如果提起上诉的被告人死亡，其他被告人没有提起上诉，第二审人民法院仍应对全案进行审查，死亡的被告人不构成犯罪的，应当宣告无罪；审查后认为构成犯罪的，应当裁定终止审理，对其他同案被告人仍应作出判决或裁定。

4. 审理附带民事诉讼的上诉、抗诉案件，应当对全案进行审查。如果第一审判决的刑事部分并无不当，第二审人民法院只需就附带民事诉讼部分作出处理，如果第一审判决附带民事诉讼部分事实清楚，适用法律正确的，应当以刑事附带民事裁定维持原判，驳回上诉、抗诉。

5. 既要审查实体问题，又要审查程序问题。

程序性审查是指第二审人民法院对第一审人民法院移送上诉、抗诉的案卷，应当审查以下材料是否齐备：移送上诉、抗诉案件函；上诉状或者抗诉书；第一审判决书或者裁定书8份（每增加1名被告人增加1份）；全部案卷材料和证据，包括案件审结报告和其他应当移送的材料。如果材料不齐备，应通知第一审人民法院及时补送。

实体性审查就是第二审人民法院对于上诉、抗诉案件应当审查以下内容：第一审判决认定的事实是否清楚，证据是否确实、充分，证据之间有无矛盾；第一审判决适用法律是否正确，量刑是否适当；在侦查、起诉、第一审程序中，有无违反法律规定的诉讼程序的情形；提出上诉、抗诉时是否提出了新的事实和证据；被告人供述、辩解的情况；辩护人的辩护意见以及采纳的情况；附带民事部分的判决、裁定是否适当；第一审法院合议庭、审判委员会讨论的意见等。第二审人民法院在进行审查后，应当写出审查报告。

二、第二审案件的审理方式和程序

第二审人民法院的审判方式分为开庭审理和不开庭审理。

（一）开庭审理

开庭审理，也称直接审理。它要求第二审人民法院组成合议庭，按照第一审程序规定的开庭、法庭调查、法庭辩论、被告人最后陈述、评议和宣判等步骤对上诉或抗诉案件进行审理。开庭审理的地点，根据实际需要，可以在第二审人民法院进行，也可以到案件发生地或者原审人民法院进行。

开庭审理的案件包括：①被告人、自诉人及其法定代理人对第一审认定的事实、证据提出异议，可能影响定罪量刑的案件；②被告人被判处死刑的案件；③人民检察院抗诉的案件；④其他应当开庭审理的案件。被判处死刑立即执行的被告人没有上诉、同案的其他被告人上诉的案件，第二审人民法院应当开庭审理。

人民检察院提出抗诉的案件或者第二审人民法院开庭审理的公诉案件，同级人民检察院都应当派员出庭，第二审人民法院应当在决定开庭审理后及时通知同级人民检察院查阅案卷。因此，除自诉案件以外，第二审人民法院在开庭审判前，都应通知同级人民检察院查阅案卷，了解案情，以便出席法庭，支持公诉，进行法律监督。第二审人民法院决定开庭前，还应提审在押被告人，传唤其他当事人，通知当事人的法定代理人、证人、鉴定人到庭。

人民法院审理人民检察院提出抗诉的案件，应当通知同级人民检察院派员出庭。对接到开庭通知后人民检察院不派员出庭的抗诉案件，人民法院应当裁定按人民检察院撤回抗诉处理，并通知第一审人民法院和当事人。

在第二审程序中，被告人除自行辩护外，还可以继续委托第一审辩护人或者另行委托辩护人进行辩护。共同犯罪案件，只有部分被告人提起上诉或者人民检察院只就部分被告人的判决提出抗诉的，其他同案被告人也可以委托辩护人进行辩护。如果被告人有辩护人的，人民法院应当通知辩护人出庭辩护。被告人没有委托辩护人，但符合指定辩护情形的，法院依法应当通知或可以通知法律援助机构为其指定辩护人。

第二审人民法院开庭审理上诉或者抗诉案件，除参照第一审程序的规定外，还应当依照以下程序进行：

1. 法庭调查阶段。在审判人员宣读第一审判决书、裁定书后，上诉案件由上诉人或者辩护人先宣读上诉状或者陈述上诉理由，抗诉案件由检察人员先宣读抗诉书；既有上诉又有抗诉的案件，先由检察人员宣读抗诉书，再由上诉人或者辩护人宣读上诉状或者陈述上诉理由。

2. 法庭辩论阶段。上诉案件，先由上诉人、辩护人发言，后由检察人员、诉讼代理人发言；抗诉案件，先由检察人员、诉讼代理人发言，后由被告人、辩护人发言；既有上诉又有抗诉的案件，先由检察人员、诉讼代理人发言，后由上诉人、辩护人发言。共同犯罪案件，没有提起上诉并且检察院也没有对其判决提出抗诉的第一审被告人要求出庭的，应当准许，并且其可以参加法庭调查和法庭辩论。

关于死刑案件二审的开庭审理程序，根据有关规定，主要包括：

1. 第二审人民法院开庭审理死刑上诉、抗诉案件，具有下列情形之一的，应当通知证人、鉴定人、被害人出庭作证：①人民检察院、被告人及其辩护人对鉴定意见有异议、鉴定程序违反规定或者鉴定意见明显存在疑点的；②人民检察院、被告人及其辩护人对证人证言、被害人陈述有异议，而该证人证言或者被害人陈述对定罪量刑有重大影响的；③合议庭认为证人、鉴定人、被害人有必要出庭作证的其他情形。

2. 第二审人民法院应当全面审理死刑上诉、抗诉案件。但在开庭时，可以根据具体情况围绕人民检察院、被告人及其辩护人提出争议的问题和人民法院认为需要重点审查的问题进行：①宣读第一审判决书，可以只宣读案由、主要事实、证据名称和判决主文等。②法庭调查应当重点围绕对第一审判决提出异议的事实、证据以及提交的新的证据等进行；对没有异议的事实、证据和情节，可以直接确认。③人民检察院、被告人及其辩护人对原审判决采纳的证据没有异议的，可以不再举证和质证。④法庭辩论时，抗诉的案件，由检察人员先发言；上诉的案件，由上诉人、辩护人先发言；既有抗诉又有上诉的案件，由检察人员先发言，再由上诉人、辩护人进行发言，并依次进行辩论。⑤对共同犯罪中没有判处死刑且没有提出上诉的被告人，人民检察院和辩护人在开庭前表示不需要进行讯问和质证的，可以不再传唤到庭。对没有被判处死刑的其他被告人的罪行，事实清楚的，可以不在庭审时审理。⑥对被告人所犯数罪中判处其他刑罚的犯罪，事实清楚且人民检察院、被告人及其辩护人没有异议的，可以不在庭审时审理。

（二）不开庭审理

不开庭审理，即以上诉内容或者抗诉书和一审的全部案卷为基础，通过调查讯问方式进行的审理。第二审人民法院可以不开庭审理的，应当是犯罪事实清楚的案件，即在犯罪事实和证据上，第一审法院的认定没有错误，或者控辩双方对此基本没有分歧，当事人上诉的理由主要集中在法律适用、刑罚裁量或者诉讼程序上。因此，合议庭应当在讯问被告人，听取其他当事人、辩护人、诉讼代理人的意见后，进行评议和作出裁判，而不再进行法庭调查和法庭辩论活动。但是不公开审理的案件，也应公开宣判。

采用调查讯问式的审理方式进行审理时，应当遵守的程序包括：

1. 依法组成合议庭。根据《刑事诉讼法》的规定，二审合议庭由审判员 3 或 5 人组成。

2. 合议庭查阅案卷，必要时应当提交书面阅卷意见。其目的在于全面了解案件事实和证据以及审查适用法律、原审诉讼程序是否正确。

3. 讯问被告人，听取其他当事人、辩护人、诉讼代理人的意见。直接听取被告人及其他当事人、辩护人、诉讼代理人的意见，有助于全面了解案情以及有关案件的其他问题。

4. 合议庭根据阅卷、讯问被告人以及听取相关人员意见后，依法作出相应的处理决定。

对于符合不开庭审理条件的案件，人民法院不再开庭审理，有利于达到简便诉讼、提高诉讼效率的目的。但不开庭审理对于保护诉讼参与人，尤其是被告人的诉讼权利和保证二审质量具有一定的局限性。

三、第二审程序后的处理

第二审人民法院对不服一审判决、裁定提出上诉、抗诉案件进行审理后，应当根据具体情况作出如下处理：

（一）裁定驳回上诉或者抗诉，维持原判

第二审人民法院经过审理后，确认一审判决认定事实清楚，证据确实、充分，援引法律条款定罪准确，量刑适当，审判程序合法的，应当裁定驳回上诉或者抗诉，维持原判。

（二）改判

第二审人民法院能够直接改判的案件有：①原判决适用法律有错误的，应当改判；②原判决量刑不当的，应当改判；③原判决认定事实不清或者证据不足的，可以在查清事实后改判。

（三）裁定撤销原判，发回重审

作出这种处理方式的案件包括两种情况：①原判决事实不清或者证据不足的案件。②第二审人民法院发现第一审人民法院的审理有下列违反法律规定的诉讼程序的情形之一的，包括：违反刑事诉讼法有关公开审判的规定的；违反回避制度的；剥夺或者限制了当事人的法定诉讼权利，可能影响公正审判的；审判组织的组成不合法的；其他违反法律规定的诉讼程序，可能影响公正审判的。对上述两种情况，第二审人民法院应当裁定撤销原判，发回原审人民法院重新审判。

原审人民法院对于发回重审的案件，应当另行组成合议庭，依照第一审程序进行审判。重新审判后所作的判决，仍属于一审判决，当事人可以上诉，同级人民检察院可以抗诉。需要特别注意的是，《刑事诉讼法》规定对于因事实不清或证据不足发回重审又上诉、抗诉的案件，第二审人民法院应当依法作出判决或者裁定，不得再发回原审人民法院重审，即事实不清或证据不足的案件只能发回重审 1 次。这是为了解决司法实践中发回重审无次数限制造成以发回重审的形式来变相加刑的问题。

四、第二审程序的法定期限

第二审人民法院受理上诉、抗诉的案件，应当在 2 个月内审结。可能判处死刑或者附带民事诉讼案件，交通十分不便的边远地区的重大复杂案件，重大的犯罪集团案件，流窜作案的重大复杂案件，以及犯罪涉及面广、取证困难的重大复杂案件，经省、自治区、直辖市高级人民法院批准或者决定，二审审查期限可以延长 2 个月。因特殊情况还需要延长的，报请最高人民法院批准。但是最高人民法院受理的上诉、抗诉案件的审理期限，由最高人民法院决定。对第二审人民法院发回原审法院重审的案件，原审人民法院从收到发回的案件之日起，计算审理期限。

五、对查封、扣押、冻结在案财物的处理

公安机关、人民检察院和人民法院对于查封、扣押、冻结的犯罪嫌疑人、被告人的财物及其孳息，应当妥善保管，并制作清单，附卷备查。任何单位和个人不得擅自挪用或者自行处理。对被害人的合法财产，应当及时返还。对于违禁品或者不宜长期保存的物品，应当依照国家有关规定处理。

对作为证据使用的实物应当随案移送，对不宜移送的，应当将其清单、照片或者其他证明文件随案移送。

对于赃款赃物，除依法返还被害人的财物以及依法销毁的违禁品外，必须一律上缴国库。任何单位和个人都不得挪用或者私自处理。关于赃款赃物的处理，应当按照《刑事诉讼法》第245条及相关法律的规定执行，并应当根据具体情况作出以下处理：

1. 对作为证据使用的实物，应当依法随案移送。对不宜移送的，应当将其清单、照片或者其他证明文件随案移送，不得以未移送赃款赃物为由，拒绝受理案件。

2. 对冻结的存款、汇款、债券、股票、基金份额等财产判决没收的，第一审人民法院应当在判决生效后，将判决书、裁定书送达相关金融机构和财政部门，通知相关金融机构依法上缴国库，并在接到执行通知书后15日内，将上缴国库的凭证、执行回单送回。

3. 涉案财物未随案移送的，人民法院应当在判决生效后10日内，将判决书、裁定书送达查封、扣押机关，并告知查封、扣押机关在1个月内将执行回单送回。人民法院作出的判决，应当对查封、扣押、冻结的财物及其孳息作出处理。

人民法院作出的判决生效以后，对于被查封、扣押、冻结的赃款赃物及其孳息，除依法返还被害人的以外，一律没收，上缴国库。

司法工作人员贪污、挪用或者私自处理被扣押、冻结的赃款赃物及其孳息的，依法追究刑事责任；不构成犯罪的，给予处分。

第二十四章

■第五节　上诉不加刑原则

一、上诉不加刑原则的概念和适用条件

（一）上诉不加刑的概念

上诉不加刑是指第二审人民法院审判仅有被告人一方提起上诉的案件时，不得改判重于原判刑罚的原则。也就是第二审人民法院审判只有被告人及其法定代理人、辩护人、近亲属上诉的案件以及二审发回原审法院重审的案件，不得加重被告人的刑罚。上诉不加刑的核心是不得加重刑罚。

对于上诉不加刑的概念的理解，应当注意如下几个方面：

1. 上诉对被告人而言，是其法定权利，无论其是否具备充分的理由，都不能据此推断被告人认罪态度不好从而加重处罚。

2. 对于只有被告人一方上诉的案件，二审法院才能适用上诉不加刑原则；自诉人提起上诉或者检察院提出抗诉的，则可以改判加重被告人的刑罚。

3. 对于只有被告人一方上诉的案件，二审法院审理后，即使认为原判量刑畸轻，也不得加重对被告人的刑罚。

4. 不加刑是指二审法院在审理案件直接改判时不得加重原判刑罚，只能维持原判刑罚或者减轻原判刑罚。

（二）上诉不加刑原则的适用条件

上诉不加刑作为第二审程序的重要原则，有以下两种适用情形：

1. 只适用于只有被告人及其法定代理人、辩护人、近亲属提起上诉的案件。如果是人民检察院提出抗诉或者自诉人提起上诉的案件，或者被告人一方提起上诉的同时，人民检察院或自诉人也提出抗诉或上诉的，则不适用此原则。但是在共同犯罪案件中，人民检察院只对部分被告人的判决提出抗诉的，第二审人民法院对其他第一审被告人也不得加重刑罚。

2. 上诉不加刑不仅适用于第二审人民法院直接改判的案件，也适用于发回重审的案件。根据《刑事诉讼法》第237条第1款规定，对于第二审人民法院以事实不清或证据不足或者违反诉讼程序为由发回重审的案件，同样适用上诉不加刑原则，但并不是一律不得加刑，而是以不加刑为原则，加刑为例外。例外情形是"有新的犯罪事实，人民检察院补充起诉"的。所谓"新的"是指原起诉书中没有的；所谓"犯罪事实"既包括罪行事实，也包括量刑事实。需要注意，此条规定中的逗号可能引起歧义，究竟例外情况是两种，还是只有一种？我们认为，只有一种例外情形，而该例外情形需要符合两个条件。首先，根据不告不理的诉讼原理，法院不应对自己发现的犯罪事实进行处理，否则有自诉自审之嫌；其次，检察院的补充起诉，除适用于发现新的犯罪事实的情形以外，还适用于发现遗漏了同案人的情形，而后者

显然与对原在案人适用上诉不加刑原则无关。

二、上诉不加刑的意义

1. 上诉不加刑有利于保障被告人的上诉权，保证两审终审制的贯彻执行。被告人及其法定代理人、辩护人、近亲属提起上诉的目的，是为了诉请上一级人民法院改变原判决，减轻、从轻或者免除对被告人的刑罚。如果上诉后反而加重了被告人的刑罚，就可能使被告人及其法定代理人、辩护人、近亲属对上诉产生顾虑，即使认为第一审判决不正确，也不敢上诉，客观上限制了被告人上诉权的行使。

2. 根据上诉不加刑原则，一审法院量刑偏轻的案件，即使到了二审，也不能任意改判加刑。因此，上诉不加刑向第一审人民法院的案件审理提出了更严格的要求，促使第一审人民法院加强责任心，不断提高办案质量。

3. 上诉不加刑有利于促使检察机关履行法律监督职能。因为对于人民检察院提出抗诉的案件，第二审人民法院在审理时如果发现原判量刑过轻，可以改判加重被告人的刑罚。

三、上诉不加刑的适用

贯彻上诉不加刑原则应遵守下列具体规定：①共同犯罪案件，只有部分被告人提起上诉的，既不能加重提起上诉的被告人的刑罚，也不能加重其他同案被告人的刑罚；②对原判认定事实清楚、证据充分，只是认定的罪名不当的，在不加重原判刑罚的情况下，可以改变罪名；③对被告人实行数罪并罚的，不得加重决定执行的刑罚，也不得加重数罪中某罪的刑罚；④对被告人判处拘役或者有期徒刑宣告缓刑的，不得撤销原判决宣告的缓刑或者延长缓刑考验期；⑤原判没有宣告禁止令的，不得增加宣告；原判宣告禁止令的，不得增加内容或延长期限；⑥原判对被告人判处死刑缓期执行没有限制减刑的，不得限制减刑；⑦原判事实清楚，证据确实、充分，但判处的刑罚畸轻、应当适用附加刑而没有适用的，不得直接加重刑罚或适用附加刑，也不得以事实不清、证据不足为由发回第一审人民法院重新审判。必须依法改判的，应当在第二审判决、裁定生效后，依照审判监督程序重新审判。

人民检察院提出抗诉或者自诉人提起上诉的案件，不受上诉不加刑原则的限制，第二审人民法院可以根据审理情况通过改判来加重被告人的刑罚。

共同犯罪案件中，人民检察院只对部分被告人的判决提起抗诉的，第二审人民法院对其他第一审被告人不得加重刑罚。

自诉人只对部分被告人的判决提出上诉的，第二审人民法院不得对其他同案被告人加重刑罚。

【思考题】

1. 什么是第二审程序？设置第二审程序有何意义？
2. 简述上诉和抗诉的主体、理由、期限、具体程序以及上诉和抗诉的区别。
3. 简述第二审程序中的全面审查原则的具体要求。
4. 你对死刑案件二审开庭审理的规定有何评价？
5. 简述第二审程序的审理方式及其适用的案件范围、程序。
6. 简述第二审程序针对原审裁判不同情形的处理。
7. 简述上诉不加刑原则的概念、意义、具体适用以及例外。

第二十五章

自诉案件的提起和审判

提要与学习要求　本章需要了解自诉案件的概念，理解自诉案件的范围，提起自诉的条件和程序，自诉案件审判程序的特点，反诉的条件及其与自诉的关系。掌握刑事诉讼法及相关法律解释对自诉案件的范围、自诉的提起与审判程序的规定。

■第一节　自诉案件概述

一、自诉案件的概念

公诉是对犯罪享有追诉权的国家机关，代表国家提请法院追究被告人刑事责任的诉讼制度；而刑事自诉则是依照法律规定对某些犯罪享有追诉权的主体，直接向法院提起请求追究被告人刑事责任的诉讼制度。公诉制度虽然产生较晚，但却是当今世界各国刑事诉讼中最基本、所占比重最大的诉讼制度，甚至在某些国家处于垄断地位。与公诉相比，自诉居于辅助地位，其发展趋势日趋没落。究其原因，主要在于社会的飞速发展，导致刑事犯罪日益复杂化、智能化、隐蔽化，仅凭自诉人个人的力量难以承担追诉之责，为了有效打击犯罪，维护社会秩序，防止放纵犯罪，必须借助于强大的国家力量，于是公诉制度得到了高度的重视及广泛的适用。在当今社会，自诉制度适用的范围虽然日益缩小，但其仍不失为与公诉制度相并列的一种诉讼制度。一般而言，国家在将绝大部分犯罪的追诉权交给代表国家行使权力的公诉机关的同时，也会将部分性质轻微、依靠个人力量能够实现有效追究的犯罪的追诉权交给个人，即公诉与自诉并存，并以公诉为主。

我国刑事诉讼实行以公诉为主、自诉为辅的犯罪追诉机制，即在对刑事犯罪实行国家追诉的同时，兼采被害人追诉主义。绝大多数刑事案件由人民检察院代表国家向人民法院提起公诉，只有部分刑事案件由被害人及其法定代理人、近亲属直接

第二十五章

向人民法院提起自诉，由人民法院直接受理。我国实行以公诉为主、自诉为辅的起诉制度的目的是在保护国家利益、社会利益的同时，最大限度地保护被害人等个人的合法权益。

自诉案件是指由被害人及其法定代理人、近亲属自行向人民法院提起诉讼和支持控诉，要求追究被告人的刑事责任，并由人民法院直接受理的刑事案件。

二、自诉案件的范围

根据我国《刑事诉讼法》第 210 条的规定和相关司法解释，自诉案件的范围有以下几类：

（一）告诉才处理的案件

所谓告诉才处理的案件是指由被害人及其法定代理人、近亲属等提出告诉，人民法院才予以受理的案件。

告诉才处理的刑事案件具体包括以下几种：①《刑法》第 246 条第 1 款规定的侮辱、诽谤案；②《刑法》第 257 条第 1 款规定的暴力干涉婚姻自由案；③《刑法》第 260 条第 1 款规定的虐待案；④《刑法》第 270 条第 1 款规定的侵占案。

（二）被害人有证据证明的轻微刑事案件

所谓轻微刑事案件是指犯罪事实、情节较为轻微，可能判处 3 年有期徒刑以下、较轻刑罚的案件。这类案件之所以成为自诉案件是由于人民检察院没有提起公诉。应当注意的是，这类案件强调被害人的举证责任，自诉能否成立在一定程度上取决于被害人等有无证据或者证据是否充分，如果被害人等没有证据的，人民法院将不予受理。如果被害人等提出的证据不充分，不足以支持其起诉主张的，人民法院将裁定驳回自诉。

被害人有证据证明的轻微刑事案件具体包括以下几种：①《刑法》第 234 条第 1 款规定的故意伤害案（轻伤）；②《刑法》第 245 条规定的非法侵入住宅案；③《刑法》第 252 条规定的侵犯通信自由案；④《刑法》第 258 条规定的重婚案；⑤《刑法》第 261 条规定的遗弃案；⑥《刑法》分则第三章第一节规定的生产、销售伪劣商品案，但是严重危害社会秩序和国家利益的除外；⑦《刑法》分则第三章第七节规定的侵犯知识产权案，但是严重危害社会秩序和国家利益的除外；⑧属于《刑法》分则第四章、第五章规定的，对被告人可能判处 3 年以下有期徒刑的案件。

上列八类案件，被害人直接向人民法院起诉的，人民法院应当依法受理，对于其中证据不足、可由公安机关受理的，或者认为对被告人可能判处 3 年有期徒刑以上刑罚的，应当移送公安机关立案侦查。被害人向公安机关控告的，公安机关应当受理。

（三）被害人有证据证明对被告人侵犯自己人身、财产权利的行为应当依法追究刑事责任，而公安机关或者人民检察院不予追究被告人刑事责任的案件。

与公诉案件相比，自诉案件有以下特点：

1. 从犯罪客体来看，主要是侵犯公民个人权益方面的犯罪，比如侵犯公民的人身权利、财产权利、名誉权、婚姻自主权等。

2. 从起诉对象看，自诉案件大多性质不太严重，给社会造成的危害相对于公诉案件来说要小得多。国家将追诉犯罪的权利交给被害人等自己行使，不但不会危害国家利益、集体利益和社会利益，而且可以节省人力、物力、财力，可以使国家侦查机关和公诉机关集中力量打击较为严重的刑事犯罪，将有限的司法资源进行更为合理的分配。

3. 从诉讼程序看，被害人及其法定代理人等有能力依靠自己的力量承担诉讼。自诉案件一般有明确的被告人，案情比较清楚，情节相对简单，无须专门的取证手段和侦查措施，被害人及其法定代理人有能力自行提起诉讼和支持诉讼。如果案情复杂需要经过专门的侦查阶段，被害人及其法定代理人没有能力查清案情或者收集证据、提供证据的，不宜作为刑事自诉案件。

■第二节　自诉案件的提起和受理

一、自诉案件的提起条件

依据自诉案件的特征和法律的有关规定，自诉案件的提起条件主要包括：

（一）有适格的自诉人

在法律规定的自诉案件范围内，遭受犯罪行为直接侵害的被害人有权向人民法院提起自诉。被害人死亡、丧失行为能力或者因受强制、威吓等原因无法告诉的，或者是限制行为能力人以及由于年老、患病、盲、聋、哑等原因不能亲自告诉的，被害人的近亲属、法定代理人有权向人民法院起诉。

1. 被害人是遭受犯罪行为侵害的人，在允许自诉的案件中，有权向人民法院提出控诉。这在允许自诉的各个国家，无一例外。例如，根据德国《刑事诉讼法》第374条规定，对于法律允许自诉的案件，被害人可以通过自诉途径予以追究，无需事先上诉检察院。我国《刑法》第98条规定，告诉才处理，是指被害人告诉才处理。《刑事诉讼法》第114条明确规定，对于自诉案件，被害人有权向人民法院直接起诉。

作为自诉主体的被害人，应当是犯罪行为的直接受害者，即被害人依法享有的权利或利益，包括人身权利、财产权利、名誉权利等，遭受犯罪行为的直接侵害。如果不是本人的权益受到侵害，或者损害结果不是由犯罪行为直接造成，都不能成为适格的自诉主体。

2. 被害人的法定代理人、近亲属。为了保证在某些特殊情况下，被害人的合法权益仍能得到适当的保护，许多国家都将自诉权人的范围扩大到被害人的法定代理人。例如，德国《刑事诉讼法》第374条规定，被害人有法定代理人的时候，由法定代理人行使提起自诉权。我国《刑事诉讼法》第114条规定，对于自诉案件，被害人死亡或者丧失行为能力的，被害人的法定代理人、近亲属有权向人民法院起诉。法定代理人的范围，按照《刑事诉讼法》第108条第3项的规定，包括被代理人的父母、养父母、监护人和负有保护责任的机关、团体的代表。

3. 特定条件下的人民检察院和近亲属。《刑法》第98条规定，对于告诉才处理的案件，如果被害人因受强制、威吓无法告诉的，人民检察院和被害人的近亲属也可以告诉。近亲属的范围，根据《刑事诉讼法》第108条第6项的规定，包括夫、妻、父、母、子、女、同胞兄弟姊妹。应当注意的是，人民检察院一旦提起诉讼，案件即属于公诉案件。

（1）由被害人的近亲属向人民法院起诉。由于此类案件应充分尊重被害人的自由处分权，因此司法机关对案件的起诉与否无权干涉。但在司法实践中，会出现被害人及其法定代理人等的诉权因受阻而无法正常行使的情形，此时，如果听之任之，会导致放纵犯罪、被害人合法权益得不到法律保护的后果。因此，法律规定，被害人的近亲属可以进行告诉。

（2）由人民检察院起诉。在告诉才处理的案件中，有些案件的被害人所受侵害来自其法定代理人、近亲属，当被害人因受其法定代理人、近亲属强制、威吓而无法行使诉权，或者被害人及其法定代理人、近亲属均因受到强制、威吓而无法行使诉权时，就有必要借助国家机关的力量，由人民检察院代为告诉，即为公诉案件。

（二）有明确的被告人和具体的诉讼请求

自诉案件的刑事诉讼程序由自诉人的起诉所引起，对于自诉案件，公安机关和人民检察院均不介入，因此没有公安机关的侦查和人民检察院的审查起诉。自诉人在起诉时应明确提出控诉的对象，如果不能提出明确的被告人或者被告人下落不明的，自诉案件不能成立。自诉人起诉时还应提出具体的诉讼请求，包括指明控诉的罪名和要求人民法院追究被告人何种刑事责任。如果自诉人提起刑事自诉附带民事诉讼，还应提出具体的赔偿请求。

（三）属于自诉案件范围

即属于《刑事诉讼法》第210条规定的告诉才处理的案件；被害人有证据证明的轻微刑事案件；被害人有证据证明对被告人侵犯自己人身权利、财产权利的行为应当依法追究刑事责任，而公安机关或者人民检察院不予追究被告人刑事责任的案件范围以及相关司法解释确定的具体的自诉案件范围。

（四）被害人有证据证明

被害人提起刑事自诉必须有能够证明被告人犯有被指控的犯罪事实的证据。在自诉案件中，自诉人应当承担证明责任，要提出能够证明被告人犯有被指控的犯罪事实的证据，被告人不承担证明自己无罪的责任。如果自诉人提供的证据不足以证明被告人有罪，人民法院就会作出证据不足的无罪判决。

（五）属于受诉人民法院管辖

自诉人应当依据《刑事诉讼法》关于级别管辖和地域管辖的规定，向有管辖权的人民法院提起自诉。

根据相关司法解释，人民法院受理《刑事诉讼法》第 210 条第 3 项规定的自诉案件，还应当符合《刑事诉讼法》第 112、180 条的规定。《刑事诉讼法》第 112 条规定："人民法院、人民检察院或者公安机关对于报案、控告、举报和自首的材料，应当按照管辖范围，迅速进行审查，认为有犯罪事实需要追究刑事责任的时候，应当立案；认为没有犯罪事实，或者犯罪事实显著轻微，不需要追究刑事责任的时候，不予立案，并且将不立案的原因通知控告人。控告人如果不服，可以申请复议。"第 180 条规定："对于有被害人的案件，决定不起诉的，人民检察院应当将不起诉决定书送达被害人。被害人如果不服，可以自收到决定书后 7 日以内向上一级人民检察院申诉，请求提起公诉。人民检察院应当将复查决定告知被害人。对人民检察院维持不起诉决定的，被害人可以向人民法院起诉。被害人也可以不经申诉，直接向人民法院起诉。人民法院受理案件后，人民检察院应当将有关案件材料移送人民法院。"

（六）自诉必须在追诉时效期限内提出

这是关于自诉期间的规定。根据《刑事诉讼法》第 16 条第 2 项的规定，犯罪已过追诉时效期限的，不追究刑事责任；已经追究的，应当撤销案件，或者不起诉，或者终止审理，或宣告无罪。关于自诉案件的起诉时效，法律未作特殊规定，适用《刑法》关于犯罪追诉时效的一般规定，即《刑法》规定的对犯罪的追诉时效就是自诉时效。在追诉时效上，公诉与自诉没有区别。

二、自诉案件的提起和受理程序

（一）自诉案件的提起

自诉人应当向人民法院提交刑事自诉状。提起附带民事诉讼的，还应当提交刑事附带民事自诉状。自诉人书写自诉状确有困难的，可以口头告诉，由人民法院工作人员作出告诉笔录，向自诉人宣读，自诉人确认无误后，应当签名或者盖章。

自诉状或者告诉笔录应当包括以下内容：

1. 自诉人（代为告诉人）、被告人的姓名、性别、年龄、民族、出生地、文化程度、职业、工作单位、住址、联系方式。

2. 被告人实施犯罪的时间、地点、手段、情节和危害后果等。

3. 具体的诉讼请求。

4. 致送人民法院的名称及具状时间。

5. 证据的名称、来源等。

6. 证人的姓名、住址、联系方式等。

如果被告人是 2 人以上的，自诉人在告诉时需按照被告人的人数提供自诉状副本。

在我国，自诉案件的立案即自诉案件的受理，由人民法院依法决定。与公诉案件不同，自诉案件先有起诉，之后才立案。人民法院应当在收到自诉状或者口头告诉第 2 日起的 15 日内作出是否立案的决定，并书面通知自诉人或者代为告诉人。

（二）人民法院对自诉案件的处理

人民法院对于自诉案件进行审查后，按照下列情形分别处理：

1. 犯罪事实清楚，有足够证据的案件，应当开庭审判。

2. 已经立案，缺乏罪证的自诉案件，如果自诉人不能提交补充证据，应当说服自诉人撤回自诉，或者裁定驳回。此外，人民法院经过审查有下列情形之一的，也应当说服自诉人撤回起诉，或者裁定驳回起诉：不符合刑事诉讼法和有关司法解释规定的人民法院受理自诉案件条件的；缺乏罪证的；犯罪已过追诉时效期限的；被告人死亡的；被告人下落不明的；除因证据不足而撤诉的以外，自诉人撤诉后，就同一事实又告诉的；经人民法院调解结案后，自诉人反悔，就同一事实再行告诉的。

对于已经立案，经审查缺乏罪证的自诉案件，如果自诉人提不出补充证据，应当说服自诉人撤回自诉或者裁定驳回起诉。自诉人经说服撤回起诉或者被驳回起诉后，又提出了新的足以证明被告人有罪的证据，再次提起自诉的，人民法院应当受理。

自诉人明知有其他共同侵害人，但只对部分侵害人提起自诉的，人民法院应当受理，并视为自诉人对其他侵害人放弃告诉权利。判决宣告后，自诉人又对其他共同侵害人就同一事实提起自诉的，人民法院不再受理。共同被害人中只有部分人告诉的，人民法院应当通知其他被害人参加诉讼。被通知人接到通知后表示不参加诉讼或者不出庭的，即视为放弃告诉权利。第一审宣判后，被通知人就同一事实又提起自诉的，人民法院不予受理。但当事人另行提起民事诉讼的，不受此限制。

三、自诉案件的审理期限

根据《刑事诉讼法》第 212 条第 2 款规定，人民法院审理自诉案件的期限，被告人被羁押的，适用普通程序第一审公诉案件的审理期限。即人民法院应当在受理后 2 个月以内宣判，至迟不得超过 3 个月。对于可能判处死刑的案件或者附带民事诉讼案件，或者属于交通十分不便的边远地区的重大复杂的案件，或者重大的犯罪集团案件，或者流窜作案的重大复杂案件，或者犯罪涉及面广、取证困难的重大复杂案件，经上一级人民法院批准，可以延长 3 个月；因特殊情况还需要延长的，报请最高人民法院批准。

自诉案件被告人未被羁押的，人民法院应当在受理后 6 个月内宣判。

■第三节　自诉案件的审判程序

人民法院对于决定受理的自诉案件，应当开庭审判。除适用简易程序审理的或者法律另有规定的以外，审判程序按照刑事诉讼法关于第一审普通程序的规定进行。

由于自诉案件主要是直接侵害公民个人合法权益的轻微刑事案件，有些案件发生在家庭成员之间，较为特殊，因此《刑事诉讼法》对自诉案件的审判程序作了一些特殊规定。

一、自诉案件第一审审判程序的特点

1. 对于符合法律规定的轻微刑事案件，可以适用简易程序，由审判员一人独任审判。适用简易程序审理自诉案件的，在自诉人宣读起诉书后，经审判人员许可，被告人及其辩护人可以同自诉人及其诉讼代理人互相辩论。不适用简易程序审理的，审判程序应当参照公诉案件第一审程序的规定进行。

2. 人民法院审理自诉案件，可以在查明事实、分清是非的基础上，根据自愿、合法的原则进行调解。调解达成协议的，应当制作刑事调解书，由审判人员和书记员署名，并加盖人民法院印章。调解书经双方当事人签收后，即具有法律效力。没有达成调解协议，或者调解书签收前当事人反悔的，应当及时作出判决。但对于被害人有证据证明被告人侵犯自己人身、财产权利的行为应当依法追究刑事责任，而公安机关或者人民检察院不予追究被告人刑事责任的案件不适用调解。

3. 自诉人在判决宣告前，可以同被告人自行和解或者撤回自诉。自行和解是刑事诉讼法赋予自诉案件双方当事人的一项诉讼权利，在法律允许的范围内，他们可以互谅互让、互相协商，以达成和解协议的方式解决纠纷，而后撤诉。对于已经审理的自诉案件，当事人自行和解的，应当记录在案；对于自诉人要求撤诉的，人民法院应当审查，确属自愿的，应当允许撤诉，经审查认为自诉人系被强制、威胁等原因而被迫撤诉的，人民法院应不予准许。

人民法院裁定准许自诉人撤诉或者当事人自行和解的案件，被告人被采取强制措施的，应当立即予以解除。自诉人经 2 次依法传唤，无正当理由拒不到庭的，或者未经法庭准许中途退庭的，人民法院应当按撤诉处理。自诉人是 2 人以上，其中部分人撤诉的，不影响案件的继续审理。

4. 告诉才处理和被害人有证据证明的轻微刑事案件的被告人或者其法定代理人在诉讼过程中，可以对自诉人提起反诉。反诉是相对于自诉而言的，指在自诉过程中，自诉案件的被告人作为被害人控诉自诉人犯有与本案有联系的犯罪行为，向人民法院提出请求，要求追究其刑事责任的诉讼行为。在有反诉发生的自诉案件中，诉讼双方当事人都同时具有双重身份，既是自诉人又是被告人，形成互诉。对于反诉的案件，原则上人民法院应当与自诉案件合并审理。各方当事人罪责自负，不能相互抵消刑罚。由于反诉又是一个相对独立的诉，原自诉人撤诉的，不影响反诉案件的继续审理。

反诉必须符合下列条件：

（1）反诉的对象必须是本案自诉人。

（2）反诉的内容必须是与本案有关的行为。

第二十五章

（3）反诉的案件必须是依据法律规定由人民法院直接受理的告诉才处理的案件。该类案件包括：侮辱、诽谤案件；暴力干涉婚姻自由案件；虐待案件和侵占案件以及人民检察院没有提起公诉，被害人有证据证明的故意伤害（轻伤）案件；非法侵入住宅案件；侵犯通信自由案件；重婚案件；遗弃案件；生产、销售伪劣商品案件；侵犯知识产权案件以及属于《刑法》分则第四章、第五章规定的，对被告人可能判处 3 年以下有期徒刑的轻微刑事案件。

反诉适用自诉的规定，即在反诉的审理和处理程序上，适用自诉的所有规定。反诉人的诉讼地位、诉讼权利、诉讼义务等与自诉人完全相同，比如反诉人和自诉人同样都有权申请回避，有权委托诉讼代理人，有权提起附带民事诉讼，有权申请人民法院调取证据和通知证人到庭作证，有权参加法庭调查、法庭辩论，有权对未发生法律效力的判决、裁定提出上诉等。

二、自诉案件的第一审审理程序

自诉人经过 2 次依法传唤，无正当理由拒不到庭的，或者未经法庭许可中途退庭的，按撤诉处理。

在自诉案件审判过程中，人民法院审判人员对证据有疑问，需要调查核实的，可以宣布休庭，对证据进行调查核实。人民法院调查核实证据，可以进行勘验、检查、扣押、鉴定和查询、冻结。人民法院受理自诉案件后，对于当事人因客观原因不能取得并提供有关证据而申请人民法院调取的证据，人民法院认为必要的，可以依法调取。

被告人实施的 2 个以上的犯罪行为，分别属于公诉案件和自诉案件的，人民法院可以在审理公诉案件时，对自诉案件一并审理。

在自诉案件审理过程中，被告人下落不明的，应当中止审理。被告人归案后，应当恢复审理，必要时，应当对被告人依法采取强制措施。

依据《刑事诉讼法》第 200 条和有关司法解释的规定，自诉案件进入审理阶段后，应当根据已经查明的事实、证据和有关的法律规定，分别作出认定被告人有罪的判决、认定被告人无罪的判决和证据不足、指控的犯罪不能成立的无罪判决。具体来说，人民法院应当根据自诉案件的情况，分别作出以下裁判：

1. 起诉指控的事实清楚，证据确实、充分，依据法律认定被告人的罪名成立的，应当作出有罪判决。

2. 起诉指控的事实清楚，证据确实、充分，指控的罪名与人民法院审理认定的罪名不一致的，应当作出有罪判决。

3. 案件事实清楚，证据确实、充分，依据法律认定被告人无罪的，应当判决宣告被告人无罪。

4. 证据不足，不能认定被告人有罪的，应当以证据不足、指控的犯罪不能成立为由，判决宣告被告人无罪。

第二十五章

5. 案件事实部分清楚，证据确实、充分的，应当依法作出有罪或者无罪的判决；事实不清，证据不足部分，依法不予认定。

6. 被告人因不满 16 周岁，不予刑事处罚的，应当判决宣告被告人不负刑事责任。

7. 被告人是精神病人，在不能辨认或者不能控制自己行为时造成危害后果，依法不予刑事处罚的，应当判决宣告被告人不负刑事责任。

8. 犯罪已过追诉时效期限，并且不是必须追诉或者经特赦令免除刑罚的，应当裁定终止审理。

9. 被告人死亡的，应当裁定终止审理；对于根据已经查明的案件事实和认定的证据材料，能够确认被告人无罪的，应当判决宣告被告人无罪。

人民法院对于依法宣告无罪的自诉案件，其附带民事诉讼部分应当依法进行调解或者一并作出判决。

三、自诉案件第二审审理程序的有关规定

对于第二审自诉案件，人民法院必要时可以进行调解，当事人也可以自行和解。调解结案的，人民法院应当制作调解书，第一审判决或者裁定视为自动撤销；当事人自行和解的，由人民法院裁定准许撤回自诉，并撤销第一审判决或者裁定。

第二审人民法院对于调解结案或者当事人自行和解的案件，被告人被采取强制措施的，应当立即予以解除。

在第二审程序中，自诉案件的当事人提出反诉的，第二审人民法院应当告知其另行起诉。

【思考题】

1. 什么是自诉案件？自诉案件的具体范围包括哪些？
2. 自诉案件的提起应当具备的条件有哪些？
3. 简述自诉案件的提起和受理的程序。
4. 简述在自诉案件进入审理阶段后，法院针对不同情形的处理方式。
5. 自诉案件的审判程序有哪些特点？
6. 简述自诉案件的审理期限以及自诉案件二审程序的有关规定。

第二十六章

复核和核准程序

提要与学习要求　本章需要了解死刑复核程序的概念、特点、功能和意义。理解死刑立即执行的核准权和死刑缓期 2 年执行的核准权，报请复核的要求，复核的具体程序，复核后的处理方式。掌握刑事诉讼法以及相关法律解释对死刑复核程序、在法定刑以下判处刑罚的核准程序和适用特殊情况的假释的核准程序的规定。

■第一节　死刑复核程序概述

一、死刑复核案件程序的概念和特点

（一）死刑复核程序的概念和意义

死刑复核程序是指人民法院对判处死刑的案件进行复审核准所遵循的特殊审判程序。死刑是剥夺犯罪分子生命的刑罚，是刑法所规定的诸刑种之中最严厉的一种，又称为极刑。我国法律一方面把死刑作为打击犯罪、保护人民的有力武器，另一方面又强调需要严格控制死刑的适用，因此，我国法律除了在实体法中规定了死刑不适用于未成年人、怀孕的妇女等内容外，还在程序法中对判处死刑的案件设置了一项特别审查核准程序——死刑复核程序。

死刑复核程序的意义在于：有利于正确贯彻执行我国关于执行死刑的政策，坚持少杀、慎杀，防止死刑滥用；有利于正确理解法律，统一执法尺度，防止地区之间宽严不一。

（二）死刑复核程序的特点和任务

死刑复核程序是我国刑事诉讼法规定的一个特殊审判程序，具有以下几个方面的特点：①审理对象特定。这一程序只适用于判处死刑的案件，包括判处死刑立即执行和判处死刑缓期 2 年执行的案件。只有死刑案件才需要经过死刑复核程序。没

第二十六章

有被判处死刑的案件无须经过这一程序。这种审理对象的特定性使死刑复核程序既不同于普通审判程序——第一审和第二审程序,也不同于另一种特殊审判程序——审判监督程序。②死刑复核程序是死刑案件的终审程序。一般刑事案件经过第一审、第二审程序以后,判决就发生法律效力;而死刑案件除经过第一审、第二审程序以外,还必须经过死刑复核程序。只有经过复核并核准的死刑判决才发生法律效力,从这一角度上来说,死刑复核程序是两审终审制的一种例外。③所处的诉讼阶段特殊。死刑复核程序的进行一般是在死刑判决作出之后,发生法律效力并交付执行之前。相比较而言,第一审程序、第二审程序审理时间是在起诉之后,二审判决作出之前;审判监督程序则是在判决、裁定发生法律效力之后。④核准权具有专属性。依据《刑事诉讼法》的规定,有权进行死刑复核的机关只有最高人民法院和高级人民法院。而其他审判程序与此不同:对于一审案件,任何级别的法院均可审判;对于二审案件,中级以上的法院均可审判;对于再审案件,原审以及原审以上的法院均可审判。⑤程序启动上具有自动性。第一审程序和第二审程序的启动都遵循不告不理原则。即只有检察机关提起公诉或者自诉人提起自诉,人民法院才能启动第一审程序;只有检察机关提起抗诉或者被告人、自诉人提起上诉,人民法院才能启动第二审程序。而死刑复核程序的启动既不需要检察机关提起公诉或者抗诉,也不需要当事人提起自诉或上诉,只要二审法院审理完毕或者一审判决作出后经过法定的上诉期或抗诉期,被告人没有提出上诉、检察院没有提起抗诉,人民法院就应当自动将案件报送高级人民法院或最高人民法院核准。⑥报请复核方式特殊。依照有关法律规定,报请复核应当按照法院的组织系统进行逐级上报,不得越级报核;而审判监督程序可以越级申诉。

二、死刑核准的权限

(一)死刑立即执行案件的核准权

《刑事诉讼法》第246条规定,死刑由最高人民法院核准。这里的死刑是指死刑立即执行。依照《刑法》第48条第2款的规定,死刑除依法由最高人民法院判决的以外,都应当报请最高人民法院核准。

在相当长的一段时间里,死刑立即执行案件的核准权是由最高人民法院和经授权的高级人民法院共同行使的。自2007年1月1日起,死刑立即执行案件一律由最高人民法院核准。

(二)死刑缓期2年执行案件的核准权

《刑事诉讼法》第248条规定:"中级人民法院判处死刑缓期2年执行的案件,由高级人民法院核准。"根据这一规定,死刑缓期2年执行的核准权由高级人民法院行使。因此,高级人民法院核准的死刑缓期2年执行的判决,以及高级人民法院作出的死刑缓期2年执行的判决没有提出上诉或者抗诉的,属于已经发生法律效力的判决和裁定,不需要报请最高人民法院核准。

三、死刑复核的程序

（一）死刑立即执行案件的报请复核

《刑事诉讼法》第247条规定："中级人民法院判处死刑的第一审案件，被告人不上诉的，应当由高级人民法院复核后，报请最高人民法院核准。高级人民法院不同意判处死刑的，可以提审或者发回重新审判。高级人民法院判处死刑的第一审案件被告人不上诉的，和判处死刑的第二审案件，都应当报请最高人民法院核准。"根据这一规定，对于应当报请最高人民法院核准的判处死刑立即执行的案件，按照下列情形分别处理：

1. 中级人民法院判处死刑的第一审案件，被告人不上诉、人民检察院不抗诉的，在上诉、抗诉期满后3日内报请高级人民法院复核。高级人民法院同意判处死刑的，应当在依法作出裁定后，报请最高人民法院核准；不同意判处死刑的，应当提审或者发回重新审判。

2. 中级人民法院判处死刑的第一审案件，被告人提出上诉或者人民检察院提起抗诉，高级人民法院终审裁定维持死刑判决的，报请最高人民法院核准。

3. 高级人民法院判处死刑的第一审案件，被告人不上诉、人民检察院不抗诉的，在上诉、抗诉期满后3日内报请最高人民法院核准。

4. 判处死刑缓期2年执行的罪犯，在死刑缓期执行期间，如果故意犯罪，查证属实，应当执行死刑的，由高级人民法院报请最高人民法院核准。

（二）死刑缓期2年执行案件的报请复核

死刑缓期2年执行不是一种独立的刑种，而是死刑的一种特殊执行方法，即对于应当判处死刑而又不是必须立即执行的罪犯，采取"判处死刑同时宣告缓期2年执行，实行劳动改造，以观后效"的处理方法。死缓这一刑罚方法为我国所独创，其目的在于贯彻惩办与宽大相结合，坚持少杀、慎杀，以体现人道主义。被判处死缓的人大多在2年的缓刑期内因没有故意犯罪而被减刑，不再执行死刑；对于有故意犯罪的，仍将被执行死刑。

《刑事诉讼法》第248条规定："中级人民法院判处死刑缓期2年执行的案件，由高级人民法院核准。"这一规定表明，判处死刑缓期2年执行的核准权在高级人民法院，对于这类案件应当报请高级人民法院复核、核准，并应当按照以下情形分别处理：

1. 中级人民法院判处死刑缓期2年执行的案件，被告人不上诉、人民检察院不抗诉的，应当报请高级人民法院核准。高级人民法院同意判处死刑缓期2年执行的，应当裁定予以核准；如果认为事实不清、证据不足的，应当裁定发回原审法院重新审判，重新审判所作出的判决、裁定，被告人可以提出上诉，人民检察院可以提起抗诉；如果认为原判量刑过重的，高级人民法院应当依法改判。

2. 中级人民法院判处死刑缓期2年执行的案件，被告人提出上诉或者人民检察院提起抗诉的，高级人民法院经过第二审程序，同意判处死刑缓期 2 年执行的，应当作出维持原判并核准死刑缓期 2 年执行的决定；不同意判处死刑缓期 2 年执行的，应当作出不核准的决定。如果认为原判量刑过重，应当依法改判；如果认为事实不清、证据不足的，应当裁定发回重新审判。

3. 高级人民法院核准死刑缓期 2 年执行的案件，应当作出核准或者不核准的决定，不得以提高审级等方式加重被告人的刑罚。

4. 高级人民法院判处死刑缓期 2 年执行的一审案件，被告人不上诉，人民检察院不抗诉的，即作出核准死刑缓期 2 年执行的决定。

无论是中级人民法院报请的还是高级人民法院判决并核准的死刑缓期 2 年执行的案件，还是直接改判的案件，案件中的判决和裁定均是发生法律效力的。

（三）复核内容和复核后的处理

根据《刑事诉讼法》和最高法《解释》的规定，中级人民法院、高级人民法院和最高人民法院对死刑（死缓）案件的报请复核，应当一案一报。报送的材料应当包括：报请复核报告、死刑（死缓）案件综合报告和判决书各 15 份，以及全部诉讼案卷和证据；有的被告人犯有数罪，只要其中有一罪被判处死刑，以及在共同犯罪的案件中，只要有一名被告人被判处死刑，就应当报送全案的诉讼案卷和证据。具体内容如下：

1. 报请复核报告应当包括下列内容：①案由；②简要案情（时间、地点、手段、情节、后果等）；③审理过程；④判决结果。

2. 案件综合报告应当包括下列内容：①被告人的姓名、性别、出生年月日、民族、文化程度、职业、住址、简历以及拘留、逮捕、起诉的时间和现在被羁押的处所；②被告人的犯罪事实，包括犯罪时间、地点、动机、目的、手段、危害后果以及从轻、从重处罚等情节，认定犯罪的证据和定罪量刑的法律根据；③需要说明的其他问题，如被告人有无前科等。

3. 诉讼案卷和证据，根据具体案件情况应当包括下列内容：①拘留证、逮捕证、搜查证的复印件；②扣押赃款、赃物和其他的在案物证清单；③起诉意见书或者人民检察院的侦查终结报告；④人民检察院的起诉书；⑤案件审查报告、法庭庭审笔录、合议庭评议笔录和审判委员会讨论笔录；⑥上诉状、抗诉书；⑦人民法院的判决书、裁定书和宣判笔录、送达回证；⑧能够证明案件具体情况并经过查证属实的各种肯定的和否定的证据，包括物证或者物证照片、书证、证人证言、被害人陈述、被告人供述和辩解、鉴定结论以及勘验、检查笔录等。

此外，根据《刑事诉讼法》第 249 条的规定，最高人民法院复核死刑案件，高级人民法院复核死刑缓期执行的案件，应当由审判员 3 人组成合议庭进行。

最高人民法院和高级人民法院复核或者核准死刑（死缓）案件，应当提审被告人、审查核实案卷材料、制作审查报告和对案件作出处理决定。具体有以下内容：

1. 提审被告人。由于被告人经过一审人民法院、二审人民法院的开庭审理，对原判认定的犯罪事实、适用法律及判处死刑（死缓）是否正确，有了清楚的了解，在此基础上提审被告人，使其得到最后的辩护机会，这对于查明案件真实情况，发现和纠正错判，切实保障被告人的辩护权利，均具有极其重要的作用。因此，讯问被告人是死刑复核程序中的必经方式和重要环节。

2. 审查核实案卷材料，即"阅卷"。阅卷是重要的复核方式，通过全面审查案卷，可以发现原判认定犯罪事实是否清楚，证据是否确实、充分，定性是否准确，法律手续是否完备，对被告人判处死刑（死缓）是否正确，以便结合提审被告人对案件作出正确的处理。审查案卷，一般包括下列内容：①被告人的年龄，被告人有无责任能力，或是否属于正在怀孕的妇女；②原判认定的主要事实是否清楚，证据是否确实、充分；③犯罪情节、后果及危害程度；④原审判决适用法律是否正确，是否必须判处死刑，是否必须立即执行；⑤有无法定、酌定从轻或者减轻处罚的情节；⑥其他应当审查的情况。

3. 制作复核审理报告。最高人民法院、高级人民法院对报请复核的死刑（死缓）案件进行全面审查后，合议庭应当进行评议并写出复核审理报告。审核报告应当包括下列内容：①案件的由来和审理经过；②被告人和被害人基本情况；③案件的侦破情况；④原判决要点和控辩双方意见；⑤对事实和证据复核后的分析和认定；⑥合议庭评议意见和审判委员会讨论决定意见；⑦其他需要说明的问题。

4. 死刑复核程序中辩护人的参与。最高人民法院复核死刑案件，辩护律师提出要求的，应当听取辩护律师的意见。

5. 死刑复核程序中检察机关的参与。在复核死刑案件过程中，最高人民检察院可以向最高人民法院提出意见。最高人民法院应当将死刑复核结果通报最高人民检察院。

《刑事诉讼法》第 250 条规定，最高人民法院复核死刑案件，应当作出核准或者不核准死刑的裁定。对于不核准死刑的，最高人民法院可以发回重新审判或者予以改判。最高法《解释》第 350～353 条作出了如下规定：

1. 原判认定事实和适用法律正确、量刑适当、诉讼程序合法的，应当裁定核准。

2. 原判认定的某一具体事实或者引用的法律条款等存在瑕疵，但判处被告人死刑并无不当的，可以在纠正后作出核准的判决、裁定。

3. 原判事实不清、证据不足的，应当裁定不予核准，并撤销原判，发回重新审判。

4. 复核期间出现新的影响定罪量刑的事实、证据的，应当裁定不予核准，并撤销原判，发回重新审判。

5. 原判认定事实正确，但依法不应当判处死刑的，应当裁定不予核准，并撤销原判，发回重新审判。

6. 原审违反法定诉讼程序，可能影响公正审判的，应当裁定不予核准，并撤销原判，发回重新审判。

7. 对一人有两罪以上被判处死刑的数罪并罚案件，最高人民法院复核后，认为其中部分犯罪的死刑判决、裁定事实不清、证据不足的，应当对全案裁定不予核准，并撤销原判，发回重新审判；认为其中部分犯罪的死刑判决、裁定认定事实正确，但依法不应当判处死刑的，可以改判，并对其他应当判处死刑的犯罪作出核准死刑的判决。

8. 对有2名以上被告人被判处死刑的案件，最高人民法院复核后，认为其中部分被告人的死刑判决、裁定事实不清、证据不足的，应当对全案裁定不予核准，并撤销原判，发回重新审判；认为其中部分被告人的死刑判决、裁定认定事实正确，但依法不应当判处死刑的，可以改判，并对其他应当判处死刑的被告人作出核准死刑的判决。

9. 最高人民法院裁定不予核准死刑的，根据案件情况，可以发回第二审人民法院或者第一审人民法院重新审判。第一审人民法院重新审判的，应当开庭审理。第二审人民法院重新审判的，可以直接改判；必须通过开庭查清事实、核实证据或者纠正原审程序违法的，应当开庭审理。

四、判处死刑缓期2年执行案件的复核程序

1. 判处死刑缓期2年执行案件的报请复核。中级人民法院判处死刑缓期2年执行的第一审案件，被告人不上诉、人民检察院不抗诉的，应当报请高级人民法院核准。

2. 判处死刑缓期2年执行案件的复核。高级人民法院对于报请核准的死刑缓期2年执行的案件，按照下列情形分别处理：

（1）同意判处死刑缓期2年执行的，应当裁定予以核准。

（2）认为原判事实不清、证据不足的，应当裁定发回重新审判。

（3）认为原判量刑过重的，应当依法改判。

■第二节 在法定刑以下判处刑罚的核准程序

根据《刑法》第63条第2款和最高法《解释》第336～338条的规定，报请最高人民法院核准在法定刑以下判处刑罚的案件，按下列情形分别处理：①被告人不提出上诉、人民检察院不提起抗诉的，在上诉、抗诉期满后3日内报请上一级人民法院复核。上一级人民法院同意原判的，应当逐级报请最高人民法院核准；上一级人民法院不同意原判的，应当裁定发回重新审判，或者改变管辖按照第一审程序重新审理。原判是由基层人民法院作出的，高级人民法院可以指定中级人民法院按照第一审程序重新审理。②被告人提出上诉或者人民检察院提起抗诉的案件，应当按照第二审程序审理。上诉或者抗诉无理由的，应当裁定驳回上诉或者抗诉，维持原

判，并按照规定的程序逐级报请最高人民法院核准。上诉或者抗诉有理由的，应当依法改判。改判后仍判决在法定刑以下处以刑罚的，应当按照规定的程序逐级报请最高人民法院核准。

报请最高人民法院核准的在法定刑以下判处刑罚的案件，应当报送报请核准案件的结案报告、判决书各 5 份，以及全案诉讼卷宗和证据材料。

最高人民法院复核在法定刑以下判处刑罚的案件，予以核准的，应当作出核准裁定书；不予核准的，应当作出不核准裁定书，并撤销原判决、裁定，发回原审人民法院重新审判或者指定其他下级人民法院重新审判。

■第三节　适用特殊情况假释的核准程序

根据《刑法》第 81 条第 1 款和最高法《解释》第 341～343 条的规定，报请最高人民法院核准因犯罪分子具有特殊情况，不受执行刑期限制的假释案件，按下列情形分别处理：①中级人民法院依法作出假释裁定后，应当报请高级人民法院复核。高级人民法院同意假释的，应当报请最高人民法院核准；高级人民法院不同意假释的，应当裁定撤销中级人民法院的假释裁定。②高级人民法院依法作出假释裁定的，应当报请最高人民法院核准。

报请最高人民法院核准因犯罪分子具有特殊情况，不受执行刑期限制的假释案件，应当报送报请核准假释案件的报告、罪犯具有特殊情况的报告、假释裁定书各 5 份以及全部案卷材料。

最高人民法院核准因犯罪分子具有特殊情况，不受执行刑期限制的假释案件，予以核准的，应当作出核准裁定书；不予核准的，应当作出撤销原裁定、不准假释的裁定书。

【思考题】

1. 对于死刑立即执行案件的核准权统一由最高人民法院行使，你有何评价？
2. 有人主张对死刑案件应当实行三审终审，你是否支持？
3. 有人建议为死刑复核程序规定审理期限，但有人对此表示反对。请从社会利益和个人权利、公正与效率这两个方面对上述两种观点进行分析。

第二十六章

第二十七章

审判监督程序

提要与学习要求　本章需要了解审判监督程序的概念，申诉的概念。理解审判监督程序的特点，提起审判监督程序的主体范围，提起审判监督程序的理由和方式，依照审判监督程序对案件重新审判的程序。掌握刑事诉讼法以及相关法律解释对审判监督程序的提起以及依照审判监督程序对案件重新审判的程序的规定。

■第一节　审判监督程序概述

一、审判监督程序的概念

审判监督程序，又称再审程序，是指人民法院、人民检察院对已经发生法律效力的判决和裁定，发现其在认定事实上或者适用法律上确有错误时，依法提起并由人民法院对案件重新进行审判的诉讼程序。

审判监督程序是我国刑事审判程序的重要组成部分，但并不是每个刑事案件都必须经过审判监督程序。只有已经发生法律效力而又确有错误的判决、裁定，才能适用这一程序，因此，审判监督程序是刑事诉讼中的一种特殊程序。

在刑事诉讼中，审判监督程序与审判监督是两个不同的概念。审判监督的含义、内容和范围比审判监督程序广泛得多，它既包括国家权力机关、人民群众、人民检察院对审判工作进行的监督，也包括人民法院系统内部上级法院对下级法院的审判工作进行的监督。仅就上级法院对下级法院的审判监督而言，其审判监督的任务也并非仅仅通过审判监督程序来实现，它还能够依照第二审程序审理案件，依照死刑复核程序复核、核准案件，以及通过司法解释、批复、总结审判工作经验教训进行业务指导等方式加以实现。因此，审判监督程序只是审判监督的一个重要方面，即仅是为纠正已生效的错误裁判而提起的重新审判的特殊程序，是审判监督的一种法定形式。

　　虽然审判监督程序与第二审程序以及死刑复核程序都是实现审判监督的法定程序，其目的和任务都是为了维护正确的判决和裁定，纠正错误的判决和裁定，但它们各自又具有不同的特点。

　　审判监督程序与第二审程序相比较，其主要区别表现在：①审理的对象不同。审判监督程序的审理对象是已经发生法律效力的判决、裁定，包括正在执行和已经执行完结的案件；第二审程序的审理对象则是尚未发生法律效力的判决、裁定。②提起的主体不同。依照法律规定，有权提起审判监督程序的，只能是最高人民法院、上级人民法院、本院的审判委员会以及最高人民检察院、上级人民检察院；而有权提起第二审程序的，则是依法享有上诉权的当事人及其法定代理人，经被告人同意提起上诉的辩护人和近亲属，以及依法享有抗诉权的同级人民检察院。③提起的理由不同。对于提起审判监督程序的理由，法律规定了严格的限制条件，即必须是有权提起审判监督程序的主体，经过严格审查，确认已经发生法律效力的裁判在认定事实、适用法律上或者在诉讼程序上确有错误，才能依照审判监督程序进行审理；第二审程序则没有对上诉理由作任何限制，只要上诉权人依法提起上诉，无论何种理由以及理由是否充分，上一级人民法院都必须依照第二审程序进行审理。④提起的期限不同。对于提起审判监督程序，法律并没有期限限制，只是在发现新罪或者无罪改判为有罪时，应在刑法规定的追诉时效期限内提起；而第二审程序的上诉、抗诉，则必须在法律规定的期限内提起，如果逾期又无正当理由提出上诉、抗诉的，第二审人民法院则不予受理。⑤审理案件的法院不同。按照审判监督程序审理案件的法院，既可以是原审人民法院，也可以是任何上级人民法院；但依第二审程序审理案件的法院，则只能是第一审人民法院的上一级人民法院。⑥审理的结果能否加刑有所不同。按照审判监督程序重新审理案件，依照法律规定，既可以加重被告人的刑罚，也可以减轻被告人的刑罚；按照第二审程序审理案件，则必须严格遵守"上诉不加刑"原则，对于只有被告人一方提出上诉的案件，第二审人民法院在改判时，不得加重被告人的刑罚。

　　审判监督程序与死刑复核程序相比，其不同点主要表现在：①适用的案件范围不同。死刑复核程序只能适用于判决、裁定尚未生效的判处死刑的案件；审判监督程序适用的案件范围则包括了判决、裁定已经发生法律效力并且认为确有错误的一切刑事案件，其中包括已生效的死刑裁判在内。②提起和报请的主体不同。死刑复核程序是判处死刑的第一审或第二审人民法院主动将案件报请有核准权的人民法院引起的；审判监督程序则只能由有权提起的机关提起，并以生效的裁判确有错误为前提。③有权审理的法院不同。有权依照死刑复核程序对案件进行复核的法院只能是最高人民法院和经授权的高级人民法院；而有权依照审判监督程序重新审判案件的法院则包括各级人民法院。

二、审判监督程序的意义

判决和裁定是人民法院代表国家行使审判权，根据事实和法律作出的解决案件的结论，一旦发生法律效力，就具有稳定性、权威性和排他性，其他任何机关、团体、单位和个人都无权予以变更或者撤销。但是，生效裁判的稳定性和权威性应当建立在认定事实清楚、适用法律适当、诉讼程序合法的基础上。由于刑事案件的复杂性和司法人员主观因素的影响，已经生效的裁判也有可能存在错误，而这种在认定事实上或者适用法律上确有错误的生效裁判的存在，是与我国刑事诉讼的目的和任务相违背的。因此，依照审判监督程序撤销或者变更已经发生法律效力的错误的判决、裁定，与维护判决、裁定的稳定性、权威性，维护法律的统一、正确实施的目的是完全一致的。

刑事审判监督程序作为我国刑事审判程序的重要组成部分，对于实现我国刑事诉讼法的目的，完成刑事诉讼法的任务具有十分重要的意义。具体表现在：

1. 通过审判监督程序，依法纠正已经发生法律效力的错误判决、裁定，有利于保证国家法律的统一、正确实施，准确有效地惩罚犯罪分子，使无辜受罚者得以平反昭雪，使有罪轻判者受到应得的惩罚，从诉讼程序上充分体现和贯彻实事求是、有错必纠的方针政策。

2. 通过审判监督程序，有利于加强最高人民法院对地方各级人民法院、上级人民法院对下级人民法院、人民检察院对人民法院审判工作的监督，及时发现审判工作中存在的问题，并从中总结经验教训，改进审判工作方法和作风，提高审判人员的政策、法律水平，提高办案质量。

3. 通过审判监督程序，还可以充分发挥人民群众对审判工作的监督作用。我国《刑事诉讼法》规定，对于已经生效的裁判，当事人及其法定代理人、近亲属等都可以提出申诉，有关国家机关、单位和公民可以提出纠正错误裁判的意见和要求，这就为提起审判监督程序提供了广泛的材料来源，并能够充分调动广大群众的积极性，督促人民法院及时纠正错误判决、裁定，增强人民群众对国家司法机关的尊重和信赖。

■第二节　审判监督程序的提起

一、申诉及其审查处理

（一）再审申诉的概念

所谓再审申诉，是指当事人及其法定代理人、近亲属对已经发生法律效力的判决、裁定不服，向人民法院或者人民检察院提出重新审查和处理案件的一种诉讼请求。申诉作为提起审判监督程序的材料来源，在司法实践中占有很大比重，是提起审判监督程序的材料来源中最经常和最主要的方面，也是司法机关发现错误裁判的一个重要途径。

申诉是国家法律赋予当事人及其法定代理人、近亲属的一项重要的诉讼权利，申诉不同于上诉，其与上诉的不同之处在于：①上诉必然引起二审程序；但申诉权仅是提起审判监督程序的重要材料来源，是否能够引起审判监督程序，必须由司法机关对申诉材料进行审查并作出决定，当确认生效裁判确有错误，并符合法律规定的重新审判的条件时，才能启动审判监督程序。②上诉的提起，必然阻止一审判决、裁定发生法律效力；但申诉则不相同，《刑事诉讼法》明确规定，申诉的提出不能停止判决、裁定的执行。③有权提起的主体不同。有权提起上诉的人是被告人、自诉人和他们的法定代理人，以及经被告人同意的被告人的辩护人和近亲属，同时附带民事诉讼当事人和他们的法定代理人对附带民事诉讼部分都有权提起上诉；而有权提出申诉的人则包括当事人及其法定代理人、近亲属，这比上诉人的范围要广泛。④上诉有法定期限限制，针对判决的上诉期限是 10 日，针对裁定的上诉期限是 5 日；人民法院对刑事案件的申诉人在刑罚执行完毕后 2 年内提出的申诉，应当受理。超过 2 年提出申诉，具有下列情形之一的，应当受理：一是可能对原审被告人宣告无罪的；二是原审被告人在规定的期限内向人民法院提出申诉，人民法院未受理的；三是属于疑难、复杂、重大案件的。不符合规定的，人民法院不予受理。

（二）申诉的审查处理

根据《刑事诉讼法》的规定，当事人及其法定代理人、近亲属的申诉，既可以向人民法院提出申诉，也可以向人民检察院提出申诉。根据最高法《解释》第 373 条的规定，申诉由终审人民法院审查处理。但是，第二审人民法院裁定准许撤回上诉的案件，申诉人对第一审判决提出申诉的，可以由第一审人民法院审查处理。上一级人民法院对未经终审人民法院审查处理的申诉，可以告知申诉人向终审人民法院提出申诉，或者直接交终审人民法院审理处理，并告知申诉人；案件疑难、复杂、重大的，也可以直接审查处理。对未经终审人民法院及其上一级人民法院审查处理，直接向上级人民法院申诉的，上级人民法院可以告知申诉人向下级人民法院提出。对立案审查的申诉案件，应当在 3 个月内作出决定，最迟不得超过 6 个月。

根据最高检《规则》第 593 条的规定，当事人及其法定代理人、近亲属认为人民法院已经发生法律效力的刑事判决、裁定确有错误，向人民检察院申诉的，依照不同情形应当分别处理，人民检察院办理申诉案件，应当依法审查，并将结果告知申诉人。

根据《刑事诉讼法》的规定，提起审判监督程序的先决条件是发生法律效力的判决、裁定确有错误。由于当事人及其法定代理人、近亲属与案件的结果有直接的利害关系，这就决定了他们提出的申诉可能正确，也可能不正确。因此，为了充分保障当事人等的申诉权，使司法机关能够统一理解、掌握和执行"确有错误"的标准，确保合法的申诉能够引起重新审判的结果，《刑事诉讼法》第 253 条对申诉的理

第二十七章

由作了明确规定，当事人及其法定代理人、近亲属的申诉符合下列情形之一的，人民法院应当重新审判：①有新的证据证明原判决、裁定认定的事实确有错误，可能影响定罪量刑的；②据以定罪量刑的证据不确实、不充分、依法应当予以排除，或者证明案件事实的主要证据之间存在矛盾的；③原判决、裁定适用法律确有错误的；④违反法律规定的诉讼程序，可能影响公正审判的；⑤审判人员在审理该案件的时候，有贪污受贿，徇私舞弊，枉法裁判行为的。

人民法院经过审查，如果认为申诉不符合以上规定的，应当说服申诉人撤回申诉；对仍然坚持申诉的，应当书面通知驳回。申诉人对驳回申诉不服的，可以向上一级人民法院申诉。上一级人民法院经审查认为申诉不符合《刑事诉讼法》第 253 条和最高法《解释》第 375 条第 2 款规定的，应当说服申诉人撤回申诉；对仍然坚持申诉的，应当驳回或者通知不予重新审判。[1]

二、提起审判监督程序的主体

由于提起审判监督程序的案件，是判决、裁定已经发生法律效力且已交付执行或执行完毕的案件，为了保证人民法院裁判的稳定性和严肃性，并使确有错误的裁判能够得以纠正，我国法律对有权提起审判监督程序的主体及其权限作了严格限制，根据《刑事诉讼法》第 254 条的规定，有权提起审判监督程序的机关、人员及其权限如下：

1. 各级人民法院院长对本院已经发生法律效力的判决和裁定，如果发现在认定事实上或者在适用法律上确有错误，必须提交本院审判委员会处理。

各级人民法院发现本院已经发生法律效力的判决、裁定确有错误，需要提起再审程序时，应当由院长提交本院审判委员会讨论决定。审判委员会讨论后，如果认为原判决、裁定确有错误，应当作出另行组成合议庭再审的决定。例如，被告人张某被某县人民法院以抢劫罪判处有期徒刑 15 年，宣判后张某没有提起上诉，但是在张某服刑 1 年后，张某以量刑过重为由提出申诉。申诉书转到原判法院后，经院长审查认为确实量刑不当，于是提交审判委员会讨论。审判委员会讨论后决定对该案进行再审，法院另行组成了合议庭，改判张某有期徒刑 10 年。在这个案例中，就是由原审法院院长提交审判委员会讨论而提起审判监督程序的。

2. 最高人民法院对各级人民法院已经发生法律效力的判决和裁定，上级人民法院对下级人民法院已经发生法律效力的判决和裁定，如果发现确有错误，有权提审或指令下级人民法院再审。

所谓提审是指上级人民法院在认为该案由原审人民法院审判不适宜时，将该案提调自行审判的一种诉讼活动。而指令下级人民法院再审，一般是指令原审人民法院以外的下级人民法院审理；由原审人民法院审理更为适宜的，也可以指令原审人

---

[1] 参见最高法《解释》第 375、377 条。

民法院审理。提审和指令下级人民法院再审，是最高人民法院对各级人民法院，上级人民法院对其辖区内的下级人民法院已经生效的错误裁判行使审判监督职权并依法提起再审程序的两种重要方式。

3. 最高人民检察院对各级人民法院已经发生法律效力的判决和裁定，上级人民检察院对下级人民法院已经发生法律效力的判决和裁定，如果发现确有错误，有权按照审判监督程序向同级人民法院提出抗诉。

最高人民检察院对各级人民法院（包括最高人民法院），上级人民检察院对下级人民法院确有错误的生效裁判，依照审判监督程序提出抗诉，是人民检察院行使审判监督权的重要表现。但地方各级人民检察院发现同级人民法院或者上级人民法院已经发生法律效力的判决、裁定确有错误，无权依照审判监督程序提出抗诉，只能报请上级人民检察院决定是否抗诉。

根据最高检《规则》第597、598条的规定，最高人民检察院发现各级人民法院，上级人民检察院发现下级人民法院已经发生法律效力的判决或者裁定确有错误，需要提出抗诉的，由控告申诉部门报请检察长提交检察委员会讨论决定。人民检察院决定抗诉后，审查起诉部门既可以直接向同级人民法院提出抗诉，也可以报请作出生效判决、裁定人民法院的上一级人民检察院向同级人民法院提出抗诉。人民检察院按审判监督程序向人民法院提出抗诉的，应当将抗诉书副本报送上一级人民检察院。

4. 对于人民检察院抗诉的案件，接受抗诉的人民法院应当组成合议庭重新审理，对于原判决事实不清楚或者证据不足的，可以指令下级人民法院再审。这表明，人民检察院按照审判监督程序提出抗诉的效力与申诉权人提出申诉的效力不同，其能够直接引起审判监督程序，人民法院必须对案件进行再审。并且，还必须由接受抗诉的人民法院组成合议庭重新审理，只有在原判决事实不清或者证据不足的情况下，才可以指令下级人民法院再审。

人民检察院按照审判监督程序提出抗诉的案件，经人民法院审理并作出判决、裁定后，人民检察院认为仍然确有错误的，如果案件是依照第一审程序审判的，同级人民检察院应当向上一级人民法院提出抗诉；如果案件是依照第二审程序审判的，上级人民检察院应当按照审判监督程序向同级人民法院提出抗诉。

三、提起审判监督程序的理由

审判监督程序只有具备了法定的正当理由才能提起。《刑事诉讼法》第254条对提起审判监督程序的理由作了原则性规定，即只有对各种再审材料进行认真审查后，发现已经发生法律效力的判决、裁定"在认定事实上或者在适用法律上确有错误"，才能提起审判监督程序。在司法实践中，已经发生法律效力的判决、裁定"确有错误"，主要指以下两种情况：

（一）在认定事实上确有错误

在认定事实上确有错误，主要是指原判决、裁定认定的案件主要事实或重大情节确有错误，包括：①定罪和量刑的主要事实或重大情节不清，或者与客观实际不符；②案件据以定罪量刑的证据不确实、不充分，不足以证明主要犯罪事实或重大情节，或者证明案件事实的主要证据之间存在矛盾；③发现新的事实或证据，足以证明原判决、裁定认定的事实确有错误。所谓"新的证据"是指以下四个方面：一是原判决、裁定生效后新发现的证据；二是原判决、裁定生效前已经发现，但未予收集的证据；三是原判决、裁定生效前已经收集，但未予质证的证据；四是原判决、裁定所依据的鉴定意见、勘验、检查笔录或者其他证据被改变或否定的。

（二）在适用法律上确有错误

在适用法律上确有错误，包括适用实体法上的错误和适用程序法上的错误。适用实体法上的错误，主要是指应当适用的法律条款没有适用或不正确适用，不应当适用的条款却被予以适用，从而导致定性上的罪与非罪、此罪与彼罪、一罪与数罪相混淆，或者量刑上的轻罪重判或者重罪轻判的错误。同时，由于法律规定的诉讼程序是保证实体法正确实施的必要条件，因此，严重违反法律规定的诉讼程序，如应当回避而没有回避，审判人员在审理案件过程中贪污受贿、徇私枉法等导致判决、裁定发生错误的情形，也属于原判决、裁定在适用法律方面确有错误的一种表现形式。

■第三节　依照审判监督程序对案件的重新审判

一、重新审判的程序

人民法院依照审判监督程序进行再审，应当坚持实事求是、有错必纠的原则，应当就原判决、裁定认定事实和适用法律的情况进行全面审查，做到全错全改，部分错部分改，不错不改，冤假错案坚决纠正和平反，漏案必须追究，从而保证再审案件的质量。

《刑事诉讼法》第 256 条第 1 款规定："人民法院按照审判监督程序重新审判的案件，由原审人民法院审理的，应当另行组成合议庭进行。如果原来是第一审案件，应当依照第一审程序进行审判，所作的判决、裁定，可以上诉、抗诉；如果原来是第二审案件，或者是上级人民法院提审的案件，应当依照第二审程序进行审判，所作的判决、裁定，是终审的判决、裁定。"第 257 条规定："人民法院决定再审的案件，需要对被告人采取强制措施的，由人民法院依法决定；人民检察院提出抗诉的再审案件，需要对被告人采取强制措施的，由人民检察院依法决定。人民法院按照审判监督程序审判的案件，可以决定中止原判决、裁定的执行。"

根据以上规定以及最高法《解释》的有关规定，依照审判监督程序重新审判的案件，应当遵守的程序是：

1. 再审的法院既可以是上级人民法院，也可以是上级法院指令的其他下级法院。上级人民法院指令下级人民法院再审的，应当指令原审人民法院以外的下级人民法院审理；由原审人民法院审理更为适宜的，也可以指令原审人民法院审理。

2. 再审时必须另行组成合议庭，不得由原合议庭的审判人员进行审理，以避免先入为主的印象，影响案件的公正处理。因此，参与过本案第一审、第二审、复核程序审判的合议庭组成人员，不得参与本案的再审程序的审判。

3. 人民法院决定再审的案件，除人民检察院提出抗诉的以外，应当制作再审决定书，并应送达人民检察院、原审被告人及其法定代理人和被害人及其法定代理人。同时应当告知原审被告人可以委托辩护人，或者在符合法律规定的情况下，由人民法院依法指定承担法律援助义务的律师为其提供辩护；应当告知被害人可以委托诉讼代理人参加再审程序。

人民法院应当在开庭30日前通知人民检察院、当事人或者辩护人查阅、复制双方提交的新证据目录及新证据复印件、照片。人民法院应当在开庭15日前通知控辩双方查阅、复制人民法院调取的新证据目录及新证据复印件、照片。[1]

4. 再审的审理方式和审判程序，依照原来的审级加以确定。即如果原来是第一审案件，应当依照第一审程序进行审判，所作的判决、裁定，可以上诉、抗诉；如果原来是第二审案件，或者是上级人民法院提审的案件，应当依照第二审程序进行审判，所作的判决、裁定，是终审的判决、裁定。由于我国再审程序的审理方式和审判程序，主要是依照第一审或者第二审程序的有关规定进行的，因此，人民法院进行再审时，应当视原来审级的不同，而严格遵守《刑事诉讼法》关于第一审或者第二审程序有关审判方式和审判程序的规定。

5. 按照审判监督程序进行再审的自诉案件，应当依法作出判决、裁定；附带民事部分可以调解结案。

二、再审的期限

《刑事诉讼法》第258条规定："人民法院按照审判监督程序重新审判的案件，应当在作出提审、再审决定之日起3个月以内审结，需要延长期限的，不得超过6个月。接受抗诉的人民法院按照审判监督程序审判抗诉的案件，审理期限适用前款规定；对需要指令下级人民法院再审的，应当自接受抗诉之日起1个月以内作出决定，下级人民法院审理案件的期限适用前款规定。"《刑事诉讼法》明确规定了再审案件的审理期限，这对于提高再审程序的工作效率，防止案件久拖不决，及时纠正错误的判决、裁定，保护公民的合法权益，具有十分重要的意义。

---

[1]《最高人民法院关于刑事再审案件开庭审理程序的具体规定（试行）》第13条。

三、重新审判后的结果

根据最高法《解释》第 389 条第 1 款的规定，人民法院按照审判监督程序对案件重新审理以后，应当依照案件的不同情况分别作出如下处理：

1. 原判决、裁定认定事实和适用法律正确，量刑适当的，应当裁定驳回申诉或者抗诉，维持原判决、裁定。

2. 原判决、裁定定罪准确、量刑适当，但在认定事实、适用法律等方面有瑕疵的，应当裁定纠正并维持原判决、裁定。

3. 原判决、裁定认定事实没有错误，但适用法律有错误，或者量刑不当的，应当撤销原判决、裁定，依法改判。

4. 按照第二审程序审理的案件，原判决、裁定认定事实不清或者证据不足的，可以在查清事实后改判，也可以裁定撤销原判，发回原审人民法院重新审判。

至于依照审判监督程序进行的再审的结果能否加重被告人刑罚的问题，根据最高法《解释》第 386 条规定："除人民检察院抗诉的以外，再审一般不得加重原审被告人的刑罚。再审决定书或者抗诉书只针对部分原审被告人的，不得加重其他同案原审被告人的刑罚。"

【思考题】

1. 对已经生效的判处被告人无罪的判决，如果事后发现了新证据，能否依照审判监督程序进行再审？这是否违反禁止双重危险原则？

2. 当事人等提出申诉是否有时间和次数上的限制？

3. 原审认定事实和适用法律均正确，但是审判程序违法，是否应当按照审判监督程序进行重新审判？

4. 判决的正确性与判决的终局性之间，应当如何加以平衡？

第二十八章

执　行

提要与学习要求　本章需要了解执行程序的概念。理解执行的依据，执行机关，各种判决、裁定的执行程序，执行的变更程序，对新罪和申诉的处理程序，人民检察院对执行的监督程序。掌握刑事诉讼法以及相关法律解释对各种判决、裁定的执行程序，执行的变更程序，对新罪和申诉的处理，人民检察院对执行的监督程序的规定。

■第一节　执行概述

一、执行的概念

刑事诉讼中的执行是指人民法院将已经发生法律效力的判决和裁定交付执行机关，由相关国家机关实施其确定的内容，以及处理执行中的诉讼问题而进行的各种活动。

判决和裁定发生法律效力后，应当立即交付执行。这是由刑事诉讼的任务和生效判决和裁定的特点决定的。判决和裁定发生法律效力后，一般具有三个特点：

1. 稳定性。生效判决和裁定的稳定性，是由法律的严肃性所决定的。凡是已经生效的刑事判决和裁定，其他任何机关、团体和个人，都无权随意变更或撤销。如果发现生效裁判在认定事实上或适用法律上确有错误，只能按照审判监督程序，由人民法院加以变更或撤销。

2. 排他性。所谓排他性，就是对于一起案件，只能作出一个有效的判决。这个有效判决没有依法定程序撤销以前，不能作出其他的判决。不仅如此，由于判决和裁定是人民法院代表国家对诉讼案件所作的评判，是最高权威的处理决定，不允许相矛盾的其他处理决定与其并存。

3. 强制性。所谓强制性，是指已经生效的判决和裁定，必须按照判决和裁定所确定的内容严格加以执行。对当事人来说，不管其是否同意该判决或裁定的内容，都必须执行。如果抗拒执行，将被依法追究法律责任。生效判决和裁定的强制性，是由国家法律的严肃性所决定的。

执行是刑事诉讼的最后一个诉讼程序，但是，并非判决、裁定的整个执行过程和一切活动都属于刑事诉讼的范围。在刑事执行中，属于刑事诉讼范畴的，仅指两个方面：一是把人民法院已经发生法律效力的判决和裁定交付执行；二是解决执行过程中所发生的诉讼问题。简言之，就是交付执行和变更执行。交付执行是指人民法院将已发生法律效力的判决和裁定，交付有关刑罚执行机关执行的活动，如将判处有期徒刑的判决交付监狱等国家刑罚执行机关执行，或者是由人民法院自己执行生效判决和裁定的内容的活动，如执行判处罚金、没收财产的判决。变更执行是指判决和裁定在执行过程中，由于出现了法定情形，人民法院将原判决、裁定依法予以变更的活动，如对罪犯实施减刑、假释、监外执行等。其他执行活动则属于司法行政活动，如狱政管理、对罪犯的教育改造等。

二、执行的依据和机关

（一）执行的依据

人民法院发生法律效力的判决和裁定是执行机关对罪犯实施惩罚和改造的法律依据。根据我国《刑事诉讼法》第259条和有关法律规定，人民法院发生法律效力的刑事判决和裁定，是指以下三种：

1. 已过法定期限没有上诉、抗诉的判决和裁定，即地方各级人民法院作出的上诉期满而没有提出上诉或抗诉的第一审判决和裁定。

2. 终审的判决和裁定，即中级、高级人民法院作出的第二审案件的判决和裁定，最高人民法院作出的第一审和第二审案件的判决和裁定。

3. 最高人民法院核准的死刑判决和裁定，以及高级人民法院核准的死刑缓期2年执行的判决、裁定。

（二）执行的机关

生效判决和裁定因其内容不同，负责的执行机关也不相同。根据《刑事诉讼法》第260、262、271、272条的规定，死刑立即执行、罚金和没收财产的判决和裁定，以及无罪或免除刑罚的判决，均由人民法院自行执行。第264条第2款规定，对被判处死刑缓期2年执行、无期徒刑、有期徒刑的罪犯，由公安机关送交监狱执行刑罚。对被判处有期徒刑的罪犯，在被交付执行刑罚前，剩余刑期在3个月以下的，由看守所代为执行。对被判处拘役的罪犯，由公安机关执行。第269条规定，对被判处管制、宣告缓刑、假释或者暂予监外执行的罪犯，依法实行社区矫正，由社区矫正机构负责执行。第270条规定，被判处剥夺政治权利的罪犯，由公安机关执行。第264条第3款规定，对未成年犯，在未成年犯管教所执行。在交付有关部门执行时，人民法院应当按照案件的性质和刑罚的不同，把判决或裁定交付法律所规定的有关部门执行。

三、执行的意义

判决和裁定的执行，是刑事诉讼的最后一个阶段。在这一阶段中，人民法院和执行机关采取法定措施，将判决和裁定中所宣告的刑罚和其他决定付诸实施。因此，执行在整个刑事诉讼过程中占有重要的地位，其意义是：

1. 准确、及时、迅速地执行判决和裁定，可以使被判处刑罚的犯罪分子受到应得的法律制裁。这不仅打击了他们的犯罪活动，保护了国家和人民的利益，同时对于被判处刑罚的犯罪分子本人而言，通过惩罚和教育对其进行改造，使其改恶从善，重新做人。

2. 准确、及时地执行判决和裁定，不仅可以使被判处刑罚的犯罪分子受到应得的法律制裁，而且可以使无罪和被免除刑事处罚的在押被告人得到立即释放，特别是对依照法律被认定为无罪的被告人，可以使其名誉得到恢复，合法利益得到保护。

3. 正确地执行判决和裁定，可以教育公民遵守法律，并使他们进一步认识到，任何犯罪行为都逃脱不了法律的制裁，以增强公民的法治观念，提高公民同违法犯罪行为作斗争的自觉性。同时，对那些已经违法但尚未构成犯罪，或者对于那些有犯罪企图的社会不稳定分子，也可以使其认识到，只要进行犯罪活动，就会被揭露和受到法律的惩罚。这是一种警戒，可以起到预防和减少犯罪的作用，可以有效地推动社会治安综合治理方针的贯彻落实，实现社会秩序的长治久安。

■第二节　各种判决、裁定的执行程序

一、死刑立即执行判决的执行

死刑是依法剥夺犯罪分子生命的刑罚，是刑罚中最严厉的刑种。为了防止无法挽回的错杀，我国《刑事诉讼法》第261、262、263条以及最高法《解释》在死刑执行程序上作了严格而周密的规定。

最高人民法院的执行死刑命令，由高级人民法院交付原审人民法院执行，原审人民法院接到死刑执行命令后，应当在7日内交付执行。执行死刑的这一法定期限必须得到严格遵守，不得借故延期执行。

下级人民法院在接到执行死刑命令后，发现有下列情形之一的，应当停止执行，并立即报告最高人民法院，由最高人民法院作出裁定：

1. 在执行前发现判决可能有错误的。具体包括以下情形：

（1）罪犯可能有其他犯罪的。

（2）共同犯罪的其他犯罪嫌疑人到案，可能影响罪犯量刑的。

（3）共同犯罪的其他罪犯被暂停或者停止执行死刑，可能影响罪犯量刑的。

2. 在执行前，罪犯揭发重大犯罪事实或者有其他重大立功表现，可能需要改

判的。

3. 罪犯正在怀孕的。

在停止执行的情况下,执行死刑的人民法院应当立即用书面形式报告最高人民法院,由院长签发停止执行死刑的命令。经过审查核实,如果认为原判决是正确的,必须先报请最高人民法院再签发执行死刑命令,才能执行。如果查明罪犯确实是正在怀孕的妇女,应当报请最高人民法院依法改判。

人民法院应当在交付执行死刑 3 日前,通知同级人民检察院派员临场监督。担负现场监督职责的检察人员如果发现有违法情况,应当立即纠正。临场执行死刑时,由人民法院审判人员负责指挥执行。对于执行死刑的主体,人民法院有条件执行的,应交付司法警察执行;没有条件执行的,可交付公安机关的武装警察执行。

关于执行死刑的方法,《刑事诉讼法》第 263 条第 2 款规定:"死刑采用枪决或者注射等方法执行。""枪决"是用枪弹射击罪犯致其死亡的执行死刑的方法,是我国长期使用的一种行刑方法;"注射"是指通过注射致命性药物使罪犯死亡的执行方法。至于立法规定的"注射等方法"中的"等方法"是指比枪决、注射更为人道、科学、文明的方法。采用枪决、注射以外的其他方法执行死刑的,应当事先报请最高人民法院批准。

执行的地点一般选择在刑场或者指定的羁押场所内。所谓"刑场"是指传统意义上由执行机关设置的执行死刑的场所。刑场不得设在繁华地区、交通要道和旅游区附近。所谓"指定的羁押场所"是指人民法院指定的监狱或者看守所。执行死刑应严格控制刑场,除依法执行死刑的司法工作人员以外,其他任何人不得进入刑场。

负责指挥执行的审判人员应当对罪犯验明正身。要认真细致地核对罪犯的有关情况,查明其确系该判决认定的应当执行死刑的罪犯,以确保执行无误。审判人员还应当询问罪犯有无遗言、信札,并制作笔录。对于罪犯的遗言、信札,人民法院应当及时进行审查,分不同情况予以不同处理。在执行前,如果发现可能有错误,应当暂停执行,依法定程序报请最高人民法院裁定。

执行死刑应当公布。处决罪犯的布告要选择在适当范围内的适当地点张贴,以使人民群众了解情况。

执行死刑后,在场书记员应当写成笔录。笔录应当记明执行的具体情况,包括执行死刑的时间、地点、方法、指挥执行的审判人员、临场监督的人民检察院检察人员、负责执行人员的姓名、执行死刑的具体情况等。交付执行的人民法院应将执行死刑的情况以及所附执行死刑前后的照片,及时逐级报告核准死刑的最高人民法院。

执行死刑后,交付执行的人民法院应当通知罪犯家属,做好罪犯遗物、遗款清点移交工作。罪犯执行死刑后的尸体或火化后的骨灰,通知其家属认领。罪犯家属不予认领的,由人民法院通知有关单位处理。

根据最高法《解释》第 423 条、第 426 条第 2 款、第 428 条第 3 项的规定,死刑的执行,除应遵循上述程序外,还应处理好以下几个问题:

1. 第一审人民法院在执行死刑前，应当告知罪犯有权会见其近亲属。罪犯申请会见并提供具体联系方式的，人民法院应当通知其近亲属。罪犯近亲属申请会见的，人民法院应当准许，并及时安排会见。

2. 对死刑犯的游街示众问题。在司法实践中，有些地方受旧习惯的影响，为制造声势，增强法律的威慑效果，在死刑犯的身上插上写有姓名和罪状的标签，并将其拉到繁华地区游街示众。这种做法是对罪犯人格的侮辱，违反了法律关于执行死刑不应示众的规定，而且这样做容易对外造成不良影响。因此，最高人民法院、最高人民检察院、公安部等部门曾多次联合发出通知，严禁对死刑犯游街示众，以体现文明执法。

3. 对外国人执行死刑的，通知外国驻华使、领馆的程序和时限，应严格依照有关规定办理。

二、死刑缓期 2 年执行、无期徒刑、有期徒刑和拘役判决的执行

《刑事诉讼法》第 264 条第 1 款规定，罪犯被交付执行刑罚的时候，应当由交付执行的人民法院在判决生效后 10 日以内将有关的法律文书送达公安机关、监狱或者其他执行机关。《监狱法》第 16 条规定："罪犯被交付执行刑罚时，交付执行的人民法院应当将人民检察院的起诉书副本、人民法院的判决书、执行通知书、结案登记表同时送达监狱。监狱没有收到上述文件的，不得收监；上述文件不齐全或者记载有误的，作出生效判决的人民法院应当及时补充齐全或者作出更正；对其中可能导致错误收监的，不予收监。"上述四种法律文书对于刑罚执行机关对罪犯正确执行刑罚并进行教育改造来说，具有重要意义。人民法院在交付执行的时候，以上四种法律文书必须齐备，缺一不可。一案有若干罪犯的，应当按罪犯的人数送达上述文书，不能共用。

需要指出的是，《刑事诉讼法》并未规定人民检察院的起诉书副本为交付执行的必备法律文书，《监狱法》将其作为交付执行的必备法律文件加以规定，有利于刑罚执行机关更全面地了解、揭露、证实犯罪，追溯罪犯的司法活动的全过程，了解检察机关的起诉意见，更准确地把握罪犯实施犯罪活动的发展过程及其真实的思想脉络。

关于交付执行的期限，根据《监狱法》第 15 条及最高法《解释》的规定，对被判处死刑缓期 2 年执行、无期徒刑、有期徒刑的罪犯，交付执行的人民法院应当将执行通知书等有关的必备法律文书及时送达羁押该罪犯的公安机关，公安机关应当自收到执行通知书等有关法律文书之日起 1 个月内将该罪犯送交监狱或其他执行机关执行。对被判处拘役的罪犯，公安机关在收到交付执行的人民法院送达的执行通知书等有关法律文书后，应当立即交付执行。执行通知书的回执，经看守所盖章后附入人民法院的诉讼案卷内。

死刑缓期 2 年执行、无期徒刑、有期徒刑、拘役虽然都属于限制人身自由的刑

罚，但由于犯罪性质不同、刑种不同、刑期不同、犯罪人是否成年等因素的不同，因此，以上刑罚在执行方式、执行场所等方面都有所不同。《刑事诉讼法》第264条第2、3款分别规定，对被判处死刑缓期2年执行、无期徒刑、有期徒刑的罪犯，应当交付监狱执行；对被判处有期徒刑的犯罪分子，在被交付执行前，剩余刑期在3个月以下的，由看守所代为执行；对被判处拘役的罪犯，由公安机关在拘役所执行；对未成年犯，应当在未成年犯管教所执行刑罚。

法律规定交付执行前余刑在3个月以下的有期徒刑罪犯由看守所代为执行，使得执行更为方便，有利于罪犯进行服刑改造。对在看守所执行刑罚的罪犯，应当同未决的犯罪嫌疑人分管分押。

对未成年犯应在未成年犯管教所执行，是因为：①未成年犯管教所在管理上比监狱相对宽松，使未成年犯在生理上和心理上能够承受；②将未成年犯与成年犯分别关押于不同场所进行教育改造，可以避免发生成年犯对未成年犯传授犯罪经验、教唆犯罪等现象，同时也便于对未成年犯采取有针对性的教育改造措施；③未成年犯管教所在名称上与监狱相区别，有利于避免对未成年犯造成过深的"监狱烙印"和心理伤害。

监狱、看守所等执行机关应当将罪犯分管分押，按照惩罚和改造相结合、教育和劳动相结合的原则对罪犯进行改造。对于未成年犯的改造，应按照"教育改造为主，轻微劳动为辅"的原则进行。《监狱法》第75条规定，对未成年犯执行刑罚应当以教育改造为主。未成年犯的劳动，应当符合未成年人的特点，以学习文化和生产技能为主。监狱应当配合国家、社会、学校等教育机构，为未成年犯接受义务教育提供必要的条件。

根据《监狱法》第20条的有关规定，罪犯收监后，监狱应当通知罪犯家属。通知书应当自收监之日起5日内发出，告知罪犯姓名、刑期及执行的地址等。

有期徒刑、拘役的刑期，从判决执行之日起计算。判决前因被拘留和逮捕而予以先行羁押的，羁押1日折抵刑期1日。被判处有期徒刑、拘役的罪犯服刑期满，刑罚执行机关应当按期释放并发给释放证明书。

三、管制、有期徒刑缓刑、拘役缓刑、假释以及暂予监外执行的执行

《刑事诉讼法》第269条规定，对被判处管制、宣告缓刑、假释或者暂予监外执行的罪犯，依法实行社区矫正，由社区矫正机构负责执行。人民检察院对社区矫正进行法律监督。

对判处管制、宣告缓刑的罪犯，人民法院应当核实其居住地。宣判时，应当告知罪犯到居住地县级司法行政机关报到的期限和不按期报到的后果。判决、裁定生效后10日内，应当将判决书、裁定书、执行通知书等法律文书送达罪犯居住地的县级司法行政机关，同时抄送罪犯居住地的县级人民检察院。

四、剥夺政治权利的执行

对被剥夺政治权利的罪犯，由公安机关执行。根据《刑法》规定，判处徒刑、拘役附加剥夺政治权利的，剥夺政治权利的刑期，从徒刑、拘役执行完毕之日或从假释之日起计算。判处管制附加剥夺政治权利的，剥夺政治权利的期限与管制的期限相等，同时执行。对剥夺政治权利的，要严格按照《刑法》第54条规定的剥夺政治权利的范围执行。执行期满，公安机关应当书面通知本人及其所在单位、居住地基层组织。对于不属于政治权利范围的其他权利不能予以剥夺。

五、罚金、没收财产的执行

罚金，是人民法院依法判决犯罪公民或犯罪单位，向国家缴纳一定数额金钱的刑罚方法，不得以其他刑罚代替罚金。根据《刑事诉讼法》第271条的规定，罚金判决由人民法院负责执行。被判处罚金的罪犯或者犯罪单位，应按照判决确定的数额，在判决规定的期限内一次或分期缴纳。期满无故不缴纳的，人民法院应当强制缴纳。对于被判处罚金的自然人，期满无故不缴纳的，人民法院可以通知其所在单位扣发工资或采取查封、变卖罪犯个人财产等方式执行；对被判处罚金的犯罪单位，人民法院可以通知银行从其账户上直接划拨。

被判处罚金的罪犯，如果由于遭遇不能抗拒的灾祸导致缴纳罚金确有困难的，可以向人民法院申请延期缴纳、酌情减少或者免除罚金。人民法院查证属实后，可以裁定准许。这种裁定不是对原判决的改判，而是根据实际情况作出的变通处理。

罪犯缴纳的罚金，应按规定及时上缴国库，任何机关、个人都不得挪作他用或者私分。

没收财产是指把犯罪人个人所有财产的部分或者全部依法无偿地收归国有的一种刑罚。没收财产可以附加适用，也可以独立适用。根据《刑事诉讼法》第272条和最高人民法院的有关规定，没收财产的判决，由第一审人民法院执行；在必要的时候，可以会同公安机关执行。为防止执行前罪犯或其他人将财产转移等影响判决执行的情况发生，人民法院可以先采取查封、扣押、冻结被告人财产的措施。

没收财产的范围，只限于犯罪分子本人所有的部分财产或者全部财产，不得没收属于罪犯家属所有或应有的财产。对查封前犯罪分子所负的正当债务，如果需要用没收的财产偿还的，经债权人请求，由人民法院裁定在没收的财产中酌情偿还。如果在没收的财产中，有罪犯利用犯罪手段获得的他人财产，经该财产的所有人申请，并经人民法院查证属实后，应将原物退还所有人。对于没收的财产，应按有关规定及时上缴国库或财政部门，任何机关、个人都不得私自挪用、调换、压价私分或变相私分。

对于附带民事判决中财产部分的执行，应依照民事诉讼法和最高人民法院的有关规定办理。

六、无罪判决和免除刑罚判决的执行

《刑事诉讼法》第260条规定："第一审人民法院判决被告人无罪、免除刑事处罚的，如果被告人在押，在宣判后应当立即释放。"根据这一规定，无罪、免除刑事处罚的判决，由人民法院执行。为了保护不应受到刑罚处罚的被告人的合法权益，这类判决一经宣布，就要将被关押的被告人立即释放。即使当事人及其法定代理人提出上诉或者人民检察院提起抗诉，导致一审判决尚未生效，也不影响被告人的立即释放，不得等待判决生效后才予以执行。这是针对无罪判决和免除刑事处罚判决的执行问题所作出的特殊法律规定。

根据《刑事诉讼法》第200条的规定，无罪判决分为两种，即"依据法律认定被告人无罪"和"证据不足、指控的犯罪不能成立"的无罪判决。对于这两种无罪判决，人民法院都应当立即释放被关押的被告人。对于免除处罚的被告人，也应恢复其人身自由，撤销非关押性质的其他强制措施。同时，人民法院可以根据案件的不同情况对被告人予以训诫或责令具结悔过、赔礼道歉、赔偿损失，或建议有关主管机关给予被告人行政处罚或者行政处分。

■第三节　变更执行程序

一、死刑、死缓执行的变更

（一）死刑执行的变更

《刑事诉讼法》第262、263条在执行死刑的程序中规定了停止执行死刑和暂停执行死刑两种变更执行的情况。这些规定，体现了我国在适用死刑上的慎重态度。其目的，一是为了防止错杀，二是为了更好地体现我国一贯的"可杀可不杀的不杀"的刑事政策。

1. 停止执行死刑。根据《刑事诉讼法》第262条和最高人民法院的有关规定，下级人民法院在接到最高人民法院执行死刑的命令后，应当在7日以内交付执行，但是发现有下列情形之一的，应当停止执行，并且立即报告最高人民法院，由最高人民法院作出裁定：

（1）在执行前发现判决可能有错误的。具体包括：罪犯可能有其他犯罪的；共同犯罪的其他犯罪嫌疑人到案，可能影响罪犯量刑的；共同犯罪的其他罪犯被暂停或者停止执行死刑，可能影响罪犯量刑的；等等。

（2）在执行前，罪犯揭发重大犯罪事实或者有其他重大立功表现，可能需要改判的。这一规定体现了我国法律要求和鼓励被判处死刑的罪犯揭发其他犯罪、立功赎罪的精神，有利于调动一切积极因素，最大限度地打击犯罪。

（3）罪犯正在怀孕的。对于怀孕罪犯在羁押期间流产的，应视同正在怀孕。

　　对于罪犯可能有其他犯罪的情形，最高人民法院在执行死刑命令签发后、执行死刑之前，应当立即裁定停止执行死刑，并将有关材料移交下级人民法院。

　　2. 暂停执行死刑。指挥执行的审判人员，对罪犯应当验明正身，讯问有无遗言、信札，然后交付执行人员执行死刑。在执行前，如果发现可能有错误，应当暂停执行，报请最高人民法院裁定。这里的"执行前"是指从验明正身到行刑前的这段时间，所以将"暂停执行"的权力交由指挥执行的人员行使。"可能有错误"的情形应包括《刑事诉讼法》第262条"应当停止执行死刑"的三项情形在内的一切可能的错误。这是刑事诉讼法关于在执行死刑的最后阶段防止错杀的一项具体规定。有些一直不肯供述的罪犯直到生命终结前的最后一刻才意识到生命的宝贵，才决定揭发其他重大犯罪；有的罪犯出于种种原因直到临刑前才喊冤吐实情；等等。只要可能有错误，负责指挥执行的审判人员都应决定暂停执行，报请最高人民法院裁定。

　　在停止执行死刑或暂停执行死刑的决定作出后，执行死刑的人民法院应当立即层报最高人民法院，由最高人民法院院长签发停止执行死刑的命令。经审查核实，如果认为原判决是正确的，必须先报请最高人民法院院长再签发执行死刑的命令，才能执行死刑。如果认为原判决确有错误，或者罪犯检举、揭发重大犯罪事实，或者有其他重大立功表现，依法可以减轻处罚的，应当报请最高人民法院裁定撤销原判决，将案件发回第一审人民法院或者第二审人民法院重审，或者由最高人民法院提审，依法改判。如果查实罪犯确系正在怀孕的妇女，应当报请最高人民法院依法改判。

　　（二）死刑缓期2年执行的执行变更

　　死刑缓期2年执行不是独立的刑罚种类，而是我国刑罚中死刑的一种特殊执行制度，是指对于该判处死刑的犯罪分子，如果不是必须立即执行，在判处死刑的同时宣告缓期2年执行，实行监管改造，以观后效的一种制度。死刑缓期2年的执行期满，将涉及执行变更的问题。

　　根据《刑法》的有关规定和《刑事诉讼法》第261条第2款的规定，被判处死刑缓期2年执行的罪犯，在死刑缓期执行期间，如果没有故意犯罪，死刑缓期执行期满，应当予以减刑的，由执行机关提出书面意见，报请高级人民法院裁定；如果故意犯罪，情节恶劣，查证属实，应当执行死刑的，由高级人民法院报请最高人民法院核准；对于故意犯罪未执行死刑的，死刑缓期执行的期间重新计算，并报最高人民法院备案。

　　二、暂予监外执行

　　暂予监外执行是指被判处有期徒刑、拘役的罪犯，本应在监狱或其他执行场所服刑，由于出现了法律规定的某种特殊情形，不适宜在监狱或者其他执行场所执行刑罚时，暂时采取的一种变通执行方法。一般说来，只有被判处有期徒刑、拘役的罪犯才能暂予监外执行。不过法律对此规定有一个例外情形，就是对被判处无期徒刑的罪犯，如果是怀孕或者正在哺乳自己婴儿的妇女，可以暂予监外执行。

　　根据《刑事诉讼法》第265条的规定，暂予监外执行只能限于以下几种情况：

　　1. 有严重疾病需要保外就医的。

　　2. 怀孕或者正在哺乳自己婴儿的妇女。

　　3. 生活不能自理，适用暂予监外执行不致危害社会的罪犯。例如，罪犯王某因强奸罪被判处有期徒刑10年，在判决执行的时候王某已经65岁，执行5年后，王某已经丧失了劳动能力，而且需要有人照顾其日常生活，其上厕所都需要人搀扶，也需要别人照顾其饮食。此时的王某已经不再对社会构成威胁，可以暂予监外执行。对被判处无期徒刑的罪犯，有前款第2项规定的情形的可以暂予监外执行。

　　对于符合监外执行条件的罪犯，如果认为保外就医可能有社会危险性的，也不能予以监外执行。有的罪犯为了达到暂予监外执行的目的，企图通过自伤自残的欺骗方法谋得保外就医，对其同样也不能予以监外执行。其中情节恶劣的，视情况还应追究其刑事责任。

　　对于罪犯确有严重疾病，必须保外就医的，必须履行法定的手续，先由省级人民政府指定的医院诊断并开具证明文件，再依照法律规定的程序审批。审批应由监狱或者其他执行机关提出书面意见，报省、自治区、直辖市级以上的监狱管理机关或者设区的市一级以上的公安机关批准。在批准机关批准后，应当将批准的暂予监外执行决定通知公安机关和原判人民法院，并抄送人民检察院。

　　在生效判决、裁定交付执行前，人民法院若认为罪犯符合监外执行条件而作出暂予监外执行决定的，根据最高法《解释》的规定，应当制作《暂予监外执行决定书》，载明罪犯的基本情况、判决确定的罪名和刑罚、决定暂予监外执行的原因、依据等内容，并抄送罪犯居住地的县级人民检察院和公安机关。

　　对于暂予监外执行的罪犯，由社区矫正机构予以社区矫正。执行机关应当对罪犯严格进行管理监督。有关基层组织或者罪犯的原所在单位应协助社区矫正机构进行监督。

　　在执行中，发现被保外就医的罪犯不符合保外就医条件的，或者严重违反有关保外就医规定的，应当及时收监。《刑事诉讼法》第268条规定了应当收监的具体情形：①发现不符合暂予监外执行条件的；②严重违反有关暂予监外执行监督管理规定的；③暂予监外执行的情形消失后，罪犯刑期未满的。对于人民法院决定暂予监外执行的罪犯应当予以收监的，由人民法院作出决定，将有关的法律文书送达公安机关、监狱或者其他执行机关。

　　不符合暂予监外执行条件的罪犯通过贿赂等非法手段被暂予监外执行的，在监外执行的期间不计入执行刑期。罪犯在暂予监外执行期间脱逃的，脱逃的期间不计入执行刑期。

　　执行过程中，暂予监外执行的情形消失后，刑期未满的，负责执行的公安机关应当及时通知监狱等有关机关予以收监；刑期届满的，由原关押机关办理释放手续。

罪犯在暂予监外执行期间死亡的，执行机关应当及时通知监狱或者看守所。

三、减刑和假释

（一）减刑

根据《刑法》第78条的规定，减刑是指被判处管制、拘役、有期徒刑、无期徒刑的犯罪分子，在执行期间，如果认真遵守监规，接受教育改造，确有悔改表现的，或者有立功表现的，可以依法对其减轻原判刑罚的制度。减刑可以由较重的刑罚减为较轻的刑罚（只限于无期徒刑减为有期徒刑），也可以由较长的刑期减为较短的刑期。

根据《刑事诉讼法》第273条第2款和《监狱法》等有关法律的规定，对于被判处管制、拘役、有期徒刑、无期徒刑的罪犯，依法应当减刑时，应由各刑罚执行机关提出建议书，根据原判刑罚的不同，分别报请不同的人民法院审核裁定。

（二）假释

根据《刑法》第81条的规定，假释是指被判处有期徒刑的罪犯，原判刑期执行1/2以上，被判处无期徒刑的罪犯实际刑期执行13年以上，如果认真遵守监规，接受教育改造，确有悔改表现，假释后不致再危害社会的，可以附条件地将其提前释放的制度。假释的程序与减刑程序基本相同。

《刑事诉讼法》第269条规定，对被假释的罪犯，依法实行社区矫正，由社区矫正机构负责执行。如果被假释的人具有无正当理由不按规定时间报到或者接受社区矫正期间脱离监管，超过1个月的；或者因违反监督管理规定受到治安管理处罚仍不改正的；或者受到执行机关3次警告仍不改正的等情形，人民法院将作出撤销假释的裁定。

（三）减刑、假释的审理程序

监狱等刑罚执行机关在报请人民法院审核裁定减刑、假释时，必须做到材料完备、手续齐全，以保证人民法院审理活动的顺利进行。应申报的材料包括：提请减刑意见书或提请假释意见书、罪犯评审鉴定表、奖惩审批表、终审法院判决书或裁定书的复制件、历次减刑裁定书的复制件，以及罪犯悔改或者立功表现具体事实的证明材料。

人民法院审理减刑、假释案件，应当对监狱等刑罚执行机关提出的材料和意见认真地进行审查核实。经查证核实，具备法定条件的，应予以减刑、假释。对不符合法律规定的减刑、假释条件的罪犯，不得以任何理由将其减刑、假释。减刑、假释的裁定书应扼要写明罪犯确有悔改或立功表现的事实，引用刑法、刑事诉讼法等法律规定的有关条款，并注明减刑、假释的起止日期。根据最高法《解释》第449条第1款的规定，人民法院应当自收到减刑建议书或者假释建议书之日起1个月之内予以审核裁定；对无期徒刑或者有期徒刑的减刑、假释案情复杂或者情况特殊的，可以延长1个月。减刑裁定书的副本或假释裁定书的副本应当抄送人民检察院，并送交原审人民法院附卷。减刑、假释是激励罪犯进行改造的刑罚制度，减刑、假释的适用应当贯彻宽严相济刑事政策，最大限度地发挥刑罚的功能，实现刑罚的目的。"确有悔改表现"是指同时具备以下条件：①认罪悔罪；②遵守法律法规及监规，接受教育改造；③积极参加思想、文化、职业技术教育；④积极参加劳动，努力完成劳动任务。对职务犯罪、破坏金融管理秩序犯罪、金融诈骗犯罪、组织（领导、参加、包庇、纵容）黑社会性质组织犯罪等罪犯，不积极退赃、协助追缴赃款赃物、赔偿损失，或者服刑期间利用个人影响力和社会关系等不正当手段意图获得减刑、假释的，不认定其"确有悔改表现"。罪犯在刑罚执行期间的申诉权利应当依法保护，对其正当申诉不能不加分析地认为是不认罪悔罪。被判处有期徒刑的罪犯减刑的起始时间为：不满 5 年有期徒刑的，应当执行 1 年以上方可减刑；5 年以上不满 10 年有期徒刑的，应当执行 1 年 6 个月以上方可减刑；10 年以上有期徒刑的，应当执行 2 年以上方可减刑。有期徒刑减刑的起始时间自判决执行之日起计算。确有悔改表现或者有立功表现的，一次减刑不超过 9 个月有期徒刑；确有悔改表现并有立功表现的，一次减刑不超过 1 年有期徒刑；有重大立功表现的，一次减刑不超过 1 年 6 个月有期徒刑；确有悔改表现并有重大立功表现的，一次减刑不超过 2 年有期徒刑。被判处不满 10 年有期徒刑的罪犯，两次减刑间隔时间不得少于 1 年；被判处 10 年以上有期徒刑的罪犯，两次减刑间隔时间不得少于 1 年 6 个月。减刑间隔时间不得低于上次减刑减去的刑期。罪犯有重大立功表现的，可以不受上述减刑起始时间和间隔时间的限制。被判处管制、拘役的罪犯，以及判决生效后剩余刑期不满 2 年有期徒刑的罪犯，符合减刑条件的，可以酌情减刑，减刑起始时间可以适当缩短，但实际执行的刑期不得少于原判刑期的 1/2。被判处拘役或者 3 年以下有期徒刑，并宣告缓刑的罪犯，一般不适用减刑。前款规定的罪犯在缓刑考验期内有重大立功表现的，可以参照《刑法》第 78 条的规定予以减刑，同时应当依法缩减其缓刑考验期。缩减后，拘役的缓刑考验期限不得少于 2 个月，有期徒刑的缓刑考验期限不得少于 1 年。对在报请减刑前的服刑期间不满 18 周岁，且所犯罪行不属于刑法第 81 条第 2 款规定情形的罪犯，认罪悔罪，遵守法律法规及监规，积极参加学习、劳动，应当视为确有悔改表现。对上述罪犯减刑时，减刑幅度可以适当放宽，或者减刑起始时间、间隔时间可以适当缩短，但放宽的幅度和缩短的时间不得超过规定中相应幅度、时间的 1/3。

四、对新罪和漏罪的追诉

新罪是指罪犯在服刑期间又犯的新罪行。漏罪是指判决生效后在执行过程中发现的罪犯在判决宣告以前所犯的尚未判决的罪行。

《刑事诉讼法》第 273 条第 1 款规定："罪犯在服刑期间又犯罪的，或者发现了判决的时候所没有发现的罪行，由执行机关移送人民检察院处理。"当发现了罪犯的新罪和漏罪，都应依法追诉，这必然会涉及执行变更的问题。

在刑罚执行期间，如果发现了罪犯在判决宣告以前所犯的尚未判决的漏罪，或者罪犯实施了脱逃、组织越狱、伤害等新罪，由监狱等有管辖权的机关进行侦查。侦查终结后，由执行机关写出起诉意见书，连同案卷材料、证据一并移送人民检察院。如果认为需要追究刑事责任，人民检察院应当按管辖分工的不同，向有管辖权的基层人民法院或者中级人民法院起诉。人民法院应依法进行审判，将罪犯的新罪和漏罪所判处的刑罚与原判决尚未执行完毕的刑期，按数罪并罚的原则，决定应当执行的刑罚。

对罪犯脱逃后又犯新罪的，应分情况处理：如果是在犯罪地捕获并发现的，由犯罪地人民法院管辖；如果是被缉捕押解回监狱后发现的，由罪犯服刑地的人民法院管辖。判决后，原则上仍送回原所在监狱执行。

人民法院对新罪、漏罪审理后制作的判决书，除应送达罪犯被交付执行的监狱外，还应送达原审人民法院和担负监所检察任务的人民检察院。

五、对错判的反映和申诉的处理

《刑事诉讼法》第 275 条规定："监狱和其他执行机关在刑罚执行中，如果认为判决有错误或者罪犯提出申诉，应当转请人民检察院或者原判人民法院处理。"人民检察院或者原判人民法院对收到的申诉材料和意见，应当迅速审查。对于确有错误的，应依法提起审判监督程序，对案件进行再审。对于原判正确，申诉没有理由的，可以驳回申诉，并将处理结果通知申诉人和有关执行机关。《监狱法》第 24 条规定，人民检察院或者人民法院应当自收到监狱提请处理意见书之日起 6 个月内将处理结果通知监狱。

■第四节　人民检察院对执行的监督

执行监督是指人民检察院对人民法院已经发生法律效力的判决、裁定的执行是否合法实行法律监督的活动。人民法院的判决和裁定发生法律效力后，在执行中如果不能依法执行，就会破坏或影响刑事诉讼的结果，违背刑罚的目的。开展执行监督，有利于维护生效判决和裁定的稳定性和严肃性，有利于纠正冤假错案，保护公民的合法权益，从而保障刑事诉讼任务的实现。

一、人民检察院对执行死刑的监督

《刑事诉讼法》第 263 条第 1 款规定："人民法院在交付执行死刑前，应当通知同级人民检察院派员临场监督。"人民法院在执行死刑 3 日前，应当通知同级人民检察院派员临场监督。临场监督执行死刑的检察人员应当依法监督执行死刑的场所、方法和执行死刑的活动是否合法。在执行死刑中发现严重违法情况的，应及时提出纠正意见。

在执行死刑过程中，人民检察院临场监督人员可以根据需要进行拍照、摄像；执行死刑后，人民检察院临场监督人员应检查罪犯是否确已死亡，并填写死刑临场监督笔录，签字后入卷归档。

二、人民检察院对暂予监外执行的监督

《刑事诉讼法》第 266 条规定："监狱、看守所提出暂予监外执行的书面意见的，应当将书面意见的副本抄送人民检察院。人民检察院可以向决定或者批准机关提出书面意见。"第 267 条规定："决定或者批准暂予监外执行的机关应当将暂予监外执行决定抄送人民检察院。人民检察院认为暂予监外执行不当的，应当自接到通知之日起 1 个月以内将书面意见送交决定或者批准暂予监外执行的机关，决定或者批准暂予监外执行的机关接到人民检察院的书面意见后，应当立即对该决定进行重新核查。"

人民检察院接到批准对罪犯暂予监外执行的决定后，应当迅速审查。为了解情况，承办人员可以向罪犯所在单位和有关人员进行调查，可以向有关机关调阅相关资料。经审查认为暂予监外执行不当，应当向批准或决定暂予监外执行的机关提出纠正意见的，由检察长决定。

人民检察院认为暂予监外执行不当的，应当自接到通知之日起 1 个月内将书面纠正意见送交批准或者决定暂予监外执行的机关。人民检察院向批准或者决定暂予监外执行的机关送交不同意暂予监外执行的书面意见后，应当监督其立即对批准或者决定暂予监外执行的结果进行重新核查，并监督重新核查的结果是否符合法律规定。对核查不符合法律规定的，应当依法提出纠正意见。

三、人民检察院对减刑、假释的监督

《刑事诉讼法》第 273 条第 2 款规定："被判处管制、拘役、有期徒刑或者无期徒刑的罪犯，在执行期间确有悔改或者立功表现，应当依法予以减刑、假释的时候，由执行机关提出建议书，报请人民法院审核裁定，并将建议书副本抄送人民检察院。人民检察院可以向人民法院提出书面意见。"第 274 条规定："人民检察院认为人民法院减刑、假释的裁定不当，应当在收到裁定书副本后 20 日以内，向人民法院提出书面纠正意见。人民法院应当在收到纠正意见后 1 个月以内重新组成合议庭进行审理，作出最终裁定。"

人民检察院在接到人民法院减刑、假释的裁定书副本后，应当立即进行审查。为了解情况，承办人员可以向罪犯服刑机关和有关人员进行调查，可以向法院和罪犯服刑机关调阅有关资料等。经审查，人民检察院认为人民法院减刑、假释的裁定不当，应当在收到裁定书副本后 20 日以内，向作出减刑、假释裁定的人民法院提出书面纠正意见。

对人民法院减刑、假释裁定的纠正意见，由作出减刑、假释裁定的人民法院的

同级人民检察院向该人民法院书面提出。人民检察院对人民法院减刑、假释的裁定提出纠正意见后，应当监督人民法院是否在收到纠正意见后 1 个月内重新组成合议庭进行审理，并监督重新作出的最终裁定是否符合法律规定。对最终裁定不符合法律规定的，应当依法向同级人民法院提出纠正意见。

四、人民检察院对执行机关执行刑罚活动的监督

《刑事诉讼法》第 276 条规定："人民检察院对执行机关执行刑罚的活动是否合法实行监督。如果发现有违法的情况，应当通知执行机关纠正。"这是《刑事诉讼法》关于人民检察院对执行机关执行刑罚活动进行监督的原则性规定。这里所说的人民检察院对执行机关执行刑罚活动的监督，是指除刑事诉讼法中有专条规定以外的一切执行刑罚活动的监督。这些监督内容主要包括：人民法院判决被告人无罪、免除刑罚处罚的，在押被告人是否被立即释放；人民法院将罪犯交付执行时，据以交付执行的刑事判决、裁定是否已经发生法律效力，交付执行的手续、程序是否合法，执行机关是否符合法律规定；监狱和其他刑罚执行机关收押罪犯的活动是否合法；对于死刑缓期 2 年执行的罪犯，2 年期满是否依法及时予以减刑；对于被判处管制、剥夺政治权利的罪犯和宣告缓刑、假释的罪犯、暂予监外执行的罪犯，公安机关是否依法进行监督、考察；对于罚金、没收财产判决的执行是否合法，罚没钱物是否予以依法处理；对于服刑中的罪犯又犯新罪或者发现了漏罪，是否依法进行了追究；对于服刑罪犯的申诉是否及时转送，并作出正确处理；监狱、未成年犯管教所、看守所、拘役所的执行活动是否符合刑事诉讼法、监狱法、看守所条例等有关法律法规的规定，是否保障了罪犯依法享有的各项权利，是否有利于罪犯改造，对于刑期届满的罪犯是否按期释放；等等。

人民检察院在对执行机关活动进行监督的过程中，发现有违法情况的，应当通知执行机关纠正：对于情节较轻的违法行为，检察人员可以以口头方式向违法人员或者执行机关负责人提出纠正意见，并及时向监所检察部门的负责人汇报，必要时，由部门负责人提出；对于比较严重的违法行为，应当报请检察长批准后，向监狱或者公安机关发出《纠正违法通知书》；对于造成严重后果、构成犯罪的，应当依法追究责任人的刑事责任。

人民检察院发出《纠正违法通知书》的，应当根据执行机关的回复，监督落实情况；没有回复的，应当督促执行机关回复纠正违法的情况，并应当及时向上一级人民检察院报告，且抄报执行机关的上级主管机关。上级人民检察院认为下级人民检察院的纠正意见正确的，应与同级执行机关共同督促下级执行机关进行纠正；上级人民检察院认为下级人民检察院纠正违法的意见有错误，应当通知下级人民检察院撤销发出的《纠正违法通知书》，并通知同级执行机关。

第二十八章

【思考题】

1. 死刑的执行方法有哪些？应当在哪里执行？

2. 被判处死刑缓期2年执行的罪犯，在什么情况下会被执行死刑？需要哪一级法院予以核准？

3. 需要保外就医的罪犯，应当由哪个机构开具证明文件？

4. 对于未成年犯，应当在哪里执行刑罚？

第二十九章

特别程序

■第一节 未成年人刑事案件诉讼程序

一、未成年人刑事案件诉讼程序概述

未成年人刑事案件诉讼程序，是指专门适用于未成年人刑事案件的立案、侦查、起诉、审判、执行等诉讼阶段的一种特别刑事诉讼程序。

随着我国未成年人犯罪数量的增多，如何在未成年人犯罪案件中教育、保护未成年人已成为突出的社会问题。未成年人犯罪同成年人犯罪虽然都是危害社会、应受刑罚的行为，但是由于犯罪人尚未成年，在心理、生理等方面与成年人有很大的不同，因此，国家处理未成年人刑事案件，不但要在定罪量刑上与成年人犯罪案件有所区别，而且应当针对未成年人的特点，适用不同于普通刑事诉讼程序的特殊程序。早在 1899 年，美国伊利诺伊州就制定了世界上第一部《少年法庭法》。此后，许多国家竞相效仿设立少年法庭，颁布少年法律、法规，形成了从立法指导思想、组织结构、司法制度到表现形式都与其他法律体系不同的少年司法体系。

1984 年底，我国上海市长宁区人民法院设立了第一个专门审理未成年人刑事案件的少年法庭，在探索教育、改造、挽救未成年犯罪人方面取得了显著的成绩。此后的二十余年间，我国很多地方法院、检察机关均设立了办理未成年人案件的专门机构。我国于 1991 年 9 月 4 日通过，1992 年 1 月 1 日起实施的《未成年人保护法》（2012 年 10 月 26 日修订，2013 年 1 月 1 日起实施），其中第五章"司法保护"中对未成年人刑事案件的处理也作了专门规定。2013 年 1 月 1 日修正的《中华人民共和国预防未成年人犯罪法》（2012 年 10 月 26 日发布，2013 年 1 月 1 日起实施）对培养未成年人良好品行、预防未成年人犯罪作出了规定。其明确了预防未成年人犯罪，应在各级人民政府组织领导下实行综合治理。最高人民法院、最高人民检察院和公安部等也出台了一系列有关未成年人刑事诉讼的解释、规章。这些都标志着我国未成年人刑事司法制度已经确立。

2012 年，我国修改后的《刑事诉讼法》在第五编"特别程序"中以专章的形式

规定了未成年人刑事案件诉讼程序。其中对办理未成年人案件的方针、诉讼原则、办案人员的资格、法律援助、社会调查、强制措施、法定代理人或者有关人员到场、分案处理、附条件不起诉、不公开审理、犯罪记录封存等作了明确规定，并符合联合国司法准则的要求。《联合国少年司法最低限度标准规则》第 22 条第 1 款规定："应利用专业教育、在职培训、进修课程以及其他各种适宜的授课方式，使所有处理少年案件的人员具备并保持必要的专业能力。"

二、未成年人刑事案件诉讼程序的方针和特有原则

（一）教育、感化、挽救方针

我国《未成年人保护法》第 54 条和《刑事诉讼法》第 277 条均规定对犯罪的未成年人实行"教育、感化、挽救的方针"。该方针要求司法人员在办理未成年人刑事案件时，照顾到未成年人的身心特点，以保护性处分为主。教育、感化、挽救方针是办理未成年人刑事案件的基本立足点。《联合国少年司法最低限度标准规则》第 14 条也规定了，诉讼程序应按照最有利于少年的方式和在谅解的气氛下进行。由于未成年人智力、身心发育尚未成熟，其对外界事物的重新认识和对内心世界的自我评价具有较大的可塑性，对其教育、感化和挽救是具有可能性的。因此，对于未成年人犯罪案件的处理应当着重于教育、感化。其中，教育、感化是手段，挽救是目的。当然，对未成年人实行教育、感化、挽救的方针，并不意味着对犯罪的未成年人就不予处罚。与之相反，为保护公共利益，维护社会法治，对未成年人犯罪仍然要依法处罚。只不过在立法时考虑到未成年人自身的特殊性，在诉讼中和处罚时着重采取教育措施以达到挽救目的。

（二）教育为主，惩罚为辅原则

我国《未成年人保护法》第 54 条和《刑事诉讼法》第 277 条第 1 款均规定了对犯罪的未成年人"坚持教育为主、惩罚为辅的原则"。"教育为主，惩罚为辅"是指在未成年人刑事诉讼中，对于未成年犯罪嫌疑人、被告人要坚持以矫治和教育为主，尽可能地对犯罪的未成年人采用非刑罚的方式予以处置，避免给其贴上罪犯标签，使其早日回归社会，只有在必要的时候才对其予以相应的刑罚惩罚。我国《刑法》规定对未成年人犯罪"应当从轻或者减轻处罚"以及《刑事诉讼法》规定的附条件不起诉制度、档案封存制度等均体现了此原则。正如美国学者富兰克林·E. 齐姆林所言，成长是大部分少年犯罪的可靠疗法。[1]因而未成年人刑事诉讼程序注重的不仅是惩罚，更重要的是要实现教育和再社会化的目的。

（三）分别处理原则

分别处理原则是指在刑事诉讼程序和刑罚执行中，为了实现对未成年人的特殊

---

〔1〕　[美] 富兰克林·E. 齐姆林著，高维俭译：《美国少年司法》，中国人民公安大学出版社 2010 年版，第 62 页。

保护，防止交叉影响，对被拘留、逮捕和执行刑罚的未成年人与成年人应当分别羁押、分别管理、分开审理、分别教育。由于未成年人身心发育尚不成熟健全，易受外界环境和他人的影响，为了使其免受成年犯罪嫌疑人或罪犯的不良影响，应当将二者进行分别处理。我国《刑事诉讼法》第280条第2款规定："对被拘留、逮捕和执行刑罚的未成年人与成年人应当分别关押、分别管理、分别教育。"最高法《解释》第464条第1款也对此作出了规定："对分案起诉至同一人民法院的未成年人与成年人共同犯罪案件，可以由同一个审判组织审理；不宜由同一个审判组织审理的，可以分别由少年法庭、刑事审判庭审理。"

分别处理原则体现为三个方面：一是在对未成年人犯罪嫌疑人采取拘留、逮捕强制措施时，应当将其与成年犯罪嫌疑人分开看管。二是在未成年人案件处理完毕交付执行阶段，不得将其与成年犯人同处一个监所执行监禁刑。三是在处理未成年人与成年人共同犯罪或者牵连的案件时，由于二者的诉讼原则不同，因此对未成年人尽量适用不同的诉讼程序，在不妨碍审理的前提下，应当分案处理。

（四）审理不公开原则

一般刑事案件审判应当公开进行，允许群众旁听。但是，根据未成年人身心特点，为了防止审判公开给未成年人带来羞耻感而不利于其教育、改造，为了使其顺利回归社会，对被告人审判时不满18周岁的案件，不公开审理。这也是诉讼文明的基本要求和体现。我国《刑事诉讼法》第285条规定："审判的时候被告人不满18周岁的案件，不公开审理。但是，经未成年被告人及其法定代理人同意，未成年被告人所在学校和未成年人保护组织可以派代表到场。"据此，即使审判时被告人不满18周岁，为了保护其利益，经未成年被告人本人及其法定代理人同意后，未成年被告人所在学校和未成年人保护组织可以派代表到场。根据我国《未成年人保护法》第58条规定："对未成年人犯罪案件，新闻报道、影视节目、公开出版物、网络等不得披露该未成年人的姓名、住所、照片、图像以及可能推断出该未成年人的资料。"《预防未成年人犯罪法》第45条作了同样的规定。但是，按照《刑事诉讼法》的规定，无论案件是否公开审理，宣判一律公开进行。

（五）社会调查原则

社会调查原则是指司法机关在办理未成年人案件时，除对案件事实和证据进行调查、审查外，还应就导致未成年人成长经历、监护教育情况、犯罪之主客观因素及其形成、发展、演变过程，以及对未成年人特殊性格的形成产生过重要影响的人和事件的详细情况进行全面、彻底地调查。社会调查程序是未成年人刑事诉讼程序贯彻刑罚个别化和全面调查原则的具体体现，已成为许多国家审理未成年人案件的必经程序。我国《刑事诉讼法》第279条规定："公安机关、人民检察院、人民法院办理未成年人刑事案件，根据情况可以对未成年犯罪嫌疑人、被告人的成长经历、犯罪原因、监护教育等情况进行调查。"最高法《解释》第476条规定："对人民检察院移送的关于未成年被告人性格特点、家庭情况、社会交往、成长经历、犯罪原因、犯罪前后的表现、监护教育等情况的调查报告，以及辩护人提交的反映未成年被告人上述情况的书面材料，法庭应当接受。必要时，人民法院可以委托未成年被告人居住地的县级司法行政机关、共青团组织以及其他社会团体组织对未成年被告人的上述情况进行调查，或者自行调查。"确立该原则之目的，是为了找出未成年人犯罪的主客观根源，并对其进行针对性的矫治，使其得以成功改造、顺利回归社会。此外，社会调查报告也是司法机关决定对其采取何种强制措施，检察机关决定起诉和刑罚执行的考量因素。

三、未成年人刑事案件诉讼程序

未成年人刑事案件与成年人刑事案件诉讼程序具有很多共同点，如在诉讼阶段包括立案、侦查、审查起诉、审判、执行等程序，未成年被追诉人享有一般被追诉人的诉讼权利等。但是，未成年人心理和生理特点决定了未成年人刑事案件的诉讼程序应同成年人的有所区别，如：在诉讼过程中要更加突出教育改造的方针，寓教育、感化、挽救于各个诉讼阶段之中；赋予未成年犯罪嫌疑人、被告人相对于成年人更多的诉讼权利；诉讼程序的设计表现得更为灵活多样和缓和宽松；等等。具体表现为以下几个方面：

（一）由专职人员承办

我国《刑事诉讼法》和《未成年人保护法》都对此类案件的专职人员配备作出了明确的规定，其中《刑事诉讼法》第 277 条第 2 款规定："人民法院、人民检察院和公安机关办理未成年人刑事案件，应当保障未成年人行使其诉讼权利，保障未成年人得到法律帮助，并由熟悉未成年人身心特点的审判人员、检察人员、侦查人员承办。"《未成年人保护法》第 55 条规定："公安机关、人民检察院、人民法院办理未成年人犯罪案件和涉及未成年人权益保护案件，应当照顾未成年人身心发展特点，尊重他们的人格尊严，保障他们的合法权益，并根据需要设立专门机构或者指定专人办理。"办理未成年人刑事案件的侦查、起诉、审判人员，应当由熟悉未成年人特点、善于做未成年人思想教育工作的工作人员担任，并且应当保持其工作的相对稳定性。审判未成年人刑事案件的人民陪审员，一般由熟悉未成年人特点，热心于教育、挽救失足未成年人的工作，并经过必要培训的共青团、妇联、工会、学校的干部、教师或者离退休人员及未成年人保护组织的工作人员等担任。司法人员专职化的目的在于要求司法人员有能力保障未成年人诉讼权利和合法权益，通过司法人员专家化解除或降低刑事诉讼风险，从而有利于未成年人的再社会化。[1]

（二）通知法定代理人或者其他成年人到场

为了充分保护未成年人的合法权利，我国《刑事诉讼法》第 281 条规定，对于未成年人犯罪案件，在讯问和审判时，应当通知犯罪嫌疑人、被告人的法定代理人

---

[1]　参见蒋志如：《刑事特别程序研究》，法律出版社 2016 年版，第 236 页。

到场。无法通知、法定代理人不能到场或者法定代理人是共犯的，也可以通知犯罪嫌疑人、被告人的其他成年近亲属，所在学校、单位或者居住地的村民委员会、居民委员会、未成年人保护组织的代表到场，并将有关情况记录在案。到场的法定代理人可以代为行使犯罪嫌疑人、被告人的诉讼权利。到场的法定代理人或者其他人员认为办案人员在讯问、审判中侵犯未成年人合法权益的，可以提出意见。讯问笔录、法庭笔录应当交给到场的法定代理人或者其他人员阅读或者向他宣读。讯问女性未成年犯罪嫌疑人，应当有女工作人员在场。审判未成年人刑事案件，在未成年被告人作出最后陈述后，其法定代理人可以进行补充陈述。

（三）为未成年人提供法律援助

为保障未成年人充分、有效行使辩护权，我国《刑事诉讼法》第 278 条规定，未成年犯罪嫌疑人、被告人没有委托辩护人的，人民法院、人民检察院、公安机关应当通知法律援助机构指派律师为其提供辩护。为未成年人提供法律援助是许多国家的通行做法，法国不少律师事务所设有专门的未成年人案件律师。律师除提供法律援助外，往往还精通少年犯罪心理，可协助青少年法官对未成年人进行人格矫正。未成年人由于年龄和心智的限制，难以准确理解其行为的法律后果，难以在诉讼程序中有效进行自我辩护。因此，设置强制辩护制度能为其及时提供需要的法律帮助，有效保护其合法权益。

（四）应当严格限制和尽量减少使用逮捕措施

人民检察院审查批准逮捕未成年犯罪嫌疑人，应当根据未成年犯罪嫌疑人涉嫌犯罪的事实、主观恶性、有无监护与社会帮教条件等因素，综合衡量其社会危险性，确定是否有逮捕的必要性，慎用逮捕措施，可捕可不捕的不予以逮捕。对此，我国《刑事诉讼法》第 280 条规定，对未成年犯罪嫌疑人、被告人应当严格限制适用逮捕措施。为防止错捕或者不必要的逮捕，人民检察院审查批准逮捕和人民法院决定逮捕，应当讯问未成年犯罪嫌疑人、被告人，听取辩护律师的意见。国际刑事司法准则也对此提出了基础性的要求，《联合国儿童权利公约》第 37 条（b）项规定："不得非法或任意剥夺任何儿童的自由。对儿童的逮捕、拘留或监禁应符合法律规定并仅应作为最后手段，期限应为最短的适当时间。"对成年人和未成年人适用逮捕措施的区别对待，体现了对未成年人的特殊保护，有利于其顺利回归社会。

（五）附条件不起诉

附条件不起诉，是指检察机关在审查起诉时，根据犯罪嫌疑人的年龄、性格、情况、犯罪性质和情节、犯罪原因以及犯罪后的悔过表现等，对犯较轻罪行的犯罪嫌疑人设立一定的条件，如果在法定的期限内，犯罪嫌疑人履行了相关的义务，检察机关就应作出不起诉的决定。附条件不起诉以起诉便宜主义为基础，体现了检察机关的自由裁量权，属于不起诉的一种形式。未成年附条件不起诉有助于未成年犯罪嫌疑人的人格矫正，促使其尽快、顺利回归社会，有助于维护社会稳定，同时也符合诉讼经济、程序分流的目的。

　　《刑事诉讼法》第282条规定了附条件不起诉的适用范围，即对于未成年人涉嫌《刑法》分则第四章、第五章、第六章规定的犯罪，可能判处1年有期徒刑以下刑罚，符合起诉条件，但有悔罪表现的，人民检察院可以作出附条件不起诉的决定。人民检察院在作出附条件不起诉的决定以前，应当听取公安机关、被害人的意见。未成年犯罪嫌疑人及其法定代理人对人民检察院决定附条件不起诉有异议的，人民检察院应当作出起诉的决定。

　　在附条件不起诉的考验期内，由人民检察院对被附条件不起诉的犯罪嫌疑人进行监督考察。犯罪嫌疑人的监护人应当对犯罪嫌疑人加强管教，配合人民检察院做好监督考察工作。

　　附条件不起诉的考验期为6个月以上1年以下，从人民检察院作出附条件不起诉的决定之日起计算。被附条件不起诉的犯罪嫌疑人，应当遵守下列规定：①遵守法律、行政法规，服从监督；②按照考察机关的规定报告自己的活动情况；③离开所居住的市、县或者迁居，应当报经考察机关批准；④按照考察机关的要求接受矫治和教育。

　　被附条件不起诉的犯罪嫌疑人，在考验期内发现有下列情形之一的，人民检察院应当撤销附条件不起诉的决定，提起公诉：①实施新的犯罪或者发现决定附条件不起诉以前还有其他犯罪需要追诉的；②违反治安管理规定或者考察机关有关附条件不起诉的监督管理规定，情节严重的。被附条件不起诉的犯罪嫌疑人，在考验期内没有上述情形，考验期满的，人民检察院应当作出不起诉的决定。

　　如果公安机关、被害人认为检察机关作出的附条件不起诉决定错误，公安机关有权要求决定机关复议。如果复议申请被驳回，有权提请上一级检察机关复核，被害人有权向上一级检察机关申诉，请求提起公诉，或者向法院起诉。未成年犯罪嫌疑人及其法定代理人对人民检察院决定附条件不起诉有异议的，人民检察院应当作出起诉的决定。

　　（六）犯罪记录封存制度

　　封存未成年人犯罪记录，是在我国保障人权、宽严相济的刑事司法理念指导下确立的一项为帮助、引导未成年人再社会化的制度，意在让失足的青少年卸下沉重的心理负担，撕去阻碍其求学就业的不良标签。为了尽量避免给未成年人贴上罪犯的标签，帮助其顺利回归社会，对未成年人的隐私给予特殊保护。我国《刑事诉讼法》第286条规定："犯罪的时候不满18周岁，被判处5年有期徒刑以下刑罚的，应当对相关犯罪记录予以封存。犯罪记录被封存的，不得向任何单位和个人提供，但司法机关为办案需要或者有关单位根据国家规定进行查询的除外。依法进行查询的单位，应当对被封存的犯罪记录的情况予以保密。"这里规定的"未成年人犯罪记录封存制度"是指对于被判处轻罪的未成年人的犯罪记录应当予以密封保存，除法律特别规定外，任何单位和个人不得查询。我国《未成年人保护法》第58条也规定："对未成年人犯罪案件，新闻报道、影视节目、公开出版物、网络等不得披露该未成年人的姓名、住所、照片、图像以及可能推断出该未成年人的资料。"该制度有利于弱化未成年人的犯罪标签心理，防止未成年人相关犯罪信息散播，使其能够顺利回归社会。2012 年 5 月最高人民法院、最高人民检察院、公安部、国家安全部、司法部联合发布《关于建立犯罪人员犯罪记录制度的意见》也将未成年人犯罪记录封存制度作为犯罪记录中的一项重要内容，要求加深对未成年人犯罪记录封存制度概念等理论研究。

（七）具体审判活动具有特殊性

"教育、感化、挽救"方针应当贯彻在未成年人案件诉讼程序的每一个环节。其不仅体现为审判组织、审判人员的特殊性、审判不公开进行等，而且也表现为未成年人刑事案件的具体审判活动不同于一般案件。我国《刑事诉讼法》和最高法《解释》的规定均体现了在审判程序上对未成年人的特殊保护，如最高法《解释》第 479 条对未成年人刑事案件的法庭布局作了特殊规定，人民法院应当在辩护台靠近旁听区一侧为未成年被告人的法定代理人或者刑事诉讼法第 281 条第 1 款规定的其他成年亲属、代表设置席位。审理可能判处 5 年有期徒刑以下刑罚或者过失犯罪的未成年人刑事案件，可以采取适合未成年人特点的方式设置法庭席位。第 480 条要求审判时原则上不得对未成年被告人使用戒具："在法庭上不得对未成年被告人使用戒具，但被告人人身危险性大，可能妨碍庭审活动的除外。必须使用戒具的，在现实危险消除后，应当立即停止使用。"另外，第 482 条第 1 款对审判语言也作出了特殊要求："法庭审理过程中，审判人员应当根据未成年被告人的智力发育程度和心理状态，使用适合未成年人的语言表达方式。"

■第二节　当事人和解的公诉案件诉讼程序

一、当事人和解的公诉案件程序概述

当事人和解的公诉案件程序是指在特定范围的公诉案件中，犯罪嫌疑人、被告人真诚悔罪，通过向被害人赔偿损失、赔礼道歉等方式获得被害人谅解，且双方当事人自愿达成协议的，公安机关、人民检察院、人民法院可以对犯罪嫌疑人、被告人作出从宽处理的程序。

当事人和解的公诉案件程序是 2012 年《刑事诉讼法》进行修改时增加的特别程序之一。该特别程序有利于贯彻宽严相济的刑事政策。如果犯罪嫌疑人、被告人真诚悔罪，通过当事人双方自主协商并达成和解协议，使被告人获得从轻处理，这为贯彻宽严相济刑事政策提供了重要的路径。同时，和解不仅能补偿被害人的物质损害和减轻精神创伤，还使犯罪嫌疑人、被告人可能得到从宽处理，有利于其回归社会，进而恢复因犯罪而受到损害的社会关系，促进社会的和谐安定。另外，和解还利于提高诉讼效率和实质性地解决纠纷。

二、当事人和解的公诉案件适用范围

我国《刑事诉讼法》第288条规定了公诉案件当事人和解程序的适用范围，包括以下两类：

1. 因民间纠纷引起，涉嫌《刑法》分则第四章、第五章规定的犯罪，可能判处3年有期徒刑以下刑罚的刑事案件。这类案件必须同时符合以下三个条件：①因民间纠纷引起。民间纠纷一般是指公民之间有关人身、财产权益和其他日常生活中发生的纠纷。②涉嫌《刑法》分则第四章、第五章规定的犯罪。《刑法》分则第四章规定的是"侵犯公民人身权利、民主权利罪"，第五章规定的是"侵犯财产罪"。因此，即使是因民间纠纷引起的，但不属于《刑法》分则第四、五章规定的犯罪，也不适用于该章规定的和解程序。③可能判处3年有期徒刑以下刑罚。即犯罪嫌疑人、被告人涉嫌的犯罪情节、性质较轻。以上三个条件必须同时具备，缺一不可。

2. 除渎职犯罪以外的可能判处7年有期徒刑以下刑罚的过失犯罪案件。这类案件也必须符合以下三个条件：①过失犯罪。所谓"过失犯罪"，是指应当预见自己的行为可能发生危害社会的结果，因为疏忽大意而没有预见，或者已经预见而轻信能够避免，以致发生这种结果的犯罪。②可能判处7年有期徒刑以下刑罚。③渎职犯罪除外。渎职犯罪违背了公务职责的公正性和廉洁性，妨害国家机关正常的职能活动，是严重损害国家和人民利益的行为，因而不属于当事人和解的范围。

《刑事诉讼法》第288条还规定，对于犯罪嫌疑人、被告人在5年内曾经故意犯罪的案件不得适用当事人和解程序。需要注意的是，即使属于上述两种案件的范围，但如果该犯罪嫌疑人、被告人在5年内曾经故意犯罪，就不能适用当事人和解程序。这是因为，在这些案件中，犯罪嫌疑人、被告人的社会危害性、人身危险性以及主观恶性较大，而公诉案件和解程序适用的范围均属犯罪性质较轻、被追诉人危害性不大的案件。

三、当事人和解的公诉案件诉讼程序

（一）和解的主体和审查主体

我国刑事诉讼中当事人和解的主体是犯罪嫌疑人、被告人与被害人。他们之间自行协商并达成和解协议。和解的审查主体是公安机关、人民检察院和人民法院。公安机关、人民检察院和人民法院对当事人的和解进行审查，以确定和解是否合法、有效。

最高检《规则》第493条对被害人死亡情形下的和解主体作出了规定："被害人死亡的，其法定代理人、近亲属可以与犯罪嫌疑人和解。被害人系无行为能力人或者限制行为能力人的，其法定法理人可以代为和解。"其第494条进一步规定："犯罪嫌疑人系限制行为能力人的，其法定代理人可以代为和解。犯罪嫌疑人在押的，经犯罪嫌疑人同意，其法定代理人、近亲属可以代为和解。"和解是双方当事人

的自愿行为，它不同于调解，但是，公安机关、人民检察院和人民法院对当事人和解的自愿性和合法性进行审查，以确定和解是否合法、有效。对于公安机关、人民检察院主持制作的和解协议书，当事人提出异议的，人民法院应当审查。经审查，和解符合自愿性、合法性的，予以确认，无需重新制作和解协议书；和解不具有自愿性、合法性的，应当认定无效。和解协议被认定无效后，双方当事人重新达成和解的，人民法院应当主持制作新的和解协议书。

（二）和解的条件和内容

按照《刑事诉讼法》第288条的规定，对于特定范围内的公诉案件，犯罪嫌疑人、被告人真诚悔罪，通过向被害人赔偿损失、赔礼道歉等方式获得被害人谅解，被害人自愿和解的，双方当事人可以和解。据此，和解应当具备以下条件：①犯罪嫌疑人、被告人自愿真诚悔罪，这是当事人和解的前提条件。②犯罪嫌疑人、被告人应当通过赔偿损失和赔礼道歉等方式取得被害人谅解。③被害人必须是自愿和解。这里强调了被害人在对犯罪嫌疑人、被告人谅解的基础上自愿进行和解，防止出现强迫被追诉人或者被害人和解的现象。最高检《规则》第495条对和解的内容作出相对明确的规定："双方当事人可以就赔偿损失、赔礼道歉等民事责任事项进行和解，并且可以就被害人及其法定代理人或者近亲属是否要求或者同意公安机关、人民检察院、人民法院对犯罪嫌疑人依法从宽处理进行协商，但不得对案件的事实认定、证据采信、法律适用和定罪量刑等依法属于公安机关、人民检察院、人民法院职权范围的事宜进行协商。"因此，当事人无权对案件事实等涉及刑事责任的问题进行和解，但被害人可以向公安司法机关表达从宽处理的意愿。

（三）审查的程序和内容

双方当事人和解的，公安机关、人民检察院、人民法院应当听取当事人和其他有关人员的意见。因此，"听取当事人和其他有关人员的意见"是审查的必经程序。在审查中，除了要听取当事人的意见外，还要听取当事人的法定代理人、近亲属或者其辩护人、诉讼代理人的意见。

公安机关、检察机关、人民法院对和解的自愿性、合法性进行审查。"自愿性"是指和解的内容反映了双方当事人的真实意愿，而非出于对方或第三方的各种强迫、威胁等所致。"合法性"主要是指和解的案件不能超过《刑事诉讼法》第288条规定的适用范围，以及不能违反法律规定的程序。自愿性和合法性是和解的基本要求，如果违反这两项原则，当事人的和解无效。

（四）达成和解协议的处理

公安机关、人民检察院、人民法院对当事人和解进行审查，认为和解符合自愿性和合法性的，应主持制作和解协议书。如果在侦查阶段达成和解协议，公安机关可以向人民检察院提出从宽处理的建议。在审查起诉阶段达成和解协议的，人民检察院可以向人民法院提出从宽处罚的建议；对于犯罪情节轻微，不需要判处刑罚的，可以作出不起诉的决定。在审判阶段达成和解协议的，人民法院可以依法对被告人从宽处理。

最高法《解释》第502条对和解协议的履行和履行后果作出了规定："和解协议约定的赔偿损失内容，被告人应当在协议签署后即时履行。和解协议已经全部履行，当事人反悔的，人民法院不予支持，除非有证据证明和解违反自愿、合法原则。"最高法《解释》第503条进一步对履行和解协议后被害人的诉讼权利作出了规定："双方当事人在侦查、审查起诉期间已经达成和解协议并全部履行，被害人或者其法定代理人、近亲属又提起附带民事诉讼的，人民法院不予受理，但有证据证明和解违反自愿、合法原则的除外。"

■第三节　缺席审判程序

一、缺席审判程序概述

缺席审判程序，是指在特定刑事案件中，当被告人因潜逃、严重疾病、死亡等原因未到庭接受审判时，人民法院根据控诉方的起诉对案件进行审理，依法追究缺席被告人刑事责任的一种特殊审判程序。在司法实践中，一些严重腐败分子为了逃避法律的制裁，往往携款外逃或者故意采取一定行为使自己丧失诉讼行为能力，导致法院不能追究其刑事责任。如果缺乏相应的法律制度追究外逃腐败分子的刑事责任，那么境外就有可能成为腐败犯罪分子逃避审判的"法外"之地，这无疑打击了民众对司法有效惩罚腐败犯罪的信心，也会影响民众与腐败犯罪作斗争的积极性。作为一项有效惩治腐败犯罪的措施，缺席审判程序已被许多国家的刑事诉讼法所确立。例如，法国《刑事诉讼法》第二卷（审判管辖）第二编第四节就明确规定了缺席审判程序；德国《刑事诉讼法》第232条也明确规定了缺席审判制度。

在我国，虽然2012年《刑事诉讼法》修改时增设了违法所得的没收程序，在一定程度上解决了腐败犯罪案件违法所得及其他涉案财产的追回问题，但违法所得没收程序并未涉及腐败犯罪分子的刑事责任追究问题，对于腐败犯罪分子不到庭的，法院仍然不能对其进行审判。为了有效惩治腐败犯罪，浇灭腐败犯罪分子通过外逃来逃避审判的幻想，2018年《刑事诉讼法》在"特别程序编"中增加了"缺席审判程序"一章，内容包括缺席审判程序的适用范围、审理程序、法律援助、救济程序等方面。

缺席审判程序是刑事审判的例外情况，对被告人的出庭权、质证权、辩护权等诉讼权利有所限制。平衡打击贪腐犯罪和保障当事人合法的诉讼权利之间的关系，是目前我国缺席审判制度需要重点解决的问题。

二、缺席审判程序的适用范围

2018年修改后的《刑事诉讼法》第291、296以及297条规定了缺席审判的适用范围。包括以下三种情形：

1. 对于贪污贿赂犯罪案件，以及需要及时进行审判，经最高人民检察院核准的严重的危害国家安全犯罪、恐怖活动犯罪案件，犯罪嫌疑人、被告人潜逃境外，监察机关、公安机关移送起诉，人民检察院认为犯罪事实已经查清，证据确实、充分，依法应当追究刑事责任的，可以向人民法院提起公诉。人民法院进行审查后，对于起诉书中有明确的指控犯罪事实的，应当决定开庭审判。这种情形适用缺席审判程序必须符合以下三个条件：①属于特定的三类案件，即贪污贿赂犯罪案件或者需要及时进行审判，经最高人民检察院核准的严重的危害国家安全犯罪、恐怖活动犯罪案件。②犯罪嫌疑人、被告人潜逃境外。因此，即使属于上述三类特定案件，若犯罪嫌疑人、被告人没有潜逃境外，也不适用缺席审判程序。③人民检察院认为犯罪事实已经查清，证据确实、充分，依法应当追究刑事责任而向人民法院提起公诉的。以上三个条件必须同时具备，缺一不可。对潜逃境外的腐败分子适用缺席审判程序，有助于追回涉案财产。

2. 因被告人患有严重疾病而无法出庭导致中止审理超过6个月，被告人仍无法出庭，被告人及其法定代理人申请或者同意恢复审理的，人民法院可以在被告人不出庭的情况下缺席审理，依法作出判决。这种情形若适用缺席审判程序也必须符合以下两个条件：①被告人患有严重疾病无法出庭导致中止审理超过6个月，且仍无法出庭的。②被告人及其法定代理人申请或者同意恢复审理的。因此，即使被告人因患有严重疾病导致中止审理超过6个月仍无法出庭，但是如果被告人及其法定代理人没有申请缺席审判，或者对法院采取缺席审判程序不同意的，也不能适用缺席审判程序。赋予被告人申请缺席审判和同意恢复审理的权利，既保障了被告人的诉讼权利，同时有利于刑事案件的及时处理，提高诉讼效率。

3. 被告人死亡的刑事案件。对于被告人死亡的刑事案件适用缺席审判程序，应区分两种情形。第一种情形是被告人死亡，但有证据证明被告人无罪的。《刑事诉讼法》第16条规定，被告人死亡，法院应当裁定终止审理。最高法《解释》第241条第9项的规定，根据已查明的案件事实和认定的证据，能够确认无罪的，应当判决宣告被告人无罪。因此，此种情形主要是适用于无罪案件。第二种情形是人民法院按照审判监督程序重新审判的案件，被告人死亡的，人民法院可以缺席审理，依法作出判决。对于被告人已经死亡的刑事案件提起审判监督程序进行缺席审判，有利于纠正错案，为其冤狱平反，如聂树斌案。

三、犯罪嫌疑人、被告人潜逃境外的缺席审判的具体程序

（一）犯罪嫌疑人、被告人潜逃境外的缺席审判的管辖

《刑事诉讼法》第291条第2款规定："前款案件，由犯罪地或者被告人离境前居住地或者最高人民法院指定的中级人民法院组成合议庭进行审理。"该款规定了犯罪嫌疑人、被告人潜逃境外的缺席审判的管辖，包括地域管辖和级别管辖。按照此

规定，犯罪嫌疑人、被告人潜逃境外的缺席审判应当由犯罪地或者犯罪嫌疑人、被告人居住地法院管辖。由此可见，缺席审判案件与一般刑事案件的地域管辖基本一致。此条款还规定了缺席审判的级别管辖，即由中级人民法院审理。

（二）犯罪嫌疑人、被告人潜逃境外的缺席审判的告知程序

在进行缺席审判前，被告人有权知悉其所涉嫌的罪名、享有的诉讼权利以及开庭时间、地点等事项。对此，人民法院负有告知义务。联合国人权事务委员会第32号一般性意见指出：《公民权利和政治权利国际公约》第14条第3款（丁）项要求被告有权出庭受审。在某些情况下，为适当进行司法有时允许作出缺席审判；比如，尽管及时事先将审判通知被告，但被告拒绝行使出庭权利。我国《刑事诉讼法》第292条对告知程序作出了明确的规定："人民法院应当通过有关国际条约中规定的或者外交途径提出的司法协助方式，或者被告人所在地法律允许的其他方式，将传票和人民检察院的起诉书副本送达被告人。传票和起诉书副本送达后，被告人未按要求到案的，人民法院应当开庭审理，依法作出判决，并对违法所得及其他涉案财产作出处理。"据此，《刑事诉讼法》不仅规定了人民法院通过司法协助方式或者受送达人所在地法律允许的其他方式，将传票和起诉书副本送达被告人，而且被告人未按要求归案的，人民法院应当开庭审理，依法作出判决，并对违法所得及其他涉案财产作出处理。

（三）法律援助

刑事诉讼旨在追究被告人的刑事责任，涉及被告人财产权利乃至是人身权利的限制与剥夺，因此，即使被告人不到案，缺席审判也应当充分保障被告人的辩护权。联合国人权事务委员会在对公约第14条第3款（丁）项律师帮助权的意见中指出："被告或其律师必须有权勇敢地竭力进行各种可能的辩护；如果认为案件的处理不够公平，有权提出异议。在异常情况下如有正当理由进行缺席审讯，尤有必要严格遵守被告的权利。"为了保障被告人的辩护权，我国《刑事诉讼法》第293条明确规定了对缺席审判的被告人实行强制法律援助："人民法院缺席审判案件，被告人有权委托辩护人，被告人的近亲属可以代为委托辩护人。被告人及其近亲属没有委托辩护人的，人民法院应当通知法律援助机构指派律师为其提供辩护。"赋予被告人强制法律援助辩护的权利，不仅可以有效保障被告人的辩护权，而且更有利于法院在"兼听"的基础上查明案件事实真相，准确打击犯罪。

（四）对缺席审判判决结果的上诉

《刑事诉讼法》第294条第1款规定："人民法院应当将判决书送达被告人及其近亲属、辩护人。被告人或者其近亲属不服判决的，有权向上一级人民法院上诉。辩护人经被告人或者其近亲属同意，可以提出上诉。"由此可见，我国缺席审判程序的设计与普通刑事案件相比，同样实行两审终审制。由于缺席审判时被告人并不在法庭上，加之刑事审判涉及被告人财产权、人身权的限制乃至剥夺，因此，对于人民法院作出的缺席判决，在被告人及其近亲属、辩护人不服缺席审判判决结果的情

形下，赋予他们上诉权是必要的。这不仅有利于维护被告人的合法权益，而且有助于贯彻刑事诉讼的公正审判原则和程序参与原则。

（五）缺席审判案件被告人到案的重新审理

1. 在缺席审判过程中被告人到案的重新审理。在缺席审判过程中，缺席的被告人到案有两种可能：一是被告人自动投案；二是被告人被抓获。在被告人到案后，缺席审判的审理程序应当终止，而按照普通刑事程序重新审判。对此，《刑事诉讼法》第 295 条第 1 款规定："在审理过程中，被告人自动投案或者被抓获的，人民法院应当重新审理。"据此，被告人只要是在审理过程中到案的，人民法院必须重新审理，而不需要其他任何条件。

2. 罪犯在判决、裁定发生法律效力后到案的重新审理。由于缺席审判是在被告人不出席法庭的情况下进行的审判，加之缺席审判旨在追究被告人的刑事责任，涉及被告人财产权利乃至人身权利的限制与剥夺，因此，在罪犯到案后，如果其对已经发生法律效力的判决、裁定有异议的，赋予其对生效裁定、判决提出异议的权利十分必要。对此，《刑事诉讼法》第 295 条第 2 款明确规定罪犯在判决、裁定发生法律效力后到案的，有权对判决、裁定提出异议。如果罪犯提出异议的，人民法院应当重新审理。为了保障罪犯的异议权，《刑事诉讼法》第 295 条第 2 款还明确规定人民法院的告知义务，即"罪犯在判决、裁定发生法律效力后到案的，人民法院应当将罪犯交付执行刑罚。交付执行刑罚前，人民法院应当告知罪犯有权对判决、裁定提出异议。"已经确立缺席审判制度的域外国家也赋予了当事人有效的救济手段，例如法国《刑事诉讼法》规定了庭审缺席的当事人能按照某些特定的形式并在规定的期限内提出缺席裁判异议。

■第四节　犯罪嫌疑人、被告人逃匿、死亡案件违法所得的没收程序

一、犯罪嫌疑人、被告人逃匿、死亡案件违法所得的没收程序概述

在司法实践中，一些案件的犯罪嫌疑人、被告人长期潜逃或者死亡，如果按照普通案件所适用的诉讼原则和程序就无法进行审判，也无法及时挽回国家、集体或者被害人的经济损失。为了严厉打击贪污贿赂犯罪、恐怖活动犯罪等严重犯罪活动，及时追缴犯罪活动违法所得及其他涉案财物，并与我国已加入的反腐败国际公约及有关反恐怖问题的决议的有关要求相衔接，2012 年《刑事诉讼法》在"特别程序编"中增加了"犯罪嫌疑人、被告人逃匿、死亡案件违法所得的没收程序"一章。

犯罪嫌疑人、被告人逃匿、死亡案件违法所得的没收程序，是指在特定案件中，在犯罪嫌疑人逃匿或者死亡的情形下，对其违法所得及其他涉案财物进行处理的特别诉讼程序。该程序具有以下特点：

1. 犯罪嫌疑人、被告人逃匿、死亡案件违法所得的没收程序的适用案件范围特定。对于普通刑事案件，其诉讼程序应当保障当事人的参与权，尤其是犯罪嫌疑人、被告人的辩护权。但是，为了加大对某些特定的严重犯罪的打击力度，法律可以适度克减当事人或者相关人的诉讼权利，即这些案件可以遵循特别程序进行。不过，这些特别程序适用的案件范围不能扩大，否则就有侵犯人权之虞。

2. 犯罪嫌疑人、被告人逃匿、死亡案件违法所得的没收程序的适用对象仅针对财物。我国的没收程序不同于一些国家的缺席审判程序。如前所述，我国 2018 年《刑事诉讼法》修改确立了缺席审判制度，在特定情形下，在被告人不到庭的情况下，可以对被告人涉嫌的犯罪活动进行审判，其审理的内容主要是被告人的刑罚问题，同时还包括涉案财物。但是，没收程序仅仅针对"财物"，而不涉及对被告人的定罪量刑。

3. 犯罪嫌疑人、被告人逃匿、死亡案件违法所得的没收程序应保障利害关系人的诉讼权利。犯罪嫌疑人、被告人逃匿、死亡案件违法所得的没收程序虽然不同于普通诉讼程序，但是该程序涉及利害关系人的财产权的处分，而财产权是公民的基本、重要的权利，因此，在程序中应当保障利害关系人诉讼权利的有效行使，包括其参与权、救济权等。

二、没收违法所得案件的适用条件

犯罪嫌疑人、被告人逃匿、死亡案件违法所得的没收程序作为特别程序，其适用应当有严格的条件限制。按照我国《刑事诉讼法》的相关规定，适用此程序应具备四个方面的条件。

（一）案件适用范围特定

按照《刑事诉讼法》第 298 条的规定："对于贪污贿赂犯罪、恐怖活动犯罪等重大犯罪案件，犯罪嫌疑人、被告人逃匿，在通缉 1 年后不能到案，或者犯罪嫌疑人、被告人死亡，依照刑法规定应当追缴其违法所得及其他涉案财产的，人民检察院可以向人民法院提出没收违法所得的申请。"最高法《解释》第 507 条对其解释为："依照刑法规定应当追缴违法所得及其他涉案财产，且符合下列情形之一的，人民检察院可以向人民法院提出没收违法所得的申请：①犯罪嫌疑人、被告人实施了贪污贿赂犯罪、恐怖活动犯罪等重大犯罪后逃匿，在通缉 1 年后不能到案的；②犯罪嫌疑人、被告人死亡的。"六机关《规定》第 37 条、第 38 条第 2 款也作了基本相同的规定。

对于此处的"贪污犯罪"，应从广义上进行理解。贪污类犯罪，不仅包括贪污罪，还包括挪用公款罪、私分国有资产罪、私分罚没财物罪、巨额财产来源不明罪、隐瞒境外存款罪。"贿赂犯罪"包括受贿罪、行贿罪、介绍贿赂罪、利用影响力受贿等。"恐怖活动犯罪"包括组织、领导、参加恐怖组织罪、资助恐怖活动罪、劫持航空器罪、劫持船只、汽车罪、暴力危及飞行安全罪。需要注意的是，法条对于没收程序的案件适用范围采取的是非完全列举的方式，即除了明确列举"贪污贿赂犯罪、恐怖活动犯罪"这两类外，还包括这两类罪名之外的一些犯罪案件，这些案件属于法条中"等"的范畴。对于一般刑事案件，则没有必要适用此类程序。对于相关涉案财物的处理，需等待犯罪嫌疑人、被告人归案之后才能进行，或者按照其他程序进行。另外，依据最高法《解释》第507条第2款的规定，对于犯罪嫌疑人、被告人死亡的案件适用没收程序，并不受上述特定案件范围的限制，即只要符合"依照刑法规定应当追缴违法所得及其他涉案财产"的条件，在被追诉人死亡的情形下，均可以适用没收程序。

（二）被追诉人不能到案

按照《刑事诉讼法》第298条规定，犯罪嫌疑人、被告人逃匿、死亡案件违法所得的没收程序的适用条件，只在贪污贿赂犯罪、恐怖活动犯罪等重大犯罪案件中，犯罪嫌疑人、被告人逃匿，在通缉1年后不能到案，或者犯罪嫌疑人、被告人死亡的情形下才能适用。据此，被追诉人不能到案有两种情形：一种情形是基于主观原因不能到案，即"犯罪嫌疑人、被告人潜逃"。在此种情形下，还必须符合时间条件，即"在通缉1年后不能到案"。这也意味在一般情况下，相关机关应当采取有关措施保证犯罪嫌疑人、被告人到案，只有在长时间通缉后（1年以上），仍然不能将其缉拿归案，才能适用没收程序。另一种情形是因为客观原因导致犯罪嫌疑人、被告人不能到案，即"死亡"。在此情形下，由于被追诉人死亡，没有必要也不可能追究其刑事责任，但是相关的涉案财物并没有得到处理，因此有必要专门针对涉案财物适用没收程序。

（三）有追缴财产的需要

对于贪污贿赂犯罪、恐怖活动犯罪等重大案件，如果犯罪嫌疑人、被告人潜逃或者死亡，也只有在依照刑法规定应当追缴其违法所得及其他涉案财产的情形下，如需要追缴贪污财产、没收涉及恐怖活动资金等，才能启动此没收程序。如果犯罪嫌疑人、被告人逃匿、死亡，但是案件并不涉及财物，就不需要启动没收程序。

（四）程序的启动要件

犯罪嫌疑人、被告人逃匿、死亡案件违法所得的没收程序的启动，需要由检察机关向人民法院提出没收违法所得的申请。我国没收程序是比照普通程序设计的，即同样要经过相关机关进行调查或侦查、检察机关起诉和法庭审理等阶段。这种设计一方面可以在很大程度上防止没收程序被滥用，保证公民的合法财产权不被非法侵犯，另一方面也可以使得没收程序的庭审合理化。因此，如果是公安机关侦查的案件，对于符合上述几个条件的，公安机关并不能直接向法院提出没收申请，而是应当比照普通程序，提出没收财产意见书，将其移送人民检察院。经检察院审查后，认为有必要提起没收程序，才决定由其向法院提出没收申请。

另外，检察机关向法院提出没收违法所得的申请，还应当提供相关证据材料，并列明财产的种类、数量、所在地及查封、扣押、冻结的情况，并附有相关证据材料。

三、违法所得没收案件的审理

（一）没收案件的审判管辖

《刑事诉讼法》第 299 条第 1 款规定："没收违法所得的申请，由犯罪地或者犯罪嫌疑人、被告人居住地的中级人民法院组成合议庭进行审理。"按照此规定，没收案件应当由犯罪地或者犯罪嫌疑人、被告人居住地的人民法院管辖。由此可见，没收案件与一般刑事案件的地域管辖基本一致。此条款还规定了没收违法所得及其他涉案财产案件的级别管辖，即由中级人民法院审理。

（二）没收案件的公告程序

《刑事诉讼法》第 299 条第 2 款规定，人民法院受理没收违法所得的申请后，应当发出公告。公告期间为 6 个月，不计入审理期限。法院在受理此类案件的申请后，应当通过有关媒体发布公告，或者在当事人所在地区张贴公告等方式，通知当事人或其他利害关系人，以便其知晓案件的诉讼情况并行使自己相关权利。

（三）利害关系人的参与原则

《刑事诉讼法》第 299 条第 2 款规定，犯罪嫌疑人、被告人的近亲属和其他利害关系人有权申请参加诉讼，也可以委托诉讼代理人参加诉讼。利害关系人包括两类：一类是犯罪嫌疑人、被告人的近亲属，另一类是其他利害关系人。由于此类案件涉及对犯罪嫌疑人、被告人相关财产的没收或处分，而犯罪嫌疑人、被告人由于不在案或者死亡，法律赋予其近亲属参与诉讼的机会以维护其合法权利无疑是合理的也是必要的。同样地，在一些案件中，当事人以外的人认为自己对涉案财产有合法的占有权或其他权益，而没收程序的结果很可能影响其权益，在这种情形下，其他利害关系人也应当有权参加诉讼。另外，由于受法律知识有限或其他相关条件的限制，犯罪嫌疑人、被告人的近亲属和其他利害关系人不仅自己有权参加诉讼，而且还可以委托律师或其他人作为诉讼代理人参加诉讼。

（四）没收案件的审理方式

《刑事诉讼法》第 299 条第 3 款规定："人民法院在公告期满后对没收违法所得的申请进行审理。利害关系人参加诉讼的，人民法院应当开庭审理。"据此，审理没收案件有两种方式。一种审理方式是开庭审理，即人民法院于确定的日期在检察机关和犯罪嫌疑人、被告人近亲属或者其他利害关系人的参与下，按照法定的程序和形式，在法庭上对涉案财物进行审理。通过开庭的方式，利害关系人提出关于涉案财物有利于己方权益的证据材料或意见。开庭审理只适用于利害关系人参与的情形。另一种审理方式是不开庭审理。在没有利害关系人参与的情形下，此程序其实只有两方参与，即申请方检察机关和裁判方法院。由于没有利害关系人的参与，此类案件没有必要开庭审理。

（五）没收案件的审理结果

《刑事诉讼法》第300条第1款规定："人民法院经审理，对经查证属于违法所得及其他涉案财产，除依法返还被害人的以外，应当裁定予以没收；对不属于应当追缴的财产的，应当裁定驳回申请，解除查封、扣押、冻结措施。"因此，对于涉案的违法所得及其他涉案财产，人民法院经过审理之后，有两种裁定结果：一种是如果不能认定涉案财产是违法所得，法院应当裁定解除查封、扣押、冻结等措施，将财产返还原所有人或其他人；另一种是如果有充分的证据证明涉案财产属于违法所得，而且不属于其他人合法所有，法院应当作出没收的裁决。

（六）对裁决结果的上诉、抗诉

《刑事诉讼法》第300条第2款规定，对于人民法院对没收案件作出的裁定，犯罪嫌疑人、被告人的近亲属和其他利害关系人或者人民检察院可以提出上诉或者抗诉。我国没收程序的设计比照普通刑事案件，同样实行两审终审制。

（七）没收案件的终止审理

在没收案件的法庭审理过程中，潜逃的犯罪嫌疑人、被告人到案有两种可能：一种是犯罪嫌疑人、被告人自动投案；另一种是犯罪嫌疑人、被告人被抓获。在犯罪嫌疑人、被告人到案后，没收财产案件的审理程序终止，而与之有关的普通刑事程序得以恢复。如果犯罪嫌疑人在侦查阶段潜逃，在其被抓获后，侦查程序继续进行，相关财物的处理也随同对犯罪嫌疑人、被告人的处理程序一并进行。在侦查终结后，公安机关将案件移送检察机关审查起诉，或者作出其他处理决定。如果犯罪嫌疑人在审查起诉阶段潜逃，在其被抓获后，检察机关恢复审查起诉程序，相关财物也应一并处理，与此同时，没收财产案件的审理程序终止。如果被告人在审判阶段潜逃并被抓获，法庭应当对整个案件恢复审理，对被告人和相关财物一并作出相应的裁决，而没收财产案件的审理程序终止。对此，我国《刑事诉讼法》第301条第1款规定，在法庭审理过程中，在逃的犯罪嫌疑人、被告人自动投案或者被抓获的，人民法院应当终止审理。

（八）没收案件的国家赔偿

《国家赔偿法》规定，国家机关和国家机关工作人员行使职权，有法律规定的侵犯公民、法人和其他组织合法权益的情形，造成损害的，受害人有取得国家赔偿的权利。因此，对于在没收案件中，行使侦查、检察、审判职能的机关及其工作人员在履行职权时，侵犯个人、法人和其他组织合法财产权益并造成损害的行为，国家应当为此承担责任并予以赔偿。由于没收案件程序属于刑事诉讼中的特别程序，因此，没收案件的国家赔偿属于刑事赔偿范畴。

《刑事诉讼法》第301条第2款规定："没收犯罪嫌疑人、被告人财产确有错误的，应当予以返还、赔偿。"该条规定了对于没收犯罪嫌疑人、被告人财产确有错误的处理方式，即应当予以返还或者赔偿。在财物能够返还的情形下，应当予以返还；如果由于财物已经处理，或者因为没收程序的错误对相关利害关系人造成损失，则应当由国家予以赔偿。这与《国家赔偿法》的上述规定基本一致。没收案件的具体赔偿程序也应当参照《国家赔偿法》相关规定进行。

■第五节　依法不负刑事责任的精神病人的强制医疗程序

一、依法不负刑事责任的精神病人的强制医疗概述

强制医疗程序是指公安司法机关对不负刑事责任且有社会危险性的暴力型精神病人采取强制治疗措施的特别诉讼程序。由于精神疾病患者不具有辨别能力和控制能力，因此在不具备刑事责任能力的情形下对他人实施的危害行为并不负刑事责任。但是，为了维护社会秩序，防止其行为继续危害他人人身、财产安全，并从充分保障精神病患者的健康角度考虑，国家对其人身自由进行一定限制并对其采取强制医疗措施是必要的。因此，强制医疗的目的不是为了对行为人进行惩罚和教育，而是一种特殊的社会防卫措施。相应地，对依法不负刑事责任的精神病人适用强制医疗程序的目的也不是解决犯罪嫌疑人、被告人的刑事责任问题，而是为了审查决定是否对其采取强制医疗措施。作为一种保安处分措施，各国的强制医疗的实体问题一般由刑法加以规定。强制医疗实体上对刑法的依附性决定了其在程序上对刑事诉讼法的依附性。许多国家刑事诉讼法中规定了强制医疗的程序。如德国《刑事诉讼法》在"特别种类程序"中专章规定了"保安处分程序"；俄罗斯《联邦刑事诉讼法》专章规定了"适用医疗性强制方法的诉讼程序"。大陆法系国家对于强制医疗的性质，有一元主义和二元主义两类观点。一元主义认为保安处分与刑罚措施性质相同，认为要由法院作出强制医疗的决定，强制医疗的执行也要接受司法审查。二元主义认为刑罚是司法处分，保安处分属行政处分，应由行政机关决定是否对精神障碍患者进行强制医疗。

我国《刑事诉讼法》在"特别程序编"的第五章中规定了"依法不负刑事责任的精神病人的强制医疗程序"，内容包括强制医疗程序的适用对象、审理程序、法律援助、救济程序以及法律监督等。

二、强制医疗的适用对象

我国《刑事诉讼法》第 302 条规定："实施暴力行为，危害公共安全或者严重危害公民人身安全，经法定程序鉴定依法不负刑事责任的精神病人，有继续危害社会可能的，可以予以强制医疗。"按照此规定，在我国采取强制医疗的对象应当同时具备前提条件、医学条件和社会危险性三个条件。

（一）前提条件

我国强制医疗只有在行为人"实施暴力行为，危害公共安全或者严重危害公民人身安全"的情形下才有可能予以适用。首先，必须是精神病人实施了暴力行

为。因此，对于一般的精神病人，如果没有实施暴力行为，则不能被采取强制医疗。其次，精神病人实施的暴力行为应当达到严重程度，即"危害公共安全或者严重危害公民人身安全"。对于没有实施危害公共安全或者严重危害公民人身安全的精神病患者，只能由其近亲属或者监护人妥善看管、照顾，防止其伤害自身、危害他人或者社会。

（二）医学条件

强制医疗程序只能对经过鉴定程序确定为精神病人的行为人才有可能适用。确定犯罪嫌疑人、被告人是否适用强制医疗程序的关键，是查明其在实施暴力行为时是否患有精神病或者严重精神障碍而丧失辨别能力、控制能力，而这其中的关键手段是对其进行司法精神病学鉴定。我国《刑事诉讼法》也对鉴定作了专节规定。一旦经过确定犯罪嫌疑人、被告人系精神病人而且依法不负刑事责任的，应当及时终止普通诉讼程序，并根据其社会危害性的大小决定是否启动强制医疗程序。

（三）社会危险性条件

在我国，对行为人采取强制医疗措施，行为人除了满足上述前提条件和医学条件外，还应具有继续危害社会的可能性。所谓社会危险性是指由于精神病人已实施的行为性质及其精神、生理状态等，使法律保护的社会关系处于危险状态。综合精神病人实施的行为以及事后的状态进行分析，如果认为行为人有继续危害社会的可能性，则应对其采取强制医疗；否则，就没有必要采取此措施。据此，如果行为人在实施暴力行为时没有刑事责任能力，但诉讼时恢复正常，或者没有继续危害社会的可能性，则不需要对其进行强制医疗。

三、强制医疗程序

我国依法不负刑事责任的精神病人的强制医疗程序的基本流程与普通案件诉讼程序类似，即分别由公安机关、检察机关、人民法院负责不同的诉讼阶段，最后由法院决定是否对行为人采取强制医疗措施。在普通诉讼程序的过程中，有关机关发现犯罪嫌疑人、被告人是精神病人且符合强制医疗条件的，应当将普通程序转化为强制医疗程序。但是，由于强制医疗程序具有特殊性，在很多方面有别于普通程序。

（一）强制医疗程序的启动

在司法实践中，由于暴力性犯罪一般由公安机关管辖，因此往往是公安机关首先发现犯罪嫌疑人可能是精神病人并且符合强制医疗的条件。在此情形下，公安机关并不能直接向人民法院提出对犯罪嫌疑人强制医疗的申请。强制医疗不仅关系到行为人自由的限制和剥夺，而且还涉及行为人的行为是否达到犯罪程度以及行为人有无刑事责任的认定问题，所以一般按照诉讼程序进行。如果公安机关发现精神病人符合强制医疗的条件，应当写出强制医疗意见书，并移送检察院。对于公安机关移送的或者在审查起诉过程中发现的精神病人符合强制医疗条件的，人民检察院应当向人民法院提出强制医疗的申请。另外，法院在审理过程中，认为被告人符合强制医疗的条件，可以直接决定对被告人采取强制医疗的措施。这种做法符合诉讼经济原则，也有利于维护社会秩序和公共安全。

在法院对行为人作出强制医疗的决定之前，对实施暴力行为的精神病人，为了防止其继续危害公共安全或者其他人的人身安全，公安机关可以对其采取临时的保护性约束措施，如将其送往精神病院或者专门机构进行看管、治疗等。

（二）有权采取强制医疗措施的决定机关

强制医疗程序虽然不同于普通刑事程序，其目的不是解决被告人的刑事责任问题，而是解决实施暴力行为的精神病人的强制看管和医疗的问题，但是，强制医疗程序仍然关乎相关人员人身自由的限制和剥夺。因此，为了防止公民的人身自由不受非法侵犯，将强制医疗程序纳入刑事诉讼范畴，并在绝大多数情形下适用诉讼原则和制度，由中立的第三方——人民法院作出决定是必要的。另外，如前所述，适用强制医疗措施的前提条件是认定有关人员"实施了暴力行为，危害公共安全或者严重危害公民人身安全"，即在客观方面达到"犯罪程度"，并且由于无辨认能力和控制能力导致"不负刑事责任"。对这两个关键、重要的事实也应当由中立的第三方按照诉讼程序，在充分保障相关当事人参与权的情形下作出最终的认定，而不能由公安机关或者其他行政机关以行政方式单独作出决定。

（三）强制医疗案件的审理

1. 审判组织。我国的审判组织形式有两种：合议制和独任制。按照我国《刑事诉讼法》的规定，对于一些事实清楚、证据充分，控辩双方争议不大的案件可以适用简易程序，法院在审理时可以由独任法官审判。但是，强制医疗案件除了要查明行为人是否实施了暴力行为，还要查明行为人实施暴力行为时是否患有精神病、是否因精神病而无刑事责任能力、是否现在仍因精神病而具有社会危险性必须予以强制医疗。对这些情况的判断往往比较疑难、复杂，由法官一人独任审理显然不合适。因此，法律规定对于强制医疗案件，法院"应当"组成合议庭进行审理。

2. 告知程序。《刑事诉讼法》第304条第2款规定："人民法院审理强制医疗案件，应当通知被申请人或者被告人的法定代理人到场……"如果是由检察机关提出强制医疗的申请，此类案件中的行为人称为"被申请人"；如果是在检察机关提起公诉，要求追究行为人的刑事责任并进入审理阶段后，而法院可能对其决定适用强制医疗措施，此类案件中的行为人称为"被告人"。只要可能对被申请人或者被告人适用强制医疗措施，法院就应当通知其法定代理人。这是因为被申请人或者被告人很可能是精神病人，其不具有诉讼行为能力，自己不能有效行使有关的诉讼权利。而法定代理人，包括被代理人的父母、养父母、监护人或者负有保护职责的机关、团体的代表，由于和被代理人存在保护和被保护的特殊关系，其应当有权利也有义务参加诉讼，以维护被代理人的合法权益。

3. 法律援助。诉讼活动涉及很多法律方面的专业知识，当事人进行诉讼往往需要专业人士帮助。另外，在诉讼中，一些当事人的人身自由受到限制甚至剥夺，而且有些诉讼行为依法只有辩护人或者诉讼代理人才有权行使，如调查收集证据的权利。因此，诉讼代理人或者辩护人对于当事人有效维护其合法权利十分重要。强制医疗案件往往涉及法律和精神病学两方面的专业知识，加之行为人无行为能力或者行为能力受限，在诉讼中他们更需要专业人士的帮助。为了保护特殊对象的合法权利，我国《刑事诉讼法》要求被申请人或者被告人没有委托诉讼代理人的，法院应当通知法律援助机构指派律师为其提供法律帮助。

4. 审理期限。按照《刑事诉讼法》第305条规定，法院对于被申请人或者被告人符合强制医疗条件的，应当在1个月内作出强制医疗的决定。

5. 利害关系人的申请复议权。强制医疗程序不仅应赋予当事人及其利害关系人充分的程序参与权，而且还应当赋予他们程序上的救济权，即对于法院强制医疗的决定不服的，当事人及其法定代理人或者其近亲属有权要求有关机关对此决定进行再次审查。比照刑事诉讼中的上诉程序，强制医疗程序也应实行两审终审制，由上级法院受理不服下级法院的决定而提起的复议，对强制医疗的决定进行救济和监督。在强制医疗案件中，当事人包括被申请人、被害人。如果被申请人认为自己不符合强制医疗的条件，有权要求上一级法院复议。同样，被申请人的法定代理人或者近亲属从保护被申请人的角度考虑，认为强制医疗的决定错误，也有权申请复议。另外，由于受被申请人暴力行为的侵害，被害人及其法定代理人、近亲属认为强制医疗错误，应当追究被申请人的刑事责任的，也有权申请上一级人民法院复议。

四、强制医疗的复查和执行监督

（一）定期复查制度

强制医疗是对具有社会危害性的精神病人采取的强制治疗措施，其目的是为了维护社会秩序和公共安全。如果精神病人精神已经恢复正常或者不具有社会危害性，就失去了强制医疗的前提和必要性。为了保障公民人身自由不受非法侵犯，强制医疗机构应当定期对接受强制医疗的人的精神状况进行重新审查。如果发现此人没有社会危险性，就应当对其解除强制医疗措施，使其恢复人身自由，回归社会。因此，我国《刑事诉讼法》第306条规定，强制医疗机构应当定期对被强制医疗的人进行诊断评估。

（二）解除强制医疗的决定机构

在我国，有权决定对行为人采取强制医疗措施的机构是人民法院；与此对应，为了防止该措施被滥用，避免不符合解除强制医疗的人被提前释放，同时使得不具有社会危害性的人及时恢复人身自由，决定强制医疗的人民法院有权对解除意见进行审查。另外，对下级人民法院采取强制医疗措施不服的决定，相关当事人及其法定代理人、近亲属有权申请复议，在此种情形下，最终有权决定采取强制医疗措施的法院应为其上一级人民法院。也即，在相关当事人及其法定代理人、近亲属申请复议的情形下，有权决定解除强制医疗措施为复议的上一级人民法院。当人民法院对于强制医疗机构解除强制医疗措施的诊断意见进行审查，为了查清被强制医疗的人是否具有社会危险性，除了审查该意见外，还可以采取其他方式（如要求其他医疗机构重新评估等）进行审查。

（三）申请解除强制医疗权

强制医疗的主要目的是为了防止实施暴力行为的人继续危害社会，同时该措施限制了被医疗人的人身自由，因此，当被强制医疗的人认为自己的病情痊愈或者不具有社会危害性时，可以申请解除强制医疗措施。而被强制医疗的人的近亲属从保护其家人合法利益的角度出发，也有权申请解除该措施。最高法《解释》第540条规定："被强制医疗的人及其近亲属申请解除强制医疗的，应当向决定强制医疗的人民法院提出。被强制医疗的人及其近亲属提出的解除强制医疗申请被人民法院驳回，6个月后再次提出申请的，人民法院应当受理。"

（四）检察机关对强制医疗执行活动的监督

《刑事诉讼法》第307条规定："人民检察院对强制医疗的决定和执行实行监督。"人民检察院是国家的法律监督机关。检察机关不仅有权对普通程序进行监督，也有权对特别程序，包括强制医疗程序进行监督。人民检察院对强制医疗的监督是全方位监督，既包括对决定的合法性进行监督，也包括对执行活动的合法性进行监督。人民检察院对强制医疗程序的监督分为两类：一是对人民法院的监督，二是对公安机关和强制医疗机构的监督。对人民法院的监督主要分为两类，一是人民检察院对人民法院适用强制医疗决定程序的监督。当发现人民法院在实体决定上有错误或庭审程序上有瑕疵时，人民检察院在庭审结束后应当及时提出书面纠正意见。二是人民检察院对人民法院启动强制医疗解除程序的监督。对公安机关的监督指是人民检察院对公安机关临时的保护性约束措施的监督。此外，人民检察院对安康医院等强制医疗机构的执行进行监督。人民检察院的多方位法律监督有利于公正、安全地解决强制医疗问题。

【思考题】

1. 在未成年人刑事案件程序中有哪些不同于普通刑事诉讼程序的地方？
2. 公诉案件当事人和解的条件是什么？
3. 缺席审理程序的适用条件是什么？
4. 如何确定违法所得没收程序的案件范围？
5. 如何确定强制医疗程序的对象？